人民·联盟文库

人文精神论

许苏民 著

湖北人民出版社

人民出版社

图书在版编目（CIP）数据

人文精神论/许苏民著. —北京：人民出版社，2011
（人民·联盟文库）
ISBN 978-7-01-009798-5

Ⅰ.①人…　Ⅱ.①许…　Ⅲ.①人文科学-研究
Ⅳ.①C

中国版本图书馆 CIP 数据核字（2011）第 054916 号

人文精神论

RENWEN JINGSHEN LUN

许苏民　著

责任编辑：曾凡国　李　葳
封扉设计：曹　春
出版发行：人民出版社
　　　　　北京朝阳门内大街 166 号　邮　编：100706
网　　　址：http://www.peoplepress.net
邮购电话：(010) 65250042/65289539
经　　销：新华书店
印　　刷：北京京都六环印刷厂
版　　次：2011 年 4 月第 1 版　2011 年 4 月北京第 1 次印刷
开　　本：710 毫米×1000 毫米　1/16
印　　张：40
字　　数：575 千字
书　　号：ISBN 978-7-01-009798-5
定　　价：75.50 元

出版说明

　　人民出版社及全国各省市自治区人民出版社是我们党和国家创建的最重要的出版机构。几十年来，伴随着共和国的发展与脚步，他们在宣传马克思列宁主义、毛泽东思想、邓小平理论、"三个代表"重要思想，深入贯彻落实科学发展观，坚持走有中国特色社会主义道路方面，出版了大量的各种类型的优秀出版物，为丰富人民群众的学习、文化需求作出了不可磨灭的贡献，发挥了不可替代的作用。但由于环境、地域及发行渠道等诸多原因，许多精品图书并不为广大读者所知晓。为了有效地利用和二次开发全国人民出版社及其他成员社的优秀出版资源，向广大读者提供更多更好的精品佳作，也为了提升人民出版社市场联盟的整体形象，人民出版社市场联盟决定，在全国各成员社已出版的数十万个品种中，精心筛选出具有理论性、学术性、创新性、前沿性及可读性的优秀图书，辑编成《人民·联盟文库》，分批分次陆续出版，以飨读者。

　　《人民·联盟文库》的编选原则：1. 充分体现人民出版社的政治、学术水平和出版风格；2. 展示出各地人民出版社及其他成员社的特色；3. 图书主题应是民族的，而不是地区性的；4. 注重市场价值，要为读者所喜爱；5.译著要具有经典性或重要影响；6.内容不受时间变化之影响，可供读者长期阅读和收藏。基于上述原则，《人民·联盟文库》未收入以下图书：1.套书、丛书类图书；2.偏重于地方的政治类、经济类图书；3.旅游、休闲、生活类图书；4.个人的文集、年谱；5.工具书、辞书。

《人民·联盟文库》分政治、哲学、历史、文化、人物、译著六大类。由于所选原书出版于不同的年代、不同的出版单位，在封面、开本、版式、材料、装帧设计等方面都不尽一致，我们此次编选，为便宜读者阅读，全部予以统一，并在封面上以颜色作不同类别的区分，以利读者的选购。

人民出版社市场联盟委托人民出版社具体操作《人民·联盟文库》的出版和发行工作，所选图书出版采用联合署名的方式，即人民出版社与原书所属出版社共同署名，版权仍归原出版单位。《人民·联盟文库》在编选过程中，得到了人民出版社市场联盟成员社的大力支持与帮助，部分专家学者及发行界行家们也提出了很多建设性的意见，在此一并表示诚挚的感谢！

《人民·联盟文库》编辑委员会

目　录

自　序

　　看完本书校样，已是 1999 年 9 月 30 日深夜。凭栏遥望，一轮下弦月初上，星星在黑暗的天幕上闪耀着光芒，那自天悄然而降的白露使空气中弥漫着清新、柔和、甜美的气息。

　　啊！"在我上者灿烂的星空"。啊！白露，蒹葭，秋水、伊人……此时此刻，《诗经·蒹葭》的诗句——那几千年前中国诗哲的歌唱——又仿佛回响在我的耳边。这是我少年时就极爱读的一首诗。16 岁下乡插队，时值深秋，与一位农村少年当纤夫，沿着通扬运河到江边运芦苇，站在江边望着莽莽苍苍的蒹葭和浩浩东去的江水，依然有高吟这首诗的逸兴。多少年来，她使我保持着犹如初恋少年一般纯真的童心，以此去追求真理、探索人生；她成了我追求真理和智慧的唯一的心源动力。如今，每当我站在东湖先月亭畔吟诵此诗时，全身心就浸透着一种沁人心脾的美感，产生出强烈的写作冲动。

　　1995 年春，一股强劲的内在冲力驱使我参加"人文精神问题"的讨论，开始了《人文精神论纲》一文的写作，3 月动笔，5 月完稿。该文发表后，湖北人民出版社曾凡国先生多次来与我共同讨论人文精神问题，建议我写一本题为《人文精神论》的专著，并且向社领导建议将该书列入出版计划。此建议得到了社领导的大力支持。该出版社如此诚挚地关心中国社会人文建设的情怀和高瞻远瞩的见识，使我深受感动。写

1

一本《人文精神论》，由此形成新人学的理论体系，正是我近二十年来的哲学思考所要实现的心愿。

1996 年 9 月 19 日，胡光清先生代表湖北人民出版社正式向我约稿。到如今，已经 3 年过去。在此 3 年中，曾凡国先生以他那令人敬畏的学术鉴别力和判断力，以及他那严谨缜密的文字功夫，促使我深沉思索，字斟句酌、一丝不苟地沉埋于书稿的写作。在与他的多次讨论和电话交谈中，我开阔了视野，思想上受到了不少的启迪。1999 年 3 月，我在南方海滨的一座古城中完成了书稿的写作，电告凡国先生。正值凡国先生欲至厦门大学和中山大学寻访好稿，遂不辞辛劳，取道榕城。3 月 17 日下午，二人相聚于山中，适值雨后初霁，千岩竞秀，观山岚烟霭，话古今人文，抚今追昔，皆感慨不已。古人有曲水流觞之会，传为佳话，然又何能及此。

书稿既交，似乎可以松一口气了。然而，我感到了空虚。歌德笔下的浮士德与魔鬼靡菲斯特打赌说：“如果我对某一瞬间说‘你真美呀，请停一停’，那时我的丧钟也就敲响。”对我来说，停一停就意味着学术生命的止步不前，这是不可思议、不能容忍的。于是，又开始苦思冥想，如何在看本书校样时将书稿进一步完善，可是却颇有江郎才尽之感。4 月 1 日至 27 日间，虽有《也谈学术、学术经典、学问与思想的关系——兼评“现代学术经典”之争》一文（载《开放时代》1999 年 7、8 月号）的写作，但亦不过是凭借以往的思考和一点研究中西学术的看家本领所写成的。如何进一步完善《人文精神论》一书，却仍是问题。

在这“为伊消得人憔悴”的时候，我向着那凭借纯粹理性和实践理性都只能是可望而不可即的“物自体”——那《诗经·蒹葭》中的在水一方的伊人——发出呼唤：给我灵感，给我启悟。6 月 22 日晨于微雨中漫步东湖道上，一种诗情开始在心中萌动；傍晚时在湖滨遇暴雨，发狂大叫，奔跑数里，让暴雨将身上的俗气和心中的抑郁荡涤净尽，而后灵气复生。此后，无论是濒湖莲影，还是月亭柳烟，都足以启人才思。8 月 27 日晚 19 时 30 分，于东湖观月出，恍若梦境，又生新的感悟。这是一个美丽的夜晚，一个仿佛与那在水一方的伊人形神合一的夜晚。在观看月亮升起的瞬间，那惊喜，那赞叹，那情景交融、惟恍惟惚、心醉神迷的美感，给我的精神再一次插上了自由的翅膀。我问自己：那恍若梦境的体验不正是真实的我在体验吗？那梦境中的对于人生的美好憧憬不正是真实地激荡在我心中的美好追求吗？既然如此，那么，这梦境中的真实不正是我的精神生活中的真实吗？因此，梦境并非虚幻，理想也不是幻想。——这其实也正是德国美学家席勒在《审美教育书简》中所说的审美理想所呈现的与社会现实并非完全对应的所谓"假象"，决不是那种有意歪曲真理和事实的"逻辑假象"的道理。——正是在梦境中，在理想中，或者在审美中，那自有文明以来由"人性的内在分裂"所导致的物质与精神相分裂的二重化的世界才可以融合为一，一切由人性的分裂和世界的二重化所导致的人生烦恼和痛苦也都将烟消云散，中西古今哲人们向往的人与自然、人与他人和人的内心世界的和谐才真正得以实现。这正是将生活艺术化、审美化的哲学的无上价值啊！如此说来，人生实在不能没有梦，不能没有发自真挚的童心的对于真与善、爱与美的追求的梦，否则，就会在一切所谓"实际"的考虑中使自己变得庸俗鄙陋，从而丧失一切创造高雅的精神文化的激情，当然也体验不到那洋溢于心灵中的创造的欢欣。所以，我宁可沉醉于在人们看来并不那么"现实"、然而却又是痴心不改的梦。

思想的激情既已被激发起来，灵感的火花也频繁地在心中闪现。我抓住这激动人心的每一瞬间，随时把所思所想记录下来，以备修改《人文精神论》一书之用。9月10日，收到曾凡国先生寄来的校样。凡国先生又对书稿提出了十分中肯的修改意见，令我折服。自此夜以继日，几至废寝忘食，反复校改，多有增补。不觉又是20天过去，此时此刻，已是10月1日凌晨3时30分了。

在本书写作过程中，受到《海峡都市报》新闻部主任倪可风先生和他的同事们的大力支持。新闻部记者之光、林颖女士，荣获榕城电脑录入竞赛第一名的黄雪莺女士以及其他同志，在繁忙紧张的工作之余，放弃了很多的休息时间，为我打印书稿。我的文章很少有一气呵成的，往往要改上三遍、五遍，甚至六遍、七遍，她们不厌其烦地帮我在电脑上改，并且说我的书写得很好看。她们的辛勤劳动，给了我很大的帮助；而她们的赞扬，更坚定了我要把哲学书写得既让读者喜欢读、但又不失其高雅与庄严之品格的信心，这或许也体现了康德所说的审美的本质是社会化的情感共鸣的道理吧。

尊敬的胡光清先生和曾凡国先生，尊敬的《海峡都市报》的领导和同志们，对于你们的大力支持和帮助，我的感激之情决不是感谢二字所能表达的。正是关心人类命运和祖国前途的共同情怀，把我们的心灵联系在一起，是以同心同志、同明相照。

而东湖碧树，风辰雨夕，波光日色，月移花影，与绵绵无尽的"秋水伊人之思"之交融，使我大开法眼，产生出犹如柏拉图之所谓"神灵附身"般的写作激情。如此胜缘，天耶？人耶？抑或天人之际合耶？俟解。

秉笔至此，言不尽意。是为序。

许苏民

1999 年 10 月 1 日凌晨于武昌

引　言

（一）

　　1993 年以来，中国学术界开展了关于"人文精神"问题的热烈讨论。这场讨论由上海学者发起，然后波及北京、南京、广州，进而扩展到全国学术界，吸引了文、史、哲等各学科的专家和学者。由于这场讨论关系到现代中国文化选择的价值尺度之确立，具有极其重大的现实意义和深远的历史意义，因而在国内引起了比较广泛的注意，并且为致力于探寻 21 世纪人类精神之出路的西方学者，以及关注中国社会未来走向的海外汉学家所瞩目。

　　争论并不像有关综述描写得那么心平气和、温文尔雅，而是充满了激烈的互相驳难，包含着深刻的分歧和对立。

　　王晓明等五位上海学者针对我国文学界、影视界的现状，鲜明地提出了"人文精神危机"的问题①。这一论题引起了广泛的共鸣。在文学界，作家张承志、张炜等人奋起抨击"中国大市场里的裤裆文学、泡沫电视、炒假成真"等"玩艺术"的现象，大声疾呼："诗人，你为什么不愤怒！"② 并且满怀忧患地对着当代青年发问："你选择什么？"③ 与他

---

① 王晓明等：《旷野上的废墟——文学和人文精神的危机》，《上海文学》1993 年第 6 期。
② 张承志等：《诗人，你为什么不愤怒？》，上海《文汇报》1994 年 8 月 7 日。
③ 张承志：《你选择什么》，广州《岭南文化时报》1994 年 9 月 18 日。

们的悲愤呐喊相呼应，许多作家和学者亦纷起批评"痞子文学"、"文人下海"等现象，提出了"文人操守"的问题。在高等学府，从事人文学科教育和研究的学者亦慨叹："人文学术今天已不止是不景气，而是陷入了根本的危机……人文学术的内在生命力正在枯竭"，这正是"人文精神失落"的表现①。王力雄先生更尖锐地指出："对于知识分子总体而言，痞子化的趋向已是一种客观存在。即使真正在嘴脸上成为痞子的还为数极少，但精神世界里的'痞'——丧失人格、渴望堕落、厚颜无耻、出卖原则、逐利投机、亵渎神圣、蔑视理想……已不能不说是相当普遍。"② 针对上述情形，论者们呼唤人文精神的"回归"、"重建"与"高扬"。

以上观点引起了强烈的反弹，招致了很多的非议和驳难。

作家王蒙先生公然为"痞子文学"辩护，充分肯定"痞子文学"对于消解"伪崇高"所具有的积极意义，为"躲避崇高"的文学思潮推波助澜。他断言：中国从未有过人文精神。有一句流行歌曲唱道："只要曾经拥有，何必天长地久。"王蒙先生变其意而用之，说："既然从未拥有，何来天长地久。"他认为"人文精神"还没有在中国登堂入室呢，又怎么说得上所谓"人文精神的失落"③？

历史学家朱维铮先生对"人文精神"一词作了考证，结论是：中国原本没有人文精神，讲人文精神的高扬，岂非戏谈④？

哲学研究者曲卫国先生认为，所谓"人文精神的失落"或"遮蔽"，其实是一个占统治地位的话语体系被剥夺了其地位，因此，实际上不存在什么"人文精神的失落"⑤。

文学研究者陈晓明先生不否认当今中国文坛在某种程度上已经变成

① 张汝伦、王晓明等：《人文精神：是否可能与如何可能》，《读书》1994年第3期。
② 王力雄：《渴望堕落——谈知识分子的痞子化倾向》，《东方》1994年第1期。
③ 王蒙：《人文精神问题偶感》，《东方》1994年第5期。
④ 朱维铮：《何谓"人文精神"》，《探索与争鸣》1994年第10期。
⑤ 曲卫国：《危机？进步？》，《读书》1994年第8期。

了"废都"和"骚土",但他却不赞成对这种现象展开批评,说:"人民获得了某种程度的感性解放,而文化精英却立刻焦虑不安"①。

还有的学者说,谈人文精神是"堂·吉诃德对着风车的狂吼"。在这位学者看来,当前有些知识分子放弃人文理想和操守,正是一种"后知识分子"的特征,是社会发展的必然,而要批评这种生活方式和精神状态,无异于螳臂挡车②。

作家王朔的话说得更绝。他说那些批评者们是在教人按他们的模式作爱,仿佛不按他们的模式,就不叫作爱了③。冷嘲热讽,无过于此。

此外,还有的学者说:问题不在于"人文精神"失落不失落,而在于是否尊重别人的选择。他们怒斥张承志等人宣称的"不宽容",是"文化专制主义"、"文化恐怖主义"、"文化冒险主义"。

"人文精神"问题的讨论必然牵涉对文化史的总结。在"人文精神"讨论中,我们看到了来自两个方面的对"五四"新文化运动的批评。

在提倡"人文精神"的学者方面,有的人认为现代新儒家的代表人物梁漱溟、张君劢等人是注重人文精神的,批评倡导科学、民主和个性主义新道德的"五四"学者走上了唯科学主义之路。有的人推崇主张"孔学统一以定国是"的杜亚泉而贬低陈独秀④。有的人推崇反对白话文运动的梅光迪,批判"五四"学者抛弃自我反思原则、盲目张扬外来思想⑤,认为"五四"新文化运动导致了道德水准的下降和人文精神的衰落,断言中国的人文危机的"根源可以上溯至五四、鸦片战争甚至晚明"⑥。有的人谴责"以陈独秀、胡适、鲁迅为代表的一代'摩罗'式的人物对儒学苛刻而至于偏至的批判",说什么:儒家虽然不讲尊重人的追求幸福的权利,但道德境界却很高尚;"五四"学者虽然讲尊重人

---

① 陈晓明:《人文关怀:一种知识与叙事》,《上海文化》1994年第5期。
② 参见王晓明编:《人文精神寻思录》,上海文汇出版社1996年版,第144页。
③ 白烨、王朔等:《选择的自由与文化态势》,《上海文学》1994年第4期。
④ 王元化:《杜亚泉与东西文化问题论战》,《新华文摘》1994年第1期。
⑤⑥ 张汝伦等:《关于人文精神》,《文论报》1995年1月15日。

的追求幸福的权利，但却没有儒家那种高尚的道德境界；因此，中国的一切人文问题都必须在信仰儒教的前提下来加以解决。——像这样来讲人文精神，也就难怪连王朔也要站出来批评道："有些人呼唤人文精神，实际上是要重建社会道德，可能还是一种陈腐的道德，这有可能又成为威胁人、窒息人的一种武器，如果是这样的人文精神，那我们可以永远不要。"①

然而，站在王朔一边的王蒙先生也并不肯定"五四"传统。讲"人文精神"的某些学者批评"五四"学者"私德不修"，而王蒙先生则嫌"五四"学者的道德品质太崇高了。他批评说："五四"以来，我们的作家"都自以为是，努力做到一种先行者、殉道者的悲壮与执著"，这实际上是选择了"高出读者一头的形象"②。

在"人文精神"讨论中，我们还看到，争论的双方（不是所有的人）都或多或少地带有狭隘民族主义的情绪。在讲"人文精神"的学者中，有的人批评"五四"新文化运动是"异域文化对我们的阉割"，批评"诺贝尔情结"之类的所谓"殖民人格"③。王蒙讲"中国从未有过人文精神"固然不合乎事实，但却被有的讲"人文精神"的人斥为"外国的月亮也比中国的圆"④。至于反对讲"人文精神"的某些所谓"后现代主义者"，又与王蒙、王朔等人完全不同，他们认为讲"人文精神"是"对西方中心主义的臣属"，是"强化西方文化霸权的策略"，是"强化 80 年代'赶超'和'走向世界'的神话。"⑤

在提倡"人文精神"的学者中，还有人表现出强烈的宗教倾向。在文学界，张承志先生在提倡"清洁的精神"的同时，又在他的一系列作品中狂热地鼓吹伊斯兰教的哲合耶忍教派的信仰，鼓吹"殉教可以直入

---

① 白烨、王朔等：《选择的自由与文化态势》，《上海文学》1994 年第 4 期。
② 王蒙：《躲避崇高》，《读书》1993 年第 1 期。
③ 引自王晓明编：《人文精神寻思录》，上海文汇出版社 1996 年版，第 226 页。
④ 张志忠：《人文精神二辨》，王晓明编：《人文精神寻思录》，第 175 页。
⑤ 张颐武：《人文精神：最后的神话》，《作家报》1995 年 5 月 6 日。

天堂"，似乎只有血与火的洗礼才能拯救堕落的人类，只有在血淋淋的人头落地时才能使精神获得永恒，这就不免把他的某些具有合理性的立论引向荒谬。在从事人文学科研究的学者中，有人批评蔡元培先生早在"五四"时期就提出的"以美育代宗教"的主张，认为要重建人文精神，就要"回到'天国'"，讲宗教的超验价值①。有的人虽然不讲宗教，但把人文精神讲得玄之又玄，不着边际地大讲"终极关怀"、"终极价值"、"内心需要"，最终归结为"紧要的是要有信仰"，至于什么是"终极关怀"、信仰什么，等等，则又付诸阙如。所以批评者把这种关于"人文精神"的表述嗤为"玄想的神秘式的言语"，是"最后的神话"。

此外，还可以明显地看到，讲"人文精神"的一些学者沿袭了庞朴先生在20世纪80年代的文化讨论中提出的西方人是"个体人格"、中国人是"社会人格"的观点，将这一观点运用于中西人文精神之比较，殊不知庞朴先生运用的这些概念还需要经过严格的推敲，其观点也需根据史实作严格的审定。

不可否认，发起人文精神讨论的学者们功不可没。讨论中提出了许多问题。例如，究竟什么是人文精神？人文精神与人文学科、人文主义究竟是什么关系？中国有没有人文精神？如何看待中西人文精神的异同？人文精神与科学精神是什么关系？如何看待中国传统文化与"五四"新文化运动？人文精神是否排斥人的感性生活？如何看待理想主义与经验主义、价值多元与终极关怀的关系？是弘扬崇高还是躲避崇高？崇高是否仅仅属于知识分子？我们需要建设什么样的人文精神？当前我国人文精神建设的最大阻力是什么？知识分子在现代人文精神建设中应该承担起什么样的历史使命？能提出问题就是非常了不起的，可怕的是没有"问题感"。不少学者在讨论中发表了很多真知灼见，富于启迪作用，亦十分可贵。遗憾的是，对于"人文精神"这样一个极好的论题的讨论却未能继续深入展开。反对讲"人文精神失落"的人们批评对方，

---

① 见王晓明编：《人文精神寻思录》，第38、70页。

说他们是因为"自己不像过去那样为社会所关注"而出来"争夺话语霸权";而参与发起这场讨论的学者则又反唇相讥,说对方"只要一提人文精神就会火冒三丈,因为这正戳到了他们的痛处"。问题没有解决,讨论却已渐近尾声。

我们需要从学理上来探究问题,而不是互相指责。

湖北人民出版社曾凡国先生建议笔者就"人文精神讨论"写一部带有总结性的著作,从哲学的高度加以总结,以回答讨论中提出的问题,系统阐述人文精神的学理。这是一个富于远见卓识的建议。他就看出了:人文精神问题是一个涉及古今中西人类精神现象的一个重大课题,在本质上是一个关于人生的价值和意义的哲学问题,作出解决问题、阐明学理式的总结很有必要,这对于我国当代人文精神的建设来说,无疑是具有深远的意义的。当然,在学术文化多元化的时代,没有人可以充当"唯一的"总结者,所以,总结也可以是多元的,并不意味着"定于一"。从哲学的高度所作的总结就更是如此:哲学无定论,哲学的功能在于启悟,使人们的思想更为活跃。"总结"也并不意味着"终结",任何总结都只是阶段性的,总结的意义不在过去,而在现在和未来。

(二)

从"人文精神"问题的讨论可以看出,不同观点的分歧,首先是一个知识素养或学术素养的问题。

如果王蒙先生不仅知道"humanism"(近代意义上的"人文主义"),而且知道"Paideia"和"humanitas"(古希腊罗马的"人性教化",即人文学科教育)和20世纪西方思潮的新进展,就不会把人文精神仅仅理解为"humanism";如果王蒙先生熟知中国古代的人文教育,也通晓中国近数百年来多少志士仁人为实现近代人文主义理想所作的不懈努力，以及 20 世纪的人文哲学思潮对中国的影响，就不会断言"中国从未有过人文精神"；如果王蒙先生知道诺贝尔文学奖的评选标准在于"理想主义的旨趣"、"观念和生活哲学的真正崇高"，并旨在"促进和调节风雅"，就不见得会那么欣赏"痞子文学"并提出"躲避崇高"的文学主张。

同样，如果提倡人文精神的学者也能对人文精神的历史发展有尽可能全面的了解，就不可能把人文精神仅仅理解为一种知识分子的精神，就不可能把晚明以来中国社会的新思潮、特别是倡导科学民主和新道德的"五四"新文化运动看作是"人文精神的失落"；如果张承志先生注意考察一下社会发展的自然历史进程及其对人性的影响，更多一些理性，同时也更人文一些，就不可能使自己的立论有那么浓厚的宗教色彩，那么强烈的不是向前看、而是向后看的道德乌托邦的激情，那么浓墨重彩地渲染人如何死得凄惨壮烈的血淋淋的场面，那么决绝地几乎骂倒一切并宣称"不宽容"；如果我们的名流学者扎扎实实地多读几本中西思想学术的原著，就不会人云亦云地说什么"西方人是个体人格，中国人是社会人格"；如果我们的名流学者懂得现代民主法治的真谛，就不会对儒家的"君道臣节名教纲常"那么欣赏；如果我们的学者真正读过《十三经注疏》，至少《二十五史》也读过几册，就不会主张对中国当代问题作"儒学式的解决"；如果我们的学者了解"道统论"之所谓"统"的本质及其历史作用，就不会提出既要解构传统的道统中心、又要建立"新道统"的自相矛盾的主张。

从"人文精神"问题的讨论中还可以看出，与知识素养或学术素养相联系的还有一个学术规范的问题。按照学术规范，学者们不应使用未经自己批判地审定过的概念，在讨论问题的时候，也应该首先给概念下一个明确的定义，由此出发来阐明与此相关的学理。然而，我们却看到，在"人文精神"问题的讨论中，持不同观点的学者们心中所想、口中所言的"人文精神"其实并不是一回事，因而也就不免产生了许多的隔膜和龃龉。王蒙所说的"从未拥有"的人文精神不是谴责"痞子文学"的张承志等人所说的人文精神，批评"五四"学者不及儒家道德境界高尚的人们所说的人文精神又不是王蒙所说的"人文精神"。因此，任你争得唾星乱飞、天昏地暗，人文精神的学理却始终没有说清楚。这是"人文精神"讨论中最大的缺憾；而没有对基本概念的意义认同，讨论也就没有共同的前提和基础。

要阐明人文精神的学理，仅有一种对于现实的精神文化危机的忧患意识和诗化的激情是远远不够的，而必须对人性有不加丝毫伪饰的真实体认，必须有从人类文明发展的大道上走一趟的深厚学养，必须有培根、洛克式的理性精神，有帕斯卡、康德式的探讨人类心灵底蕴的深沉智慧，有黑格尔式的巨大历史感和马克思的"世界历史的眼光"，必须对中国文化的历程、特别是近数百年来中国文化近代转型的历程作出唯物史观的科学总结，对当代人类普遍面临的精神危机有深切的认识和把握，在此基础上，我们才能对人文精神的学理作出比较明晰的阐释，才能对于如何建立起一种既顺应时代进步潮流而合乎现代文明人类普遍价值之公理、又具有鲜明中华民族特色的新人文精神的问题，作出有益的探索，并且对正在致力于探索人类精神之出路的西方学者有所启迪。

人类的历史，是一部不断地追求真善美的历史，或者说，是一部不断地从必然王国向自由王国迈进的历史。人类追求真善美的历程也就是不断地认识必然、改造世界、追求自由的历程，二者在本质上是同一的，追求真善美是人的自由自觉的类本质的体现。人的现实存在，具体地说，每一个有血有肉、有认知、意志和情感的活生生的人的存在，乃是人文精神的出发点；而促进人类幸福，使人性更美好、社会更和谐，乃是人文精神的哲学探讨的终极目标和归宿。

以现实的人为出发点，我给"人文精神"这一概念所下的定义是：人文精神是人性——人类对于真善美的永恒追求以及表现在这种追求中的自由本质——的展现，这种追求表现着人类对于自己所从来的外在自然和自己的内在自然（动物式的情欲）的自觉超越，使人的感性生活具有日益丰富而高级的文化品位，从而把人与自然界区别开来；这种自觉超越同时又意味着人能够以自身的尺度去从事自由的创造性活动，不断地从精神的必然王国向自由王国飞跃。因此，人文精神本质上是一种自由的精神、自觉的精神、超越的精神。也正是因为如此，人文精神表现为一种既根源于人类的至性至情，又超越于实用理性之上；既体现着人类对于美好生活的追求，而又与宗教的彼岸世界迥然有别的目的观和价值观。具体地说，人文精神包含三个层面：第一，对于"人之异于禽兽"、而为人所特有的文化教养的珍视；第二，对于建立在个体精神原则基础上的人的尊严、人的感性生活、特别是每一个人自由地运用其理性的权利的珍视；第三，对于建立在教养有素基础上的每一个人在情感和意志方面自由发展的珍视。其中每一个层面都包含并体现着人对真善美的追求，它既表现为真善美的具体的历史的统一，又具有超越当下而展示人类精神文明发展前景的意义。

只要讲到人格，都是指的每一个个体的人格，如果他（她）还有"人格"的话。 切真伪的认知，一切善恶的判断，一切痛苦和欢乐的感受，甚至对于群体或社会的使命感、责任感，等等，都只能通过个人、并在个人的心灵和行为中展示出来。人格就是"Personity"，就是具体地历史地存在着的活生生的"个人"。一切人格都既是"个体人格"，又是"社会人格"，因为每一个人的存在都是具有社会性的。所以硬说西方人是"个体人格"、中国人是"社会人格"，实在不通。

世界上没有脱离了每一个人的感性生活的所谓"人文精神"，而使人生更幸福才是一切人文精神的根本特征。弥罗岛的维纳斯之所以比1789年的原则更不容怀疑，就在于：再也没有什么能比人们对于美好生活的追求、比"爱"与"美"更富于人文精神的了。

因此，我们所讲的"人文精神"，是面对每一个人的，是以人的幸福为目的的。它不是脱离了每一个体的抽象类精神，也不是以抽象的道德说教规范每一个人的无限生动活泼的感性生活，而是立足于现实的人和现实的人性，如实而客观地揭示人的社会生活和人的心灵的内在矛盾，激发每一个真切地体验过人生的酸甜苦辣的人们的心灵共鸣，来共同探讨如何使社会更美好、人生更幸福的途径。

人文精神的哲学以现实的人为研究对象，具体地说，是以人的本质属性——对于真善美的永恒追求——为研究对象，是对于人类追求真善美的历程的概括和总结，是历史地存在着的现实的人的精神现象学。从学理上来说，它试图通过具体的历史分析、逻辑分析、价值分析、审美判断来总结人类追求真善美的历程，而任何逻辑分析、价值分析、审美判断都必须是具体的历史的；它试图揭示人类心灵的内在矛盾，特别是真善美三者之间的内在矛盾，在矛盾的陈述中来揭示解决矛盾的方式，昭示真善美之统一的理想境界。

人文精神的哲学既是经验主义的，也是理想主义的。所谓经验主义的，是尊重每一个人的活生生的人生体验和智慧，尊重每一个人的独立的认知、情感和价值选择的自主性、尊重每一个人避苦求乐的自然人性和对于美好生活的追求，承认这一切都有其来自人性的根源，因而都有其天然的合理性。但另一方面，经验主义仍需要理想主义的补充，不应把理想主义理解为脱离了历史和现实的精神上的乌托邦，而应理解为一种对于人类的爱的终极关怀，对于真善美的境界的永远追求。事实上，人类社会的历史，就是一个不断地通过实践化理想为现实的历史。因此，"理想主义不是幻想，而是一种宇宙的真理"。理想主义如同经验主义一样，也在人性中有其根源，并且事实上在人类追求更幸福、更美好的生活的实践活动中发挥着"目的因"和"动力因"的巨大作用。当人们在醉生梦死中溺而忘返的时候，理想主义就越是显示出它的光芒！

从"文艺复兴"以来，时代精神的主旋律是"人的发现"。注重人的感性生活和意志自由的哲学思潮固然是"人的发现"的时代精神的表征，而注重以科学精神去认识宇宙和人生之真理的知识哲学的思潮，其哲学意义更是"惊天动地的人的发现"！但从19世纪后期以来，西方思潮的复杂性却远远超过了人们的想象。笔者过去一直沿用学术界把现代西方哲学思潮区分为"科学主义"和"人文主义"这种似乎是约定俗成的观点，近年来才开始产生怀疑。因为被称为"科学主义"的人们同时也是人的自由和解放的积极倡导者，凭什么要把他们的学说称为与"人文主义"相对立的另一种思潮呢？相反，被人们称为"人文主义"的尼采哲学则为法西斯主义所利用，存在主义者海德格尔乃是法西斯主义的公然拥护者，萨特不仅赞美中国的"文化大革命"，而且还鼓动起了1968年法国的"五月风暴"——以"越是闹革命就越是想作爱"为口号的法国特色的"红卫兵运动"，如此等等，又不禁令人沉思：被称为"人文主义"思潮的某些哲学流派在学理上有什么缺陷，或者，至少在学理的某些方面又并不那么"人文"呢？曾凡国先生约笔者写《人文精神论》这部著作，终于促进我将这一问题想通了：其实不存在所谓"科学主义"与"人文主义"的对立，只有"知识哲学"与"行动哲学"的分野，而二者的区别只在于前者强调认知对于人生的指导意义，而后者更强调人的非理性的生命冲动和人生体验而已。前者固然在学理上有所不足，特别是对于人的非理性的方面重视和研究不够，而后者片面强调人的非理性，其流弊就更大；要弥补前者的不足而又避免后者的流弊，就必须对人的知意情与真善美的关系、特别是其内在的矛盾及解决矛盾的方式作全面的探讨。

（三）

自古以来，东西方的哲人们都意识到真善美与假恶丑的对立——尽管不同时代、不同民族的哲人对于真善美与假恶丑的理解是那样的千差万别，具有明显的阶级的和历史的局限性；自古以来，东西方的哲人们也都追求真善美之统一——尽管不同时代、不同民族的哲人对于真善美三者如何统一、统一于什么有不同的认识，并且同样带有明显的阶级局限性、历史局限性、民族的局限性和认识的局限性。然而，却很少有哲人深入探讨过真善美三者之间的矛盾。有的哲人，如帕斯卡，虽然意识到人的存在的悲剧性——人求真而未必能够得真，求善而未必能够得善，求美而未必能够得美，但却没有意识到这种矛盾正是真善美三者之间的矛盾的表现。有的学者，如蒙田、卢梭，虽然意识到文明的悖论——蒙田说："自从学者在人们中间出现以后，好人就不见了。"卢梭更愤激地断言，科学与艺术的进步并不能增进人类的幸福。如此等等。——但他们同样没有十分清楚地指出真善美三者之间的矛盾。伟大的哲学家康德，也只是通过审视人的认知能力、实践理性（意志）的局限性，赋予人的审美能力以至上性，来强调"人是目的"的哲学主题，同样没有对真善美三者之间的矛盾作深入的哲学分析。19 世纪后期以来的现代西方哲学，或注重科学认知，或注重生命冲动的情感和意志，往往各执一端，互相排斥，前者宣称"拒斥形而上学"，后者则贬斥前者为"科学主义"或"惟科学主义"，使真、善、美三者之间的矛盾空前凸显出来。

20 世纪初的中国哲人王国维敏感地意识到真与善、真与美是存在着矛盾的。他说西方知识哲学的实证论、伦理学的快乐论、美学的经验论"可信"，但"不可爱"；而"伟大之形而上学、高严之伦理学与纯粹之美学"虽然"可爱"但却"不可信"。这使得他的心灵陷入了深沉的矛盾痛苦之中。现代新儒家讲"真"与"善"的对立，赋予其"科学"与"人文"之对立的意味：他们或沿袭传统儒学的思路，把科学精神排斥于"人文"之外（如张君劢）；或认为要接受科学就必须以"良知之坎陷（否定）"为代价，因而也就只能是"从内圣开出新外王"的一种权宜之计（如牟宗三）。由于他们摆脱不了儒家道统论和泛道德主义的束缚，也就不可能对真善美三者及其相互关系作全面的研究，往往以晦涩的语言来掩盖其学理的空疏肤浅。而以往在中国从事马克思主义哲学研究的人们则又很少关注真善美的内在矛盾，人们谈论起真善美来的时候，仿佛真善美三者之间是天然统一的，并不存在互相矛盾的情形。当代中国最深刻的哲学家，如冯契先生，著有著名的"智慧三论"，包括

《认识世界和认识自己》、《逻辑思维的辩证法》、《人的自由和真善美》三大卷，详细论述了"真与人生理想"、"善与道德理想"、"美与审美理想"，并且也注意到中国近代哲学中理性与非理性的矛盾，但在他看来，只要将认识的辩证法贯穿于价值论领域，就可以化理论为德性，造就真善美之统一的自由人格，至于真善美各自的内在矛盾和真善美三者之间的矛盾，则关注不够。

黑格尔有一句名言："密涅瓦的猫头鹰只有在黄昏的时候才起飞。"这句话深刻地道出了哲学同时代的依存关系。只有在市场经济条件下，一切现代矛盾以前所未有的清晰性充分展示出来的情况下，以往那些为人们熟视无睹的问题或关注不够的问题，才蓦然成为无比重要的哲学问题而进入哲人们的思维中心。人们常说，愤怒出诗人，痛苦出理论。只有对一切现代冲突有深切痛苦的感受，才能促使哲人们去认真思考真善美的内在矛盾，突破真善美天然统一的思维方式的束缚，在错综复杂的矛盾中去寻求真善美之统一的道路。

揭示并且正视真善美三者之间的矛盾，无论在理论上还是在实践上，都具有重要的意义。承认真善美之间存在着矛盾，也就意味着承认解决矛盾的方式的多样性：具有较强科学气质的人往往把"真"或"可信"放在第一位；具有较强艺术气质的人往往把"美"或"可爱"看得无比重要；具有较强伦理意识的人则往往把道德的"善"看得高于切。这几种解决方式，或指向真，或指向善，或指向美，都是人追求的境界，因而就都具有合理性。承认对于真善美之间的矛盾的不同解决方式各有其合理性，也就意味着承认人生哲学上的真理多元论，意味着承认可以从真善美的不同视角对人文精神作多元的诠释。诠释是多元的，不同的诠释都是一偏之见、一家之言，因而就不免有争论，但偏重于"真"者不能否定善与美的价值，钟情于"美"者亦不能否定真与善的价值，执著于"善"者也不能否定美与真的价值，因而争论是不可能有终极结论的，所以哲学无定论。揭示并正视真善美之间的矛盾，在理论上有助于为人生哲学的真理多元论奠定坚实的哲学基础，在实践上有助于培养多元、开放、宽容的现代文化心态。

中国现代哲学家有声称"接着程朱理学往下讲"的,如冯友兰先生,创立了"新理学"的哲学体系;有隐然"接着陆王心学往下讲"的,如贺麟先生,创立了被称为"新心学"的哲学学说。他们的哲学创造,都通过对中国哲学中的特定学脉的自觉选择和继承,而坚持了中国哲学自身的主体性;同时,他们又在自己的哲学思想中融摄了现代西方哲学的因素,如冯友兰先生的"新理学"乃是程朱理学与西方逻辑实证主义哲学的奇特结合,而贺麟先生的"新心学"则是中国的陆王心学与西方的新黑格尔主义哲学的精巧的融汇。

与冯友兰的"新理学"、贺麟的"新心学"不同,这本《人文精神论》,从中国哲学自身的主体性来说,是接着李贽、戴震、鲁迅往下讲的。从李贽呼吁复"童心",做真人,提倡"各从所好,各骋所长"的个性发展,到戴震提出"血气心知"的人性学说,激烈抨击"以理杀人"的伦理异化,再到鲁迅的"立人"说和"改造国民性"的学说,是一个具有启蒙意义的同质的思想文化历程,且与同时期以"人的发现"为主题的西欧思潮的变迁具有本质上相同的东西方可比性。接着李贽、戴震、鲁迅往下讲,既坚持了中国哲学自我发展和更新的主体性,又有利于向着以马克思主义哲学为最高成就的人类普遍价值观念的认同,亦有利于融摄自文艺复兴以来西方哲学的一切积极因素。

这本《人文精神论》,从与世界历史进步潮流相接轨的趋同性,即从马克思所说的"世界历史的眼光"和对"世界文化"的憧憬来说,它又是梁启超所说的"不中不西、亦中亦西的新学问"。一滴水在太阳光下能发出各种各样的光辉,一种人文精神的哲学也应折射出五彩缤纷的人类智慧之光。虽然世界上没有两个完全相同的人,但大家毕竟都是人,所以人类心灵的共性是基本的;无论中西,一切真善美的智慧结晶都是人类共同的精神财富,故哲学无国界。因此,现代人文精神的哲学既是中国哲学,也是世界哲学;它既是属于中国的,也是属于世界的；——总之，"外之不后于世界之思潮，内之仍弗失固有之菁萃"①，乃是本书的努力祈向。

哲学无定论。任何哲学思想除了体现时代精神的一面之外，往往带有个人生命体验的独特印记。因而，也就不可避免地具有这样或那样的局限性。好在人类的心灵几乎无往而不有其相通之处，追求真善美乃是人类的共同心愿。所以，我愿意将这本小书献给一切在人生的道路上永远追求的人们，献给一切为增进人类幸福而不懈奋斗的人们。愿能激发共鸣，引人深思，催人奋进，而不是使人消沉、颓唐和痛苦——尽管活人的颓唐和痛苦远胜于僵尸的乐观，尽管据说思想越深刻也就越使人痛苦——然而，真正的深刻却是使人既勇于正视痛苦而又在人生的道路上迈出坚实的步伐，是促使人在真善美的永远追求中努力创造避苦求乐的条件，从而使人生沐浴着自由、欢娱和幸福的光辉。

哲学思考无疑是痛苦的，但哲学奉献给人类的却不应该是痛苦。倘若哲学家奉献给人类的只是痛苦，那就让哲学和哲学家们干脆从地球上消失吧。哲学家的真正深刻之处，在于他能够使人们从现实和心灵的痛苦中振拔奋起，并告诉人们：要善于使痛苦转化、升华成为快乐的源泉，只有愚蠢的人才整天愁眉苦脸，"朝气蓬勃地投入新生活的人，他的命运是令人羡慕的。"（马克思语）——这正是人文精神哲学的座右铭。

---

① 鲁迅先生早年在《文化偏至论》一文中提出："外之不后于世界之思潮，内之仍弗失固有之血脉。"血脉二字似不妥，把血缘统绪的观念移来讲思想文化，有坠入一线单传的"道统论"的危险，现代人应当在古今中西各种思想中作自由自觉之选择，集众家之长，走自己的思想之路，故将"内之仍弗失固有之血脉"改为"内之仍弗失固有之菁萃"。

一

关于人的现实存在的哲学规定

什么是哲学？哲学是关于人生的终极关怀的学问，是对于人生的价值和意义的不断追问，是对真与善、爱与美的智慧的永远追求。所以，与其说哲学是理论化系统化的世界观，毋宁说哲学是理论化系统化的人生观，是综合运用知性、理性和直觉的智慧洞观对于人生价值和意义的求索与感悟，而所谓世界观无非是形而上学地改装了的人生观而已；与其说哲学所追求的是一种终极的知识或真理，毋宁说哲学所追求的是一种真善美的精神境界，一切宣称自己发现了"终极真理"的说法都只是虚妄的独断，而只有通过对人的现实存在的哲学反思与对人生价值和意义的不断追问和讨论，能够指引人们在生活和实践中向着真善美之统一的最高境界攀升。我们每一个人虽然不可能掌握终极的绝对真理，但对于真善美的精神境界的崇仰和追求，却可以使每一个人的心中闪耀着光芒，照耀着人生的途程。

（一）人的存在的本体论意义

在"人文精神"的讨论中，提倡人文精神的学者都讲到了"终极关怀"问题。但正如批评者所指出的:"人文精神"在众多的讨论中,并未得到过明确的表述,它似乎被指认为一种知识分子的超验的价值追求,是一种无法判断也无从描述的超验的"主体"力量。"终极价值"并未经过任何论证就通过某种内心的需要而达到了,它是信仰的结果,是通过内心的修炼而达到的超越境界。所以批评者认为,这实际上是在以玄想式的、神秘式的言语创造一套永恒的和绝对的知识①。而王蒙先生更对使用"终极关怀"这个概念极为反感,他说这个概念这些年来被一些人用得滥俗透顶了②。

批评者指出某些人文精神提倡者的神秘倾向,应该说是击中要害的。确有人把人文精神的终极关怀引向"神文",引向宗教;还有人讲儒家的"天地君亲师"的泛神论崇拜,认为没有这样的崇拜就会上不着天,下不着地,中不及人,失去安身立命的精神支柱。所有这些都可能将人文精神引入歧途。

但是,这并不意味着"终极关怀"的概念不能使用。"终极关怀"是哲学本体论(或称"形而上学",指哲学本体论意义上的形上之学)探讨的课题。我们大可不必把本体论或形而上的"终极关怀"说得那么玄而又玄、高深莫测。终极关怀的形而上的冲动本来就存在于我们的生命之中,存在于我们的人性之中,存在于每一个平凡的人的心灵之中。连生儿育女这样简单而又平常的事,在追问人生意义的场合,都可以看作是我们生命的本来的形而上的冲动,我们每一个体的肉体生命通过生育而超越了有限,这是一种关注个体和类的生命的无限延续的"终极关怀"。区别只在于有些人自觉地意识到,有的人则处于古人所谓"日用而不知"的状态,有的人的形上冲动则完全被物欲障蔽了。

因此,所谓"终极关怀"可以用几句极通俗的话来概括:"终极"就是"究竟",就是"到底",而所谓"终极关怀",就是追问人生"究

---

① 张颐武:《人文精神:最后的神话》,《人文精神寻思录》,第138页。
② 王蒙:《人文精神问题偶感》,《东方》1994年第5期。

竟"意义何在，"到底"有什么意义。用这样的大白话来解释"终极关怀"，可见所谓"终极关怀"并不神秘。追问人生的价值和意义，确是人的内心需要，它有助于唤起人的内心的自觉意识，但决不是超验的，即脱离人的日常生活体验的内心需要。相反，它就寓于每一个人的生活和实践之中，表现为每一个人的基本人生态度，而人生态度是由人的内心信念来支撑的。问题不在于别人要你信什么，而是你自己如何理解人生的价值和意义。对于人生意义的追问和体认，可以成为人的内心的自觉信念。人是要有所信仰的，但信仰却不一定要采取神秘的宗教的方式；人是要有自己的精神境界的，但未必只有讲"天地君亲师"的崇拜才是最高的精神境界。如果"终极关怀"远离现实的人生，甚至与人生相对立，那我们就宁可不要它。

生而为人，人生只此一次。我们从何处来，向何处去，有没有前辈子，有没有下辈子，宗教家关于"灵魂不灭"的回答，固然是"可爱而不可信"；当代西方心理学家揣测人的潜意识中可能深藏着关于前辈子的记忆，也缺乏足以让人信服的经验事实的证据。而科学知识则明确地告诉我们：意识是人脑的机能，我们的感觉、意识皆依赖于我们的肉体存在，肉体一旦死亡，这人世间就再也没有了"我"的存在。这一论说倒是确凿可信的。那么，人生一世，有没有意义？如果有意义，意义何在？要怎样生活才算有意义？

除了宗教家和以往的形而上学家讲的那些关于人生意义、终极关怀的"可爱而不可信"话以外，普遍流行的就是人生无价值、无意义的观念。连太阳、地球都总有一天会毁灭，那还谈什么个人的人生价值和意义呢？终极目的是没有的，活着就是一切。中国古代有一个著名的"雪泥鸿爪之喻"说道："人生世间只何似，应似飞鸿踏雪泥，泥上偶然留指爪，鸿飞哪复计东西！"（苏轼：《渑池怀旧寄子由》）现代西方的存在主义者说："人生是一堆无用的热情。"中国当代也有极有名的老学者积一生之思考而宣称人生无意义的。确实，立足于个体的"一向年光有限身"，目睹或身受人生的种种痛苦，一旦撒手而去则万事皆空，又怎能不产生人生无意义的观念呢？

然而，如果我们换一个视角看问题，就会觉得人生还是有价值、有意义、有作为人所应关怀的终极目的的。犹如自然界中生物个体的法则只有在物种中才能被发现一样，个人生命的意义亦只有在对于人类全体的关系、在俯瞰人类历史演进的高度上才能被发现。从这一视角看问题，我们可以说，使人性变得更高尚、更美好，使人类社会变得更完善、更值得热爱，其实就是我们每一个偶然地降临到世间来的人的目的和生命的终极价值。要不然，我们又何必降临人间而做一个人呢？每一个人为了自己所属的人类生活得美好而尽了一点一滴的绵薄之力，而自己也由此感到一丝欣慰，就是完成了生而为人的使命。龚自珍《己亥杂诗》云："落红不是无情物，化作春泥更护花。"这似乎是自然的法则。世间一切有情无过于人，作为人，该是怎样地为了我们自己的人类而倾注关爱之情呵！

现代人文精神哲学的本体论是人学本体论，是唯人主义。因为我们所探究的是一个意义与价值的世界，在这个世界中，一切意义与价值都依赖于人而存在，没有人，也就不存在所谓意义和价值。——人虽然不是客观的物质世界的本原，但却是属于人的意义和价值的世界的本原。

哲学的任务在于在有限中把握无限，在相对中把握绝对，在短暂和瞬间中把握永恒。有限人生与无限宇宙的矛盾，激发了人们对于永恒、无限和绝对的追求，于是便有了哲学本体论的探讨。古往今来的哲学家，不断地叩问终极的存在是什么，我从何处来，我向何处去，提出了各种各样的关于终极存在的本体论预设。然而，对于终极存在的本体论论证却是众说纷纭，并且由此派生出唯物主义与唯心主义的对立。而这种对立之存在的症结，就在于没有区分外在于人的自在的自然世界与属于人的意义和价值的世界。

现代人文精神的哲学对于哲学史上的一切本体论探讨给予历史的、同情的理解。

从表面上看，历史上很多哲学家们的头脑似乎是实在不清楚：客观物质世界的现实存在本是一个不证自明的公理，犹如几何公理是不证自明的一样，可是，很多哲学家却总是在"存在"是什么、"存在者"是什么、什么是终极的永恒的存在，甚至在"Being"是该译为"存在"还是译为"有"（There is）等问题上，至今也还在争论不休。这些问题仿佛与现实的人生相距十万八千里，一般人很难看出这些晦涩的学理、玄之又玄的论说究竟有什么"无用之大用"，一切争论仿佛都是多余的。然而，对这些仿佛是"无事生非、庸人自扰"的论说给予一种历史的和同情的理解，就可以看出，所有这些问题都无不关涉对于人生意义的思考。不同时代的哲学家都借助于本体论问题的论证来说明人生的价值和意义。例如在中国，从孔子的"天命"，到玄学的"名教出于自然"，再到宋儒的"天理"，都只是特定社会历史条件下说明人生之价值和意义的本体论方式。在西方，柏拉图的"理念"、伊壁鸠鲁的"原子"、斯宾诺莎的"实体"、莱布尼茨的"单子"、费希特的"自我意识"、黑格尔的"绝对精神"，等等，其实也全都是形而上学地改装了的对于人生的价值和意义的说明和论证。

即使是哲学本体论上的心物二元论或身心二元论，如果给以同情的理解的话，也有其根源于人性和活生生的人生体验的依据：心灵要向着真善美的精神境界提升、飞腾，而肉体却执著于食色两大主义的物质生活享受。那不是基于爱情的婚姻，更明显地造成了人的身心的二元分离和对立：朝朝暮暮心相随的是理想中的恋人，而日日夜夜身相伴的则是同床异梦的夫妇。古人所说的"买妾千黄金，许身不许心"的情形，正是心物二元论或身心二元论的绝妙注脚。无论多么玄之又玄的哲理，似乎都可以还原为关乎人生之价值和意义的感性具体。

现代人文精神的哲学，并不拒斥形而上学（本体论），但坚决摒弃一切反映宗教异化、伦理异化的玄学论说，而直接以人作为属人的意义与价值的世界的本体。在这里，它只把物质世界的客观存在作为一条不证自明的公理，作为一切关于人的哲学论说的一个不言而喻的重要前提，因为这一公理将寓于关于意义和价值的哲学论说之中。除此之外，若要说及"存在"，那就是人的存在。而要讲到人，具体地而不是抽象地讲人，就必须立足于每一活生生地存在着的人类个体的生命追求，让物质带着诗意的感性光辉向人的全身心发出微笑，让真与善、爱与美在物质世界的感性光辉中放射出它的光芒。一切社会制度、伦理道德、文化传统，都应服从并服务于使每一个体获得人生之自由幸福的目的，而不是相反。人不能也不应充当任何违背人的自由而全面发展要求的社会制度、文化传统、道德伦理的牺牲品。因此，对于现实的人生来说，李贽所说的"穿衣吃饭就是人伦物理"，"百姓日用即道"、"各从所好，各骋所长"，"情之至于纤微无憾是谓理"，就是不言而喻的价值真理；除此之外，再没有脱离了人的所谓"无极而太极"的"天理"来充当人间的主宰。人通过社会实践赋予他的生活世界以价值和意义。

把人看作是属于人的意义和价值的世界的本体，决不意味着可以把人的存在无限地吹嘘、膨胀为客观的物质世界的本体，从而以人的存在取代宇宙的总体存在。人的意义与价值的世界，其实是从属于一个不以人的意志为转移的客观物质世界的，人的存在只是这个总体的"存在"的一小部分。自然界的总体存在作为"自在之物"，作为支配着人的无所不在的必然性，还远未成为"为我之物"，人只是在极为有限的范围内化"自在之物"为"为我之物"而获得了少得可怜的自由。19世纪的学者在探讨人与自然的关系时，大都强调生存竞争、自然选择、适者生存、不适者淘汰的进化论原理（以达尔文的学说为代表）；在探讨人们的社会关系时也往往是以自然界的生存竞争原则来解释各种社会现象（以社会达尔文主义为代表）；20世纪下半叶以来的学者探讨人与自然的关系时强调的是生物界的互助互补，而从20世纪初以来就有学者提倡社会互助论，并逐步形成了以强调宽容、和合为主要特征的时代潮流。学理的研究无疑应该体现时代性，但决不应以一种片面性去代替另一种片面性。学理的研究既要体现时代的要求，又要全面地揭示人与客观世界的关系。

清醒地而不是醉意朦胧地看待人在世界中的地位，可以发现，无论是人与自然的关系，还是人们的社会关系，都存在着竞争与互助或反抗与宽容两个方面。互助是竞争的结果，宽容是反抗的结果。在自然界的生存竞争中，人确立了自己的主体性，并进而认识到维护自然界生态平衡的必要性；在社会中，反抗与宽容导致个性解放与大同团结的统一。

事实上，犹如宇宙中的一切事物——大到天体、小到原子的结构——都是在引力与斥力相抗衡的"力的结构"中才能维持其存在一样，人要在自然中、在社会中维持自己的生存、维护自己的尊严，就不可能没有反抗。当然必须正确理解"反抗"这个概念。"反抗"的目的仅仅在于获得与"被反抗者"同等的主体性生存。自然界是在生物界的既生存竞争、又互补互助的对立统一中来维持自己的生态平衡的，生存竞争就是对危害自身之生存的外部力量的反抗；而自有人类文明史以来，个人在社会中也只有通过对侵害与压迫的反抗，才能获得自身的主体性存在。

从人与自然的关系看，人的存在本身就处于"反抗"状态中。人的生命存在，不过是在生之前的"无"与死以后的"无"之间以"生的存在"争得的一段时空而已。对于个体来说，他来到这个世界上是偶然的，而死亡对他来说则是必然的。每一个体生命的存在历程也就是一段反抗死亡的必然性的历程。在死亡的必然性面前，人除了以反抗自救——自己掌握"自由"以证明自身的存在之外，别无可能。一个不能反抗的生命，很难证明"生的存在"，在没有显示出生命的意义和价值之前，就会被"虚无"所吞噬。人为维护自己的生存具有反抗的本能，每一个人的身体中的免疫系统就是生命中的反抗本能的标志。人生活在自然中，也不能不反抗：人必须通过抵御酷热和严寒来增强身体的耐力，通过抵抗细菌病毒而产生抗原以增强肌体的免疫能力；人又不能不反抗毒蛇猛兽的袭击，不能不砍伐树木盖房子以御风雨严寒，不能不伤及"大地母亲"的肌肤去种庄稼……可以说，只要人类想生存就不可能没有对于自然力的反抗。只有人在意识到对于自然生态平衡的破坏会危及自身的生存和人类长远利益的时候，才提出了保护自然生态环境的要求。当然，人在为了自身的生存而"反抗"自然力时候，不应该把这种"反抗"发展为对于自然的"反叛"，不应为了人类的欲望而使其他的物种灭绝。事实上，人类旨在维护自身生存的对于自然力的"反抗"已经发展成了对于自然的"反叛"，由此导致地球上的许多生物种类已经灭绝或者濒临灭绝，这种对于自然的反叛势必危及人类自身。

从人与人的关系来看，虽然一般的人性是对真善美的追求，但这并不意味着说现实的人性就是真善美；当人们知道什么是真善美的时候，那假恶丑也就作为一种不言而喻的事实而显示出来了。自从"贪欲和权势欲成了人类社会前进的杠杆"的文明时代降临以来，每一个正直善良的人要维护自己的生存，维护自己的尊严，也不能不反抗同类的侵害和压迫。从人类社会进入文明以来已经经历过的几种社会形态——奴隶社会、封建社会、资本主义社会——来看，都存在着人对人的剥削、压迫和侵害，因此，就不能否认反抗剥削和压迫的阶级斗争学说有其真理性。当代西方发达国家的经济发展当然与劳资合作有关系，但是，这种阶级关系的调和，正是工人阶级努力争取和维护自己权益的反抗斗争的结果；当代发达国家的社会矛盾，诸如种族矛盾、两性权益的矛盾，等等，确有调和的趋向，但这种调和，正是持续高涨的黑人运动和女权运动的结果。工人的权益、黑人的权益、妇女的权益，一切自由和平等的权利，都是反抗斗争而来，不是资本家和统治者的恩赐。中国人民通过辛亥革命，赶走了皇帝，汉族男子剪掉了象征着 267 年民族耻辱的大辫子，实现了"五族共和"，也正是反抗和斗争的结果。因此，那种因为不满阶级斗争学说而连辛亥革命也要否定的观点，是浅薄的和片面的。革命固然是反抗和斗争的激进形式，但改良也未尝不是反抗和斗争的结果。当然，反抗必须是理性的，合乎人道的。在存在着"那些使人成为受屈辱、被奴役、被遗弃和被蔑视的一切关系"的社会中，片面强调"和合"，消解人的主体性，就不可能有人的尊严。

即使在普通的人际关系中，一个人要活得有尊严，要与他人平等和睦地相处，也不能没有某种意义上的"反抗"。人首先必须自爱，这种自爱也就是一种反抗歧视、反抗侮辱、反抗侵害的本能。现实的人性太容易偏私，动辄损害别人的利益以遂一己之私欲。每一个在人生的道路上经历过坎坷的人，都能体会到那些落井下石、趁火打劫者的险恶，都能体会到那"失意往往谣诼袭、得志屡屡争相亲"的世态炎凉、人情冷暖，都能体会到那隔岸观火、从他人的苦难中渔利和觅取欢乐的人们的狡诈与卑劣，都能体会到那些"戏剧的看客们"的冷酷与麻木，能够遇到一两个知己真诚地关心你、爱护你、帮助你，就是万幸。龚自珍说"书生"害人比俗人更可怕，鲁迅把传统社会中的人际关系比作"豪猪的取暖"，离得远会感到寒冷，靠得近了又会刺得疼痛。历史上那些志在救世的英雄豪杰之士，他们自己不惜为社会而作出最大的个人牺牲，而对于他人，却总是教人要自爱，肯定每一个人的合理的私人利益和个人权利不受侵犯的必要性。历史证明，人必须反抗压迫和剥削，才能从社会关系中获得自由。现实证明，人只有敢于反抗非理、非法的侵害才能维护自己的合法权益和人格尊严。

从人与自身的关系来看，人能够通过反抗自身的必然性而获得自由。人生而有肉体，有需要，这对于人来说，永远是必然的。人在自身的必然性面前是懦弱的，然而，人能够反抗这种懦弱性而使自己变得坚强；当外在的事物与人的肉体需要的必然性相适合时，人是极容易受其诱惑的，然而，人能够反抗这种诱惑而使自身变得高贵；人在自身的自然的必然性面前是很容易堕落的，人往往会本能地趋向于金钱崇拜和权力崇拜而使自己堕落，然而，自觉的人则能够反抗这种堕落而使自己变得崇高。总之，人通过反抗自身的必然性而从动物性的存在中逐渐提升出来，从受必然性摆布的不自由的动物性存在而变为自由的人格存在。

反抗自然的和社会的压迫，目的还是在于要追求人与自然的和谐和人类社会的和谐。在现在的世界上，人与自然的和谐的实现，有待于人类社会之和谐的实现。人类在平等的基础上共同团结起来，才能解决全球性的问题。于是，"和合"的价值也就凸显出来了。——实现人类的大同团结，进而实现人与自然的和谐，就必须对属于人的意义和价值的世界、对人的存在的本体论意义有更全面的认识。

每一个人都是类存在物，是人类的一分子。个体也只有在类的关系中，才能形成属人的、即人之所以为人的意义和价值的世界。这是因为：

第一，每一个人，无论是男人还是女人，都不是一个独立自足的存在，他（她）首先必须在与异性的关系中才能构成一个具有"人"的完整的生物学属性和初步的人的属性的"自我"。古希腊喜剧家阿里斯托芬说：男女本系一体，但是被神分割，所以至今还是相互爱慕的；"爱"是残缺的东西企图恢复它原来的完整状态之情。中国古人讲"夫妻胖合"，"胖合"即是合两半而成一整体的意思（见段玉裁：《经韵楼集》卷二）。一位现代的奥地利思想家奥托·魏宁格尔（1880—1903）也说过类似的话，他说：作为"人"无论在肉体上还是精神上，都是由男性因素和女性因素结合而成的；因此，两性相爱就是这两种因素为了结合起来成为一个完整的人。这些饶有风趣的说法都包含着深刻的哲理：作为人，男人的性格不是完整的"人"的性格，同样，女人的性格也不是完整的"人"的性格，只有男女两性各以对方的性格为自己的补充，才能各自形成完整的人格。有文学家说："男人的一半是女人"，反过来也可以说，女人的一半是男人。而家庭，作为男女间的社会结合最原初、最古老的方式，无论其采取什么样的形式，都是个体人格向社会发展的最基本的条件，是人性的最内在的呼唤使然。男女两性的结合既是为了繁衍后代，更具有形成完整人格的精神上的深远意义。

第二，人作为意义和价值的世界的主体，每一个人对于意义和价值的体认都是在社会交往中、在群体的实践中形成的。两性的结合只是人的社会性结合的开始，并不意味着只要有两性的结合人就具有了属于人类的那种社会性——稳定的两性结合在猿类那里也有，但猿类是不具备属人的社会性的——两性结合只有在人类群体的生活中才具有社会性的意义。人类各民族在长期的共同生活中，形成了共同的语言、共同的风俗习惯、共同的宗教信仰、道德风尚和审美情趣，个人意识就是在这种共同的文化氛围中发生和养成的。在交往局限在区域的、民族的范围内的时代，个人意识乃是社群意识和民族意识的承载者。当交往从民族的、区域的范围扩大为世界范围的普遍交往的时候，特定民族的语言可以翻译成其他民族的语言，各民族的心灵就再也不是不可沟通和理解的了，于是便形成一种"世界的文化"，形成人类的普遍价值观念。个人意识也就由特定的社群意识、民族意识的承载者，而成为人类普遍精神的承载者。而个人意识的特殊性，都不过是在群体的社会意识的基础上所出现的这样或那样的变化而已。不管是多么杰出的个人，多么出类拔萃的天才人物，他的个人意识，他的精神创造，或许可能超越社群的、阶级的、民族的局限性，但无论如何不可能超出人类"大我"社会意识的范围。相反，自我的人格越伟大，自我的要求也就越能反映人性的普遍要求，并且与人性的普遍要求——使人性更真、更善、更美，使社会关系更合乎人性、更和谐、更美好的要求——相一致。

第三，个人意识——作为人类普遍价值之承载者的个人意识——可以通乎宇宙。就目前我们所能认识的宇宙而言，人是宇宙中最高级的生命存在，思维着的精神是宇宙间最美丽的花朵，宇宙通过人、并在人身上达到了自我意识。因此，在这一意义上，人性与天道原本贯通，天与人原本合一。但是这一推论决不意味着可以说人道就是天道，以为只要研究人，也就认识了自然；决不意味着对于自然可以采取"六合之外，圣人存而不论"的态度。相反，真正的天人合一，是要求人将终极关怀落实于不断探索自然奥秘以造福人类的伟大事业。

正如在人类社会中，不能以个人的存在来排除其他大部分人的存在一样，人毕竟只是自然界的"存在"的一小部分，不能以这一部分来排除自然界的"存在"的其他大部分。我们说自然通过人而达到了自我意识，人的精神通乎宇宙，只是就我们所认识到的一小部分自然界来说。从主客体的区分和人的主体性的立场来看，我们固然可以说"人是万物的尺度"；然而在另一方面，我们人连对于自身的认识也还有限得很。古往今来，谁能说自己把"人"完全说清楚了？对于人自身的认识是如此，更何况对于自然界的"存在"的其他大部分的认识呢？所以从人与人的关系来看，我们又不能局限于个人来立论，还应考虑到"自我"以外的其他所有人，这些人与我是完全平等的；从人与自然的关系来看，我们也不能局限于人的狭隘视野来立论，而应努力认识自然，尊重自然规律。任何人，即使是"圣人"，也没有资格"为天地立心，为生民立命"，没有资格强制自然和社会服从他自己设定的价值理念。因为无数的历史事实告诉我们，"圣人"其实也是平常的人，具有平常的人所具有的一切局限性；权力不受制约的历代"圣王"亦不可能只干好事而不干坏事，因而亦具有不可靠性。要实现人与自然的和谐和人与他（她）人的和谐，实现人学本体论以每一个人的幸福、包括子孙后代的幸福为目的的价值观，就必须着眼于"存在"的全体来立论。在人类社会内部，所谓人的尊严，是指尊重他（她）在"存在"的全体中所处的地位和天赋权利；承认人与人之间是平等的，于是就从所有的人的权利平等的意志中，产生出一个对一切人来说都是公平的最高意志——代表社会公正和正义的法律，现代的民主法治社会就由此产生。对于自然，人可以"利用厚生"，但决不应破坏自然界的生态平衡。"深度生态学"的研究表明：自然生态的和谐平衡，有赖于各种生物的互补互助；而作为生物链中的一个环节的人，只是生物界的"合作伙伴"之一。人必须尊重由自然界的全体存在所规定的合作规则，为了实现人类的可持续性发展，不能也不应胡作非为。也就是说，无论在自然界还是在人类社会，人都不能搞特权人治，而应服从自然法则和人类社会的法律。人要维护自己在属人的意义和价值世界中的本体地位，就应该超越人体生命的有限存在，将终极关怀指向类的生命的无限绵延，并以此为出发点来关注宇宙总体的无限存在。

总之，人的存在的本体论意义就在于：第一，他（她）是属于人的意义和价值的世界的主体。人要生存和发展，就必须确立自己的主体性，在反抗自然压迫和社会压迫的斗争中争得自己的主体地位，因此，人的主体性是不能消解的。第二，他（她）作为意义和价值的世界的主体，能够在人与自然、人与他人和社会的对象性关系中来确立自己的终极关怀。人在通过反抗自然压迫而确立了自己的主体性地位的同时，能够以自己的爱心去关注自然界其他生物的命运，努力维护人与自然之关系的和谐。人在通过反抗社会压迫而确立了自己的主体性地位、"推翻那些使人成为受屈辱、被奴役、被遗弃和被蔑视的一切关系"的同时，能够以平等、自由、宽容的精神重建和谐的人际关系，以爱心去尊重和关心他人，以实现人类的普遍幸福。第三，人在改造自然、改造社会的同时，不断提升自己的精神境界，在真善美的永远追求中形成自己的自由人格，实现人的自由本质。

（二）人与客观世界的对象性关系的现实存在

人，是在创造文化和历史的实践活动中不断对象化自身和重塑自身的现实存在。人在与客观世界的对象性关系中获得其自身的规定性并成为其自身。

人与他的现实存在对象之间至少包含五重关系：人与自然，人与作为个体而存在的他（她）人，人与社会群体，人与文化传统，人与社会历史。五重现实的对象性关系的依次推演，体现着人在实践中自我生成的历史的与逻辑的一致。

1　人与自然

自从人类用双足立地以来，就面对着与自身的现实存在对象的自然界的关系问题。人类历史实践的发展，不断赋予这一问题以新的意义，它既是人类面对和思考的一个永恒课题，更是目前国际社会热切关注的富于人文精神和终极关怀意味的"当代问题"之一。——思考人与自然的关系，关心自然界的生态平衡，追求人与自然的和谐，归根结底是对于人自身的命运的关怀。推而广之，任何"终极关怀"其实都是对于人自身的关怀。

什么是自然？广义的自然包括在无限的空间与时间中存在的一切，狭义的自然仅仅是指与人类的认知和实践活动发生联系的那一部分宇宙世界，主要是指人类赖以生存的那部分自然生态系统，即作为太阳系中的一员、又依赖于太阳和大气层而存在的地球生态系统。同时，人本身也就是自然界的一部分，但他却意识到自身的存在，并且通过其有意识的活动，而把自然界作为自己的对象性的存在。

劳动，即物质资料的生产活动，是人与自然界相互作用、相互联系的中介，是人与自然作物质交换的方式。实践出真知，但任何实践又都以感知对象的认知为前提。因此，人的劳动是通过对自然的认知还治自然之身、化认知为实践、又通过实践的结果而观照自己的本质力量的过程。在这循环往复的过程中，派生出人与自然的认知关系（真）、实践关系（善）、审美关系（美）。

人与自然的关系是历史地发展着的。地理环境在它未与人类发生关系之前，无论是海洋还是内陆，并没有任何先天的"开放"或"封闭"的属性，只是由于人类主动地作用于它，与它作物质交换，它才通过这种物质交换的方式来塑造人，亦即人通过自身的活动来作自我塑造。在这一意义上，地理环境其实什么也没有做，它完全是被动的，按照自然界普遍存在的作用和反作用原理而反作用于人，是人类自己活动的结果——"人化的自然"——塑造了人类自己。当然，地理环境的特征也包含在这"人化的自然"之中。

于是，在人与自然的关系发展的一定历史阶段上，就有了所谓"黄色文明"与"蓝色文明"的区分。马克思有一本题为《十八世纪外交史内幕》的小册子，区分"黄色文明"与"蓝色文明"，不过是马克思在这本小册子中所阐述的观点的美文的表述。马克思通过研究中世纪俄罗斯民族的生存条件，指出：这个典型的内陆民族，这个在与海洋不发生交涉的地区生存的民族，具有"天然的抗海本能"。他在讲"内陆民族的特征"的时候，同时讲到了"使这个特征消失的滨海地区"；他不仅讲到了封建社会亚洲各国的停滞特性和有限交往，而且讲到了"西欧的活动特征和频繁交往"，等等。

然而，在近代地理大发现、工业革命和世界市场形成以前，不管各民族在与自然作物质交换的方式方面存在着多么巨大的差别，按照马克思的说法，他们都还只是"狭隘的地域性的个人"。只是由于大工业首次开创了世界历史，各民族在人与自然的关系上的狭隘性才被打破，"狭隘的地域性的个人为世界历史性的、真正普遍的个人所代替"。

生产力——人与自然的实践关系和认知关系之统一的生产力——归根结底是社会发展的最终的决定力量。恩格斯把物质文明的发展水平看作是划分人类历史时代的根本依据。他根据人类早期物质生活的不同特点划分出蒙昧时代、野蛮时代和文明时代。马克思指出，人类历史上依次更替的各种社会形态都是与生产发展的一定历史阶段相适应的。从西方历史看，铁器工具的使用产生的是奴隶制社会，手推磨的使用产生的是封建社会，蒸汽机的使用产生的是以工业资本家为首的资本主义社会。进入 20 世纪以来，人类进入了电气和原子能的时代；而 20 世纪末，人类又开始迈进由"因特网"所覆盖的信息时代。在生产力高度发展的现代发达国家，距离马克思所预言的"物质财富像泉源一样涌流出来"的时代已经越来越近了。

从人类对于自然界的态度来看，大体经历了以下三个阶段：

在以农耕为主的与自然作物质交换的方式占统治地位的时期，由于生产规模的狭小，限制了人们对自然界的认识和改造的能力，人们对自然界的神秘力量充满了敬畏之情，匍匐在天地神祇的脚下，祈求风调雨顺、五谷丰登，占统治地位的是在大自然面前无所作为的"靠天吃饭"的观念，人所能做的，充其量只是"赞天地之化育"，即参与自然化育万物的活动。虽然也有几个哲人提出过一些重视人的主观能动性的观念，如墨子提倡勤劳的美德、荀子讲"明于天人之分"和"制天命而用之"、刘禹锡讲"天与人交相胜"，等等，但没有、也不可能超出农业社会的狭隘眼界。中国古代有过很丰富的保护自然生态环境的思想，强调"人君不能保其山林薮泽者不可以为天下王"。但主要着眼于维护天人之际的既定和谐，并且常常与神秘主义的风水迷信结合在一起，与现代生态科学是不可同日而语的。

近代大工业的诞生，引发了对于自然界的态度上的一场巨大变革，传统的小生产者在自然面前无所作为、维护人与自然之既定和谐的态度为近代人雄心勃勃地征服自然的态度所代替。自然界仿佛蕴藏着无尽的宝藏，只要人向它索取，就会获得巨大的财富，而财富则被看作是幸福生活的源泉。生物进化论告诉人们，整个生物界都处于生存竞争、自然选择、适者生存、不适者淘汰的过程之中，受这一学说的启迪，人们普遍认为，一个民族要在人类社会的生存竞争中立于不败之地，就必须大力发展社会生产力，就要尽可能获得控制和操纵巨大自然力的能力，因而要与天奋斗，与地奋斗。大工业的迅速崛起后创造的巨大生产力，大大超过了以往数百万年人类创造的全部生产力的总和；而高潮迭起的科学技术革命，则引导着人类不断地向生产的深度和广度进军，替自己创造日益增多的福利事业。人在自然界面前证明了自己的能力，并且使许多人相信，科学技术是万能的，人类能够完全地认识自然，并且征服自然。

然而，早在19世纪，一位哲人在热烈地讴歌科学的进步和大工业的突飞猛进的同时，就向人类发出了这样的警告：

> 我们不要过分陶醉于我们对自然界的胜利。对于每一次这样的胜利，自然界都报复了我们。每一次胜利，在第一步都确实取得了我们预期的结果，但是在第二步和第三步却有了完全不同的、出乎预料的影响，常常把第一个结果又取消了。美索不达米亚、希腊、小亚细亚以及其他各地的居民，为了想得到耕地，把森林都砍完了，但是他们梦想不到，这些地方今天竟因此成为荒芜不毛之地，因为他们使这些地方失去了森林，也

失去了积聚和贮存水分的中心。阿尔卑斯山的意大利人，在山南坡砍光了被十分细心地保护的松林，他们没有预料到，这样一来，他们把他们区域里的高山畜牧业的基础给摧毁了；他们更没有预料到，他们这样做，竟使山泉在一年中的大部分时间内枯竭了，而在雨季又使更加凶猛的洪水倾泻到平原上。……因此，我们必须时时记住：我们统治自然界，决不像征服者统治异民族一样，决不像站在自然界以外的人一样，——相反的，我们连同我们的肉、血和头脑都属于自然界，存在于自然界的；我们对于自然界的整个统治，是在于我们比其他一切动物强，能够认识和正确运用自然规律①。

这是恩格斯于1876年6月写作的《劳动在从猿到人转变过程中的作用》一文中向人们揭示的真理。此后，恩格斯在评论达尔文的"生存斗争"学说时亦曾指出：达尔文以前，生物学家只强调有机界的和谐与合作；达尔文以后，这些人又只看到斗争；两者都有一定的道理，但两者都是片面的。自然界的事物的相互作用，既包括和谐也包括冲突，"因此，在自然界中决不允许单单标榜片面的'斗争'"②。——遗憾的是，在大半个世纪中，人们对这一真理熟视无睹，"征服自然"的隆隆机器声湮没了哲人的微弱呼唤；直到20世纪50年代以来，科学家们才不断地向人们发出了"地球生态告急"的警报。自然生态的危机本质上乃是人类自身的生存危机。

2 人与他人

人与他人的关系，是个人在其生存的世界中所面对的又一重现实的对象性关系。这一关系在逻辑上虽然是从人与自然的关系所派生，但实现人际关系之和谐的重要性并不亚于自然生态环境的保护。在人类面对

①② 《马克思恩格斯选集》第3卷，第517—518、572页。

的"当代问题"中，实现个人与他人，特别是与异性之关系的和谐，也是国际社会、特别是那些敏感的哲人和激进的女权主义者所关注的热点问题之一。

在人与自然的关系中，有两种生产活动。一种是通过劳动，使自然界满足现实的人的生存需要的物质资料的生产活动；另一种是通过生育来繁衍后代，使人类的生存得以延续的人自身的生产活动。无论是物质资料的生产活动，还是人自身的生产活动，都说明了这样一个不言而喻的事实：人最需要的是人，需要相互协作；男性和女性各以对方为最需要的对象；二者都是发自人的内在自然的要求。

由此便产生出"两种生产关系"：一种是物质资料的生产关系，另一种是人自身的生殖繁衍的生产关系——两性关系。简单地说，也就是人与他人的关系。人的自主活动，是在这两种关系中进行的。因此，生产关系乃是个人自主活动的条件；同时，作为个人自主活动的必然要求，生产关系又是个人自主活动所创造的结果。在原始的氏族血缘群体中，物质生活资料的生产与人自身的生产的"两种生产关系"是结合在一起的，实际上是同一种社会关系结构的两种不同的功能。诚如马克思所说，人和人之间直接的、自然的、必然的关系是男女之间的关系，在这种自然的、类的关系中，人同自然界的关系直接就是人和人之间的关系。人类的生活与实践，赋予男女之间的最自然的关系以社会关系的属性。

无论是物质生活资料的生产关系，还是人类自身的生产关系（两性关系），都是同人与自然作物质交换的特殊方式相适应的。

蒙昧时代是以采集现成的天然产物为主的时期，人类的制造品主要是用作这种采集的辅助工具，与此相应的物质生活资料的生产关系是原始的共产制；而两性关系的形式则是群婚制。其最原始的状态是"每个女子属于每个男子，同样每个男子也属于每个女子"的杂乱性关系，此后逐渐发展为排除了不同辈分之间的性关系而以一群兄弟姊妹互为夫妇，那曾经是"哥哥抱着妹妹做新娘"的血缘家庭，进而又发展为排除了血亲婚配，由一群互称"亲密的伙伴"的女子与同样互称"亲密的伙伴"的一群男子互相拥有的"普那路亚家庭"。"普那路亚"就是亲密的伙伴的意思。

野蛮时代是学会经营畜牧业和农业的时期，是学会靠人类的活动来增加天然产物的生产方法的时期。与此相适应的物质资料生产关系依然是原始的共产制，两性关系的形式则演变为或长或短时期内的成对配偶制，这种家庭产生于蒙昧时代和野蛮时代交替的时期，盛行于野蛮时代的初级阶段和中级阶段。

文明时代是学会对天然产物作进一步加工的时期。与此相适应，原始公有制为私有制所代替，不稳定的成对配偶制家庭为要求妇女严格遵守的一夫一妻制家庭所代替。在群婚制和非专一的对偶婚时期，子女不能确认生身父亲而只能确认生身母亲，所谓"只知有母而不知有父"，因而妇女在家庭中处于主要地位，原始家庭是母权制家庭。在从对偶制家庭向一夫一妻制家庭过渡的时期中，男性在社会生产中、从而在家庭中逐渐地占有了比妇女更为重要的地位，所以，母权制也就自然地为父权家长制——男子对女性的统治和多妻制家庭——所代替。用恩格斯的话来说："这是女性的具有世界历史意义的失败"。无论是在奴隶制社会，还是在封建社会，一般来说，妇女在家庭中、在社会生活中，都处于被支配的地位。

在传统的男性中心社会中，无论是东方、还是西方，占统治地位的都是"男主外，女主内"的性别角色定位、"男恕风流，女戒淫邪"的双重两性道德。中国自古以来就有"女人祸水论"，在西方这一观念也可以追溯到古希腊的《荷马史诗》：

> 特洛伊长老们也一样的高踞城雉，
> 当他们看见了海伦在城垣上出现，
> 老人们便轻轻低语，彼此交谈机密：
> "怪不得特洛伊人和坚胫甲阿开人

为了这个女人这么久忍受苦难呢，

她看来活像一个青春长驻的女神。

可是，尽管她多美，也让她乘船去吧，

别留在这里给我们子子孙孙作祸根。"

中国古代有"女子无貌便是德"之说，而在西方，直到 18 世纪的卢梭仍然告诫人们："不仅不应当追求而且应当避免讨一个花容月貌的女人做妻子……除非一个美丽的女人是天使，否则她的丈夫将成为人类当中最痛苦的人。"① 中国古代有"女子无才便是德"之说，同样，在西方，直到近代仍然流行着这样的观念："对丈夫、孩子、朋友、仆人以及所有其他的人来说，有才华的女人都是灾祸。由于她认为她有很高的才情，所以她看不起妇女们应尽的天职。"② 中国古人认为女子的"五官四体皆为人设"，而在西方直到近代仍有此种观念，说"女性生来就是为了取悦男人，从属于男人"③。中国古代认为女子应"在家从父，出嫁从夫"，同样，西方的传统观念也认为，女性自己没有判断的能力，"她们应该像遵守教会教规那样深信不疑地遵守父亲和丈夫的决定"④。中国古代有所谓"惟女子与小人为难养"论，而西方，直到 19 世纪，仍有叔本华、尼采鼓吹的敌视女性的观念在社会上流行。尽管西方传统中也有一种女性崇拜的观念，但充其量只是一种礼仪上的点缀，如英国绅士挂在嘴边上的"Lady first"（女士优先），又如法王路易十四在妇女面前表现的"一种无聊的殷勤"，但正如西方的女权主义者所指出的，这种表现的女性崇拜不过是男人的情欲使然，妇女的实际地位依然是：

——该诅咒的隶属身分，

最初被当作偶像崇拜；

等到爱情的火焰熄灭后，

---

①② 卢梭：《爱弥尔》下卷，商务印书馆 1978 年版，第 617、616 页。

③④ 转引自玛丽·沃斯通克拉夫特：《女权辩护》，商务印书馆 1998 年版，第 60、110 页。

就成了那些从前向我们求爱者的奴隶①。

随着工业文明的诞生，广大妇女逐步走出家庭，重新回到社会的公共事务中去，独立谋生，这是妇女解放的第一个先决条件；与此同时，由爱情而结合的婚姻被宣布为人的权利，不仅是男人的权利，而且是妇女的权利。这是人类精神的一次大进步、大解放，尊重女性的人格意味着男性自身人格的提高，而传统的对于女性人格的贬抑和践踏则反衬出男性自身人格的卑劣。19世纪后期以来，女权运动在先期进入现代化的发达国家中蓬勃兴起，妇女在教育、就业、参政诸方面逐步获得了与男性公民同等的权利，在社会生活中发挥着日益巨大的作用。在有的发达国家的内阁成员中，女性占多数。妇女解放的程度是衡量整个社会解放程度的天然尺度，基本上已成为现代文明人类的共识。

但是，传统的男性中心社会的某些荒谬观念并没有随着社会变革而如影随形地消失，这些观念依然阻碍着妇女解放的进程。正如现代英国女权主义者玛丽·沃斯通克拉夫特所指出的："要根除色情主义者所培植的根深蒂固的偏见，还需要一个相当长的时间。"②而要根除对于容貌美的色情崇拜对于女性的影响，使她们放弃她们生来就是为了使男人喜欢的传统观念，就更需要一个相当长的时间。又如一位德国学者所指出的：漂亮的女人是欲望的对象，这是各种各样的男人所承认的；而一个由表现智慧的美而激发起别人的更为崇高情感的高尚女性，却可能遭到那些以满足肉欲为快乐的男人们的忽略和冷淡③。

对于女性美的色情崇拜的传统观念与自由开放的现代社会关系的结合，凸显了人的情感危机。享乐主义的性生活，成为相当多的男人和女人们的共同追求。流行的放纵行为，使性欲堕落到只有靠药物的刺激才能使它兴奋的程度。男性的放纵刺激了女性的淫荡，而后者又反作用于前者，二者在互相败坏方面互相促进。在受非理性主义思潮影响的一部

---

① ② ③　转引自玛丽·沃斯通克拉夫特：《女权辩护》，商务印书馆1998年版，第116、58页。

分现代西方文学作品中，我们看到了与古典主义的文学截然不同的另一种情感方式。古代的男女之爱重情，恋爱具有更多的精神的意味；现代的男女之"爱"重性，男女双方缺乏共同的精神追求，代之以随机性的性行为的片刻欢娱，而在片刻满足之后，精神却更为空虚，也许还交织着对于性放纵的懊悔，对于精神和肉体的双重沉沦的痛苦。对于形体美的异性，很多人已不再把她或他看作是灵与肉的统一的完美的象征，只以与她（他）睡觉为快，却不愿与她（他）长久相处。

在中国，我们也看到了男女关系从重情到重性的变迁：20 世纪 80 年代的歌星们咏唱的尚且是"天荒地老"式的爱情，而 90 年代初的歌星们则唱出了"只要曾经拥有，何必天长地久"；到了 20 世纪末的 1999 年，更有女歌星掀动着两片红唇声嘶力竭地唱出："只要你爱我一次我就心满意足！"

现代社会关系给人以高度的自由和独立性，但由于价值相对主义观念的流行，也在一定程度上和范围内导致了人与人之间丧失了基本的价值认同，造成人际关系上的疏离和心灵上的无家可归之感。在某些西方文学作品中，我们看到：人与人之间，包括两性之间难以沟通，似乎每一个人都有一种永远也驱不去的深入骨髓的孤寂，仿佛一个人生活在那为茫茫大海所包围的孤岛上，但却不见得比生活在茫茫的人海中更寂寞；又仿佛是一个人站在深夜的旷野上，仰望星空，追问希望在何处，未来将如何，回答却是无知的悲哀……这种心态虽然并不是那么普遍，而主要是表现在少数敏感的知识界人士之中，但毕竟也是现代社会生活的一个侧面的反映。

寻觅克服现代人的情感危机的出路，当然也是世纪之交的一个富于人文精神和终极关怀意味的话题。

3　人与群体

人类的始祖，并不是如各民族的创世纪神话所说的只是一个男人和一个女人——如基督教的创世纪神话所说的亚当与夏娃，如中国古代神话所说的伏羲与女娲，等等——人类的两性关系一开始便带有个体与群体之关系的性质。

儒家说："人道之始，造端夫妇。"禽兽是"知有母而不知有父"的。然而，奇怪的是，人类恰恰是凭着"知有母而不知有父"的群婚制所结成的群体，才使自己走出了动物界。恩格斯引证动物学的资料告诉我们：大猩猩与黑猩猩是过着成对配偶的比较专一而稳定的两性生活的，在这种生活中，成年雄者有着极强的嫉妒心，不能宽容其他的成年雄者与自己的异性伴侣发生关系，这就使"动物的家庭跟群体对立起来"，因而其进一步的发展就受到了限制；而在正在形成中的人那里，由于"成年雄者的互相宽容"和"嫉妒的消除"，从而形成了"很少能有嫉妒余地的婚姻形式"（群婚制），由此形成了持久的集团式的群体生活，"只有在这种集团中才能实现由动物向人的转变"①。

为什么形成中的人、特别是男人必须消除两性关系上的嫉妒心呢？恩格斯告诉我们，"这是为了以群的联合力量和集体行动来弥补个人自卫能力的不足"②。

因为进化造成人的肉体自卫能力的匮乏性，不结成群体就不能抵御大自然的豺狼虎豹的袭击，也不能使人脱离动物状态。这说明，个体正是为了自身的生存，客观上也是为了自身的发展，才结成了社会群体。

在原始社会，氏族制的社会组织形式并不是专制的桎梏，"而是群体即原始共同体的给人带来满足和乐趣的纽带"③，个人的利益与整个氏族的利益是一致的。个体是氏族之一分子，个体的命运随氏族之命运而变迁，个体的切身利益与氏族之祸福息息相关，因而个体亦不能不将自身看作是体现氏族之利益的一分子，不能不努力以自身去实现氏族之

---

①② 恩格斯：《家庭、私有制和国家的起源》，《马克思恩格斯全集》第21卷，第45—46、45页。

③ 马克思：《亨利·萨姆纳·梅恩〈古代法制史讲演录〉一书摘要》，《马克思恩格斯全集》第45卷，第646页。

利益；反过来说，氏族之利益的实现亦是个体利益实现之途径，为个体生命价值之所在。建立在生产资料公有制和"很少能有嫉妒余地的婚姻形式"基础上的原始的自由、平等、博爱，以及由全体氏族成员参加的氏族议事会来决定公共事务的原始民主制，体现着原始的个体与类的一致。但由于生产力水平的低下，社会分工尚未发达，谈不上有个性的发展，所以这些原始人之间彼此并没有什么不同。

生产力的发展和社会分工的日益发达，给人类带来了文明，首先是带来了少数人的个性的片面发展。以获取"booty and beauty（战利品和美人）"为目标的劫掠战争巩固和提升了作为军事首领的父权家长对于财富和女性的支配权力，少数人的利益与社会公共利益的矛盾开始激化。按照马克思和恩格斯在《德意志意识形态》中的论述，国家不仅是阶级矛盾不可调和的产物，而且首先是随着分工的出现而产生的个体利益与社会共同利益的矛盾斗争的产物。在西方，是从家庭、私有制到国家；在东方是从家族到国家。

在从家庭、私有制到国家的场合，个体家庭作为一种力量，以威胁的姿态与氏族相对抗，私有制冲破了氏族关系的纽带，社会分裂为自由民和奴隶、富人和穷人，掠夺财富和奴隶的战争也在相邻的部落之间激烈地展开。于是从不可调和的阶级矛盾中产生了"第三种力量的统治"——国家。"这第三种力量似乎是站在相互斗争着的各阶级之上，压制它们的公开的冲突，顶多容许阶级斗争在经济领域内以所谓合法的形式进行。"[①] 在这种场合，尽管国家所要维护的秩序客观上是经济上占支配地位的阶级所需要的秩序，但是，作为一种在普遍混乱中代表秩序的力量，它要使社会不至于在对立的阶级和社会集团的激烈斗争中归于毁灭，从这一意义上来说，它是人类群体利益的代表，是人类精神的代表。古希腊雅典的城邦民主制使沦为债务奴隶的希腊人重新获得自由民的身份，国家权力是全体希腊公民——包括奴隶主和平民——的不同

———————————

① 恩格斯：《家庭、私有制和国家的起源》，《马克思恩格斯全集》第21卷，第193页。

意志的合力的产物，而奴隶则是从北非和西亚掠取来的，希腊人不奴役希腊人。

在从家族到国家的场合，各级父系家长作为一方，家族中的卑者、贱者、贫者作为一方，全国由大大小小的家长统治着，一级制驭着一级，不存在凌驾于对立的阶级之上的"第三种力量"，因而存在着不受任何制约的专制君主的绝对权力。中国历来就有"父为家君，君为国父"的说法。夏代"家天下"，帝王是以全族的"父"的姿态出现的。商代有"大示"（直系）和"小示"（旁系）之分，从武丁以后并确立了嫡长子继承制，说明商代亦是通过血缘宗法关系来进行统治。周天子按照父权家长制的班辈来分田制禄、设官分职，天子、诸侯、卿大夫、士，既是政治上的君臣隶属关系，又是血缘上的大宗和小宗的关系。就这样，所谓国家，既是国，又是家；所谓君统，既是宗统又是君统；所谓国法，既是家规又是国法。在秦以后的君主官僚专制社会中，严格意义上的"封建"与"宗法"制度虽已式微，但封建宗法制的精神却依然体现在"天下国家，本同一理"的原则之中。在国家政治生活中，皇帝发布的政令称"旨"称"诏"；在家庭生活中，亦是"妇顺夫旨，子言父诏"。父权家长制的权力与皇权、与各级"父母官"的权力是相通的。历代帝王标榜的"以孝治天下"，正是由父权家长制引申而来。个体与群体的关系，犹如儿童之服从父母，很难有自己的意志和主见。

古希腊也存在过"僭主政治"，但之所以被称为"僭主"，就是认为这种权力的来源是不合法的。古罗马有共和制，也有帝制，但皇帝的权力也要受到元老院的制约，不存在不受制约的皇权。西欧中世纪的君主政治，更受到来自教会权力、贵族领主的权力以及市民们的"自由城市"的权力的制约，也不存在不受制约的绝对权力。

中西比较，近代以前，中国社会只有晚周时的君主权力才受到封建领主权力的挑战；只有在唐代的一段较短的时期内，才赋予了门下省以封驳君主诏敕的权力。其他时期，基本上都是不受制约的绝对君权的统治。在历史上，正是不同的政治模式，即个体与群体之关系的不同模式，制约着个体人格（任何人格都是个体人格）在认知、意志和情感方面的发展。

近代西方，又在更高的基础上复归到古希腊雅典的民主制度。东方各民族也纷纷进行了近代化的政治改革，随着世界各民族经济社会的发展，建设民主法治国家正日益成为世界各民族的共识，成为不可阻挡的时代进步潮流。然而，个体与群体的矛盾并不因为民主法治国家的建立而一劳永逸地解决。遵循着理性主义的原则而创造出的高度严格的科层制管理形式和具有严密的制衡机制的现代国家制度，固然为现代经济生活、政治生活的正常运行所必需；但另一方面，它又确实是"竭力把个人简化为无所不包的操作系统中的运算因子"。因此，不少西方学者对他们生活于其中的社会所隐藏着的极权主义复活的潜在危险仍然保持着高度的警觉。

纵观历史，任何一种社会都遇到来自两个方面的威胁：一是由于过分强调群体的共同利益而排斥个体的独立人格和个性自由，由此也就遏止了社会进步之活力的源泉，导致社会的停滞和僵化；而作为对这种扼杀个性的社会制度的惩罚，则是狭隘利己主义的泛滥和社会的腐败，乃至使整个社会处于一盘散沙的境地，人们对政府发动的任何事情都难有发自内心的热情和兴趣，甚至在外敌入侵时也难以组织有效的抵抗。二是片面强调个人利益和个人的绝对自由而排斥群体的共同利益，乃至消解一切社会规范，从而导致无政府主义的泛滥，使得任何为了社会的共同利益而必需的合作和联合都成为不可能的事。在这种情况下，不仅不可能推进社会的进步，而且同样会威胁到社会的生存。这两种片面性所导致的后果可谓殊途而同归。因此，如何合理地划分群己权界，如何既维护为群体之生存和发展所必需的社会规范，同时又不给个人以过多的束缚，至今仍是海内外思想界致力于探讨的一个重要课题。从人类的生存和发展来看，这也是一个富于终极关怀意味的课题。

4　人与传统

传统是一个由文化所派生，因而从属于文化的概念，没有文化，也就无所谓传统。当然，传统之所以为"传"统，对于文化的延续又具有重大的意义，文化是通过"传统"而世代延续的。传统是一个与时间的推移相联系的概念；作为名词，它是指过去遗传下来的文化因素；作为具有动态意味的词汇，它是指过去的文化因素的遗传。

依"统"所指的具体对象的不同，"传统"这一概念在中国历史上具有颇为复杂的意义。其一，"传统"是指皇统的传承。如《孟子·梁惠王下》中说："君子创业垂统，为可继也。"如南朝沈约为皇帝所撰《立太子诏敕》所云："树元立嫡，有邦所先，守器传统，于斯为重。"所有这一切都是指家天下的皇权的统系传承。其二，"传统"是指道统的传承。孟子首创儒家道统说之刍议，其说略云："由尧舜至于汤……由汤至于文王……由文王至于孔子。"（《孟子·尽心下》）韩愈正式创立儒家的道统说，并以道统的继承者自居。此外，中国的佛教和道教也各有自己的"道统"，佛教谓之"传灯"，道教谓之"嗣法"，各教派各有自己的"宗风"、"门风"，皆融宗法、师承、道统于一炉。其三，传统还指民间社会百工九流之特色的传承，像文人崇拜孔子一样，百工九流也有自己崇拜的祖师，号称"嫡传"者即为"正宗"，其重视"正宗"的程度不亚于帝王之重视"正统"和文人们争当孔门"正统"。其四，传统是指家族制精神的传承。此即清代史学家章学诚之所谓"百姓日用而不知"、然而却有世世代代遵奉的"道"，是孔门之"道"的最深刻的社会基础。中国人把"传统"理解为可变的，是直到明清之际才产生的新观念。

在西方，也曾经存在过把传统的内容看作是静止的不变的观念。西方在启蒙运动时期，就有观念论神学家的"传统主义"（traditionalism），与启蒙学者对于社会进步的信念相对抗。只是随着处于不断的变动与创新之中的现代工业社会的诞生，人们才普遍建立起对于"传统"

的新观念，即把传统理解为处于永恒的创造进化之中的人类精神生命之流。

以上所说的只是涉及"传统"一词在历史上的具体运用和人们对待传统的不同态度，并不是给"传统"下一个严格的科学的定义。"传统"是一个指称民族文化心态和社会的精神氛围的概念，是特定文化形态的精神表征，也就是作为不同文化之内核的民族文化心理结构，它包括作为文化心理的表层结构的风尚层中那些具有相对稳定性、可以长期延续的风俗习惯、道德风尚和审美情趣，作为文化心理的中层结构的观念层中那些具有相对稳定性的经济、政治、道德、艺术、宗教、哲学的观念，作为文化心理深层结构的精神本质的层面——对于人类心灵中的各种永恒矛盾的解决方式。也就是说，传统包含三个层面：（1）与习俗风尚相联系的传统；（2）与意识形态相联系的传统；（3）与民族心理深层结构相联系的传统。民族心理所具有的自在自为的整合作用，把文化心理的表层、中层和深层结构有机地结合在一起，构成民族文化传统的特殊风貌。就传统自身而言，它具有民族性和时代性；就传统与时代推移的关系而言，它具有常住性与变动性；就传统与人类实践活动的关系而言，它又具有"惰力"与"动力"两重属性。

正如文化可以区分为主流文化和亚文化一样，传统也可以分为"大传统"与"小传统"。如果把贯穿于中华民族全部历史发展过程中的基本精神看作是大传统的话，那么，作为特定时代经济政治之集中反映的文化精神则是小传统；如果大传统是指主流文化的内在精神的话，那么小传统则是指各种亚文化的内在精神。

如同成人的每一组成熟的行为都可以追溯到一个儿童期的起源一样，作为传统的最具有稳定性的部分——民族文化心理的深层结构——也可以追溯到一个民族的童年时代。人猿相揖别，人类各种族及其各个分支一开始并没有什么不同，只是经过漫长的进化走到跨入文明的门槛时，社会发展的东西殊路和文化传统的差别才逐渐显示出来。各民族古代文明形成的特殊历史途径，作为人类从自然状态过渡到历史的桥梁，是不同民族文化心理深层结构形成的具有最重要的决定意义的关节点，它赋予了人与客观世界的对象性关系以民族特点，从而影响到不同民族对于人类心灵深处主要矛盾的解决方式。所谓民族文化心理的深层结构，即是由不同民族的古代文明所走的不同路向所决定的对于人类心灵深处主要矛盾的解决方式，是体现于不同民族的人生态度、思维方式、价值观念中的总的指导原则。它作为体现文化的民族性的精神本质（"形式因"）的层面，制约着民族心理的中层结构（观念层）和表层结构（风尚层），并反映在该民族的物质文化、制度文化和观念形态的文化之中，成为各民族文化赖以互相区别的民族特点。它作为文化传统中最具有稳定性的层面，一直影响到现代人的文化心态，这也正体现着恩格斯所说的"精神胚胎学"与"精神古生物学"的一致。

作为主流文化之内在精神的传统是通过上层建筑，尤其是思想上层建筑的诞生得以确立的。一方面，历史上的统治阶级总是选择那种具有最广大的社会心理基础的、有着"普遍性形式"的思想作为自己的意识形态。例如孔子思想之所以能够成为两千多年中国宗法专制政治的意识形态，就在于它除了有反映统治阶级的经济政治利益的那部分思想外，还在相当大的程度上反映了建立在血缘宗法关系基础上的民族文化心理，有利于统治者推行其教化，维护其统治；孔子思想作为意识形态的历史地位的确立及这种统治地位的世代延续，也就具有了支配整个社会的精神氛围的意义。于是，整个社会也就笼罩在这种犹如一种"普照的光"的占统治地位的思想氛围之内。

古代文明形成的特殊历史途径规定了传统的民族性，同时这一特殊的历史途径——通过适合当时生产力水平和生产关系的上层建筑、特别是思想上层建筑的确立——而赋予了传统以时代性。民族性与时代性，遂成了传统中的两个既互相区别，又互相联系的基本属性。从互相区别来看，在特定民族文化的范围内，民族性是对该民族文化特征的最高层次的抽象，是普遍性；而时代性则只是文化在特定时代的具体特征，是特殊性。在世界文化的范围内，民族性是特定民族全体成员所共有的精神形态的特征，是特定民族的心灵赖以与其他民族相区别的特殊性；时代性则是世界各民族在相同时代的精神的共性，是特定时代各民族的文化精神赖以相通的普遍性。民族性在相当大的程度上具有与民族共存亡的超时代性，而时代性则受到人类历史上依次更替的时代的限制。对传统的民族性几乎不能作出善恶的价值判断，对传统的时代性（例如特定的时代氛围所赋予的某种落后的国民性，等等）则可以而且应该作出善恶的价值判断。从民族性与时代性的相互联系来看，民族性是依靠历史、通过历史并且同历史一起保存下来和发展起来的，民族性必然带有时代的特色，表现为同一民族性在不同的时代具有不同的具体内容。在一个民族意气消沉的时代，民族性往往被阻碍社会发展的各种社会关系所扭曲，而表现出种种落后的国民性；而在一个民族意气风发的时代，民族性会因经济和文化的繁荣而表现得格外鲜明。

传统又具有"常"与"变"两种属性。相对于现代社会把传统理解为变化日新的动态进程而言，传统社会之所以为传统社会，就在于传统的常住性、稳定性。特别是中国的传统社会，有着几千年一贯制的风尚和习俗，几千年一贯制的经济、政治和文化的观念。相对于传统的风尚层和观念层往往随着时代的变革而发生显著的变化而言，传统的深层结构往往变动并不显著。在这一意义上，传统的时代性体现着"变"的属性，传统的民族性则明显地带有"常"的属性。传统的"变"的属性主要表现在其时代性的层面上，随着社会发展的划时代的变革，从旧传统中发展出新的传统。例如，在中国社会迈向现代化的过程中，传统一词被广泛地运用于许多新的场合，指称一些新的精神现象，如"五四新文化运动的传统"（或"科学与民主的传统"）、"中华民族近代爱国主义的传统"，等等。这是时代所赋予我们民族的一些新的传统，是能动地创造自己的历史的人们在新的时代所焕发出的精神，因此，传统的时代性是可变的。相对于这种显著的变动性而言，传统的民族性就显得比较稳定，当然也不是绝对不变，而是在其中注入某些新的时代内容。

传统还具有"惰力"和"动力"两重属性。传统一旦确立，就成为一种客观的社会力量，制约着人类社会的发展。人类历史活动的受动性，在很大程度上就是来自传统的制约。传统作为被意识形态所支配的社会精神氛围，集中地反映着特定时代的经济和政治，为特定时代的经济和政治服务，它随着某种经济和政治的社会形态的兴起而兴起，即使到了某种社会形态的衰落时期，它仍然表现出强烈的维护该形态的意向。因此，在这一意义上，传统的变革既是如闪电走在雷鸣之前的社会变革的先导，也是社会变革的结果。然而，在传统的民族性的层面上，传统中又包含着使民族保持生机和活力的精神源泉，要求变革发展的冲动总是来自民族的精神生命内部，立志改革的志士仁人，也都是民族的传统之所孕育。新传统代替旧传统，是变革，但无疑也有继承，这种继承性往往是更深层次的。例如，在中国近代社会变革所形成的新传统中，就既有变革，也有深层次的继承，其中一脉相承的，有中华民族生存和发展的坚韧的生命意志，有志士仁人砥砺气节、艰苦卓绝的崇高的人格力量，等等。在这一意义上，传统又是人们的历史实践活动的动力。将传统中所包含的"惰力"因素和"动力"因素作仔细的分辨，才不至于走向盲目地反传统和盲目地维护传统这两个极端。

民族文化传统是人的精神的家园。西方人对于古希腊文化有家园之感，中国人对于自己的传统文化也有同样的眷念之情。海外的中国人，尤其是新儒家的学者，对于中国传统文化的眷念之情尤为强烈。这从感情上来说，是无可非议的。但各民族如何以理性的态度来对待自己的文化传统，却至今仍是一个需要深长思之的问题。在东西方冷战结束后，亨廷顿预言，未来世界的冲突，将是儒教文化、回教文化与西方文化的冲突，不同民族的宗教所激发起的狂热和狭隘的民族主义也会闹得世无宁日。亨廷顿的观点不一定全面，但却发人深思。从人类共同繁荣与进步的观点来理性地对待本民族的文化和外来文化，谨慎地防止和避免因不同的宗教信仰等而引发不同民族之间的敌视、仇恨、对抗乃至互相杀戮，不能不说也是当今人类富于终极关怀意味的问题之一。

5　人与历史

人与动态发展着的历史进程的关系，是扬弃了人与现存的传统文化氛围的关系于自身的更深刻的一重现实的对象性关系，它是人与客观世界的五重现实的对象性关系的最后一重。从第一重对象性关系开始，经过了一系列扬弃的过程，从而在人与历史的关系中包括了以往各重对象性关系的实质性内容。人与自然、人与他（她）人、人与群体、人与传统的关系，都是在人与历史的关系、在人们创造历史的活动中表现出来的。正如"人化的自然界"是一幅直观人类自身形象的图画一样，作为人类现实存在对象的历史亦是一幅直观人类自身历史形象的图画。

通过五重现实的对象性关系，人创造了一个文化的世界：

从人与自然的关系中产生出生产力；

从人与他（她）人的关系中产生出"两种生产关系"；

从人与群体的关系中产生出政治上层建筑；

从人与传统的关系中产生出思想上层建筑（意识形态）；

而从人与历史的关系中，则产生出上述诸要素的特定时代风貌。

在历史的发展中，作为人与自然的认知关系与实践关系之统一的生产力，与"两种生产关系"处于相互作用之中；制约上层建筑的也不仅是物质资料的生产关系，而且是通过生育而进行的人类自身的生产的生产关系（西方中世纪的贵族政治和东方社会的伦理政治是最明显的证据）。政治和思想的上层建筑是服务于这"两种生产关系"的。

从人类社会的共时性视角看，人通过处于五重对象性关系中的历史实践，展示其既是历史剧的剧作者、又是历史剧的剧中人的主体性，不断地实现其本质力量的对象化，同时，也不断地实现其从必然王国向自由王国的飞跃。

我们承认人的历史活动的受动性，因为人本身就是历史的产物，历史造就了人，人只有作为历史的产物才成为开创自己的新历史的前提，因此人的活动总是受到一定历史条件下的社会环境的制约，人不可能无条件地、随心所欲地去从事自己的历史活动。但是，我们更强调人的历史活动的能动性，特别是人的历史主动性和创造精神，因为人不是消极地适应环境的动物，而历史毕竟是人创造的，环境是由人的活动来加以改变的，每一个人都在写自己的历史，每一代人都在自己的实践活动中给环境打上自己意志的烙印，给人类历史增添新的一页。所以，正是人们在认识世界的同时努力改造世界的主观能动性，人们朝气蓬勃地创造自己的新生活的实践活动，特别是他们在重要的历史关头所表现出的开创历史新时代的主动性和积极性，方才真正显示出那与狭义动物界相区别的人所独具的自由自觉的类本质。

我们承认人是历史活动中的角色，是历史剧的剧中人，这角色或剧中人是被安排在剧本的特定情节结构之中的。但是，我们更强调每一个人都有选择自己角色的权利，更强调人是历史剧的剧作者或历史活动的导演。在剧作者或导演与角色的双重身份中，他（她）既设计、指导着剧情的发展，又在其中扮演着一个角色；他（她）扮演什么角色，必须是他（她）自己自由自觉自愿地选择的结果。如果说人类中的大多数人曾经长期处于不能自由地选择自己的历史角色，不能通过自己的自由自觉的活动来写自己的历史，不能充当历史剧的剧作者的话，那么，到了今天这个时代，应该是每一个人都可以自由自觉自愿地选择自己的历史角色，并且与全人类一起来共同创作自己的历史剧了。

我们承认不以任何个人的意志为转移的客观的历史规律，承认历史的必然性，特别是经济的必然性。但是，我们更强调这客观的历史规律乃是由每一个人的自觉意志的合力所造成，更强调在认识必然的前提下能动地改造世界的自由，更强调马克思所说的历史"发展的加速和延缓在很大程度上是取决于……偶然性的"①。历史的规律或历史的必然性是这样造成的：人们在创造历史的过程中，由于其不同的意志和行动，形成为无数互相交错、互相妨碍的力量，由此产生出由无数个分力所构

① 《马克思致路·库格曼》（1871年4月27日），《马克思恩格斯全集》第33卷，第210页。

成的犹如平行四边形的对角线式的历史合力，即根据力的合成原理所昭示的历史合力，产生出一个总的发展趋向或阶段性的总结果，这就是历史的规律性或历史的必然性。由于各种历史事变的发生及其结果是由互相交错的无数分力所造成，所以常常与每个从事着当下的活动的人的意志、愿望都不一致或不完全一致，在这一意义上，我们说历史规律或历史必然性不以任何个人的意志为转移。然而，又正是由于历史的结果是由无数个人的意志融合而形成，历史的规律或必然性寓于人的有目的、有意识的自觉活动之中，所以我们才更注重历史的偶然性，诸如从事历史活动的个人在才具、性格、气质和自我选择方面的独特性，特别是个人对于民众之需要的敏锐的洞察力，对于各种可能性的分析、判断和预见，以及他（她）对各种历史机遇作出迅速反应的能力，他（她）的历史主动性的发挥程度等，强调这一切纯粹属于个人的偶然性因素对于历史进程之影响的重要意义。

"整个所谓世界历史不外是人通过人的劳动而诞生的过程。"[①] 马克思从劳动发展史中找到了理解人类历史的钥匙。劳动创造了人，但在阶级社会里，也造成了人性异化；然而也只是由于作为社会实践主体的人的劳动，才为扬弃异化、实现人的自由而全面的发展创造了条件。人虽然永远也不可能摆脱物质生产领域，但人类实践推动的科学技术革命，却日益缩短着人的必要劳动时间，而增加着人的自由时间。经济学上有所谓"恩格尔系数"，是指食品开支与家庭总消费的支出之比，其数值越小越表明生活富裕。同样，必要劳动时间越少，自由时间越多，越表明生活的自由和幸福。

信息时代的到来证明，马克思关于人的自由而全面发展理想的实现不再是渺茫的了。法国国会已于 1998 年 5 月通过了每星期 35 小时工作制的议案，而据有的研究报告预测，借助多媒体，每周工作时间可缩短到 22.2 小时，即不到八小时工作制的 3 天，不到 24 小时的 1 天。这

[①] 《马克思恩格斯全集》第 42 卷，第 131 页。

样，人的绝大部分时间就将是自由时间。同时，信息时代的到来，也使生产关系悄然发生着革命性的变革。在美国，已有 20％ 的就业人口成为既不受雇于人、也不雇佣别人的独立劳动者。不受雇于人，人的尊严就会因此而大大提高；不雇佣别人，人的思想境界也因此而得以提升；传统的那种"不是你剥削别人，就是你受人剥削"那种不平等、不自由的制度终将为真正的人人自由平等的新制度所取代。科学技术革命和生产关系的变革二者之结合，不仅将人们进一步从谋生的劳动中解放出来，也使人从资本主义雇佣劳动关系的压迫下解放出来。

在这种情况下，人们为了自我实现和自我满足的需要，就会以属于自己的绝大部分的自由时间去从事科学研究、技术发明、艺术创作、哲学思考等创造性的活动。这样，人类文化的各领域就将出现使以往一切时代的人类文明都黯然失色的辉煌成就，人类的精神生活将会更真、更善、更美。——这当然是一种很美好的希望。——然而，谁又能保证人们不会利用充裕的闲暇时间去醉生梦死、乃至于为非作歹呢？谁又能保证不会有人利用高科技去做危害人类的事呢？在科学技术飞速发展的当今世界上，这两个问题已经表现得相当突出，从而使历史与伦理、科学与价值的矛盾进一步凸显了出来。不解决好这两个问题，不努力缩小物质文明与精神文明发展不平衡的"文明的堕距"，就有可能给人类社会造成严重的危害。因此，关注人类未来的历史命运，自然而然也是当今世界最富于终极关怀意味的一个问题。

（三）人性的现实存在

人性的现实存在也是一个客观的事实。正因为如此，古今中西的哲人们都无法回避这一问题的探讨，产生了以下各种各样的人性学说。

性善论。在中国，主张这一学说的代表人物有先秦的孟子，汉代的陆贾、班固，唐朝的李翱，宋朝的周敦颐、陆九渊，等等。在西方，主张这一学说的最著名的代表人物是 18 世纪的法国学者卢梭，20 世纪则有英国学者李约瑟。

性恶论。在中国主张这一学说的是战国时期的荀子、韩非，清代的袁枚、俞樾。在西方，有基督教的"原罪说"，主张性恶论的最著名的代表人物则是文艺复兴时期的意大利学者马基雅维里，17 世纪的英国学者霍布斯等。

性善恶混说。在中国，主张这一学说的有周代的世硕，汉代的扬雄等。在西方，罗马天主教认为人的自然的肉体欲望乃罪恶之源，而超自然的精神追求则是善，带有性善恶混的意味。

性无善无恶说。在中国，主张这一学说的有先秦的告子，宋代的胡宏、王安石，清代的龚自珍，等等。在西方，有许多未对人性的善恶作明确判断的学者，大抵亦属于此类。

性三品说。其代表人物是汉代的贾谊、董仲舒、王充、荀悦和唐朝的韩愈。在西方则有柏拉图。

有游移于不同学说之间者。孔子讲"性相近，习相远"，又讲"惟上智与下愚不移"。苏轼讲"善恶者，性之所能之，而非性之所能有"，似主张性无善恶；又说君子有不能消之恶、小人有不能消之善，则是明显地主张性善恶混。

马克思告诉我们："首先要研究人的一般本性，然后要研究在每个时代历史地发生了变化的人的本性。"① 遵循这一思路，我们首先要研究人的一般本性，那么人的一般本性是什么呢？

1　区别于狭义动物界的人的物质生活欲求

中国春秋时代齐国的著名政治家管仲（？—公元前 645 年）说：

---

① 马克思：《资本论》，《马克思恩格斯全集》第 23 卷，第 669 页。

"衣食足而后知礼义，仓廪实而后知荣辱。"这是以极其朴素的语言揭示的关于人的物质生活与道德之关系的最平凡、然而也是最实在的真理。尽管对于一些人来说，衣食足了并不意味着一定就知礼义，仓廪实了也未必就一定知荣辱，但对于最大多数的人来说，衣食足、仓廪实却是知礼义、知荣辱的不可缺少的重要前提。从最基本的人文关怀来说，实在不应该要人们饿着肚子去讲道德。

孔子也有与管仲类似的思想。他说统治者对待民众，首先是要"富之"，然后才是"教之"；又说治天下必须"足食"、"足兵"，使道德教化建立在使人民丰衣足食且能保证生命财产之安全的基础上。尽管这些话颠倒了统治者与民众的关系——人民耕田而食，凿井而饮，如果不需要养活帝王及其大群的仆从，人民可能会更富，人民也不需要接受帝王及其仆从们的教育——然而，承认物质生活在先，道德教化在后，这就具有合理因素。现代西方心理学家马斯洛讲人的需要层次，首先是讲生理需要，进而讲安全需要，再进而讲尊重需要，等等。

不过孔子毕竟是道德伦理至上主义者。他讲在"必不得已"的情况下，宁可"去食"、"去兵"，也不能放弃道德。他谆谆教导人们：年轻的时候，血气未定，要"戒之在色"；壮年的时候，血气很盛，要"戒之在斗"；年纪大了，血气既衰，要"戒之在得"。这些话从劝人作圣贤和注重道德修养的观点看，都讲得很好；但是，从实际情况来看，99％的人在连基本的物质需要都得不到满足的情况下，是决不会去做圣人的。"戒色"、"戒斗"、"戒得"，等等，也必须以满足人的最基本的需要为前提。如果没有这一前提，即使是以道统自任的圣贤们之间，也是不免要拳脚相加的。

现代中国学坛上，流传着一个"圣贤打架"的著名故事，这个故事既使人为之忍俊不禁，又颇能发人深思：

马一浮以理学名世，曾婉言辞谢北大校长蔡元培之聘，而声望益隆。熊十力则精通佛典，在重庆中大讲唯识论，听者如云。两君皆当代名流。有某公嗜楹联学，拟两老名字为一副佳对，传诵一时。

"抗战后期，当局创立复性书院，马、熊两公为山长、教授，共事其中。院址在重庆歌乐山，山峦起伏，树林荫翳，茅屋十余间，学员十数人。师徒徜徉其间，坐而论道，亦世外桃源也。重庆夏热，为三大火炉之上游，山中亦不例外，因之祖裼者多。一日黄昏，两公晚餐未毕，忽然口角，继而动武，老拳相加。高弟们惊惶失措，急为排解。询之，为争食肉块也，一笑了之。但这件事传开，沙磁文化区流言：圣贤打架了，并且赤膊上阵，难怪血气方刚者好斗不已也。"[1]

这件事当然说不上是什么丑闻，如果对"圣贤"给以"同情的理解"，可以说也是根于人性，用李贽的话来说，圣人也是食人间烟火的，决不能绝粒不食、弃人间去。何况人的食欲不同于动物的充饥，人是要求美味的，"礼义之悦吾心如刍豢之悦吾口"，"口之于味，有同嗜焉"（孟子语），肉比蔬菜味美，且抗战时期物质匮乏，吃肉不易，所以圣贤们也要争食肉块。不过这件事对于道学家说"充饥是天理，要求美味则是人欲"、要"存天理、灭人欲"，等等，却是一种讽刺。以平常心看问题，属人的、要求美味的食欲，是人性的最基本的、也是最重要的组成部分，满足这种需要乃是人类实践的最根本的动力；人们只有在满足了吃喝住穿等基本需要以后，才能从事艺术的、宗教的、哲学的活动，道德也才有扎实的根底。因此，解决人的吃饭问题，实在是"人文"的最重要的基础。

"食、色，性也。"这是告子的人性论。孟子也承认食、色是性，但又说"君子不谓之性"；他认为君子讲人性只讲人内心的"善端"，即恻隐之心、羞恶之心、辞让之心、是非之心等先验的道德属性，因而对告子大加辟斥。但事实上，虽然性欲的根柢不如食欲重要，却也是人性的不可缺少的组成部分，是人的基本的生理要求之一。只是人的性欲不同于动物的性欲。动物的性欲完全是发自本能的盲目冲动，以满足性欲为

---

[1] 《学坛传闻录》（二），《文教资料》1993 年第 3 期，第 71 页，南京师范大学古文献整理研究所主办。

目的，其所导致的传种接代的结果亦仅仅是体现着自然界的无目的的合目的性；而人则能意识到生命冲动的形而上的价值和意义，人通过性爱而生育，从自己的子女身上看到了自我生命的延续，看到了自我生命在宇宙间的不朽。如果没有其他因素介入的话，这就足以使人摆脱死亡阴影对心灵的压抑，不再有对于死亡的恐惧，纵然死去亦心安理得、无所遗憾——因为自己的生命正在由子女来延续，世世代代无穷尽矣！——从而在心灵中超越了有限而达于无限，获得巨大的精神慰藉。人的性爱与动物本能的满足性欲的区别，首先就在于此。由此再进一步，就有了爱情，但爱情的根基仍在于以上所说的人的生命冲动的形而上的价值和意义，例外的情形只存在于无生育能力者之中。所以，无论是苏格拉底，还是马克思，他们给爱情下的定义，都包含了使个人的肉体生命永存的"生育"的内容。此外，人的生命冲动与动物的性欲的区别还在于：动物在发情的时候，见了异性就不能自已；而人则能够反抗这种动物学上的必然性，以维护人性的尊严。像程朱理学讲"存天理，灭人欲"，固然是不合乎人性的；但是反过来，像左派王学家邓豁渠那样公然鼓吹在两性关系上想怎样就怎样，乃至于像某些人所说的"过把瘾就死"，也是不合乎人性的。对于异性的态度，标志着人在何种程度上将自己从动物界中提升了出来，人在何种程度上使自己成为了"人"。因此，根于血气、但却具有基于共同子女的伦理情致和高贵的爱情的两性生活，无疑也是"人文"的重要内容之一。

18 世纪的中国哲人戴震讲"血气心知"的人性论，"血气心知"中包含欲、情、知三要素。将三者的顺序重新排列一下，戴震所讲的知、欲、情，大致相当于现代心理学所讲的人所具有的认知、意志和情感的能力。他认为发挥人的"心知"的能动作用，可以认识和把握人性的必然和社会生活的必然，可以运用"心知"的"巧"与"智"来服务于人的血气，从而使人的"情"至于"纤微无憾"，使人的"欲"得到实现，以造就一个"必使天下之人情得达、欲得遂"的理想社会。他提出"知其必然适以完其自然"的命题，是中国近代式的人文精神的光辉命题，体现了以真来服务于善与美的真善美之统一的理想追求。

马克思主义反对把人性归结为吃喝、性行为等动物本能，但又强调讲人性决不能脱离个人的肉体组织及其需要。马克思、恩格斯认为，任何人类历史的第一个前提无疑是有生命的个人的存在。因此，他们指出："第一个需要确定的具体事实就是这些个人的肉体组织，以及受肉体组织制约的他们与自然界的关系。""任何历史记载都应当从这些自然基础以及它们在历史进程中由于人们的活动而发生的变更出发。"① 人性的自然基础无疑是人的肉体，问题在于，由于人们的活动，使人的吃喝、性行为也具有了文化的属性。马克思证明，"一般的人性"或"人类的天性"既是自然界长期发展的结果，更是社会历史的产物。因为只是在走过了从自然史过渡到人类史的进化的桥梁，把人从狭义动物界中提升了出来，方才形成了所谓"人类的天性"。人在劳动中自我生成，不仅造成了一个人化的自然，也造成了自身内在自然的人化——吃喝、性行为等自然的生理机能的人化。人的吃喝、性行为等肉体机能与动物的根本区别在于：人的肉体需要包含了真、善、美的要求。如人们所熟知的那样：动物在饮食方面只知填补饥肠辘辘，而人则按照对自然物的特性的认知来加工食物，并且讲究营养；动物茹毛饮血，而人则讲究美味、美食；动物的食欲完全为本能所支配，人则讲求礼节、乃至"廉者不受嗟来之食"，等等。动物的性行为也仅仅是受本能支配的行为，而人的两性关系则是与根于人的生命本能的形上冲动和真善美的精神追求结合在一起的。正因为讲人性不能离开人的肉体需求，所以根据人如何对待自己的肉体机能，就可以判断人的整个文明程度，人在何种程度上把自己与动物界区别了开来并把自己理解为人。

马克思主义坚决反对把人的肉体需求视为"恶"、视为"下贱"的僧侣主义，强调"尘世的生活"、"实在的个人生活"的价值和意义，讴歌"物质带着诗意的感性光辉向人的全身心发出微笑"的唯物主义观

---

① 《德意志意识形态》，《马克思恩格斯全集》第3卷，第23页。

点。当以海尔曼·克利盖为代表的德国一部分"真正的社会主义者"散布所谓"我们的所作所为不应限于仅仅关于我们自己下贱的个人，我们是属于人类的"观点时，马克思、恩格斯发表了著名的《反克利盖的通告》，针锋相对地驳斥了克利盖的上述观点，指出："对于脱离了'个人'并且与个人对立的'人类'（人类于是变成形而上学的臆想，而照克利盖的说法甚至变成宗教的臆想）的这种可耻的令人讨厌的奉承，这种真正极端下贱的奴隶般的自卑，就是克利盖的宗教以及其他任何宗教的最后结论。……所差的只是使这些勇敢的僧侣阉割掉自己'下贱的个人'，以便使他们深信'人类'是能再生产自己的。"① 在马克思、恩格斯看来，实实在在地存在着的只是每一个有血有肉的个人，谁见过作为形而上学的臆想或宗教的臆想的抽象概念的"人类"能生孩子？阉割掉自己"下贱的个人"，作为抽象概念的"人类"能生孩子吗？因此，个人的肉体需求、物质生活是应该受到尊重的，而且正是这种需求赋予了人类为追求美好生活而斗争的动力。

2 人的一般本性：求真、向善、臻美

马克思无疑是十分关心人的物质生活需要的，认为人类面临的第一个问题就是生存，就是解决吃、喝、住、穿的问题，因此就要进行物质生产活动，把这看作是"一切历史活动的第一个前提"。但是，决不能据此断言马克思主义哲学就是"吃饭哲学"。以此批评马克思主义哲学的人，乃是由于对马克思主义哲学缺乏了解，或者是由于误解；而自命为马克思主义者的人们、或者为马克思主义辩护的人们如果也这样理解马克思，也就显得十分浅薄而荒唐可笑。马克思是重视人的物质生活条件的，因为它是人类生存的基础，但是这不等于说，物质生活的需要可以包举和涵盖以至取代精神生活的需要。相反，马克思是把精神的价值

① 《马克思恩格斯全集》第4卷，第18页。

放在物质的价值之上的。马克思主义哲学与以往的唯心主义哲学的区别在于，它没有把人的精神需要与物质的需要对立起来，而是在满足人们物质需要的前提下去致力于提升人的精神境界。

正因为在人的物质需要中就已内在地包含了对于真善美的要求，这种真善美的要求既使人类的肉体需要区别于动物，又是服务于人类不断增长的对于更为美好的生活之追求的，所以马克思在其成熟的著作中，把"一般的人性"或"人类的天性"肯定地归结为人类对于真善美的追求。他在为《新亚美利加百科全书》撰写的"美学"条目中写道：

> 最可靠的心理学家们都承认，人类的天性可分作认识、行为、情感，或是理智、意志和感受三种功能，与这三种功能相对应的是真、善、美的观念。美学这门科学和感受的关系正如逻辑学和理智、伦理学和意志的关系一样。逻辑学确定思想的法则；伦理学确定意志的法则；美学则确定感受的法则。真是思想的最终目的；善是行为的最终目的；美则是感受的最终目的。

确实，对于真善美的自觉追求及与此相联系的追求真善美的对象化活动，正是人之区别于动物的根本特征，显示出人性的美好、崇高和庄严：

——动物虽然也有感知其生存环境的本能活动，有关于其生存环境的知觉，但这只是一种求生存的本能活动；而人，则能自觉地求真。不但认识世界，而且认识自己，不但从事认识，而且有对认识活动的反省与反思，有对认识的检验和鉴别，并且在实践中形成了一整套鉴别真伪的知性逻辑，以及把握自然界、人类社会和思维运动之本质和规律性的辩证逻辑。

——动物虽然也有其合目的性的活动，有发自本能的关于利害的价值判断，但这依然只是一种求生存的本能活动；而人，则能自觉地求善，按照其对于人生的价值和意义的理解去建立起理论化、系统化的关于善恶的价值标准；这种标准往往能够超越当下的利害，展示人的善的理想，指向人类历史实践的远景。

——动物虽然也有某种对于美的感受性的萌芽，某些动物在求偶时会炫耀自己的天然美，某些动物在交配和生育的时节会用花朵来布置自己的新居，但是，这仍然还是一种生命的本能活动；它只是运用现成的自然物，而却不可能创造出一件大自然中原本没有的艺术品。而人，则能按照美的尺度来创造，不仅在衣食住行等一切方面运用美的尺度来创造，而且创造了绘画、雕塑、诗歌、音乐、戏剧、小说等各种各样的艺术作品；不仅有创造，而且有对这种创造活动的反思和理论的升华，从而创造出理论化、系统化的关于"情感—审美"的学说——美学。

智力、意志、情感在人类生活的各个领域中都发生着重要的作用。

无论是认知的领域，还是实践和审美的领域，智力因素都是不可或缺的。在科学家身上，智力表现为对于事物的细节有正确的观察力和记忆力，有较强的理论思维能力，态度审慎谨严，能把一切假说加以长期的和系统的检验；对于哲学家来说，还需要富于概括能力和智慧洞观的眼光。在政治家身上，智力使他们能认识社会发展的客观趋势，认识什么是人心所向，认识自己所应承载的历史使命，意识到后人如何评说自己，来决定自己如何以行动来写自己的历史，从而自觉地站在历史的正确的方面，顺乎时代的潮流，合乎人群之需要，推动社会的进步，增进人类的福祉。在艺术家身上，智力表现为微妙的直觉，敏锐的颖悟，丰富的想象力，能够运用形象来进行思维，对于事物的主要特征有一触即发的和独特的领会。智力使一切人在社会生活中保持清醒的理智，赋予人以烛照人生之路的智慧。智力所具有的一切优秀的属性，诸如明察、理性、机智、聪明、富于天才的直觉等，都是理想人格的智力表征。

意志，作为人的一切行动的内驱力，其力量的强弱，本身就是衡量人的人格力量的一个重要条件。"我们都佩服那种顽强的决心，不屈不挠，坚持到底，不怕肉体的剧烈的痛楚，不怕长期纠缠的精神磨难，不怕突如其来的震动，不怕诱惑，不怕软骗硬吓，扰乱精神或者疲劳身体的任何考验。不管支持这决心的是殉道者的幻像，是苦行哲学家的理智，是野蛮人的麻木，是天生的固执或后天的骄傲，决心总是了不起的。"① 人们赞美勇敢、坚强、独立直行、镇静、果断这些有关意志的优秀属性，而鄙视胆怯、懦弱、依赖、恐慌、优柔寡断，就因为坚强的意志本身就是一个人的人格力量的表征。在社会生活的任何领域，坚强的意志都是推动人们化理想为现实的心源动力。

至于情感，更是一种使个人融入社会、使个人的生活有益于他人、有益于他所隶属的社会的人格要素。如伊波特里·丹纳所指出："有一种超乎一切之上的动力，就是爱。我们看到爱的面目就感动，不论爱采取什么形式，是慷慨，还是慈悲，还是和善，还是温柔，还是天生的善良；我们的同情心遇到它就起共鸣，不管它的对象是什么，或者是构成男女之间的爱情，一个人委身给一个异性，两个生命融合为一；或者是构成家庭之间的各种感情，父母子女的爱，兄弟姊妹的爱；或者是巩固的友谊；两个毫无血缘关系的人互相信任，彼此忠实。——爱的对象越广大，我们越觉得崇高。因为爱的益处随着应用的范围而扩张。在历史上，在人生中，我们最钦佩的是为大众服务的精神。……钦佩大慈大悲的心肠，……我们钦佩那无比的热情，使多多少少不求名利的发明家，在艺术、科学、哲学、实际生活中促成一切美妙或有益的作品和制度；我们钦佩一切崇高的美德，在诚实、正直、荣誉感、牺牲精神，为一切高瞻远瞩的世界观献身等等名义之下，发展人类的文明……"②

我们之所以把追求真善美确定为一般的人性，还在于古往今来，无论中外，真善美——而不是与此相对立的假恶丑——才是连接人类心灵的纽带。

对于全人类来说，"真"——科学的真理、道德的真诚、情感的真挚——具有永恒的价值。科学的真理，就像太阳的光辉一样把温暖给予所有的人，而不问其种族、国籍和信仰，所以一切文明开化的人，都不

①② 伊波特里·丹纳：《艺术哲学》，人民文学出版社 1963 年版，第 376—377、377 页。

能拒斥科学的真理。然而，正如夏日的太阳会使人感到酷热难当一样，有些真理让人接受起来是会感到痛苦的；但正如人类不能没有太阳一样，人类也不能不接受所有的真理，因为真理归根结底对人类总是有益的。在道德上，伪君子比真小人更令人讨厌。在情感上，人们总是喜欢真心实意而厌恶虚情假意。

"善"同样在人类心灵中具有永恒的价值，并且在基本的方面具有共同的标准。古往今来，无论东方西方，一切文明民族，无不主张尊老爱幼，重视友谊，讲究礼义廉耻，注重个人道德修养，强调人生的义务和责任，提倡个人对于社会群体的责任感和使命感，讴歌志士仁人的高风亮节，赞美为追求真理和为群体的利益而英勇献身的英雄人物。

同样，在审美的方面，人类也有最基本的共同标准。以往，人们普遍认为，不同种族和文化背景的人，对于人体美有不同的审美情趣。但是新的研究却显示，种族、民族、文化背景并不影响人们对人体美作出大致相同的审美判断。研究人员曾做过一次试验，他们让来自英国、中国和印度的女性分别对希腊男子的照片发表观感。令人称奇的是，这些女性对照片上的人物的审美观几乎如出一辙。在另一次实验中，甚至来自 13 个国家的白人、黑人、亚洲人和拉美人也对一组不同的面容的照片给出了极其相似的判定。这一切证明，种族和文化背景的差异并没有对人们关于人体美的审美观发生明显的影响，不同种族和民族文化背景的人们对于人体美是有共同标准的。科学研究表明，在人类的世代绵延中，关于人体美的共同标准是通过遗传而获得的，与每一世代的个人后天所受的教育无关，这种共同的审美标准，深藏在人的与生俱来的潜意识之中。科学研究表明，婴儿也有着与成人相近的人体审美观。心理学家曾分别给 3 个月和 6 个月大的婴儿观看几组不同的人脸照片，在每组照片中，都有一张是成人认为比较漂亮的脸，而另一张是相貌平平的脸，测度的结果相当有趣，婴儿注视漂亮面庞的时间往往要长一些。测试甚至还显示出，这些婴儿对时装名模安帕·瓦内塔的脸也颇感兴趣。尽管这些褶褓中的婴儿不看时装杂志和电视，他们对人脸的审美观显然尚未受到社会、文化的影响，但却与成年人不谋而合。这从另一个角度可以清楚地表明，在人类的潜意识中确实存在着相似的审美标准。

在东西方古典的和现代的文学作品中，对于异性的感性美的描写，也使用着大致相同的语言。"爱"与"死"是西方文学的永恒主题，但未尝不是东方文学中的永恒主题。对于自然美的审美情趣，讴歌秀丽、清幽、崇高、壮美，"悲落叶于深秋，喜柔条于芳春"，等等，无不证明人类有着根于生命之内在追求的共同审美情趣。

固然，人性中有"善端"，也有"恶端"，现实存在的负面的人性的种种表现更是令人触目惊心，不容回避，更不容否认。现实中的恶在人性中有它的根源，如果说生物进化赋予了人"乍见孺子将入于井而有怵惕恻隐之心"之类的"善端"的话，那么，人性中也潜伏着动物性的原恶，诸如懒惰、任性、嫉妒，"气雄相君、力雄相长"的专制、霸道、残忍，等等。但是，每一个体为了自身的生存就不得不结成群体，而共同生活的需要则不能不使人抑制自己的原恶，不得不改造自己的兽性，从而使自己逐步从动物界提升出来。即使是专制暴君，也要以"仁义道德"来粉饰自己；即使身上什么也没有穿，也希望人们称赞"皇帝的新衣"的美丽；更有所谓"大奸似忠，大诈似信"。可见，追求真善美毕竟是在人性中占主要地位的；而负面的人性被抑制、被克服的程度，则取决于人类历史实践的水平和人的自我意识普遍觉醒的程度。

在人类社会形成和发展的漫长路途中，无论其对象性活动是怎样地不以其意志为转移地造出了一系列违背其本性的非人环境（奴隶制、农奴制、雇佣劳动制），却总是在自我异化与逐步扬弃异化的同一条道路上体现着其不可泯灭的对于真善美的自觉追求的天性——尽管真善美在不同的时代具有不同的内容，尽管历史上往往发生真善美与假丑恶的颠倒，但真正的真善美却在那一塌糊涂的泥塘中闪耀着它的光彩，犹如鲁迅评价晚唐文学中的皮日休和罗隐的小品文时所说的那样。

东海西海，心理攸同。无论历史上的文化隔离曾经在各民族之间造成过怎样的隔膜，造成过多少民族的狭隘性和片面性，但是，人类在对于真善美的理解和追求方面毕竟没有不可逾越的鸿沟，没有不可理解和沟通的屏障。人，无论其肤色是黄、白、黑、棕，都具有地球上的生物进化所赋予的人类生态的一致性——身心结构、功能及其基本欲求的一致性，面对自然、社会、历史等现实的对象性关系而展开其活动的一致性，既作为个体、又作为类的存在物的一致性，等等，这一切规定了人类的心灵无往而不有其相同之处。

把"一般的人性"确定为对于真善美的追求，为理解古今中外人类心灵的共性提供了一把钥匙。中国古代第一部诗歌总集《诗经》中的著名哲理诗《蒹葭》，与产生于19世纪初西方哲人康德的哲学体系相比，时间相距数千年，空间相距数万里，前者是优美的诗歌，后者是严谨的思辨，似乎是完全不可比拟，但却都反映了人类在追求真善美的途程中的困惑、迷惘和孜孜不倦的探索，并以审美为人生的最高境界。《诗经·蒹葭》写道：

> 蒹葭苍苍，白露为霜，所谓伊人，在水一方。溯洄从之，道阻且长；溯游从之，宛在水中央。
>
> 蒹葭萋萋，白露未晞，所谓伊人，在水之湄。溯洄从之，道阻且跻；溯游从之，宛在水中坻。
>
> 蒹葭采采，白露未已，所谓伊人，在水之涘。溯洄从之，道阻且右；溯游从之，宛在水中沚。

蒹葭白露，秋水伊人，这绝妙的审美意象，真使人有恍若身临其境之感，并由此神游于哲学形上学的境界之中，这境界永远使人留恋……诗中那"在水一方"的"伊人"，宛如康德将其放置到彼岸世界的"物自体"；诗人上下寻觅，却难以发现"伊人"的确切所在，充满了惆怅、迷惘的意绪，宛如康德对于通过理智理性和实践理性而都难以达到"物自体"的困惑；而"溯游从之，宛在水中央"、"宛在水中坻"、"宛在水中沚"，这一系列美的意境，又宛如康德所预示的可以通过审美而实现与"物自体"的合一。当然，那些"头脑中有些贵恙"、被实用理性障蔽了灵性、窒息了情感的道学先生是难以达到此种境界的，朱熹的《诗集传》说《蒹葭》中的"伊人""不知其何所指也"，就是证明。一般并不能概括个别的一切特点和特征。

"一般的人性"即对于真善美的追求，更为明显地表现在现代人对于优秀的历史文化遗产的解读方面。如今，我们在阅读那些具有永恒和不朽价值的古典名著的时候，常常不禁掩卷沉思：为什么古代哲人的智慧仍能给当代人以心智的启迪和有益的教诲？为什么历史上志士仁人追求真理为民请命、"虽九死其犹未悔"的高风亮节仍能赢得后人的崇仰和钦敬？为什么那些在历史上产生的不朽的艺术作品仍能引起当代人的心灵震颤和共鸣？这一切，难道不正说明了追求真善美乃是人类心灵的共性、是人的一般本性吗？

3　现实的人性中的真善美与假恶丑

我们把一般的人性归结为对于真善美的追求，并不意味着可以说现实的人性就是真善美。事实上，真善美与假恶丑总是相比较而存在，相斗争而发展的。没有假恶丑，就无所谓真善美。正因为现实生活中的假恶丑太多，所以不甘堕落的人们才要追求真善美，以建立一个"合乎人性"的社会。

历史证明，对于现实的人性的过分美化，是不切合实际的，也是危险的。正统儒家主张人性本善，或"治人"的"上等人"之人性本善，或认为"治人"的"君子"们只要加强道德修养就可以只干好事不干坏事，这种理论并没有造就出多少道德高尚的"明君圣主"，也很少有什么真正的"清官"，当然也从未造就出一个道德的理想世界。相反，人们越是崇拜那"内圣外王"的圣君，圣君就越可能给社会带来灾祸和浩劫。从历史事实中，我们可以看到，虽然儒家已经通过他们的"礼"，赋予了帝王和"君子"们很多的特权，但在帝王的宫廷和"君子"们所控制的官场中，却很少有真善美可言；倒是在被正统儒家鄙视的"小人"、"下愚"即下层民众中，更多地有一些真善美。大概是因为有鉴于此，苏东坡关于现实的人性之善恶的说法，倒比正统的儒家要公允得多。他说："君子日修其善以消其不善，不善固可日消，但仍有不能消者；反之，小人日修其不善以消其善，善之日消，仍有不能消之善在。"

生物进化论告诉我们，人是从狭义动物界进化而来的，人性亦是从兽性进化而来的。人类的远祖是禽兽，人和人性形成的历史比起兽和兽性的历史要短得多。在人身上，亿万年生物进化所形成的兽性的力量比起相对来说只有很短历史的人性的力量要强有力得多。现实的人性中的假恶丑，大多在兽性中有它的根源：

（1）懒惰。禽兽本能地是倾向于坐享其成、不劳而获的，倘不是为了生存的需要，决不会主动地去觅取食物。人类的祖先猿类也是如此，倘不是由于生存环境的逼迫，猿类也不会通过劳动而进化成为人。即使在进化成为人以后，人也依然有很强的好逸恶劳的惰性，坐享其成、不劳而获成为剥削制度存在的"人性"根源。唐代诗人王梵志说："天下慵懒人，五分略有二。"认为每五个人中就有两个懒人。这一说法太表面化，其实惰性在每个人身上都不同程度地存在着。社会分工使人类有了体力劳动与脑力劳动、被人治者与治人者的分别，"耕也，馁在其中矣；学也，禄在其中矣"，"学而优则仕"，"治人者食于人"，于是就有了"四体不勤，五谷不分"的读书人。但在传统社会中，读书人大抵是"仕而优则不学"，官当得越大越不想学，反正不学也是官大学问大，所以渐渐变成尸位素餐的酒囊饭袋；更多的则是"学而不优则仕"，因为不肯下苦工夫在学术文化事业上作出成就，所以削尖脑袋往官僚政客堆里钻。此类人心术不正，品行恶劣，如虎如狼地吮吸民脂民膏者皆是此辈。所以自古以来，真正为人类的科学文化事业作出贡献的读书人也是少得可怜。根于兽性的懒惰导致人的贪婪等种种恶性，所以常言说"懒惰是万恶之渊薮"。

（2）专制。在狭义动物界，不少种类的动物也有其群体生活。蚁群中有蚁王，蜂群中有蜂王，猴群中有猴王，蚁王、蜂王、猴王高高地凌驾于群体之上，享受它的"臣民"们的供奉，且对于它的"臣民"们有生杀予夺之权。所以儒家说："蜂蚁犹有君臣"。在猴群中，每一群落的猴王，都是其中最强悍的公猴。有的猴王在凭借武力夺取王位后，就要把其他的公猴都赶走，由它来独占所有的母猴子。有的猴王虽不赶走其他的公猴，但却要所有的公猴都必须绝对听命于它，它享有优先与发情母猴交配的权利，只有在同时发情的母猴超过四只以上时，才允许副王分享一点它的特权。而在猴王逐渐衰老时，就要发生"宫廷政变"，经过一番厮杀，由新的最强悍的公猴上台执政，从而延续千古如斯的专制统治。在猴王独占所有母猴子的场合，很像古代帝王的后宫，稍有不同的只是帝王能有办法将其他的"公猴子"变成太监。在猴王无法占有所有母猴子的场合，则颇像帝王只要"佳丽三千"，而把其他的"母猴子"按官员的级别进行数目多寡不等的分配（儒家的"礼"就是按诸侯、卿大夫、士的级别规定妻妾数目）。在年轻的公猴子觊觎王位的场合，就很像是刘邦和项羽见到了秦始皇出巡的威仪，刘邦说"大丈夫当如是"，项羽说"彼可取而代也"。猴王的至高无上的地位，正如孔子所说的"天下有道，则礼乐征伐自天子出"；猴王的威权，正如《尚书》所说的"唯辟作威，唯辟作福，唯辟玉食"；猴王不能容忍任何不同的"意见"，咬死"异端"或将其驱逐，正如韩愈所说的"臣罪当诛，天王圣明"。专制是兽性，所以马克思说专制主义是"人类动物学"。

（3）狡伪。在狭义动物界，动物为了防止作为"天敌"的其他动物的袭击，发自本能地伪装自己，在泥土上时则变为土色，在绿叶中则变为绿色；有的动物则以"狡猾"著称，如狐狸。根于兽性的狡伪在人类社会中也有了恶性的发展。由于人的智力高于动物，所以其根于兽性的奸狡欺诈的特性也臻于登峰造极。兽性的狡伪是对待异类，人的根于兽性的狡伪则用于对待同类，表现为背信弃义、出卖灵魂、寡廉鲜耻，等等。马基雅维里说："我们这时代的经验告诉我们：那几位干大事成大业的君王却对信字非常轻视，他们能以手腕乱人心智"，"君王为了自己的不守信不会找不到一个合理的藉口的"，"那些最能效法狐狸的人，得到了最大的胜利"①。孟子说："大人者，言不必信，信不必果……惟义所在。"这是暗示君王自有"义"作为不守信的借口。近世更有所谓"不说假话办不成大事"之说。至于善于变化、毫无操守，当面一套、背后一套，翻手为云、覆手为雨，种种阴谋权术，更是屡见不鲜。

（4）残忍。兽性是残忍的。虎狼狮豹这些食肉动物，总是将弱小的动物撕咬得血淋淋地吞噬，但它们的残忍是对待异类。高级灵长类动物以之对待同类。从电视上我们看到，能制造二十多种工具的黑猩猩如何捕食与自己同类而不同肤色的黄猴子，它们蜂涌而上地将一只猴子撕得粉碎而吞食。人又发展了这种兽性，原始人吃丧失了劳动力的人。即使进入文明以后，中国史书上仍有许多吃人的记载。古代又有所谓"非我族类，其心必异"之说，要"毁其宗庙，夷其社稷"、"斩灭无孑遗"。战争中有一次坑杀降卒数十万人的。封建法典中又有灭族、灭九族的规定，虽老人、儿童亦不能免死。明朝永乐皇帝更发明了"灭十族"，即在有血亲关系的九族外加上无血亲关系的"师族"，杀被害人的老师和学生。历代刑罚中除了腰斩、车裂、斩首外，又有凌迟碎剐之刑，而宋朝更有剥皮之刑，整个明朝即以剥皮始、以剥皮终。永乐皇帝还发明了将"罪犯"的妻妾女儿送到军营中去让士卒们轮奸的残忍手段，且曾亲自下旨将被轮奸致死的妇女"拖出去着狗子吃了"。如今在山西雁北边关古堡附近，尚有埋葬被流放到军营去的慰安妇尸骨的大片墓地。历代正统儒家，没有一个人批评过这些惨无人道的暴行，相反，因为汉文帝曾下令废除剁脚、割鼻等古代肉刑，历代儒家耿耿于怀，一再呼吁要恢复肉刑，认为这是上古三代圣王的"德政"。

（5）嫉妒。嫉妒本是禽兽的特性，出于贪婪和独占一切可欲之物的动物心理：一只大雄鸡要占有所有的母鸡，一只力气大的黑猩猩要尽可能占有更多的雌黑猩猩。进化中的猿人迫于生存的需要，不得不一度结成"只知有母，不知有父"，因而很少有嫉妒余地的群婚制的群体，但

① 马基雅维里：《君王论》，湖南人民出版社1987年版，第74、75页。

随着男性社会地位的提高和私有制的产生，又逐渐恢复了贪婪的兽性。儒家的"礼"，更规定了从帝王、诸侯到卿大夫、士、庶民各等级的男人占有女人的数目，帝王占有的女人最多，乃至"天子一日御九女"，但儒家说："是之谓盛德"（《礼记》）。帝王要独占天下，因而嫉妒心亦最重，借助儒家为他制造"治民之具、防民之术、诱民之道"，决不允许他人分享权力。而官场上、文人中的嫉妒，亦"如妻妾争床笫间事"，明争暗斗，乌烟瘴气。"女无美恶，入宫见妒；士无贤不肖，入朝见嫉"。正如《战国策》所载楚工夫人郑袖设计让楚王割掉他所宠爱的魏国美人的鼻子、《三国志·魏书》所载袁术的后妃们将有"国色"的冯氏女绞死而伪造自杀现场一样，官场上、文坛中亦充斥因嫉妒而害人的同类手段：为他人设置陷阱、借刀杀人，如《三国志·吴书》载余姚名士高岱因受孙策所赏识，被其好友设计陷害，高岱误入圈套，为孙策所杀；或亲自策划杀人，如唐朝诗人宋之问，因其外甥刘希夷不肯将自己作的两句好诗让他冒名顶替，就令家奴将刘希夷杀害。《二十五史》中，嫉妒害人之事甚多，充满了阴险、狡诈和血腥味，非有人性者所能想象。《女仙外史》说："男子而妒，则天下有才者皆罹其毒。"李渔《慎鸾交》评语说："同行相妒，等于妻妾，三十六行之相忌，又不若文字一行。"这两句话将官僚等级体制中的"精英淘汰机制"说得十分透彻。

此外，任性也是兽性，禽兽决不懂得以理性来控制情欲；侵略也是兽性，在禽兽中通行的是"气雄相君，力雄相长"的原则，如此等等，不一而足。由于人的智力水平比禽兽要高得多，所以兽性的狡伪、残忍也被发展到了无以复加，令善良的人们触目惊心、瞠目结舌的地步。乃至于明明是谎言和罪恶，却还要假借大义、窃取美名；明明是"心黑手毒脸皮厚"的厚黑学，却说是"皇天无亲，惟德是辅"；明明是在阴险地害人，却要借"道德"的名义而自称"不愧不怍"；所以蒲松龄的《聊斋志异》悲凉地发出了"牛鬼蛇神比正人君子更可爱"的凄怆声音。

存在于人类社会生活中的懒惰、专制、狡伪、残忍、嫉妒、任性、侵略，皆根于兽性，但又存在于人的身上，难道可以称之为人性吗？万万不可。直接称之为兽性吗？例如日常语言中，说某人"狡猾得像狐狸"，"残忍得像豺狼"，等等，似乎又太侮辱人了。鲁迅曾发明了"家畜性"一词，以与人性、兽性相区别，似乎用在人身上也不够妥当。以今日的眼光看问题，即使对于恶人，也要尊重其作为人的人格，以合乎人性的态度来对待之。因此，对于上述的根于兽性的品行，实在无以名之，姑且称之为人在从狭义动物界中提升出来的过程中与真善美相对立的假恶丑吧。

正视假恶丑的存在，是为了激发追求真善美的人性，促进人性的自我完善。在没有"假"——迷信、谎言、欺骗——的社会中，也就不需要人去求真，更不需要人为了追求真理和坚持真理而成为勇敢却又十分悲惨的殉道者。正因为历史上有许多布鲁诺式的"哲学的烈士"，才为人类带来了知识和光明。在没有"恶"——残忍、贪婪、诈伪——的社会中，也就不需要人去求善，更不需要人为了惩恶扬善、除暴安良、为民请命而牺牲生命。正因为历史上有许多敢于"兴天下之利，除天下之害"、"赴汤蹈刃，死不还踵"的志士仁人，才为人类带来了安宁和福祉。在没有"丑"——嫉妒、寡情、势利眼——的社会中，也就不需要人去追求那超功利的审美，更不需要人殚精竭虑地去思考那审美教育的难题。正因为有那么一些人，致力于美的艺术创造和审美教育，以优雅的美来净化人的心灵，化解人类的纷争，以蕴涵着崇高的理想美来提升人的精神境界，激发人追求美好生活的勇气和信心，才给人类生活带来和平与温馨、创造和进步。

假恶丑的存在说明：人性尚未完成，以人性来排斥、抑制兽性决非易事，人性尚且处于从狭义动物界提升出来的过程之中。

真善美与假恶丑的互相依存说明：纯真无假、纯善无恶、纯美无丑、纯之又纯、洁之又洁的社会似乎是不存在的，"人来源于动物界这一事实已经决定人永远不能完全摆脱兽性"[①]。

---

① 恩格斯：《反杜林论》，《马克思恩格斯选集》第3卷，第140页。

然而，冷酷的现实和严峻的逻辑又告诉我们：人类只要一旦放弃了真善美的追求，假恶丑就会泛滥成灾，就会出现"率兽食人"的局面，人类就会陷入万劫不复的厄运；人学坏容易学好难。

所以，无论从理智上，还是情感上，人类都得为自己设置一个至真、至善、至美的理想境界，作为人的终极关怀的对象和永远追求的目标。唯有人才追求真善美，追求真善美也正是为了人，为了现实的人生。

（四）人与客观世界的对象性关系与人性的现实存在的内在统一性

人与客观世界的对象性关系的现实存在，与人性的现实存在之间具有内在的统一性。这种统一性就表现在：在人与客观世界的每一重关系中，都包含着与人性相对应的真善美这三个相互联系的方面。

1 人与自然之关系中的真善美

人的劳动，是通过对自然的认知还治自然之身，化认知为实践、又通过实践的结果来观照自己的本质力量的过程。由此派生出人与自然的认知关系、实践关系、审美关系。从认知关系中产生出自然科学（真），从实践关系中产生出现实的生产力和劳动成果（广义的善），从审美关系中产生出艺术（美）。

人们在与自然界作物质交换的过程中，逐步地认识自然的现象、自然的本质、自然的规律性，这就表现为人对于自然的认知关系，作为这种认知关系的产物，就表现为自然科学。科学一旦产生，就作为一种强有力的革命力量，有力地推动人与自然的实践关系的发展。科学的每一次划时代的变革，都极大地提高了作为直接生产者的主体素质，改善了实践的手段，并扩大了实践指向的范围，从而引发人与自然的实践关系的改变。

人与自然的实践关系，表现为现实的生产力。只是通过实践，自然界才打上了人类意志的烙印。从"土地平旷，屋舍俨然，有良田美池桑竹之属"的农业社会，到由摩天大楼、蒸汽机或电力机车、飞机飞艇和五彩缤纷的霓虹灯所交织成的工业社会，再到如今正在飞速发展的由全球联网的信息高速公路所覆盖的信息社会，人的认知能力和实践能力的每一次大发展，都大大地改变了自然的面貌。除了一些自然保护区以外，那惟有天生草昧、灌木丛林、人工未施、百兽率舞的远古蛮荒世界已一去不复返了。同时，现代人的实践也大大地改变了祖先们所创造的"人化的自然"面貌，许多凝结着祖先智慧的旧的人文景观都已不复存在，幸存的一些古老的人文景观也往往被淹没在现代都市的高楼大厦林立的缝隙之中，徒令游人生伤怀吊古之情。

从人与自然的实践关系中孕育出人与自然的审美关系。劳动创造了美。审美最初只是、也只能是与功利联系在一起的。古埃及人之赞美尼罗河、中华先民之赞美古代黄河流域的自然风光，古希腊人认为美与爱的女神是从地中海中诞生的，等等，无不与这些民族与自然作物质交换的特殊方式相联系。就美的"感性学"的深层意蕴来说，它怎么也斩不断它与"实践—功利"活动的内在联系，这种联系就在于：在人类改造外部自然、重塑人自身的自然、更新其感性的物质生活的活动中，美的尺度总是与善的尺度共同发生作用的。同时，人与自然的审美关系还受着人与自然的认知关系的影响和制约：从古希腊雕塑到文艺复兴的时代的绘画，从第一个美学命题"美是数的和谐"——毕达哥拉斯派提出的著名黄金分割律，即长方形最美的长宽之比是 $1:1.618$，到近代英国经验论和大陆理性派的认识论美学，可以看到人与自然的审美关系的产物——艺术和美学——受到当时的自然科学多么巨大的影响。然而，又不能以这一切为理由来抹杀审美的独立性。在高层次的审美观照中，人们并不以科学认知的眼光和功利的眼光去看事物。当鲜花激发起你的美感的时候，你忘记了它不过是植物的生殖器；而当你想起它是植物的生殖器的时候，你已经不再在审美，而是以科学认知的眼光去看事物了。俄罗斯文学中讴歌原野上盛开的罂粟花，这是审美的眼光；而当你想起罂粟开花结成的果实是制造毒品的原料，而毒品对人是有害的时候，你就不是在审美，而是以功利的眼光去看事物了。人类对于精神生活的要求越高，人与自然之审美关系上的超功利的独立性就越强。

2　人与他人之关系中的真善美

人与他人的关系，作为社会关系，是通过人对自然的认知关系、实践关系和审美关系而结合在一起的。虽然这种关系在人类历史实践的不同阶段、即不同的社会历史条件下具有完全不同的形式和特点，但同人与自然之关系的三方面相对应，在人与人之间也都存在着这样三种关系：对于自然和社会存在之认知的思想关系、建立在特定的生产资料占有方式和劳动成果分配方式基础上的利益关系（或道德伦理关系），以及在特定的自然和社会情境中的"情感—审美"关系。

在人际关系的诸方面中，认知关系是最基本的一重关系。人与人之间的社会性结合，首先是建立在认知（从相识到相互了解）的基础上的。每一个人都有其对于宇宙、社会和人生的观念，人们为了了解对方，彼此交流自己的思想观念，这就构成了人与人之间的思想关系。无论是物质资料生产过程中的人际关系，还是家庭关系、友朋关系，都离不开由认知所达成的某种共识。古人说"人生乐在相知心"，相知就是相互了解，就是认知，追求相知就是一种求真的努力。古罗马哲人说"朋友的契合只是一个灵魂在两个躯体上"，中国古人讲"相知心"，讲"高山流水，得遇知音"，讲"同心同志"，等等，都是强调由真切的相互了解所达成的共识对于友谊和爱情的重要意义。

物质资料生产和分配中的利益关系，导致调节人际关系的伦理道德规范的确立。自有文明以来，道德只是生产资料占有者所规定的道德，是男性中心社会的片面性的道德，不管这些道德的制定者如何赋予了道德以超于现实利益之上的形上意义，而深藏于其中的物质的经济的事实却表明，越是需要掩盖利益的道德，就越是显示出这种道德中的人与人之间的关系直接就是利益关系。近代以来的社会变革，使人与人之间的利益关系不再需要用道德的言辞来加以掩盖，而只是以实现"最大多数人的最大幸福"来提升人的人道精神、拓展人的人道情怀。

人与人之间"情感—审美"关系，表现在两性的交往和人的社会化的情感共鸣之中。在积淀了"男尊女卑"、"男恕风流，女戒淫邪"的所谓"理性"的情感中，两性之间的"情感—审美"关系是畸形的、扭曲的；在积淀了纲常名教的所谓"理性"的社会化的情感共鸣中，人们之间的"情感—审美"关系更是异化的、变态的；在积淀着"权势"和"金钱"等势利观念的情感中，两性之间和其他人际关系之间的"情感—审美"关系更是堕落的、非人的。两性之间相互表示"纯粹的人类情感"的情形，只有在那些尚未被纲常名教和富贵利禄泪没了性灵、且具有反抗伦理异化之勇气的人们之间才可能出现。同时，亦正如马克思所说，只有在大自然中，在脱出了异化的锁链之后，人们才可以自由地表露自己像太阳和花一样的固有的天性，流露出蓬勃的生趣、丰富的感受以及对于大自然美的合乎人性的欣喜若狂①。

3　人与群体之关系中的真善美

在个人与社会群体之间，同样存在着思想关系、实践关系与审美关系三个方面。由思想关系派生出"真"，由实践关系派生出"善"，由审美关系派生出"美"。

个人总是隶属于一定的社会群体的，总是生活在特定的家庭、社区、地域、阶级、阶层、社会集团、国家、民族之中，由此而产生对于

---

① 马克思：《神圣家族》，《马克思恩格斯全集》第 2 卷，第 217 页。

自己所从属的不同层次的社会群体的认知，包括对于群体的性质的认知、对于自身在群体中所处的地位的认知、对于个人与群体的关系的认知，对于不同层次的社会群体的相互关系的认知，等等。这种认知不仅要求反映以上社会关系的真实状况，而且要求对以上社会关系的合理性作出批判性的反思，从而通过二者的结合而得出关于个人与群体之关系的真理性认识。

个人的社会实践又总是在特定的社会群体中进行的，群体规定了个人的权利、义务和责任，以及个人在群体中生活必须遵循的规范。个人在社会实践中既认同于这些规范，又根据实践的需要而修正或变革这些规范。关于群己关系的规范的形成和发展，总是反映着人类在特定的历史条件下对于"善"的认识。

"美"作为社会化的情感共鸣，其"普遍可传达性"在个体与群体的关系上表现得最为显著。康德把这种社会化情感共鸣称为群体的共同感觉力，他说："共同感觉力所指的就是一种公众的感觉力，或是一种判断力，这种判断力在它反思中（先验地）想到自己以外的一切人的想象方式，仿佛用人类集体的理性来支援自己的判断，以免起于私人主观情况（容易被看成客观的）的有害于正确判断的那种错觉。"① 康德认为，如果一个人被抛弃在孤岛上，他就不会专为自己而去装饰他的小茅棚或他自己，不会去寻花，更不会去栽花，用来装饰自己。只有在社会中，人才想到不仅要做一个人，而且要做一个按照人的标准来说是文雅的人。而要被看作文雅的人，他就必须有把自己的快乐传达给旁人的愿望和本领；同时，每个人都要求每个旁人重视这种普遍传达，这仿佛是根据人性本身所制定的一种原始公约。特定民族的共同审美情趣，以及特定阶级、阶层和社会集团的共同审美情趣，就是在个人与群体中的其他成员互相传达情感的过程中形成和发展起来的。

---

① 康德：《判断力的批判》，商务印书馆 1964 年版，第 141 页。

4 人与文化传统之关系中的真善美

人与文化传统的关系，既有对于文化传统的认知、诠释和反思，又有对文化传统的评价和选择，还有对文化传统的审美观照。对于文化传统的认知、诠释和反思，属于"真"的追求的范畴；对于文化传统的评价和选择，属于"善"的追求的范畴；对于文化传统的审美观照，则属于"美"的追求的范畴。

人总是生活于一定的社会文化氛围之中，文化传统以其潜移默化的力量塑造着人。但人在文化传统面前并不完全是被动的，人并不只是被动地接受传统，更多地还是主动地学习和认识传统。读《水浒传》，可以认识乡土中国江湖情义世界中"四海之内皆兄弟"的传统；读《二十五史》和野史笔记，可以认识中国传统社会君臣相与之际、典章兴废沿革的政治文化世界中的传统；读诸子百家，可以认识中国古代学者人文世界中的传统。力求按照传统的本来面目去认识传统，就是一个认知和求"真"的过程。作为一个具有自我意识的人，不仅认识传统，而且还反思传统，甚至能够把已经化作我们的集体无意识的那些观念提升到清醒的自我意识层面来加以反思，以如实地揭示传统如何塑造人、人又如何通过参与传统的再创造而延续和更新着传统，这也是一个认知和求"真"的过程。

人在认识传统、反思传统的同时，往往伴随着对传统的评价和选择，在社会变革时期尤其是如此。对传统的评价和选择，体现着人要求发展自身的意志，因而是一个求"善"的过程。传统实际上是多元的，即使是同一种文化传统，也有二重性，这就决定了人们对传统的评价和选择问题上的复杂性。人们总是自觉地或不自觉地以自身的利益作为评价和选择传统的尺度。《水浒传》中的高俅之流，决不喜欢侠义之士那种"路见不平一声吼，该出手时就出手，风风火火闯九州"的传统，但却喜欢他们接受"招安"；现代人对水浒英雄的侠义行为表示历史的同情的理解，但决不认同他们的宗法农民意识、礼教观念和各种残忍行为，决不认为他们那种动辄诉诸暴力的行为仍然适用于现代社会，因为现代社会对一切社会问题都必须在民主法治的基础上加以解决。又如儒家和墨家都讲"仁爱"，但儒家讲的"仁爱"是"有差等"的，是为维护特权人治的等级名分服务的；而墨家则反对讲等级，强调任何时候都不应把人作为工具，主张对一切人一视同仁的"兼爱"。从社会进步与人性发展之统一的要求看，我们只能选择墨家的"仁爱"的传统。

对于传统的审美观照，也是现实的人生的重要组成部分。一个现代人，无论在追求社会进步方面表现得如何激进，都不可能不对本民族的传统文化怀有某种依恋的情结。这种情结与科学无关，亦与利益无关，而纯粹是一种审美的眼光。我们可以欣赏万里长城和秦陵兵马俑，而全然忘记秦始皇的暴政和"相斫史"的斑斑血迹；我们可以欣赏故宫的壮丽，而全然忘记三千年的专制统治；我们可以欣赏庐山白鹿洞书院的庄严肃穆，而全然忘记历史上的道学家如何"以理杀人"；我们可以欣赏苏州园林的旖旎风光，而全然忘记它的主人如何穷奢极欲；我们可以欣赏唐诗、宋词、《三国演义》、《水浒传》、《西游记》和《红楼梦》，而全然不考虑这一切与历史上和现实的社会生活有什么关连。在这里，起作用的仅仅是对于民族文化的深厚感情，这种感情超越了历史，超越了阶级，也超越了利害，因而能够激发全民族的情感共鸣。而之所以会有这种感情，则完全是人性的力量使然。因此，那种连文物也要毁灭的反传统，是不合乎人性的。

5　人与历史之关系中的真善美

与人性——人类对于真善美的永恒追求——相对应，在人与历史的对象性关系中，也存在着认知关系（真）、实践关系（善）、审美关系（美）三个方面。

人与历史的认知关系，主要表现在对于历史事实的认识和对于历史发展规律的认识上。认识历史的事实和历史的规律，不是一件容易的事情。历史常常被蒙上重重叠叠的迷雾。儒家主张"为尊者讳",这就使得我们从那种等于为帝王将相作家谱的官修"正史"中,很难完全看清中国历史的真相;要考查历史的事实,还得借助于官修"正史"以外的史料,如野史、笔记、历史档案乃至民间传说,等等。历史著述往往受到各种传统偏见的影响,例如,在传统的男性中心观念的支配下,历史就是英文的"HISTORY",即"his-(s)tory",翻成中文就是"他的故事",直到 1974 年,才由美国的一位女历史学家 June Sochen 写了一本名为 *Womam's View of American History*(Newyork:Alfred Publishing Co.,1994)的著作,在这部著作中,最具象征意义的是她把"历史"这个词的英文拼法改写为"Her-story",即由"他的故事"改为"她的故事",以此来提倡以女性观点来重写历史和发掘历史。当然,完整的历史应是"History"(他的故事)和"Herstory"(她的故事)的结合。至于对于历史规律的认识,情形亦十分复杂。历史发展有没有规律?历史规律是如何形成的?如何从一般、特殊、个别的辩证联接上把握历史规律?所有这些问题,都属于人与历史的认知关系的范畴。在这些问题上,马克思主义的唯物史观为我们揭开社会历史的千古之谜提供了一把钥匙。

人与历史的实践关系,主要表现在人的历史实践的功利性要求和道德评价两个方面。这两个方面都是属于广义的"善"的范畴。实践是具体的、历史的,是在具体的历史条件下进行的,但却不是任何实践都可称之为"历史实践"。只有以富于创造性的活动推动物质文明和精神文明的发展和社会进步、朝气蓬勃地创造自己的新生活的活动,才能称得上是"历史实践";那种在僵化的社会结构、僵化的思想文化氛围中过着停滞的、万古如斯的生活的人们的活动,是不能称之为"历史实践"的;简单的改朝换代,而到头来"只是演出一场轮回的把戏"的活动,也是不能称之为"历史实践"的。"历史实践"仅仅属于新的生产方式的代表者和为人类的物质文明和精神文明的进步作出过重大贡献的人们。例如在 16—17 世纪的中国,那些恪守宗法农村生活方式的人们的活动，就不能称之为历史实践；而与此相反，那些敢于冲破封建王朝的海禁政策，并且在与西方殖民者争夺西太平洋贸易制海权的斗争中占有明显优势的中国"海盗"们的活动，则明显地属于历史实践的范畴，它是古老的中华文明开始其近代化转型的标志之一，更是中华民族参与开创近代"世界历史"的重要证据。至于历史的道德评价，古往今来，不免仁者见仁，智者见智，但有一点是可以肯定的，在不同的道德评价后面，隐藏着的总是评价者自身的利益。——所谓评价，就是评价主体对于客体是否适合自身的需要以及适合与不适合的程度的一种认识。

人与历史的审美关系，主要表现为以艺术的方式再现历史和将美学的概念——诸如"悲剧"、"喜剧"、"戏剧式的"、"史诗式的"、"崇高"、"幽默"等概念——引入历史研究。

以艺术的方式再现历史，是西方文化的古老传统。古希腊戏剧大多是以希腊历史为题材，古罗马戏剧亦多取材于罗马历史传说或历史事件，莎士比亚的戏剧再现了古罗马世界的重要人物和重大事件以及英国的宫廷政治史，17—18 世纪的法国古典主义悲剧亦大多是表现在历史上真实地发生过的事件和人物。在中国，司马迁的《史记》既是一部有很高的真实性的信史，同时也是一部文学艺术的杰作；至于以历史为题材的话本小说，则很难说是历史真实的再现。以艺术的方式再现历史，有助于以把握历史的真髓的"真实性"去代替那种把历史看作"事实的刑场"的死气沉沉的客观性，如海涅在《莎士比亚笔下的少女和妇人》一文中所指出的：对于历史的真实性的传达乃是一个极其艰难的任务，因为这不仅需要"普遍性学识，而且还需要这样的一种诗人的直观能力，他能了解莎士比亚所说的'过去时代的真髓和血肉'"[1]。钱钟书先生亦曾发挥西方史学家狄尔泰、科林伍德的见解，指出："史家追叙真人实事，每须遥体人情，悬想事势，设身局中，潜心腔内，忖之度之，

---

[1] 《海涅选集》，人民文学出版社 1983 年版，第 438 页。

以揣以摩，庶几入情合理。"① 只有这样，史家的"陈述之词"才可能是曾经现实地存在过的古人的"行动之词"，亦才可能重建历史的真实；也只有这样，人们谈历史才不至于有如暴风雨后纵观海上桅樯摧折的沉舟，而是在观赏"沉舟侧畔千帆过"的胜境。同时，由于设身处地"神交古人"，也可以避免把古人的思想感情现代化。

马克思把"悲剧"、"喜剧"、"戏剧式的"、"史诗式的"、"崇高"、"幽默"等一系列美学范畴引入历史研究，以"矛盾引导前进"的具体的历史的真实代替了传统史学的简单的现象罗列和史料编纂，同时也克服了"见物不见人"的机械唯物论的片面性。马克思主义的"巨大历史感"，既表现在科学认知意义上的对于生产力与生产关系、经济基础与上层建筑等社会基本矛盾运动规律的揭示，也表现在以审美的眼光和美学的方式来揭示人类心灵的内在矛盾和作为其集中表现的"历史的悲剧意识"的深刻内涵，揭示人类心灵的悲剧矛盾冲突、人的"理性的激情"与"理性的幽默"参与历史创造活动的方式，揭示"悲剧"与"喜剧"在历史进程中的相互转化。马克思告诉人们："历史是认真地行动着的，经过许多的阶段才把陈旧的生活方式送进坟墓。世界历史形式的最后一个阶段就是喜剧。在埃斯库罗斯的《被锁链锁住的普罗米修斯》里已经悲剧式地受到一次致命伤的希腊之神，还要在琉善的《对话》中喜剧式地重死一次。历史为什么是这样的呢？这是为了人类能够愉快地和自己的过去诀别……"② 历史规律所体现的并非是个人的主观意志，然而在这里，历史规律却被马克思拟人化了。这正是卡西尔所说的"历史学从根本上就是拟人的"，历史学家所努力追求的是一种"客观的拟人性"。这种"拟人性"，使得历史学成为一门富于人文精神和终极关怀意味的学科。

为人与历史的认知关系，实践关系和审美关系所规定，历史学既具

---

① 钱钟书：《管锥编》第 1 册，中华书局 1979 年版，第 166 页。
② 马克思：《黑格尔法哲学批判导言》，《马克思恩格斯全集》第 1 卷，第 457 页。

有如实反映历史真相、揭示历史发展规律的科学属性，也具有寓褒贬于其中的道德伦理属性，还具有引发社会化情感共鸣的艺术属性。对这三个方面必须作全面的理解。我们反对传统的泛道德主义，这种泛道德主义把历史仅仅看作是帝王将相的功劳簿和道德伦理的教科书，强制真实性服从道德伦理原则："父为子隐，子为父隐，直在其中矣。"这种所谓"直"，所谓"秉笔直书"，其实不过是作伪的代名词；而真正的"直"，却被看作是不道德的。以与此相反的观点看问题，真正不计利害的"秉笔直书"，当然是可以看作具有道德意义的，它体现着历史学者的良知，但只有在不允许讲真话的社会中这种态度才具有道德的意义。因此，与其以泛道德主义的观念把这种态度纳入道德伦理的范畴，毋宁把认知的态度与道德伦理区别开来：在一个正常的社会氛围内，讲真话的认知态度就只是学者的本分，无所谓道德不道德；它既不需要道德的奖赏，也不容道德的訾议；相反，如果把需要绝对排斥利害算计的认知态度总是与那同利害有着"剪不断，理还乱"之关连的道德纠缠在一起，而道德又常常与政治纠缠在一起，那么，"五四"学者李大钊、陈独秀等人所呼唤的"学术独立"就永无实现之望。硬要以道德来统摄历史学的科学属性和艺术属性，实际上是贬低了作为历史学的至上原则的科学性原则的地位。

二
人性的生成与真善美观念的起源

    人是什么？只有他（她）的历史才会讲清楚。——这是德国新康德主义的文化哲学家狄尔泰的见解。

    我们先从人性的生成谈起。

    人是从狭义动物界进化而来的。关于人与狭义动物界的区别，人在何种意义上成其为人，自古以来，可谓仁者见仁，智者见智。

    注重人的生理与动物生理之区别的人们认为：人的直立行走与高级哺乳动物的爬行相异；人的脑容量比高级哺乳动物的脑容量要大得多；人的神经系统比高级哺乳动物的神经系统要发达得多；人不仅有发自本能的条件反射的第一信号系统，而且能借助第二信号系统（语言）来进行交流和思维。有的生理学家甚至还注意到人与动物的如下区别：雌性动物有发情期，一年四季只有在短暂的发情期内才能与雄性动物交配，因而纯粹是以生殖为目的；而大自然赋予女人的性能力性要求则远远高于雌性动物，人类两性交感不仅以繁衍后代为目的，而且以快乐为目的。总之，"人之异于禽兽"不仅是理性的，而且首先是感性的、生理的。用在 17 世纪法国上流社会中悄悄流行的所谓"日本故事"中的话来说，就是："感谢神给了我们各种感官，能以感受生活中无限的魅力，并保证我们享受生活的热忱日月常新……造物主如此明智地把他的创造物的繁殖与最甜蜜的乐趣的享受结合在一起。"在这一所谓"日本故事"中，印度苦行僧的生活被斥为"违反自然的生活"，是"侮辱造物主"①。

道德家们，如中国的孟子认为："人之异于禽兽几希！"就这么一点的所谓"几希"，就是人有天生的道德之心。道德家们通常认为，动物无伦常，而人则有人伦，君臣父子夫妇秩序井然。不过道德家们有时为了证明"名教出于自然"，也会说"蜂蚁犹有君臣，犹有父子"，等等。动物学的研究证明，高等哺乳动物的群体生活、伦常秩序、同类相助、亲子之爱等，并不见得就比人类逊色多少，甚至有些方面还胜过人类：狼不吃狼，而人类从蒙昧时代起就自相残杀，西方人说一部人类历史就是一部战争史，中国人说一部《二十五史》就是一部"相斫史"，就连道德家也会"以理杀人"。所以脱离了人类具体的历史实践而抽象地谈论人在道德上高于动物，是未必很能站得住脚的。

亚里士多德说："人是政治的动物。"这一说法，如同道德家说人是道德的动物一样，是从特定的视角对人的某种属性的概括，也并不见得完备。尽管他所说的政治是古希腊的城邦政治，但作为一个抽象的命题，则是不准确的。因为"政治"的形式是各种各样的，在君主政治、贵族政治下，国王的儿子是国王，贵族的儿子是贵族，支配这种政治的原则，是马克思所批判的"人类动物学"原则。

富兰克林说："人是制造工具的动物。"这一定义也面临着挑战，现代心理生物学的发现证明，某些高等动物也具有制造工具的能力。

当代西方颇具影响的文化哲学家卡西尔说："人是符号的动物。"他断言："符号系统的原理，由于其普遍性、有效性和全面适用性，成了打开特殊的人类世界——人类文化世界大门的开门秘诀！"② 然而，现代生物心理学的发现同样证明，某些高等动物也具有符号能力；而且，卡西尔的"批判唯心论"仅仅看到了符号与人的意义和文化的世界的关

---

① 迪奥塞夫人：《在蓬帕杜尔夫人身边》，百花文艺出版社1992年版，第17—18页。

② 卡西尔：《人论》，上海译文出版社1985年版，第42页。

系，与符号能力紧密结合的感性的、物质的活动却被忽视了。因此，他的定义同样是不完备的。

某些文化学家说："人是文化的动物。"而他们给文化下的定义是："文化就是人化。"这无异于说"人是人化的动物"，如此同义反复，等于没有下定义。说"文化就是人化"，似乎不通。我们可以说某人文化水平高，决不能说某人"人化"水平高，因为这意味着说他不是人，不过是沐猴而冠而已。在约定俗成的意义上，这一说法是带有羞辱性的。只有在发生学的意义上，说"文化就是人化"，才勉强可以说得过去；但人是什么这本身就是一个需要回答的问题，不回答这个问题，就不能揭示文化的本质特征和根本属性。

文化史家和形而上学家认为，人类和下等动物生活方式之间的区别，就在于他们对生命起源和永恒的可能性的兴趣不同，没有直接的证据告诉我们，动物对于这些事情发生兴趣，但是人类却时常探求关于他的起源和死后生活可能性的事实证明。

对上述观点作扬弃性的综合，我认为：人是具有高度发达的脑髓、能够自觉地将其认知和意志以及情感的能力转化为追求真善美的活动，并且能够自由地运用符号系统的原理能动地改造世界、从事文化创造活动的动物。劳动创造了人，在从猿到人的进化的漫长的数百万年的岁月中，发生了从动物的知觉到人的认知、从动物的趋利避害的求生本能到人的分辨善恶的意志自觉、从动物的美感萌芽到人之美的创造的质的飞跃。这种质的飞跃体现了人的自由自觉的类本质：它促使了外在自然的人化，替自己创造了一个有别于自然的崭新的物质世界；与此同时，它使自己的内在自然从狭义动物界中提升出来，替自己创造了一个追求真善美的意义和价值的世界。文化，就是一个标志着人类在真善美等方面的发展水平的哲学范畴；而人文精神，也就是人性——人类对于真善美的永恒追求和体现在这种追求中的自由本质——的展现。

并不是所有具有超越性的精神都是人文精神，例如禁欲主义，就是反人道主义、反人文精神的；然而，超越性却是人文精神不可缺少的特质，没有超出当下生存条件超越性，人就不可能走出动物界。超越当下的生存条件的物质的和精神的要求，乃是人们不可遏止的生命冲动，是人类创造力的不竭的源泉。特别是人的形而上的精神追求，它与形而下的感性要求（食欲、性欲）固然有矛盾，但又起着使感性的自然欲求人化的作用。它同人的感性欲求一样，同样是构成人类本性的要素之一，而且是最重要的要素。倘若没有超越当下生存条件的要求，创造就失去了动力，一切都将成为不死的死亡；倘若没有形而上的精神追求，到处只是迷狂的感性冲动，那人类永远也不可能从四脚爬行的动物中提升出来。从主观的方面了解我们的研究对象，可以说，正是人类所独具的自我超越的要求，成为文化发生的精神根源。原始人之所以要在石块上打上自己的印记，是为了超越外在的生存条件的限制，弥补自己天赋的匮乏性，替自己创造较好的生存条件；原始人之所以要制定关于乱伦的禁忌，显然是出于对于类的发展的长远利益的考虑，这一考虑使人超越了当下的强烈的感性冲动，不再是为情欲所任意摆布的奴隶；原始人之所以要崇拜自己的图腾，是出于一种超越自身的有限性的要求，把与自己的物质生活有密切关系的某种动植物想象为人类的祖先，在猜测中追溯自身的起源来获得精神的慰藉。原始人之所以要在神话中塑造远古的英雄群像，既是为了借助于想象以征服自然力，又在其中寄托着自己的精神追求，更体现着人的超越当下、超越自我、把自己提升为类神的理想人格的自由自觉的类本质。由于人的这种内在要求的产生，物质文化因此而发生，制度文化因此而出现，一切精神的事物——原始宗教和神话的幻想、科学思维的萌芽、原始的道德、原始的艺术乃至哲学的萌芽，等等，亦因此而产生出来。

　　人在追求真善美的自觉活动中确证其为人，这是对象化活动与自我确证的统一。

（一）从高等动物的知觉到人的认知

——"真"的观念的起源

人将自身从狭义动物界中提升出来的过程，是从动物的本能劳动到专属于人的自觉运用符号系统原理的劳动的转化过程，也是从高等动物的知觉到人的认知的发展过程。

人在进化的过程中，通过"两手教导头脑，随后聪明一些的头脑教导两手，以及聪明的两手再度有力地教导头脑"的辩证过程，促使动物的知觉转化为人的认知活动。由于共同劳动中的协作和传递保存劳动经验的需要，促使了类人猿的动物式的传达信息的手段（如呼叫等）向着属于人的音节分明的语言的转化。语言的产生是猿的脑转化为人的脑的重要标志，亦是人类意识（首先是认知）形成的重要标志。从此，地球上出现了生物进化的最伟大的成就——思维着的精神。虽然某些高等动物也具有符号的能力，而人则能够在高度发达的脑髓的支配下，自觉而自由地运用、驱使语言符号。如卡西尔所指出："词的用途不仅是作为机械式的信号或暗号，而是一种全新的思想工具。"① 它使人可以运用一般的概念或范畴来思考，具备了通过反思来对普遍物进行把握的能力，而不再局限于混沌未分、漂浮不定的感性现象之流，或直接的事物和具体的情景；它使人在实践过程中能够借助于符号的记忆过程，不仅重复他以往的经验，而且重建这种经验；它使人能够借助语言符号系统的力量，在实践和认知的循环往复中，不断地认识自然的现象、自然的本质和自然的规律性，赋予人向自然界争取自由的武装。人以得于自然的认知还治自然，并能够获得预期的效果，也就证明了这种认知是具有真理性的认识。——尽管在原始思维中，科学思维的萌芽还只是与宗教、神话之类的幻想交织在一起。

---

① 卡西尔：《人论》，上海译文出版社 1985 年版，第 45 页。

　　从动物的知觉到人的认知的质的飞跃，并不是由于某一天突然吃了智慧之树上的果实，而是在长期的劳动过程中主客体不断地互相建构的结果。皮亚杰的发生认识论首先从生物学方面来考察认识论问题，认为生物的发展是个体组织环境和适应环境这两种活动的相互作用过程，也就是生物的内部活动和外部活动的相互作用过程。皮亚杰强调了人所具有的变异和重新组合的内在能力和自我调节的主动能力，认为一个刺激要引起某一特定反应，主体及其机体就必须有反应刺激的能力。这种反应刺激的能力一是同化，即把外来刺激纳入主体原有的认知格局以内；二是自我调节，即由刺激和环境的作用而引起和促进原有格局的变化和创新以适应外界环境的过程。通过同化和调节，认知结构就不断发展，以适应新环境。因此，认识总是一种不断的建构，而认识的结构也就从较低的水平逐渐过渡到较高的水平。正如皮亚杰所概括的："认识的获得必须用一个将结构主义和建构主义紧密地连接起来的理论来说明，也就是说，每一个结构都是心理发生的结果，而心理发生就是从一个较初级的结构过渡到一个不那么初级的（或较复杂的）结构。"[①] 这种观点不仅适用于儿童的认知结构的发展，也适用于说明人类的童年时代的认知结构的发展，所不同的是，我们更应该重视劳动在从动物的知觉到人的认知结构的形成的主客体双重建构中的作用，因为在人的认知结构形成的主客体双重建构中，劳动在同化和调节认知结构中起着关键的作用。

　　首先，人从自身的需要出发去看待自然，所以能够不断地把外在的种种自然现象的刺激同化于"饥欲食、寒欲衣、身体肌肤好逸乐"的主体需要的格局，由此激发出人的好奇心和求知欲，从而发挥自己的认知能力和实践能力去探寻自然的奥秘。

　　好奇心，对于各种奇特的自然现象的惊讶，无疑对认知的发生起着重要的作用，"好奇心是无知之女，知识之母，是开人心窍的，产生惊

---

① 皮亚杰：《发生认识论原理》，商务印书馆 1981 年版，第 15 页。

讶感的"。但只有生活和实践的需要，才能充分激发人们的好奇心，使人们急于了解各种自然现象的意义。对于原始人来说，急需创造种种条件来保证充饥、御寒、居住、穿衣、防止野兽和恶劣天气的侵袭，为创造这些条件而进行的满足需要、保证生存的斗争，是激发求知的好奇心的最根本的动力。原始人之所以要通过敲打石块来制成锋利的石器，就在于追击野兽的活动反复向他们展示了一个明显的事实：有锋刃的石块比无锋刃的石块更能杀伤野兽，这样主体就赋予了对于客体的认知以价值和意义，由此便发生了从使用天然的石块到制造石器的转变。又如，原始人发现骑在漂浮的树干上可以横渡一条河，这一发现反复刺激着人们的心灵，使他们按照主体活动的需要对这一现象进行建构，从而由使用天然地漂浮的树干到用石斧把原木加工成更为安全的独木舟，在这一技术发明的过程中，人的经验认知又前进了一步。古希腊的智者德谟克利特说："在许多重要的事情上，我们是摹仿禽兽，作禽兽的小学生的。从蜘蛛我们学会了织布和缝补，从燕子学会了造房子……"此外，人类的许多发明，都无不受到大自然的启迪，通过原始人主体需要的认知格局重新建构，再通过劳动过程而对象化出来。自然向人们昭示了种植的原理，如卢克莱修的《物性论》所说："自然，万物的创造者，她自己乃是第一个种子的播种者和最初的接木人，因为从树上掉下来的莓子和橡实，当时候一到，就会在树木底下，让成群成堆的幼芽彪出来。"自然又向人们昭示了冶金的原理，金属是由森林起火而被发现的，金属矿石被火熔化后流进凹地，变成各种形状，这就使人们想起可以用火把金属炼出来，并用来制作器皿和工具。但这一切，只有实践中的人的富于创造性的活跃的心灵才能发现。

语言学的研究表明，关于真理、思想、智慧这一切与"真"相联系的抽象概念，都有其感性的起源。在词源学的意义上，人们所使用的求"真"的抽象概念，最初都是指人们的视觉和味觉。感觉固然是知识的来源，但只有在经过一系列的精神的改变之后才变成抽象程度很高的概念。

　　希腊人显然很看重视觉，而最初是指视觉的词，后来则演变为关于知识的抽象概念。例如，希腊文 idea 的词源学含义即是指物体的物理的外表，即对视觉起作用的东西，后来才被赋予"思想""观念"的意义。又如，Phanstasia 这个词，既作外貌、外形解，也做形象、思想解；gnomon 这个词，既作测角器、日晷解，也作知道的人、学者解；Saphes 作明白的、明显的解，指投入眼帘的东西，Sophia 则作知识、智慧解①。

　　罗马人则更看重味觉，最初是指味觉的词，后来则演变成关于理性的抽象概念，例如，拉丁文 Sapor，即作味觉、味感解，又作理性解；Sapidus 既作有味的解，也作有智慧的解；Sapio 作有味道解，也作有理性认识解②。

　　在埃及人的象形文字里，画了一个把手举到嘴边的人，其最初的意义肯定是与味觉有关，"你要知道梨子的滋味，就得变革梨子，亲口尝一尝"；埃及人把这个象形字的意义加以引申，赋予了这个象形字以"思想"的意义，因为认识和思想都是从感受开始的③。

　　现代西方哲学家海德格尔考察了"真理"一词的词源，指出"真理"一词在希腊文中是"无遮蔽"的意思，即把被隐蔽的东西展示出来、揭示出来，使之处于让人可以一目了然的状态。根据"真理"一词的原始含义，海德格尔给真理下的定义是："存在者如它于其自身所是的那样显示出来。""一个陈述是真的，这意味着：它就存在者本身揭示存在者。"④ 海德格尔的这一考证，印证了以上所说的希腊人注重视觉、将最初指称视觉的词演变为理性的抽象观念的论述。

　　其次，从动物的知觉到人的认知，是以原逻辑思维为中间环节，进而发展到逻辑思维的。原始人的认知尚且处于原逻辑思维的阶段，而文明人的认知则进化到逻辑思维的阶段。列维-布留尔对原始思维的研究

────────

①②③　参见拉法格：《思想起源论》，三联书店 1963 年版，第 40—41 页。
④　海德格尔：《存在与时间》，三联书店 1987 年版，第 262、263 页。

令人信服地证明，"原始思维在极大多数的场合不同于我们的思维"，我们的思维注重探究事物变化的现实原因，而原始思维却专门注意神秘原因，它几乎无处不感到神秘原因的作用，其思维方式服从于人与物之间神秘的互相感应或远距离作用的"互渗律"。如果要举例说明列维-布留尔所揭示的这一原理，那么，中国儒家所讲的神秘的"天人感应"，就是原逻辑思维的典型例证。

在列维-布留尔以后，列维-斯特劳斯依据索绪尔语言学，分析原始人的神话逻辑和图腾逻辑，揭示了原始思维的"具体性"与"整体性"的特征，并通过二项对立原则的阐明弥补了列维-布留尔的不足。他认为，原始思维不是分析性的抽象逻辑，而是一种具体的形象思维，有一种所谓"拼合"能力，直接用具体形象的经验范畴去代替抽象逻辑的范畴。这种神话逻辑用自然事物在二项对立中代表抽象的关系，用此事物去比拟和代表一系列彼事物，由此在自然状态和社会状态之间建立起类同关系，把天文、地理、气象、动物、植物、技术、经济、社会、仪式、宗教等不同方面有意味地对照等同起来。这种由两两对照的类比关系所组成的世界图像，为原始人满意地解释了他们周围的世界。——我们从中国古代哲学中可以看到这种类化意象的典型的表现形式："阴"和"阳"既是两种感性的具体的自然现象，又可用来指称和代表一切具体的自然事物和社会事物，如天地、日月、水火、山泽、牝牡、男女，等等；在文明发展的过程中，这种与阴阳相对立的类化意象中又增添了夫妇、父子、君臣、主奴、君子小人等因素。这样一种感性观照的类化意象的长期存在，归根结底是由中国社会长期没有突破最原始的家族制的农业经济组织形式这一特点所决定的。

原始的二项对立的类化意象是自我体验的产物，因而其致思途径主要是直觉的。原始思维大致相当于皮亚杰所说的儿童心理发展的"前运算阶段"，在这一时期中，人不能把自身与自然界区分开来，处于物我不分、主客不分的混沌时期，他们不能区分有生命的东西与无生命的东西，不但常常认为许多无生命的东西有生命，而且认为那些东西和人一样有感觉、有意识。他们具有"自我中心"的思维特征，一切都以他们的自我体验为转移。同时，文化人类学的材料证明，原始人具有非常敏锐的官能，具有与他们的日常生活紧密相关的丰富的感性知识，例如大洋洲的土著人能够精确地注意到陆地和海洋生物的一切物种的种属特性，以及像风、光、天色、水波和海浪变化，水流和气流等自然现象的最细微的变异，敏锐的官能和丰富的感官体验，正是直觉的必要条件。这一切也就决定了原始人的致思途径不是基于理性的反思，而是基于感性经验的直觉，如此才能在思维中把握自然与人混沌一体的整体图像。从原逻辑思维中既可产生生动而丰富的经验认知，也可以产生出万物有灵论、魔力等一切关于自然和人自身的虚假观念。

只有通过实践的发展和经验认知的积累，使原始思维中日益增多着理性的因素，才为人类从原逻辑思维向追求科学真知的逻辑思维的转变创造了必要的条件。人类在实践中千百万次地重复着各种不同的逻辑的"格"，使之日益获得了科学公理的意义；而逻辑范畴作为人类认识自然现象和社会现象之网的网上纽结，它的从朦胧到清晰、从抽象到具体、从简单到复杂的发展，正标志着人类认识不断进步的阶梯，而关于逻辑思维的科学的产生，如古希腊欧几里德几何学的公理演绎方法和亚里士多德的逻辑学，中国先秦墨家形式逻辑的产生，正是人类从原逻辑思维走向自觉追求科学真知的逻辑思维的显著标志。

（二）从动物的求生本能到人的意志自觉

——"善"的观念的起源

动物学的研究表明，与人类最接近的猿类"爱幼"，但却不"尊老"。在"爱幼"方面，不仅猿类，而且其他的许多动物都会表现得"义无反顾"；而在对待衰老的长者时，不仅动物个体，而且是群体，全是些"不孝子孙"。专门研究黑猩猩的群体生活的美国女科学家珍妮·古多尔，就曾记录过一个风烛残年的老年黑猩猩被群体冷落，带着一身的残疾而默默死去的悲惨结局。

——这一事实说明了什么呢？这说明，在动物世界中，即使在与人类最接近的猿类的群体生活中，作为支配生活的法则的，完全是自然赋予的求生的本能：个体的求生与族类生命延续的求生。"爱幼"，是因为它是族类生命的延续和新生命的萌芽；"不孝"，是因为衰老的长者对于族类生命的延续不再具有任何意义。

我们人类在向狭义动物界告别的漫长的进化岁月中，也曾遵循过这种发自动物本能的"爱幼"而不"尊老"的法则："巴西的好战部落的印第安人杀死自己的病人和老年人；结束生命与战斗、节日和舞蹈的快乐相伴而行，他们用这个来表现自己的友谊。一切原始民族都把这个爱的物证赠予自己的亲属——里海附近的马萨盖特人是如此，日耳曼的维纳人和高卢的凯耳特人也是如此。在瑞典的教堂里不久以前还保存着木棒，称为传家棒，是用来解脱双亲的衰老之忧的。"①

——这一事实又说明了什么呢？为什么进化中的原始人是那么"不孝"，而文明人却把"尊老"看作是一种美德呢？这说明，人类关于"善"的观念的生成，是与其通过劳动和实践将自身从狭义动物界中逐步提升出来的过程相适应的。高等动物的"爱幼"的本能是大自然赋予的，而"尊老"的美德则是人类历史实践的产物。不尊老，如进化中的原始人，近乎禽兽；不爱幼，则连禽兽也不如。当然，人在实践中的自我生成，不仅发展出了"尊老"的观念，而且也发展出了一整套关于好坏善恶的评价尺度。

在从猿到人的漫长进化过程中，大自然赋予一切生命的求生本能发展为与人的生命存在、人的生活和实践密切相关的意志自觉，并由此产生善恶的价值观念。

---

① 拉法格：《唯物史观和唯心史观》，第88页注释。

在人与自然的实践关系中，自然现象、自然的属性、自然的规律性反复地作用于人的头脑，人亦以自身的属性、想象和认知图式去建构自然的形象。生物的趋利避害的本能在与自然的实践关系中、在建构自然图像的时候，演化为好恶的价值取向。如费尔巴哈所指出："人本来并不把自己与自然分开，因此也不能把自己与自然分开；所以他把一个自然对象在他身上所激起的那些感觉，直接看成了对象本身的性态。有益的、好的感觉和情绪，是由自然好的、有益的东西引起的；坏的、有害的感觉……是由一个恶的东西、或者至少是由坏心、坏意、愤怒等状态下的自然引起的。因此，人们不由自主地、不知不觉地——亦即必然地……将自然的东西弄成一个心情的东西，弄成一个主观的，亦即人的东西。"① 人以自身的属性去比附自然，在尚且缺乏反省和反思之自我意识的原始人来说，固然是不由自主、不知不觉的；但是，在具有反思之自觉的文明人看来，人赋予自然的那些好的或坏的价值属性，虽然有趋利避害的生命本能在起作用，但却是一种在与自然的实践关系中所形成的一种自觉意识：自然现象原本是没有什么好坏的，但实践却告诉人们，某些自然事物和现象对人来说是有益的，因而是好的；某些自然事物和现象对人是有害的，因而是坏的。这就使人对于自然的认知具有了价值属性；原始人不仅把客观的自然现象同化于主观的认知结构，而且也使客观的自然现象从属于主观的好恶标准。由于人的认知不同于动物的本能知觉，因此人在实践基础上形成的好恶标准也不同于动物的趋利避害的本能：例如公兔子认为母兔子是好的，大灰狼是坏的，等等。

人将自身从狭义动物界中提升出来的过程，又是从与其他动物无区别的群体生活向着专属于人的群体生活转化的过程。文化发生的标志不仅在于运用语言符号系统的原理从事劳动工具的制造，而且在于运用语言符号系统的原理重新安排群体内部的关系，扩大群体的社会联系，使动物的群体关系转化为人类的社会关系。人类语言的产生，既是原始群

---

① 《费尔巴哈哲学著作选集》下卷，商务印书馆1984年版，第458—459页。

体内部社会关系萌芽的产物，又给以社会关系的发展以强有力的推动。从动物的群体生活、群体关系到人的社会生活和社会关系，于是便产生了调节人与人之间的关系的规范，有了"应当如何"与"不应当如何"的观念，这就是道德观念的起源，亦即"善"（还有与此相对立的"恶"）的观念的起源。善恶观念直接反映着人们在社会生活中的好恶。

"善"的观念萌生于原始人类的道德风尚和习俗之中。从词源学来说，伦理学一词源于古希腊文 ethos，该词最一般的含义是：习俗、风尚、性格、思想方式。古希腊罗马哲学使用这个术语来指称某种物理现象、精神现象、社会现象乃至艺术的现象的本性（例如：恩培多克勒所说的诸元素的"风气"，赫拉克利特所说的人的风气，亚里士多德所说的辩才的风气）。亚里士多德以作为习俗的风气为出发点，把人的美德分为伦理美德和理智美德两种，并把研究伦理美德、研究美的性格、风尚的那门科学，称为伦理学。ethos 的拉丁文同义词是 mos，它可译为风尚、习俗、性格、行为，等等。罗马人西塞罗根据希腊经验，从 mos 一词创造了一个形容词 moralis（属于风尚之列），后来从 moralis 一词又产生了 moralita（道德）一词①。中文所谓"人伦""伦理""伦常"亦与希腊文、拉丁文意义相同。《说文》："伦，辈也"，指建立在血缘家族基础上的社会道德风尚。从词源学上亦可看出社会道德风尚与道德伦理学说的直接联系。

人类社会曾经经历过漫长的只有社会道德风尚而无道德伦理学说的时代。在原始社会里，道德标准纯粹是以自发形成的共同道德心理和习俗的形式出现的。那时候，虽然还不可能有道德理论，但人们却有着调节人与人之间关系公共的道德标准。这种公共的道德标准就是人们在长期共同生活中形成的道德风尚，它同风俗习惯融合在一起，表现为风俗的统治。一切只服从习惯和传统，服从氏族生存和发展的共同利益。习惯的破坏者所受到的唯一惩罚是社会道德舆论的谴责，道德舆论是当时

---

① 参见 A. N. 季塔连科主编：《马克思主义伦理学》。

社会条件下唯一的、而且是无可争议的权威。例如，拉法格曾引证英国著名法学家乔治·梅因对东方和西方农村公社所作考察的论述："最古老的酋长会议从来也不指示什么东西——它们简单地解释说自古以来就实行这样的秩序。……假如某人拒绝服从会议的决定，对他的唯一的无疑的惩罚只是一般的谴责。"①

在原始人那里，"善"与"恶"的观念的最初含义只是表示勇敢和怯懦，这是因为早期原始人所面对的唯一矛盾乃是人与自然的矛盾，人只有与狂暴的自然力作勇敢无畏的斗争才能维护自身和群体的生存。只是由于生活和实践的发展，"善"与"恶"的观念中才具有了日益丰富的道德内涵。蒙昧时代的裸体奔逐曾经是合乎道德的，但实践的进步终于使人们吃了"理性之树"上的果实，这群亚当和夏娃们就想到自己该有一件衣服了，哪怕是用树叶编成的也罢。蒙昧时代氏族内部的血亲婚配曾经是合乎道德的，但当人们发现这样做只能使自己的氏族面临灭种之灾的时候，也就把这种行为看作不道德的了。在原始社会早期生产力水平极为低下的情况下，杀死老人和病人曾经是合乎道德的，但到了原始社会高级阶段生产力的发展使赡养老弱病残成为可能的时候，人们就认为杀死他们是不道德的了。这一切，都是随着人类历史实践的发展而产生的道德心理和习俗的自然变迁，其中有日益增多的自觉意志的因素。

然而，"善"的观念的正式产生，即以文字符号的象征意义而展示出的"善"的观念，则是与私有财产结合在一起的。私有制的产生有两条途径：一是氏族首领侵夺公共财产，二是劫掠。原先属于"公有"的财产和属于他人的财产，流失到了某些氏族首领的个人手中。新兴的暴发户不仅要从经济上"正名"——财产在谁手里就算谁的；而且要从道德上"正名"，能够占有财产的才是善，才具有勇敢的美德；没有财产就是恶，就是怯懦。如同中国封建时代抢得了天下的便是王，抢不到天

————————

① 拉法格：《唯心史观和唯物史观》。

下的便是贼一样。于是善与恶的价值判断，就与财产的占有紧紧联系在一起了。在希腊文、拉丁文和英文里，道德和财产融合在一个字里：ta agatha（希腊文）——财货、财富，to agathon——善；bona（拉丁文）——财货、财产，bonum——善；goods（英文）——商品、财货，the good——善。在中文中，"善"的词源学意义亦意味着财产的占有。在上述词汇所包含的双重意义中，显然是物质的具体意义出现在先，而其观念的抽象的意义则出现在后，"词的词源学的形成及其相继产生的意义不能不反映出创造和使用它们的人们的生活条件和精神状态"①。

"善"既与人的利益相联系，道德的"正义"与"非正义"的观念也是如此。只是在有了非正义以后才有所谓正义。正义观念来自两个方面：一方面，它来自剩余产品出现以后有了氏族间的掠夺战争，由被损害的一方产生的强烈的平等复仇的愿望；另一方面，它来自原始社会中分配中的平等精神在遭到新的不平等的冲击时所产生的义愤情感。然而，在私有财产从产生到逐步确立的漫长历史阶段中，逐步形成和明确起来的正义观念，却由它的出发点而走向了它的对立面：原始的平等精神为不平等的神圣化所代替，被损害者的正义观念为维护新兴的生产资料占有者阶级利益的"正义"观念所代替。

当然，在一切财产关系已经确立下来以后，人们对于"善"的追求就不再局限于与财产有密切联系的具有鲜明的阶级性的方面，而逐步发展起了体现普遍人性的内容，如关于两性关系、亲子关系、友朋关系、个体与群体之关系，以及什么是人生的幸福、什么是最高的美德、知识与道德的关系等方面，并且将对于所有这些问题的思考归于一个抽象的共名——"善"——之下。尽管这些反映普遍人性的内容仍不可避免地带有阶级的和历史的局限性，但却以其为人所特有的对于真正的"善"的自觉追求，而与狭义动物界的本能的好恶最终划清了界限，是从狭义动物界的本能的好恶向着为人所独有的对于"善"的自觉追求的质的飞跃。

①　拉法格：《思想起源论》，生活·读书·新知三联书店1963年版，第56—57页。

（三）从动物的美感萌芽到人的美的创造

——"美"的观念的起源

法国现代著名作家左拉（1840—1902）在 25 岁时写过一篇很短的小说，题为《陪衬人》，内容是讽刺一个百万富翁别开发财之路，开办出租丑女生意的行为。故事中说，一个貌不出众的贵妇人如果有一个丑女陪伴而行，一个人的丑就提高了另一个人的美。这个故事除了说明美丑相互依存的道理外，还启发人们思考：为什么人们热衷于显示自己的美呢？在这一为什么的追问中，是否蕴涵了"美"的观念起源的深层缘由？

有两种美——据英国美学家鲍桑葵说——即浅易之美与深奥之美。浅易的美，或流畅的美，是一般仅凭直观就能立即作出好恶反应，使普通感受性觉得愉快的美。普通之所谓人体美，显然就属于这样一种美的类型。刚从动物中进化而来的原始人，最初所能感受到的美，无疑只能是一种浅易之美或流畅之美。人体在其最直观的意义上来说，就是一种浅易之美。

人的美感是怎样产生的呢？美感是不是那么至微妙而不可测、根本不可能予以科学的说明？人类的审美观有没有某种带有普遍性的尺度和共通的基础？在 20 世纪 20 年代发生的"科学与玄学的论战"中，作为当时中国学术界之泰斗的梁启超曾断言：科学帝国的版图无论如何扩大，那"爱"与"美"的领域都将始终保持她那"上不臣天子，下不友诸侯"的地位。然而，心理科学的长足发展，科学家们就美感问题所作的多维度、多视角、而又别出心裁的实证研究，却一点一点地轻轻地撩开着笼罩在"爱"与"美"的领域之上的神秘的、羞答答的面纱，为我们揭示着"美"的观念起源的奥秘。

生物学和心理科学的发展证明，美的观念有其生物学基础，有其根于生命本能的深层根源。我们的审美观不知不觉地受到我们的生物本能的支配，正如动物的视觉快感受其生物本能支配一样，都是"物竞天择"（生存竞争、自然选择）的生命延续和进化的规律在起作用。

1997 年的《科学画报》第 8 期所载《科学家谈人体美》一文，以大量的实证材料，揭示了人体的美感源于人的动物本性的事实：

在整个动物世界中，不同种类的动物在择偶时，都表现出对配偶的外表的重视。例如，雌企鹅选择配偶时，常常并不会被第一个向它献殷勤的雄企鹅所迷惑，它会矜持地等待，直到一只足够敦实的雄企鹅出现，它才会"芳心暗许"。这是因为雌企鹅在与雄企鹅交配产卵后，是把孵化小企鹅的工作交给雄企鹅去承担的，只有身体足够健壮的雄企鹅作它的配偶，才能帮助它在未来的两个月时间内孵卵而不致饿死。又如，在亚洲丛林中，雌性雉鸡的"择夫"也很挑剔。每当求偶季节来临时，雄性雉鸡总是以其色彩艳丽的羽毛来吸引雌性雉鸡，但是，一旦它们体内感染上寄生虫时，色彩艳丽的羽毛就会黯然失色。雌性雉鸡总是选择羽毛最亮丽的雄性雉鸡为配偶，目的是能给繁衍的后代增强抗病能力。科学家们认为，在整个动物世界中，动物外表的吸引力表征了其生物学上的品质。

与此相似，人类的祖先也与所有的动物一样，雄性会本能地追求将自己的基因尽可能多地遗传给后代，而雌性则会本能地关注其后代的生存机会。美国科学家为了了解人们心目中美丽面庞的模样，挑选出 30 张不同的脸部照片，分别让来自不同国家的评阅者按 1 分到 9 分的评阅标准进行打分，然后，再用电脑程序将得分最高的几个脸部特征组合起来，得出人们理想中的俊美面庞。由此，他们发现，在男性的心目中，理想的美丽女性的面容是：额头饱满、嘴唇丰满、颚骨短小和下巴尖细。在女性的心目中，理想的英俊男性的面容则是：眉毛粗浓、颚骨较大和下巴稍宽。科学研究表明，颚骨短小显示出雌性体内的睾酮含量低，雌激素含量高，因此其生育能力较强；同样，下巴宽大则表明雄性体内的睾酮和雄性激素含量高，而这恰恰正是体格健壮所不可缺少的基本条件。通过对这两个特征的追求，雄性和雌性就使其后代获得了进化上的有利地位。总之，无论是男性心目中的理想的美丽女性的容貌，还是女性心目中的俊美男性的面部特征，都与两性身体内的性激素含量、生育能力和人在大自然中的生存竞争能力密切相关。大自然赋予人类以对于异性美的面部特征的追求，仿佛是为了成全人类生存、进化和发展的目的。

科学家们还发现，人体美的一个重要因素是对称性，这一影响人们审美观的因素同样地是影响动物的择偶标准的一个重要因素。例如，雌性蜻蛉择偶时，总是选择翅膀完全对称的雄性。研究表明，这样的雄性蜻蛉不但捕食的本领强，而且善于躲避天敌。生物学家们认为，生物翅膀、耳朵、眼睛和脚掌等配对的特征都生长发育得完全对称，正是发育健全的表现；而对称性差，则是污染和疾病的结果，对称性越差，生物个体的适应能力就越弱。对于人体的研究亦表明：身体对称性好的男性，除了面庞较富吸引力外、其体格也强于同龄人，性格亦较富支配性。好莱坞影星丹泽尔·华盛顿被美国《人物》杂志评为"当今最富魅力的男性"，凭的是人们的观感；而科学家们则以测量来证明了丹尼尔·华盛顿的面庞的部位几乎完全对称。科学家们还告诉人们，除了对称性以外，许多容貌俊美的人的另一个共同特点是标准性，即他们的身材和容貌特征往往都取人群的平均值，这种现象有生物学上的合理性，因为从遗传学的角度看，这种特征携带有害基因的可能性最小。

科学研究还表明，人们对于人的体形美的审美情趣也是十分相近的。人们的潜意识都认为，腰臀比率（腰围与臀围的比率）小是女性形体美的重要特征。心理学家们曾做过一个有趣的实验，他们用简洁的线条勾画出不同的妇女体形轮廓图，然后让男性评阅者打分。虽然这些评阅者的文化背景和国籍各不相同，年龄也从 8 岁到 85 岁不等，但他们都不约而同地给腰臀比率约为 0.7（腰围是臀围的 70％）的体形打了最高分。1993 年，荷兰的研究人员在研究中发现，腰臀比率在 0.69 这个范围内的妇女都比较健康，生育力也比较强；腰围相对略有增加者，则意味着其生育力会有所下降。这些事实说明，之所以女性的优美的形体比其优雅尖细的下巴对于男性更具有吸引力，同样根源于人的生物本能。

然而，说美感根源于人的生物本能是一回事，揭示美感的起源——如何从高等动物的美感萌芽发展到人的对于美的自觉创造——却是另外一回事。如果说从高等动物的美感萌芽进化到人的对于美的自觉意识有一个质的分界线的话，那就是看主体能否创造出一种悦目的形式，从而能够真正欣赏韵律的美。——而人本身，无论是主体的审美能力，还是作为审美的对象（人化的自然），都是自我创造的结果。人体美，本身就是自我创造的一种悦目的形式。

通过劳动，人从四肢爬行的动物变成了直立行走的动物，并由此带来了属于人所专有的一系列体格特征——挺拔的身躯、灵巧的双手、健壮的双腿、宽阔的前额、缩短了的颌部、光洁的皮肤，等等，从而创造了人体美。在劳动中，当人们惊讶地发现自己的身体逐渐变得矫健、自己的皮肤逐渐变得光洁、自己可以昂首阔步地走在大地上的时候，发现自己的形态已远离了自己的猿类祖先，并对自己那塌鼻的、猴腮的、多毛的祖先的容貌感到丑陋的时候，他们也就充满了自豪感和自我创造的欢欣。这时候，我们才可以说，动物的美感萌芽进化成了人类美感的自觉意识，从此才有了专属于人类才有的"健美"观念。进化中的人什么时候开始觉得自己的猿类祖先丑了，也就是属人的美的观念形成的时候。

在原始人类的神话思维中，我们可以发现从根于生命本能的美感萌芽向着美的创造的自觉意识进化的轨迹。

在希腊人的神谱中，有两个爱神。

最先出现的是一位小爱神，叫爱洛斯（Eros）。据赫西俄德的《神谱》说，首先存在的是混沌，从混沌中产生出宽阔的大地，一切事物的永恒的安稳基础，随后出现的就是这位小爱神，他是诸神中最古老的一位。在人们的想象中，他是一个长着翅膀、手持弓箭飞翔着的小男孩，只要他的箭镞射中了谁的心窝，谁就会坠入爱河。小爱神爱洛斯象征着生殖的力量，代表着人要求通过自己的子女延续自己的肉体生命使之达于无限的形上冲动，而动物是不可能意识到这一点的。小爱神爱洛斯之出现在希腊人的想象中，生动地说明了人的爱欲之美已经开始高于高等动物根于生命本能的美感萌芽，因为人已经开始赋予两性之间的爱欲之美以超越生命之有限而达于无限的形上意义，从而把自己的性行为与动物的交媾相区别。

第二位爱神叫阿芙罗狄忒，罗马人称她为维纳斯。在占希腊人的诸神谱系中，她是较晚才出现的一位神灵。关于她出生的故事，十分动人。相传宙斯的父亲克洛诺斯将自己的父亲乌拉诺斯的肢体投入风光明丽的爱奥尼亚海，激起了一层层推向远方的海浪，海浪的中心浮起白莲花式的泡沫，在天光日影的辉映中冉冉升起，从白莲花蕊中，蓦然出现了一位绝代佳人，希腊人给她起了一个令一切神灵和凡人都为之心动神摇的名字 阿芙罗狄忒，赋予她以爱与美的女神的光辉属性。她不仅具有"凡俗女爱神"的浅易之美，更具有"天上女爱神"那难以言喻的、内涵丰富的韵律之美或深奥之美，那为哲人们所盛赞的"高贵的单纯，静穆的伟大"。作为爱神，她体现了人们对于性爱和生育的崇拜，对于生命和青春的赞美，对于人生欢乐和幸福的追求；作为美神，她体现了人们对于美的创造，寄托着人们的审美理想，表现着以美的个性为中心的希腊性格。

先有象征着生殖的小爱神爱洛斯，后有爱与美的女神阿芙罗狄忒，正展示着从高等动物的美感萌芽到专属于人的爱欲之美、再到人的审美理想之发展进化的内在逻辑！

不仅人体美，而且有关自然美的观念，也是与人在劳动中的自我生成密切联系在一起的。一方面，我们固然要承认，人之关于自然美的观念，至少爱春伤秋、喜绿树而厌枯木、好明媚而恶黑暗，是与求生本能密切相关的；同时，我们也承认，高等灵长类动物，例如与人十分接近的黑猩猩，可能在对于自然景物的视觉快感方面已有某种近似于人的美感的萌芽——例如，据《灵长类动物》一书所说，科兰德教授有一次发现，一只黑猩猩花了整整 15 分钟的时间坐在那里默默地观看日落，它望着天边变幻的色彩直至天色变黑才离去。该书作者说："一味认定只有人类才能崇拜和欣赏非洲黄昏的美景，就未免有点太武断了。"①

——这一事例虽然不足以得出黑猩猩具有美感能力的普遍结论，但为了避免武断，不排除黑猩猩有欣赏自然景观的美感萌芽。然而，真正具有欣赏自然美的审美能力，能够产生惊讶、赞叹的情感，则只有通过劳动而大大提高了自己的智力、具有一定的主体自觉意识、甚至产生了对于某种超验事物的兴趣的人才有可能做到，而尚且不能将自身与自然界区分开来的高等灵长类动物和处于进化途中的猿人显然是不可能做到的。

与自然美相联系的原始神话的诞生是从高等灵长类动物的美感萌芽进化到人的美的创造的又一标志。古老的希腊《神谱》，确证着人通过欣赏自然美而进行美的再创造的能力。希腊人仰望给世界带来了生命和光明的太阳，头脑里就描画出一幅年青英俊的太阳神的形象，给他起一个名字叫阿波罗，赋予他正义和艺术文化的保护者的崇高责任。望见夜空皎洁的明月，想象中就浮现出一位娇柔秀丽的女神形象，给她起了一个名字叫阿尔迪美丝，把她称作月神和狩猎之神。走到岗峦起伏的海滨，望着波光晶莹的爱奥尼亚海，全身心浸透着醉人心脾的美感，仿佛看到从浪花中走出一位婷婷婀娜的美女，给她起名为阿芙罗狄忒（维纳斯），献上美神和恋爱之神的神圣光环。倾听那潺潺流动的山溪，希腊人就会好奇地询问是哪位仙女在驱使；目睹万物生长，人们就会询问，究竟是谁在主宰操持？那群星灿烂的夜空，与那星光荧荧的奥林波斯山，在希腊人的心目中，乃是众神聚会的地方。同样，在中国古代的神话中，也有与希腊人相似的审美意象：太阳的东升西落是羲和驾驭着六

---

① 萨雷尔·艾默尔、欧文·德沃雷等：《灵长类动物》，科学出版社、时代公司 1982 年版，第 70 页。

条龙拉的车子在空中行驶，月亮女神是那位吃了灵药而奔月的美丽仙子嫦娥……

我们可以把古代埃及的狮身人首像看作是人类由野蛮进入文明初期艺术地展示人类心灵的发展在这一阶段具有本质意义的象征，而不仅仅是古埃及精神的象征。我们看到，那躺着的是兽的躯体，从兽躯那里挣扎出来的是人的上身，人的精神想从这种兽性的压抑的强大力量中冲出，但是还表现不出它的特有的自由飞腾和激动人心的形象。

从埃及的狮身人首像到希腊神话中的"史芬克斯之谜"，则展示出人从兽性的力量中完全冲出，人类心灵开始具有了自在自为的意义，从而空前地凸显了人的主体性。在希腊神话中，狮身人首兽是个提出谜语的怪物。它向每一个过路人发问：什么东西早晨用四条腿走路，中午用两条腿走路，傍晚用三条腿走路？如果过路人不能回答这个问题，就会被这头怪兽所吞噬。希腊人找到了谜语的答案：人。于是就把这头怪兽从悬崖上抛下去。这个神话故事的象征意义，就在于人类已经意识到自己与兽类的根本区别，并且向自身呼吁："认识你自己！"——事实上并非苏格拉底首先提出这一格言，在苏格拉底之前，这一格言已写在希腊的神庙上。——史芬克斯之谜的谜底是人，人亦是史芬克斯之谜的猜谜者。史芬克斯之谜的猜出，是人类心灵的本质特征在艺术中的对象化的显现。

在以神话为素材的希腊雕塑中，神总是作为人而表现出来的。中世纪的智者们看不到的东西，却瞒不过古希腊童稚的天真的心灵：神性就在人性之中；人体既是精神的住所，所以也是精神的最适合的感性显现形式。近代德国美学家文克尔曼称赞维纳斯的雕像表现了"高贵的单纯，静穆的伟大"——她既是高贵的，又是单纯的；既是静穆的，又是伟大的；集教养有素与自然的纯真、静穆的庄严与动态的伟大于一身。19世纪俄国的著名作家屠格涅夫说："弥罗岛的维纳斯比1789年的原则更不容怀疑。"1789年的原则是法国大革命的原则，即《人权宣言》的原则，这诚然是不容怀疑的；但作为爱与美的女神的维纳斯的形象所展示的意蕴，乃是感性地存在着的人性之庄严崇高的表现，人的感性的存在比理性的存在更根本，因而就更不容怀疑。

审美的起源伴随着艺术的起源，赋予了人的情感表达以美的形式：早期猿人为了取乐而作的没有规则的跳跃变成了有节奏的舞蹈，并伴之以"蒉桴而土鼓"的敲击声；为表达感受的那种混乱的声音，受到劳动时的"杭唷杭唷"、此起彼应的号子声的启迪，开始有了节拍，转变成为歌声……

如今中国美学界关于美的起源的"劳动说"与"生命说"正争得不亦乐乎。诚然，劳动不仅创造了人，而且也创造出美的艺术，从这一视角看，美来自劳动，没有劳动，高等动物的美感萌芽决不可能进化为人类的美的创造。然而，没有感性生命的内在要求，也就没有美，美是生命的情感升华绽开出的绚丽花朵；即使是那创造出美的劳动，也是来自感性生命的要求。从这一视角看，美的奥秘恰恰又在人的感性生命的深处。因此，关于美的起源的"劳动说"与"生命说"是完全可以统一起来的，二者似乎可综合地表述为：美是生命的感性要求通过劳动而产生的"有意味的形式"。不知美学界的学者们对这一说法以为然否？

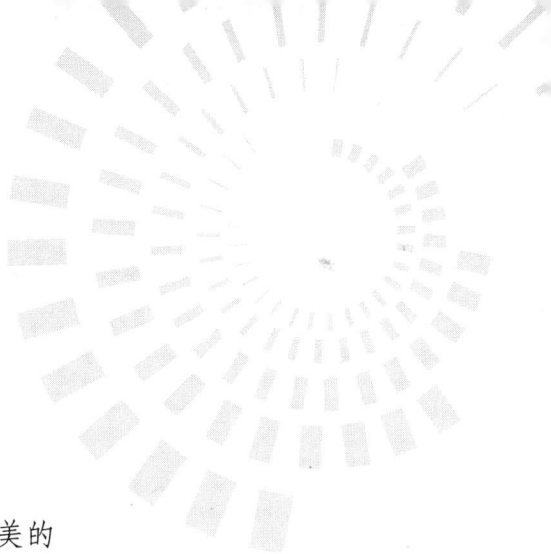

三
古代世界的人文精神

——中西古代哲人对于真善美的
理论探索及其异同之比较

历史地看，人文精神的发展经历了三个阶段，表现为三种形态。一是占代世界的人文精神，这主要是一种注重人的文化教养的精神，即重视人文学科教育意义上的人文精神。二是文艺复兴以来与中世纪神学和宗教异化相抗衡的人文主义精神，即近代人道主义意义上的人文精神。三是 19 世纪后期以来凸显个人在情感和意志方面自由发展之要求的人文哲学思潮，这是一种注重生活之艺术化与审美化的人文精神。

下面，本章着重论述古代世界的人文精神。

（一）古希腊罗马的人文精神

1 以美的个性为中心的希腊性格

——古希腊罗马的人文教育

在古希腊，从公元前 5 世纪中叶起，就开始为培养自由的成年公民而实行全面的人文教育，教育的目的是按照当时社会的标准来塑造教养有素的人、多才多艺的人。人文教育在古希腊叫 Paideia，这个词包含了"人性"与"教化"的双重意蕴。公元前 1 世纪的古罗马哲学家和教育家西塞罗（公元前 106—公元前 43）更创立了系统的 humanitas 的学说，humanitas 既有"人性"的意蕴，又与"教化"一词通用，所以西塞罗用"humanitas"来指培养人成其为人、即自由公民的教育大纲，它构成了被称为"通艺"或"学艺"的研究领域。在古希腊，它包括"三艺"（文法、修辞、逻辑）和"四艺"（算术、几何、天文、音乐），统称"学艺七科"，被称为"自由学艺"。罗马人又加上了历史，且十分重视法律的教学。

古希腊罗马时代的人文精神，是与当时的社会制度、尤其是社会政治制度紧密联系在一起的。

最能代表古希腊文明特色的是雅典的城邦民主制度。这个社会里的政治问题是全体公民所面对的公共问题，政治问题是经由公民们参与（讨论、表决、执行）的政治过程来处理与解决的。所以，从社会的观点来看，雅典的社会初步具有现代公民社会的特征。这一社会特征决定了亚里士多德以参与政治过程中公共政策的决定来界定人的特性，提出了"人是政治的动物"这一著名命题。即只有以平等自由的公民身份参与政治过程的人，才能算是人，才能呈现人的高贵性——因为只有这样的人，这样参与政治决定的人才具有自主性，而不是被动地受他人驱使的动物；才具有面对未来挑战的开创性，而不是消极地等待命运的降临——似乎在事情尚未发生之前就已经有了答案，而这答案的作出是不需要自己在场并且参与的。

既然自由平等的公民能以个人的自主性与开创性来参与社会政治过程，那么，在政治过程中所做决定的后果也就理所当然地要由全体公民来共同承担、共同负责。能否做出正确的政治决定，关系到国家的前途和命运，这就要求公民们具有参与公共生活的智慧和与公民社会相适应的道德，即所谓"公民道德"（Civicvirtue）。所以亚里士多德认为，公民社会是最能发展人的能力的社会；而参与公民社会的政治决策过程乃是人性中的基本要求——"人生来是要做公民的"。

在这种社会背景下产生的雅典的人文教育，主要是为实行民主政治服务的。它既是实行了民主政治的结果，同时也是民主政治赖以顺利运作和延续的必要条件，因为要参与政治，因而就必须培养有参政能力的人。因为实行的是民主政治，所以一个人要想被选出来担任公职，就必须具有杰出的才能，并且要擅长演说，能够以雄辩来赢得公民的选票；当政以后，其言行举止又要受到公民的监督，要能在公民中获得较高的支持率。同时，为了保证民主政治的实施，就必须有能够议论和参与政治决策，并且有效地对当政者进行监督的公民。所有这一切，都需要对公民实行普遍的教育，以保证公民的文化水准，并且能从公民中产生杰出的人才。当然，教育也是为经济服务的，虽然公民有选举权和被选举权，但不可能人人都成为政治家，多数公民则通过教育而成为直接从事经济活动的商人。

为了培养合格的公民，雅典公民的子弟，从 7 岁开始就同时上文法学校（The grammatist school）和音乐学校（The music school），儿童在文法学校中学习读写算的初步知识，读《荷马史诗》和《伊索寓言》；在音乐学校学习弦乐演奏和诗歌，学习用乐器伴奏诗歌进行演唱，以陶冶儿童的性格和道德品质。此外，也有一些初步的体育训练。12—13岁的少年，除了继续在音乐学校或文法学校学习外，同时又开始进体操学校（The palaestra）学习，主要学五项竞技（赛跑、跳跃、角力、掷铁饼、投标枪），以及游泳和舞蹈，其目的既在于使少年们成为体格匀称、步履轻捷、姿态美观、富于技能技巧、身强力壮的人，更在于锻炼少年们的精神意志，要求他们具有坚韧刚毅、勇敢进取、并且善于抑制脾气和把握情绪的品格。体操学校除了与文法学校和音乐学校相配合继续完成学习文化知识的音乐艺术（包括文学）的课业外，还十分注重道德教育，那些担任公职的或不担任公职的享有盛名的杰出公民，经常到学校去跟少年们进行各种对话，并为他们主持体操表演等重要活动。

15—16岁的杰出青年，可以进入实际上是实施全面教育的国家体育馆学习。国家体育馆除了进行严格的体育训练，以便使更多的人能够参加四年一次的奥林匹克运动大会以外，还特别注重文法、修辞、逻辑这三门学科（"三艺"）的教育，以培养和提高青年们的雄辩才能和演说本领，为他们将来更好地参加政治活动创造条件，此外还学习法律以及社会生活和公民生活的准则。18—20岁的青年，属于预备公民阶段，可以自愿进入青年军事训练团接受训练，学习军事技术、航海、政治法律知识。20岁以后的青年，通过一定的仪式，接受正式公民的称号，获得完全的政治权利。——雅典教育的最显著的特点，是实施体育、智育、美育和德育等多方面的教育，以培养体、智、美、德诸方面和谐发展的合格公民。

从公元前334年至公元前146年，希腊人建立了地跨欧、亚、非三洲的亚历山大帝国，史称"希腊化"时期，希腊人将其教育制度推广到东至印度河、南达波斯湾、北达里海沿岸的广大地区。在希腊，除了柏拉图在公元前386年创办的"阿加德米"（Academy）学园、亚里士多德在公元前335年建立的"吕克昂"（Lyceum）哲学学校仍继续存在外，又创立了一些新的学校，如芝诺（Zeno）于公元前308年建立的"斯多葛派"学校，伊壁鸠鲁派（Epicurus）于公元前306年设立的"伊壁鸠鲁派"学园等。公元前200年，在各类学校的基础上形成了著名的雅典大学（The University of Athens），这所大学延续了七百多年，直到公元529年被东罗马帝国（拜占庭帝国）的查士丁尼皇帝封闭。在希腊化时期，帝国的其他地方也仿照雅典大学而建立大学，不少城市设立了公共图书馆，有的藏书达五六十万册之多。亚历山大里亚的博物园是比雅典大学更大的学术中心，设有图书馆、动植物园、天文园、研究院等部门，藏书达七十多万卷册，许多著名学者都在这里进行研究活动，如欧几里德、阿基米德等。

古罗马从公元前6世纪末（公元前510年）至公元前1世纪后期（公元前30年），实行的是共和政体，即民主政体，但直到公元前3世纪中叶以前，由于农业经济在社会生活中占主要地位，所以教育仍停留在依靠家庭教育来实施的阶段。只是随着手工业、商业和海外贸易的发展，对民主政治的运作提出了更高的要求，罗马人才于公元前233年以后逐步建立起古希腊雅典式的教育体制，特别是公元前146年，罗马人完全征服了希腊以后，更全面接受了希腊人在以往几个世纪内所创造的文学、哲学、科学和艺术的成就，希腊语言成了罗马上流社会通行的时髦语言，能否流利地使用希腊语，成了衡量一个罗马人有无教养的标准。教育体制比希腊稍有改进：7 12岁的男女儿童都可以到初级学校学习，12—16岁的少年上文法学校，16—18岁或20岁的青年上修辞学校。其中，修辞学校的设立明显是为了适应民主政治运作的需要——从事政治活动，需要以演说作为争取群众支持的手段，而演说者需要具有雄辩的才能，渊博的知识，由此又派生出一种社会风尚，即有无演说雄辩的才能，乃是衡量一个罗马人有无教养的最重要的标志。根据这一要求，罗马修辞学校的课程科目设有：修辞学、哲学、法学、希腊语、数学、天文和音乐，基本上仍为希腊的"三艺"和"四艺"，后来又增加了罗马史。

古希腊罗马的教育，贯彻和体现着希腊罗马哲人的人文理念，即培养体、智、美、德全面而和谐地发展的合格公民。

"智者派"（Sophists）是公元前5世纪出现的一批希腊职业教师。"智者"（Sophist）原义为"哲人"或"智慧的人"，是适应建立民主政治的需要而出现的一批哲学教师。他们创立并且系统传授文法、修辞学（雄辩术）和哲学（辩证法），其中颇富盛名的一位智者普罗塔戈拉提出了"人是万物的尺度"的著名命题。继智者派之后，苏格拉底（Sokrates，公元前469—前400）强调"首先要关心改善自己的灵魂"，强调通过认识自己以获得知识，成为有智慧、有完善道德的人。

柏拉图最早提出了关于人的理智、情感、意志等心理学问题，并且把它运用到教育理论上。他认为"人是神的创造物中最好的"，可以认识理念世界中的许多东西，以至可以洞察最高的理念，智慧乃是最高的美德，教育的目的在于获得理性，使"心灵的和谐达到完善的境地"。他最早阐述了幼儿教育的理论及其重要性，主张3—6岁的儿童要在儿童游戏场接受教育，通过给他们讲故事，教他们做游戏、唱歌，来培养儿童坚毅、活泼和勇敢的品格；所有达到6岁的儿童都要上学受教育，并且主张要尽量对一切儿童施以强迫教育。他认为对6—16岁这一年龄段的儿童主要是进行情感教育，用音乐来陶冶儿童的心灵。他认为"音乐是求心灵的美善的"，音乐的"节奏及和声最能深入人心，留下深刻的影响，带来优美的一切"，有助于培养强健的体魄和美好的心灵。17—20岁的青年要在军事训练团（Ephebia）接受教育，这是人生的意志教育阶段。除了接受军事训练，还要学习作为一个军人必需的"四艺"，即算术、几何、天文学和音乐理论。这一阶段的教育目的，是培养具有灵敏、机智、坚定、勇敢等美德的合格军人。20—30岁，是人生的发展智慧的阶段，教育的目的是为了发展理智的美德，使之成为国家的高级官吏和哲学家。在这一阶段，"四艺"的学习不是为了实际应用，而是以探讨哲学理论为主旨，思考"理念世界"的最高理念：研究算术，是为了观察思考数的性质，"唤起思考的能力，引导心思去面向本质与实在"，使心灵"超然于变幻的世界之上而把握着本质"；研究几何学，是为了引导灵魂接近真理和激发哲学情绪，以便了解"关于永恒存在的知识"，进而"掌握'善'的本质的形式"；研究天文学，是为了思索宇宙的无穷，承认宇宙的无限，"承认苍穹和其中的一切，确实已经尽了造物者的能事"。在柏拉图看来，哲学（辩证法）乃是凌驾于其他学科之上，并起统率作用的一门学科，是指导人类认识最高、最完善的理念的学科，是使人的智慧能力发展得更趋于完善，以至"最后能用纯理性来掌握'善'的本性"、"看到本质实在"的学科。

亚里士多德继承和发展了柏拉图的教育理论，提出了教育要与人的自然发展相适应的原理。他认为人的灵魂包括三部分：植物灵魂、动物灵魂和理智灵魂。作为植物灵魂的身体部分是最先出现的，主要表现在营养、发育、生长等生理方面。在生长发育的一定阶段上，出现动物灵魂，主要表现在本能、情感、欲望等方面。理智灵魂的出现又后于动物灵魂，主要表现在思维、理解、判断等方面。根据这一观点，亚里士多德认为，首先要重视儿童的身体发育，继之以情感的培养，最后是理智的锻炼。亚里士多德特别重视"文雅教育"（liberal education）。他认为各门学科的功用不外乎实用和文雅两个方面，有的侧重实用，有的侧重文雅。鉴于此，他把各门学科大致分成有用学科与文雅学科两类：有用的学科，为实际所必须，只服务于实利，它是不高尚不文雅的；文雅的学科，则是自由心灵的养分，是高尚而文雅的。为了使人的身心得以和谐发展，亚里士多德把音乐教育看作是实施文雅教育的核心，并且把文学作品和诗文的阅读欣赏、咏唱等划归音乐教育。他认为，音乐不仅是进行美育的最有效的手段，而且它还担负着智育的一部分职能，又是实施道德教育的不可缺少的内容；音乐作为形成人的性格的一种重要力量，不但适宜于在少年时期学习，而且各年龄阶段的人都需要学习。幼儿学得了一定的音乐知识，就可以"鉴别音乐的美"，"并从中感到乐趣"；少年学习音乐，既有助于体格的锻炼，也有助于学业的成就，还有助于将来事业的发展和军事义务的完成；青年学习音乐，便能进而感受和欣赏高雅的曲调和旋律。音乐教育的目的不是为了"实利"，而是为了"在闲暇时供理智的享受"；而理智的享受，就包含着高贵和愉快两方面的因素。音乐本身正是一种"自由而高贵"的文雅学科，它能使人舒畅愉快，能使人"形成高尚自由的心灵"，并能激发人的心灵，使其理智部分得到发展。因此，他认为只有音乐教育，才能更好地实现教育的最终目的——发展理智灵魂，从而把音乐教育看作是实现人的和谐发展的最重要的内容。与此同时，亚里士多德对于少年的道德教育给予了相应的重视。他认为道德教育的目的在于通过实际活动和反复练习，逐渐养成具有"中庸"、"正义"、"节制"和"勇敢"的美好德行。他认为道德教育有三个源泉——天性、习惯和理智。优良道德品质的形成，必须利用天性，使之得到适当的发展，最终趋于理智的高度；而借助于道德活动以培养道德习惯，则是形成良好的道德品质的最关键的环节。

柏拉图和亚里士多德的人文理念，为古希腊罗马的人文教育奠定了坚实的理论基础。特别是他们重视文雅教育的思想，对于后世的西方教育发生了深远的影响。古希腊罗马哲人对于真、善、美的理论探讨，标志着当时的人文教育已达到了相当高的水平，至今仍能给人们以智慧的启迪。

当然，我们也不能不看到，古希腊罗马的人文教育具有明显的阶级的和时代的局限性。以雅典为例，当时雅典有人口四十余万，而从西亚和北非掠取的奴隶就占了人口的一半，他们不享有公民权利；在另外的二十余万人中，妇女和儿童也没有公民权利，公民权利和政治权利是成年的男性自由公民才能享有的，其中少数人是工商业奴隶主。在这种社会背景下，只有自由民的子弟才能享有"人文教育"，而奴隶则至多只能享受职业性的"技艺教育"。这就是美国现代实用主义哲学家杜威在其《人的问题》一书中所激烈抨击的希腊人的"阶级的偏见"。在中世纪，人文教育的"学艺七科"被从属于神学，成为基督教徒的基础教育课程。虽说是"上帝面前人人平等"，但教育的目的是为了培养"有教养"的"上等人"，平民百姓是很少有受教育的机会的。这种自古希腊传下来的根深蒂固的偏见只是到了近代社会才逐渐被破除。

2 "认识到自己的无知是智慧的开始"
——古希腊罗马哲人对于"真"的理论探讨

或许是由于希腊民族的生存与"海的原理"密切相关，加上城邦民主制的比较自由的思想氛围，培育了希腊哲人对探究自然奥秘情有独钟的好奇心。据说视尼罗河为"母亲河"的古代埃及人从来也不问尼罗河周期性涨落的原因，那是因为专制王权和祭司的神权统治禁锢了人们思想的缘故，而踏上埃及土地的希腊人则对此提出了五种假说。

自然知识的教育、特别是如何求"真"的方法论教育，是古希腊罗马人文教育的重要组成部分。在"学艺七科"中，算术、几何、天文都担负着传授自然知识的任务。特别是当时的哲学，不仅包含许多自然知识门类，更要从总体上探究宇宙的本原、生成及发展，所以古希腊的哲学家几乎都是自然科学家。以今天的眼光看古代西方哲学，其探讨的重点固然是关于世界本原的本体论问题，但探讨如何求得确切可靠的知识的认识论问题，亦是古代西方哲学的一个极为重要的方面，它构成了西方哲学传统的一个主要特色。

从泰勒斯起，西方哲人就表现出了一种"为求知而求知"的知性精神。柏拉图赞誉泰勒斯并非一般的凡夫俗子，他忘情去欲，上穷玄穹，下极黄泉，仰窥天象，俯测地形，遍究一切物性，而求其真全。他由于专心致志地观察天象，全然没有注意到身旁有口井，竟失足坠入其中。一个侍婢嘲笑他："专注迢迢河汉之间，而忘却近在脚旁之物。"①

再一个著名的例子就是欧几里德。欧几里德几何学是鄙视实用价值的，据说，有一个学生在听欧几里德讲了一段证明以后便问，学几何学能够有什么好处，于是欧几里德就叫进来一个奴隶说："去拿三分钱给这个青年，因为他要从他所学的东西里得到好处。"

希腊人的"为求知而求知"的精神还表现在亚里士多德"吾爱吾师吾更爱真理"的格言之中。亚里士多德强调："我们为了保卫真理，最好有不惜牺牲一切的精神，特别是我们是哲学家，更该如此。在真理与友谊两者俱为我们所亲的情形下，为了保卫真理，我们宁取真理。这乃是神圣的义务。"②

注重知性思维，是古希腊罗马哲学认识论的最显著的特征，它起于对感性认识的确定性的怀疑，因而强调发挥知性思维能力去明辨真伪——区分"真理"与"意见"、"暧昧的认识"与"真理性的认识"——从而逐渐建立起一套旨在获得确切可靠的知识的知性逻辑。

巴门尼德的哲学思考，集中在"真理"和"意见"的问题上。在巴

---

① 柏拉图著，严群译：《泰阿泰德·智术之师》，第65—66页。
② 《西方伦理学名著选辑》上卷，第283—284页。

门尼德看来，米利都学派把万物的本原都归结为某种具体的感性物质，毕达哥拉斯虽然把万物的本原视为抽象的数，但也只是抓住了事物的量的规定性，而未揭示出物之所以为物的质的规定性。因此，巴门尼德认为，这些都只是"凡人的意见"，意见属于此一是非、彼一是非的浮谈，根本见不到"真理"。巴门尼德要超越于这些杂乱无章、是非不定的意见之上，去寻找那唯一的真理。巴门尼德提出的研究真理的途径，是把逻辑思维与感性直观区分和对立起来。他宣称感觉是不可靠的，研究真理要以理性（实为知性）为准绳，即把逻辑的思维形式和规律作为衡量思想本身以及思想是否具有真理性的准绳，这就突出了逻辑思维在区分本质和现象中的作用。他所说的逻辑思维，主要是指知性逻辑思维，这是一种以确定的抽象概念为基础，按逻辑思维的规律来进行判断、推理和论证的思维方式。在他关于"存在"与"不存在"的辨析中，在关于"存在"之特征的逻辑论证中，实际上已揭示了形式逻辑的同一律（A＝A）、矛盾律（A不能是非A）和排中律的内容。

作为"经验的自然科学家和古希腊人中第一个百科全书式的学者"的德谟克利特，对感觉这种认识形式作了比较具体的研究，提出了著名的"影像"说；同时，他又提出了要区分"暧昧的认识"与"真理的认识"的学说。影像说不仅把影像看作是主体感官和客观物体的原子射流相互作用的结果，而且开始重视认识中的主体因素，强调感觉的相对性和复杂性：某种感觉的内容并非是客观事物本身所固有的属性，如视觉中的颜色是约定俗成的，对于冷和热、甜和苦的感觉，正常的人和病人是不同的，等等。他认为事物有其固有的性质，如形状、大小等，亦有其派生的性质，如色、香、味，都是事物作用于人的感官而产生的。这一论说在西方哲学史上最早涉及了物体的第一性质和第二性质的问题，与近代哲学家洛克的学说相类似。他认为，感性认识是暧昧的，因为它只是对事物的现象的认识，这种认识不可避免地要受到认知主体因素的影响；要获得精确的真理性认识，就必须凭借理智（知性）。由于理智是以"概念"这样更为精确、概括、抽象的形式来参与认识过程的，所以，理智能深入认识事物内部不可感的微观领域，把握事物的本质。感觉只是给理智提供"影像"材料，而理智则能纠正感觉中的错误，透过现象，洞悉真理。

苏格拉底在认识论上的最大贡献，是提出了如何在辩论中确立真理的"辩证术"（dialectic）。他认为，首先是要解决作为辩论对象的概念的确切性问题。无论讨论什么题目，先要给概念下定义，把讨论的事物的本质揭开，使参加讨论者和听众都有一个一致的目标，不至于甲指的是马而乙指的是驴，导致各执其说而莫衷　是。写文章也是如此："头一个法则是统观全局，把和题目有关的纷纭散乱的事项统摄在一个普遍概念下面，得到一个精确的定义，使我们所要讨论的东西可以一目了然。"① 其次便是分析问题，"顺自然的关节，把全体剖析成各个部分"，"一直到不能再分析为止"，由此展开事物的全体与部分、原则与事例、概念与现象的关系。这两步工夫合在一起，就是苏格拉底之所谓"辩证法"，即在辩论中确立真理的辩证法。他宣称："我所笃爱的就是这两种法则，这种分析和综合，为的是会说话和会思想。"同时，苏格拉底认为，辩证法就是真正的修辞术，除此之外别无所谓修辞术。斯巴达人说得好："在言辞方面脱离了真理，就没有也永远不能有真正的艺术。"② 他认为，一个人如果要在知识学问方面下工夫的话，除了辩证法的训练外，有两种学问是有裨益的。一是自然科学。"对于自然科学能讨论，能思辨；我想凡是思想既高超而表现又能完美的人都像是从自然科学学得门径。"③学习自然科学，正是取它的方法来充实辩证法。二是"穷究心灵的本质"的科学，即心理学。看听众在心理上属于某种类型就用与某种类型相应的文章或辞令去说服他们，感动他们，从而使心灵得到所希冀的信念和美德④。

这样，苏格拉底就把探求真理的认识论的"辩证法"与人文教养有机地统一起来了。

---

① ② ③ ④ 《柏拉图文艺对话集》，人民文学出版社 1983 年版，第 152、153、143、160 页。

　　亚里士多德第一次自觉地对知性思维的规律进行了系统的研究，所以，他被誉为西方"逻辑学之父"，甚至有人说，单是逻辑学上的贡献就可以使亚里士多德千古不朽。他结合语法修辞系统地研究了概念、判断、推理的形式，发现了正确的思维必须遵循的规律，形成了一个以三段论为中心的演绎推理体系。他认为完善的三段论所赖以出发的前提应是不证自明的真理，这种不须证明的真理就叫做公理。从不证自明的公理出发，遵循正确的逻辑规则，就可以得出正确的结论。这种公理化的演绎推理体系在科学认识史上具有开创的意义，为人们寻求确切可靠的知识提供了方法论的指导。在亚里士多德的公理化思想的引导下，在古希腊产生了数学上的第一个公理系统——欧几里德几何学。

　　同样是出于对确切可靠的知识的追求，在古希腊也发展起了注重理性的辩证思维的传统，以赫拉克利特和柏拉图为代表。

　　在赫拉克利特那里，"知性"与"理性"是混沌未分的。在他所讲的理性中，包含了知性的成分，使哲学的讨论同科学的探求紧密地结合起来，但他更重视的是哲学洞观意义上的理性，企图凭借理性获得驾驭一切事物的洞见。赫拉克利特提出了"逻各斯"（Logos）的学说。他把人的理性能力，以及由这种理性能力所把握的规律性，称为"逻各斯"。从人的理性能力立论，他认为"逻各斯"是人人共有的东西，但只有意识到这种能力，并且自觉地运用它的人才是清醒的。多数人对他们所遇到的事物不加思考，对他们经验到的事物也不认识，只相信他们自己的意见，就像睡梦中的人一样，因此，问题就在于如何引导人们去认识和运用自己的理性能力。从发挥人的理性能力去认识事物的"逻各斯"立论，他认为，要做到这一点并不容易，因为自然喜欢隐藏起来，它是难以追寻和探求的。而一个人如果单凭感觉知识和多闻博见还不足以认识"逻各斯"，因为从经验中看到、听到和学到的东西，受着个人情绪的支配；如果人们的灵魂粗鄙，眼睛和耳朵对他们来说更是不好的见证。基于这样的认识，赫拉克利特指出：爱智慧的人必须真正认真地探究许多事物，但主要是靠思想。凭借"好好思考"，他提出了一些从运动变化的观点去把握事物的朴素辩证法命题。

柏拉图把人们的认识分为四个不同的层次："相当于最高一部分的是理性，相当于第二部分的是理智，相当于第三部分的是信念，相当于最后一部分的是想象。"①

在认识宇宙方面，柏拉图建立了数学几何式的宇宙论，并且提出了空间与物质不可分等重要原理。但他认为，几何这类科学虽然能在某种程度上认识到实在，但它也和技术性的实用学科一样，并非是对于实在的真知确识。在人类的认识中，它只是比追随感觉世界之生成和变化的信念和想象之类的"意见"要明确些，而与"知识"相比，则显得模糊，犹如"梦似地看见实在"。于是他考虑用"理智"一词来概括这些学科。所谓"理智"，也就是德国古典哲学家所讲的"知性"，而知性是比理性低一级的认识能力。在实证科学中，知性分析是行之有效而不可或缺的思维与研究方法，但在柏拉图看来，它不是智慧所从出的方法。真正的知识——对于本体的认识——实际上也就是一种人生境界、人的安身立命的依据——只有靠比"知性"更高一个层次的"理性"才能把握，理性思维的方法也就是辩证法。而辩证法的第一原理就是事物的自己运动，从自身生存与演化的内在矛盾中来确证其自身存在的根据。他的这一思想对于 19 世纪的黑格尔哲学产生了巨大的影响。

无论是注重知性，还是注重理性，古希腊罗马哲人的认识论都或多或少地带有怀疑主义的和悲观主义的意味，如罗素所指出："对于感官的怀疑是从很早以来就一直在困扰着希腊哲学家的……智者们，特别是普罗塔戈拉和高尔吉亚，曾经被感官知觉的模糊及其显著的矛盾而引到了一种有似于休谟的主观主义。皮浪似乎（因为他很聪明地没有写过任何书）在对感官的怀疑主义之外，又加上了道德的与逻辑的怀疑主义。据说他主张绝不可能有任何合理的理由，使人去选择某一种行为途径而

---

① 柏拉图：《理想国》，商务印书馆 1986 年版，第 271 页。

不去选择另外的一种。"①

即使是推崇绝对理念的柏拉图学说，仍不免带有怀疑和悲观的意味："在某些方面也可以把他看作是在宣扬怀疑主义，柏拉图笔下的苏格拉底是自称一无所知的；我们自然而然地总把这话认为是讽刺，但是这话也可以认真地加以接受。有许多篇对话并没有达到任何正面的结论，目的就在要使读者处于一种怀疑状态。有些篇对话——例如《巴门尼德篇》的后半部——则似乎是除了指明任何问题的正反两方都可以提出同等可信的理由外，而没有什么别的目的。柏拉图的辩证法可以认为是一种目的而不是一种手段；若是这样加以处理的话，则它本身就成为对于怀疑主义的一种最可赞美的辩护。"②在亚里士多德的学说中，我们也看到了对于"知识"与"意见"的区分③。

希腊人在认识论上的这种传统传到了古罗马。公元前 156 年，希腊哲学家卡尔内亚德作为雅典外交使团的成员访问罗马。渴望模仿希腊风气的罗马青年都蜂涌而至听他讲学。他的第一篇讲演是发挥柏拉图和亚里士多德关于正义的观点，并且完全是建设性的；然而他的第二篇讲演则是反驳他第一次所说过的一切，他这样做并不是为了建立相反的结论，而仅仅是为了要证明每一种结论都是靠不住的。卡尔内亚德和他的继承者哈斯德鲁拔发展了一种建设性的有关或然性程度的学说。这种学说认为，尽管我们永远不可能有理由感到确定的可靠性，但是某些东西却似乎要比别的东西更近乎真实；或然性应该是我们实践的指导，因为根据各种可能的假设中或然性最大的一种而行事，乃是合理的。这种观点也是西方近代大多数哲学家所同意的一种观点④。

古希腊罗马哲人为求知而求知的态度、注重知性逻辑以明辨真伪的态度，表现了他们执著地追求科学真理的精神。而带有怀疑主义和悲观

---

① ② 罗素：《西方哲学史》上卷，商务印书馆 1963 年版，第 297、299 页。
③ 《亚里士多德全集》第 8 卷，中国人民大学出版社 1994 年版，第 300 页。
④ 参见罗素：《西方哲学史》，第 300—303 页。

主义意味的认识论，则使人们谦虚、谨慎，而又宽容，体现了一种自由开放的文化心态。尽管在希腊也曾发生过以"不敬神"的罪名判处哲学家苏格拉底死刑的悲剧，但古希腊哲人在认识论上的自觉，却成了西方近代自由主义和民主政治的认识论基础的源头活水。

3 "智慧是唯一的善，无知是唯一的恶"

——古希腊罗马哲人对于"善"的理论探讨

与认识论上的"为求知而求知"的超功利的态度相对应，古希腊哲人在伦理学上同样主张一种"为行善而行善"的超功利的态度。德谟克利特说："行善望报的人是不配称为行善者的；这称号只配给那只为行善而行善的人。"① 为行善而行善，就要既考虑到行为的动机，也要考虑到行为的效果；而要做到动机与效果的统一，就要把善建立在知识的基础上。

到何处去寻关于"善"的知识？这实际上是一个如何确立道德的基础或根据的问题。古希腊罗马哲人大多从"神"的意志或至善的"理念世界"中去寻找道德的根源，人之求善，正是要达到"神人合一"或与至善的理念世界合一的境界。赫拉克利特说"神圣律是一切人间律存在的根据"；毕达哥拉斯用以解说分配的正义的"数"的观念，也是一种神圣律；苏格拉底虽然不相信希腊神话中的神，但仍相信唯一的神，他既把"善"看作是人的生命追求的对象，又始终感到有神在他心中命令他如何作为。柏拉图继承和发展苏格拉底，把道德理想置于形而上的理念世界，最高的道德理想是个人特别发展其理性以求灵魂之飞升而与理念世界的至善理想合一，理念世界的至善是一切伟大的心灵永远企慕的对象。即使是如今被称为唯物主义者，试图从人类的生活与实践中去寻求道德之基础的亚里士多德，也认为最高的理性道德的根源在于"神"，

---

① 《古希腊罗马哲学》，商务印书馆 1982 年版，第 111 页。

因为神自身是完满的理性，人的理性道德也只是分得神性而已；他认为与神合一只是一种理想，人却永远不能成神，所以人的理性道德终不能达于绝对完满之境，而只能向着她永远追求。伊壁鸠鲁派和斯多葛派有很强的从生命内部来寻求道德之基础的倾向，但伊壁鸠鲁派把人看作是受宇宙中的原子运动的定律所支配的，尽管"原子"可以在偶然性的作用下作自我偏斜运动，但仍不免偏于"人之能实现其道德生活与否系于外在的定命"的结果；斯多葛派视人的理性为自然之理性，人的理性与自然之理性相贯通，但亦只是自然之理性的一部分。后来的新柏拉图主义者把整个自然世界看作是从一个无上的心灵（"神"）流出的，神在流出自然世界时先流出精神（Nous），次流出灵魂（Soul），最后的流出才凝结成物质。我们的灵魂既自神流出，因而与神同源，如何使我们的灵魂重新与神合一，也就是我们的道德理想。这些也就是古希腊罗马哲人在寻求道德的基础或根据时以各种各样的方式表现出的"神人合一"论或"天人合一"论。

　　既然追求"善"就是要达到"神人合一"或"天人合一"的境界，那么，要获得关于"善"的知识，就既要认识"神"也要认识人，二者实质上是同一的。"神"展示为宇宙的和谐，展示为"逻各斯"，关于自然的知识中也就蕴涵着道德的根据。按照罗素的看法，善与知识的联系是始终贯穿于希腊思想的一个标志："发源于希腊的西方文明，是以距今 2500 年前开始于米利都的哲学和科学为基础的。这样，它就有别于世界上其他伟大的文明。贯穿希腊哲学的主导概念是逻各斯这个名词，除别的含义外，是指'言语'和'量度'，这样就使哲学的讨论同科学的探求紧密地结合起来。由此产生的道德学说，看出了知识中的'善'，这是不存偏见的探求的论题。"①

　　苏格拉底把求"真"的理论问题作为探讨"善"的伦理学问题的前提，以便为伦理学建立一个稳定的支撑点。他要求人们，"认识你自

---

① 罗素：《西方的智慧》，世界知识出版社 1992 年版，第 10—11 页。

己。"——对于流行的善恶观念，要问一个为什么，人是具有这种独立思考能力的；既然有这种能力，就不要仅因赞同而"善"，更重要的是知道根据什么赞同而"善"。要对善恶作出独立的判断，就必须有知识。因此，苏格拉底认为："善即知识"，"事物的善或恶的程度取决于它们是否处于知识的导引之下"①。"如果你丢弃知识，你就不会在任何其他事物中找到幸福的王冠"，知识就意味着"善的本质"②。他还强调指出："智慧是唯一的善，无知是唯一的恶，其他东西都无关紧要。"③因此，重要的是在于确定真理，"问题不在于说这些话的是谁，而在于它们到底是真是假"④。只有确定了真理，才可能进一步作出善恶的判断。真，乃是判定善恶的重要前提，它高于一切人的权威；没有认知之真，也就没有价值之善。

在柏拉图看来，"善是知识"，人类理智须按照所谓"理念"去运用，从杂多的感觉——知觉出发，凭借推理，把它们统摄成一种理性的概念。他认为，只有凭借灵魂、理智才能把握"善"本身："就在这天然境界存在着真本体，它是无色无彩，不可捉摸的，只有理智（灵魂的舵手，真知的权衡）才能观照到它。"柏拉图似乎是最早肯定了知识与人的意志自由的关系，他认为知识的获得必须通过心灵的自由思考，而只有自由思考的人才能认识至善，"由强迫得来的知识对于心灵不会发生作用"；要认识至善，必须排斥谎言，必须借助理智和理性的力量，他强调："撒谎的人不是求知的人，为要达到至善，需要三种观念帮助，即美、比例和真理。"

亚里士多德认为，道德的行为必须是自愿自觉的行为，而自觉自愿的道德行为乃是建立在正确的认知的基础上的。因为自觉自愿乃是来自人们的选择，而选择是需要理智的。与此相反，无知也就意味着行为的非自愿。当起作用的原则并非出于人的理性认识的时候，即意味着强

①②③④　转引自［美］弗吉利亚斯·弗姆：《道德百科全书》，湖南人民出版社 1988 年版，第 462 页。

迫，被强迫的人是不可能有真正的道德行为的。因此，善的状态乃是"真理与正当欲望相一致。"

古罗马哲学的斯多葛学派同样十分强调知识与德行的关系。他们认为：知识是德行的基础，不德即是无知。能接受真知识便是顺从理性；承认理性是道德的基础，便是承认知识是道德的基础。所以，运用知识的智慧在斯多葛学派中便成为德行的根源，由它而产生出其他一切的德行，人只要有知识、智慧，就必定有其他一切德行，若没有知识和智慧，就什么德行也没有。他们把知识、智慧看得高于一切，以致强调知识就是"纯粹的善"，知识、智慧、健全的理性就是"上帝的本质"。也正是在这种意义上，斯多葛派把一切合乎道德的品性和德行都说成是知识：明智是辨别善恶以及无关善恶的知识，公正是辨别何者应趋、何者应避以及无关趋避的知识，节制是一种永远不放弃正确习惯的知识，坚韧是使人了解何者应当忍耐、何者不应当忍耐、何者是无关轻重的知识，精明是指导人们判断去做什么事，以及怎样适当地去做的一种知识，如此等等①。

与知识和道德的关系相联系，诚实、正直、讲真话，被看作是一个人的最基本的为人准则。

在包含着希腊人较早的道德思考的《伊索寓言》中，有一则寓言说，螃蟹和蛇在一起生活，螃蟹很老实，蛇却绕着弯弯，狡猾背信和阴险，螃蟹忍了很久，但终于忍不住发怒了。他用钳子扯破蛇的颈子，把它尽量拉得直直的，说："如果你老是这样的直，你的生活就全无过错了。"这个寓言所包含的平凡的道德教训，就是不应当狡猾、欺诈和对人绕弯弯，而应该正直和老实②。而古希腊道德哲学的创始人、在"七贤"中颇富盛名的梭伦（公元前 639—559 年），更把诚实列为一个人的首要的优点③。在伟大的唯物主义哲学家、古希腊朴素辩证法的奠基人

---

① 《西方伦理学名著选辑》上卷，第 235 页，《西方伦理思想史》上卷，第 285 页。
②③ 《古希腊罗马哲学》，商务印书馆 1982 年版，第 21 页。

赫拉克利特看来，谎言乃是一种罪恶，以谎言来欺骗民众，以及作伪证，等等，都是坏人的恶劣行径，他说："坏人是诚实的人的对头"，"正义一定要击倒那些用谎言作伪证的人。"①

与中国古代圣哲一样，古希腊哲人也特别重视个人的道德修养。

毕达哥拉斯提出了关于灵魂净化和自我修养的思想。他认为，一个人有了美的灵魂，就可以得到幸福；没有美的灵魂，就会失掉幸福。因此，他特别强调进行灵魂的净化，在一天的言行之后，要默想和反省自己是否有犯法的言行，是否有没有尽到的义务。在做了这样的默想和反省之后，就应该在内心里对卑劣的行为感到悲哀、恐惧，对于良善的行为感到喜悦。为此，他特别强调人的自尊心，认为一个人"无论是别人在跟前或是自己独处的时候，都不要做一点卑劣的事情"，"最要紧的是自尊"②。这样就能净化自己的灵魂，使人们如驾车子一样，掌握命运的规律，使灵魂像神一样地获得永生。

德谟克利特在西方伦理学说史上似乎是第一次提出了"良心"的范畴，他认为，人与动物的最重要的区别，就在于人有良心。所谓良心，就是要按照"应当"和"不应当"的道德要求、即义务去行动，"丝毫不做不应当的事"③。良心包括羞耻心、同情心，等等。一个有良心的人，"在自己面前比在别人面前更知耻"④，因而能够达到道德修养的最高境界。

道德修养要遵循"中道"或"中庸"的原则，这是古希腊的传统思想，似乎已成为希腊社会的共识。中庸的要求不仅被作为神谕刻在作为全希腊精神崇拜之中心的特尔斐神庙上，而且在诗歌、戏剧、哲人的论说、政治家的演讲中都被作为坚持真理、主持正义的美德样式。公元前6世纪的诗人潘季里特在他的祈祷诗中说："无过不及，庸言致祥，生息斯邦，乐此中行。"毕达哥拉斯在他的《金言》中也说："一切事情，中庸是最好的。"德谟克利特在主张中庸方面更留下了许多名言："人们

①②③④ 《古希腊罗马哲学》，商务印书馆1982年版，第21、121、119页。

通过享乐上的有节制和生活上的宁静淡泊，才得到愉快"；"对一切沉溺于口腹之乐，并在吃、喝、情爱方面过度的人，快乐的时间是短促的……而随之而来的坏处却很大。""从一个极端到另一个极端的动摇不定的灵魂，是既不稳定又不愉快的。""当人过度时，最适意的东西也变成了最不适意的东西。"如此等等，不一而足。

亚里士多德继承和发展了希腊传统的"中庸为善"的思想，建立起关于中道的系统学说。他认为，"道德的本性就在于遵守中道"，而所谓中道，并不是指在善与恶、正当与不正当之间寻求折中，而是在"过"与"不及"的两恶之间寻求一种合乎理性的、"无过无不及"的中间状态，因为"过度与不及，均足以败坏德行"，所以才要寻求一种"适度"的中道。我们可以从亚里士多德关于中道的具体论述清楚地看出这一点。他认为，节制是放纵与冷漠之间的中庸，勇敢是莽撞与怯懦之间的中庸，温和是易怒与无怒之间的中庸，慷慨是挥霍与吝啬之间的中庸，大度是虚夸和卑下之间的中庸，大方是摆阔与小气之间的中庸，义愤是妒嫉与幸灾乐祸之间的中庸，庄重是自傲和顺从之间的中庸，谦谨是无耻与羞怯之间的中庸，文雅是滑稽和呆板之间的中庸，友谊是谄媚和憎怨之间的中庸，真诚是虚伪和自吹之间的中庸。亚里士多德在论述了这一切以后说："上述这些均是中庸……依照生活的人受到了赞扬。"[①] 可见，亚里士多德的中道思想乃是对古希腊人的道德观点的总结，它反映了古希腊人普遍注重道德修养的风尚。后来的伊璧鸠鲁派、斯多葛派和新柏拉图主义的哲学家们，在他们的伦理学说中都继承了前辈的哲学家们注重个人道德修养的传统。

古希腊哲人在"善"的追求中特别重视人的尊严，这种尊严用马克思的话来说，就是"对于自由的要求"，只有自由"才能使社会成为为了达到共同目标而团结在一起的同盟"。

古希腊伟大的唯物主义哲学家德谟克利特有一句名言，他说："在

---

① 《大伦理学》，《亚里士多德全集》第 8 卷，中国人民大学出版社 1994 年版，第 277 页。

一种民主制度中受贫穷，也比在专制统治下享受所谓幸福好，正如自由比受奴役好一样。"①

　　雅典城邦民主制的伟大政治家伯里克利认为，人生的幸福的获得和保持，必须以自由为前提："要自由，才能有幸福。"② 失去自由，就是被奴役。同时，自由又是与勇敢相联系的，勇敢是取得自由和达到幸福的必要条件："要勇敢，才能有自由。"③ 城邦民主制的法律保障每一个公民的自由权利，而勇敢，就是要为捍卫自由而斗争，以免因遭受外来侵略或出现专制统治者而丧失自己的自由权利。

　　一个人要活得有尊严，不仅需要外在的自由，而且需要内在的自由，成为自己的真正主人。苏格拉底认为，人是很容易成为自己的情欲和种种原恶的奴隶的，例如懒惰、怯懦、赌博、狭隘的物质引诱、情欲的束缚，等等，这些都是人的生活中的一些非常坏的支配者，它们使人不能发挥自己的知识的作用，阻挠人们去做有益的工作。人在控制自己的欲望方面，不是主人就是奴隶。有的人是吃喝的奴隶，有些人是好色的奴隶，有些人是贪财的奴隶，也有些人是野心的奴隶。"这些情欲冷酷地支配着每一个落入他们掌握之中的人"，犹如受暴君的奴役，受"骗人的女主人"的玩弄，尽管在放纵情欲时表面快乐，其实是"掩蔽在一层薄薄的快乐外衣下面的痛苦"。因此，苏格拉底强调，要像反对武装的敌人一样，反对这些"暴君"，争取自由，做自己的主人。只有自己能做自己的主人，才能摆脱情欲的控制，求得知识和智慧；只有知识和智慧才能使人有美德，获得幸福。

　　亚里士多德也强调人要节制自己的情欲，才能主宰自己的命运。他说：

> 欲望的性质，正如人们关于阿佛罗狄忒所说，她是
> 诡计多端的塞浦路斯女儿。

① 《古希腊罗马哲学》，商务印书馆 1982 年版，第 120 页。
②③　修昔底德：《伯罗奔尼撒战争史》，商务印书馆 1978 年版，第 135 页。

荷马也描写过她的绣花腰带：

偷情者在那里悄悄议论，

（她）巧妙地盗走了聪明人的智慧，

不论他是多么小心谨慎①。

人谁不追求快乐？但是亚里士多德指出，快乐必须要由理性加以控制和指导，没有理性控制和指导的快乐是低级的，往往是令人作呕的。人谁不追求荣誉？但是，亚里士多德则独具慧眼地指出，荣誉要依赖别人的意见，但如果是碰到一个傻瓜或坏人的意见，那么这样得到的荣誉就很糟糕——在这种情况下，个人恰恰是丧失了自己的尊严。

在"善"的追求中，古希腊人特别重视对人生幸福问题的探讨。

古希腊伟大的改革家梭伦可以说是第一个奠定了希腊人的幸福观的一位哲人。他的幸福观可以简述如下：第一，财富并不能决定一个人的幸福，一个活着的人不管他有多么巨大的财富，都不能肯定他是幸福的。第二，德行与财富比较，德行更重要。财富并不等于德行，有富而可鄙的人，也有穷而有德的人，财富可数易其手，德行则永垂不朽。没有德行的富豪，并不比有德的穷人更幸福。只有诚实、公正、孝敬、友爱、能为国献身、善始善终的人，才是真正幸福的。第三，按照"中庸之道"的智慧对待人生的人是幸福的人。对待财富既要防止极富，也要防止极贫，只有中等财富才能得到幸福。具有中等财富的人虽然不能像富豪那样放纵欲望，但却能比富豪较少地遇到灾祸，并且还会享受到身体健康、生活安定、心情愉快等好处。梭伦的幸福观，既肯定了财富是幸福的不可缺少的重要条件，又肯定了个人对于他人、对于群体的道德义务的重要性，并且特别强调了高尚的精神情操乃是真正的幸福，反对庸俗的享乐主义，所以黑格尔称赞这位两千几百年前的哲人的幸福主义伦理学乃是希腊人开始其精神反思的思想史的里

---

① 亚里士多德：《尼各马科伦理学》，《亚里士多德全集》第 8 卷，中国人民大学出版社 1994 年版，第 150 页。

程碑。

赫拉克利特从唯物主义的感觉论出发，认为追求幸福、避免痛苦是人的感觉的必然结果。但他认为，精神的快乐高于肉体的快乐，他说："如果幸福在于肉体的快感，那么应当说，牛找到草料吃的时候是幸福的。"① "最优秀的人宁愿取一件东西而不要其他的一切，就是：宁取永恒的光荣而不要变更的事物。可是多数人却在那里像牲畜一样狼吞虎咽。"② 他强调一个人应该有高尚的灵魂，重视精神的快乐，珍视永恒的光荣。一个人应该具有精神的超越性，努力达到类神的理想人格，他诙谐地说："最美丽的猴子与人比起来也是丑陋的，最智慧的人和神比起来，无论在智慧、美丽和其他方面，都像一只猴子。"③ 神是真善美的化身，因而人应该向着真善美永远追求。

伊壁鸠鲁认为，追求幸福是人类天生的最高的善，幸福是身体的无痛苦和灵魂的无纷扰，人生的目的就是追求快乐和幸福。他从唯物主义的感觉论出发，认为肉体的快乐是一切快乐的起源和基础，没有感性的快乐，就不会有其他的快乐和幸福，因此，感性的快乐是必要的，是合乎自然。在此基础上，他进而强调精神的快乐高于肉体的快乐。他认为，与精神的快乐相比，肉体的快乐是暂时的、不稳定的，甚至是浅薄的，只有精神的快乐才是持久的、稳定的、深刻的。在人生的途程中，快乐和痛苦总是相互依存、相互转化，明智的人意识到这一点，就会在痛苦和快乐之间作出权衡和选择："既然快乐是我们天生的最高的善，所以我们并不选取所有的快乐，当某些快乐会给我们带来更大的痛苦时，我们每每放过这许多快乐，如果我们一时忍受痛苦而可以有更大的快乐随之而来，我们就会认为有许多种痛苦比快乐还好。"④

古罗马杰出的民主派哲学家卢克莱修（约公元前99—前55年）继承和发展了伊壁鸠鲁的学说，以人性的自然规律来论证道德的起源和人

①②③④ 《古希腊罗马哲学》，商务印书馆1982年版，第18、21、27、367—368页。

之追求幸福的合理性。他认为人们出于共同生活的需要，所以才开始抑制暴戾、嫉妒等的原恶，从而性格开始变得温和，有了恻隐之心和友爱的感情，大家都愿意不再损害别人也不受人害。虽然还不能达到完全的和谐，但很大一部分人都遵守信约，并且为了避免混乱、暴力和厮杀，而建立起法律和国家。他认为，人们追求幸福和借助理性获得幸福是合乎人性的自然规律的。使人获得幸福的不是财富、奢侈、懒惰和权力，而是理性。只有用理性认识自然的面貌及规律，才能驱逐忧伤和对死亡的恐惧，而享受纯洁无瑕的欢乐。幸福是精神上的安宁，而潜心研究哲学则是达到幸福的手段。马克思盛赞以理性反对宗教、努力使人的精神摆脱神学束缚的"卢克莱修的勇敢"，说他正像大自然在春天袒露胸怀，仿佛意识到自己的胜利而向人们炫耀自己的全部美妙青春。

4 "彻悟美的本体"
——古希腊罗马哲人对于"美"的理论探讨

古希腊罗马人创造了辉煌灿烂的古典艺术，诗歌、音乐、戏剧、绘画、雕塑，几乎一切艺术门类都在希腊罗马人那里大放光芒。希腊人通过艺术来直观自己的历史形象，来表达自己的美的性格和美的理想。包括马克思在内的几乎所有的西方近现代学者都把古希腊艺术看作是人类童年时代的"不可企及的典范"。

艺术的繁荣与哲人们对于"美"的思考是分不开的，二者是互相促进的互动关系。希腊人热爱音乐，而音乐的音域高低与和声同数学的原理是相通的，在音乐中，人感到了宇宙的和谐，所以毕拉哥拉斯说："整个天体就是和谐的一种数"，"美是和谐与比例"①。古希腊人酷爱人体美，而人体的比例对称有其合乎自然生命进化之规律的内在根据，所

---

① 《西方美学家论美和美感》，商务印书馆1980年版，第13页。

以毕达哥拉斯以发自生命本能的天才直觉断言："身体美确实在于各部分之间的比例对称。"[1] 同时，希腊人又意识到，人体美不仅在于自然的生命活力之美，更在于人性的美，于是要在人体美的艺术表现中灌注以精神的生命活力。德谟克利特指出："身体的美，若不与聪明才智相结合，是某种动物性的东西。"[2] 对于青年，要表现其身体的力与美，对于老年人要表现其智慧之美[3]。表现人体美不应带有猥亵的意味，只有追求美而不亵渎美，这种爱才是正当的[4]。苏格拉底亦指出，艺术不但模仿美的形象，而且模仿美的性格，"一座雕像应该通过形式表现心理活动"[5]。柏拉图更指出，人所创造的美来自心灵的聪慧和善良，心灵美与身体美的和谐一致是最美的，而代表美的最高境界的是体现美的"理念"的女神，人应该向着她永远追求，因为"最美的年青小姐比起女神也还是丑的"[6]。古希腊人酷爱诗歌，而诗是人的激情和灵感的产物，所以德谟克利特不承认有某人可以不充满热情而成为大诗人，他认为诗人以热情并在神圣的灵感之下作成的诗句才是美的[7]。柏拉图大讲诗人的犹如神灵附体的"灵感的迷狂"，只有处在这种精神状态的诗人才能写出好诗。古希腊人酷爱戏剧，特别是反映人与命运抗争的悲剧，于是有亚里士多德提出了美感的"净化"说。

艺术模仿自然又高于自然，艺术美应该表现理想的美，基本上是古希腊哲人的共识；而古罗马哲人则又别出新解。古希腊人通常认为艺术的人体美胜过活人的美，而古罗马哲人普罗提诺则不赞成这一观点，他认为雕像的美的面孔并不悦目，"因为在这种面孔上见不出鲜花光彩似的诱惑力"；因此"活人的美是可爱的，其所以更可爱，是因为她具有生命，具有活的灵魂"[8]。

古罗马哲人朗吉弩斯（213—273）更提出了为后来的人文主义者所推崇的讴歌人的尊严的"崇高"说。在西方社会有较高的人文教养的人

---

[1][2][3][4][5][6][7][8]　《西方美学家论美和美感》，商务印书馆 1980 年版，第 14、16、17、21、24、49、59 页。

们中，朗吉弩斯的以下论述是一段脍炙人口的文献，值得予以特别的珍视，他说：

> 大自然把人放到宇宙这个生命大会场里，让他不仅来观赏这全部宇宙壮观，而且还热烈地参加其中的竞赛，它就不是把人当作一种卑微的动物；从生命一开始，大自然就向我们人类心灵里灌注进去一种不可克服的永恒的爱，即对于凡是真正伟大的，比我们自己更神圣的东西的爱。因此，这整个宇宙还不够满足人的观赏和思索的要求，人往往还要游心骋思于八极之外。一个人如果四方八面把生命谛视一番，看出一切事物凡是不平凡的，伟大的和优美的都巍然高耸着，他就会马上体会到我们人是为什么生在世间的。因此，仿佛是按照一种自然规律，我们所赞赏的不是小溪小涧，尽管溪涧也很明媚而且有用，而是尼罗河，多瑙河，莱茵河，尤其是海洋①。

在这段论述中，既体现着古希腊罗马传统的审美的"天人合一"观念，即人的审美观念有其来自宇宙生命的根源；又体现着人生的意义就在于参与宇宙生命的竞赛而展示其卓越不凡的信念，欣赏宇宙间伟大事物的崇高之美正是为了提升人自身的尊严。

在古希腊罗马哲人关于"美"的理论探索中，更有特色的是关于人生的情爱与美的关系的讨论。自有人类文明以来，"爱"总是与"美"相联系的，当然也与伦理的"善"相联系。但"爱"远远超出了伦理的"善"的范畴，作为情感，它更多地与"美"相联系。把它看作是一个美学问题，不仅具有学理上的合理性，而且更是人生的艺术化和审美化的要求。如今的美学史都不讲或很少讲人生的"爱"与"美"的关系，不能不说是一个大的缺憾。

在古希腊较早对爱情问题进行探讨的是智者派的哲人高尔吉亚（公

---

① 《西方美学家论美和美感》，商务印书馆 1980 年版，第 49 页。

元前483—公元前375年），他写了著名的《海伦赞》一文。海伦是古希腊著名的美女，凡是见过她的人，没有不赞叹她的美丽的，近代的大文学家歌德更把她看作是古典美的象征。作为有夫之妇，她却爱上了远方来的特洛伊王子，跟这位王子私奔了。希腊人认为是特洛伊王子拐跑了海伦，一种嫉妒的感情激发起了几乎是举国的愤怒。为了夺回海伦，希腊人发动了远征特洛伊的战争，整整打了10年。人们无不认为为了这个女人而进行10年战争是值得的。作为哲学家的高尔吉亚所作的《海伦赞》，正是一篇为海伦私奔辩护的文章。他认为，海伦出嫁后，之所以还会迷上特洛伊王子帕里斯，乃是被"爱的欲望"所驱使——这种情感是合乎自然的。因为在她心中燃烧着的爱情之火乃是"神"的意志的体现；所以，海伦不应当受到任何的谴责。这种观点反映了希腊早期智者派的哲人在爱情观上的自然主义倾向。

当然，希腊哲人对于爱情问题的探讨，并没有停止在高尔吉亚的水平上，在肯认爱情的自然人性基础的前提下，爱情的精神意义也在希腊哲人的认识中日益凸显出来。

（1）斐德若的见解

斐德若讴歌爱神（eros）是一个最神奇、最古老的伟大的神，是人类最高幸福的来源。然后说道："一个人要想过美满的生活，他的终身奉为规范的原则就只有靠爱情可以建立；家世、地位、财富之类都万万比不上它。"这原则就是对于坏事的羞恶之心和对于善事的崇敬之心；"假如没有这种羞恶和崇敬，无论国家和个人，都做不出伟大优美的事情来。如果一个情人在准备做一件丢人的坏事，或是受旁人凌辱而怯懦不敢抵抗，在这时候被爱人看见了，他就会觉得羞耻，但是被父亲朋友或其他人看见，就远不如被爱人看见那样无地自容。"所以——斐德若设想道——如果一个城邦完全是由情人（钟情于他或她的人）和爱人（被爱、被追求的人）组成，那么这个城邦就会有一种不能再好的统治，人人都会避免羞耻而趋求荣誉；如果一支军队完全由情人和爱人组成，那么只要很小的一支队伍就可以征服世界，因为在这支队伍中，纵然是最怯懦的人也会受爱神的鼓舞而变成一个英雄，做出最英勇的事情来。

斐德若进而认为，只有相爱的人们才能为对方牺牲自己的生命。例如，在希腊神话中，阿德墨托斯生病当死，太阳神阿波罗为他求情，准许他的父母或妻之中有一人代他死。而他的父母虽然年老，却不肯替死，只有他的爱妻阿尔刻提斯毅然请求替死。她的爱超过了父母的爱，所以不但人，连众神都钦佩这行为的高尚，让她死而复活。与此相反，不肯为爱情而死的琴师和诗人俄耳甫斯，则受到了神的惩罚，让他被崇拜酒神的狂热的女人们撕成碎片。在希腊神话中，没有什么能比爱情所激发的英勇更受神的尊敬。

斐德若总结说："我认为爱神在诸神中是最古老、最尊严的，而且对于人类，无论是生前还是死后，他也是最能引起德行和幸福的。"①

（2）泡赛尼阿斯的见解

泡赛尼阿斯别有一番关于爱情的高论，他说——

首先，爱神并不只是一种。爱神和阿芙罗狄忒（罗马人称之为维纳斯）是分不开的。这位女爱神有两个化身，一个是最古老的从混沌中产生的"高尚女爱神"，另一个是年轻的，作为天神宙斯和狄俄涅的女儿的"凡俗女爱神"，只有驱遣人以高尚的方式相爱的那种爱神才是美，才值得颂扬。

其次，应颂扬的是心灵的爱而不是肉体的爱。年轻的"凡俗女爱神"在人心中所引起的爱情，眷恋的乃是肉体而不是心灵，甚至使人饥不择食，因为它只贪求达到目的，而不管达到目的的方式美丑。年长的"高尚女爱神"则不然，因为年长，所以不至于荒淫放荡，她使理智开始发达的人成为爱的对象。

再次，从对待爱情的态度可以看出政体的优劣。在有的希腊城邦中，人们"干脆定了一条直截了当的法律，把接受情人的恩宠看作美事，无论老少，没有人说它是丑事"。而在"蛮夷的专制政体"下，法

①《柏拉图文艺对话集》，人民文学出版社1983年版，第224页。

律却把情人的恩宠定为丑事，"因为统治者不愿被统治者培养高尚的思想，也不愿他们之中有坚强的友谊和亲密的社交，而这一切却正是爱情所产生的"。凡是一个地方把接受情人的宠爱当作丑事的，那地方人的道德标准一定很低，才定出这样的法律，它所表现的是统治者的专横和被统治者的懦弱。

第四，在爱情问题上，丑的方式是拿卑鄙的方式来对待卑鄙的对象，美的方式是以高尚的方式来对待高尚的对象。爱肉体过于爱心灵的，是丑的、卑鄙的方式，一旦肉体的颜色衰谢了，他就毁弃从前的一切信誓。但是钟爱于优美心灵的情人却不然，他的爱情是始终不变的，因为他所爱的东西是始终不变的。所以雅典人为了区别这两种爱情定了两条规矩：一是在接受情人时应该经过一段时间，因为时间对于许多事常是一个最好的考验；二是受金钱的利诱或政治的威胁而委身于人是可耻的，无论是对于威胁没有胆量抵抗就投降，还是贪求财产或政治地位。因为高尚的友谊和爱情是不可能从势利名位和金钱中产生的。

第五，光荣地接受情人的唯一的道路是进德修业。"依我们雅典的规矩，如果一个人肯侍候另一个人，目的是在得到这另一个人在学问或道德方面进步，这种自愿的卑躬屈节并不卑鄙，也不能指为谄媚。"①爱情与学问道德合而为一；如果合而为一，爱人眷恋情人就是一件美事。

（3）厄里什马克的见解

厄里什马克完全赞同泡赛尼阿斯关于区分高尚的爱和凡俗的爱的观点，他认为爱情乃是宇宙间协调两种相反因素的力量，"在相反因素中引生相亲相爱"。爱情的和谐，犹如音乐中的和声和节奏，在高低快慢等相反因素的融合中产生和谐华美的乐章。人与人的相爱，要达到和谐，也需要高明的音乐技术；为要达到和谐，"就要区别天上爱神与人世爱神了。爱的对象应该是品格端正的人，以及小有缺陷而肯努力上进

———————————

① 《柏拉图文艺对话集》，人民文学出版社 1983 年版，第 230 页。

的人，这才是应该保持的爱情，才是起于天上爱神的那种高尚优美的爱情。至于起于人世爱神的那种杂音的凡俗的爱情却须加以谨慎防闲，免得使他的快感养成了淫荡"①。

(4) 阿里斯托芬的见解

喜剧作家阿里斯托芬又别出新解。他认为，一直到现在，人们对于爱神的威力还是不了解，因此爱神还没有得到应有的崇敬。在一切神祇中，爱神是人类最好的朋友，他援助人类，他替人类医治一种病，医好了，就可以使人得到最高的幸福。

爱神替人类医治一种什么病呢？阿里斯托芬说，这得从人的本性及其所经过的变迁说起，从前人类是不男不女、亦男亦女、男女合体的"阴阳人"，体力和精力都非常强壮，因此自高自大。众神之王宙斯愤怒了，于是便把这男女合体的"阴阳人"劈成了两半，男人和女人便分开了。从此，这一半想念那一半，那一半想念这一半，彼此相爱的情欲就种植在人心里，它要恢复原始的整一状态，把两个人合成一个，医好从前截开的伤痛。爱神就是来替人类医治这种病的。

因此，当一个人碰巧遇到另一个人恰是他自己的另一半，他们就会马上互相爱慕，互相亲昵，热烈地相亲相爱，一刻都不肯分离。当锻冶之神赫淮斯托斯对他们说："你们是否想紧紧地结合在一起，日夜都不分离呢？如果你们的愿望是这样，我可以把你们放在炉里熔成一片，使你们由两个人变成一个人……想一想看，你们是否想这么办？"阿里斯托芬断言，真正相爱的人没有一个人会答一个"不"字，他们每个人都会想这正是他们许久以来所渴望的事，就是和爱人熔成一片，使两个人合成一个人。

于是便得出了"爱情"的定义："我们本来是完整的，对于那种完整的希冀和追求就是所谓爱情。"全体人类都只有一条幸福之路，就是实现爱情，找到恰好和自己相配的符合理想的爱人，以还原到我们原来

① 《柏拉图文艺对话集》，人民文学出版社1983年版，第263页。

的完整一体①。

（5）阿伽通的见解

对于上述各位学者关于"爱情"的高言宏论，阿伽通都不满意。他认为，前此各位学者所说的话都不是颂扬爱神，而是庆贺人类从爱神所得到的幸福，没有一个人谈到这位造福人类者的本质。无论颂扬什么，只有一个正确的方法，就是先说明所颂扬的人物的本质，然后说明他所产生的效果。所以弘扬爱神，也要先说他的本质，然后说他的恩惠。

阿伽通认为，爱神的本质是美和善，而且最美、最善。

先说美，爱神爱若斯在诸神中是最年轻的，他并不像赫西俄德的《神谱》所说的是最古老的神，因为他总是爱和年轻人混在一起；而且，如果爱神是最古老的神，古代的诸神们之间就不会有那些互相残杀幽囚以及许多残暴的行为，而只会有和平和友爱。惟其年轻，所以很娇嫩，他所奠居的地方是人和神的心灵，并且不是任何心灵，毫无抉择，而是遇到心硬的就远走，心软的就住下去。秀美是爱神的特质，丑恶和爱神却永远不相容。如果人的肉体和心灵不是像鲜花一样美好，或者花凋香残，爱神就不会降临。

再说爱神的善。

爱神的最大光荣首先是正义。他既不施害于人和神，也不受人和神的害。暴力与他无缘：若是他有所忍受，忍受的也不是暴力，因为暴力把握不住爱神；若是他有所发动，发动的也不是暴力，因为爱情都是出于自愿的，双方的情投意合才是"爱乡的金科玉律"。

爱神不仅有正义，而且有节制。大家都公认节制是快感和情欲的统治力。世间没有一种快感比爱本身还更强烈。一切快感都比不上爱情，就由于它们都受爱神的统治。爱神既然统治着快感和情欲，他不就是最有节制的吗？

爱神又具有勇敢的美德，连战神也抵挡不住爱神。战神被爱神克

———————————

① 《柏拉图文艺对话集》，人民文学出版社1983年版，第243页。

服，被阿芙洛狄忒克服，克服者总比被克服者强。爱神既然能克服最勇敢的战神，他就必然是勇敢无比的了。

爱神还具有智慧的美德。一切生命形式的创造，一切生物的产生，都是由于受到爱神的启发，凡是奉爱神为师的艺术家都有光辉的成就，凡是不曾受教于爱神的都黯淡无光。人类社会的一切发明创造，医药、冶炼、纺织、音乐，乃至管理社会的方法，都要归功于爱神的教益。"所以自从爱神一出现，神们的工作就上了轨道，有了秩序，这显然是对于美的爱好，因为丑不能作为爱的基础。……在爱神出现以前，命定神用事，神们之间曾发生许多凶恶可怕的事；自从爱神降生了，人们就有了美的爱好，从美的爱好就产生了人神所享受的一切幸福。"

由于爱神的本质是高尚的美和高尚的善，所以后来人和神所具有的同样优美的品质，都是爱神所种下的善因。他消除了隔阂，产生了友善；他迎来了和睦，逐去了暴戾；没有得到他的保佑的人们想念他，已经得到他的保佑的人们珍视他。他的子女是欢乐、文雅、温柔、优美、希望和热情……①

（6）苏格拉底的见解

苏格拉底关于"爱情"的观点，又与当时的其他学者不同，他在肯定性爱是个人希望肉体长存的欲望的表现这一基本前提下，致力于把爱情引向彻悟美的本体的哲学的极境。

首先，他认为，爱情总是对某某对象的爱。所爱所想的对象，对于想的人来说，是他所缺乏的，还没有到手的，这才是他的欲望和爱情的对象。爱情的对象是美而不是丑，而一个人所爱的对象又正是他自身所缺乏的，所以以美为追求对象的爱情就还缺乏美，"爱神是美的"一说也就不能成立。既然美的东西同时也就是善的东西，而爱神既缺乏美，所以爱神也不是善的。

其次，凡是不美的并不必然就是丑，凡是不善的也并不必然就是

---

① 《柏拉图文艺对话集》，人民文学出版社1983年版，第250页。

恶，正如没有真知并不必然就是无知一样，爱神是介于美与丑、善与恶之间的。爱神因为缺乏善的事物和美的事物，所以才想占有他所没有的那些事物，爱神其实是介乎人神之间的一个大精灵，他是人和神之间的传语者和翻译者，爱神把天与人联系在一起。

再次，按照希腊神话中的另一种说法，爱神是贫乏神和丰富神配合所生的儿子，他生性爱美，又是在长得最美的阿芙洛狄忒（维纳斯）的生日投胎的，所以他就成了阿芙洛狄忒的仆从。因为他是贫乏神和丰富神的儿子，所以他就处于一种特殊的境遇：一方面，他永远是贫乏的，既不文雅又不美，像他的母亲一样，永远在贫乏中过活；另一方面，他又像他的父亲，常在想法追求美的和善的，勇敢向前，百折不挠。他爱追求智慧，终身在玩哲学。他其实就是一个介于美丑、善恶、有知与无知之间，体现着丰富与贫乏之统一的哲学家。他意识到自己的贫乏，因而向着真善美永远追求："因为智慧是事物中最美的，而爱神以美为他的爱的对象，所以爱神必定是爱智慧的哲学家。"

第四，有爱情狂热的人的行为方式是在美中孕育，或是凭身体，或是凭心灵。一切人都有生殖力，包括身体的生殖力和心灵的生殖力。男女的结合其实就是生殖。这孕育和生殖是一件神圣的事，它使可朽的人具有不朽的性质。美就是主宰生育的定命神和送子娘娘，而爱情的目的就是凭美而孕育生殖。凡是在身体方面生殖力旺盛的人都宁愿接近女人，但是凡是在心灵方面生殖力旺盛的人则不然："世间有些人在心灵方面比在身体方面更富于生殖力，长于孕育心灵所特宜孕育的东西。这是什么呢？这就是思想智慧以及其他心灵的美质。"这样的人，如果他碰见一个美好高尚而资禀优异的心灵，他对于这样一个身心调和的整体就会五体投地地去爱慕。对着这样一个对象，他就会马上有丰富的思想源源而来，这样两个人的恩爱情分比起一般夫妻中的还要深厚得多；与其生育寻常的肉体子女，倒不如生育心灵的子女，因为心灵的子女给它的父母带来的荣誉要比寻常的肉体子女所能带来的不知要大出多少倍，它使自己的父母永远受人爱戴并且不朽。

第五，爱情的深密境界是一种"彻悟美的本体"的境界。苏格拉底认为，要想依正路达到这一境界的人，必须经过循序渐进、逐步提升的若干步骤。他第一步应从只爱某一个美的形体开始，凭这一个美的形体孕育美妙的道理。这二步他就应学会了解此一形体的美与一切其他形体的美是相贯通的，这就是要在个别美的形体中见出形体美的形式。再进一步，他应该学会把心灵的美看得比形体的美更可珍贵，如果遇见一个美的心灵，纵然在形体上不甚美观，也应该爱慕，以孕育最适宜使青年人得益的道理。进而，他应该学会见到行为和制度的美。从此再进一步，进到各种学问知识，看出它们的美。最后，再从各种美的学问知识一直到只以美本身为对象的那种学问，彻悟美的本体："这时他凭临美的汪洋大海，凝神观照，心中涌起无限欣喜，于是孕育无量数的优美崇高的道理，得到丰富的哲学收获。如此精力弥满之后，他终于一旦豁然贯通惟一的涵盖一切的学问，以美对象的学问。"此时此刻，他就会突然看到一种奇妙无比的美，一种如其本然、精纯不杂的美，一种永恒的、无始无终、不生不灭、不增不减的美，一切美的事物都以它为源泉。一个人最值得过的生活境界，就是与美的本体契合无间，浑然一体；到了这种境界，一切使凡人醉心迷眼、废寝忘食的皮肉色泽之类凡俗的美，都显得卑微而不足道①。

（7）柏拉图的见解

苏格拉底关于爱情的观点，同时也是柏拉图的观点。——它出自柏拉图的著作《对话集》，但又是借苏格拉底的口说出，柏拉图亦衷心赞赏这些观点，而且研究西方哲学史的学者也很难分辨究竟何为柏拉图的独创。——但是，同样是在柏拉图的著作中以苏格拉底之口说出的"虔敬之爱"（精神恋爱）的观点，后人都将其归到柏拉图的名下，称之为"柏拉图式的爱"。关于"柏拉图式的爱"，在上述"彻悟美的本体"的"爱情的深密境界"中已有所表述，但表述得最明白的，是在柏拉图

---

① 《柏拉图文艺对话集》，人民文学出版社1983年版，第272页。

《对话集·斐德若篇》关于"第四种迷狂"——"爱情的迷狂"——的阐述之中。"爱情的迷狂"的特征在于，这种爱是不含肉欲的纯粹精神的爱，有这种迷狂的人见到尘世的美，就回忆起上界真正的美，因而恢复羽翼，急于高飞远举，把下界的一切置之度外。他所看到的美是单纯的、静穆的；他凝视这美的形体，于是心里起一种虔敬，敬她如敬神；如果他不怕人说他迷狂到了极顶，他就会向她馨香祷祝，如向神灵一样。所以人们又称柏拉图式的爱为"虔敬之爱"。柏拉图认为，爱情是对于美的本体的眷恋，所以它就是哲学①。

人的思想是矛盾的，思想越丰富，往往矛盾就会越多。以上所讲到的"柏拉图式的爱"毕竟只是柏拉图思想中对后世影响较大的一个方面。柏拉图的思想是极为复杂的，其中也交织着"灵"与"肉"的矛盾。除了讲纯粹的精神之恋以外，在另一方面，他的思想中还有类似于近代德国文学家歌德在《浮士德》中所描写的那种不断钟情而又永不满足、以爱与美的女神为接引人向上的精神引导者的那种"浮士德精神"，这种精神试图把感性的情爱生活与审美理想在永远追求的人生历程中统一起来。此外，他的著作中还有一种奇谈怪论，即以杂交为性解放之手段，认为这样做可以使人意识到世间没有人能够满足自己对于完美的追求，从而使人们从经验世界的一切事物中解救出来。这种奇谈颇似中国古代禅宗之所谓"以淫止淫，以欲止欲"的观念。然而，尽管柏拉图的思想中有很多的矛盾，但注重爱与美的精神内涵，毕竟是他的思想的主导方面。

（8）斯多葛派的见解

产生于晚期希腊而流行于古罗马的斯多葛派使爱情从属于友谊，把爱情看作是友谊的一部分。他们给爱情下的定义是："由于可见的美的表现而趋向于友谊的努力。它的惟一目的是友谊，而不是肉体的享乐。"他们认为，靠权势维系的男女关系，往往隐藏着憎恨，并没有真正的爱

---

① 《柏拉图文艺对话集》，人民文学出版社 1983 年版，第 127、136 页。

情。"爱情是依靠着尊敬，像克吕西普在他的《论爱情》里所说的……他们把美描写成美德的花朵。"① 他们谈到爱情的时候，很大程度上是从美的意义上加以肯定的。因为他们把美看作是唯一的善，美与善相等；由于它是美，所以善；由于它是善，所以美。

在古希腊罗马哲人关于爱与美的理论探索中，可以明显地看到"美统真善"、"美善合一"的人文追求。然而，我们也不能不指出古希腊罗马哲人的局限性。特别是对后世影响很大的柏拉图，他虽然在美学上颇有贡献，但作为一个身在民主的国度却反民主的哲学家，在他设计的"理想国"中，却主张以专制政治的原则来对文学艺术加以审查和清洗，甚至主张将诗人逐出他的所谓"理想国"。这一点在西方中世纪产生了恶劣的影响。

（二）中国古代的人文精神

1 "观乎人文，以化成天下"
——中国古代的人文教育

在"人文精神"问题的讨论中，批评"人文精神失落"的学者们是肯定在中国有其固有的人文精神的：惟其本来拥有，所以才有"失落"之说。然而，什么是中国固有的人文精神，则是见仁见智，莫衷一是。

张承志先生发表了《清洁的精神》一文。他认为，四千年的文明史都从一个"洁"字开篇：许由一听说帝尧要他当九州长，就立即奔至河边去洗他那听脏了的双耳。这一史实从最高的意义上（"载道于绝对"

---

① 《古希腊罗马哲学》，商务印书馆 1982 年版，第 377—378 页。

的意义上）规定了"洁"与"污"的概念："山野之民最高洁，王侯上流最卑污"。以此为源头，"洁的意识被义、信、耻、殉等林立的文化所簇拥，形成了中国文化的精神森林，使中国人长久地自尊而有力。"张承志列举了《史记·游侠列传》中记载的春秋战国时代的一系列英雄豪侠——曹沫、专诸、豫让、聂政、荆轲、高渐离，认为他们表现了"民众对于权势的不可遏止的蔑视"，表现了弱者以生命向强权作决死拼斗的血勇之气。他们作为"正义和烈性的象征"，以不惜用热血去洗雪国耻的精神，强化了中国文明中的"耻"的观念，并奠定了豪迈的义与信的传统。"一诺千金，以命承诺，舍身取义，义不容辞——这些中国文明中的有力的格言，都是经过了志士的鲜血浇灌之后，才……铸入了中国的精神。"而这种精神，正是由最高尚的"洁"的意识所派生①。

——张承志先生为什么如此推崇"洁"的意识和"知耻"、讲求信义的精神？他自己说得很明白：是为了针砭那些"正苦于卖身无术而力量薄弱"的"一副末世相中的人们"，那些"对下如无尾恶狗般刁悍，对上如无势宦官般谦卑"的"各级官迷以及他们的后备军"，那些"疯狂嘲笑理想、如蛆腐肉、高高举着印有无耻两个大字的奸商旗的、所谓海里的泥鳅蛤蜊们"②。

然而，同是提倡"人文精神"，某些上海学者讲的中国固有的"人文精神"又与张承志不同。他们讲的"人文精神"是儒家的"道统"。陈思和先生说：儒家的"六经"包括了传统人文学科的基本格局，孔孟一流虽然也周游列国到处去谋求做官，"但他们是带着自己的学术理想和学术传统走进庙堂的，他们并不在乎统治者需要什么，只要求统治者应该做什么，希望通过说服统治者来实现知识分子道统的价值……直到汉代才实现了道德与政治的合一。很显然，那个时代道统高于政统和包

---

①② 张承志：《清洁的精神》，《十月》1994 年第 1 期。

含政统……封建时代知识分子的人文精神就体现在这个道统中"①。

——陈思和先生为什么要讲"道统"？他自己也说得很明白：当今中国知识分子"已经失去了一个稳定悠久的精神传统作为他们安身立命的根本","知识分子现在要么学苏秦、张仪去做政治工具，要么把学术看作是自我逃避的场所，这两条路都无法重建起人文精神"②。与此相应，"建立现代知识分子的新道统"③的问题被提了出来。

张承志先生讲的包含"洁"、"耻"、"信"、"义"诸要素的"清洁"的精神，其实也正是一种人文教养。他似乎是从我们民族的历史上发现了一个类似于古希腊《荷马史诗》式的"英雄时代"，他又似乎是在从"血"与"土"中去寻找我们民族精神生命的不竭源泉。他表彰了山野之民、江湖豪侠的人文精神，满怀激情地描写了他们那以正义对抗强权的凄绝的人格美，这正是太史公司马迁对豪侠精神情有独钟的流风余韵，也是鲁迅在其《故事新编》中对墨、侠特别赞赏的精神的自觉继承。从学理上看，这至少说明，中国传统的人文精神并不只是儒家"知识分子"的精神，人民大众和"道统"以外的"异端"中也有其别具特色的人文精神，中国传统的人文精神也是多元存在的。对人民大众以正义反抗强权的精神的表彰，应该说是张承志先生思想中的合理因素。

然而，要论及中国传统社会的主流文化，就不能不论及作为中国传统人文教育之主流的儒家教化，不能不论及上海学者们所说的"道统"。

什么是儒家的"道"？孔子讲"先王之道"，道是先王以道德教化治天下的大政方针；孔子又以"天下有道"或"天下无道"来评论世事，天下有道时是治世，天下无道时是乱世，可见有道无道皆与治乱相联系。董仲舒给"道"下了一个言简意赅的定义："道者：所由适于治之路也，仁、义、礼、乐，皆其具也。"（《对贤良策》）道就是先王赖以治天下的礼乐教化，这是儒家关于"道"的基本观点。

---

①②③ 《人文精神：是否可能与如何可能》，《读书》1994 年第 3 期。

孔子讲的"先王之道"的"道",与"人文"是互相涵摄的同等程度的概念。

古代中国作为"礼义文明之邦",对于"人文"有着独特的理解。所谓"人文化成",就是对普天下人推行道德教化,这是"圣王"的品格和圣贤的使命。《尚书·尧典》称赞唐尧为"文思安安",《舜典》赞美虞舜为"睿哲文明",《大禹谟》称誉夏禹为"文命敷于四海",都是赞美上古三代的帝王善于推行道德教化,而以之为道德上的"黄金时代"。《易传》云:"观乎天文,以察时变;观乎人文,以化成天下。"古人认为"天文"中蕴藏着王朝兴衰、帝位递嬗的秘密,而"人文"则关系到社会秩序的稳定。因此,"人文化成"基本上是一个道德的概念:"人道之始,造端夫妇",夫妇之结合犹如不同的色彩交织而成的花纹,由此又化生出一些新的"人文",如父子、长幼等;由家族到国家,又产生出君臣关系的"人文";从所有这些人文中产生出相应的道德规范,是为"人文化成"。

我国古代的人文教育,有着悠久的历史。《尚书·舜典》记载,舜使契为司徒,敬敷五教。五教是:父子有亲、君臣有义、夫妇有别、长幼有序、朋友有信。《周礼·地官》载:"大司徒……以乡三物教为万民而宾兴之。"乡三物,一德,包括知、仁、圣、义、忠、和,并称六德;二行,包括孝、友、睦、姻、任、恤,并称六行;三艺,包括礼、乐、射、御、书、数,合称六艺。《尚书大传》中的《周传》说:"古之帝王,必立大学小学。……十有三年,始入小学,见小节焉,践小义焉;年二十入大学,见大节焉,践大义焉。"《孟子·滕文公章》说及三代的学校教育,说:"夏曰校,殷曰序,周曰庠,学则三代共之,皆所以明人伦也。"可见中国古代的人文教育,是以伦理道德的教育为核心。

关于中国古代的学制,据秦汉之际的儒家典籍《学记》说:"古之教者,家有塾,党有庠,术(遂)有序,国有学。"家族中的学校叫"塾";500家为一党,党中设的学校叫"庠",培养塾学中所升的子弟;每12500家为一遂,遂中设的学校叫做"序",培养党学中所升的子弟;

天子和各诸侯国的都城设的学校才叫做"学"，培养王侯贵族子弟和"乡中俊选所升之士"（《礼记正义》）。相传周天子所设的大学，规模宏大，计分"辟雍"、"成均"、"上庠"、"东序"、"瞽宗"五院。因为"辟雍"居中，四周环水，故大学可统称为"辟雍"。各诸侯国的学校，规模较小，仅有一院，半环以水，故称"泮宫"。《学记》中列了一个包括"大学"在内的九年制教育的大纲：

> 一年视离经辨志；三年视敬业乐群；五年视博习亲师；七年视论学取友，谓之小成。九年知类通达，强立而不反，谓之大成。夫然后足以化民易俗，近者说（悦）服而远者怀之，此大学之道也。

这一教学大纲体现了教书育人的宗旨：初学者既要学会分析经文章句，又要求他们能辨别并决定自己的志向；进而要求他们既要专心致志于学业，又要具有合群的品格；既要广博地学习各种知识，又要亲爱其师长；既要能讨论学理上的是非，又要能识别人的贤否；直到触类旁通，世事洞明，人情练达，有坚强的意志而不违背老师的教诲，这样就可以担负起向民众推行道德教化的责任了。

《周礼·地官》主张以德、行、艺、仪教国子，具有德艺兼修、礼乐并重、文武合一的通才教育的特征：德包括至德、敏德、孝德，行包括孝行、友行、顺行，艺即礼乐射御书数六艺，仪则包括祭祀、宾客、朝廷、丧祀、军旅、车马等六仪。通过德、行、艺、仪的教育，培养学行俱优、智德双修、能文能武、践履笃实的人格。教育承担着培育学生做人与治事的双重任务，前者使人在道德上能为社会之风范，后者则在于为国家培育有用的人才。

孔孟儒家处于"古今一大变革之会"的春秋战国时代，要维护传统的分封制，固然带有逆历史潮流而动的性质，但他们坚守上古三代帝王以礼乐教化治天下的"道"，比诸子百家中的任何一家都注重保存和整理上古文化典籍，且特别注重发展教育，实现了从"学在官府"到"学在民间"的转变，因而对中国古代的人文教育作出了重要的贡献。孔子的教学内容包括礼、乐、射、御、书、数"六艺"，特别重视诗、书、礼、乐的教育，以道德修养统摄之，以造就君子人格。孔子之后的思孟学派在《大学》一文中更明确地提出，教育的目的是追求一种"止于至善"的道德境界："大学之道，在明明德，在亲民，在止于至善。"《大学》中有"八条目"——格物、致知、诚意、正心、修身、齐家、治国、平天下，强调"自天子以至于庶人，壹是皆以修身为本"。这可以说是中国古代人文教育的总纲。儒家的"人文"与"道"的一致，是上古帝王以道德教化治天下的"道"的延续，用鲁迅的话来说，它是孔夫子为帝王设计的"出色的治国方案"，具有政教合一的显著特征。

儒学强调序尊卑、明贵贱的纲常名教，在春秋战国时代并不适合差不多都想"犯上作乱"的诸侯们的需要，但却适合后世志在守成、追求"大一统"的帝王们的需要。秦始皇虽"以法为教，以吏为师"，并且因为儒者主张分封制而焚书坑儒，但他巡游各地时，仍忘不了到处刻石，宣扬儒家的礼教。汉高祖虽曾对着儒冠撒尿，但叔孙通为他制礼作乐，让他体验到贵为天子、受百官朝拜的威风后，也就不能不对儒家另眼相看。汉武帝为了使帝业"传之无穷"，"夙夜不惶安宁"，因而下诏给董仲舒，要他献计献策，"以称朕意"，于是有董仲舒的"天人三策"（《对贤良策》）的著名说辞："故汉得天下以来，常欲善治而至今不可善治者，失之于当更化而不更化也。古人有言曰：'临渊羡鱼，不如退而结网。'今临政而愿治者七十余岁矣，不如退而更化，更化则可善治，善治则灾害日去，福禄日来。"又曰："《春秋》大一统者，天地之常经，古今之通谊也。今师异道，人异论，百家殊方指意不同，是以上无以持一统。……臣愚以为诸不在六艺之科，孔子之术者，皆绝其道勿使并进，邪辟之说灭息，然后统纪可一而法度可明，民知所从矣。"董仲舒的说辞迎合并满足了汉武帝的需要，因此才有"罢黜百家，独尊儒术"的举措，有此后历代专制帝王的尊孔。在儒家那里，统治者的根本"需要"与儒者心目中的"应该"是统一的。汉代设太学，以后历代朝廷都设有太学或国子监，作为推行"大学"教育的场所，以研读圣人经典、培养道德人格为教育宗旨。

"道统论"是在儒学的独尊地位受到佛、道二教的挑战的历史背景下产生的。唐代中叶，号称"文起八代之衰"的韩愈正式提出了儒家的道统论，宣称："尧以是传之舜，舜以是传之禹，禹以是传之汤，汤以是传之文武周公，文武周公传之孔子，孔子传之孟轲。"（《原道》）韩愈则以孟轲以后的道统承载者自居。"道统论"是中国传统社会的宗法观念在思想领域的具体表现。"道统论"一出现，就带有"攘斥佛老，抵排异端"的唯我独尊的意味。

宋儒程颐、程颢仿照佛教师徒之间"心印之法"的神秘授受，提出了"孔门传授心法"，将道统论精致化。按照他们的观点，道统的传承就是"心法"的传承，秦汉之际的儒家典籍《中庸》就是专讲道统心传的。朱熹《中庸章句序》云："盖自上古圣神，继天立极，而道统之传，有自来矣。"他接着说，帝尧传给舜"允执厥中"四个字，帝舜又传授给禹"人心惟危，道心惟微，惟精惟一，允执厥中"这十六个字，这就是完整的道统心传。其实，这个所谓"虞廷十六字诀"，乃是伪《古文尚书》的杜撰。道学家解释这十六个字，说"人心"是指"人欲之私"的壅蔽，所以"危"；"道心"是指"性命之正""天理之公"，此"微妙难见"；"惟精惟一"，就是要省察人心道心的区别使之不相混淆，敬守"天理之公"而不要失坠；"允执厥中"，即恪守上天所命的最纯粹的美德。按照道学家的观点，圣人教人千言万语，归结起来无非就是教人要"存天理，灭人欲"。程颐推尊其兄程颢直接道统，说"孟子之后，一人而已"。朱熹认同这一说法，其门人黄幹又说："道之正统，待人而后传。……由孟子而后，至熹而始著。"进一步确立了朱熹继承道统的地位。元朝修《宋史》，列《道学传》，对"道统"说正式予以肯认。

道统说将孟子以后直至宋代道学以前的儒学一笔抹杀，朱熹说："周公殁，圣人之道不行。孟轲死，圣人之学不传。道不行，百世无善治，学不传，千载无真儒。……无真儒，则天下贸贸焉莫知所之，人欲肆而天理灭矣。"（朱熹：《四书集注》）这是道学家与汉唐诸儒争当"道之正统"，所以不惜以非历史的态度将汉唐诸儒一概斥为"伪儒"，以自我神化。

道统说强调"辨异端，辟邪说"，严正统异端之辨，除了辟佛、道二家以外，把所谓"俗儒记诵词章之习"（主要指文章诗词）、"权谋术数，一切以就功名之说"（主要指兵书一类）、"百家众技之流"（主要指科学技术）也列为排斥的对象，加上"惑世诬民，充塞仁义"的罪名（见朱熹：《大学章句序》）。明初大儒宋濂更明确地认为，文史之儒、智数之儒、功利之儒、游侠之儒等都不是真儒，惟有道德之儒才是真正的孔子之儒。道学家认为，志意高远的"狂者"最容易陷于异端，因而必须加以裁正，使之循规蹈矩（朱熹：《论语集注》），所以在道学中也没有个性和豪杰精神的地位。

通过"道统论"，宋儒排斥了汉唐儒者的"考据"，也排斥了"词章"，甚至连孔子教授门徒的"六艺"也被贬低，似乎只有他们讲的"义理"才是唯一的学问，也是最高的学问。按照宋儒的说法，只有8—15岁的儿童才学习"礼、乐、射、御、书、数之文"，这是"小学"的教学内容；15岁以上的人就该进"大学"学习，而"大学"的教学内容则是"穷理、正心、修己、治人之道"。在宋儒眼里，只有"修己治人之方"才是孔子推行人文教育的根本。从宋儒开始，先秦思孟学派的《大学》之道受到前所未有的重视，除了皇家办的太学以外，大儒们在各地兴建的书院，成为推行"大学之道"的主要场所，教育的宗旨集中体现在朱熹为庐山白鹿洞书院所订立的下列教规之中：

（1）学习内容：父子有亲，君臣有义，夫妇有别，长幼有序，朋友有信。（朱熹强调："学者学此而已。"）

（2）为学之序：博学之，审问之，慎思之，明辨之，笃行之。（学问思辨所以穷理，笃行有下列三条）

（3）修身：言忠信，行笃敬，惩忿窒欲，迁善改过。

（4）处事：正其义不谋其利，明其道不计其功。

（5）接物：己所不欲，勿施于人，行有不得，反求诸身。

这一教规连同朱熹的学说，在辛亥革命前 700 年的中国教育史上，一直占据着权威的地位，体现了中国传统社会主流文化的根本精神。

以儒家学说为代表的注重人的文化教养的人文精神，具有明显的泛道德主义的特征。它将一切知识、学问、艺术创作、宗教信仰统统纳入道德伦理的轨道，并且以道德伦理作为评判一切的准则。认知从属于伦理，格物致知是为了体认天地间的道德秩序；法律从属于伦理，尊卑贵贱的等级名份和相应的道德规范是判定有罪或无罪和量刑轻重的基本依据；军事从属于伦理，声称"修其孝悌忠信可使制铤以挞坚甲利兵"；文学从属于伦理，以"事君"、"事父"、"载道"、"述德"为文学之使命；历史学从属于伦理，以"正名垂训"为史学编纂的根本指针；宗教亦从属于伦理，抨击异教时除了痛斥对方"无父无君"之外，几乎没有更多的道理可讲；如此等等，不一而足。一切真假的事实判断、一切是非的逻辑判断、一切利害和顺逆的价值判断、一切美丑的审美判断，都必须服从于道德伦理上的关于善恶的裁决。知识的价值、艺术的价值，等等，全都被淹没在道德伦理的价值之中。"修身齐家治国平天下"，"孝乎为孝，是亦为政"，"移孝作忠，移悌作顺"，将道德与政治完全融为一体，因此，所谓泛道德主义，同时也就是以政治为包举和涵盖一切的"绝对精神"的泛政治主义。在中国，只要还讲"道统论"，就不可能有学术独立，更不可能有思想文化领域"百花齐放、百家争鸣"的多元化。

"道统"是否高于"政统"？不然。孔子讲"天下有道，礼乐征伐自天子出"，可见君权是至上的；又讲君子有三畏，首先是畏天命，其次是畏大人，最后才是畏圣人之言，可见"大人"的权势大于圣人之言。韩愈讲道统论，以道统的承载者自居，但他也还要讲"臣罪当诛，天王圣明"。宋儒神化道统，但也正是宋儒大讲"天地君亲师"的崇拜系统，圣人的师道排在天地君亲之后，所以还是权势大于"道"。圣人之所以尊，是权势者捧起来的，所以圣人的道是依赖于权势的。权势者把它当政治工具，历代号为圣贤者则把它当敲门砖。上海学者陈思和先生说"道统高于政统"，似不合乎事实。

但是，中国传统文化又毕竟不是儒学一家。春秋战国时期，曾经出现过"百家争鸣"的局面。除了儒家外，墨家、道家、法家等学派都曾经是兴盛一时的"显学"。即使是纵横家的苏秦、张仪等人，也都是有学问的，是善于在诸侯们面前陈说自己的政治主张的演说家。试看《战国策》和《史记》中所记载的他们的说辞，无论在逻辑的严密、结构的完整、辞句的修饰和气势诸方面，都达到了很高的人文素养的水平，为后世政论文写作的范本。他们与儒者一样"思以其道易天下"，但他们在诸侯们面前表现出的那种挟机锋、逞雄辩、直面沧桑、放言无忌的气概，往往并非温良驯顺的儒者所可企及。与儒家相比，墨家更重认知，道家更重审美。同时，儒、墨、道三家都分别在真、善、美的探索方面作出了自己的理论贡献，对于中国古代的人文教育产生过深远的影响。秦汉以降，即使在"独尊儒术"以后，也是既有"儒道互补"，也有"儒墨互用"。道家思想对中国文学影响尤深，而历代的智数之儒、功利之儒、游侠之儒则近墨家。汉唐学者在义理、考据、词章（大致相当于如今的哲、史、文诸人文学科）方面都取得了很高的成就，古人称考据学为"汉学"，又推崇秦汉之文、盛唐之诗，有"文必秦汉，诗必盛唐"之说，这些说法都有历史的依据。后来虽有道学家大讲道统而独重义理，却终难一手遮天，考据、词章之学仍有较大发展。一部中国文学史，尤为辉煌灿烂，从诗经的"国风"到南国之楚辞和汉代之楚声，再到六朝诗赋、唐诗宋词元曲，等等，那美的形式、美的感情、美的神韵、美的意境、美的艺术造诣，已成为那个时代高不可及的范本，是现在和未来任何艺术天才都难以企及的。或许正是在游离于"道统"之外的"美"的领域，最能反映中国古代人文教养的水平，也最能反映人民大众的理想、愿望和要求。

2 "知之为知之，不知为不知，是知也"
—— 中国古代哲人对于"真"的理论探讨

中国古代哲人"思以其道易天下"，治学带有明显的社会目的，很难说有纯粹为满足求知欲而治学的人。但各家各派要实现自己的人文理想，实在都离不开对于"真"的理论探讨，因而就有如何求得真知的认识论问题的讨论。

中国古代哲人几乎都崇拜圣人，但"各家俱道先王而取舍不同"，因而对于认识论的重视程度也有不同。有的对于认识论问题的重视程度高一些，如墨家；有的完全使认识论从属于伦理，相对来说对于认识论问题的探讨要少一些，如儒家；有的则提出了真知是否可能的问题，从怀疑主义和悲观主义而走向取消知识，但却从反面推进了认识论问题的探讨，如道家。

中国古代哲人既以"知"服务于伦理和政治，因而特别重视"行"，所以对于"知"与"行"的关系有很深入的探讨。结合伦理道德践履等"行"的问题来讨论"知"的来源和"知"的标准问题，遂成为中国哲学的一个重要特征。这对于今人认识理论与实践的辩证关系，化理论为德性，仍不乏有益的启迪。

（1）孔子的认识论思想

孔子的思想虽然以教人作圣贤为目的，但其中亦不乏求"真"的认识论问题的探讨，因为道德的教化其实是离不开知识的。虽然孔子所讲的知识主要不是关于自然的知识，而是关于道德伦理的知识，但无论是什么样的知识，都存在着一个求"真"的认识论问题。孔子揭示了认识过程中知与不知的矛盾，初步接触了主观与客观的矛盾问题，并试图解决这些矛盾；他阐述了学与思的辩证关系，提出了学思并重的认识论思想。

关于知识的来源，孔子认为，有"生而知之"，有"学而知之"，有"困而知之"（《论语·季氏》）。既承认生知，又承认学知，包含着明显的矛盾。但在这对矛盾中，孔子主要强调的是学知的方面，而所谓"生知"只是虚悬一格而已。孔子说："吾非生而知之者，好古、敏以求之者也。"（《述而》）自己的知识也是不断积累起来的："吾十有五而志于学，三十而立，四十而不惑，五十而知天命，六十而耳顺，七十而从心所欲，不逾矩"（《为政》）。孔子认为学习要"多闻，择其善者而从之"，吸取别人的和古代的间接经验；还要"多见而识之"，多多通过直接经验而获得知识（《述而》）。他认为只有"多问"、"多闻"、"多见"、"多识"，才能成为一个"博学"的人。陈景磐先生在《孔子的教育思想》一书中曾统计，说《论语》一书中论及"闻"知的有 57 处，论及"见"知的有 71 处，可见孔子对于直接经验和间接经验作为知识之来源的重视。

孔子认为学习应当具有老老实实的态度。他说："知之为知之，不知为不知，是知也。"（《为政》）认为自知"不知"也是一种"知"，并且是进一步求知的开始。他主张"毋意，毋必，毋固，毋我"（《子罕》），反对盲目地主观臆测和固执己见。

在"学"与"思"的关系上，孔子认为学与思是统一的认识过程的两个不可或缺的方面，不可偏废。他说："学而不思则罔，思而不学则殆。"（《为政》）认为学习不加思考就会迷惘而无所适从，但思考如不以闻见之知为基础，就会变成空想。他固然重视学，但更重视发挥理性的能动作用。他教学生要"闻一以知十"，懂得一件事，就可以由推演而知道十件事；"下学而上达"，先学习一些基本的知识，再由此进而领会高深的道理；要善于从"多识"而达到"一贯"，即在积累丰富的感性知识的基础上，概括出一般性的认识。

（2）孟子的认识论思想

孟子将天道与人性合而为一，认为人心与"天心"是相通的，因而把认识看作是对自己的内心世界的探索，提出了"尽心"、"知性"、"知天"的认识论。他重理性而轻感官，讲不虑而知的"良知"，讲"学问之道无他，求其放心而已"，等等，带有浓厚的先验论色彩。但在他的学说中也包含了许多对于提高人的认识能力和人在实践中的自我完善具有启迪性的合理的思想内容。

首先，他主张在认知过程中充分发挥心理的注意和思考作用，强调"不专心致志，则不得也。"（《孟子·告子》上）"心之官则思，……不思则不得也。"这些都是对人的认知的主观能动性的肯定。其次，他第一次提出了"博"和"约"这对范畴，认为博和约既对立，又统一："博学而详说之，将反以说约也。"（《离娄》下）只有在广泛地学习各种知识的基础上，才能较好地掌握知识的要领；只有掌握了知识的要领，博学才不至于流于泛泛而谈的浮夸之论。再次，孟子还第一次揭示了知和能的辩证关系，认为知和能统一于行，行可以增益知和能："天将降大任于是人也，必先苦其心志，劳其筋骨，饿其体肤，空乏其身，行拂乱其所为，所以动心忍性，增益其所不能。"（《孟子·告子》下）在这段话中，除了所谓天降大任于人的观念带有神秘主义色彩外，就其强调一个人才能的增进需要经过艰苦的磨炼过程来说，乃是一种具有合理性的深刻思想。他还辩证地认为，人不可能不犯错误，但可以从错误中学习，提高自己的认识能力和实践能力："人恒过，然后能改。困于心，衡于虑，而后作。"（《孟子·告子》下）孟子还认为，学贵自得，学习到了自得于道（认识必然）的境界，就能在生活实践中取得最大的自由。这些具有合理性的思想内容，对于提高人的素质、增进人文教养，都是具有积极意义的。

（3）老庄道家的认识论思想

老庄道家是中国哲学中的一个影响深远的流派。这一学派崇尚自然，反对人为造成的文明异化，有十分强烈的复归自然的倾向。老子提出的认识"道"的神秘主义方法，庄子对知识的可靠性的怀疑，都由此派生出来。

老子提出了"道"的范畴。道既是最高的实体，也是认识的对象。但要认识道，不需要费力劳心地去学习、去探索，因为"道"是自然而然的，你越是下苦工夫去求索，结果却只能是"为学日益，为道日损"

（《老子》第48章），还不如"绝圣弃智"，什么都不学，也就什么忧愁也没有（"绝学无忧"）。这里的悖论就在于，人要过一种随顺自然的生活，又恰恰要体认自然之道，不用人为、不费力气又如何体认自然之道呢？老子说："道可道，非常道；名可名，非常名。"道是无形、无名的，感官不能感知，一般理性思维不能认识，只有用"涤除玄览"的方法，把内心这面镜子打扫得干干净净，"致虚极，守静笃"，这样，万象流行自然呈现于心，心灵亦与万象流行融为一体，如此也就达到了主观和客观的绝对统一，即所谓"玄同"的境界。这种观点是神秘主义的，但其中也并非不包含任何具有合理性的思想颗粒。例如老子主张"不自见故明，不自是故彰"，无欲无私才能把握"道"，就包含有强调观察的客观性的合理因素。

庄子继承和发展了老子的学说，认为任何语言对于"知"的表达都是片面的，任何思想学说都是一偏之见，这些一偏之见有肯定有否定，因而都是对"道"的亏损。以此为立论基石，庄子对人的认识能力、认识对象、认识标准都提出了全面的质疑：

——对于人的主观认识能力，庄子提出："庸讵知吾所谓知之非不知邪？庸讵知吾所谓不知之非知邪？"（《齐物论》）知和不知哪有什么标准来衡量呢？既没有标准，认识又如何可能呢？

——对于认识的对象，庄子提出，大与小、美与丑、成与毁都是相对的，哪有什么质的差别呢？"自其异者视之，肝胆楚越也；自其同者视之，万物皆一也。"（《德充符》）既然认识仅仅取决于你看问题的角度，那么事物又有什么客观性质可言呢？

——对于认识的标准问题，庄子提出，"彼亦一是非，此亦一是非"（《齐物论》），是非是没有标准的。二人辩论，你胜我负，你就果真对吗？我就果真错吗？或者一对一错，或者都错，你我如何能决定呢？请第三者来决定吧，他既同意你的观点，他又怎么能决定呢？同意我的观点，又怎么能决定呢？既和我二人观点都不同，又怎么能决定呢？我和你还有第三者都不能决定谁是谁非，还有谁能来决定是非呢？

正因为如此，庄子走向了否认一切知识的可靠性的怀疑论和相对主义，这会使人失去追求真理和勇于坚持真理的执著，其消极的作用是很明显的。然而，我们在《庄子》中也看到了那足以开拓万古之心胸的博大气象。庄子惯用寓言来表达哲理，其《秋水篇》有一则寓言写道：

> 秋水时至，百川灌河，泾流之大，两涘渚崖之间，不辨牛马。于是焉河伯（传说中的黄河之神）欣然自喜，以天下之美为尽在己。顺流而东行，至于北海，东面而视，不见水端，于是焉河伯始旋其面目，望洋向若（即北海若，传说中的北海之神）而叹曰："野语有之曰：'闻道百，以为莫己若者'，我之谓也。……今我睹子之难穷也，吾非至于子之门，则殆矣。吾长见笑于大方之家。"

这篇寓言告诉我们，黄河之神未见到大海时，"以天下之美为尽在己"；直到他奔流到海，面对浩瀚无边的海洋，才领悟到宇宙的无穷和个人见闻的有限。以这样的观点来看待认识论问题，就能使人心胸开阔，少一分虚骄与狂妄，多一分谦虚与平和。

此外，庄子对于论敌的态度也颇能显示他的宽厚大度的胸怀。惠施和庄子都是当时第一流的学者，两个人几乎争论了一辈子。惠施去世后，庄子在惠施墓前讲了一个故事，说郢人在鼻尖上涂了一块蝇翼大的白粉，让匠石用斧头将这块白粉砍下来，于是匠石飞快地舞动着斧头，一斧将白粉砍下而鼻不伤，郢人立在原地亦面不改色。国王听说此事后，要匠石为他表演，匠石回答说："要我表演不难，可是我的对手早就死了。"庄子讲完这个故事，满怀深情地说："自从惠施死后，我也没有对手了，没有人好谈了。"（《庄子·徐无鬼》）对于论敌能表现出如此真挚而深沉的感情，这在唯我独尊的儒者们身上是看不到的。如今的读书人写了文章请人指教，说是请人"斧正"，就是出自《庄子》，然而又有多少人能像庄子这样地对待自己的论敌呢？须知这也是人文教养的一个不可或缺的重要方面啊！

（4）墨家的认识论思想

先秦时期与儒家学说并称"显学"的墨家学说，在认识论上作出了颇为独到的理论贡献。

墨子是一位彻底的经验主义者，他否定了"生而知之"的先验论，强调认识来源于"耳目之实"；同时他还认为，通过思维的作用，可以"以往知来，以见（现）知隐"。在名实关系中，他提出了"取实予名"即根据客观实在来确定名称概念的主张。在运用概念进行判断、推理的逻辑思维方面，他提出了"类"、"故"、"理"等范畴，主张"察类明故"，要求人们在进行认识和辨认的时候，对客观事物要进行合理的分类，分析各类事物的同异、因果及其根据。

以什么来检验各种言论和学说呢？墨子提出了"三表"说："何谓三表？子墨子言曰：有本之者，有原之者，有用之者。"（《非命》上）他认为，判断一种学说的是非真伪，首先必须在历史记载中寻找前人的经验作为根据，以历史上的实践经验为借鉴。其次，要看是否符合人们在日常生活中的直接经验。再次，必须通过"行"的特定形式，把一定的社会学说付诸实施，然后从社会效果来判断。墨子十分重视行为的社会后果，指出："仁人之事者，必务求兴天下之利，除天下之害"；反之，"用而不可，虽我亦将非之"（《兼爱》下）。作为一位经验论者，墨子片面强调了感觉经验，忽视了理性思维对于感觉经验进行去伪存真的分析加工的重要性，这使他从"百姓耳目之实"中作出了鬼神存在的错误结论。

后期墨家意识到墨子片面强调经验的偏颇，因而更为重视观察的客观性和全面性，更为重视理性思维在认识中的作用，推进了认识论的研究。

首先，提倡用发展变化的观点和全面的观点去看事物。第一，应对事物的发展变化加以考察，提出了"征易"的科学方法："化，征易也。"（《经》上）认为事物是变化的，必须征验它的变易。第二，要看到事物的两个方面，反对观察的片面性。"见，体、尽。"（《经》上）

"见：特者，体也；二者，尽也。"（《经说》上）见有体见、尽见两种。只看到事物的一面，是体见；看到事物的两面，是尽见。

其次，关于认识的辩证过程。第一步，是"以其知遇物而能貌之"的"知"，即通过感官与事物相接触而把事物的形貌反映出来。第二步，是"以其知有求"的"虑"，即开始通过表象来思索探求道理。第三步，是"以其知论物，"即通过对于事物表象的认识进行分析和论究的思维加工，从而达到明白透彻地认识事物。第四步，是"为"。"志行，为也。"（《经》上）实践包含了"志、行"二成分，志是目的，行是行动。认识了事物，就可以用知去指导行。

最后，关于检验认识的标准："名实合：为。"（《经》上）检验知的标准是"为"，即实践；"为"必须做到"名实合"，即理论认识和客观实际的统一。

特别值得重视的是，后期墨家在形式逻辑方面形成了比较完整的体系，标志着先秦时代的中国人在理论思维能力方面已达到了相当高的水平。在概念的分类上，他们区分了普遍（"达"）、特殊（"类"）、个别（"私"）三类概念；在判断上，分别讨论了选言判断（"或"）、假言判断（"假"）、定言判断（"效"）三种判断形式；在推理方面，研究了四种推理形式，包括类比推理法（"譬"）、直接推理的附比法（"侔"）、间接推理的类比法（"援"）、间接推理的归纳法和演绎法（"推"）。他们还强调，在进行逻辑推理的时候，必须十分审慎，考虑到"多方、殊类、异故"，以免发生错误。墨家重视形式逻辑，注重知其然必求其所以然的知性思维，与后来统治中国社会两千余年的那种知其然而不求其所以然的狭隘经验论的思维方式有着明显的区别。

（5）荀子的认识论思想

荀子是先秦时期百家争鸣的理论总结者。在认知方面，他扬弃诸家，系统阐发了以"解蔽"为核心的朴素的唯物主义反映论。

关于知和智、即人的主观认识能力和认识的关系，荀子认为："所以知之在人者，谓之知"（《正名》），"知"是指人的主观认识能力；"知有所合谓之智"(《正名》)，主观与客观相接触所产生的与客观事物相符合的知识就叫做"智"。荀子进一步从"人之性"与"物之理"的对立统一的矛盾分析中得出了世界可知的结论，他说："凡以知，人之性也；可以知，物之理也。"(《解蔽》)能够认识事物是人的本性；可以被认识，是事物的道理。这就驳斥了庄子在人的认识能力和认识对象问题上散布的相对主义观念，同时也是对孟子"良知"说的扬弃。

人的主观认识能力具体表现为"天官薄类"和"心有征知"。所谓"天官薄类"，是用天然具有的感觉器官去同客观事物相接触，获得关于事物的感性知识。所谓"心有征知"，是指发挥思维的作用对感觉印象进行分析、辨别和验证，形成概念和判断，并对复杂的主客观条件下产生的错觉起校正作用。二者在认识过程中的作用是不同的，决不能只承认一方面而否定另一方面。荀子举例说："凡人之有鬼也，必以其感忽之间疑玄之时正之。此人之所以无有而有无之时也。"(《解蔽》)在荀子看来，世上本没有鬼神，人们之所以觉得有鬼神存在，一般是以自己在神志不清的时候产生的错觉来作判断的。这就揭示了墨子由经验论陷入唯心主义的认识根源。同时，"天官薄类"和"心有征知"又是统一的认识过程的不可缺少的两个阶段。"征知必将待天官之当薄其类然后可"(《正名》)，即"征知"必须以"薄类"为基础，不然，征知就失去了依据；"薄类"而后必须"征知"，否则，得来的知识就是不可靠的。但是，"天官"和"天君"（"心"）在认识中的地位和作用是不一样的，后者处于主宰的地位："心不使焉"，则"黑白在前而目不见，雷鼓在侧而耳不闻"(《解蔽》)，由于没有发挥心理的注意作用，感官的作用也等于没有发挥。二者有主有从，互相联系、互相依存。

如何获得全面的确切可靠的知识，是荀子的探索重点。在荀子以前，宋钘、尹文曾提出"别宥"论，重在防止主观因素对认识的干扰。荀子继承并发展了这一学说，认为把主观和客观的任何一个方面加以夸大和歪曲都会形成错误的认识，所以荀子提出了他的"解蔽"说。他首先列举了影响人们正确认识事物的各种主客观因素，提出：

欲为蔽，恶为蔽；始为蔽，终为蔽；远为蔽，近为蔽；博为蔽，浅为蔽；古为蔽，今为蔽。凡万物异则莫不相为蔽，此心术之公患也。（《荀子·解蔽》）

荀子认为，要"解蔽"就必须充分发挥"心"的"征知"作用。正确处理虚与藏、一与两、动与静的关系。第一，"心未尝不藏也，然而有所谓虚"，"不以所已藏害所将受谓之虚"（《解蔽》）。也就是说，在接受新知识时，要排除主观成见，不以已有的知识去妨碍接受新的知识。第二，"心未尝不两也，然而有所谓一，""不以夫一害此一谓之壹"（《解蔽》）。也就是说，在认识过程中要做到不以关于其他事物的知识而妨碍专一地认识某种事物。第三，"心未尝不动也，然而有所谓静，""不以梦剧乱知谓之静"（《解蔽》）。也就是说，要正常思维就必须排除梦幻式的胡思乱想的干扰，使"心"处于相对宁静的状态。荀子认为，只有处理好上述三方面的辩证关系，才能达到认识上无所偏蔽的"大清明"境界。

最后，关于知和行的辩证关系，荀子认为：

第一，知和行是人们认识客观规律的两个主要环节。"察，知道；行，体道者也。"（《解蔽》）掌握事物的规律性，既要在思想上明察，又要在行动上去实行、体验。

第二，认识的得来是人发挥其主观的认识能力，通过实际的主观努力（·"行"）所取得的："彼求之而后得，为之而后成。……人积耕耨而为农夫，积斫削而为工匠，积贩货而为商贾，积礼义而为君子。"（《儒效》）又有所谓"不登高山，不知天之高也；不临深溪，不知地之厚也"（《劝学》），说的也是这一道理。

第三，行是认识的目的和检验认识的标准。行可以检验知："善言古者必有节于今，善言天者必有征于人。凡论者贵其有辨合，有符验。故坐而言之，起而可设，张而可施行。"（《性恶》）所谓"节"、"辨合"、"符验"，都是用事实进行检验的意思。但荀子的认识论的归宿仍然是宗法社会的道德伦理。他要求人们"日切磋而不舍"的是"父子之亲"和"君臣之义"，他说"学至于行而后止"，就是说只要能够践履宗法社会的道德也就不需要再学，这就把他的认识论所包含的大量合理因素都给窒息了。

汉武帝"罢黜百家，独尊儒术"以后，儒家的泛道德主义的原则占据了支配地位，认识论方面已经很难有大的发展。东汉有一位王充，提出了强调辨别认识之真伪的"实知""知实"学说，并且表现出了对于自然科学知识的浓厚兴趣，实在很难得；晋朝有一位欧阳建，写了一篇《言尽意论》，对知性思维有所论说；还有一位鲁胜，研究过墨家的形式逻辑，写了一部《墨辩注》，但书已失传；下迄明代中叶，虽然也有不少学者论及求知，基本上没有超出先秦儒家的水平。但值得注意的是，中国古代学者在治学方面却有一种绵绵不绝的求实精神和怀疑精神。自孔子讲"多闻阙疑"、孟子讲"尽信书不如无书"、荀子讲"解蔽"以后，又有汉代河间献王刘德的"修学好古，实事求是"和王充的"疾虚妄"，有唐代史学家刘知几的"疑经""惑古"，等等。甚至宋明道学家也讲学者求学须有怀疑精神。程颐说："学者先要令疑"。张载说："在可疑而不疑者，不曾学；学则须疑。"朱熹说："读书无疑者须教有疑，有疑者却要无疑，到这里方是长进。"陈献章说："前辈谓学贵有疑，小疑则小进，大疑则大进。疑者，觉悟之机也。一番觉悟，一番长进。"尽管宋明道学家讲这些话的本意不过是为了拒斥"异端"以维护正统儒家学说的纯正，但从抽象的学理上来看，这些话都讲得很对，有利于人们探求真知，实事求是。

3 "失德而后仁，失仁而后义"
——中国古代哲人对于"善"的理论探讨

中国古代哲人关于道德伦理之"善"的讨论，最早见于《尚书·虞夏书·皋陶谟》，这篇古老的文献记录了舜的大臣皋陶与夏禹讨论如何实行德治时的对话。在这篇对话中，皋陶提出了君王任用人才要求具备的九种美德（"九德"）。这九种美德是：宽宏大量而且小心谨慎，性格温和而又独立不移，老实厚道而且严肃庄重，富于才干而又办事认真，柔和顺服而又刚毅果断，为人耿直而又待人和气，志向远大而又注重小节，刚正不阿而且实事求是，坚强不屈而且合乎道义（"宽而柔，柔而立，愿而恭，乱而敬，扰而毅，直而温，简而廉，刚而塞，强而义"）。此外，这篇对话还讨论了道德的基础或根源的问题，认为道德和政治的根源在于天："天工，人其代之。天叙有典，敕我五典五叙哉！天秩有礼，自我五礼有庸哉！同寅协恭和衷哉！天命有德，五服五事哉！天讨有罪，五刑五用哉！"① 在这里，一切旨在维护宗法社会秩序的道德、礼仪、刑罚等都被说成是"天"的良法美意。这可以说是儒家"天人合一"思想的源头。

周武王灭殷后，向箕子询问治国方略。《尚书·周书·洪范》记录了他们的对话。在这篇对话中，讨论了"三德"，即正直、刚强、柔顺三种德性。箕子对周武王说，中正平和，不刚不柔，就是正直，倔犟而不能亲近人就是过分刚强，和顺而不坚强就是过分柔顺。君王应当抑制刚强而不能亲近的人，推崇和顺可亲的人。只有君王才有权替人造福，有权对人施加刑罚，有权吃美好的食物。百官没有这些权利。倘若百官有这些权利，就会危害您的家和国。百官将因此背离王道，百姓也将因此犯上作乱。这段话对三种不同德性的褒贬体现了"中庸"的原则，但整段文字实际上是教君王如何驾驭臣民、如何维护君王的绝对权威（"惟辟作威，惟辟作福，惟辟玉食"）。据箕子说，"洪范九畴"（治国经邦的九种大道理）是"天"赐给夏禹的，夏禹运用这些道理来治国，于是一改前此的"彝伦攸斁"（伦常秩序大乱）的局面，实现了"彝伦攸

① 五典（五种人伦关系）是"天叙"，五礼（天子、诸侯、卿大夫、士、庶民尊卑等级的礼仪）是"天秩"，五服（五种等级的礼服）是"天命"，五刑（墨、劓、刖、宫、大辟）是"天讨"。

叙"，亦即达到了天下大治。可见，殷周时代的人们也是认为一切道德政治的大本大原是来自所谓的"天意"的。

前人讲"九德"，讲"三德"，而孔子则提出了一个能够将诸德统摄起来的具有普遍性、一般性的最高的道德范畴，就是"仁"。这是孔子的一大思想贡献，他不愧为一个有概括能力的思想家。孔子回答弟子们问"仁"的问题，对不同的人有不同的回答。《论语》中讲"仁"，有104处。要说清究竟什么是"仁"，是一个困难的问题。但只要我们按照孔子的意思，把"仁"看作是贯通于人的各种德性之中、且统合诸德的最高美德，这个问题就不难回答。孔子讲"人者天地之心也"，"我欲仁斯仁至矣"。可见，他认为"仁"是得于天而具于心的，天道与人道是相贯通的。他又说："君子无终食之间违仁，造次必于是，颠沛必于是。"，"志士仁人，无求生以害仁，有杀身以成仁。"可见"仁"在孔子的道德思想中所具有的至上地位，他把"仁"看得比生命还重要。他说君子"依于仁"，"不违仁"，又说"君子喻于义，小人喻于利"，可见仁中包含义。颜渊问仁，孔子说："克己复礼为仁，一日克己复礼，天下归仁焉。"可见仁中包含礼。子张问仁，他说："知者利仁。"可见仁中包含知。又说："刚毅木讷近仁。""巧言令色鲜矣仁。"可见仁中还包含信。仁义礼智信五者之中，仁是统摄一切的。此外，孔子讲"仁"时，还大量地讲到了孝，讲到了忠，这些都可以看作是作为最高道德范畴的"仁"的具体化。

以今天的观点看，孔子的伦理思想是维护宗法社会尊卑贵贱的等级秩序的，然而，他的思想中也包含了许多合理因素。他讲"仁者爱人"、"泛爱众而亲仁"、"己所不欲，勿施于人"、"见得思义"，讲孝敬父母、友爱兄弟（除了讲"三年之丧""三年无改于父之道"等不免过头的话以外），讲"过犹不及"，"文质彬彬然后君子"，等等，都有助于协调人际关系，促进人在道德上的自我完善。他所提出的仁义礼智信这些道德范畴，时代内容可以发生变化，但这些道德概念事实上还是被"抽象继承"下来了，每一个时代的人都要运用这些抽象的范畴来阐明自己的道德观；他讲人对社会应尽义务、尽责任、有使命感，尽管义务、责任、使命的时代内容可以不同，但人应对社会尽义务和责任，应承载时代赋予的使命，这在任何时代都是共同的。

孔子已有性善论的倾向，如读诗至"天生烝民，有物有则，民之秉彝，好是懿德"，乃叹为"知道"。孟子正式提出了性善论。他从"人乍见孺子将入于井皆有怵惕恻隐之心"的心理经验出发，推出每个人皆有恻隐、羞恶、辞让、是非之心，是为仁、义、礼、智四端，故曰"性无不善"。在仁义礼智四者中，仁仍是起统摄作用的，但孟子凸显了"义"的地位。他认为人在实践道德法则时能行之各得其宜，是为义，无义则不能行仁，所以说，"仁，人心也；义，人路也"。以义配仁，强调义在实践道德中的作用，是孟子的创见。发挥人性固有的善端，"养浩然之气"，做一个仰不愧于天、俯不怍于人的"大丈夫"，是孟子的人格理想。大丈夫能独立特行，严取与出处之界，不为外界非道义的势力所左右。大丈夫藐视那些不尊礼法的权贵："说大人，则藐之，勿视其巍巍然。在彼者皆我所不为也，在我者皆古之制也。"大丈夫"富贵不能淫，贫贱不能移，威武不能屈"，如此等等。孟子谈论社会的普遍道德规范，以孝悌为本。他说："孩提之童，无不知爱其亲也。及其长也，无不知敬其兄也。亲亲，仁也；敬长，义也。无他，达之天下也。"又说："尧舜之道，孝悌而已矣。"孟子发挥孔子的德治思想，强调"有不忍人之心斯有不忍人之政"。齐宣王自言好货好色好乐，孟子要他与百姓同之。又主张国君进贤退不肖、杀有罪，必须得到民众的同意，并首倡"暴君放伐论"，肯定人民起来推翻暴君统治的合理性。当然，孟子的思想也有其自相矛盾的方面，如讲"为政不难，不获罪于巨室"，讲"位卑而言高，罪也"，讲达官贵人以礼相赠的财物即使是不义之财也要接受，讲在国君不同意拿出粮食来赈济灾民时就不要坚持己见以免"为士者笑"，讲邻人相斗时不要去管，等等，就与他所提倡的有"浩然之气"的大丈夫气概很不相容。

产生于战国时期的儒家典籍《易传》，发挥"天人合一"的思想，强调人在道德上要效法天地："天行健，君子以自强不息；地势坤，君子以厚德载物。"自强不息，是一种刚健有为、奋发进取的精神；厚德载物，是说人的胸襟气度要像大地承载万物一样宽广浑厚、富于包容气象。如此，就能做到："德合天地，止于至善。"《易传》中有许多讲道德修养的话，讲君子要"恐惧修省"，要"终日乾乾夕惕若"，要有"安而不忘危"的忧患意识，要"见善则迁，有过则改"，等等；又如讲君子的交友之道，"二人同心，其利断金；同心之言，其臭如兰"，后人以"金兰之交"喻志同道合的朋友，即出丁此。这些说法，都有合理因素。但其中讲"君子思不出其位"，讲"崇高莫大乎富贵"，等等，又都明显带有宗法等级制社会的局限性。

孔孟的思想，皆以天道与人道相通的天人感应说为立论依据，而作为儒学之另一传人的荀子则提出"明于天人之分"，认为天道与人事不相关，从人类社会内部去寻找道德的根源。着眼于社会矛盾的分析，荀子认为一切社会纷争皆由于人类的欲望，因而提出了人性皆恶的"性恶论"。放任人的天性中的恶，就成为恶人；抑制天性中的恶，才有善的德行；故曰"人之性恶，其善者伪（人为）也""圣人者，伪之极也。"要矫正恶的天性，就必须"化性起伪"。所以荀子特别重视后天的教育和德行培养，主张通过学习圣人的经典，特别是学习作为"群类之纲纪"的礼，来进于圣贤的境域。然而，圣人也是人，其天性也是恶的，那么圣人的至善的意识又是从何而来的呢？因此，荀子又不得不求助于"天地"，认为是天地赋予了君子以创造礼义的特异人格，这与他主张的"天人相分"显然是矛盾的，也是与他所主张的人性皆恶论是相矛盾的。

荀子的学生韩非子从当时的社会现实出发，对性恶论作了淋漓尽致的发挥，极言连妻也不可信，子也不可信，何况他人，每一个人都像是卖棺材的希望多死人。因而他坚决反对儒家的德治，主张以严刑峻法治天下，成为先秦法家的著名代表人物。

先秦道家在"善"的追求方面别创特解。老子认为，一个社会越是需要大力提倡道德，就越是证明这个社会的风气败坏，这正如人有疾病才需要医药一样。所以说，"大道废，有仁义；智慧出，有大伪；六亲不和，有孝慈；国家昏乱有忠臣。""失道而后德，失德而后仁，失仁而后义，失义而后礼。"这似乎是一幅世风日益浇漓的演变图：在尧舜禹的时代，大道已失，所以圣王们讲德；到孔子的时代，"德"失了，于是有孔子出来讲仁；到孟子的时代，"仁"也失了，于是有孟子出来强调义；到了荀子之时，仁义全无，于是荀子也就特别强调礼。——从这一点来看，有学者把《老子》的成书时间推到战国晚期，是不无道理的。——但是，老子由此得出结论："夫礼者，忠信之薄，乱之首也"，认为社会风气败坏是讲道德引起的，又未免有因果倒置之弊。遵循这一思路，老子主张绝圣弃智，回到善恶未分时的原始社会中去，无善无恶，方为至善。

与儒家主张士人应走"学而优则仕"的道路完全不同，庄子崇尚自然之道，蔑视功名利禄。《庄子》中讲了一个故事，说惠施在梁国为相，庄子也到梁国去。有人对惠施说，庄子是来抢你的位置的。惠施一听，怕了，派人在国中搜了三天三夜，没想到庄子却自己找上门来。庄子对惠施说："南方有鸟名叫鹓雏，从南海到北海去。它非梧桐不栖，非楝实不食，非甘泉不饮。当时有只猫头鹰（鸱枭），抓到了一只腐烂的死老鼠，看见鹓雏从空中飞过，怀疑鹓雏来抢它的死老鼠，于是便怒睁双目大叫起来。你现在竟想拿你的相位来吓我吗？"这个故事颇能代表庄子对于功名利禄的态度，与孔子所说的那种苟能富贵，"虽执鞭之士，吾亦为之"的态度可以说是绝然相反。

庄子主张全性保真，推崇真人或曰至人、神人的境界。他认为要达到真人的境界，就必须"微志之勃"，并且"解心之谬"、"去德之累"、"进道之塞"。所谓"微志之勃"，就是不要追求任何身外之物，包括富、贵、显、严、名、利六者；所谓"解心之谬"，就是要去掉容、动、色、理、气、意等六种"谬心"；所谓"去德之累"，就是要去除恶、欲、喜、怒、哀、乐等六种情感；所谓"进道之塞"，就是要排除去、就、取、与、知、能等六种妨碍人入道的障碍。总之，把知识、情感、意志通通泯灭，也就可以纯任自然了。对于儒家推崇的圣王，庄子极尽诋毁之能事，他说："三皇五帝之治天下也，名曰治之，乱莫甚焉，使人不得安其性命之情，而犹谓之圣人，不可耻乎?"圣人以道德治凡民，而对凡民以上的人则没有约束力，于是大盗也利用道德，"窃钩者诛，窃国者侯"；善人不得圣人之道不立，大盗不得圣人之道不行，天下之善人少而不善人多，则圣人利天下也少，而害天下也多；欲去大盗，就必须并其所利用者而去之，始为正本清源之道，故曰"圣人已死，则大盗不起"。

春秋战国时代，"礼崩乐坏"。儒家要克己复礼，修明礼教，使尊卑贵贱同纳于宗法秩序的轨道，而道家则看到了礼教不但不能制约权势者，权势者却可以反转来把礼教作为钳制民众的工具，礼教除了束缚人民的自由外，并没有其他效力，所以道家排击礼教不遗余力。在道家看来，只有把政治和风俗中的种种赏罚毁誉通通废弃，使人人不失其自由，各事其事，各得其所，那就既不需要损人利己，也不需要损己利人，也就相忘于善恶之差别，再也不需要什么礼教了。这是老庄道家的特识，反映了这一学派对于"至善"所特有的认识。

墨家的伦理学，以有神论和"法天"为基础。儒家虽重祭祀，但并未确言鬼神之存在，给人以似有似无的印象。但墨子却依据"百姓耳目之实"（实为错觉）而言"明鬼"，并且说如果人不信鬼神有赏善罚恶的能力，就会什么坏事也干得出来。与此同时，他又以"法天"为道德法则赖以确立的依据。他说在道德上，既不能效法父母，也不能效法学者和君王，因为天下的父母、学者、王侯虽然很多，但堪称仁者的却很少。在这个相对的现实世界中，没有人能够充当道德上的绝对权威。因此，要寻找道德的根据，只有求诸永恒无限绝对且全知全能的"天"（实即至上的神灵，与儒家把天看作理法不同），故曰："莫若法天……天之所欲则为之，天所不欲则止。"天意是什么呢? 墨子说："天必欲人之相爱相利，而不欲人之相恶相贼也。"根据所谓天意，墨子提出了"兼相爱，交相利"的学说。兼爱，是对普天下人一视同仁的爱，不讲尊卑贵贱的等级，不讲亲亲尊尊，所以孟子对此深恶痛绝，斥之为"无父"的"禽兽"。兼爱学说实际上也就是后来援墨入儒的儒家学者所表述的"大同"理想的雏形："视人之国如其国，视人之家如其家，视人之身如其身"，"有力者疾以助人，有财者勉以分人，有道者劝以教人"，"老而无子者有所得终其寿，连独无兄弟者有所杂于生人之间，少失其父母者有所放依而长。"如果说爱是道德的动机的话，利则是道德的效果，"兼相爱"表现在"交相利"上，一个讲道德的人必以利人去实现其爱人之心，如果厚爱而薄利，实际上也就是薄于爱。所以墨家"贵义""尚利"，认为"义，利也"。视利为道德的本质，持义利统一观。

在秦汉之际墨家学派消失的同时，儒家学者开始大量援墨入儒，吸取墨家的道德理想而提出"大同"说，但"大同"不在未来，而在遥远的上古；吸取墨家的"天志"说，来论证道德伦理根源于天意，提出了"天人感应"的学说；吸取墨家的兼爱说而讲"兼爱之谓仁"，同时又强调等级秩序不可动摇。唐代的韩愈说"博爱之谓仁"，但与此同时又大讲"民不出粟米麻丝以事其上则诛"。这反映了独尊儒术的统治阶级意识形态既要借助墨学来标榜自己的"公"，又要坚持儒学"序尊卑明贵贱"的原则来维护特权人治之"私"的虚伪本质。宋明理学也是如此，程颐虽然明辨墨家的"兼爱"与儒家的"等差之爱"的区别，但又讲天理的"大公"与"一视同仁"，而所谓"天理"本身又恰恰是维护等级秩序的，所以宋明理学的援墨入儒更为精巧隐蔽。韩愈讲"孔子必用墨子"，主要就是指借助墨学来给统治阶级的意识形态罩上一层"公"的光环。而在另一方面，我们又可以从历代农民起义所提出的诸如"等贵贱、均贫富"等口号中，看到真正的墨家思想所放射出的耀眼光芒。

老庄道家对儒家礼教的批判和蔑视功名利禄的思想，为后世一些不愿与专制统治者合作的隐者和异端思想家所继承和发展。不少具有异端倾向的学者把老庄道家对礼教的批判发展为对君主专制的批判。例如汉末著名思想家仲长统揭露专制统治者"熬天下之脂膏，斫生人之骨髓"；魏晋名士阮籍也发出了"君立而虐兴，臣设而贼生"、主张"越名教而任自然"的愤激之论；晋代的鲍敬言作《无君论》，批判君主专制，要求复归自然；大诗人陶渊明更设想了一个没有压迫和剥削的田园牧歌的乌托邦——"桃花源"；宋元之际的邓牧作《伯牙琴》，也对君主专制的伪善、残暴和黑暗作了大胆的揭露和批判。在注重独立人格、蔑视功名利禄方面，不少学者都很喜欢《庄子》中视官禄如腐鼠的比喻，用"安得腐鼠成滋味"的诗句来表示他们崇尚高洁、不肯趋炎附势同流合污的节操，又往往引用鸱枭吓鹓雏的故事来表示他们对权贵的蔑视。庄子的思想，滋养了"不肯为五斗米而折腰"的大诗人陶渊明，也滋养了"安能摧眉折腰事权贵，使我不得开心颜"的诗仙李白和"梅妻鹤子"的隐逸高士林逋。讲中国古代人文教养中的"清洁的精神"，庄子的淡泊名利的思想应是一个不可忽视的重要因素。

4 "仁者乐山，智者乐水"
——中国古代哲人对于"美"的理论探讨

在"美"的追求方面，中国古代哲人既重人格美，又重视自然美，而且往往将人格美与自然美统一起来。

孔子是一个具有双重性格的人，这种性格的矛盾突出反映在对于"爱"与"美"的态度上。一方面，他要维护作为宗法社会规范的周礼；但另一方面，我们也可以在他的言论中发现那不时迸发出的人性的光辉：

> 子曰："《关雎》乐而不淫，哀而不伤。"（《论语·八佾》）
> 子谓伯鱼曰："女为周南、召南矣乎？人而不为周南、召南，其犹正墙面而立也欤！"（《论语·阳货》）
> 子曰："师挚之始，《关雎》之乱，洋洋乎盈耳哉！"（《论语·泰伯》）

《关雎》排在《诗经》的第一篇，属于《周南》国风，是一首民间情歌，写一个男子思念他的心上人，未求得之前，乃寤寐求之，辗转反侧，难以入眠，孔子称这种情感的抒发"哀而不伤"；既求得之后，则和谐相处，有琴瑟钟鼓之乐，故孔子称之为"乐而不淫"。他老人家很喜欢听鲁国的乐师师挚指挥演奏的这支情歌，并且为之陶醉，兴高采烈地发出了"洋洋乎盈耳哉"的赞叹。他甚至问他的儿子伯鱼懂不懂得欣赏此类情歌，说人不懂得欣赏这类情歌，就像是一个面墙而立的傻瓜。相传《诗》三百篇是孔子亲自编选的，其中保留了大量的民间情歌，这些情歌的描写，有倾诉相思的，有幽会密约的，有"伊其相谑"的，有山盟海誓、生死不渝的。其中所抒发的感情往往极热烈、大胆而直率，但他老人家却说：

> 诗三百，一言以蔽之，曰：思无邪。（《论语·为政》）

看来孔子在情爱问题上还真有点童心，他似乎认为男女相爱乃是人间的至性至情，所以才称赞这种天真无邪的情爱。难怪林语堂要写《子见南子》，把孔夫子写成一个"天生情种"了。不过孔子又说："惟女子与小人为难养也，近之则不逊，远之则怨。"（《论语·阳货》）这句话在后世产生了极恶劣的影响。揆诸人情，男女之间太亲昵了，自不免会有所"不逊"；突然疏远她，对方又怎能不"怨"；此乃人之常情，需要以一种审美的眼光去看，或者多从自身找原因，又何必要破口大骂女子为"小人"呢？既想作圣贤，讲礼教，又何必要谈恋爱；两性关系上的爱与美本来就与儒家的那套礼教不相容！

孔子又酷爱音乐，非常重视音乐对于陶冶人的性灵的作用：

> 子曰："兴于诗，立于礼，成于乐。"（《论语·泰伯》）
> 子在齐闻韶，三月不知肉味。曰："不图为乐之至于斯也。"（《论语·述而》）
> 子与人歌而善，必使反之，而后和之。（《论语·述而》）

他认为诗言浅而易感，足以兴起人心，故曰"兴于诗"；又说"诗言志"，"诗可以兴，可以观，可以群，可以怨"，"言志"与"兴"、"群"、"怨"都是指诗可以抒发表达人的情志。他认为乐可以调和情感，足以成性，故曰"成于乐"。据《史记》记载，孔子在齐国听到韶乐，便整整花了三个月的时间去学习演奏，因为专心于此，所以才"不知肉味"。他慨叹"不图为乐之至于斯也"，就是为韶乐的"尽美矣，又尽善矣"而入了迷。他还与别人对歌，别人的歌唱得好听，他就请别人再唱一遍以知其音曲，然后自己亦歌唱而和之。

孔夫子爱好自然，性喜山水。他说："仁者乐山，智者乐水。"（《论语·雍也》）这似乎是对先秦儒道两家审美观的概括。孔子推崇"仁"，认为仁者具有山峰一般的崇高之美。孔子曾问学于老聃。老子是道家，道家尚柔，赞美"天下莫柔弱于水，而攻坚强者莫之能胜"，颇有一套"柔弱胜刚强"的心计，故孔子说"智者乐水"。孔子认为仁者的胸怀、智者的气质与自然山水是相通的，使人依稀可见人与自然的审美关系的内在统一性。

孔子固然有"三月无君则惶惶如也"的急切的从政心态，俨然是个官迷，但在他的深层心理中，却向往一种回归自然的审美境界：

> 暮春者，春服既成，冠者五六人，童子六七人，浴乎沂，风乎舞雩，咏而归。（《论语·先进》）

孔子让他的弟子们各自谈自己的志向，别的人都说要去做官，唯独曾点在一旁弹琴，不去凑热闹，直到孔子向他发问才说了上述一番话，孔子听后，喟然而叹，说："吾与点也。"明确表示赞成曾点所追求的这种精神境界。这种境界也正是一种与自然融为一体的审美境界。

但孔子毕竟是一位伦理道德至上主义者。他认为善与美毕竟不是一回事，尽善未必尽美，尽美未必尽善（《论语·八佾》），强调美必须以善为前提，没有善也就谈不上美。所谓"人而不仁，如礼何？人而不仁，如乐何？"（《论语·八佾》）认为有仁义才有礼乐，艺术不过是从道德派生而来的，艺术应该为"事君"、"事父"的功利目的服务。孔子崇尚气节，推崇道德的人格美。他说："岁寒，而后知松柏之后凋也。"（《论语·子罕》）就是以自然之物为喻来赋予道德人格以审美属性。

孟子继承并发展了孔子的注重人格美的学说。一方面，他认为美是人的善性的扩充与完善："可欲之谓善，有诸己之谓信，充实之谓美。"（《孟子·尽心下》）美无非是人的先验德性发展到充实的地步，譬如水，水有本源，且有波澜有文采，所以美（《孟子·离娄下》）；另一方面，他认为，艺术是从道德中产生的，人通过道德践履产生快乐，艺术是德乐一致的情感表达："仁之实，事亲是也；义之实，从兄是也；智之实，知斯二者弗去是也；礼之实，节文斯二者是也；乐之实，乐斯二者，乐则生矣；生则恶可已也，恶可已，则不知足之蹈之手之舞之。"（《孟子·离娄上》）

与孟子一样，荀子提倡"学以美身"。他说："君子之学也，入乎耳，著乎心，布乎四体，形乎动静，端而言，蝡而动，一可以为法则。……君子之学，以美其身。"（《劝学》）他主张君子们应该对"君臣之义，父子之亲，日切磋而不舍"，说"君子知夫不全不粹不足以为美也，故诵数以贯之，思索以通之，为其人以处之，除其害以持养之"。通过这样的道德修养工夫，来达到既"全"且"粹"的"德操"，于是，"天见其明，地见其光"，如此就成就了道德的人格美（《劝学》）。至于艺术，荀子认为，应该使艺术为移风易俗的道德教化服务，从而做到"天下皆宁，美善相乐"（《乐论》）。

与儒家的学说相反，老庄道家对人为创造的美和艺术都持否定的态度。老子说："五色令人目盲，五音令人耳聋。"他意识到美与真的矛盾："信言不美，美言不信。"又意识到美必然伴随着与其相反的方面："天下皆知美之为美，斯恶已。"所以他对人工美不感兴趣。然而他却推崇自然界的"大音希声，大象无形。"庄子认为，礼乐文章皆有失性命之情，只有自然美才是值得推崇的。他说："天地有大美而不言。"（《知北游》）又说："朴素而天下无能与之争美。"（《天道》）圣人能够"原天地之美而达万物之理，是故至人无为，大圣不作，观于天地之谓也"（《知北游》）。在音乐方面，他认为"天乐"高于"人乐"，"天籁""地籁"高于"人籁"。所谓"天籁"，是指自然万物不需要外来的发动者而自动地发出的声音；所谓"地籁"，是指自然之气吹过大地上的孔穴而发出的各种声音；所谓"人籁"，是指人吹排箫而发出的声音；"天籁"、"地籁"之所以高于"人籁"，就在于它们是自然美，而不是人为造作的美。庄子推崇人工未施时的自然，要人"游心于物之初"，这样就能感受到天地间的"至美"和返璞归真的"至乐"；"得至美而游乎至乐，谓之至人"（《庄子·田子方》）。在情感方面，他崇尚自然而然的真感情："真者，精诚之至也。不精不诚，不能动人。故强哭者虽悲不哀，强怒者虽严不威，强亲者虽笑不和。真悲无声而哀，真怒未发而威，真亲未笑而和。真在于内，神动于外，是所以贵真也。"（《渔父》）又论言意之辨曰："言者所以在意，得意而忘言"（《外物》），"可以言论者，物之粗也；可以意致者，物之精也"（《秋水》）。所有这些涉及美的言论，都以崇尚自然美为基本精神。

儒家以道德伦理为美的本质，把美看作是善的表现；道家以复归自然为美的本质，把美看作是天人合一的境界；二者都既有其合理的因素，而又有其局限性。儒家重人事、重现实，但以道德之善限制了美的发展；道家重自然、重审美，但又往往"蔽于天而不知人"，有使人远离现实之弊。秦汉以后中国文艺与美学的发展，是儒道两家思想共同影响的结果。儒家思想的影响，使中国古代写道德伦理的文学特别发达；道家思想的影响，使中国古代写自然山水的文学为世界各国之冠；儒道互补，造就了中国古典文学将人文之情与自然之景交融互摄、"情景合一"的美学风格。

以人道主义的情怀关心民生疾苦、鞭挞社会黑暗，是中国古代艺术最富于人文精神的优秀传统。是否具有人道主义的情怀，这是衡量人是否具有人文教养的重要标志；是否具有鞭挞黑暗的勇气，这又是衡量人的人文教养程度的重要标志；二者都是人格美的不可缺少的基本要素。先秦诸子如孔子、墨子、孟子、庄子等虽各有其阶级的和历史的局限性，但都不同程度地具有一定的人道情怀，具有一定的现实主义精神和批判精神。孔子慨叹"苛政猛于虎"，孟子愤激地批评"庖有肥肉，厩有肥马，民有饥色，野有饿莩，此率兽而食人也"（《孟子·梁惠王》）。这对于后世诗人们的创作发生了深刻的影响。杜甫以"穷年忧黎元"的深广人道情怀，把世上疮痍、民间疾苦化作诗中圣哲、笔底波澜，写下了"朱门酒肉臭，路有冻死骨"等许多富于批判精神的诗章。白居易愤怒谴责专制统治者"虐人害人即豺狼，何必钩爪锯牙食人肉"，其诗作曾令"执政柄者扼腕，握权要者切齿，权豪贵近者相目而变色"。尽管孔孟儒家是主张"怨而不怒，哀而不伤"的诗教的，但孔孟本人既不可能完全做到，后世富于人道情怀的诗人学者们在面对残酷的社会现实时也就更难做到不怒、不伤了。同样，老庄作品中所表现的批判精神也对后世学者的诗文创作产生过深远的影响。"窃钩者诛，窃国者为诸侯；诸侯之门而仁义存焉。"（《庄子·胠箧》）庄子的这一机智而深刻的论述曾使历史上很多揭露窃国大盗、声讨独夫民贼的诗文创作从中受到过启发。

注重艺术的意境美，是中国古代学者对于美的探索的一大特色。《易传》讲"言不尽意"和庄子的言意之辨，为魏晋玄学所发展，唐代的禅风更为之增添了空灵飘逸的神韵。佛教居士司空图作《诗品》，讲韵外之致、味外之旨、象外之象、景外之景；论含蓄，则曰"不著一字，尽得风流"；论委曲，则曰"似往已回，如幽匪藏"；论超诣，则曰"远引若至，临之已非"；论流动，则曰"超超神明，返返冥无"。宋代苏轼亦以禅论诗，认为"欲令诗句妙，无厌空且静，静故了群动，空故纳万境"（《送参寥师诗》）。此后，叶梦得《石林诗话》、吴可《藏海诗话》，以及杨万里、陆游论诗，都继承了苏东坡的见解。严羽《沧浪诗话》尚韵味而归之禅悟，经王士禛阐发为神韵说："妙谛微言，与世尊拈花，迦叶微笑，等无差别，通其解者，可语上乘。"（《昼溪西堂诗序》）张戒《岁寒堂诗话》重情志而主含不尽之意，经沈德潜发挥为格调说，以禅喻诗，重在气象之浑厚、风格之蕴蓄。近代王国维讲的审美"境界"说，乃是对源远流长的中国美学特色的概括和总结。

儒道两家思想的相互影响和相互渗透，使得"美善合一"的人格理想别具特色。在历史上，无论是以儒家气度为主的学者，还是以道家气度为主的学者，都以自然美来比喻人的品格之美。屈原爱香草："扈江离与辟芷兮，纫秋兰以为佩。"江离（川芎）、辟芷（白芷）都是香草，屈原将它们采来披在身上；楚地的兰草在秋季开花，幽香四溢，屈原采撷秋兰做成花环随身佩戴。这是以采取各种香草来比喻博采众善，以造就自己的人格美。晋陶渊明爱菊，亦爱松："芳菊开林耀，青松冠岩列"（《和郭主簿》），"三径就荒，松菊犹存"（《归去来兮辞》），松和菊都具有不畏风霜的气节。北宋周敦颐爱莲，曾作《爱莲说》，声称："予独爱莲之出淤泥而不染，濯清涟而不妖，中通外直，不蔓不枝，香远益清，亭亭净植，可远观而不可亵玩焉。"他称莲花为"花之君子者也"。王安石、陆游爱梅。王安石诗云："墙脚数枝梅，凝寒独自开。遥知不是雪，为有暗香来。"陆游《咏梅》词云："无意苦争春，一任群芳妒。零落成泥碾作尘，只有香如故。"后世以梅兰竹菊为"四君子"，以松竹梅为"岁寒三友"。所有这一切，都表现了人们对于"美善合一"的理想人格的追求。

（三）美统真善的自由学艺与伦理中心的道德教化

——中西古代人文精神之比较

就重视人文教养的层面而言，在中国古代有与古罗马的"七艺"相仿的孔子的"六艺"，有培养理想人格、注重文人操守的"修身"，有"观乎人文，以化成天下"的道德教化，砥砺气节，讲究品行，素为历代志士仁人立身之准则。中国学者历来重视义理、考据、词章——相当于如今的哲学、史学、文学——诸人文学科，且将其发展得十分精致。中国的音乐、绘画艺术亦别具其反映中国人之独特审美趣味的意境美。所以就这一层面而言，不能说中国从未有过人文精神。

但是，亦不能不看到这一古典教育层面的人文精神在文化背景上的东西方差异。就主流文化而言，古希腊罗马的人文精神表现为美统真善的自由学艺，而中国古代的人文精神则表现为伦理中心的道德教化。古希腊罗马的人文教育是对自由公民而言，即"一部分人是自由的"，教化的目的在于培养合格的自由公民；中国古代的人文教化是"圣明天子"对普天下人而言，是在"只有一个人是自由的"、而普天下人都是帝王的臣民这样一种社会背景下施行的，教化的目的是为了培养恭顺的臣民。所以这一层面上的中国古代人文精神，既区别于西方古典教育的人文精神，也完全不是近代意义上的高扬个人的主体性的人文精神。所谓"文人操守"基本上是维护传统社会等级秩序的操守。没有将这一点说清楚，正是庞朴先生在1985年提出"中国文化的特质是人文主义"这一命题后受到广泛批评的原因。当然，指出这一点，并不排斥中国古代哲人在真善美的探索方面也作出了独到的理论成就，这些理论成就反映了古代中国人在追求真善美的途程中所达到一定的历史水平。

从中西古代哲人的论说可以看出，不是仅仅中国古代哲人有"天人合一"的观念，古希腊罗马哲人也有与此相同或相似的观点。不过，似乎是相同或相似的观点，却也有很明显的区别：

——中国古代儒家主要以"天"为道德化的自然，老庄道家的"天"似乎是纯粹的自然，墨家的"天"则是有意志的神灵，而在古希腊罗马，在柏拉图主义和新柏拉图主义者那里，他们讲的是"神"或"理念世界"。

——中国古代哲人多认为天与人是天然合一的，道德在宇宙中有其根源，但又与人内心的善端相通，即使讲"明于天人之分"、讲"性恶论"的荀子，在推崇圣人时也讲天赋德性；西方古代哲人讲天人关系时，则是先讲分，后讲合，以理念世界为真善美的最高境界，人必须去追求它，必须超越现实世界才能与它合一。

——中国古代儒家以天为道德伦理之天，老庄道家主张绝圣弃智以复归自然，都限制了自然科学的发展和人的求真的知性能力的发挥；墨家颇重自然知识和知性逻辑的探索，但与其说是认识"天志"的要求，毋宁说是由于其所代表的阶层与生产劳动有更多的联系；但古希腊罗马哲人则不同，他们的为求知而求知、为行善而行善、为求美而求美的超功利的态度，显然是来自那至真、至善、至美的理念世界的召唤。

在"真"的理论探索中，中西古代哲人都不乏怀疑精神。古希腊人由怀疑感性认识的可靠性而对人的认识能力持一种悲观主义的态度，为了获得确切可靠的知识，他们要求区分"真理"与"意见"，区分"暧昧的认识"与"真理性的认识"，努力发挥人的知性能力，去认识自然。但在中国则不同，老庄由怀疑而走向取消知识，然而对于宇宙人生的根本道理（"道"），他们却认为可以凭一种神秘的直觉去把握它。中国的正统儒家学者，则是为抵排异端、维护道德之儒的独尊地位而怀疑，或者将怀疑限制在古史考订、名物训诂等枝节性的问题卜，对于自然现象的认识，却大抵是持一种知其然而不求其所以然的态度；对于"天道"与"人道"的认识，多数儒家学者，更是持一种相当肯定而不容置疑的乐观主义的态度。在孔子那里，尚且有苏格拉底式的谦虚，承认自己无知、"空空如也"，而孟子则充满了"舍我其谁"的狂妄，只要讲"尽心"就可以"知性""知天"。《中庸》讲只要"诚"就可以"尽人之性"、"尽物之性"，朱熹讲"一旦豁然贯通则众物之表里精粗无不至"。把这种观点运用在认识论上，就导致把对于宇宙人生的相对性的知识绝对化，走向独断论，并且导致思想文化上的专制主义，堵塞人们在实践中不断去伪存真的探索真理之路。荀子讲"解蔽"，在认识论上有一定的价值，但他却排斥自然科学。墨子注重自然知识的探讨，又缺少怀疑精神，以至从"百姓耳目之实"中得出"明鬼"的结论。在中国古代，既重视自然知识的探讨，又具有怀疑精神的，可以东汉时代的唯物主义哲学家王充为代表。

在"善"的理论探讨中，中西古代哲人都同样认为道德在宇宙中有它的根源，同样重视人的道德修养和推崇"中庸"、"慎独"的美德，同样认为精神的幸福高于肉体的幸福。但有一个明显的区别，就是对于知识与道德之关系的重视程度不同，古希腊罗马哲人更重视知识在道德中的地位，重视知识对于道德品格之养成的作用。

讲到中西道德伦理的差异，有几个观点是需要澄清的。

我们中国人往往以为，只有我们中国人才讲究孝敬父母、友爱兄弟等家庭美德，认为尊老爱幼是我国特有的文化传统，这是一种误解。

在古希腊，对父母的敬爱，对兄弟的友爱，都是被社会普遍推崇的美德，对于家庭美德的推崇早在古希腊道德哲学的创始人梭伦的学说中就有明显的表现。吕底亚王克洛苏问梭伦谁是人间最幸福的人，于是梭伦就讲到了阿尔哥斯的奥比斯和比多。他说这两个人敬爱父母，友爱兄弟，超过了其他一切人，他们为了母亲的幸福牺牲了自己的生命，因此他们是最幸福的。

在古希腊也有与中国古代儒家之所谓"不孝有三，无后为大"多少有些相似的流行观念。有一次梭伦去访问泰勒斯，这位泰勒斯的人生态度有点像中国的庄子，为了避免失却的痛苦而宁可放弃一切美好的事物，甚至比庄子更要看破红尘，庄子还有妻子，泰勒斯却对娶妻生子全然不感兴趣，梭伦对此大惑不解，而当时泰勒斯对此也不作任何答复。过了几天，泰勒斯请了一位客人，让这位客人装作刚从雅典旅行回来，梭伦急于了解雅典有什么消息，这位事先奉了泰勒斯吩咐的客人说："没有别的，只看到举行了一个青年人的葬礼，全城的人都去送葬。"接着又说："这位年轻人的父亲是一位德行过人、受人尊敬的公民，这个人未能亲自参加他的儿子的葬礼，因为他很早就出外旅行去了。"梭伦赶紧问那个不幸的父亲是谁。那个人回答说"名字是听人家说的，记不起来了，只记得人们都谈论他的智慧和公正。"这些话更增加了梭伦的悲惧心情。后来梭伦把自己的名字告诉给客人，客人说那个青年就是他的儿子，于是梭伦悲痛欲绝。这时，泰勒斯抓住梭伦的手，微笑着说："啊！梭伦，像你这样一个意志最坚强的人，也如此委顿不已，这就是我不娶妻生子的缘故。但是，你不要为这个消息而伤心，因为它是假的。"泰勒斯为了避免由于妻室子女的不幸而引起的痛苦，所以主张不娶妻生子。这种观念受到了其他希腊哲人的批评。他们认为泰勒斯否定了个人对于家庭的义务，同时也就是否定了个人对城邦和民族的义务，因为娶妻生子不只是个人的事，而是国家、民族和人类延续的要求。普罗塔克批评泰勒斯说，用不育子嗣来防止死掉子女，并不是仁爱，而是脆弱。古希腊颇负盛名的又一哲人，强调"美德乃是一种和谐"的毕达哥拉斯，在他的《金言》中，把敬父母看作是生而为人的重要美德。在他所主张的各种美德中，敬父母处于仅次于敬神的重要地位。而古希腊最负盛名的哲人亚里士多德更是提倡亲子之爱的，他认为："生育者对被生育者，或者被生育者对生育者友爱是天性。"① 他强调指出："如若子女对待父母，就像父母对待初生的子女那样，那么，他的这种友爱就是持久和最优秀的了。"② 如此等等，不一而足。

我们中国人往往认为，只有我们中国人重视个人对于社会的使命感和责任感，而西方人反之。于是有"中国是集体主义，西方是个人主义（个人主义在中国被曲解为利己主义的代名词）"、"中国人是社会人格，西方人是个体人格（而个体人格是不重个人对社会的责任感和使命感的）"等说法，所有这些说法，也都是不合乎事实的。而事实与此恰恰相反，在"善"的探求中，古希腊罗马哲人是特别重视个人对于社会的责任感和使命感的。

希腊人最推崇爱国的美德。梭伦在讲到幸福时认为最幸福的人首先是特拉斯，他说特拉斯之所以幸福，是因为他有几个好名声的儿子，他们热爱祖国，为保卫祖国献出了生命，表现了光荣和勇敢③。

在希波战争中，赫拉克利特满怀着反抗波斯人侵略的正义感，赞颂

---

①② 《尼各马科伦理学》，《亚里士多德全集》第 8 卷，中国人民大学出版社 1994 年版，第 165、175 页。
③ 《西方伦理思想史》，中国人民大学出版社 1985 年版，第 49 页。

那些为保卫希腊而英勇牺牲的将士，认为"神和人都崇敬战争中阵亡的人"，"更伟大的死获得更伟大的奖赏"①。亲身参加过萨拉米斯战役的剧作家埃斯库罗斯，在他的悲剧《波斯人》中谱写了这样一首战歌："希腊的好男儿，前进，前进；解救你们的祖国，你们的妻孥；解救你们的祖先的神庙与坟陵；起来，为解救这一切而斗争！"

伯里克利系统论述了民主制度下的个人利益与群体利益的关系问题，号召人们关心和积极参与国家事务。他认为，在民主制的城邦里，个人利益是包含在城邦整体利益之中的。"每一个人在整个国家顺利前进的时候所得到的利益，比个人利益得到满足而整个国家走下坡路的时候所得到的利益要多些。一个人在私人生活中，无论怎样富裕，如果他的国家被破坏了的话，也一定会牵入普遍的毁灭中。但是只要国家本身安全的话，个人就有更多的机会从私人的不幸中恢复过来。"伯里克利还认为，关心国家事务就是关心政治，正是这种根本态度规定着雅典公民的主要品德。每个公民不仅要关心他自己的事务，而且更要关心国家的事务，只有具有这种关心国家事务的品德，才能不贪小恋财，不被贿赂引诱，才能在危难之时保持爱国之志而不出卖祖国。在《阵亡将士国葬典礼演说》中，他激情洋溢地讴歌了那些勇敢地为国捐躯的人们，讴歌了他们的英勇牺牲是"生命的顶点，也是光荣的顶点"②。

亚里士多德把献身于群体看作是个人的自我实现，是人的理性功能的圆满完成。他认为，既然人是一个社会的、政治的、理性的动物，那么，至善就是要在社会的、政治的生活中实现人的理性。这种由理性所支配的最高的善就是为朋友和国家作出牺牲。因此，"一个有德性的人，往往为他的朋友和国家的利益而采取行动，必要时乃至牺牲自己的生命。他宁愿捐弃世人所争夺的金钱、荣誉和一切财物，只求自己的高尚"。"真正高尚之人，必能造福于人类。"个人的价值，只能在国家和

---

① 《古希腊罗马哲学》，商务印书馆1982年版，第21页。
② 修昔底德：《伯罗奔尼撒战争史》，商务印书馆1978年版，第134页。

人民中才能实现。善，就是幸福，就是正义，而正义则"以公共利益为依归"①，"以城邦的整个利益以及全体公民的共同善业为依据"②。

古罗马的斯多葛派强调人的"本性是理性的和合群的"，因此，追求至善的人应该"为履行一切应尽的义务而生活"。他们强调，个人是从属于社会整体的，因而每一个人都有其不可推卸的社会责任和道德义务，按照理性的要求，即良心和义务的要求，人应该尊敬父母、兄长、爱护国家，使朋友满足，等等，这些行为都是经过理性选择的；相反，不经过理性选择的行为则是和义务相冲突的，如怠慢父母、漠视兄长、不帮助朋友，不关心国家的安全等③。

古罗马哲人西塞罗给"光荣"下的一个著名的定义是："对同胞，对国家，对全人类的优良服务的举世著闻的名声。"④

说中国人是"社会人格"的一个重要论据，是中国人把人看作是群体中的一个角色，似乎西方人就不这么看问题。这一观点其实也是不合乎实际的。我们看到，在古希腊罗马，也不乏那种把人看作是群体中的一个角色的论说，而这种论说还常常是由当时最有影响力的一些大哲学家来说出的。

在《理想国》一书中，柏拉图制造了一种"高贵的谎话"。他希望这种谎话可能欺骗统治者，而且无论如何是一定会欺骗整个城邦的人民的。这一谎话告诉人们：神创造了三种人，用金子作成的人适于作卫国者；用银子作成的人应该是兵士，而用铜和铁作成的普通人则从事体力劳动；孩子们通常（但不是永远）都属于他们父母的那一等级。"正义"就在于人人都做自己的工作而不要作一个多管闲事的人：当商人、辅助者和卫国者各做自己的工作而不干涉别的阶级的工作时，整个城邦就是正义的。这种观点就很像中国儒家把人看作是血缘关系中的角色，"不

①②　亚里士多德：《政治学》，商务印书馆 1965 年版，第 148、153 页。
③　参见《西方伦理思想史》，中国人民大学出版社 1985 年版，第 281 页。
④　转引自《从文艺复兴到十九世纪资产阶级文学家艺术家有关人道主义人性论言论选辑》，商务印书馆 1971 年版，第 10 页。

在其位，不谋其政"，"位卑而言高，罪也"（《孟子》），以及管子关于士之子恒为士、农之子恒为农、工之子恒为工、商之子恒为商的论说。

这种关于个人是群体中的一个角色的论说在古罗马哲学中更为明显。爱比克泰德明确地指出：每个人都是剧中的一个演员，神指定好了各种角色；我们的责任就是好好演出我们的角色，不管我们的角色是什么①。古罗马皇帝、同时也是斯多葛派的大哲学家马尔库斯·奥勒留更从与中国儒家之"天人合一"相类似的观点来论证个人只是宇宙和群体中被安排好了的一个角色：他深信"神"给每一个人都分配了一个精灵作为他的守护者，他一想到宇宙是一个紧密织就的整体就觉得安慰，他说宇宙是一个活的生命，具有一个实体和一个灵魂。他的格言之一就是："要经常考察宇宙中一切事物的联系。"无论对你发生了什么事，那都是终古就为你准备好了的；其中的因果蕴涵关系终古都在织就着你的生命之线。他强调："人人彼此都是为了对方而存在的。"②

但是，古希腊罗马人在认为人是群体中的一个角色的同时，但却更多一些要求显示个性的桀骜不驯的气概。爱比克泰德认为，我们必须服从神，有如一个好公民要服从法律；然而，"兵士们宣誓要尊敬凯撒高于一切人，但是我们则首先要尊敬我们自己。""当你出现在世上的权威者的面前时，应该记住还有'另一个'从高处在俯览着一切所发生的事情的神，你必须要取悦于他而不要取悦于世上的权威者。"③与此相似的精神气质在中国古代不能说完全没有，但总的来说却是比较缺乏的。孔子教人要"畏天命，畏大人，畏圣人之言"（《论语·季氏》），就是要人完全服从权威。

在"美"的理论探讨方面，中西古代哲学都追求一种"美善合一"的境界，这是共同的，但差异也很明显：西方人重视对于男女之爱的理论探讨，重视男女之爱对于达于美的理想人格的作用，以致有柏拉图的

---

① 罗素：《西方哲学史》，商务印书馆 1963 年版，第 335 页。
②③ 参见罗素：《西方哲学史》，商务印书馆 1963 年版，第 336—337、333—334 页。

不含肉欲追求的与美的理念合一的本体论境界。在这种观念影响下的西方文学，"状女子之眼，如苍穹之星，足以传递天国的信息；状女子之爱，如日如月，足以照耀人生的行程。"纯粹的男女之爱不必带有伦理的意味。中国古代（明代中叶以前），极少或基本上没有对爱情问题的理论探讨，儒家重视的是伦理亲情，这种亲情要合乎礼教的规范，同时又以"乐"来辅助之，"乐（音乐）以道和"，可以促进伦理情感的和谐。"父母之命，媒妁之言"的婚姻，使男女两性关系一开始就置于夫妇伦理关系的范畴。当然，儒家重伦理情感的和谐，也有其积极的方面，它使中国古典文学领域中产生了许多反映天伦之爱至性至情的作品。在道家注重自然美的思想影响下，中国古代描写自然山水之美的文学特别发达。至于儒道互补而形成的将自然美与人格美统一起来的审美观，更是中国古代注重人的文化教养的人文精神的一大特色，值得我们加以珍视。

四
近代世界的人文精神

—— 中西近代哲人对真善美的理论
探索及其异同之比较

由于人类历史实践水平的局限，中西古代人文精神中都包含了伦理异化和宗教异化的因素。在西方，古希腊罗马人对于"神"的"理念世界"的追求转化为基督教中世纪的千年黑暗统治，表现为典型的宗教异化；在中国，独尊儒术导致儒家学说中包含的伦理异化的因素恶性膨胀，到了公然主张"存天理，灭人欲"的宋明道学而达于极端，表现为典型的伦理异化。无论是宗教异化还是伦理异化，其根本特点都是以某种至上的绝对权威来压抑、扭曲人性而使人成为非人。

思想史上的近代总是比编年史上的近代要来得早些，它并不受编年史的年代划分的局限。正如通行的世界近代史的年代划分是从 1644 年英国资产阶级革命开始的，而我们讲欧洲近代思想史却不能不从 14—15 世纪的文艺复兴讲起；在中国，人们把 1840 年发生的鸦片战争作为中国近代史的开端，但从思想史的角度来说，预示着社会变革的近代思想的产生，也不能不追溯到明代中叶早期启蒙思潮的兴起。

以"世界历史"的眼光看世界，人类社会正是从公元 14—15 世纪开始从国别的、区域的历史进入"世界历史"——在西方和东方文明内部都先后生长出现代经济和思想文化等"世界历史"的因素，并按照体现着这一总趋向的各自的特殊发展道路而走向对于人类普遍价值的认同。在西方，经过文艺复兴、宗教改革和启蒙运动，终于确立了高扬人的主体性的近代人文精神；在中国，从明代正德至清道光二十年（即公元 16 世纪初至 19 世纪 30 年代）也是一个近代人文精神在沉重的专制压迫下艰难挣扎、曲折生长的时期。这一时期的中西哲人在真善美的探索和追求中都作出了重大的成就，把人类对于真善美的认识提高到了一个新的水平。

（一）近代西方的人文精神

1　"人的重新发现"
——近代西方人文精神的形成及其基本特征

近代西方世界的人文精神是指文艺复兴、启蒙运动的人文精神，是与中世纪神学和宗教异化相抗衡的人文主义精神。通过扬弃中世纪异化，这种人文精神成为西方世界的主流文化精神。在现代西方，宗教信仰依然存在，并且在精神文明中发挥着重要作用，但宗教信仰已经人文化了，它包含在人文精神之中，成为人文精神的有机组成部分。

中世纪的原则是权威的原则，基督教神学和天主教会具有至高无上的权威，教权凌驾于王权之上，并且使一切人文学科都从属于神学，使之成为神学的恭顺婢女。异端裁判所发挥着迫害思想异端、维护神学权威的职能，剥夺了每一个人自由地、公开地运用其理性的权利。

中世纪的社会关系是"人的依赖关系"，个体必须服从抽象的类精神，人们被桎梏于身份等级的枷锁之下，每一个人只有通过身份等级这些一般的范畴才能意识到自己。国王只有获得教皇的加冕，其权力才有存在的合法性；贵族必须效忠于国王；骑士必须对王权和贵族效忠；农奴则是其主人的奴隶，贵族对农奴的新娘拥有"初夜权"；而妇女则处于对于男子的人身依附关系之中。支配这种"人的依赖关系"的原则是"人类动物学"原则，人的身份等级不是靠他自己的才能来确定，而是"天生的"、靠他所属的家庭的血统来确定。

中世纪社会生活的原则是基督教禁欲主义。人的肉体欲望、甚至人的肉体的存在都被看作是一种罪恶，人必须努力克制其物质生活的欲望，"用精神制服物质"，以全身心地侍奉"上帝"。教会到处消灭象征着爱与美的维纳斯雕像。而爱神的三个侍女，象征青春、欢乐、光辉的三女神，则被完全改变了模样：在古希腊绘画中，她们"巧笑倩兮，美目盼兮"，窈窕婀娜，风姿翩翩，尽情展示着青春的感性美；而在中世纪绘画中，她们表情呆滞地并排站着，穿着丝毫也显示不出身体曲线的颇似修女的服装，并且用一块写着两行拉丁文的白布将三人的下身遮蔽起来。在禁欲主义原则起支配作用的地方，青年男女没有恋爱的自由，人们甚至通过摧残自己的肉体来克制情欲。但另一方面，禁欲主义则造成了普遍的虚伪。

正因为如此，人们才把欧洲中世纪的 1000 年称为"黑暗时代"。但即使在西欧中世纪，由于事实上存在着王权与教权——世俗权力与神圣权力——的抗衡，存在着贵族与王权的抗衡，存在着具有相对独立性的骑士阶层，存在着古希腊罗马文化的流风余韵，等等，体现人的尊严的世俗文化的生长仍有相当广阔的空间。在英国，早在 1215 年就发生了限制君主权力的大宪章运动。在法国，早在路易第十时代就确立了"根据自然法则，每一个人都是生来平等的"原则。法国中世纪君主专制主义的政治家波修说："如果臣民必须对君主作奴隶般的服从，那是与法国伦理相悖谬的。"在法国，没有下跪的礼节，也没有鞭打臣民的恶习，因为这些都被看作是对人格的不能容忍的侮辱。法国的妇女也没有被禁锢于深闺中，她们可以自由地出入各种社交场合，从事社交活动。国王没有三宫六院七十二妃，他必须通过恋爱才能觅得自己的意中人。性格浪漫，富于激情，以新鲜竞胜，以独异鸣高，成为法国上流社会妇女的传统风气。与世俗权力和教会权力的抗衡相对应，这是一种与教会文化相对立的世俗文化。此外，中世纪教会在 10 世纪左右先后创办了剑桥大学、牛津大学、巴黎大学等多所高等学府，由于在这些学府中保留了古希腊罗马人文教育的"学艺七科"，所以人文精神依然在潜滋暗长。

西欧民族在走出中世纪的道路上起步，实际上也比一般历史教科书所说的要早得多。它开始于 13 世纪以来即与封建王权分庭抗礼的"自由城市"之中，并且诞生了其相应的思想代表——但丁（1265—1321年）。恩格斯称他为"中世纪的最后一位诗人，同时又是新时代的最初一位诗人"①。

"自由城市"的出现是以商品经济的发展为前提的，它为欧洲的文艺复兴和宗教改革提供了物质经济基础。伴随着 11 世纪西欧商业的复兴而形成的自由城市，使市民阶层由一个从事工商业的普通社会集团变成了一个为王侯政权所承认的合法集团，享有充分的公社自治。在城市中，自由恢复了它作为公民的天赋属性的地位，成为全体市民依法享有的共同权利。每一个人在身份上都是平等的，无论是贵族还是平民，都必须服从自由城市所特有的法律。城市取消了阻碍工商业发展的领主权利和税收，迫使领主权服从城市的法律。

"自由城市"提供了滋生新的社会思想的温床。自 12 世纪起，各种宗教异端就开始在城市中流行。12 世纪中叶，古典时代结束后的第一批世俗学校在自由城市中诞生，从而打破了教会对教育的垄断。13 世纪末，市民文学形成。在法国产生了讴歌爱情的市民文学杰作《玫瑰传奇》。在这部作品中，除诗人本人外，其他人物都以概念为名，如爱情、美丽、理智、吝啬、嫉妒，等等。作品的前半部写诗人梦游花园，爱上了一朵玫瑰，爱情、直爽、欢迎等支持他，嫉妒、危险、谣言等则多方阻拦。玫瑰受到监视，诗人终日思念。在作品的后半部，爱情大力帮助

---

① 恩格斯：《共产党宣言》1893 年意大利文版序言，《马克思恩格斯选集》第 1 卷，第 249 页。

诗人，发动文雅、慷慨、直爽、怜悯、大胆等和诗人一起克服种种障碍，终于得到了玫瑰。在英国，产生了下级僧侣威廉·格兰伦（1332？—1440？）创作的著名长诗《农夫皮尔斯》，诗中通过一系列的梦境和众多的寓意形象，揭露了中世纪社会、特别是当时的教会和僧侣的"七大罪恶"。在意大利，伟大的诗人但丁创作了市民文学的不朽杰作《神曲》。在《神曲》中，诗人以古罗马哲人维吉尔象征理性和哲学，引导诗人游历"地狱"和"炼狱"，象征个人和人类在哲学的指导下，凭借理性认识到以往的谬误和罪恶；接着，又以诗人精神上的恋人贝雅特丽齐象征真善美的最高境界，引导诗人游历"天国"，象征个人和人类通过对终极关怀的追求和积淀着理性的信仰的途径，认识最高真理和达到至善的过程。——尽管《神曲》尚未摆脱对于中古神学的神圣感受性，但却展示了向着真善美永远追求的近代人文精神的曙光。

14—16 世纪，欧洲的封建割据局面逐步被打破，一些国家如西班牙、葡萄牙、英国、法国等先后实现了开明的君主政体下的政治统一，为近代资本主义国家的形成打下了基础。在反对封建割据的斗争中，王权是代表进步的因素，有利于统一的国内市场的形成。同时，王权为了向教会争取更大的世俗权力，也有意识地扶持工商业的发展，并且开始向海外殖民以开辟新的财源。意大利作为资本主义发生最早的地区，虽然仍存在着封建割据，但自由城市的经济和文化却相当发达，如弗罗伦萨、威尼斯等。14、15 世纪的德国也有了比较发达的工商业城市。

在这样的背景下，一系列新的契机应运而生，一个"发现的时代"来临了。

首先是"人的重新发现"。1453 年，东罗马帝国都城君士坦丁堡陷落。在这里，人们发现了大量的古希腊罗马作品和手抄本，也发现了许多古典时代的艺术品。这些作品向人们展示了一个与中世纪迥然不同的古代世界，立即在西欧各国的自由城市中引起了异乎寻常的反响。对于古代罗马的追怀和学习古代文化的兴趣成为时尚。古代文化中希腊拉丁的文学遗产被人们看作是一切知识的源泉，搜集、翻译和传抄古代典籍

蔚然成风，人们甚至以"要使死者复生"的诚挚愿望，走遍意大利本土
和古代罗马帝国的广大地区，去搜集古代世界的文物。于是，弥罗岛的
维纳斯被重新发现了。象征着青春、欢乐、光辉的古希腊三女神被重新
发现了。三女神在文艺复兴时代的名画《春》之中翩翩起舞，薄纱掩
映，花枝招展，既表现出青春生命的韵律和活力，又有时代所赋予的那
种优美而文雅的气氛。在"人的重新发现"面前，一切中世纪幻想的产
物都不能不失去往日那神奇的灵光。

　　其次是地理大发现。《马可·波罗游记》所激发的寻找中国的热情，
加上那"作为时代特征的冒险精神"，使新的奇迹接踵而至。1492 年，
怀着寻找通往东方的航路的使命的哥伦布却意外地发现了北美的蛮荒之
地。一个在西欧人心目中从未有过的新大陆被发现了！1498 年，瓦斯
哥·达·伽马发现了绕过非洲好望角通往印度的新航路。1522 年，麦
哲伦完成了第一次环球航行。这一切不仅给西欧新兴的资产阶级开辟了
新的活动场所，而且也给西欧人的观念带来了前所未有的震撼：古希腊
的人文主义者认为地中海周围的地区就是"世界帝国"的范围，如今，
传统的"世界的地中海观念"破灭了！

　　人的重新发现和地理大发现，一起造成了欧洲中世纪传统观念的危
机，在西欧出现了一种崭新的精神氛围，这就是当时和后来的人们将其
称之为"人文主义"的精神氛围。"人文主义"一词，来自拉丁文 hu-
manus——人的，或者 humanitas——人性，它的含义是指与教会神学
不同的世俗学问（studia humana）。在意大利半岛上，现代生活最初的
紫罗兰开始盛开：人文主义者热烈地讴歌人和自然，歌唱新鲜的、芬芳
的、甜美的感性生活；歌唱丰富多彩的个性、惊人的冒险精神和卓越不
凡的个体人格。相对于中世纪的寒夜来说，这一种新的精神氛围不啻是
一阵和煦的春风，很快吹遍了整个西欧。在英国，产生了莎士比亚的卓
越的创作，对人性的高贵发出了由衷的赞美：

　　　　人是多么了不起的一件作品！理性是多么高贵，力量是多

么无穷！仪表和举止是多么端正、多么出色！论行动，多么像
天使！论了解，多么像天神！宇宙的精华，万物的灵长①！

这段话颇能代表人文主义者对"人"的评价。1517 年，在西欧最
落后的德国也发生了宗教改革，马丁·路德的 95 条论纲引发了感觉主
义的烈焰：修道院的大门都打开了，修女们和小修道士们纷纷投入对方
的怀中，热烈拥抱。

从 17—19 世纪 30 年代，一场以"启蒙"为旗帜的新的思想文化运
动在西欧持续展开。康德给"启蒙"下了这样一个定义："启蒙运动就
是人类脱离自己所加之于自己的不成熟状态。不成熟状态就是不经别人
的引导，就对运用自己的理智无能为力。当其原因不在于缺乏理智，而
在于不经别人引导就缺乏勇气与决心去加以运用时，那么这种不成熟状
态就是自己所加之于自己的了。Sapere aude！（译为：要敢于认
识！——引者注）要有勇气运用你自己的理智！这就是启蒙运动的口
号。"② 正是通过这样一场持久的思想启蒙运动，将中世纪的阴霾逐步
驱散，确立了高扬人的主体性的近代人文精神。

文艺复兴和启蒙运动所展示的近代人文理想具有以下显著特征：

第一，反对中世纪禁欲主义，肯定人有享受现世生活幸福的权利，
尊重爱情和人的感性生活。

薄伽丘在《十日谈》中认为，爱情乃是人的天性："在所有的自然
力量中，爱情的力量最不受约束和阻拦，因为它只会自行毁灭，决不会
被别人的意见所扭转打消的。"世界上没有什么力量比人的七情六欲还
大，强迫别人违反自己的本性去做人，不过是愚蠢："世上有多少男女，
头脑都是那么简单，以为女孩儿家只要前额罩着一重白面纱，脑后披着
一块黑头巾，就再也不是一个女人了，再也不会思春了，仿佛她一做了
修女，就变成了一块石头似的。"他强调："谁要是想阻遏人类的天

---

① 《哈姆雷特》，人民文学出版社 1957 年版，第 63 页。
② 康德：《历史理性批判文集》，商务印书馆 1990 年版，第 22 页。

性……那只怕不但枉费心机，到头来还要弄得头破血流。"

爱斯拉谟（1466？—1536）写作了影响极为广泛的《疯狂颂》。"疯狂"原本是中世纪寓意文学中的一个人格化的概念，她象征泛滥的热情、直率的言谈、无忧无虑的狂欢。在《疯狂颂》中，爱斯拉谟歌颂人性的解放，强调人若要幸福，就必须顺应自己的自然本性而生活；而人生的目的，在于追求快乐和幸福："如果没有欢乐，也就是说没有疯狂来调剂，生活中哪时哪刻不是悲哀的，烦闷的，不愉快的，无聊的，不可忍受的?"因此"疯狂乃是快乐和幸福的同义词"。他甚至借用古希腊悲剧诗人索福克勒斯的话来说："最愉快的生活就是毫无节制的生活。"为了消除人生的忧患，情欲远胜于理性：大自然为了减轻一点人类生活中的辛酸和悲伤，"赋予人类的情欲不是多过理性么? 二者的比例就等于一把谷子和一颗谷子"。按自然的安排，理性只是埋没在人的头脑的一个小角落里，却把身上其余的部分都交给了不断冲动的情欲。他揭露禁欲主义者："他们设法使别人远离肉欲享乐，为了自己更痛快地享受。"爱斯拉谟的观点带有明显的非理性主义的特征，但在当时却具有反对中世纪禁欲主义的历史进步意义。

在法国人文主义者拉伯雷（1495？—1553）所描写的理想社会"德廉美修道院"中，人们按自己的需要，自由自在地生活。德廉美修道院没有围墙，因为他的建造者卡冈亚都认为，围墙不仅隔离了修道院与社会，也隔离了人与人之间的美好情感，"凡是前有墙、后有垣的地方，没有一处不闹阋墙与明争暗斗的勾当。"一般的女修道院，除非暗地人后，偷偷摸摸，不准男子进去，而德廉美修道院既收女人，也收男人，因为它的建造者认为，"有女人的地方必须有男人，有男人的地方必须有女人"，男女修士可以正大光明地结婚。人人都可富有钱财，自由自在地生活。一般的修道院规定，不论男人女人，一旦出家，经过一年的试修，便此生此世永远被迫留在修道院里，而德廉美修道院则规定，无论男女，入院以后，只要本人愿意，随时可以出院，不受拘束。德廉美修道院的规章只有一条："想做什么就做什么。"因为它的创立者认为，自由的人们自有一种天生的本性，推动他趋向德行而远避邪恶；压迫和束缚只能使人们改变原先追求德行的高贵热情，并且引起人们的反抗。"因为我们人总想追求违禁的事物，思念弄不到手的东西"。

莎士比亚（1564—1616）更赋予了爱情以超越金钱和财富、超越利害和生死的纯洁而神圣的意蕴。在《罗密欧与朱丽叶》这部作品中，他描写了罗密欧和朱丽叶这一对出生于两个敌对的封建家族的青年人的纯洁爱情和生死之恋。这一对恋人的婚姻受到了封建家族的阻挠，因而请求劳伦斯神甫为他们举行秘密婚礼。当劳伦斯神甫说"愿上帝祝福这神圣的结合，不要让日后的懊恨把我们谴责"以后，这对恋人表达了他们对神圣爱情的衷心赞美：

> 罗密欧：……无论将来会发生什么悲哀的后果，都抵不过我在看见她这短短一分钟内的欢乐。让侵蚀爱情的死亡为所欲为吧！只要你用神圣的言语，把我们的灵魂结合为一体，让我能称她一声我的人，我也就不再有什么遗恨了。……
>
> 朱丽叶：充实的思想不在于言语的富丽，它引以自傲的是内容，不是虚饰；只有乞儿才能够计数他的家私。真诚的爱情充溢在我的心里，我无法估计自己享受的财富的一半[1]。

在罗密欧与朱丽叶对于爱情的讴歌中，我们看到了神性与人性、灵与肉的完美的统一，它虽然不是柏拉图式的纯粹的精神之恋，然而由于它展示了人们对于现实的美好生活的追求，展示了真正的爱情无所畏惧、甚至面对那威胁生命的黑暗势力（"死亡"）也毫不妥协的崇高气概，因而更富于令人心灵震颤的强烈的情感力量。

第二，反对中世纪的蒙昧主义和等级制度，强调衡量人的标准应该是他的知识和德行，理想的教育应当培养全知全能的人。

在《十日谈》中，表达了人类天生平等和以品德来衡量人的高贵与

---

[1] 《莎士比亚戏剧集》（四），作家出版社1954年版，第62—63页。

卑贱的思想。公主绮思梦达与国王的侍从纪斯卡多恋爱，国王大发雷
霆，责骂她不该与一个卑贱的奴仆恋爱，公主回答说："你方才把我痛
骂了一顿，听你的口气……倒好像我要是找一个王孙公子来做情夫，那
你就不会生我的气了，这完全是没有道理的世俗成见；这你可不该责备
我，只能去埋怨那命运之神，为什么他老是让那些庸俗之辈窃居着显赫
尊荣的高位，把那些人间英杰反而埋没在草莽里。""你应该知道，我们
人类的骨肉都是用同样的物质造成的，我们的灵魂……具备着同等的机
能和一样的效用。我们人类是天生一律平等的，只有品德才是区分人类
的标准，那发挥大才大德的才当得起一个'贵'；否则只能算是'贱'。"
在绮思梦达公主看来，如果以才能和德行来衡量人，满朝高官显贵都只
是鄙夫，而侍从纪斯卡多才是高贵的人。

　　人应该追求知识、智慧和不朽。但丁认为，人类有天赋的理性和自
由意志，不像禽兽那样冥顽无知，人生的目的就在于追求真理和至善。
在但丁的《神曲》中，希腊英雄幽利赛斯就是一位热爱真理和知识胜过
一切的典型。他宣称："对我的儿子的慈爱，对我年迈的父亲的敬重，
那该使彼尼罗比（幽利赛斯的妻子——引者注）高兴的应有的爱，都征
服不了我心中所怀的要去获得关于世界、关于人类的罪恶和美德的经验
的那种热忱。"同样在《神曲》中，维吉尔鼓励但丁去追求不朽："现
在，你该从怠惰中摆脱出来，因为坐在绒毛上面，或是睡在被窝里的人
是不会成名的；没有名声而蹉跎一生，人们在人世留下的痕迹，就像空
中的烟云，水上的泡沫。"在薄伽丘的笔下，智慧乃是人生快乐的源泉：
"愚蠢往往使得人们从幸福的境界堕入苦痛的深渊中；而聪敏的人却往
往能凭着智慧，安然度过险境，走上康庄大道。"

　　追求知识、智慧和不朽，是与爱情结合在一起的。但丁、薄伽丘是
如此，彼特拉克也是如此。彼特拉克以爱情和荣誉作为人生理想，而荣
誉离不开爱情，他在《秘密》一书中写道："我爱她的形体不如爱她的
灵魂"，"无论我今天是个什么，这都得归功于她。我决不会获得这点声
誉与光荣，如果没有她凭这爱的力量活跃了大自然在我心中种下的那点

薄弱的美德的种子。把我年轻的灵魂从卑鄙的事物上转移开来的是她，把我用锁链拖住而逼我向上看的也是她。""她那种光荣会在我心中培养出一种对于更为显著的光荣的渴望，会使我为了达到要求就不得不忍受的辛劳成为甜蜜……"

教育的目的是培养全面发展的人。拉伯雷（1495—1553）在其《巨人传》中，批判中世纪的经院教育，提出了人文主义的教育思想，主张把人培养成"博学的人"、"全知全能的人"。在他的旨在培养"巨人"的教育方案里，课程除了传统的"学艺七科"（语法、逻辑、修辞、算学、几何、音乐和天文）以外，还包括希腊语、拉丁语、希伯莱语、阿拉伯语、英语、德语、意大利语、法律、历史、地理、考古、医学、植物、军事学等。卡冈都亚为了把他的儿子庞大固埃培养成"巨人"，给他的儿子写信说："学希腊文，当读柏拉图；学拉丁文，当读西赛罗；用他们的模范，培养自己的文笔。所有的史传，都得熟读，牢记在心。……关于民法的宏文巨著，你必须熟读牢记。""至于自然界的事物，我亦希望你抱着好奇心去探索。没有一处江河湖海你不认得，它的鱼产；举凡空中的飞鸟，森林里的大小树木和荆棘，地上的青草，山腹和海底的矿藏，东方和南国的宝石，没有一种你不闻其名而知其实。仔细翻阅希腊、阿拉伯、拉丁医家的著述，……多多动手解剖，使你完全熟悉人这个小小的宇宙。""一言以蔽之，希望你成为一个知识的无底洞。因为今后你长大成人，还当走出这清静的读书生涯，而去学习剑术，诸般武艺，以保卫自己的家园，援助你的亲朋好友，在他们遇到危害、受到坏人攻击的时候。""此外，我还要试一试你从学业里究竟获得了多少益处，最好的方法是参加各种讨论会，和一切有学问的人公开辩论，并且和巴黎以及全国各地的文人学士交游、往还。"当然，他在教育儿子努力追求知识的同时，也没有忘记提醒他："智慧不入卑劣的灵魂，知识没有觉悟足以造成灵魂的破产。……用慈悲之念，培养你的信心……不让罪孽有一时一刻乘虚而入的机会。用怀疑的眼光对待一切的弊端；不让你的心受虚浮荣华的诱惑。""你要尽力为人服务，爱你的邻居像爱你自己一样，尊敬你的教师，不要接近你不愿效法的人们……"
在拉伯雷描写的"德廉美修道院"中，更呈现出人人教养有素、才华横
溢、令人赞叹的美好景象：

> 大家受过高尚的教育，没有一个，不论男女，不是能读、
> 能写、能歌唱、能吹弹各种乐器，能讲五六种语言，而且能用
> 这些语言做诗，写文章。除了这里，谁见过如此勇武，知礼，
> 马上步下一般矫捷、雄健、活跃，又善于使用各种武器的骑
> 士？除了这里，谁见过如此皎洁、窈窕、容貌娟丽、手腕灵
> 巧、一切体面而自由的女红又做得如此精妙的妇女？

人文教育所要实现的理想，在这段生动而华丽的描述中，得到了近
乎完美的表达。文艺复兴和启蒙运动时代确实是一个需要巨人、而且产
生了巨人的时代。那些在多才多艺学识广博，在热情和性格诸方面都达
到了很高境界的巨人，从达·芬奇、米凯朗基罗、拉斐尔，到法国的
"百科全书派"，再到康德、贝多芬、歌德，等等，就是在这样一种理想
性的人文教育的氛围中培养和造就出来的。

第三，反对中世纪独断和文化专制主义，主张宗教宽容、思想宽
容、宗教信仰和言论自由，提倡多元开放的文化心态。

"天赋人权"学说是从格劳修斯、斯宾诺莎到洛克、卢梭的自然法
学派的理论基础。自然法学派认为，在人类的早期发展中曾存在过"自
然状态"，那时既没有国家，也没有等级，人们具有天赋的自然权利。
譬如，鱼生来就有游水的能力，同样人类也具有天赋的自由、平等生存
的权利。由于自然法的存在，人们被理性所驱使，为了防止外来的侵袭
和获得安全的生活，便意识到联合起来组成国家的必要性。因此，"国
家是自由人为了享受法律的利益和求得共同福利而联合起来的一个完善
的结合"，是社会契约的产物。洛克着重指出，人们在订立社会契约时，
并没有放弃一切自然权利，并非把所有权利都交给统治者去支配，而是
仍然保留着生命、自由和财产等不可转让的权利；如果统治者违背了缔

约的目的，侵犯了人们不可转让的自然权利，人们就有权反抗，甚至另立新的统治者。被马克思称之为"第一个人权宣言"的美国独立宣言，一开始就叙述了资产阶级革命的最激进的政治原则：第一，"所有的人都生而平等"，都具有天赋人权，其中包括"生命权、自由权和追求幸福的权利"；第二，为了保障这些权利，人民才设立了政府；第三，政府的权力来自"被统治者的同意"，如果政府损害了以上目的，人民就有权改变或废除这一政府。美国《独立宣言》的作者、第三届总统杰弗逊甚至认为，人民拿起武器反抗压迫，胜于他们屈从于一个他们认为是压迫者的政府。

从天赋人权论出发，启蒙思想家论证了思想言论自由等问题。斯宾诺莎针对中世纪教会统治和世俗封建专制的高压政策，大声疾呼思想言论自由。他认为，自由思想、自由发表意见是每个人的天赋的不可转让的权利，每个人是他"自己思想的主人"，"人人生来就赋有自由"，是任何政府都不能剥夺的。他在批判专制政府时，讽刺地指出："如果人的心也和人的舌头一样容易控制，每个国王就会安然坐在他的宝座上了。"① 他还进一步指出："政府的真正目的是自由"，"政治的目的绝不是把人从理性的动物变成牲畜和傀儡，而是使人们有保障地发展他们的心身，没有拘束地运用他们的理智。"② 孟德斯鸠说："政治自由是要有安全，或至少自己相信有安全。"③ 这充分反映了广大人民群众在封建制度压迫下缺少安全感和要求思想言论自由的呼声。

由于文艺复兴和启蒙运动反对中世纪的思想禁锢而肯定每一个人都有自由地公开地运用其理性的权利，都有自由地怀疑、探索和思考的权利，因而就有了近代自然科学和社会科学的诞生；由于反对中世纪教权和王权的专制，确认人人生而自由平等，人人都必须互相承认并尊重他人的自由权利，因而就有了民主；由于将中世纪给予了神的尊严还给了

---

①② 斯宾诺莎：《神学政治论》，商务印书馆 1963 年版，第 270、272 页。
③ 孟德斯鸠：《论法的精神》，商务印书馆 1985 年版，第 188 页。

人自身，反对中世纪的禁欲主义并转而尊重人的感性生活和追求现世幸福的愿望，于是便有了个性解放的新道德。与此相应而又相区别，作为教育大纲的人文主义教育"关心的是维护和发展那种关于人类权益的崇高目的、问题和价值的表达艺术和表达技巧"，近现代西方大学普遍开设人文学科基础课、提倡"通才教育"，正是为了实现这一目的。人文教育不再是一部分人或少数人才能享有的特殊权利，在发达国家，大学教育已成为普及教育。

2　"破除四种幻象说"与"笛卡尔式的怀疑"
——近代西方哲人对于"真"的理论探讨

"知识就是力量"，这是近代英国实验科学的始祖弗兰西斯·培根提出的响亮口号。其真正的含义是，知识是独立的个体人格力量的表征。培根认为，"求知可以改进人的天性"，可以"塑造人的性格"，可以弥补和疗治人的精神上的各种缺陷。在这里，人文就是知识（包括真善美诸领域的广义的知识），知识就是人文（使人成为在认知、意志和情感诸方面全面发展的教养有素的人）；在这里，科学知识（狭义的知识）包含于人文之中，没有所谓"科学主义"与"人文主义"的对立，不同学科的学者们之间也没有尔疆彼界之私。

在"知识就是力量"的口号激励下，一代又一代的近代西方学者在科学领域辛勤耕耘，创造了举世瞩目的成就。在"上帝"面前显得那么渺小卑微的人类，通过掌握科学知识，获得了前所未有的尊严。反映时代精神之精华的哲学，也从传统的本体论问题转向认识论问题，并且空前地确立了人的主体性的崇高庄严。

在西方近代哲人对于"真"的探讨中，培根发展了知性思维的归纳的方面，笛卡尔发展了知性思维的演绎的方面。培根的"破除四种幻象说"和"笛卡尔式的怀疑"将人们从中世纪蒙昧中唤醒，为人们认识世界提供了科学方法论的新工具。在求"真"的过程中所形成的知性主体精神，除了为科学的发展不断开辟道路以外，更为现代民主制度和新道德奠定了认识论的基础。

培根把知识提高到至高无上的地位，认为真高于善，知识高于价值，比起古希腊人讲的知识即善更进了一步。他说："知识的戒律仍然高于意志的戒律，因为它是对人类理性、信念和理解力的戒律；而这些都是心灵的最高级部分，并且赋予意志本身以法令。除了知识和学问外，没有任何东西能在人的灵魂和精神中，在他们的认识、想象、观点和信仰中，建立起至高无上的王位统治。"①

为了获得可靠的知识，培根提出了要破除"四种幻象"的学说：

一是"种族幻象"，其表现是：（1）把主观的愿望强加给自然界；（2）宁愿重视肯定的事例而不大重视否定的事例；（3）人的理智特别容易被感觉的迟钝性、不充分性、欺骗性引入迷途。

二是"洞穴幻象"，其主要表现是：（1）因个人的癖好而歪曲真理；（2）因个人的气质而导致认识的片面性；（3）因猎古好奇而导致对经典和历史的各取所需。为了破除这种幻象，培根指出："凡从事自然研究的人都请把这样一句话当作一条规则——凡是你心所专所注而特感满意者就该予以怀疑，在处理这样问题时就该特加小心来保持理解力的平匀和清醒。"

三是"市场幻象"，其主要表现是：（1）由虚幻的假说而产生的名称（如"命运"、"第一推动者"，等等）对认识的干扰；（2）由错误而拙劣的抽象所产生的那些混乱而没有明确定义的语词，造成词义与概念的混乱。对此，培根十分强调概念的精确性问题，任何概念都要有相对应的事物，而关于概念的定义要精确不二。

四是"剧场幻象"，其主要表现：一是诡辩，强使经验事实从属于个人的意见；二是狭隘经验论，强使一切别的事实来适合凭借少数实验构成的体系；三是迷信，把理解的对象变成信仰的对象，甚至要求把自

---

① 培根：《学术的进展》第1卷，Ⅷ3。

己变成他人的崇拜对象，以迷信为支柱来构造自称为"科学"或"哲学"的体系，将会是造成极大破坏的力量。

为了破除"四种幻象"，特别是破除中世纪的宗教异化所造成的愚昧、盲从和迷信，获取关于客观事物的确切可靠的知识，培根提出了建立在实验基础上的科学的归纳法。培根有一句名言："惟一的希望就在于真正的归纳。"他认为对自然界的正确解释只能通过精确地、专门地观察一切事例和熟练的实验才能得到，而使带有表面性和不确定性的经验上升为可靠的知识的实验方法，也就是"惟一真实的新归纳法"，这种新归纳法与以往采用的归纳法的区别在于：

第一，旧归纳法是从感觉和特殊事物飞到最普遍的公理，把这些原理看成固定和不变的真理，然后从这些原因出发，来进行判断和发现中间的公理；而新归纳法则是从感觉与特殊事物把公理引申出来，然后不断地逐渐上升，最后才达到最普遍的公理。前者草率从事地匆匆游历经验领域，而后者则以应有的谨慎和平静的心情把经验当作实验的素材。

第二，旧归纳法往往局限于感受的"现象罗列"，而新归纳法则以"知性分析"为灵魂。旧归纳法不外是简单地列举一些事例，这种由简单的"枚举"所得出的普遍结论往往是靠不住的，只要出现一个相反的事例，结论就被推翻了；而新归纳法则采用正当的排除法来分析自然，并且只在收集和研究了足够例证，排除了一切对这一对象非本质的规定之后，才对这一对象作出肯定的判断。前者"是"在前，"非"在后；后者则使"是"跟随在"非"之后。也就是培根所说的："这项排拒或排除工作恰当地做过之后，在一切轻浮意见都化烟散净之余，到底就将剩下一个坚实的、正确的、界定得当的正面法式。"[1]

培根强调："归纳法不仅是自然科学的方法，而且是一切科学的方法。"归纳法既要面向客观的自然界，更要以思维认识活动自身为对象，探索思维认识主体的本质和规律，即如何形成概念、判断、推理等一系

---

[1]　培根：《新工具》，商务印书馆 1984 年版，第 145 页。

列过程。

在法国，同样是为了破除中世纪蒙昧和追求科学的真知，产生了"笛卡尔式的怀疑"和建立在数学的明晰性和精确性基础上的"知性分析方法"。

笛卡尔哲学的第一原理"我思故我在"，用他自己的话来说，"这里只不过通过直觉的活动承认一个简单地给予的事实"①。然而，正是这一陈述一个简单的事实的命题，确立了人在认识中的主体地位。最深刻的真理同时也是最朴实的真理。

为求得确切可靠的知识，笛卡尔把怀疑作为他的哲学的开端。他说："要想追求真理，我们必须在一生中尽可能地把所有的事物都来怀疑一次。""从前我们既然一度都是儿童，而且我们在不能完全运用自己的理性之时，就已经对于感官所见的对象构成各种判断，因此，就有许多偏见障碍着我们认识真理的道路；我们如果不把自己发现为稍有可疑的事物在一生中一度加以怀疑，我们就似乎不可能排除这些偏见。"②总之，要获得确实可信的知识，就必须以怀疑一切的眼光对我们关于所有事物的观念作批判的审定，以免陷入受蒙骗和轻信的误区。

但笛卡尔并没有陷入怀疑主义。怀疑一切，是作为怀疑之主体的人自身在怀疑，在思维，这一点是确切无疑的。——因为怀疑是作为认知主体的人的思维的表现，所以它不能归于所要怀疑的"一切"之内；如若"怀疑"本身也值得怀疑，即思维本身也值得怀疑，那么，怀疑一切就丧失了主体，丧失了追求确切可靠之知识的原初根据了。——而肯定思维本身不能怀疑，正是为了给科学的发展确立一个十分可靠而确实的前提。因此，笛卡尔的哲学强调：一个精确的必然的科学系统，必须从一个确定不移的原则出发，这是近代意义上的精确科学的绝对要求。既然作为认识主体的"我思"是无可怀疑的，那么，"我思故我在"的这

---

① 转引自《费尔巴哈哲学史著作选》第1卷，商务印书馆1978年版，第172页。
② 笛卡尔：《哲学原理》，第1页。

种知识，就是"一个有条有理进行推论的人所体会到的首先的、最确定的知识"①。为了与怀疑论划清界限，他强调："当我要把一切事物都想成是虚假的时候，这个进行思维的'我'必然非是某种东西不可；我认识到'我思故我在'这个真理十分牢靠、十分确实，怀疑论者的所有最狂妄的假定都无法把它推翻，于是我断定我能够毫无犹疑地承认它是我所探索的哲学中的第一原理。"如罗素所说，这段文字是笛卡尔的认识论的核心。罗素发现，在笛卡尔以前，圣奥古斯丁曾提出过一个酷似"cogito"（我思）的论点，不过他并不特别侧重这论点，打算用它来解决的问题也只占他的思想的一小部分，所以笛卡尔的创见应该得到承认②。我在读《亚里士多德全集》第八卷时惊讶地发现，生在纪元前的亚里士多德就有"我思故我在"的思想，他说："我们感到我们在感觉，想到我们在思想，也就是我们存在。"当然，亚里士多德没有也不可能把这一思想作为他的哲学的第一原理，但是，我们却可以把笛卡尔的思想看作是对西欧哲学史上的怀疑和批判精神的继承和发展。笛卡尔哲学的第一原理，把思维看作是我之所以为我的本质，确立了人在认识中的主体性。

笛卡尔哲学为近代自然科学的发展提供了一项绝对必要的原则与方法，就是"知性分析的方法"。他认为，自然界的物质本质属性不是感觉所能感知的，而有待于理智予以把握，只有把握物质的本质规定性，才能认识"确定可靠的"、"真实的自然界"，所以他说："在我看来，物质世界本身不是通过感觉，不是通过表象活动，而是通过悟性被理解的，不是通过视觉和触觉，而是通过思维被理解的。"③ 笛卡尔所讲的"悟性"，也就是知性。他非常欣赏数学的明晰性和精确性，认为："任何事物，如果看来不比几何学家已往的那些证明更加明白、更加清楚，我就不把它当作真的。"④ 知性思维的科学表现，主要是数学，数学对

---

① 笛卡尔：《哲学原理》，第 3 页。
② 罗素：《西方哲学史》下卷，商务印书馆 1963 年版，第 87 页。
③ 转引自《费尔巴哈哲学史著选》第 1 卷，商务印书馆 1978 年版，第 196 页。
④ 《16—18 世纪的西欧各国哲学》，商务印书馆 1963 年版，第 152 页。

于自然科学的精确性，是绝对必需的和不容置疑的。

笛卡尔突出知性思维在建立科学体系中的作用，对于近代自然科学的诞生具有极其重要的意义。作为知性思维之产物的，首先是概念，而概念正是构成科学体系的最基本的元素；同时，概念又是事物内在本质的反映，不深入本质的把握，就谈不上科学；在概念的基础上形成判断和推理，而要作出正确的判断和推理，则必须严格遵循知性思维的规则。为了唤起人们正确地认识世界，笛卡尔强调："那种正确的作判断和辨别真假的能力，实际上也就是我们称之为良知或理性的那种东西，是人人天然地均等的。"他在这里所说的人人具有的理性，严格讲就是知性或理智，是人类具有的一种极为重要的认识能力，特别对于实证科学研究而言，乃是首要的，绝对的。"可以毫不夸张地说，没有笛卡尔就没有近代的自然科学。"[①]

研究哲学史的人们一般把培根看作是英国经验论的代表，而把笛卡尔看作是大陆理性派的代表，二者仿佛是对立的。然而，实在说来，二者在注重知性思维方面其实是一致的。培根就曾指出："哲学……不是把感觉的最初印象当作自己的对象，而是把从这些印象中抽象得出的概念当作自己的对象。它遵循自然规律和事情本身的明显性，把这些概念联接起来或分离开来。只有理性才能完成这项工作。"[②] 笛卡尔的"我思故我在"，既是经验性的也是理性的；培根的归纳逻辑，也是如此。笛卡尔不是一个纯粹的理性主义者，正如培根不是一个纯粹的经验主义者。科学的知性思维，无论是对于什么人，只要他还想求得确切可靠的知识，都是绝对必需和不可缺少的。

培根和笛卡尔都不是"唯科学主义"者。培根在强调实验科学对于"改进人的天性"的重要性的同时，还讲到了其他知识门类对于"塑造人的性格"的作用。他说："读史使人明智，读诗使人聪慧，演算使人

---

① 萧焜：《科学认识史论》，江苏人民出版社 1995 年版，第 373 页。
② 转引自《费尔巴哈哲学史著作选》第 1 卷，商务印书馆 1978 年版，第 59—60 页。

思维精密，哲理使人思想深刻，伦理学使人有修养，逻辑修辞使人善辩。"笛卡尔则独具慧眼地看到，一个人仅仅具有良好的心智是不够的，更重要的是如何正确运用："那些最伟大的心灵既可以作出最伟大的德行，也可以同样作出最重大的罪恶。"① 笛卡尔还正确地认识到技术发明的限度及人与机器的关系。他认为，"上帝"的双手造出的"人"这部机器，比人所发明的机器不知精致多少倍。我们虽然可以制造机器模仿我们的动作，但不能等同于真正的人。因为"它们的活动并非凭借知识，而只是靠它们的机械的构造"②。因此，时下流行的那种把现代文明的病症归罪于培根或者笛卡尔的论断，是缺乏充分的根据的。

洛克（1632—1704），作为英国经验论的又一代表人物，继承培根，提出了经验论的基本原则："我们的一切知识都是建立在经验上的，而且最后是导源于经验的。"③ 他区分了关于事物的第一性质和第二性质的感觉观念，认为关于事物的第一性质的感觉观念（大小、形状、数目、运动，等等）是与客观原型相似的"精确的映象"，而关于事物的第二性质的感觉观念（颜色、声音、滋味、气味，等等）则是根据主体的状况而变化的与客观原型不相似的观念。理智的能力或作用就是把由感觉和反省得来的观念加以结合、联系和分离，抽象的一般观念只是把许多个别事物中的那些特殊点舍掉，而把它们的一些相似点分离或抽取出来结合成一个复杂观念。由于客观上只有个别，并无一般，所以抽象的一般观念只表示事物的一种"名义的本质"，但决不表示其"实在的本质"。事物的实在的本质，作为事物的一切可感的表面性质所依托的"实体"，我们不知其为何物，我们永远也不可能认识它，因为我们缺乏认识它的能力。洛克关于事物的"第一性质"和"第二性质"的区分，关于"名义的本质"与"实在的本质"的区分，显示了一个执著追求真知的哲人所表现出的审慎。

---

① ② 《16—18世纪西欧各国哲学》，商务印书馆1963年版，第139、152页。
③　洛克：《人类理解论》，商务印书馆1959年版，第68页。

特别值得注意的是，洛克从认识论的角度论证了思想文化多元化发展的必要性。如罗素所指出："少独断精神为洛克的特质，由他传留给自由主义运动。"洛克关于自由的哲学论证："兴趣总在于说：真理难明，一个明白道理的人是抱着几分怀疑主张己见的。这种精神气质显然和宗教宽容、和社会民主政治的成功、和自由放任主义以及自由主义的整个一整套准则都有连带关系。"① 洛克认为，人们纵非全体，也是绝大部分都不可避免的要抱有种种意见，而并没有确凿无疑的证据证明这些意见是正确的："因为我们正不曾见有一个人，对自己所主张的事理的真实，所鄙弃的事理的虚伪，都有不可辩驳的证据；我们正不曾见有一人可以说，自己已经把自己的或他人的意见都考察到底。……因此，我们委实不应该专横独断，亦委实不应该暴慢倨傲。我们正可以想，人们如果多使自己受点教训，则他们会少来在别人面前显露威风。"② 所以洛克主张人与人之间"互相的仁爱和容忍"，主张每一个人都应该具有尊重他人理性的宽容精神。当然，这并不意味着没有主见、随波逐流：人们如果在旁人刚一提出自己不能当即回答、指明其缺陷的议论，便舍弃个人先前的主张，这也要遭致无知、轻浮或愚昧等严厉的非难。所以既然如此，一切人似乎都应该在意见纷纭当中维持平和，守人情与友爱的共同义务，因为我们依理无法指望某人竟然卑屈地放弃个人的见解。因为人的意见不管怎样常常错误，但是除理性之外不会顺从任何向导，也不能盲目地屈服在他人的意志和指示之下。

继承笛卡尔的大陆理性派学者，德国哲学家莱布尼茨（1646—1716）着重发展了知性分析的方法。他认为，对于科学成果的最简洁、明晰、精确概括的表达，莫过于使用数学的符号语言。因此，他在发明无穷小计算法（微积分）的同时，致力于对传统逻辑进行改造，以建立一切科学的通用语言，从而将知性逻辑的发展推进到符号化数理化的新

---

① 罗素：《西方哲学史》下卷，商务印书馆 1963 年版，第 136 页。
② 洛克：《人类理解论》，商务印书馆 1959 年版，第 658 页。

阶段。他对传统逻辑的改造，是分四步进行的。第一步是以计算代替思考，使主谓命题的三段式变成命题演算或逻辑演算。第二步是对思维规律的补充与说明，提出了推理的两大原则，即矛盾原则和充足理由原则：在推理中包含矛盾者为假，与假的相对立或相矛盾者为真；任何一件事如果是真实的或实在的，任何一个陈述如果是真的，就必须有一个为什么这样而不那样的充足理由①。——我们不要小看了这些规则，它能帮助我们明辨真假，拆穿无数的迷信和谎言。——演绎推理的过程贯穿着逻辑的必然性，数学家、逻辑学家"就是这样用分析法把思辨的定理和实践的法则归结为定义、公理和公设"②。第三步是指出矛盾律与充足理由律的逻辑根据是分析命题："当一个真理是必然的时候，我们可以用分析法找出它的理由来，把它归结为更单纯的观念和真理，一直到原始的真理。"③通过分析而揭示的原始的真理，是不证自明的公理，它以"自因"为根据而自我确证。第四步是关于一般科学的符号体系设想的提出，目的是建立以数学的符号语言为通用语言的明白无误的严格的普遍科学。莱布尼茨强调，即使是对于那些凭经验和感性形相就可以充分看出的东西，也常常需要用理性来加以证明；认识不能停留在感性经验上，而要使经验条理化，作出理性的论证。能否做到这一点，甚至被莱布尼茨看作是人与禽兽的区别之所在。他说："禽兽纯粹凭经验，只是靠例子来指导自己，因为就我们所能判断的来说，禽兽决达不到提出必然命题的地步，而人类则能有证明的科学知识。""证明有必然真理的内在原则的东西，也就是区别人和禽兽的东西。"④——这样，莱布尼茨就向我们说明了：逻辑学的问题不只是一个科学的问题，而科学也不能简单地看作是人的工具，问题的实质在于：能不能运用逻辑来论证和揭示真理，乃是判定一种生命有机体是人还是禽兽的标准。——当然，这标准未免高了一些，实际生活中很多人做不到这一点；对于莱布尼茨讲的数理逻辑，很多知识分子压根儿就没学过；但要做一个高素质的

①②③④　《16—18世纪西欧各国哲学》，商务印书馆1963年版，第488、492、503、504页。

人，一个在真善美诸方面全面发展的人，逻辑的训练是必不可少的。莱布尼茨对于认识论的最大贡献，就在于他进一步发展和完善了知性逻辑，并且在谁也没有认识到数理逻辑的重要性的时候看到了它的重要，成为数理逻辑的先驱。如我们所知，数理逻辑作为人类知性思维高度发展的成就，对于现代科学特别是对于人类进入信息时代产生了巨大而深远的影响。

在对于"真"的追求的途程中，西方哲人对于"知性"的理论探讨可谓源远而流长。培根、洛克、笛卡尔、莱布尼茨，实际上都是讲的"知性"。然而，在康德之前，对于"知性"与"理性"并没有十分明确的区分。直到康德，才明确地对认识中的知性环节作了全面系统的论述，所以黑格尔指出："康德是最早明确提出知性与理性的区别的人。"①

康德明确地把人的认识能力区分为感性、知性、理性三个方面。感性的作用是使意识接受对象而产生感觉观念。在感性认识阶段，人们运用空间和时间的观念，对刺激我们感官的那些杂乱无序的感觉材料予以整理，由此获得空间上有物的序列和时间上有事的先后的感觉，使混沌的心理状态有序化为感性知识。

知性是对感性直观的对象进行思维的能力，是产生概念并对概念下判断的能力。康德认为，在知性认识阶段，人运用仿佛意识中与生俱来的 12 个范畴（"纯概念"）去整理各种零碎的感性材料，使之具有统一性，具有一定的秩序和规律，从而使人们既认识了对象并建立起认识的对象。他把这 12 范畴分为四类：（1）量（单一性、复多性、总体性）；（2）质（实在性、否定性、限制性）；（3）关系（实体性、因果性、共存性）；（4）样式（可能性、存在性、必然性），属于量和质的六个范畴则具有直接的直观性，而属于关系和样式的另六个范畴具有间接的反思性。康德认为，科学知识之所以可能，就是因为知性用各种范畴去统一整理各种感性直观杂多的材料，从而认识到它们之间的各种内在联系，

① 黑格尔：《小逻辑》，商务印书馆 1980 年版，第 126 页。

于是得到了种种有规律性的知识。由于事物间的因果性、可能性、必然性等关系都是人运用其知性能力去整理感性材料的结果，所以它们作为认识对象，也是主体所建立起来的。从这一观点看问题，所以康德说："人为自然界立法。"

理性是人的最高级的认识能力，它所要追求的是绝对完整的和完全无条件的认识。人们凭借知性从现象界得到了各种有限的、有条件的知识，但理性则要认识那现象界背后的本质，即认识那"物自体"自身。这"物自体"是统摄一切精神现象和物理现象的终极存在，是最高的理念。康德认为，凭借知性是不能认识物自体的，适用于经验领域的认识形式决不适用于超验领域；但理性自身亦无特有的认识物自体的形式，所以只能运用感性直观的形式（时间、空间）和12个知性范畴去规定这我们并未经验到的事物。这样做的结果，就会产生种种谬见，并且发现自己陷入自相矛盾，即两种正相矛盾的判断同时都能证明其成立的"二律背反"。之所以会产生这种情形，完全是由于理性追求在经验中所得不到的、绝对完整的无条件的认识而引起的。理性虽然使得我们能够形成那关于终极关怀的理念（诸如神、永生，等等），但它本身却不能证明这类理念的实在性。因此，人们对于"真"的追求只能是有限的和有条件的，而不能达到那无条件的"物自体"本身，亦即人们不可能达到对那终极的绝对真理的认识。通过对纯粹理性的批判，即客观地审视人的认识能力，康德实现了哲学中的"哥白尼式的革命"，扬弃了旧的形而上学，从理论上摧毁了神学的根基——他向人们昭示，那作为终极存在的上帝是无法用理性来证明的，人不可能认识那包举和涵盖一切的无条件的终极的绝对真理。

从培根的破除"四种幻像"说和"笛卡尔式的怀疑"，到洛克的反独断和莱布尼茨对于知性分析方法的发展，再到康德对人的认识能力的客观审视，具有三个显著的特征，即为求知而求知的"认识论的自觉"，带有怀疑主义和悲观主义意味的"理性幽暗意识"，尊重公理、注重知性逻辑的严谨学风。这三个特征都凸显了人的主体性，与人的自由、人的互相尊重和理解、人的普遍价值之公理的确立密切相关。为求知而求知，而不是为追求"官禄德"而求知，既是保证真理不被歪曲的首要条件，也是学者保持其自由独立的人格的根本前提。而那种带有怀疑主义和悲观主义意味的"理性幽暗意识"则告诉人们：真理并不是那么容易获得的，人们在认识中有很强的犯错误的倾向；而要防止认识的失误并区别真理与谬误，根本还在于要有思想上的自由讨论。尊重公理，尊重逻辑，更将知识的表达、真理的阐明奠定在知性逻辑的坚实的程序性或形式性的基础上；与此相应，在社会领域就表现为尊重人类普遍价值的公理和强调民主的程序化要求。在以上三个特征中，带有怀疑主义和悲观主义意味的"理性幽暗意识"尤为重要，这种意识使人谦虚，使人严谨，使人宽容，而又不失其追求真理、惟真理是从的执着。笛卡尔式的怀疑要求怀疑一切，但"我思故我在"不容怀疑，也就是说，每一个人的思想自由权利不容怀疑，这也正是西方近代自由主义学说的认识论基石。

3 "未得到满足的苏格拉底比得到满足的傻瓜或猪好"
——近代西方哲人对于"善"的理论探讨

近代西方的伦理学说，有以培根、爱尔维修、穆勒等英、法哲人为代表的经验幸福论的功利主义伦理学说，也有以康德等德国哲人为代表的超功利主义的伦理学说。彼此之间虽然在道德的本质问题上存在着根本分歧，但有一个命题却似乎是彼此都可以接受的，即"未得到满足的苏格拉底比得到满足的傻瓜或猪好。"——这一命题虽然是由英国功利主义伦理学家约翰·穆勒在 19 世纪提出，但却反映了两派哲人共同的精神追求，反映了近代人文主义伦理学说所共有的精神超越性。

如何正确处理个人幸福与公众幸福的关系，是近代西方哲人在关于"善"的理论探讨中所要解决的核心问题。从个人本位论推导出公众幸福论，是近代西方经验幸福论的伦理学说的基本思路。

如何看待人性，是道德论的前提和基础。社会生活要求道德不能从理想出发，而应从经验事实出发，即从人性的现实与社会生活的现实出发。近代伦理学的一个显著特点，就是将现实的人性中的自私、嫉妒、贪婪、乃至残忍，等等，予以毫不掩饰的公开暴露。应该说这样做是聪明而明智的：与其对现实人性中的恶遮遮掩掩，不如予以公开的揭露；在此基础上，再来谈道德和社会的公正和正义，这样就可以避免足跟不稳的蹈虚空谈和迷惑人心的伪善说教。

马基雅维里（1469—1527）是西方哲学史上第一个提出一套完整的人性恶的理论的人。根据他的观察，现实社会中的人不但是自私的、利己的，而且大多是不择手段的利己主义者，因为支配人的行为的动力是他自己的情欲，而人性之所以恶，就在于这些人为了满足自己的情欲而不讲信义；人们的欲望想得到一切，但现实却使他们不能得到一切，因而他们就不满、嫉妒、愤怒、贪婪、竞争和厮杀。在这个社会里，要使一个人有德行是很难的，但对摹仿或沾染恶习却易如反掌；在这个社会里，因为接受了某种教育和信仰而变得善良的人们注定要受欺压。一个人即使在平常各个方面是一个有道德的人，但要想在政治上取得成功，也就需要背信弃义和厚颜无耻。只是因为他们是胜利者，所以他们以强力控制的舆论工具也就把一切道德和正义的美名都归结到他们的名下了。他说历史上的在政治上取得成功的人，大多是流氓、无赖、恶棍，是运用卑鄙的手段投机钻营的人。这虽然是专制政治体制所造成的，但也有其性恶的根源。

从性恶论出发，马基雅维里坚持认为，只要目的是高尚的就可以、而且必须准备使用最可谴责的手段来实现它。就马基雅维里本人来说，正如他的传记作者罗伯托·里多尔菲所说，他之所以如此，是因为"他看不到美德获胜的希望而痛苦地感到绝望和他悲剧性的对邪恶的意识"[1]。然而，马基雅维里的这一观点，在近现代的世界历史上却产生

---

[1] 转引自阿伦·布洛克：《西方人文主义传统》，生活·读书·新知三联书店1997年版，第34页。

了极其恐怖的灾难性的影响，给人类留下了无比惨痛的教训。他的观点受到其他西方近现代哲人的广泛批评，也就不足为怪了。

与马基雅维里一样，霍布斯也是从经验出发来主张性恶论的。但与马基雅维里不同的是，他并没有走向非道德论，而是把性恶的经验事实作为寻求道德之善的前提和出发点。在他看来，人都是自私的，正是这种自私使得"人对人像狼一样"。要使人有道德、社会有秩序，每个人的利益和幸福都有保障，就必须诉诸"社会契约"，使每一个人的自私心和利己心受到制约，这样才可能有个人幸福的"善"和公众幸福的"善"。同时代的英国诗人蒲伯（1688—1744）在其著作《论人》中以诗的形式表达了这一伦理思想：

> 自我爱通过正当或不正当的路径，/使一个人权力财富到手，野心淫欲满足，但同时它在一切中又把他约束，/作支配他的权力，管理他的法律。/因为，一个所爱之物，也为人人所欲，/人人反对他独占，他只好舍之而去。/既是一物，比他弱的想强夺，强的想攫取，/那他白日黑夜，就什么也不能牢牢的守住。/他为自己的安全，得把自己的自由限制。/众人合力，来守护人人所欲的东西。/在此情况下，连国王也因自卫而讲信义，/都学会了对人民要公平仁慈。自我爱放弃了开始遵循的道路，/在公众利益中，看到个人的利益①。

看来性恶论虽然片面，但由于正视了负面的人性，并且通过一定的社会机制和规范来对人性中的恶加以限制，结果却导致了善，导致了个人利益与公众利益之关系的合理解决。

另有许多学者并不对人性的善与恶直接作出判断，而是客观揭示人性的构成，承认个人追求幸福之合理性，同时又凭借知识和理性指导，将个人幸福的原则上升为公众幸福的原则。经验论者培根、大陆理性派

---

① 转引自《从文艺复兴到十九世纪资产阶级文学家艺术家有关人道主义人性论言论选辑》，商务印书馆 1971 年版，第 116 页。

学者斯宾诺莎，以及服膺英国经验论的大多数法国启蒙学者，在伦理学上都是持此种态度。

培根的伦理学具有明显的"个人本位"论的特征，同时他又是一位"全体福利"论的提倡者。他认为"自爱"是人的本性，它表现为三种基本欲望：一是保持和维持自身的欲望；二是发展和完善自身的欲望；三是繁衍和延续自身的生命，并把自己的意志和权利向外扩张的欲望。从个人本位立论，他认为能够促进这些欲望之实现的就是道德上的善，社会公益不外是个人利益的集合，如果不是以个人利益为根本，那么所谓的社会公益就只是一种空洞的抽象。从"全体福利"立论，他认为人性中有一种隐秘而先天的爱他人的倾向，即同情心和仁爱之心，所以人在自爱的同时又必然关心他人的福利，为社会全体成员谋利益。培根特别强调知识对于个人的完善和社会的整体完善的作用。他认为知识不仅能够给人以高于感官享受的精神上的快乐，而且能够在人的灵魂中树立起公正的最高权威，指导人的意志，使人的行为准确无误和合乎道德；不仅能够调和个人内心的情欲的矛盾，使人克制自己的贪心，求得更高的人生幸福；而且能够调解人与人之间的关系，使人们形成良好的互相合作的习惯，避免纠纷而走向和谐。总之，知识是促进个人幸福和公众幸福，并使二者之关系得以协调的强大力量。

斯宾诺莎认为，保存自我的努力乃是德性的首要的和唯一的基础。因此，基于自然人性的理性必然要求每个人自爱，追求自己的利益，以尽力达到自我完善；而那些忽略自我的存在、自己的利益的人，是不合乎理性之要求的。人具有三种基本情感——苦、乐和欲望，理性则赋予了人以快乐和痛苦的自觉意识的功能，而善和恶仅仅是意识到的快乐和痛苦：对人有利能给人以快乐和满足的东西就是善，反之就是恶。理性能使人认清什么是真正对人有利、有益于人的自我生命之保全的，所以能使人摆脱情感的原始盲目性，避免纵欲无度对人的自我生命之伤害。斯宾诺莎认为：控制不了自己情感的人是奴隶，在理性的指导下控制住自己的情感的人是主人。这体现着理性与情感的统一。斯宾诺莎还认为，理性能帮助人认识到事物的规律性，使人的行为按规律办事，用自觉性代替盲目性，这就是个人的自主自由的理性，亦即自由意志。在道德上追求个人自由的过程也就是在认识上追求普遍真理的过程，只要人能够获得关于普遍真理的认识，人就是自由的，因而也是幸福的、快乐的。这体现着真与善、知识与道德的统一。强调了每一个人都要认识普遍真理，按照理性去生活，实际上也就是强调人人可以遵循的道德的普遍性，不是反映个人的特殊利益的一己之私德，而是对所有人一视同仁的普遍性的公德，这就在个人利益与公共利益之间架起了一道互相联系的桥梁：理性在命令爱自己的同时，也命令爱他人，每一个人即使只为自己的利益考虑，也该与他人结成友好的、和善的关系。因此，人们应该将利己与利他统一起来，将个人利益与公众利益统一起来。

18世纪的法国启蒙者在继承英国经验论学说和斯宾诺莎学说的基础上，建立起以人的"自爱心"或利己欲望为基础的道德学说。

拉·梅特里针对神学家们以"上帝"的名义所宣扬的禁欲主义的道德说教，指出禁欲主义是违反人的本性的。他认为，爱自己是人的本性。就自然本性而言，人与动物没有什么区别，"自然创造我们全体动物，目的是为了要我们快乐"[1]；自然给予了人们爱幸福的感情，这种感情是由自然赋予我们的生理结构所决定的，它的存在"既不需要教育，也不需要启示，也不需要什么立法者"[2]。因此，人们只要按这种本性行事同时又推己及人，那么他就完全可以成为一个幸福的和有道德的人。他认为，神学家们宣扬的禁欲主义是用来毒害人民的自然权利和本性的一副"神圣的毒药"，神学家们号召人民以禁欲主义来摧残自己的目的，只不过是想把别人的利益据为己有而已。

爱尔维修从唯物主义的感觉论出发，提出了自爱是一切行动的准则的伦理学说。他认为，人的一切心理活动都可以归结到肉体的某种感受性，而这种感受性也正是道德的基础。这种感受性在人身上，集中表现

---

[1][2]　拉·梅特里：《人是机器》，商务印书馆1959年版，第46页。

为力图保存自己的生命，追求个人幸福的趋乐避苦的感情，这也正是人的天性。他说，正如牛顿发现了物体运动的基本规律一样，他自己则发现了人的行动的基本规律："一个生命原则鼓动着人，这个原则就是身体的感受性。这种感受性在人身上产生出什么？一种喜欢快乐、憎恶痛苦的情感。从这两种结合在人身上并且永远呈现于人的精神的情感，形成人身上那种称为自爱的感情。"这种自爱的情感，"人人所共具，乃是与人不可分离的"。因为，"使我们整个儿成为我们的，是对我们自己的爱"①。所以自爱乃是人之为人，特别是我之为我的"本质"。一切对别人的爱，也"只不过是爱自己的结果"。在社会中，要使人人自爱的情感都得以实现，就必须凭借理性的指导，使它和社会利益结合起来，即个人利益不能违反"最大多数人"的公共利益，美德就体现在这两者的结合上。二者之结合，既是个人利益的实现，更是公共利益的实现。于是，自爱的原则就上升为公共利益的原则。爱尔维修强调：公共利益的原则不仅是人类一切美德的原则，也是一切法律的基础。

　　如我们所看到的，近代启蒙学者以个人的自爱心和利己欲望为基础的伦理学说，在理论上并没有导致损人利己的极端利己主义，而是在寻求个人利益与公众利益的一致，并且得出了以公众利益为依归的结论。19世纪以边沁为代表的英国功利主义伦理学说，以承认"合理的利己主义"为出发点，以实现"最大多数人的最大幸福"的社会功利目的为归宿，就是近代经验幸福论的伦理学说的系统化的理论成果。这种学说一切从实际经验出发，从展现于经验事实中的现实的人性出发，甚至把人的利他行为也归结为人的利己心，可以说既不那么崇高也不那么庄严，但却是一种与现代市场经济相适应的伦理学说。

　　然而，悖论就在于：承认每一个人的"私利"和"自爱"的合理性，要实现以每一个人都能得到幸福为前提的"全体幸福"，恰恰又需

---

① 爱尔维修：《论人的理智能力和教育》，《十八世纪法国哲学》，商务印书馆1963年版，第503、463页。

要为此目标而奋斗的人们具有自我牺牲的精神，为了对于真理和正义的热情、为了公众幸福而不惜献出自己的整个生命。所以，我们看到西方近代哲人一方面在那里大讲个人本位、自爱、私利，让普通大众得到人生的幸福；而另一方面，他们自己却怀着一种道德理想主义的追求，充满着对于社会的使命感和责任感，洋溢着"为正义而死是一种光荣，为自由而死是一种荣耀"① 的崇高气概。——在这一意义上我们可以说，那种拒斥崇高，既不要求他人崇高，同时自己也身体力行地拒斥崇高的人，是庸人；而不要求他人崇高、不要求他人作自我牺牲，而自己却富于自我牺牲精神的人，是真正的伟人。

在英国经验论的始祖培根那里，我们既看到他在那里大讲个人本位、个人幸福才是具体的、实在的、根本的，同时又看到了与此全然相反的把公众幸福看得高于一切的道德理想主义的追求。他说："每个事物里的善都有双重性，一方面是由于每个事物就它本身而论，是个总体和实体；另一方面是由于它是更大的实体的组成部分。在此二者中间，后者在程度上，是更大、更有价值的，因为它倾向于保持更为全面的形式。……这善的双重性和它们之间的比较，尤其铭刻在人的身上，如果他不堕落的话，对于他保持他对于公众的职责应当比保持他自己生命的存在更为珍贵。"基于这一原则，他反对亚里士多德把仅仅涉及个人的愉快和尊严的"观照的生活"视作人生的最高理想，反对伊璧鸠鲁派把幸福放在心灵的平静而不受干扰中，反对爱克比泰德把幸福放在自己的力量所能控制的事物中，反对哲学家们为避免烦恼而制定一种特殊的生活方式。他认为，人生的最高理想是行动，"为了公众，为了善的和体现美德的目的，虽然失败，也比在私人企求方面一切都如愿以偿，还是更大的幸福"；人们在致力于社会职责方面"经得起各种诱惑和烦恼的考验，才算达到了最完美的心灵健康"②。这种道德理想主义对于立志

---

① 斯宾诺莎：《神学政治论》，商务印书馆1963年版，第276页。
② 《西方伦理学名著选辑》上卷，第233—234页。

改革的志士仁人来说，永远是富于感召力的。

在 18 世纪的法国启蒙者当中，我们也看到了这种对于无私地献身于公众幸福的理想人格的追求和赞美。例如，孟德斯鸠就充分肯定古罗马斯多葛学派关于个人应努力为社会整体谋福利的基本宗旨。他认为，斯多葛派的伦理思想比一切古代流派的道义都"更有益于人类、更适宜于培养善人"。尽管斯多葛学派的人在对待世俗快乐的问题上带有禁欲主义色彩，但是他们都"埋头苦干"，"为社会而生，为社会劳动"，"履行社会的义务"，"为人类谋福利"；而且这样做的时候，他们相信有一种精神居住在他们心中，"报酬就在他们心里"，"好像只有别人的幸福能够增加自己的幸福。"无疑，这样一种为公众幸福而无私奉献的理想人格是永远值得人们敬仰，值得人们永远地加以讴歌和赞美的。当然，这样一种理想主义的道德恐怕只能是少数立志改革社会造福人类的志士仁人的宏愿和立身的准则，倘若是要求每一个人都为公众幸福而牺牲自己的个人幸福，甚至要求每一个人都把自己的生命存在看得无足轻重，那么，结果就只能是没有　个人能够得到幸福，所谓"公众幸福"也就成了一个虚幻的泡影。需要指出的是，孟德斯鸠并不否认合理的个人利益。他强调：理想的社会应该体现着个人利益与公众利益的统一①。

但是，一种尽可能趋于完善的伦理学，决不应制造伟人与庸众的对立，更不应将这种对立绝对化。富于自我牺牲精神的伟人固然值得赞扬，但对于多数人来说，也不能使人性泯没于纯粹功利的追求之中。必须看到，人虽然有利己心，然而又毕竟还有一种追求自我超越的至善理想的冲动。这种追求至善理想的冲动使人不能满足于经验幸福论的平庸，而总是想把自己提升到类神的理想人格。反映这种要求，在 18 世纪后期的德国，康德为确立人的道德主体性进行了深刻的理论探索。他试图扬弃古代的神意德行论与近代英法的经验幸福论，而建立起一种高扬人的道德自律的主体性的学说，这种学说使人有一种强烈的道德自

①　参见孟德斯鸠：《波斯人信札》，人民文学出版社 1959 年版，第 20 页。

觉，无论在任何情况下都不放弃对于善的执著追求。

康德的伦理学，开始于幸福与德行的二律背反。他认为神意德行论和经验幸福论是伦理观上的二律背反，二者的对立植根于人的双重存在——感性的存在与理性的存在，因而都可以同对，也都可以同错。神意德行论要确立普遍必然的道德法则，但这种法则是外在于人的自我决定的；而经验幸福论以人的自利自爱为核心，以个人的幸福、欲望为根据，以与经验密切相关的苦乐为标准，又是因人而异的主观性，无法确定道德原则的普遍性、必然性和客观性，反而导致道德上的相对主义。要超越神意德行论，就必须回到人，确认人是道德的立法者；要超越经验幸福论，确立普遍的道德法则，就必须由外在经验转向内在理性，使道德立法不以人的功利需求为转移。

为了避免伦理学上的独断论，既把个人自由与社会的普遍道德原则统一起来，又使普遍道德原则不致成为对个人自由的压迫，康德主张一种"纯形式"的道德立法，即只是提出一些基本的带有普遍性的道德原则，而不是对人的行为的多样性作什么是道德什么是不道德的僵死区分，为此，他提出了人的道德自律的三条绝对命令：

第一，不论做什么，都应该使你的意志所遵循的法则永远同时能够成为普遍的道德律。也就是说，一个人的每一道德行为都应该既是出于自己的意志自决，又要合乎人人都可以遵守的共同道德原则。

第二，你必须这样行为，——不论是自己还是别人，——永远把每个人都看作他自己的目的，永远也不要把他只作为达到你的目的的手段，也就是说，每个人既要把自己看成目的，同时也要把别人看成目的；既维护自己的自由，又尊重他人的自由。

第三，每个具有理性的人的意志都是确立普遍道德律的意志。也就是说，每一个人都应成为有理性的道德立法者，因为人只遵守自己为自己确立的道德法则。

按照道德的绝对命令去行事就是尽义务。因为遵循的是道德的绝对命令，所以这义务不是出于个人的爱好、情趣和欲望，更与个人的幸福和功利无关。按照这种独立的、与个人幸福和利害无关的义务去行事的意志就是善良意志，它之所以善，在于它按照纯粹义务去行事，而超越了任何利害的算计。当道德的绝对命令在人的心灵中起作用的时候，就会产生一种道德感情——良心。从积极的方面来看，良心使人对道德律令怀有敬畏之情，使人自觉地遵守道德律，从而使具有社会普遍性的道德的绝对命令化作个人内心的自觉的道德动机，这是一种崇高的情操，它使人感到自己的价值、尊严和自由；从消极的方面来看，良心可以限制人的自爱自利，限制个人追求幸福的欲望，使人的欲望不致无限制地膨胀而导致侵害他人。

作为一位人道主义者，康德强调每一个人都是目的；作为一位"为道德而道德"论者，康德强调道德在本质上是超功利的。——把这两方面结合起来，康德实际上是说，人应该为实现把每一个人本身当作目的的"普遍自然律"而义无反顾；为了他人，为了由每一个人所组成的社会，个人本身恰恰应该成为超越一己之利害算计的人。只有这样的人，才算是有道德的人。

康德试图超越德行与幸福的二律背反，但德行与幸福的矛盾却始终萦绕着他的心灵。他意识到二者是很难调和的：德行是超经验、超感性、与利害无关的最高的无条件的善，在现实中它不可能产生感性生活的幸福；而幸福是感性的、经验的、与利害密切相关的欲望，它不可能产生德行。所以，康德颇为伤感地说：我们尽管全心全意地、非常严格地按照道德立法行事，也不能由此而期望幸福的来临，幸福与德性在尘世的结合是不可能的，人在尘世根本无法达到至善①。因此，康德只有求助于"神"，假设神的存在为道德所必需，上帝不能为人类提供金钱和享乐，但能给人类以心灵上的补偿和安慰，对于含辛茹苦的人来说，心理的补偿远远超过肉体的享受。"神"成为追求至善的人在感情上的一种需要。宗教在现代西方社会中之所以还能起到使社会的普遍道德不

---

① 转引自《形而上学的迷雾》，上海人民出版社 1989 年版，第 239 页。

至溃裂横决的作用，其原因盖出于此。

在"人文精神问题"的讨论中，一些学者往往把英美功利主义与欧洲大陆（主要指法国和德国）的理想主义相对立，这不合乎事实。法国的"百科全书派"就是经验幸福论的功利主义者。此外，我们还看到，近代英法学者又不完全是经验幸福论的功利主义者，正如德国学者亦不完全是非功利的理想主义者一样，二者是相互影响、相互渗透的。在 19世纪上半叶的英国，在边沁提出功利主义伦理学说以后，就有柯立芝对这种学说提出了批评，认为文明的发展如果不以人的教养、不以人类特有的品质与能力的和谐发展为根据，就只能是金玉其外而败絮其中，因而他特别强调"普及教养"的重要性。作为功利主义者的穆勒试图调和边沁与柯立芝的对立，他既坚持了功利主义肯认合理的私人利益的原则，同时又批评"边沁从未认清人有能力把精神的完美当作一个目的来追求"，试图把人文教养与功利追求统一起来，主张通过人文教育来引导人们追求高尚的快乐。他的著名命题"未得到满足的苏格拉底比得到满足的傻瓜或猪好"，就是在这样的背景下提出的。

在浪漫精神和理想主义风行的德国，受英法等国经验幸福论的影响，也产生了费尔巴哈的人本主义伦理学说。费尔巴哈像英国功利主义者一样，讲"合理的利己主义"，肯定每一个人追求幸福的欲望；同时，他也一再地提醒人们，要注意区别"什么是恶的、残忍的和冷酷无情的利己主义，什么是善的、富有同情心的、合乎人情的利己主义；区别什么是宽厚的、自己克制的、只在对他人的爱中寻求满足的利己主义，什么是任性的、故意的、只在对他人的冷淡无情中或甚至在直接的恶意行为中寻求满足的利己主义。"① 费尔巴哈强调："只有社会的人才是人"，"只有承认我对于自己有义务只因为我对他人（对我的家庭、对我的乡村、对我的民族、对我的祖国）有义务时，对自己的义务才具有道德的

---

① 《费尔巴哈哲学著作选集》上卷，商务印书馆 1984 年版，第 579 页。

意义和价值"①。这样，费尔巴哈便将道德的利己与利他、个人幸福与社会的普遍幸福统一了起来。

4　"只有真才美，只有真才可爱"
——近代西方哲人对于"美"的理论探讨

近代美的第一页仿佛是古希腊罗马艺术关于人体美的理想的复兴。"文艺复兴时代的艺术史的全部意义——从美的概念方面看来——就在于基督教和修道院对人的外形的理想逐渐让位给在城市解放运动的条件下产生的世俗的理想，而对古代女妖（指爱与美的女神维纳斯——引者注）的回忆，促进了这种世俗的理想的形成。……拉斐尔的圣母像是世俗的理想战胜基督教和修道院的理想的最突出的艺术表现之一，这一点是无可争辩的。"② 柏拉图式的爱在古代世界几乎没有受到过质疑，而在近代却渐渐受到世俗的审美理想的非难。与但丁依然主张一种纯粹的精神的爱不同，大多数近代人都倾向于认为在世俗生活的幸福中就体现着美与善的合一，尽管古典的精神之恋的传统仍在不绝如缕地延续。

反映近代人的主体意识的觉醒，英国经验派美学开始从人的主观方面来理解"美"，开创了美学发展的人本主义方向。夏夫兹伯里（1671—1713）提出了"真正的美是美化者而不是被美化者"③ 的深刻命题。哈奇生（1694—1747）认为，美并不在人所模仿的蓝本之中，而在于自然物可以"用来代表我们最为关心的人性中的情绪和情境"④。博克（1729—1797）更进而指出，美感起于"爱"。他说：

> 我把美叫做一种社会的性质，因为每逢见到男人和女人乃

---

① 《费尔巴哈哲学著作选集》上卷，商务印书馆1984年版，第229页。

② 普列汉诺夫：《艺术与社会生活》，《普列汉诺夫美学论文集》Ⅱ，人民出版社1983年版，第839页。

③ 朱光潜：《西方美学史》，人民文学出版社1981年版，第218页。

④ 哈奇生：《论美和德行两种观念的起源》，转引自朱光潜：《西方美学史》上卷，第223页。

至其他动物而感到愉快或欣喜的时候……他们都在我们心中引起对他们身体的温柔友爱的情绪,我们愿他们接近我们①。

我所谓美,是指物体中能引起爱或类似爱的情欲的某一性质或某些性质。或把这个定义只限于事物的纯然感性的性质。……我把这种爱也和欲念或性欲分开。"爱"所指的是在观照任何一美的事物时心里所感觉到的那种喜悦,欲念或性欲却只是迫使我们占有某些对象的心理力量,这些对象之所以能吸引我们,并不是因为它美,而是由于完全另样的缘故②。

博克认为,美感就是对感性事物的一种"爱"的情感。如我们所知,有的情感固然由客体所引发,但爱还是不爱,则完全取决于主体自身。在博克之后,休谟乃将美学奠基于人性论的基础上,他明确宣布:"美并不是事物本身里的一种性质,它只存在于观赏者的心里。"美感是因人而异的,因而是主观的:每一个人心见出一种不同的美,这个人觉得丑,另一个人可能觉得美③。因此,休谟强调"美"的相对性:

美与价值都只是相对的,都是一个特别的对象按照一个特别的人的心理构造和性情,在那个人心上所造成的一种愉快的情感④。

当然,休谟并没有由此而陷入相对主义,他认为,由于人性的本来构造及功能在人与人之间有着天生的共同性,所以也就存在着审美趣味的普遍性。但经验派美学似乎是更强调美的相对性的,这或许正是英国自由主义的特色。诚如康德所说,经验派美学大抵倾向于认为:鉴赏不基于任何概念,只根据人的审美快感,是一种个人主观的趣味,所以不存在一个绝对的普遍适用的美的标准,否则人们就可以通过论证和推理

①② 博克:《论崇高与美两种观念的来源》,转引自朱光潜:《西方美学史》上卷,第238、243—244页。
③ 休谟:《审美趣味的标准》,《西方美学家论美和美感》,商务印书馆1980年版,第108页。
④ 休谟:《怀疑派》,《西方美学家论美和美感》,商务印书馆1980年版,第109页。

来判断一个对象的美了。

与英国经验论美学重视个人的感受、强调美的相对性不同，大陆理性派美学则更强调永恒的理性或普遍的人性，强调美的普遍的客观标准。在德国，莱布尼茨和沃尔夫都力图把个人的感受归结为某种客观必然性形式，使近代的带有浪漫主义色彩的美感适应那种把美看作是宇宙秩序的和谐的古典传统，把美看作是某种抽象的认识——和谐、秩序或完善。但在法国，反映普遍的宇宙秩序之和谐的理性则被特殊化为对于永恒的人性的信念。新古典主义的文艺批评家布瓦罗（1636—1711）把笛卡尔的理性主义哲学运用到审美领域，他认为，理性是人性（亦称"自然"）中最本质的东西，"艺术模仿自然"也就是摹仿人的理性，因此他讴歌：

> 要爱理性，让你的一切文章
> 只从理性获得它的价值和光芒。
> 只有真才美，只有真才可爱。
> 虚伪永远无聊乏味，令人生厌；
> 但自然就是真实，尽人都可体验：
> 在一切中的人们喜爱的只有自然①。

他认为人性是永恒不变的，根据这一信念，他认为在审美领域也有普遍永恒的标准，这一标准也就是人性的标准。18世纪法国百科全书派的领袖狄德罗（1713—1784）也属于大陆理性派，但他却不满意当时的法国理性派把理性抬到独尊的地位，认为情感比理性更重要。他说：

> 人们无穷无尽地痛斥情感；人们把人的一切痛苦都归罪于
> 情感，而忘记了情感也是他的一切快乐的源泉。……只有情
> 感，而且只有大的情感，才能使灵魂达到伟大的成就。如果没

---

① 布瓦罗：《诗简》，转引自《从文艺复兴到十九世纪资产阶级文学家艺术家有关人道主义人性论言论选辑》，商务印书馆1971年版，第158—159页。

有情感，则无论道德文章就都不足观了，美术就回到幼稚状
态，道德也就式微了①。

他强调：情感淡泊使人平庸，情感衰退使杰出的人失色，而有意摧
残情感乃是绝顶的蠢事。他认为情感与理性可以统一，艺术也正是通过
激发情感来教育人。为了使一个民族避免由于没有诗意的风俗习惯而变
得软弱，他认为，诗所需要的是野性的自然，是巨大的、粗犷的气魄。
在狄德罗那里，"美"被看作是虽然不倚赖于个人但却依赖于整个人类
的"关系感觉"，他似乎已经猜测到"美"的本质乃是社会化的情感
共鸣。

与狄德罗差不多同时的德国美学家鲍姆加通（1714—1762）把美规
定为"感性认识本身的完美"，并第一次给美学进行了命名，称之为
"感性学"（Aesthetics）；他虽然没有完全摆脱大陆理性派美学把美看作
是"真"的一个品类的局限，但也表现出颇为明显的走向人本主义美学
的倾向。在审美标准的问题上，理性派美学认为，鉴赏一定基于一个美
的概念，有一个普遍客观的标准，否则那种纯粹主观的个人爱好就不能
要求别人也同意，而一切文艺批评和艺术批评就都毫无价值了。

美的问题也与真和善的问题一样，本质上乃是人的问题，一切对于
美的探讨都只有立足于对人自身的精神本质及其哲学奥秘的探讨才有可
能。康德通过扬弃英国经验论美学和大陆理性派美学，建立起了他的人
本主义美学体系。

康德致力于把美与真和善区别开来。他认为，美的第一个特点是不
计较利害。人从审美活动中得到愉快的感觉，但这是一种无利害关系的
自由的快感，与一般的快感不同。一般的快感都是对某种欲望的满足，
是涉及利害关系的；而在审美的场合，当说某物美时，并不考虑某物是
否满足我的欲望，因而是不计较利害的。美也不同于善或好，说某物善

———————————

① 《狄德罗哲学选集》，商务印书馆 1959 年版，第 1 页。

或好，也是就它对我有利而说的；而说某物美，则根本不考虑它对我的利害。美的第二个特点是普遍性、共同性，这并不是通过抽象概念的普遍性来达到的，而是通过共同的情感体验而形成的。当我们说某物美的时候，并不是对某物作一种理智上的判断，而是作一种情感上的判断。所以，从审美判断中得到的并不是关于对象的知识，而是一种主观的感觉。这种主观的感觉又是人人所具有的：我觉得美的东西，别人也会觉得美。这就是一种"主观普遍性"。美的第三个特点是它具有使我们感到愉快的形式。"纯粹的美"只涉及对象的形式，而不涉及对象的内容。例如，不与歌词结合在一起的单纯的乐曲，或者花卉、自由的图案画，等等，就是没有任何功利内容的纯粹的美。美的第四个特点是必然性。这种必然性不是建立在概念和抽象教条的强制之上，而是建立在人类情感本身的社会共同性（"共通感"）之上，这种共通感正是人的普遍必然的自由本性的体现。在以上关于美的四个特点的阐述中，美与真和善的区别是非常明显的。

然而，在另一方面，美与真和善又有着非常密切的联系。康德写他的美学著作《判断力批判》的目的，就是要在纯粹理性与实践理性与"物自体"之间架起一道"美统真善"的桥梁。关于美的四个特点的规定是就"纯粹的美"立论，但实际生活中大量存在的是掺杂着认知的概念、实用的目的和功利之考虑的"依存美"。审美虽然与对一个对象的实际认识无关，但实际上却是诸认识能力（感性直观、知性、理性）的自由协调活动；由于"诸认识能力的活动"，所以它虽然不是认识，却也与认识紧密相联（即"好象是一种认识"）；又因为它是一种"自由协调的活动"，所以它虽然不是道德实践，却也与道德密切相关（它"象征"着人的道德）①。在审美时，人们好像在把握一个对象的"美"的客观属性，这里就有知性能力的参与；在对于"崇高"的审美观照中，想象力和理性能力自由地协调，从而激发人们的道德情感，此时此刻，

① 邓晓芒、易中天：《走出美学的迷惘》，花山文艺出版社 1989 年版，第 177—179 页。

美就成了道德的象征。认识和道德在审美中是通过鉴赏所带来的愉快（美感）而结合到一起来的：人在审美愉悦中既感到了自己超越一切尘世利害关系的（超验的）本质，同时又以纯感性的方式象征地实践着这一本质，这样就构成了从认识到实践、从必然到自由、从现象到本质（"物自体"）的某种过渡①。

为了避免理论上的独断，康德对经验派美学和理性派美学在关于有没有一个普遍适用的审美标准问题上的争论持两可的态度：两派都对，也都不对。一方面，个人的审美感受确实无法通过逻辑来论证和强加于人；另一方面，个人的审美感受又往往具有社会普遍性。这是一对"二律背反"。于是，康德求助于超验的"理性概念"：这一理性概念并不规定什么是美，只是作为一种引导，使人们向着这个理念永远追求。所以，一个鉴赏判断是否适合于这种"审美理念"，是可以永远争辩下去的，因为这种审美理念本身被看作一种永远无法实现、可望而不可即的假设；但这个假设对于审美来说又是绝对必要的，它使审美超出一般快感之上，而接触到人的不可知的本体（"物自体"）。"康德由此就提出了后来被席勒所大力发挥的'审美教育'的思想。他认为，要发展人的鉴赏力和艺术，就必须一方面积累大量的人文知识，陶冶心灵的力量，使之具有普遍传达情感的能力；另一方面，要发展道德理念和培养道德情感，使人具有普遍感受情感的能力；反过来，鉴赏本身也成为培养人的智力机能和道德情感的手段。于是，人性的真（人文知识）和善（道德情感）就通过美（鉴赏和艺术）而达到了统一，而美学就把认识和道德结合起来了。"②

德国古典哲学的集大成者黑格尔把"美"规定为理念的感性显现，是绝对精神通过人的心灵外化为感性形象。马克思扬弃黑格尔的观点，提出了自己的实践美学观，把"美"看作是人的本质力量的对象化，从而将美学的发展推进到一个新的阶段。

───────────

①②　邓晓芒、易中天：《走出美学的迷惘》，花山文艺出版社1989年版，第177—179、181页。

在近代诗人的笔下，康德的"物自体"被具体化为一幅由爱所统治的理想社会的美好图景。如英国浪漫派诗人雪莱（1792—1821）所歌唱的：

> 许许多多皇座上都没有了皇帝，
>
> ……没有人再在唇边皱起乱真的笑纹，
>
> 编造他不屑从口中说出的大谎；
>
> 也没有人……把自己心头的爱和希望的火花，都踩成
> 灰烬，
>
> ……身边走过的女人都是真实、美丽和仁慈，
>
> 一个个好像自由自在的天仙，把新鲜的光明和甘露洒落到
> 人间；
>
> ……口里说的是以前所想不到的聪明，
>
> 心里有的是以前所不敢有的热情……
>
> 人类从此不再有皇权统治，无拘无束，自由自在；
>
> 人类从此一律平等，没有阶级、氏族和国家的区别，
>
> 也不再需要畏怕、崇拜、分别高低；
>
> 每个人就是管理他自己的皇帝；
>
> …… ……
>
> 有了爱，生活便变得美丽；
>
> 劳动、痛苦、忧愁，全换了情绪，
>
> 在人生青绿的树丛中快乐地徜徉①！

在这一对于理想社会的讴歌中，既有真，又有善，二者都融摄在诗人对于美好社会的热烈憧憬之中。继雪莱之后，英国维多利亚时代的诗人安诺德（1822—1888）更明确地提出了真善美之统一的审美理想。他认为，希伯来人对道德良心的重视代表"和美"，希腊人对真理的追求

---

① 雪莱：《解放了普罗米修斯》，第92—95、114页。

代表"光明",和美与光明的结合才是理想的文化;实现了这种理想,就会医好一切社会疾病,使人类走向完美。

(二)中国早期启蒙思潮中的人文精神

1 "破人之执缚"
——中国早期启蒙思潮之形成及其演变

在人文精神问题的讨论中,有提倡人文精神的学者认为,中国人文精神的危机可以追溯到晚明。这一观点说明了两个问题:一是我们有些学者所理解的"人文精神"是晚明以前在中国占统治地位的文化的精神,即宋明道学的精神,因为只是到了晚明,才出现了宋明道学思想统治的危机;二是这些学者把中国人文精神的危机追溯到晚明,也说明从晚明起,中国社会确实出现了与占统治地位的道学意识形态相对立的新的社会思潮,问题在于如何确定这种新思潮的性质。

梁启超、胡适把晚明以来的新思潮比作西方近代的"文艺复兴",侯外庐、吕振羽、嵇文甫、谢国桢、萧萐父等学者把这一思潮定性为近代性质的早期启蒙思潮,并且认为这一新思潮的出现正是中国传统社会内部孕育着的资本主义萌芽的观念形态表现。笔者认为,这一观点是合乎历史实际的。从晚明到清中叶(16世纪后期到19世纪30年代),是中国社会发展的一个特殊历史阶段。这一时期的中国,无论社会经济结构或是思想文化形态,都处于新旧代谢的特殊转折时期,传统社会的母体中内发原生的新经济萌芽催生了早期启蒙思潮的滋长,产生出具有近代性质的中国人文精神。

既承认中国传统社会有其人文精神,又肯定从晚明到清中叶的新兴社会思潮也是人文精神,这在理论上是否自相矛盾呢?不矛盾。人文精神是历史地发展着的，随着社会的进步，人文精神也将改变自己的形态。传统社会的人文精神是一种注重人文教养意义上的人文精神，由于这种人文精神中包含着伦理异化的因素，而宋明道学更将伦理异化推至极端，使道德教化成为专制统治者"以理杀人"的工具，所以，就必须扬弃伦理异化而把中国人文精神的发展推进到一个新的阶段，这一新的阶段就是明清之际的早期启蒙思潮，其中所表现出的人文精神已具有近代性质。新人文精神并不反对人文教养和道德教化，而只是反对在道德教化的名义下扭曲和摧残人性、从而使人成为非人的伦理异化。因此，晚明新思潮的兴起并非人文精神的危机，而是"存天理、灭人欲"的宋明道学的危机，伦理异化的危机；与此同时，它又是中国传统文化的自我发展和更新，是中国传统的人文精神的新生。

依据明清中国社会历史变迁的特点，可以把中国早期启蒙思潮的发展分为三个阶段。

第一阶段，从明代嘉靖至崇祯，约公元 16 世纪 20 年代至 17 世纪 40 年代。

明代嘉靖万历年间，中国社会的商品货币经济出现了蓬勃发展的局面。在长江中下游和东南沿海地区，传统的自然经济开始裂变，手工业已从"农夫红女"的自然劳动分工中游离出来，私人占有的城市手工业工场初步形成，出现了"机户出资，机工出力"的雇佣劳动关系。与此相伴生的，是资本市场和劳动力市场的出现，为交换而生产的农业的发展和农产品的日益商品化。这种新经济现象的持续发展，势必改变整个社会的经济形态，故我们将其称为中国社会内发原生的资本主义生产方式的萌芽。

不承认晚明中国已有资本主义萌芽的中外学者们认为，中国不存在纯粹商业性的城市。然而，恰恰是在晚明，大量纯粹商业和手工业性质的市镇如雨后春笋般涌现，即使是传统的政治性城市，亦由于商业和手工业的发展而成为繁华的都市。早期市民阶层开始为维护自身的权益而斗争，东林党人和许多无党派人士呼吁"工商皆本"，充当市民阶层的政治代言人。

不承认晚明中国已有资本主义萌芽的中外学者们认为，中国的商业资本总是重新流向土地。然而，恰恰是在晚明，商人们一改其传统的"以末致富，以本守之"的观念，转而投资于手工业、矿冶业，出现了"商人直接变为产业家"的情形，商业资本开始在工场手工业的发展中起着组织原料与产品流通的作用。更有徽州商人和浙江、福建、广东沿海的人民"视波涛为阡陌，倚帆樯为耒耜"，冲破明王朝的海禁政策，为获取"利可十倍"的经济效益而远航海外。以往的"夷人市中国"一变而为"中国而商于夷"，走向世界的中国民间商品经济在与西方殖民者争夺西太平洋贸易制海权的斗争中占有明显优势；而开辟国外市场的需要，又反转来带动了沿海地区手工业和商品经济的繁荣。

不承认晚明中国已有资本主义萌芽的中外学者们认为，中国的专制政治没有、也不可能允许资本主义萌芽的生长。然而，事实是，恰恰是在明代中叶以后，明王朝实行了一系列有利于资本主义萌芽生长的有限的改革开放政策，包括：终结土地国有制的"官民一则起科"政策，变实物赋税为货币赋税的"一条鞭法"，变劳役为"以银代差"的匠籍制度改革，允许民间开矿及数次开放海禁，等等，以至于有人说"今人立法，厚末抑本"。

商品经济的发展带来了社会风尚的变化，有力地推动了观念的变革。史料中的大量记载，都认为嘉靖前后是两个迥然不同的时代。

新思潮的第一声呐喊是"破人之执缚"的感性解放。在中国传统社会中，人们在衣、食、住、行各方面都受到等级制的严格约束，专制统治者更不遗余力地推行宋明道学"存理灭欲"的所谓道德教化，极力扼杀广大民众对于美好生活的追求。然而，商品经济发展起来以后，什么"礼教"，什么"天理"，什么"条教禁约"，等等，全都挡不住下层民众自发美化其生活的新潮：平民妇女一改过去清一色的冷色服装，而开始讲究衣饰的艳丽，甚至公然穿上了只有贵妇人才能穿的"命妇"之服；"齐（平）民而士人之服，士人而大夫之服"也很常见；普通市民的房屋上也缀上了只有官僚之家才能用作饰物的兽头，"饮食器用及婚丧游宴，尽改旧意"。商品经济的春风吹化了被道学意识形态冷却冰冻了的情感，带来了反映市民情调的通俗流行歌曲的兴起和戏剧的繁荣。生活于这一时期的李开先（1502—1568）作《市井艳词序》，称赞通俗流行歌曲受到市民群众的广泛欢迎，"虽儿女子初学言者亦知歌之"，"语意则直出肺腑，不加雕刻，俱男女相与之情……其情尤足感人也"。戏剧方面，男戏之外，又有了女戏，南曲盛行，出现了一些商人出身的戏剧家，士大夫也开始写迎合市民趣味的通俗流行歌曲和剧本。

社会风尚的变化，促进了观念形态领域的变革。晚明时期，是中国早期启蒙学术如万壑争流、千帆竞发、蔚为壮观的发展阶段。其中包括：以李贽为代表的重新估定一切价值、呼唤个性解放的人文主义思想，以何心隐和东林党人为代表的"以友朋代君臣"、"以众论定国是"的初步民主思想，以赵南星、冯应京、王征为代表的"工商皆本"的经济思想，以朱载堉、徐光启、陈第等一批晚明科学家、历史考据学家所代表的科学的知性精神的觉醒。

这一时期思想领域的中心一环，是"人的重新发现"的近代人文主义思潮。尊重人的感性生活，尊重个人追求幸福的权利，成为这一时期思想界的主旋律。正德年间兴起的市民文学、吴中傲诞士风以及稍后归有光对复古文风的批判，为人文主义思想的诞生作了准备；王阳明学说中包含的"只信自家良知"、"不以孔子之是非为是非"、"狂者胸次"、"五经皆史"等因素，客观上充当了人文主义兴起的多少带有"合法性"的嚆矢。以王学的分化为契机，产生出"非名教所能羁络"的泰州学派；进而有李贽出，颠倒千万世之是非，批判"道统论"，呼唤复"童心"、做"真人"、"各从所好，各骋所长"，张大启蒙旗帜；由此，袁宏道的"性灵说"，汤显祖的"至情说"，冯梦龙、周铨、闵景贤的情感本体论等接踵而来，以人文觉醒对抗伦理异化，崇真尚奇，蔚为风气，成为这一时期思想启蒙的主要特色。

当然，在晚明思潮中，特别是在文学创作中，也有一些赤裸裸地描写人的自然情欲的作品。《金瓶梅》反映了新兴暴发户的情感方式，自不必说；通俗流行歌曲中也有一些过直过露地咏唱情欲的，不免格调偏低；即使是汤显祖的不朽剧作《牡丹亭》，可以说是很高雅的作品了，其中也难尽免言辞过于直露之弊。这正如意大利文艺复兴时期人文主义代表人物薄伽丘的小说《十日谈》也有过分描写情欲之弊一样，乃是那个冲决网罗的时代必不可免的现象。但与旧礼教和宋明道学相比，晚明启蒙思潮从总体上来说，是健康的、明朗的，是尊重人的感性生活和追求幸福的权利的近代人文觉醒的表现。

第二阶段，从南明弘光、永历到清康熙、雍正，即公元 17 世纪 40 年代至 18 世纪 30 年代。

这一阶段是中国资本主义萌芽在以清代明的战火中备遭摧折而后又艰难恢复和发展、清王朝重建宗法专制的政治和思想统治的阶段。其主要特征是：清王朝在推行重农、恤商的经济恢复政策的同时，强调以农为本，促使商业资本重新流向土地；在统一台湾后开放海禁的同时加以严格限制并逐渐走向实行闭关锁国政策；全面禁止知识分子党社运动，兴文字狱，但康熙亲政后曾"宽文字之禁"达 42 年；全面推行道德礼教下移运动，从注重经学走向定朱熹思想为一尊。

清王朝要改变晚明商品经济发展所形成的社会风尚，从朝廷到地方，不知下了多少禁令，然而收效甚微。民众的感性生活要求一旦被唤起，就再也不是"礼教"和行政命令所能禁遏。清初北京城里的风气依然是："隶卒倡优之徒，服色艳丽；负贩市侩之伍，舆马赫奕；庶人之妻，珠玉炫耀。"道学家和清王朝认为，下等人居然也要享受只有上等人才配过的生活，乃是"逾礼"、"僭越"，是"礼乐崩坏"，必欲加以禁止。然而，实际情况却是"虽经禁约，全不遵行"，"千百人中无一人奉行者"。从顺治到康熙，数十年间，不知下过多少禁止民间戏曲小说、"严绝非圣之书"的圣旨，刑罚亦不可谓不严酷，连"看者"也要判刑，可就是屡禁不止，可见反映市民情调的文学作品是多么受到社会的欢迎。产生于这一时期的著名戏曲——洪升的《长生殿》，是一部热烈讴

歌爱情的作品；孔尚任的《桃花扇》，更热情歌颂了晚明下层民众"有
学士大夫所决不能攀跻"的优秀品质；还可以看一看蒲松龄的《聊斋志
异》，在这部由"豆棚瓜架"、"街头路口"听来的材料所写成的短篇小
说集中，竟有那么多的敢于向礼教宣战、追求爱情幸福和个性解放的人
物，特别是妇女的形象。由此可见，晚明感性解放的新思潮并未被清政
府推行礼教所窒息，而仍然在不断延续和发展。

　　这一时期，是早期启蒙学者"鸡鸣不已于风雨"的时期。新旧矛盾
与民族矛盾复杂纠葛，使思想启蒙的中国特色特别显著。就学派分野而
言，有以顾炎武为代表的经学及其考据，有黄宗羲开出的浙东史学，有
傅山所代表的子学研究，有方以智所代表的新兴质测之学，有王夫之所
代表的对宋明道学的总结。但亦互有交叉。就思想言，有以黄宗羲、唐
甄为代表的反对专制主义的政治思想和"工商皆本"的经济思想；以顾
炎武、颜元为代表的经世致用的"实学"思想；以方以智、方中通、梅
文鼎所代表的"缘数以寻理"的科学思想；以傅山为代表的个性解放的
思想等。这一时期的思想，带有对晚明思想进行反思的性质，顾炎武、
王夫之皆从总结明亡教训的立场痛斥李贽之鼓吹"私欲"，强调"大
公"。然而，此二人的思想又与李贽有若隐若现的继承关系，如王夫之
讲"人欲之各得"、"道应时而万殊"、"性日生日成"，等等，都可以从
李贽著作中找到相似的命题。顾、王与李贽的分歧，似有乌托邦主义者
与自由主义者之分歧的性质；前者有广大的社会基础，这是典型的中国
特色。

　　这一时期思想史的中心一环是批判君主专制制度的初步民主思想。
黄宗羲、唐甄等皆从个体出发肯认人的自然权利，批判专制主义，设计
民主政治方案，以保障合理的私人利益、使人人"各得自为"为归宿。
王夫之、吕留良等则从群体出发肯认人的自然权利（主要是生存权和发
展权），反对"私天下"而主张"公天下"，以"保其族、卫其类"为归
宿。他们的出发点和归宿容有不同，改革方案设计也颇有区别，但他们
都一致认为，国家是抽象的共名，"万民之忧乐"、"百姓之生死"才是

具体的和高于一切的。他们的分歧反映了民族矛盾和新旧矛盾的复杂纠葛，他们的共同点则反映了早期自由主义者与早期乌托邦主义者共有的初步民主要求。

第三阶段，从清乾隆到道光二十年，即公元 18 世纪 30 年代至 19 世纪 30 年代。

这一阶段，是中国资本主义萌芽获得较大发展，但又是清王朝实行闭关锁国政策、思想专制十分严酷的阶段。以乾隆二年清政府开放矿禁为契机，在全国各地兴起了民办矿厂的热潮，商业资本转化为产业资本；此外，士人、地主乃至知县也纷纷弃儒、弃农、弃职办矿，形成了一个作为中国近代矿业资本家之前身的新兴的"厂民"阶层；湘、鄂、川、淮各路农民"大军"自发奔赴黔、滇、两广矿业发达地区，矿厂规模之大、分工管理之严密，已相当于近现代的大型企业，且普遍建立起雇佣劳动关系，有力地启动了全国商品经济的发展。统治集团内部要求取消矿产品统购统销政策的呼声日高，并在很多地区部分取消了统购统销。江南纺织业的规模也日益扩大，有的纺织工场已达到织机千张、工人 4000 人的规模。在江浙闽粤地区，商业性的农业已在很大程度上取代了自给自足的自然经济的地位。适应这种发展趋势，有的官员（如江南安庆按察使刘柏）还提出了建立统一的国内自由贸易市场的要求。经济在一定程度上放开搞活了，但乾隆皇帝实行闭关锁国政策，于 1793年拒绝了正在扬帆进入现代工业社会的英国的建交请求，对英国使团带来的最新科技发明不屑一顾，从而使中国失去了一次了解西方、与世界现代化潮流接轨的大好机遇。

当然，乾隆皇帝也有比他的先辈要略为明智一些的地方。他看到前几代帝王想借行政命令扭转市民社会的风尚、禁止市民情调的文学是劳而无功，意识到朝廷对于社会风尚、文学艺术不但管不好，也管不了，所以要改变过去的政策。雍正的文化政策是只准演忠孝节义和歌咏太平的戏，而乾隆则认为"媒亵之词"也可以存在，他下旨说："先王因人情而制礼，未有拂人情以发令者。忠孝节义，固足以兴发人之善心；而媒亵之词，亦足以动人心之公愤。此郑卫之风，夫子所以存而不删也。"
因此，他决定对文艺领域"不行抑勒"（《大清世宗宪皇帝实录》卷六
七）。他的这几句话说得既有些无可奈何，而又大有些阿Q精神：明明
是管不住，却说是为了让反映市民情调的作品做反面教材。文艺政策一
放开，于是反映普通人的情感追求的通俗流行歌曲就空前盛行起来，且
十倍、百倍于晚明。戏剧舞台上，《红楼梦传奇》、《临川梦》与《牡丹
亭》以及大量新创作的作品交相辉映，盛演不衰。乾隆皇帝放开了文艺
领域而退守政治思想的领域，通过大兴"文字狱"来实行政治上的强栲
制，以维护君主专制。

　　这一时期的学术，主要有四个流派：以戴震为代表的皖派、以惠栋
为代表的吴派，以王念孙、汪中为代表集吴皖二派之长的扬州学派，以
章学诚为代表的浙东史学后劲，此外，有独树一帜的郑燮、袁枚。乾嘉
考据学者以对汉学的推崇和"尤异端寇仇乎程朱"的风格，赋予了考据
学以与宋学（或"道学"）相对抗的鲜明的学派特征，被正统学者斥为
"离经叛道过于杨墨佛老"。戴震既是考据学的大师，又是从考据中开出
义理的先驱。进而有焦循、章学诚、俞正燮、包世臣、龚自珍等使戴震
提倡的"志存闻道"的精神发扬光大。

　　这一时期启蒙思想的中心一环是学术独立和学术研究中的知性精神
的发展。戴震的重"心知"、"察分理"的认识论，袁枚对道统论的批判
和要求史学、文学脱离道统而独立发展的呼声，郑燮关于"学者当自树
其帜"呐喊，以及戴震、袁枚、俞正燮、龚自珍从尊重人类自然权利之
公理出发对"以理杀人"、"吃人"、强迫妇女"节烈"，扼杀人的个性的
伦理异化的批判，等等，都是知性精神在理性和感性层面上的表现。

　　这一时期的早期启蒙学术，更多地带有晚明启蒙思想的特征，"童
心说"、"性灵说"、"人必有私说"、"解缚说"等晚明思想都被着重地加
以强调。它一方面可以与晚清西学东渐和向着世界认同的改革运动相接
轨，从而与社会发展的一般规律相契合；另一方面，这一时期的最后一
位思想家龚自珍也预见到"山中之民有大音响起"的农民战争，预见到

了这一代表中国社会最广大的宗法农村传统文化背景的力量所赋予的现代化道路的中国特色。

2 "辟诸迷谬，以归一真之路"
——中国早期启蒙学术中的科学精神

明清之际的早期启蒙学者以其在科学领域的潜心开拓，在传统的"象数之学"与近代科学之间划出了明显的界限：前者是政治伦理的附庸，后者是"为求知而求知"的卓然独立的学科；前者是不求其所以然之理且掺杂迷信的混沌论说，后者是根据事物的数量关系深探其所以然之理的精确的数理分析；前者凭借狭隘经验论和神秘直觉，后者则完全诉诸科学实证和理性。此外，科学的态度和方法不仅被运用于认识自然，而且也被运用于人文学科的领域。所有这一切，都是古老的中国文化开始其近代化转型的明显征兆，标志着科学精神的曙光已经开始照临中国的大地。

中国早期启蒙学术中的科学精神，主要表现在三个方面：

（1）纯粹的求知态度

如同西方科学是自文艺复兴以来才逐步从宗教的束缚下解放出来而插上自由的翅膀一样，在明代中叶以后的中国，科学也正在努力冲破宗法专制道统、象数迷信、道教玄言的囚缚而独立发展，产生了一批具有纯粹求知态度的学者。王子朱载堉辞去了郑王爵位，终身从事乐律和天文历算的研究，特别是在天文学的研究方面，他批判了儒家"天人感应"的灾异谴告说，排除传统的政治伦理观念对于科学研究的干扰，使天文学在中国真正开始具有科学的性质；徐霞客蔑视科举功名，冲破"谶纬术数家言"及"昔人志星官舆地"的"承袭附会"之说，"以生命游"，"以性灵游"，"直抉鸿蒙来未凿之窍"，为科学的地理学研究献出了整个生命；李时珍使中医学摆脱道教束缚，注重科学实证，且重视"明变求因"，以求"窥天地之奥而达造化之权"；宋应星专门从事技术科学的研究和自然哲学的探讨，宣称"既犯泄漏天心之戒，又罹背违儒说之讥，亦不惶恤也"。更有以徐光启为代表的一批早期启蒙学者，冲决传统的"夷夏之大防"，打破民族的狭隘性和片面性，以谦虚而诚挚的态度去学习从西方传入的新知识。徐光启提出对西学要"虚心扬榷"、"拱受其成"，李之藻认为"宇宙公理非一身一家之私物"，许胥臣认为西来的新知识可以"醒锢习之迷"，瞿式穀认为西学可以"破蜗国之褊衷"，他们都把西学、特别是科学看作是与蒙昧主义作斗争的有力武器。此外，王阳明的"五经皆史"说及其为李贽所张大了的"不以孔子之是非为是非"的观点，杨慎、胡应麟、焦竑、陈第在考据学领域的开拓，特别是陈第、焦竑提出的"本证"与"旁证"相结合的考据学方法，也显示了传统学术中的知性精神的觉醒。

清初学者继承晚明学者的知性精神，冲破道统束缚，以纯粹的科学兴趣和求知态度去从事新兴质测之学的研究，将传统的以体悟宗法伦理道德之"天理"为目的的所谓"格物致知"改造、转化为新兴质测之学的"即物以穷理"，"格致"亦因此成为自然科学的称谓。方以智明确提出了"质测"（"物理"）、"治教"（"宰理"）、"通几"（"至理"）的学科区分，科学具有了独立性；王夫之充分肯定"惟质测能即物以穷理"，推崇"专家之学"；傅山提出"理者，成物之文也"，认为理是具体事物的文理、条理或结构规则；颜元亦与傅山持相同观点，此皆发戴震"分理"说之先声。与此同时，纯粹求知的科学精神进一步渗入经、史、子学研究领域。在经学领域，有顾炎武、阎若璩、胡渭等人的考据；特别是阎若璩的《古文尚书疏证》，以大量无可辩驳的史料证明宋儒赖以立论的"道统心传"（所谓"虞廷十六字诀"）乃是伪《古文尚书》的杜撰，这对于宋儒的"道统论"无异于是釜底抽薪。在史学领域，有钱谦益的"五经皆史"说和浙东史学的史料鉴别法；在子学领域，有傅山倡导"不被人瞒过"的方法。

乾嘉时期，中国传统学术进一步从注重伦理道德向重视知识转变。"浙西尚博雅"，程朱派传统的以"道问学"为体验"天理"之途径的治学方法通过考据学的发展而成为纯粹的求知方法；"浙东贵专家"，陆王派传统的"尊德性"也通过浙东学派"言性命者必究于史"的史学研究的发展而转化为尊重专家之学及其学术个性的术语。这一时期，自然科学和文史哲各学科的独立性比清初更为明显，在很大程度上摆脱了它们作为无所不包的经学和道学的婢女和附庸的地位，从而改变了宗法专制道统凌驾和统驭一切学术门类的局面。戴震提出的"察分理"为行将日益增多的具体科学门类的诞生提供了哲学依据；袁枚提出"废道统之说"，反对以史学和文学充当宗法专制教化的工具，强调各学科内容的独特性，进一步要求使学术从道统束缚下解放出来；章学诚把包括六经在内的一切古代文献和典章制度、政治事变等通通看作是历史研究的对象，看作是赖以从中发现历史规律的素材。从戴震所强调的明辨真伪、分析精微的"心知"到章学诚所注重的史学研究的"别裁精识"，大大凸显了"我"作为求真的知性主体的地位，为中国学术进一步走向"察分理"的专家之学和体现巨大历史感的对于社会发展之规律的探讨开了先路。

（2）"缘数以寻理"的公理演绎方法

通常认为，中国人采用"缘数以寻理"的科学方法是在徐光启和利玛窦合作翻译欧里德《几何原本》以后。但历史事实表明，这一科学方法在利玛窦来华前即已在中国出现。从隆庆二年（1568 年）始至万历九年（1581 年）的 14 年间，朱载堉在其《律历融通》一书中就提出："理由象显，数自理出，理数可相倚而不可相违。凡天地造化，莫能逃其数。"万历二十三年（1595 年）六月，朱载堉在《进历书奏疏》中又明确指出"天运无端，惟数可以测其机；天道至玄，因数可以见其妙。理由数显，数自理出，理数可相倚而不可相违，古之道也。"陈第在万历二十三年至二十五年（1594—1597）其所著《松轩讲义》中批评儒者"问之璇玑九章不知，则曰度数之末"，提出了"明理者贵达数"的命题。

1607 年徐光启、利玛窦合译《几何原本》问世，"缘数以寻理"的科学方法在徐光启的倡导下得以进一步推广。徐光启在《译〈几何原本〉序》中指出："几何之学，深有益于致知。"它能使人以科学的态度去审视传统、追求新知："明此，知向所想象之理，多虚浮而不可挨也"，"明此，知向所立言可得而迁徙移易也"。它能提高人们的理论兴趣，锻炼人们的理论思维能力："能令学理者祛其浮气，炼其精心；学事者资其定法，发其巧思。"他认为中国传统科技的传承方式是"鸳鸯绣出从君看，未把金针度与人"，而西方传统与此相反，是"金针度去从君用，未把鸳鸯绣与人"，讲求科学方法，就是要使人人能自绣鸳鸯，人人能运用科学方法去有所发现，有所发明，有所创造。他认为几何学的公理演绎方法不仅适用于自然科学领域，而且也适用于人文学科领域；不仅有利于人们探求科学真知，而且有利于提高人文素养。

与徐光启差不多同时，李之藻、李天经等著名学者也为宣传几何学的公理演绎方法而不遗余力。他们都一致认为，"缘数以寻理"的科学方法的优长之处就在于"一义一法皆能深言其所以然之故"，有助于变革传统的狭隘经验论和神秘主义的思维方式。与此同时，李之藻还与来华的传教士合作翻译了西方的逻辑学著作《名理探》。李之藻在《名理探·爱知学原始》中，称逻辑学为"爱知学"，认为它可以"引人开通明悟，辨是与非；辟诸迷谬，以归一真之路"。李天经亦在为《名理探》一书所作的序言中，"比《名理探》于太阳"，认为中国的科学要有大发展，就应该像西方的"格致"学一样，把形式逻辑的"名理"作为"格物穷理之大原本"。

清初学者继续提倡"精求其故"、"缘数以寻理"的科学方法。方以智明确以"物有其故，实考究之"来规定质测之学；方中通更明确地以"数"、"理"来规定质测之学的"精求其故"，提出"格物者，格此物之数也；致知者，致此知之理也"。王锡阐强调"必通于数之变而穷于理之奥"。梅文鼎认为"西历所推者，其所以然之源，此其可取者"，"言西学者以《几何》为第一义"；李光地认为"通新法必于几何求其源"；刘献廷以"推论其故"的几何学为一切科学技术的基础。此外，黄宗羲、刘献廷对东方神秘主义的批判，以及他们对科学与古代东方神秘主义之区别的严格辨析，反对以科学附会迷信而"灾及泰西之学"，等等，都将徐光启变革传统思维方式、铸造科学"新工具"的事业继续推向了前进。

乾嘉时期，戴震不仅将徐光启倡导的公理演绎法运用于自然科学研究，而且将其推广到"义理"的研究方面并加以阐发，以培养学者尊重自然和社会的公理、尊重思维逻辑的科学的知性精神。他颇有深意地对徐光启用以"弁冕西术"的《几何原本序》特别加以表彰，他的《孟子字义疏证》以公理演绎的无可辩驳的逻辑力量得出程朱之"理"乃是违背自然和社会之公理的"一己之意见"的结论，显示了科学方法所具有的反对专制蒙昧主义的战斗力。针对传统社会读书人空疏、浮躁、浑浑沌沌、不求甚解的学风，戴震振臂高呼："今之学者，毋论学问文章如何，先坐不曾识字！"戴震主张"由字以通道"或"由词以通道"，这一主张是极富启迪性的。汉语中的一个字或一个词往往就是一个概念，因此，我们在使用某一概念时，就必须对概念作科学的审定，给概念下一个明确的定义，在此基础上再按照逻辑推理的规则，由浅入深、由简至繁地阐说学理。概念的准确与逻辑的清晰，既可使人严谨，避免思维中的谬误；同时，运用概念、判断、推理的逻辑思维去考察各种学说，亦有助于"不受人惑"，有助于拆穿某些有意识的或无意识的弄虚作假，有助于拆穿形形色色的谎言和欺骗。戴震强调讲求思维的逻辑规则，既"去己蔽"，又"去人蔽"，在此基础上建立起了近代式的人文主义学说，这正说明了科学方法在人文教养中的不可或缺的重要地位。

（3）注重科学实证与从"重道轻艺"向注重技术科学的转变

晚明中国学者批判了狭隘经验论，但并没有抛弃经验认知这一认识的根本前提。朱载堉强调天文学必须运用精确的数学语言，但他认为，只有借助于高精密度的仪器，通过观测取得准确的数据，才能对天象运行的规律作出精确的推导。徐光启更极其重视科学实验。在天文学方面，他坚持"用表，用仪，用晷，昼测日，夜测星"；在农学方面，他坚持"亲执耒耜"、"手自树艺"、"引例拟断、推原其故",以科学实验的事实作为逻辑推论的前提。著名的地质学家徐霞客,以"峰峰手摩足挟"和"深探其所以然"的求实求真精神,毕生从事地理勘测研究,其成就令近代同行大为惊叹,盛赞其"观察之精,记载之详且实"(丁文江语)。此外,特别值得一提的还有清代中期的郑光祖,此人一生"志好研究",注意观察自然,以取实证。他于1839年刊刻了《一斑录》一书,提出了生物进化论的原理,比英国生物学家达尔文拟定《物种起源》一书的提纲早三年。

传统的观念是"劳心者治人,劳力者治于人",因而学者们普遍"重道轻艺"。然而这一传统观念在明清之际则受到了挑战和冲击。

晚明学者开始突破"重道轻艺"的传统观念束缚,表现出对于技术科学的浓厚兴趣。朱载堉反对儒者鄙薄"贱工之学",为发明乐理的十二平均律,他亲自从事制作律管的科学实验活动,并且到民间向"工师"请教,认为"凡造乐者,学士大夫之说卒不能胜工师之说"。宋应星倾注极大的热情从事工艺技术的研究,斥儒家之所谓学问不过是做官发财的钓饵,呼唤"天工开物"的新时代,《天工开物》序云:"丐大业文人,弃掷案头;此书于功名进取,毫不相关也。"徐光启亲自从事农学、天文仪器及火炮制造等各种科学实验活动,并且提出了在中国发展十项技术科学事业的计划。王征以毕生精力从事机械制造技术的研究,翻译了《远西奇器图说》等技术科学著作。在这一时期,袁宏道提出了"凡艺至极精处,皆可成名,强如浮泛诗文百倍"的观点。

对于"艺"的重视在清代有了进一步的发展。黄宗羲提出要奖励研究"绝学",主张将自然科学和技术科学纳入国家取士的范围。王夫之把"尽器""制器"的生产活动和科学研究看作是发挥和增进人的"知""能"、发展物质文明的基本动力,呼唤"备于大繁"的物质文明之进步。李光地指出,"西洋人不可谓之奇技淫巧",肯定西方传来的工艺技术"皆有用之物",并主张"来百工"。颜元释"格物"之"格"为"犯手捶打搓弄之义","手格其物而后知至",认为"艺精则行实,行实则德成"。当时的名医王清任亦突破传统观念的束缚从事解剖学的研究。乾嘉时期的学者更赋予精通技术者以"不朽"的永恒价值。如袁枚认为，道不可见，于艺中见之，主张研究具体的技术科学："艺即道之有形者也，精而求之，何艺非道"，提出了"精通一艺即可达于不朽"的命题。所有这一切，都表明了中国的早期启蒙学者们已经意识到科学和技术对于提高人的认知能力和实践能力所具有的重要意义。

3 "各从所好，各骋所长"
——中国早期启蒙学术中的新道德观

早期启蒙学者所论述的个性解放的新道德，既有对于理欲、义利、个体与类之关系的哲学论说，又有对于伦理异化的突出表现——节烈、纳妾、小脚、阉宦、"吃人"的忠孝观等的激烈批判。

（1）以自然人性论为出发点的新理欲观

晚明对禁欲主义的批判和新理欲观的建立分两支发展。一支是从泰州学派到李贽、再到李贽的众多崇拜者的路线，从自然人性论出发、主张冲决一切"条教禁约"的束缚，自由地发展人的天性。泰州学派的学者王艮、王襞、颜山农皆主张"所行纯任自然便谓之道"，"制欲非体仁"。何心隐提出了"尽天之性"而又"有所节"的"育欲说"，所谓"尽天之性"，就是肯认人人都有按照自己的天性而生活的自然权利；所谓"有所节"，就是要尊重别人同样的自然权利而对自己的欲望加以节制，以避免侵害他人的权利；"育欲"是"尽天之性"与"有所节"的结合，是个人的"欲货"、"欲色"和"与百姓同欲"的一致。李贽根本否认有所谓与"人欲"相对立的"天理"，鼓吹"穿衣吃饭即是人伦物理"，离却人欲即无道，因而痛斥道学之虚伪，认为"自然之性乃自然真道学"，主张因人的能力之差异和心之所欲为，在自由竞争中"各遂千万人之欲"。另一支以王廷相、罗钦顺、吴廷翰、吕坤为代表，基本上是从"气质之性"一元论出发来反对禁欲主义。罗钦顺提出"欲出于

天，理在欲中"，吴廷翰提出"人欲不在天理外"，吕坤则主张不否认等
级制的所谓"公欲"，带有早期乌托邦主义色彩。

清初理欲观作为对晚明思潮的反思，主要是继承和发展了吕坤的
"公欲"观。王夫之、费密、颜元等皆肯认"欲"是人类活动的原动力，
强调"人欲之各得即天理之至正"；但反对"私欲"，主张"人欲之大公
即天理之大同"、"欲不可禁，亦不可纵"，等等，将"人欲"作为"天
理"之一部分并在此改造了的"天理"的范围内实现"公欲"。连康熙
时期的理学名臣李光地亦在反对"私欲"的前提下，肯认"人欲非恶"
而主张"公天下之欲"。此外，傅山、陈确、唐甄的思想则带有晚明自
由主义的色彩，陈确肯认有"私"的"人欲"，反对伦理道德至上主义；
唐甄排斥"天理"，从"生于血气，避苦求乐"的自然人性论出发，探
讨人之"血气"与"心之智识"的调和，开乾嘉时期戴震"血气心知"
的新理欲观之先河。

乾嘉时期的新理欲观，以戴震、焦循为代表。戴震提出了包括欲、
情、知三要素的"血气心知"的自然人性论，深化了对于人性的认识，
指出"无欲无为又焉有理"，揭露"宋儒理欲之辨"为以理杀人的"忍
而残杀之具"，提出了"遂己之欲，广能遂人之欲"的新理欲观。焦循
等人继承和发挥了戴震的学说。

(2) 以自然人性论为出发点的新义利观

晚明新义利观主要以李贽为代表。李贽提出"夫私者，人之心也"
的命题，认为这是不证自明的公理，肯认求利之心乃是"吾人禀赋之自
然"；斥儒者义利之辨为自欺欺人，称颂"力田者但说力田，作生意者
但说生意"为"有德之言"；并把人际关系放到商业交易关系中去加以
考察，认为"天下尽市道之交"，提倡"强者弱之归"的自由放任的经
济竞争。但与此同时，李贽也强调，不可以圣人而为市井，反对把商品
交换原则引入学术领域。此外，有黄绾提出"利不可轻"，主张"义利
并重"论；吴廷翰认为"义利原是一物，更无分别"；焦竑认为"即功
利而条理之乃义"，反对"以仁义功利岐为二途"；陈第提出了"义即在

利中，道理即在货财之中"的命题。

清初新义利观的根本特点是反对宗法专制的伦理道德至上主义，表现出明显的功利主义特征。傅山提出要在国家利益与私人利益之间划一道合理的界限，以保障私人利益不受侵犯，并主张以现实的社会功利而不是以"道德"的空谈作为衡量人才的标准：不管白马黑马，能引重致远即是好马。唐甄把"为利"作为人类一切活动的基本目的，把"利"看作是"义"的基础，主张以社会功利去检验一切道德说教的合理性；陈确从"有私所以为君子"的人性论出发，把"有私"理解为个人在经济上的自主和人格上的自尊，认为中国的读书人首先要有独立的经济基础而后才能有独立人格；颜元一反传统的义利之辨，主张"正其谊而谋其利，明其道而计其功"。与新义利观相联系，黄宗羲主张"工商皆本"，唐甄、陈确的思想更与商业活动有密切的关系。

乾嘉道时期的新义利观又别出新解。继承了戴震的理欲观的焦循认为，"血气"与"心知"的结合就能使人意识到自身的利益，"为利"乃是人类活动的原动力，因此"儒者义利之辨不可以治天下"，必须"以利为义"。龚自珍更为大胆地鼓吹"人必有私"论，认为合理的私人利益和个体人格的尊严如日月经天、江河行地，甚至将"有私"与"无私"上升到有无个体尊严的人禽之辨的高度来认识。与此同时，恽敬发出了"货殖者，亦天人古今之大会也"的呐喊。

（3）关于个性及群己关系的论说

晚明泰州学派张大王阳明的"狂者胸次"，提倡个性自由，呼唤豪杰精神。王艮宣扬"我命虽在天，造命却由我"，欲使陷入罗网"复压缠绕奄奄然若死之状"的人们冲决囚缚，复归纵横自在的自由天地；王畿明狂狷乡愿之辨，主张"宁为狂狷，毋为乡愿"；何心隐"以讲学为豪侠之具"；罗汝芳要求"解缆放船，纵横任我"。进而有李贽出，提倡"各从所好，各骋所长"的个性解放，在自由竞争中形成群己关系的新秩序。随后，公安派学者崇真尚奇，力主"破人之执缚"，汤显祖批判"男子多化为妇人"的奴性，将晚明个性解放的思想推向高潮。明末社会危机和民族危机加剧，有徐光启提出强调发挥个体的自觉能动性和社会责任感、强调一切从自己做起的"唯知有我"说。

作为清初个性解放学说的时代最强音的是傅山对奴性的批判。他痛斥以宗法礼教扼杀青年对幸福之追求的卫道士为"老腐奴"，斥推行蒙昧主义的理学家为"奴儒"，斥对上是奴才、对下是暴君的专制官僚为"骄奴"，斥丧失民族气节者为"降奴"；为了祛除奴性，他提出一要"觉"、二要"改"，要人们"把奴俗龌龊意见打扫干净"，从此光明正大、堂堂正正地做人。顾炎武反对"禁防束缚至不可动"的专制主义，提倡个体的豪杰精神和"天下兴亡，匹夫有责"的使命感和责任感；黄宗羲强调学者要具有不为权势和流俗左右的学术个性；王夫之提出"我者，大公之我之所凝也"，强调个体是类精神的承担者，以实现群体所赋予的使命。其中，傅山的思想最富于个性自由解放的精神。

讨论个体与群体的关系，必然要涉及政治伦理层面的社会正义问题，由此产生了以黄宗羲的《明夷待访录》为代表的新的政治道德观和初步民主思想。黄宗羲的《明夷待访录》，以人的自然权利为逻辑起点，认为建立国家的目的是为了"使天下受其利，使天下释其害"，由此展开了对专制制度的批判和民主政治方案的设计：揭露君主专制乃"天下之大害"，斥全部专制主义的法制为"非法之法"而根本否定其合法性，提出以真正具有合法性的"天下之法"来代替君王出于一己之私欲的"一家之法"；根本否定"修齐治平"的伦理政治理论和特权人治、使好人变坏人的政治体制，坚决主张"有治法而后有治人"；反对"移孝作忠"、"事君如事父"的传统政治原则，主张君臣平等，"臣不与子并称"；反对专制主义的君主至上的原则，认为"一姓之兴亡"的国家是抽象的共名，而"万民之忧乐"高于一切，主张"天下为主君为客"；进而，主张分权制衡，学校议政，"必使治天下之具皆出于学校"，"公是非于学校"，自中央至地方，学校的权力与各级行政权相平行，使学校成为决定国是、对皇权和各级政府的行政权力具有制约作用的民意机关和权力机构，并由此而使广大民众"渐摩濡染"，从学校议政的精英民主向普遍的民主制过渡，造成"朝廷之上，闾阎之细"都不以天子之是非为是非的普遍民主氛围。黄宗羲认为，只有如此，才能使天下受其利、使天下释其害、使天下人人各得其合理的私人利益。近代以来，有学者将黄宗羲的上述思想称为"17世纪中国的民权宣言"，是有一定道理的；但就理论的成熟性而言，黄宗羲的思想尚处于虽尖新而不够周全缜密的初步民主思想的阶段。

乾嘉道时期的早期启蒙者更多地继承了李贽、傅山，较多自由主义色彩。郑燮愤怒谴责专制主义的"箝口术"和礼教束缚，宣称"学者当自树其帜"；龚自珍继承傅山对奴性的批判，着力于提升人的尊严，呼唤"去其棕缚"，使人的个性自由发展，以造成一个"不拘一格降人才"的社会氛围。此外，有女学者王贞仪提出男女"同是人也则同是心性"、妇女也应有"足行万里书万卷，常拟雄心似丈夫"的豪迈气概的观点；李汝珍通过文学创作来表达其新道德观，在小说《镜花缘》中主张男女平等、妇女解放，甚至提出了妇女应有参政权的主张。

此外，中国早期启蒙学者还对伦理异化的种种突出表现进行了揭露和批判。中晚明学者把批判的矛头指向节烈、纳妾等陋俗。方鹏、归有光皆反对女子为未婚夫守志殉死，徐允禄进一步反对已婚女子守寡殉死。冯时可、宋生反对老人纳少女为妾，"以兹衰景，误彼芳春"；江盈科更进一步从一般意义上反对纳妾；赵南星批判"卧冰求鲤"的孝道，冯梦龙更指斥孔子之道"平白地把好些活人都弄死"。清初学者唐甄、魏禧又提出"废阉"的主张，要求彻底废除这一延续了数千年的罪恶制度。乾嘉道时期对伦理异化陋俗的批判呼声更高，涉及的范围更广，亦更有深度。废缠足的主张首次被提出，如袁枚斥缠足为"戕贼女儿之手足以取妍媚"的恶行，李汝珍备言裹足之残忍，俞正燮提倡"丁女"风格，龚自珍亦写诗讴歌天足而反对缠足。汪中、袁枚、俞正燮等人皆反对"节烈"，汪中痛斥道学家对风尘女子"无故责之以死"，俞正燮更将"三丈华表朝树门，夜闻新鬼哭还魂"的节烈之惨酷揭露得最为沉痛。李汝珍、俞正燮皆反对纳妾，明确主张实行一夫一妻制，斥儒家"夫有再娶之义，妇无二适之文"的双重两性道德为"无耻之论"。与戴震谴责理学家"以理杀人"的同时，袁枚亦在《张巡杀妾论》、《郭巨埋子论》等文中对宗法专制主义忠孝观的"吃人"本质作了深刻的揭露。

4 "情之至于纤微无憾是谓理"
——中国早期启蒙学术中的情爱论和艺术观

中国文学，从《诗经》中的"国风"，到汉乐府诗，从六朝民歌，到唐诗、宋词、元曲，都不乏抒发情爱的篇章，风流名士们对女性的意态和柔情之美的描摩刻画不可谓不细腻传神，对"黯然销魂"、"执手相看泪眼"的伤离惜别意绪的摹写亦不可谓不生动感人，更有词人元好问写下过"问世间情为何物，直教生死相许"的著名词章，但却缺乏关于"爱"与"美"的理论探讨。这似乎是一个不争的事实。

中国传统的文学创作论，以"原道"、"宗经"、"征圣"为创作的根本指导思想，以"事父"、"事君"，即为伦理政治服务为创作目的，故反映传统政治伦理要求的载道文学长期居于"正统"地位，成为中国文学史的主流；虽有抒写真性情的性灵文学，但却处于被压制、被排斥的地位，更谈不上有性灵文学的系统创作理论。

关于"爱"与"美"的理论探讨，关于性灵文学的创作理论，在中国只是到了明代中叶才开始出现，并且蔚为大观，成为时代思潮和早期启蒙学术的重要组成部分。

（1）关于"爱"与"美"

"爱"与"美"本质上是一个"情"的问题。

李贽首先把"情"提到哲学本体论的高度，来与程朱理学的"天理"本体论相对抗。他说："氤氲化物，天下亦只有一个情。"他认为一切有生命的事物都肇始于"夫妇"，而夫妇之间唯有一个"情"字在起作用，于是，情便成为世界的本原，一切创造的原动力。将对于"情"的肯定和推崇的抽象规定还原为感性的具体，李贽充分肯定了人们冲破礼教束缚、追求爱情和幸福的合理性。他称赞寡妇卓文君的私奔为"善择佳偶"，赞美卓文君与司马相如的爱情是"同声相应，同气相求，同明相照，同类相招"，认为出于个人主动选择的爱情"正获身，非失身"，从而一反传统的"失身"与"获身"之辨，并且突破了传统的把英雄美人、才子佳人之结合仅仅看作是男人们的风流韵事或某种特殊个例的局限性，而将其演化为一种肯定人们追求恋爱自由之合理性的时代思潮。

汤显祖思想的核心范畴也是一个"情"字。他认为人生的一切无不是出于情，为了情；情涵盖一切，通乎宇宙自然的规律。他在《牡丹亭题词》中集中表达了他的"情至"观："情不知所起，一往而深，生者可以死，死者可以生，生而不可以死，死而不可复生者，皆非情之至也。"《牡丹亭》所表达的正是一种为了爱情幸福而不惜出生入死的爱情观。汤显祖对于爱情的讴歌，受到了道学家的"以理相格"。对此，汤显祖的回答是："第云理之所必无，安知情之所必有邪！"据说，当时有一位道学先生看了汤显祖的《牡丹亭》以后，问汤显祖："君有如此妙才，何不讲学？"汤显祖回答："吾所讲是真情，公所讲是伪性。"在汤显祖关于情爱的论述中，寄托着对于"有情之天下"的未来历史的春天的憧憬。

冯梦龙继承和发挥了李贽和汤显祖的唯情论思想。为了使"情"成为天下国家的普遍原则，冯梦龙将"情"推崇到了天地生物之本的高度："天地若无情，不生一切物。一切物无情，不能环相生。……四大皆幻设，唯情不虚假。"他认为天地间唯有情是永恒的真实的存在，它化生一切事物，并使万物生生不灭。这与宋明理学以"天理"为最高的实在，讲"理一分殊"是根本对立的。冯梦龙既以"情"为最高的实在，也就把情作为宇宙、社会、人生的根本原则，因此，他要立一"情教"，来教诲众生，使天下人人"蔼然以情相与"。于是，情就由天地生物之大本化作了普遍的人类之爱，它要驱逐那"灭情"的所谓"天理"，来形成一个"如睹春花发，齐生欢喜意"的美好社会。他特别重视"男女之真情"，主张恋爱婚姻自由。他揭示了情感与人格美之间的关系，认为只有"人情至深者"才能有感人至深的道德行为："虞侯、押衙，为情犯难；虬髯、昆仑，为情露巧；冯燕、荆娘，为情发愤。情不至，义不激，事不奇。"他认为"女子能识真豪杰"，而英雄豪杰亦从情爱中获得了从困境中振拔奋起的精神力量。

　　冯梦龙的这一观点，为与他同时代的学者周铨所接受，并以此来解释"儿女情长"与历史人物、历史活动之间的关系。周铨在其《英雄气短说》中认为，"情"乃是英雄豪杰砥砺志节的精神力量。首先，情感不仅存乎男女之间，而且达于友朋，通乎天下国家。有真情者，不仅对于恋人一往情深，而且对朋友讲信义，对于社会国家有献身精神。深于情，专于情，必能把情爱置于生死之上，不惜为此"大割"、"大忘"，乃至献出自己的生命。其次，没有真情、深情的人，决不可能有一往无前的英雄气概，有为爱情、为事业而献身的精神。古来称得上是英雄的人，"有拔山跨海之概，乃亦不能不失声儿女之一戚"。真情、深情、激情，乃是英雄气质、英雄生涯的不可分割的组成部分，甚至是英雄之所以能成其为英雄的心源动力："古未有不得于情而能大其英雄之气者。"因此，"惟儿女情深，乃不为英雄气短。"儿女之事固小，甚至是"不屑之事"；英雄业绩固大，足以辉映千古；然而，无论事之大小，皆能"竭情以往"，正是英雄本色。所以古来英雄，"其始皆有不屑之事，后乃有不测之功"。当然，周铨也指出，对于那些视女性为私产、为玩物的人来说，是既谈不上真情深情，更谈不上什么英雄气概的。所有这些论说，都在一定程度上揭示了情爱之"美"与人格之"善"的关系，是中国古代美学注重人格美的"美善合一"的传统在新的历史条件下的新发展。

　　清初哲人傅山把情看作是"天地生人之实"的大本大原，"复乎一而塞天地"者皆情，不见情也就是不见人，不见人则天地为浑沌；情为人之乐，故傅山呼唤"尽情"、"复情"。傅山作《犁娃从石生序》，歌颂了犁娃与石生的纯洁爱情，表达了一种超乎任何功利要求之外的美好的纯情观。他认为，爱情之所以为爱情，就在于它是不包含任何"实际"的考虑的，爱就是一切，高于一切；一包含任何利益的算计，就不能叫爱情了。爱情的获得，远比中状元举人更为宝贵；这种精神上的富有，也远远胜过了"富有四海，拥娥眉皓齿千千万"的物质上的富有。在傅山看来，男女的结合，只有不仅具有冲破宗法礼教束缚的勇气，而且也具有冲破金钱和荣华富贵等世俗观念束缚的崇高品德，才称得上是至高至贵的纯洁的爱情。

（2）性灵文论

"性灵"一词早在魏晋时代就已出现，在中国文学史上，抒发性灵的文学虽不占主流，但也有悠久的历史。而性灵说作为一种文学理论的诞生，则直接来自李贽的《童心说》。

李贽的《童心说》，既是晚明个性解放的宣言，也是晚明文学革新运动的宣言。李贽把"童心"规定为人与生俱来的"最初一念之本心"，也就是自然的人性，其特点是"绝假纯真"，丝毫不知伪饰。他认为，专制主义的政治伦理说教的所谓"义理"都不是发自童心，而是蒙蔽童心的，义理灌输得越多，童心也就丧失得越多，最终导致"全不复有初"的人性沦丧，成为说假话、做假事、作假文的伪君子、假道学，使整个社会"无所不假"、"满场是假"，道学的假文章充斥文坛。从童心说出发，他认为"天下之至文，未有不出于童心焉者也"。他称颂抒发真性情的六朝诗、《西厢记》等为"天下之至文"；相反，作为"道学之口实"的"六经"、《论语》、《孟子》则不可以为"万世之至论"。他对真性情与创作的关系作了极生动的表述，指出："世之真能文者，比其初皆非有意于为文也。其胸间有如许无状可怪之事，其喉间多欲语而莫可所以告语之处，蓄极积久，势不能遏。一旦见景生情，触目兴叹，夺他人之酒杯，浇自己之垒块，诉心中之不平，感数奇于千载，既已喷玉唾珠，为章于天矣，遂亦自负，发狂大叫，流涕恸哭，不能自止。宁使见者闻者切齿咬牙，欲杀欲割，而终不忍藏于名山，投之水火。"（《焚书·杂说》）这段气势磅礴的文字，既是李贽自己写作时的心理感受的真切倾诉，同时也说明，只有发自真性情的文章才是"天下之至文"，才有激发人们心灵共鸣的永恒魅力。

在李贽学说的影响下，万历二十四年（1596 年）春，袁宏道在吴县作《叙小修诗》一文，正式提出"性灵说"的创作宗旨，宣称："独抒性灵，不拘格套，非从自己胸臆流出，不肯下笔。"在袁宏道的笔下，性灵包括两层含义：第一，性灵是"任性而发"、包含"人之喜怒哀乐嗜好情欲"的"至情"。袁宏道主张文人们要向民歌学习，称颂民间文学为"真人所作，故多真声……任性而发，尚能通于人之喜怒哀乐嗜好情欲，是可喜也"。他强调"情至之语，自能感人"，认为只有表达真感情的作品才具有"可传"的艺术价值。第二，性灵是"得之自然"、"关乎神情"、"唯会心者知之"的天然真趣。袁宏道说："世人所难得者唯趣。趣如山上之色，水中之味，花中之光，女中之态，虽善说者不能下一语，唯会心者知之。……夫趣得之自然者深，得之学问者浅。当其为童子也，不知有趣然而无往而非趣也。……（此）趣之正等正觉最上乘也。"袁宏道认为，趣是自然而然、发自至性的感觉的灵悟，是心与境合的神交、默契，自然的人性乃是"趣"之根本，而"率性而行"的"真人"方能领会做人的真趣。晚明对"性灵"一词的不同表述很多，有汤显祖的"情至"说、江盈科的"元神"说、袁中道的"精光"说，等等，用词虽然不同，但其内涵都未超出"至情"与"真趣"两个方面。

在李贽的"童心说"和袁宏道的"性灵说"的影响下，形成了崇"真"尚"奇"的晚明文风。"言人之所欲言，言人之所不能言，言人之所不敢言"，"与其平也，宁奇；与其正也，宁偏；与其大而伪也，毋宁小而真"，出现了"芽甲一新，精彩八面"、"丽典新声，络绎奔会"的性灵文学创作的盛况。"野鹤孤唳，群鸡禁声"，正统的载道文学遭到了前所未有的冷落。说真话，抒真情，以真奇为美，成为中国文坛的一大新气象。

"性灵说"对于清初哲人傅山、黄宗羲、王夫之等人的思想也发生了深刻的影响。

　　傅山的美学思想，以"情"为核心。在艺术创作上，他强调"情真自然"、"纯任天机"，继承袁宏道以"真情"和"天趣"释"性灵"的观点，又发袁枚以"真情"和"灵机"释"性灵"的先声。他说："文者，情之动也。情者，文之机也。文乃性情之华，情动于中而发于外，是故情深而文精，气盛而化神，才挚而气盈，气取盛而才见奇。"这就是说，只有情真、情深，方有气盛、才奇；没有真情、深情的人，则其才气必定平庸。他反对矫情雕琢，提倡"不可炉锤，纯任天机"，"天机适来，不刻而工"，只有将真情与天地造化之生机相结合，方才有"妙道情真语。"他认为无论何人作诗，都必须反映人的真情实意，即便是"僧诗"也不例外，"宁花柳勿瓶钵"。雪峰和尚去江南，傅山劝他作艳诗，其说云："江南烟树，莫非法眼，诗当大进……若能于六朝花柳里面讨一个真空实相，不妨多作几首艳诗，担在概栗上，拿归塞上。……江山之助，助才助兴，无才不足见性。江山正不助庸人也。"（《霜红龛集》卷二十二《草草付》）劝雪峰和尚于六朝花柳繁华之地作艳诗，这岂不要大坏佛教戒规？然而傅山却认为江南烟树、六朝花柳"助才助兴"，无真情必为庸才，庸人又岂能作好诗耶？这进一步涉及"情"与"才"的关系。法国18世纪的启蒙学者狄德罗曾指出，在一个奉行道德伦理至上主义、压抑人抒发真实情感的社会中，是不可能出大艺术家的。傅山的观点正有见于此。

　　黄宗羲对于艺术创作的"情感—审美"属性亦有着深刻的认识，他以有无真性情作为衡量一切诉诸语言文字的艺术创作之优劣的标准，认为抒发真实情感的作品，才能做到"无溢言曼辞以入笔句，无诙笑柔色以资应酬"。他的美学思想特别具有人民性，从"凡情之至者，其文未有不至者"的观点立论，他认为"天地间街谈巷语，邪许呻吟，无一非文；而游女田夫、波臣戍客无一非文人也"（《明文案序》），对人民大众天然流露的思想感情和创作表现出高度的重视。鲁迅赞美"杭唷杭唷派"，黄宗羲亦称许"邪许呻吟派"！作为一位以天下为己任的志士仁人，他特别注重把个人的情感与天下之治乱、时代的变迁相联系，呼唤

"风雷之情"，提倡以这种激情去改革社会、推动社会进步，从而将"情"提升到一个新的境界。

与晚明的情感本体论相比，王夫之虽然并不以情为本体，但把情看作是本体的功能和属性，即"阴阳之几"。他又以主客体的相互关系来界说情："临水而悠然自得其昭旷之怀"，"入山而怡然自遂其翕聚之情"，即自然引发人的情感，人又赋予自然以情感审美的属性。他在"天理"中容纳"人欲""人情"，批判宋明道学"灭情以息其生"，认为"天理人情，元无二致"。从情理统一的观念出发，王夫之主张应尊重艺术的"情感—审美"的特质和艺术创作的特殊规律，反对宋明理学排斥审美表现的情感内容和片面强调审美的政治伦理意义。他强调诗歌的最根本的美学特性在于它的抒情性："情之所至，诗无不至；诗之所至，情以之至。"（《古诗评选》卷四）这是诗歌与政治伦理文章的根本区别之所在，如果将情感排斥，所谓"诗"也就成了押韵的道学语录，也就无审美可言了。正因为他特别强调诗歌的抒情性，所以他对历来被尊称为"诗圣"的杜甫颇有微词："自杜甫始，桎梏人情，以掩性之光辉，风雅罪魁，非杜其谁邪！"（《古诗评选》卷五）这种对杜甫的过火的批评，实际上是针对企图强行把诗纳入专制政治伦理轨道的程朱派理学家而言，因为他们才是真正的"桎梏人情"者，杜甫的创作不过是他自己所独有的一种风格而已。尽管如此，杜诗由于带有了较多的政治伦理意味而受到王夫之的激烈批评，可见王夫之是多么强调诗的"情感—审美"的独立价值。

清代中叶，哲学上又出现了一个与李贽同道的戴震，文学上出了一个与袁宏道同道的袁枚。戴震倡"情感哲学"于先，袁枚倡"性灵说"于后，使与专制道统相对抗的"性灵说"得到了进一步的阐发。袁枚把"性灵"解释为"性情"与"灵机"，他说："今人浮慕诗名而强为之，既离性情，又乏灵机，转不若野氓击辕相杵，犹应风雅矣！"（《小仓山房文集》卷二十八《钱屿沙先生诗序》）他所说的"性情"与"灵机"，与袁宏道所说的"至情"与"真趣"在意指的对象上大致相同；他认为诗文非有至情者不能为，亦与袁宏道、汤显祖同一路数。袁枚认为，情来自性，性不可见，而于情见之，而"性"乃是自然人性论之性，不是专制道德教化的"义理之性"，所以袁枚强调："情所最先，莫如男女"（《小仓山房文集》卷三十《答蕺园论诗书》）。此外，情还包括亲子之情、友朋之情、人道之情、审美之情和解悟之情，等等。"灵机"与"风趣"亦有逻辑上的派生关系，风趣得之于灵机，故袁枚又说"风趣专写性灵"（《随园诗话》卷一）。他强调艺术创作要"有我"，要表现鲜明的艺术个性。所有这一切，都是对晚明"性灵说"的继承和发展。与袁枚同时的郑板桥，讴歌"青春在眼童心热"，"直摅血性为文章"，更将他的创作指导思想追溯到李贽的"童心说"。郑板桥以其"掀天揭地之文"、"震电惊雷之字"、"无古无今之画"、"呵神骂鬼之谈"在18世纪的中国文坛上独树一帜，犹是崇"真"尚"奇"的晚明性灵之作的流风余韵。

继袁枚、郑板桥之后，在19世纪初的三十多年中，"童心说"的精神在龚自珍的诗文创作中又再次放射出耀眼的光芒。对于艺术的"情感—审美"本质，龚自珍有着十分真切的认识，所以他提出了"尊情"的创作主张。他在晚年写的《己亥杂诗》中说："少年哀乐过于人，歌哭无端字字真。既壮周旋杂痴黠，童心来复梦中身。"这首诗似可看作是龚自珍对自己一生创作实践的总结。

（三）中西近代人文精神之比较

早在19世纪，英国古典政治经济学家和德国古典哲学家就提出了中国社会自身不可能孕育出现代性因素的论说；19世纪末至20世纪初，德国新康德主义的大社会学家M. 韦伯又提出了中国不存在走向现代化的文化背景的论说；20世纪50年代，美国著名汉学家费正清提出了关于东方社会现代化的"冲击—反应"模式论。在这些学说的共同影响下，中国学术界产生了与上述观点相一致的"超稳定系统论"的观点、以英国为现代化的典型形态进而扩散于全球的观点、"西方的现代化是内发原生型，中国的现代化是外发次生型"的观点，等等。王蒙先生说"中国从未有过人文精神"，即从未有过与西方文艺复兴和启蒙运动相类似的人文精神，也是上述观点在"人文精神讨论"中的一种翻版。

事实证明，上述观点并不合乎历史的实际。具有五千年文明史的中华民族与同样具有悠久文明的西欧民族的共同点，就在于中国也有自己的内发原生的现代化萌动，有自己的近代人文精神的历史根芽。就其起源而言，它来自中国社会基本矛盾运动的内在冲力而非来自外因之引发；就其本质和固有的属性而言，它具有现代化的原生形态的一切基本特征。明清之际早期启蒙思潮中的人文精神，乃是这一现代化萌动的观念形态表现；而勇于接受西学的中国近代学者向明清之际早期启蒙文化的认同，更凸显了中国文化自身的主体性和从传统走向现代的历史连续性。

以马克思主义的历史主义的眼光来看问题，人类各民族在大致相同的社会发展阶段上总会发生大致相同的问题，解决问题的方式也是大同小异。当然，由于世界各民族的社会结构和文化形态各有其特殊性，现代化的转型方式和道路亦各有其民族特色，反映这种转型的近代人文精神亦呈现出不同的民族特点。

首先，在求真的方面，反对中世纪蒙昧主义，凸显知识的地位，提倡多元文化心态，是中西近代人文精神的共同特征。但在西方，是以知识反对神学蒙昧，使各学科摆脱神学之婢女的地位；而在中国，则是以知识反对泛道德主义的蒙昧，不仅要使各学科摆脱儒家道统的束缚，还要摆脱形形色色的宗法门户之见的束缚。这是近代人文精神的中国特色之一。

为了反对中世纪蒙昧，激励人们去追求真理，就必须肯定每一个人都有自由地公开地运用其理性的权利，这是近代启蒙的最根本的特征。

在这一方面，康德给"启蒙"下的定义与李贽的观点具有惊人的相似之处。

康德认为启蒙就是要使人类脱离自己所加之于自己的不成熟状态，从而有勇气自由地公开地运用自己的理智。康德在发挥这一观点时说，当人们由于自然方式而成熟——由儿童长大成人——以后，由于懒惰和怯懦，他们仍然愿意终身处于儿童状态，这就使得别人可以轻而易举地以他们的保护人自居；他们的保护人从来就不允许他们尝试运用自己的理智，因此就只有少数人能够通过自己的精神奋斗摆脱自己的儿童状态。康德认为，启蒙运动除了自由而外并不需要任何别的东西，而且还确乎是一切可以称之为自由的东西之中最无害的东西，那就是在一切事情上都有公开运用自己理性的自由①。

李贽在《藏书》中表达了与康德相同的观点。他认为，人必须摆脱依赖别人在前为之引路、效颦学步的"婴儿之类"的状态。他说："夫人之所以终不成也，谓其效颦学步，徒慕前人之迹为也。此如婴儿然，婴儿之初生也，未能行立，须藉父母怀抱提携，乃能有往，稍长便不用矣，况既长且大欤？今之践迹者，皆婴儿之类，须赖有人在前为之指引者也，非大人事也。"② 他认为孔子的信徒们都是需要有人在前面为之引路才能行立的"婴儿之类"的人，不是摆脱了儿童状态的"大人"。而中国的专制帝王之所以尊孔，就在于他们以"民之父母"自居，把臣民当孩子看，用孔子学说来教化他们，为他们的孩子引路，警告他们如果不踏着孔子的足迹走、不以孔子之是非为是非是何等危险。而在李贽看来，这正是"人之所以终不成"的原因，人之所以为人，就在于有独立思考和选择自己要走的道路的能力。为了唤起人们的理性觉醒，李贽对专制和蒙昧造成的人们的奴性作了深刻的批评，极力主张人要做"有见识力量"的"大人"，而不要做托庇于人的"孩子"。他批评中国传统

① 康德：《历史理性批判文集》，商务印书馆 1990 年版，第 23、24 页。
② 李贽：《藏书》，中华书局 1959 年版，第 520—521 页。

社会知识分子的奴性，说他们"为圣贤则求庇于孔孟，为文章则求庇于班马，种种自视，莫不皆自以为男儿，而其实则皆孩子而不知也"[1]。他认为专制和蒙昧使一般人和学者都丧失了自己作为"大人"的自尊和自信，以至于处处依附于人，而没有独立自主的人格，就像不能自立的儿童必须受父母的监护一样。黑格尔在《历史哲学》中论中国文化时亦指出，中国的儒家伦理使人们像儿童一样地服从父母，而没有自己的意志和主见，与比他早三百年的李贽的说法完全一致。在李贽看来，人如果只是托庇于圣贤或他人，"则终其身无有见识力量之日"。他强调人要做"大人"，正是强调人要有独立自主的人格，要敢于自由地运用自己理性，要有自己的意志和主见。只有如此，才能从"皆孩子而不知"的状态中摆脱出来，凭借自己的见识力量在人生的道路上迈出坚实的步伐。

——中西启蒙学者的语言是如此相似，都认为"启蒙"就是要摆脱没人在前面引导就不能独立行走的儿童状态，从而敢于运用自己的理智，走自己的路。

在近代人文主义的启蒙运动中，人的认识世界的方法论的变革和科学新工具的铸造是一个极其重要的方面。这一点无论在中国还是西欧都是共同的。但也有不同的民族特点。

在西方，为了变革中世纪占统治地位的被抽去了理性灵魂的演绎法，特别注重实际效用的英国人（以弗兰西斯·培根、洛克为代表）采取了以自然科学的经验方法取代中世纪神学方法的变革方式；灵活而机智的法国人（以笛卡尔为代表）则巧妙地赋予了演绎法以近代理性精神；经验归纳与科学演绎相结合，构成了完整的近代科学方法论。1687年，牛顿的《数学原理》的出版被认为是近代科学诞生的标志，它第一次使人们认识到自然的现象、本质和规律都可以用精确的数学语言来表达，这是实证归纳与数理演绎相结合的科学方法的典型范例。

---

[1]　李贽：《焚书》，中华书局 1971 年版，第 58 页。

在中国，摆在启蒙者面前的任务，是要变革传统社会占统治地位的阻碍科学发展的狭隘经验论和由此导致的保守、迷信的思维方式，反对"名理之儒土苴天下之实事"和"妖妄之术谬言数有神理"，使科学从理学蒙昧主义的束缚下解放出来。于是，早在 1561—1581 年间，就有朱载堉反复论说数理演绎方法对于认识自然的重要意义。此后 10 年（1607 年），又有徐光启和利玛窦合作翻译欧几里德的《几何原本》（这本书在西方曾给予牛顿以巨大影响），以此来弥补传统的经验方法之不足，用科学的理性精神来破除中世纪蒙昧，以实现中国传统的认知方法的变革。与徐光启同时的李之藻和后来的黄宗羲、梅文鼎、王锡阐、焦循等人，都在不同程度上比较了中西认知方法的异同，尝试着、试探着迈出了变革中国传统的自然科学方法的步伐。他们都认识到，狭隘的经验论似乎很注重实际经验，但却不免导致脱离实际、蹈虚空谈；而科学的理性精神，似乎注重的是理论的方面，然而只有这种精神才能使人们认识客观规律，给人以实践的智慧、力量和勇气，推动人们的社会实践。

在"善"的追求方面，尊重人格尊严和价值选择的主体性，肯认合理的私人利益和每个人追求幸福的权利，向往建立在"自由、平等、博爱"基础上的个体与类的一致，主张实现"最大多数人的最大幸福"，是中西近代人文精神的共同特征。区别在于：西方启蒙者反对的是禁欲主义的宗教异化，而中国启蒙者反对的则是以纲常名教的绝对权威来压抑、扭曲人性而使人成为非人的伦理异化。以西方的眼光看中国，反对伦理异化是中国近代人文精神的民族特色；以中国的眼光看西方，反对宗教异化又是西方近代人文精神的民族特色。

中西近代人文精神的道德论基础都是自然人性论。西方哲人普遍认为，避苦求乐，趋利避害，追求私人利益和个人幸福，等等，乃是人的自然本性，将其称之为人的"自爱心"。中国哲人的观点亦与此大致相同：李贽认为"人必有私"，人性的实然存在就是每一个人有私、有欲、有情的"童心"；黄宗羲讲"有生之初，人各自私，人各自利"；唐甄更大力发挥了"避苦求乐"乃是人之"生于血气"的自然本性的思想；戴震的"血气心知"说，用欲、情、知三者来界说人性，也是一种自然人性论。

既然每一个人都是避苦求乐、追逐自己的私人利益的，那么又如何调节人们之间的利益关系，造成一个人人讲道德的和谐社会呢？回答是：既要肯定每一个人追求其私人利益的合理性，划清群己权界以保障合理的私人利益，又要将自爱之心推及他人及整个社会，尽自己对于社会的义务和责任。这是中西哲人所遵循的共同思路。西方哲人为保障私人利益和机会均等的自由竞争，除了诉诸民主法治的"社会契约"外，在道德上主张凭借理性的指导，将自爱的原则上升为社会公共福利的原则，强调只有在一个人人遵守社会公德的社会中，每一个人的合理的私人利益才能得到切实的保障。在中国，李贽一方面主张"各从所好，各骋所长"的个性发展，讲"强者弱之归"的自由竞争，为新的经济秩序开辟道路，同时又主张"以率性之真，推而扩之与天下为公"，以"各遂千万人之欲"。明清之际的中国哲人都讲要"公天下"，而所谓"公天下"，就是要使"人人各得自私，各得自利"（黄宗羲），要设一道"圣人公普之墙"，来保障私人利益不受非理、非法的侵害（傅山）；由此"合众人之私以成天下之公"（顾炎武），使"人人情得遂、欲得达"（戴震）。这些论述，与同时期的西方哲人都是同一思路。

这一时期的中西人文精神之道德论的比较，同样不能笼统地说西方人是"个体人格"、而中国人则是"社会人格"。我们不仅看到了西方启蒙者关于"只有社会的人才是人"、个人应对群体尽义务和责任的论述，还看到了启蒙者们为了对于真理和正义的热情而不惜献出整个生命的崇高人格；英国的著名诗人拜伦可以说是最主张个人自由的了，但是，他却主张在为人类的自由解放事业而斗争的时候，可以牺牲个人，而"绝不应该有任何纯粹自私的打算"；他认为个人如同浪花，人类犹如海洋，个人为人类的自由幸福而斗争，虽然"撞在岸上的波浪一个一个地溃散了，但是海洋总之获得了胜利"①。他实践了自己的思想，并且最终为希腊人民的民族解放事业献出了自己的生命。我们也不仅看到了欧美近代教育所洋溢着的"因真理得自由以服务"的精神，更看到了那些伟大的人道主义者献身于人类幸福事业的光辉风范。例如著名的英国贵族女子南丁格尔，不惜放弃她那优裕高雅的贵族小姐的生活，去从事艰辛的护理工作，并且为人类创立了现代护士制度。我们再看一看那优美的俄罗斯影片《迷人之星》吧！在这部影片中，一位美丽的法国姑娘深深地爱上了一位俄罗斯的十二月党人（一位贵族革命家），但她不久却毅然离开了他，为的是不让人们议论她看上了贵族的地位和财富；而当这位贵族革命家在被沙皇判处流放西伯利亚的时候，她却陪伴着她的爱人踏上了遥远的流放之路……我们怎么能简单地说西方人是"个体人格"，中国人是"社会人格"呢？

在作中西古代人文精神比较的时候，可以明显地看到中国古代哲人对于知识与道德的关系远不如古希腊罗马哲人那么重视，但明清之际的中国哲人却与同时期的西方哲人一样，给予知识与道德的关系几乎是同等程度的重视。这又是中西近代人文精神中的道德论的一个显著的共同点。唐甄认为仁义礼智"四德"中，"智"为"大机大要"，比仁、义、礼三德更根本；没有知识，所谓仁、义、礼就会成为狭隘、僵化、偏私的道德；反之，有了"智"，仁就能"贯通"而广大，义就能因时而"变化"，礼就能变通而"和同"；只有凭借知识和智慧的引导，才能实现仁、义、礼的社会功能；知识的进步，必能带来道德的进步。戴震为了推倒以"穷理致知"为名、行推行伦理异化之实的程朱理学，强调"必就事物剖析至微而后理得"，提出了"察分理"的命题，揭露了程朱理学之所谓"天理"并非是关于自然和社会的真理，而是"一己之意见"，从而驳倒了程朱，为中国近代人文主义的道德论奠定了认识论的

---

① 《拜伦勋爵的生平、书信和日记》，第 476 页，转引自《从文艺复兴到十九世纪资产阶级文学家艺术家有关人道主义人性论言论选辑》，商务印书馆 1971 年版，第 231 页。

基础。

在近代人文精神的道德论方面，有一点是中国超过西方的，这就是对于妇女问题的理论探讨。西方启蒙学者讲自由、平等，但从 15 世纪到 18 世纪，却很少有人讲男女平等，似乎也没有人讲妇女要有参政权。相反，作为 18 世纪著名的启蒙学者的卢梭却大讲妇女应该如何学得使自己变得让男人喜欢，而 19 世纪初的德国启蒙者席勒还仍在那里散布一套类似于中国传统的"女子无才便是德"的论调。可是在中国，启蒙学者们却比较重视妇女解放问题，他们批判传统的"女祸论"和"女子无才便是德"的谬论，批判传统的贞操观、节烈观以及强迫女子裹足等恶俗，讴歌有才华、有见识、有豪杰气概的女性，甚至有的还提出了女子参政的主张（如李汝珍的《镜花缘》）。之所以出现这种情形，可能与文化背景有关。日耳曼人给西欧中世纪带来了一种至少在表面上尊重妇女的传统，这在中世纪的骑士文学中表现得最为明显，骑士们为效忠贵妇人而不惜赴汤蹈火，在遇到危险的场合宁可牺牲自己也要保护妇女和儿童被看作是男人的最可贵的品质之一，妇女们有一定的社交自由。在这样的背景下，女权问题反而不被重视。而在中国传统社会中，正统思想以女子为小人、为祸水，对妇女的禁锢极为严酷，民间更盛行溺杀女婴的恶俗。压迫越重，反抗越烈，所以具有近代人文精神的早期启蒙学者们也就格外重视妇女解放的问题了。不知这样解释是否有几分道理？

在"美"的追求中，中国明清之际破天荒地出现了关于"爱"与"美"的理论探讨，男女情爱作为一个理论问题而受到重视，同时又并没有局限于两性之爱，而是试图将其推广为一种美的社会理想，出现了唯情论的哲学思潮，这一点与西方近代的一些学者把"爱"与"美"作为人生的主题、主张通过爱去实现美的社会理想是一致的。但是，西方近代人文精神在尊重世俗的爱的同时，仍然延续了柏拉图式的纯粹的精神之爱的传统，使得男女之爱不必带有肉欲的和伦理的意味；中国则不同，男女之爱总是带有肉欲的和伦理的意味。反映这种情爱观的文学创作，无论是《牡丹亭》、《长生殿》、《桃花扇》，还是《聊斋志异》、《红楼梦》，等等，都是如此。这与中国文化传统特别注重世俗的伦理的生活，而不注重超越的纯粹的精神生活有关。

在"美"的追求中，中国明清之际产生了崇"真"尚"奇"、"宁今宁俗"的性灵文学创作理论，与西方同时期的美学理论相比，都具有珍视人的真情实感和热爱大自然的特征。明清之际的中国学者以情爱为英雄豪杰砥砺志节的精神力量，与西方启蒙学者讲"情感淡泊使人平庸"、"情感衰退使杰出的人失色"，等等，亦颇有些相通之处。但这一时期的中西美学思想亦有一些明显的和微妙的差异：从形式来看，西方的美学理论，自鲍姆嘉通把美学作为一个专门的学科以后，美学逐渐形成系统化的理论体系，而中国的美学理论大抵仍然是散见于随笔、诗话、画论、序跋、书牍之中的片断论述。从内容来看，中国哲人重自然美，强调"自然之谓美"（李贽）；而一些西方哲人（如黑格尔等）则更重人工创造的美，把艺术美看作是人的本质力量的对象化。中国哲人的论说多重视民间创作，更富于人民性，从李贽到公安"三袁"到黄宗羲，都是如此。而西方哲人在其关于美的论说中，仍或多或少带有"精神贵族"的气息，例如休谟在《论审美趣味的标准》里，席勒在《审美教育书简》里，都认为只有少数"天才"人物或"优选者"才有真正的判别美丑的本领。在这一点上，显然中国哲人的观点更具有现代性——审美趣味既是高度个性化的，同时又是高度社会化的，因此，反映人类至性至情的大众的审美趣味往往比精神贵族们更贴近自然，更贴近生活，更能激发广泛的社会化的情感共鸣；而天才的艺术家所创作的高雅艺术也只有能反映人类的至性至情，才能有久盛不衰的生命力。

五
现代世界的人文精神

19 世纪以来，西方世界进入了工业社会，一切现代矛盾日益充分地显示出来。从 19 世纪后期起，被人们称为"科学主义"与"人文主义"的两大思潮之间的对立开始明朗化。

与此差不多同时或稍后，被卷入世界潮流后的中国社会也出现了各种思潮交汇激荡的局面。"五四"时期的东西文化论战，20 世纪 20 年代的科学与玄学的论战，从表面上看，亦带有"科学主义"与"人文主义"两大思潮对立的意味，但亦仅仅是形似而已。

时代的矛盾推动了中西哲人对于人的问题的理论探讨，不同学派的哲人对于真善美三者的价值取向偏重虽有不同，但都从不同的视角、不同的层面深化了对真善美的认识，为现代人文精神的建设提供了丰富的思想资料。

（一）现代西方思潮中的人文精神

1 时代背景与思潮变迁之大势

西方现代思潮中的人文精神，是在社会走向工业化过程中历史与伦理、科学与价值之矛盾的激烈冲突中诞生的。

（1）现代西方人文哲学产生的社会历史根源

在西方社会现代化的历史进程中，充斥着"善"与"恶"的二律背反，并且表现为人类历史上前所未有的尖锐而激烈的形式。

资本主义市场经济的迅速发展，工业化的大踏步前进，创造出仿佛用魔术从地底下呼唤出来的巨大生产力，创造出一片震古烁今的文明景象，促进了人类精神的解放和能力的发展。但是，在这一进程中，它又总是然而又是必不可免地要到处撕破那温情脉脉的中世纪纱幕，打破那田园生活的温馨与宁静，到处用人对物的依赖关系取代那中世纪人对人的依赖关系，从而把人们抛掷到赤裸裸的现金交易和冷酷无情的利己主义打算的冰水之中。与工业革命相伴而来的是"劳动异化"的产生，人创造了机器，机器又通过资本主义的生产关系而构成了对人自身的奴役。在这种情况下，知识分子作为社会的良知，对资本主义社会的劳动异化发出了正义的批判之声。

马克思以深广的人道主义情怀对早期资本主义社会的劳动异化作了深刻的揭露："劳动者被剥夺了最必要的——不仅是生活所必要的，而且是劳动所必要的——对象，劳动者只有用最紧张的努力和伴随极不规则的间歇才能把它据为己有。对对象的占有表现为异化到这种程度，以致劳动者生产的对象越多，他能够占有的对象便越少，并且越加受自己的产品即资本的统治。"①

作为思想家的尼采也认为，资本主义社会片面的分工和紧张刻板的工作方式，造成了一种"古怪的无精神性"，给人们的个性发展带来了新的压抑。他哀叹："由于这种非人化的机械和机械主义，由于工人的'非人格化'，由于错误的'分工'经济，生命便成为病态的了。人类的目的，也就是文化，便看不见了，作为达到文化的手段的现代科学活

---

① 马克思：《1844 年经济学—哲学手稿》，人民出版社 1979 年版，第 45 页。

动，产生了野蛮化。"① 他说美国人的工作之令人窒息的匆忙，人们手里拿着表思想，吃饭时眼睛盯着商业新闻，像怕耽误了什么事的人一样生活着，这种情形将会"扼杀一切教养和高尚趣味"。

资本主义使生产和消费都成为全球性的，使"狭隘的地域性的个人"为"世界历史性的真正普遍的个人"所代替，从这一视角看，它是有利于人的全面发展的。但在这一过程中，也伴随着痛苦和灾难：争夺市场和原材料产地的需要，使每一个资本主义国家都力求尽可能扩大自己的活动空间，老牌的资本主义国家已将世界分割完毕，后起的资本主义国家也不甘示弱，借助于血与火的手段来重新分割世界。从第一次世界大战到第二次世界大战，中间只隔了二十多年。战火从旧大陆蔓延到新大陆，从西欧烧到东方，科学的新发明在战争中得到了广泛的应用。"第一次世界大战"用上了坦克和毒气，"第二次世界大战"用上了飞机和原子弹。两次世界大战不仅给殖民地半殖民地的人民带来了深重的灾难，也使西方人民在两次世界大战中付出了沉重的代价。

20世纪50年代以来，超级大国推行核威胁和核讹诈政策，使人类的生存面临巨大的危机。同时，工业化所带来的能源的大量浪费和人类生态环境的恶性破坏，也日益构成了对于人类生存和发展的威胁，成为困扰人类心灵的重要问题。

在当代资本主义国家中，科学与价值的矛盾表现得相当突出。一方面，科学技术的发展，使人们的物质生活水平大大提高；但另一方面，富裕的生活却使人们患上了"富裕病"，人们把更多的闲暇用于娱乐，寻求感官刺激，商业化的娱乐降低了人们的精神趣味，少数人为寻找感官刺激甚至走向吸毒和暴力犯罪。一方面，遵循着理性主义的原则而创造出高度严格的科层制管理形式和具有严密的制衡机制的现代国家制度，为现代经济生活、政治生活的正常运行所必需；但另一方面，它又确实是"竭力把个人简化为无所不包的操纵系统中的运算因子"，人被

---

① 尼采：《瞧！这个人》，中国和平出版社1986年版，第57页。

同化于技术一元化的体制之中，认同于这种体制的绝对合理性，不再有怀疑和批判精神，不再有改革现状、使社会更美好的理想主义激情。只有少数知识分子仍然对资本主义制度持一种批判的态度，试图寻找一种新的生活方式，呼吁不要做认同于技术一元化体制的"单面人"，呼吁重新恢复人性的神圣性与崇高性。

（2）现代西方人文哲学的直接来源——西方民族在现代化历史运动中的社会心理或文化心态

反映现代化进程中历史与伦理、科学与价值之矛盾冲突的社会心理，可以追溯到18—19世纪文学和理论中的浪漫主义思潮。它或者表现为从对于封建制度的否定而导致对文明的否定，主张"回到自然去"。提出这一口号的卢梭在其作品中高扬"个性解放"、"自我意识"、"感情发扬"的旗帜，蔑视传统观念、道德规范、价值标准，并且总是热情讴歌平民的自然淳朴的人性、美好的道德情操和健康的生活情趣，讴歌田野的秀丽风光、清新的空气和那充满着亲切宁静的柔情的乡村平民家庭，仿佛纯真的人性只有在大自然中才得以复归。它或者表现为对新兴的资本主义文明的批判而转向大自然和带着淳朴的野性的古老的民间生活。例如19世纪的浪漫主义作家在其作品中表现出对资本主义文明的强烈不满，经常把大自然的"美"和社会现实的"丑"相对比，赞美没有沾染城市文明的平民的淳朴，把大自然和平民生活作为精神上的寄托。浪漫主义文学作品中所反映的社会心理，一方面表现了要求个性解放、弘扬自我的时代强音，另一方面又表现出对于"文明"压抑情感的强烈抗议这一非理性主义的情绪。

从19世纪后期起，西欧思潮出现了某种转向，科学—理性主义思潮受到了非理性主义思潮的挑战，在机械文明压抑下的西方人发出了"人不是机器"的呼声。然而，非理性主义本身又是一股非常复杂的思潮。一种非理性主义表现为西方民族精神的自我探寻。在世纪的转折点上的尼采，以"强力意志"来反抗资本主义文明对人性的压抑，他所表现出的蔑视一切神灵和宗教、反抗一切文明的束缚、只信自己的"强力意志"的精神,是崇仰个性的西方精神在世纪末令人窒息的沉闷中发出的歇斯底里的狂喊。这种精神仿佛是反抗文明、压抑人性的古希腊酒神精神的复归,又打上了资本主义时代的迷信强力、用夺取来满足强烈的占有欲和扩张欲的烙印。此外,也有企图造成一个新宗教的非理性主义,让人们在超功利的审美境界中去恢复被纷纷扰扰的物质重心偏置所破坏了的心理平衡,以达到心灵的平和。

第一次世界大战结束后,在西方社会有两种呼声:一是"西方没落",二是"科学破产"。这两种呼声是两种不同的非理性主义思想的产物。写作《西方的没落》一书的德国学者斯宾格勒,把尼采的学说加以发展。他名为反对西方中心论,实为鼓吹一种更为精巧的西方中心论。他反对资本主义文明对"人性"——贵族化的个性——的压抑,致力于从原始神话中去寻找民族精神的原型,从血与土中去寻找民族的生机和活力,借助于比较文化的研究方法,他得出了浮士德精神比任何其他民族的文化精神都要优越得多的结论。按照其文化宿命论的观点,任何文化类型都注定要衰落,世界末日注定要来临,但既然如此,何不以最后的辉煌光焰来迎接那壮丽的毁灭!他认为,埃及、中国、阿拉伯等文化类型,以及其他几乎所有的文化类型,在经历了最辉煌的帝国时代后都已衰落了,如今,正是那特别优越的"浮士德精神"推动着西方民族走上建立世界大帝国的道路。他把著作的题目定为"西方的没落",目的就在于刺激日耳曼民族在文化竞争中的危机感和争夺世界霸权的紧迫感。另外,"科学破产"的呼声,是从对"科学万能"的怀疑所导致的对于科学进步作用的全面否定,是对 19 世纪风行的科学能导致社会进步和人类幸福的观念的全面否定。

第一次世界大战后的"科学破产"的呼声,促使西方学者探讨对科学的运用加以伦理和社会的调节的途径。原子弹在第二次世界大战中的运用,更震撼了一切善良人们的心灵,使得解决科学与人类生存价值的矛盾问题更为急迫而鲜明地提了出来。生命的价值重于物质的手段,成为有理性的西方学者的共识。第二次世界大战结束后的第二年(1946),

美国国务院原子能委员会主席李林台尔（D. E. Lilienthol）发表了《科学与人类的命运》一文，讨论"原子能与新的战争威胁"问题，文章提出："在我们这个时代人们将以余下生命不息地与之搏斗交绥的问题只是：机器与科学是用来降低人类的地位并且毁灭他们呢？还是用来增进人类的尊严与权威？人们将如何才能运用科学与机器以增进人类的幸福？""我们决不能雇用机器来造福人类，除非我们对于人类有不可动摇的信念。作为有效果的基石的，应该是对于人类、对于生命最高价值的深沉而持续不灭的忠诚。"自20世纪50年代以来，西方的科学家（包括爱因斯坦、居里夫妇等）和有识之士纷纷发表声明，反对帝国主义滥用科学来危害人类，反对核威胁政策，强调必须从全人类生存和发展的共同利益来思考问题。

（3）中国文化对于西方的影响

19世纪末以来西方社会经济政治和精神的危机，促使西方学者向东方探寻，由此引发了19世纪末和20世纪以来大规模的中学西渐。19世纪末和20世纪初，法国传教士顾赛芬编撰的汉法对照本《四书》、《诗经》、《尚书》、《礼记》、《春秋》、《左传》、《仪礼》等先后问世，《史记》前47卷的法译本（沙畹译）亦在巴黎出版。"据统计，自1886年到1924年，光《道德经》的英译本就有16种之多，而到20世纪60年代，有40多种英译本。据说《道德经》的欧美译本之多是仅次于《圣经》的书。"① 同时又有一批移译和介绍中国古典文学的著作出现在英美等国，如《中诗英译》（翟理斯，1901），《诗歌集锦》（福克尔译，1909）、《中国文学史》（翟理斯，1901）、《中国诗集》（戴尔·波尔译，1907），《神州集》（庞德译，1904），《松花笺》（罗厄尔、艾思柯合译，1921）、《群玉山头》、《唐诗三百首》（宾纳译，1929）等。1920年以后，《庄子》、《列子》、《吕氏春秋》等中国诸子著作先后被译成德文。中国古典小说也在20世纪上半叶陆续西译。西方各国汉学家撰写了大量研

---

① 赵毅衡：《远游的诗神》，四川人民出版社1985年版，第123—124页。

究中国文化的著作。法国的葛兰言著有《中国文化》（1929）和《中国思想》（1924）等著作。卫礼贤著有《中国文明简史》、《中国精神》、《中国的经济心理》等，其子卫德明亦著有《中国思想史和社会史》、《中国历史》、《中国的社会和国家：一个世界帝国的历史》等著作。20世纪50年代初以来在美国由费正清倡议组织的中国思想研究会更是成果卓著。

西方文化的危机和20世纪大规模的中学西渐，使19世纪盛行的"西方中心论"逐渐被打破。

第一次世界大战后，法国文学家罗曼·罗兰提出了旨在反对狭隘的西方中心主义的"泛人文主义"，把批判的锋芒指向西方中心主义的最初源头——"古希腊—拉丁"文化系统的古典人文主义，主张把世界各民族的人文主义汇成和谐的乐章。在德国，1919年出版了凯瑟琳（Hermam Keyserling，1880—1946）的《一位哲学家的旅行日记》，书中认为东西方之间的文化差异已不再是相互理解的障碍，通过东西方的相互理解和合作，就可以实现人类的本质，最终创造出一种更美好、更完善的文化。20世纪20年代初，英国哲学家罗素明确提出中西文化应该互相取长补短的问题。1939年，由夏威夷大学主办召开第一届东西方哲学家会议，与会学者比较一致的观点是："不论东方哲学还是西方哲学都不是'自足的'，都不具备全面的、整体的哲学特征。"

第二次世界大战结束以后，越来越多的西方学者意识到，应当在不同的民族之间建立一种相互尊重和理解的文化关系，并寻找一种最低限度的共同的价值标准，即肯认人类的心灵在解决重大全球性问题上有共同的心理祈向。1949年夏在夏威夷召开的第二届东西方哲学家会议所达到的一个共识就是：在东西方哲学当中，与相互之间所存在的矛盾比较起来，倒是有更多的互相补充的东西；由于东西方哲学在解决宇宙人生问题的基本点上的一致，使东西方的理论分离开来的各种矛盾，其实并非是不可相容的。

20世纪西方学者的东方探寻旨在解决历史的与伦理的、科学的与价值的矛盾冲突。美国新诗运动的倡导者庞德把追随印度思想的西方人归为不敢正视矛盾的"逃避主义"一类，而认为向着中国的探寻才是敢于正视矛盾和为解决矛盾而寻找救世的良方。这也许是出于对中国文化的偏爱，但中国文化比印度文化更切实、最少出世思想却也是事实。自庞德倡导新诗运动起，英美学者总是把中国文化当作一种明朗的、令人愉快的东西来加以吸收。罗素说，他是由于对西欧所抱的希望日益黯淡、为寻求新的希望而研究中国的。他赞赏中国人的民族性与尼采学说恰恰相反，认为老子主张的"生而不有，为而弗恃，功成而弗居"的精神值得那富于进取和创造精神的西方人效法，因为它有助于扼制强烈的占有欲和扩张欲给人类带来灾祸。李约瑟通过向 18 世纪法国启蒙者的回溯，把 19 世纪奠定在科学基础上的社会进步的信念，又重新奠定到中国古代性善论的基础上。1942 年 8 月他在中国作《中国文明》的讲演时说："不论个人表现与人类真正性格之距离至何种程度，吾人对社会进步之理想，惟有依赖人性本善之学说，方有实现之望，而此种信心，吾人固自中国获得也。"从 20 世纪 50 年代后期至 70 年代，李约瑟、汤因比更通过对中西文化作全面的比较研究，系统论述了中国文化精华对解决人类面临的一系列重大问题所具有重大意义。

（4）现代西方人文哲学的理论源流

现代西方人文哲学，通常认为是从 19 世纪中叶以后的新康德主义开始。然而要看出现代西方人文哲学历史发展的真面目，却不能不追溯到维科、赫尔德和康德。维科的突出贡献就在于他首先明确区分了文化和自然。他对哲学家们竟然不遗余力地研究物质世界而忽视了各民族的文化世界惊诧不已，并且开始肩负起"从人类心灵的变易中"去认识人类所创造的文化世界的使命。赫尔德主张，不仅要对人类外在的历史进行考察，而且要对作为人类完美的精髓的人性的历史进行考察，以寻觅人类的精神归依。康德进而对"文化"与"文明"作了明确的区分，他认为人类发展过程中创造的技术性、物质性的事物和精神的各种外化形态都属于"文明"，而构成人类本质力量的精神的内在性因素才属于

"文化"，文明是外在形式，文化才是内在的深层本质。因此，他的《纯粹理性批判》、《实践理性批判》、《判断力的批判》，分别以纯粹的理性、绝对命令的意志、超功利的情感为进程，在范畴中、在自由中、在审美中去追求一个理想的真、善、美的精神世界。正如有的哲学研究者所揭示的，他更给人们留下了一个神妙难测而又引人入胜的"物自体"。这"物自体"仿佛是一位高贵的女神，身处理想的彼岸世界之中，对纯粹理性来说，她深闭而固拒，令人生"隔花人远天涯近"之感；对实践理性来说，她略启门扉，然而终究是"盈盈一水间，脉脉不得语"；对审美来说，她告诉人们有一座桥梁可以通过。这"物自体"究竟是什么？谢林猜是自我与非我之上的绝对，又说绝对就是"原始意志"，是在一切之先的生命欲望（连神也不例外）。至于如何实现与"物自体"的合一，谢林认为，知识是神性的理想存在，当精神从事理智活动时，永不能实现绝对体；与此不同，艺术则是神性的实际存在，只有在自然中或在艺术中之美感出现时，才能实现与绝对体的合一。他的思想继承了康德，而又启迪了叔本华以后的人文哲学家。与黑格尔同时的叔本华认为"物自体"是宇宙生命的意志，开启了现代非理性主义的先河。

19世纪中叶以后，西方哲学界出现了"回到康德去"的呼声，产生了新康德主义的两派哲学学说。新康德主义的马堡学派偏重于知识论，因而拒斥形而上学；与此相反，以文德尔班、李凯尔特、韦伯等为代表的西南学派，则试图以人文学科的精神阐扬康德学说，以文化价值的探究来重振形而上学。他们反对只走知识逻辑的道路，认为人文哲学是以价值为中心的对真善美的应然价值的追求，是生命、自然、社会、历史的发展所不可少的学问。在逻辑价值、道德价值和审美价值三者中，他们最重视的是审美的价值，它使人从欲望与意志的现实世界中的不满足与缺乏获得精神上的自由与幸福，通过发自天然的灵感而达于最美好的境界。至于宗教价值，则是体现于真善美三者之中或之间的一种主体超越感，是一种无限的希望，以解决"价值—应然"与"实在—实然"之间的二元对立。19世纪末，狄尔泰发出了为有别于自然科学的人文学科争地位的呼声，强调社会生活的主观性和历史性，以及与自然科学方法相区别的人文学科方法的特殊性。尼采创立了他的强力意志的文化哲学，这是西南学派的文化哲学的进一步发展。马堡学派与西南学派的分歧，是西欧文化的两种精神的表现：前者是典型的日神精神，而后者更富有酒神精神的气质；前者主要是科学的、理智的，后者则主要是审美的、情感的。

20世纪以来，在新康德主义的两派学说的激荡和影响下，各种哲学学说蜂起：有柏格森的生命哲学，有胡塞尔的现象学，有舍勒尔的情感哲学，有斯宾格勒和汤因比的历史哲学，有杜威的实用主义，有罗素、维特根斯坦、卡尔纳普的逻辑实证主义，有弗洛伊德、荣格的精神分析学说，有海德格尔、雅斯贝尔斯、萨特的存在主义，有怀特海的机体哲学，还有卡西尔的人类符号的文化哲学，等等。

不可否认，在现代西方哲学的众多流派中，确有两种在方法、语言、领域诸方面都迥然有别的哲学流派：

一种是英美的分析哲学，即知识哲学，以认知领域为研究对象，以逻辑实证、语言分析为方法，讲求精确的科学语言，来研究知识的逻辑、结构和形式。这派哲学以早期罗素、早期怀特海、早期维特根斯坦、石里克、卡尔纳普为代表。因为是以知识为研究对象，目的仅仅在于求真，所以"拒斥形而上学"。这是20世纪上半叶有影响的哲学学派之一。

另一种是盛行于西欧大陆的存在主义哲学。这派哲学家称他们的哲学为"行动哲学"。他们把特殊的个人奉为终极的实在，以与人生密切相关的道德伦理、宗教、艺术为研究对象，一反传统的对世界历史和对普遍性的全神贯注的"宏大叙事"的传统，转而关注每个特殊的个人的特殊的精神世界，尤其抗议工业化、科学化、群众化对独特个人价值的贬损，要求个人的绝对自由。这派哲学肇始于丹麦人克尔凯戈尔，而以雅斯贝尔斯、海德格尔、萨特为主要代表。叔本华、尼采虽然不属于这一流派，但与这一流派的观点最为接近。这一学派由于过分张扬非理性，因而在 20 世纪 60 年代西方的反文化运动破产后逐渐声息低微。

但有很多的哲学流派，虽然彼此之间不无分歧，却很难笼统地用"科学主义"与"人文主义"的对立来加以论定。杜威的实用主义和胡塞尔的现象学兼有理性主义和非理性主义的特征；而作为逻辑实证主义者的罗素在 1919 年还嘲讽柏格森的生命哲学是"骗巴黎时髦妇人的"，可是曾几何时，他也研究起日神精神和酒神精神的相互关联来了。马堡学派的最后重镇——卡西尔的文化哲学也已或多或少地受到非理性主义的文化哲学的浸染。索罗金的文化哲学从文化的整体性出发来说明人的自我创造性是理性因素与非理性因素的统一；而梅罗-庞蒂作为法国现代思想史上一个承前启后的人物更进一步提倡胡塞尔对新康德主义的两派传统"一视同仁"的思想，主张"在世界的或合理性的观念中联合极端主观主义与极端客观主义"。在他以后兴起的结构主义的文化哲学把语言学、精神分析学和文化人类学作为自己的理论来源，力图把理性主义和非理性主义统一起来。法兰克福学派的主要代表人物马尔库塞把历史看作是人的本能冲动（"快乐原则"）与科学理性、社会文明（"现实原则"）的冲突史，试图在历史文化的发展中将二者统一起来。更有舍勒、普列斯纳、兰德曼的文化哲学，其方法更明显地表现为自然科学与形而上学的结合和将理性主义与非理性主义融为一体的特征。尽管因哲学家的精神气质不同而有偏重于知识逻辑或情感意志的差别，但他们都同样关心人类的命运、人的自由发展。无论是日神精神，还是酒神精神，都是人的精神。

现代西方哲学强调科学与人文的区别，更多地表现为对于片面地强调抽象的类精神而忽视个人的独特价值的黑格尔主义的反抗。现代人文主义者普遍认为：科学旨在得出普遍规律，而人文则注重活动和选择的自由意志；科学注重单纯性和一致性，人文则更注重复杂性和创造性；科学强调工具理性、功利主义，导致把人看作是体现历史必然性的某种绝对精神的承载者或工具，人文则更强调价值理性、终极关怀，一切为了人，人本身就是目的。与近代启蒙运动的人文精神强调生活的理性化相区别，19 世纪后期以来的人文主义思潮强调的是生活的艺术化、审美化；与近代启蒙者在强调人的个体性原则的同时亦强调人类精神的普遍性和必然性相区别，19 世纪后期以来的人文主义思潮则更注重个体及其独特价值，强调个体价值选择的出人意料的独特性和个人在情感意志方面的自由发展。这是现代西方人文哲学思潮的基本特征。

2 "原则上不存在科学所回答不了的问题"
——现代西方哲人对于"真"的理论探讨

现代西方哲人对于"真"的理论探讨，包括两大方面，即如何认识自然与认识人生。被称为"人文主义"哲学家的人们固然重在认识人生，而被称为"科学主义"哲学家的人们在探究如何认识自然的同时，很多人也同样重视认识人生。所以，所谓"科学主义"与"人文主义"的对立只是表面的，二者的深层精神指向其实都是对准着同一个目标——使哲学服务于人生。

与近代哲学相区别，现代西方哲学在"真"的理论探讨方面出现了三大特征，即：语言学转向、历史学转向和心理学深化。

现代西方哲学的第一个重要特点，是从近代认识论向现代语言哲学的转向。近代认识论着重探讨的是知识的获得和思想的产生问题，而现代语言哲学所着重探讨的则是知识和思想的"可传达性"问题。近代西方哲人从本体论转向认识论，其根据是离开认识来谈"存在"是不可靠的；20 世纪的西方哲人从认识论转向语言哲学，其根据是必须借助于语言的意义才能理解"存在"和认识①。无论是逻辑实证主义者罗素和他的学生维特根斯坦，还是存在主义者海德格尔和他的学生伽达默尔，都是语言哲学家。

罗素（1872—1970）是理想语言学派的代表人物。他的基本观点

---

① 参见萧焜焘主编：《科学认识史论》，江苏人民出版社 1995 年版，第 722 页。

是：第一，哲学不应当是一种形而上学的理性思辨，它的任务在于寻求建立确定的和没有疑问的知识体系的方法，以发现"有多少东西我们能说是知道，以及知道的确定性或未定性究竟到什么程度"①。第二，逻辑分析是哲学的本质。只要是真正的哲学问题，都可以归结为逻辑问题。传统哲学所讨论的问题大多是不能用经验来检验的形而上学问题，而凭借感知所形成的知识又大多是含混不清的。因此，必须借助于逻辑分析来明辨真伪。同时，"分析显然能给人以新知识"②。第三，一切科学知识的命题都可以最终分析为逻辑上不可再分析的"原子命题"，而"原子命题"所指称的就是作为人们的直接经验的"原子事实"，这是逻辑分析的依据。只有借助于逻辑分析，才能使科学命题建立在确切可靠的经验事实的基础上。一切复合的事实和命题都应是由"原子事实"和"原子命题"所构成。通过逻辑分析，我们至少在原则上能够发现，世界是怎样可以通过最少的、不可再化约的成分来描述的。第四，数理逻辑的语言是理想的语言。正如从很少的几条初始公理的推演就可以推导出整个数学系统一样，我们也可以运用数理逻辑的语言来澄清传统哲学在"存在"问题上的混乱。逻辑实证主义的两大要素，一是逻辑，一是实证。通过逻辑分析确认经验实证的"原子事实"，又凭借指称"原子事实"的"原子命题"通过精密的数理逻辑来建构世界图像的知识体系，这是一种严格的知性思维模式。从训练人的理论思维能力、提高人的科学素质来说，这应该说是"人文"的一个重要组成部分。

维特根斯坦认为，世界是经验事实的总和，经验事实是在语言上能够加以精确传达的可说的东西，因此，有意义的命题只有一种，即描述每个人感觉经验中最简单的原子事实的原子命题，即"基本命题"。事实构成逻辑图式，图式是经验事实的同构对应物，如同一座城市与这座城市的地图的关系一样。有意义的命题是真命题，它既可为经验所证实，又合乎逻辑的句法。而关于超验事物的命题则是无意义的假命题，

---

① ② 罗素：《我的哲学发展》，商务印书馆 1982 年版，第 7 页。

它既无法为经验所证实，又是逻辑句法上的误用。形而上学的超验命题也正是这样的假命题，由于它的命题、词所指称的对象与人的经验无关，所以在语言上是无法加以传达的不可言说的东西，不可言说却偏要去说，也就必然引起语言的误用和混乱。要澄清这种因语言的误用所引起的混乱，就必须坚持这样一条基本原则：对于凡是不可言说的东西，就应当保持沉默。——这就是维特根斯坦的《逻辑哲学论》一书向人们所昭示的结论。——当然，维特根斯坦后期的哲学思想从理想语言学派转向日常语言学派，此又另当别论。

如果说逻辑实证主义主要着眼于人如何获得确切可靠的科学知识、重在提高人的科学素质的话，那么，另一派语言哲学——日常语言学派，特别是哲学解释学——则重在研究人的存在，认识人自身。在解释学的先驱狄尔泰那里，思考的是怎样才能使人文学科获得可与自然科学相媲美的客观有效性，侧重在认识论和方法论的反思；而存在主义者海德格尔和他的学生伽达默尔则实现了解释学从认识论向研究人的现实存在的本体论的转变。

海德格尔的哲学思想，经历了从为解释学奠定本体论基础到以语言为人的存在方式的发展。他的早期著作《存在与时间》，以存在主义的本体论作为其解释学思想的基本出发点，试图建立理解的本体论基础。他认为，存在的意义就是人的"理解"，正是人的理解活动，使人成为有意义的存在。因此，"理解"不是认识的方式，而是人的存在的方式。他的晚期著作《通向语言之路》、《诗·语言·思想》、《思维的虔诚》等，更把解释学与语言哲学直接结合起来，强调理解对语言的依赖性。他认为，语言不只是表达思想的工具，语言本身就是人的存在方式，人的全部理解都是以语言形式实现的。他说："语言是存在的家，在它的住处住着人。"尽管他的哲学思想的指向是人的非理性的存在，但却以"发问本身"这个知识的最高构成形式和科学本性为方法论灵魂。他认为科学的本性就是在不断被遮蔽着的存在者全体之中保持发问的立场，是对那些不断地遮蔽着存在者之真像的观念形态的不屈不挠的发问或置疑。这也就是发源于古希腊的那种彻底而坚韧的不断追问"是怎样"和"为什么"的科学精神，一种"打破砂锅问到底"的精神。

伽达默尔接受和发展了海德格尔的思想，建立了作为存在本体论的哲学解释学的系统理论。他认为，研究人的"理解"这种存在模式也就是探讨关于存在的普遍真理，而能被理解的存在就是语言，因为语言是理解的普遍媒介，我们只能在语言中进行思维；不仅理解的对象是语言的，而且理解本身也只能是语言的，对存在的解释是理解的实现，而一切形式的解释都是语言的解释，理解和解释都是用我们自己的语言来说明存在的意义。伽达默尔使语言成为哲学研究的中心，并上升到本体论的位置，固然夸大了作为一种文化现象的语言的地位，但是，不可否认，语言确是人们进入属人的文化世界的前提，是人的存在的基本特性之一，使语言成为哲学研究的对象，可以深化对人的存在的认识。

20世纪西方哲学的又一个重要特点，是对人的存在方式作动态的、历史的研究。早在19世纪的黑格尔和马克思那里就已表现出的"巨大的历史感"，促成了20世纪西方哲学的各流派从静态的、非历史的研究方式向着动态的、历史的研究方式的转变。这种转变既使科学哲学家从人的活动去探索人类理性的进步，使科学哲学人文化；又使人文哲学家们历史地看待人的存在方式，在历史的追寻中融合理性与非理性。

维特根斯坦前期的哲学研究着眼于静态的、单纯从语言的形式方面、采用知性逻辑的方法研究语言，属于理想语言学派；后期则把哲学看作是描述活动，着眼于动态的、从语言的实际运用方面、采用常识的方法研究语言，从而转向了日常语言学派。后期维特根斯坦认为，日常语言虽然具有多义性和不确定性，但是在每一个具体的场合，它又有其确定的意义；不能把日常语言的多种用法之间的类似性看作是语言的共同的逻辑本质，这种共同的逻辑本质是不存在的，是我们对日常语言的误解；以寻找共同本质的态度去对待日常语言就不能把握它在不同情况下的不同意义。理想语言学派强调语言用法的共同的逻辑本质，是"本质主义"的；而日常语言学派则不承认语言用法的共同逻辑本质，是

"非本质主义"的。前者强调一，后者强调多；前者强调单纯，后者强调复杂；前者强调确定性，后者强调不确定性；这在某种意义上折射出对于人的存在、特别是个体与类的关系的不同看法。

批判理性主义的创始人波普尔（1902—1994）打破了逻辑实证主义静态的知识累积模式，在科学哲学研究中引进历史性因素，把科学知识的增长看作是一个在猜想与反驳的循环中动态地不断革命的发展过程。波普尔认为，经验事实的归纳并不能证实理论——从单称陈述的经验事实中不可能归纳出普遍有效的全称陈述；然而，经验事实却可以否证理论，无论你看到了多少只白天鹅也不能证实"凡天鹅皆白"的结论，但只要看到了一只黑天鹅，就可以证伪它。只有通过证伪，我们才能确认某种科学理论的真实性的程度和适用范围。因此，"不可反驳性不是（如人们时常设想的）一个理论的长处，而是它的短处"，"衡量一种理论的科学地位的标准是它的可证伪性或可反驳性或可检验性"[①]。

波普尔提出的方法论原则是："大胆猜想，严格反驳"，并以"可证伪度"和"逼真度"来作为衡量科学理论进步的标准。他把科学知识增长的过程概括为一个著名的四段图式："问题—尝试性解决—排除错误——新的问题"。他认为科学开始于问题，针对问题来提出各种猜想、假说，通过观察和实验来从各种假说中筛选出逼真度高的理论，又以与此相反的经验事实来反驳和证伪这种理论，由此便产生新的问题。这样循环往复，而猜想与反驳的每一次循环，都将人类的科学认知提高到一个新的水平。

在以波普尔为代表的批判理性主义的影响下，20 世纪 60 年代初产生了以库恩（1922—？）为代表的科学哲学的历史主义学派。库恩在"范式"和"科学共同体"这两个概念的基础上，勾画出了一个科学发展的模式，即"常规科学和科学革命交替的模式"。具体地说，库恩关于科学如何进步的图景可概括为：从前科学到常规科学到反常与危机到

---

① 　卡尔·波普尔：《猜想与反驳》，上海译文出版社 1986 年版，第 52 页。

科学革命再到新的常规科学。这里的前科学，是指尚未具有范式的原始科学；常规科学是在正常条件下的成熟科学，其特点是科学共同体——在共有范式下组成的科学家集团——按照统一的范式去从事研究活动；反常是指范式遇到了无法解决的问题，危机是指反常情形日益增多而动摇了人们对范式的信心；科学革命是旧的范式最终被新的范式所取代。当新的范式得到公认后，科学又重新进入新的常规科学时期。如此循环往复，科学就得到不断进步。显然，库恩的科学发展模式是对逻辑实证主义逐渐积累的模式与波普的不断革命模式的综合①。

历史主义学派的又一代表人物、英国哲学家拉卡托斯（1922—1974）试图把波普尔主张的科学史的"理性的重建"与库恩主张的科学发展的"历史的再现"结合起来，提出了"科学研究纲领方法论"。他把波普尔的素朴的证伪主义发展为精致的证伪主义，认为常规科学的理论是由基本原理的"硬核"和围绕硬核所形成的众多辅助性假设的"保护带"所组成，这种具有韧性的保护带能不断解决疑难以应付反常；另一方面，他认为科学革命决不是库恩所理解的那种具有宗教信仰色彩的"范式"的变换，而是人的理性进步。

再来看人文哲学的历史性转变。

叔本华、尼采把人的认识引向生命意志，为人文哲学的历史性转变作了准备。20世纪初出现的柏格森哲学，以生命冲动为最真实的存在，而"生命是在时间中前进和绵延的"，"只有时间才是构成生命冲动的本质要素"。作为生命之本质的时间，不同于确定物体某时在坐标的某一点上的空间化的物理时间，生命冲动的绵延是心理时间或意识时间，这种活生生的作为意识之流的时间是不可分割的。它流动的每一瞬间，都既包含了过去，又体现着现在，也孕育着未来。在生命的绵延中，每一瞬间都是全新的，"时间意味着形态的创造以及新事物的不断产生"。因此，对于生命的认识，就不能运用传统的"截流取波"式的知性方法，

---

① 萧焜焘主编：《科学认识史论》，第 737—738 页。

生命绵延的意识之流犹如音乐，你截取它的某一瞬间是毫无意义的。运用知性方法只能使生命成为间断的静态的东西，而不能反映生命的时间本质，也不能把握历史的每一瞬间出现的新事物。要认识生命，只能采用直觉的方法："所谓直觉就是指那种理智的体验，它使我们置身于对象的内部，以便与对象中的那个独一无二的、不可言传的东西相契合"，"只有直觉才能把我们引入生命深处"。直觉是一种心理体验，是具有自我意识的生命本能，它是从总体上把握生命存在的方法，也就是说认识生命要靠体验生命。但是，柏格森并不因此而否认知性在人的生命存在中的地位和作用。他认为直觉与知性同出一源，是"同一个倾向的相继发展"，生命的创造进化的方向必须由知性来加以选定，人类通过知性，适应环境，选择创造和进化①。生命绵延的历史性也就表现为对生命的直觉体验与凭借知性指导行动二者之有机的统一。应该承认，柏格森的生命哲学是对人自身的真理性认识的深化。

海德格尔以人的历史性存在为本体，紧紧抓住了对人类此在的时间性分析。他认为，要认识人的存在的本真状态，获得"无蔽"的真理性认识，就必须通过解蔽，通过存在的澄明。真理不是封闭的，而是敞开的；真理像生命一样只存在于时间之中，并且永远处于未完成状态中。如前所说，他强调要以一种不屈不挠的"发问"的态度来面对那对于存在的语言遮蔽，在不断的发问中来构成、生成那活在历史实际状态中的"知"。

伽达默尔的解释学的历史性特征更为显著。他十分强调理解的历史性，认为语言总是某一时代的语言，一切理解者都是特定时代的理解者。因此，"一种真正的历史思维必须同时想到它自己的历史性"。理解的历史性包含三个基本方面：在理解之前已存在的社会历史因素、理解对象的构成、由社会实践决定的价值观。理解的历史性规定了人们对传统的保存是有选择的保存，本质上是一种在历史变化中主动的保存。同

---

① 柏格森：《创造进化论》，湖南人民出版社 1989 年版，第 236 页。

时，理解又赋予传统以新的意义，传统通过理解而变化常新。传统把理解者和理解对象不可分割地联系在一起，传统实际上就是理解者内在地置身于其中的历史。理解的过程和解释的结果是理解者个人的"成见"和文本中保存的传统之间所达到的"视域融合"，它体现着历时性与共时性、历史与现实、主体与客体、自我与他者的统一，因此理解本身就显示出历史的实在性。

此外，在20世纪西方哲人对于"真"的理论探讨中，还特别注重心理学研究，有力地推动了心理学研究的深化：一方面，人的深层心理得到了日益深刻而全面的揭示；另一方面，由于心理学介入科学哲学，人的文化心理与科学革命的关系，人的灵感、直觉在科学发现中的作用等等，也都被揭示出来；出现了将科学方法运用于认识人和人的文化创造，将人文学科的方法运用于解释科学发展的新局面。

弗洛伊德（1856—1939）在运用科学方法揭示人的深层心理方面作出了重大贡献。他的精神分析学说揭示的是人的非理性的深层心理，但他所运用的方法却基本上是理性的科学的方法。他以一个科学家、医生的实证精神，同时又借助于猜想和假设，来努力揭示人的深层心理结构和人格结构。他的研究表明：意识犹如浮在水面上的冰山，而无意识却像冰山下面看不见的潜流，在人的精神过程中起着远比意识更为巨大的作用；原始性欲的被压抑是精神疾病的重要起因，而原欲的升华，则对人类心灵在科学、艺术、哲学等精神文化领域和社会领域中的成就作出了最大的贡献。尽管在他的实证分析中不免有一些观点失之牵强，但他使用的基本方法则是理性的科学方法。

以人的非理性的存在为研究对象的现代西方人文哲学固然十分重视对于人的深层心理的揭示，而以人的科学认知为研究对象的知识哲学也开始重视人的心理中的非理性因素在科学发现中的作用，并且用社会心理的变迁来解释科学史。

波普尔继承和发展了康德关于"人为自然立法"的科学观。康德之所谓"人为自然立法"，仅仅是指人的知性为自然立法；而波普尔则注

意到人的直觉和灵感对于"人为自然立法"所具有的重要意义。波普尔
认为，人在认识自然的时候，大自然决不会主动向人呈现问题和答案，
人只能向自然提出问题并尝试性地进行解答。在这里，波普尔强调：对
科学的发现，即对提出新问题和进行新猜测起着巨大作用的，正是科学
家的灵感和直觉。非理性的、先于经验和逻辑的灵感、直觉是孕育一切
有价值的问题之母，也是突发奇想、产生具有科学发现之价值的新猜测
的契机。而实验和逻辑，则仅仅是回答问题、检验新猜测、并使问题的
解答获得严密而清晰的理论形态的手段。说明直觉和灵感在科学探索中
的作用，对于揭示科学发现的心理学机制乃是一个重要的理论贡献。后
来的科学哲学家，特别是拉卡托斯和费耶阿本德，都继承了波普尔的这
一思想。然而，人的灵感和直觉是否完全是非理性的，是否完全与经验
和逻辑无关，这仍是一个需要深入探讨的问题。

　　库恩进一步以社会心理的变迁来解释科学史，反对单纯的逻辑主
义、理性主义的科学观。在他的以"范式论"为核心的科学观中，他为
人们提供了一个从历史—心理主义的视角来理解科学发展的新思路。他
认为，从常规科学到反常和危机的出现，到科学革命，伴随着科学家的
心理状态的变化。与常规科学相适应的心理状态是确信，与反常和危机
时期相适应的心理状态则是失望、怀疑和新的期望。由旧范式到新范式
的转变就是一个从确信到失望、从失望到怀疑、从怀疑和失望中产生新
的期望的心理过程。因此新范式代替旧范式的革命主要不是依赖于科学
知识本身的进步，而是依靠科学家们心理上完整的"格式塔变换"，是
整个一代人的心理或信仰的转变。"范式"不仅仅是指由科学的定律、
规则、方法所组成的"结构性范式"，而且包括由人的世界观所构成的
"哲学性范式"，以及由各种社会因素、特别是文化传统和社会心理的因
素所组成的"社会性范式"，所以科学革命所带来的范式转换就不仅仅
是科学自身的"结构性范式"的转换，而且是世界观的"哲学性范式"
和文化传统、社会心理的"社会性范式"的全面转换，也就是说，人的
整个思维方式和心理状态的根本变革，科学发展中的反常、危机和革命

都只是呈现于表层的现象，而深层的力量则来自科学家们的心理转变。在一种科学理论取代另一种科学理论的背后，是一个时代的心理代替另一个时代的心理。科学是属人的，因而也就必然带有人的创造性和局限性的全部特征，在表面上平静的、逻辑秩序井然的知识体系的深层，沸腾着的是人的非理性的欲望。用弗洛伊德的话来说，科学理论的创造其实是人的原欲的升华。

3 "自我的发现"
——现代西方哲人对于"善"的理论探讨

在 19 世纪后期以来的西方哲人关于"善"的探索中，确实发生了某种转变：

近代的"人的发现"，这里的"人"，是感性与理性相统一的人，是具有普遍性、社会性的人；而在 19 世纪后期以来的生命化的哲学中，则是非理性的"自我的发现"，这里的"人"，是作为独特的自我的人，是非理性的人，是处于感性与理性、个体与社会的激烈抗争之中的人。无论是近代的"人的发现"，还是现代的"自我的发现"，二者都承认个体性原则，但前者的个体性原则中以理性的形式蕴涵着社会性的原则；后者（不是全部）则把非理性的自我极端膨胀。

在西方的古典观念（古希腊罗马哲人和近代启蒙者的观念）中，越具有社会性、普遍性就越有价值，个人的价值就体现在他为人类所作出的贡献之中，个人只有通过自己的奋斗而得到社会的承认才能显示自己的卓越不凡，个体价值归根结底是依赖于社会的；而在尼采、海德格尔、萨特等现代西方哲人那里，越具有个人性、独特性就越有价值，个人的价值仿佛是不依赖于社会的，相反，却是在与他人、与社会的冲突中才能实现个人的价值。

这种转变之所以会发生，是因为存在着一个很复杂的问题。资本主义的商品货币关系使社会庸俗化，机械主义的工业文明压抑人的个性，而反抗庸俗化倾向，要求伸张个性，正是导致现代哲学极端强调个体独立性的因素之一。哲人们在对个体独立性的论述中，也确实可以分离出一些具有合理性的思想因素；但尼采哲学为德国法西斯所利用，20世纪最有影响的哲学家之一海德格尔却是拥护纳粹的，而当年反对纳粹的萨特却又支持了1968年法国的"五月风暴"（这场法国式的"红卫兵运动"的宗旨是要求个人的绝对自由，取消一切社会规范，实行无政府主义）。所有这一切，都说明了这些哲学家的思想中确有病态的因素。这些病态因素之被利用及其所产生的后果，并不仅仅是对近代启蒙者所奠定的现代资本主义主流文化的威胁，而且也是对现代文明人类的普遍秩序的威胁。西方世界成功地以古希腊罗马和近代启蒙者的传统化解了极端非理性主义和唯意志论的挑战，而海德格尔晚年转向田园诗式的审美、萨特晚年亦回归古典传统，正象征着古典传统对唯意志论和极端个人主义的胜利。至于哲人们所讲的个体的独特性等合理因素，则可以在现代自由主义关于个体与类的关系的论说中有一个恰当的定位，可以起到促进西方文化自我完善的积极作用。

读现代西方哲学，特别是存在主义的哲学，真得有一种坚强的心理承受能力，一种读中国哲学不需要的心理承受能力。它把人生中令人痛苦的一切毫无遮掩地解剖开来，令每一个真切地体验过人生的人感到一种强大的令人痛苦欲绝的心灵震撼，意志薄弱的人简直会去自杀，或者会有一种求生不得、求死不能的感觉。

最早的存在主义哲学家克尔凯戈尔（1813—1855）认为"孤独个体"存在的基本状态就是"恐怖"，这种恐怖像空气一样弥漫在人的周围，整个世界都显得那么陌生，那么对人充满敌意。当恐怖在不同强度上作用于人的时候，就会产生恐怖的具体形态：厌烦、忧郁与绝望。在厌烦的深处，人不是厌烦外部世界，而是厌烦自己，厌烦自己所做的一切：无论是著书立说、建功立业，还是寻欢作乐，通通都感到没有任何意义，不再有好奇心、求知欲、权力欲以及人生所企慕的一切。随之而来的便是深沉的忧郁，对处境的恐惧，伴以深深的痛苦和自责，发展到后来就是绝望。绝望是一种"致死的病"，它的残酷在于不是使人在绝望中自我毁灭，而是使人在临近死亡的边缘上挣扎，以生的方式来体验死。

与克尔凯戈尔差不多同时的一位唯意志论的悲观主义哲学家叔本华（1788—1860），则超出了"孤独的个体"的局限，来揭露整个社会关系的悲剧性质，提出了他的"第三种悲剧说"。叔本华认为，从细节上看，社会关系带有某种喜剧的性质：人类犹如刺猬的团聚取暖，挤得太紧则刺痛，离得太远又苦寒。然而，从总体上看，则是一幕悲剧。所谓"第三种悲剧说"，即是认为，普通的社会关系和通常的境遇也能造成每一个人既被人吃、又在吃人的局面。造成被人吃的原因并非是因为他人的个性特别险恶（第一种悲剧），也并非由于当政者的绝大的错误或任何偶然事变（第二种悲剧），而是由普通的社会关系、普通的个人所造成，因而也就无不平之可鸣，此真可谓天下之至惨。"我们看到，那些摧毁幸福和生命的力量，它们的道路在每一时刻都是向我们敞开着的；我们看到那种被种种纠纷所构成的极大的痛苦，我们自己的命运也可能坠入其中，而且通过种种行动，说不定对别人我们也可能去造成这种不幸，因此就不能抱怨什么不公平；于是战栗悚惶，我们感到自己早就处在地狱的中心了。"马克思指出，叔本华的悲观主义是对小市民固有的和谐意识的摒弃。

叔本华启迪了尼采，而克尔凯戈尔则启迪了整个存在主义哲学学派。20世纪的存在主义者，无论是海德格尔、雅斯贝尔斯、加缪、萨特，都把人生的痛苦揭露得淋漓尽致。这或许是一部分不合群的人文知识分子在极端的自我封闭的生活中所独有的人生体验，但也部分地折射出不能适应现代金权社会的人们、在人生的重重矛盾中挣扎的人们所共有的痛苦。

尼采（1844—1900）作为一位痛苦的孤独者，想以"强力意志"来给一切痛苦的孤独者们注射赖以生活之勇气的强心针。在尼采的心目中，社会污浊不堪，传统的道德说教并不适应痛苦的孤独者的心理需要，所以尼采举起了道德批判的旗帜，高呼"上帝死了"，呼吁"重新估计一切价值"。

如果说近代启蒙者对基督教伦理的批判只是对禁欲主义的批判的话，尼采则要否定基督教伦理的所有原则，甚至否定道德本身。他给"道德"下了这样一个定义："道德是所有颓废者心理上的特质，是被一种不断对生命采取敌视态度的欲望所激起的。我对这个定义赋予最高的价值。"① 他自称是"第一个非伦理主义者"。

尼采认为，道德事实是不存在的，根本"没有单为伦理而伦理的事情"，所谓"为善而善"正如"为真而真"、"为美而美"一样，是虚幻不实的。人与自然万物一样，并没有与生而来的原罪；自然界只有生物现象，并无道德现象；人类社会也是如此，不要把生物的需要和求强力的意志冠以道德的虚名。以往的人们之所以服从习俗，因为这习俗就像是弱小生物的保护色。以往人们信仰基督教，可是如今"上帝死了"，谁还能固守着善恶的判断呢？一切善恶都是相对的。他甚至认为，个人并不存在道德的动机，所谓道德动机是一种自我欺骗。而从历史上看，"整个历史实际上都是对所谓道德世界秩序这个理论的一种试验性的反驳"②。"道德理想的胜利和其他任何胜利一样，都必须依靠不道德的手段：强暴，说谎，诽谤，不义。""人类迄今借以实现道德化的全部手段，从根本上都来自非道德。""道德本身只是靠了非道德才维持了如此长久的信用。"例如，一切所谓的"人类导师"，从柏拉图、孔子到基督教领袖，都通过说谎来推行他们的道德理想。因此，"在道德的整个发展中毫无真理；全部概念和原理……都是杜撰，全部心理……都是歪曲，偷运到这个谎言王国的全部逻辑形式都是诡辩"③。

尼采用自然界只存在生物现象的论说否定了道德在宇宙中有它的根

---

① ② 《瞧！这个人》，中国和平出版社1986年版，第115、109页。
③ 转引自周国平：《尼采：在世纪的转折点上》，上海人民出版社1986年版，第117、197、195页。

源的本体论论证，用"生成之无罪"否定了作为基督教道德之根据的原罪说，用道德在历史上总是为特定等级的利益服务的事实来揭露道德偶像的虚伪性，不能说其中没有合理的因素；但由此而导致了对以往人类历史上的全部道德的否定，导致道德相对主义，又是一种错误的和有害的观念。他要告诉那些孤独者，对于这样一个社会不要太认真了，要超出善恶之外，不要用善恶去评价他们！

当然，如果全面地理解尼采，又不能说他完全是一位非道德论者；即使在他否定历史上的道德的时候，他的评价中也包含着十分明确的对于道德与非道德的看法，例如上文中提到的那些非道德的手段，诸如谎言、强暴、诽谤、不义，等等。可见这位貌似最激烈、最彻底的反传统者也继承了古典传统的道德观念。尼采既是旧道德的破坏者，也是新道德的建设者。他明确地说："对道德的批判是道德的一个高级阶段"，"在我们毁坏了道德之后，我们愿是道德性的继承人"。在批判旧道德的意义上，他主张，"要敢于像自然那样，成为非道德的"，必须"否定道德，以解放生命"；在建设新道德的意义上，他以自然和生命取代道德，主张最大限度地挥洒生命的自由，做"自我的创造者"。他认为，既然人是为了自身的生存和发展而同外界发生价值关系的，那么，促使生命力强健的便是善，导致生命力衰退的便是恶。这样，求强力的意志就成为尼采所承认的最高价值标准。

以强力意志为标准，尼采区分了"主人道德"与"奴隶道德"。主人道德的内涵是：健全的生命，充沛的强力意志，独特的"自我"，真诚的人生态度，蓬勃的创造精神。相反，"奴隶道德"则囊括了他所反对的一切：病弱，怯懦，丧失个性，伪善，守旧，怨恨……"主人道德"，又叫"创造者的道德"；"奴隶道德"，也称"侏儒的道德"。"主人道德"的基本特征是坚强而独立，积极进取，勇于创造；"奴隶道德"的基本特征则是懦弱和从俗，乐天安命，满足现状。从抽象的意义上看，这些说法都没有什么错，但从具体的论述来看，就有很多的问题。

　　首先，他把奴隶道德归结为同情，否定了西方伦理学说史上以同情为道德的心理基础和基本原则的传统。他认为：同情是弱者的心理，坚强的人不需要同情，而在同情中则蕴涵着对他人的不尊重；而且还往往蕴涵着不真诚，因为爱表同情的人的内心深处是在寻求一种作为施恩者的满足；更有些人所谓的同情，不过是拿别人的痛苦当消遣。同情他人痛苦的人，同时又是嫉妒他人幸福的人。对他人的痛苦的最大的帮助是唤起痛苦者的自尊自强之心，而不是同情。其次，他还否定了基督教伦理主张宽恕的传统。他认为宽恕是对自尊的伤害。最后，在否认了同情和宽恕的道德意义之后，也就不可避免地走向对己与对人的残酷，而这种残酷是打着"为了人类的利益"的旗号的。尼采认为，为了人类的利益，个人的牺牲与痛苦原是不可避免的，事事都顾忌到是否给人以痛苦，这是一种"狭隘的小市民道德"。"假如我们有牺牲自己的精神，为什么禁止着我们使别人同样牺牲自己呢？"他甚至荒谬地宣称：强者应当"冷酷无情，不觉得有什么良心问题"；高贵者"感到自己不是功能，而是意义，是最高的理由，可以毫不动心、毫无愧怍、毫无限制地牺牲别人"[1]。于是，尼采就走向了近代启蒙者的反面。启蒙者们宁可自己忍受痛苦和牺牲，但却不主张他人也与自己一样，而尼采却说，既然自己要忍受痛苦和牺牲，也要使他人也同样如此。他说这是对人类未来的爱，这种伟大的爱战胜了近视的同情心。——我们在这种"伟大的爱"中看到的只能是以一种堂皇的名义而不惜牺牲他人的虚伪，是有可能造成巨大罪恶的心理根据。

　　然而，说尼采虚伪又不免委屈了他，他的理论有可能导致某种虚伪，但却不妨碍他本人有一种哲人的真诚。尼采是极力反对虚伪的，认为奴隶道德的最大特点是虚伪。因为奴隶是怯懦的，怯懦就没有面对真实的勇气，所以也就导致虚伪。虚伪的反面是真诚，尼采是极力强调真诚的：

---

[1]　转引自周国平：《尼采：在世纪的转折点上》，上海人民出版社1986年版，第197页。

假如我们不把别人的名誉在私下一如在人前保持，我们便不是好人①。

假如我必须行善，我不愿被人称道；假如我被人称道，我宁肯远离。我宁肯蒙面而遁，在被人认出以前②！

在这里，我们所看到的，正是从古希腊哲人到康德所一以贯之地提倡的那种"为行善而行善"的精神！看来，"重估一切价值"的尼采并不是真的反对"为善而善"，而是反对把"善"看作是最高的价值，他是把超功利的审美看作是人生的最高价值的，然而，"为善而善"，本质上不正是一种审美的态度吗？"尼采如此看重真诚，乃至反对任何违心行为。有一些人，明明有正确的见解，却在行动上妥协，迁就占上风的错误意见。……他们自以为保持了精神上的自由，至于行动上从众则并不重要。尼采指出：没有比这更重要的了，你以一个有正确见解者的身份，用你的行动把非理的事情合理化了。其影响之坏，远远超过了一般群众的随俗沉浮。"③

面对污浊的社会，尼采崇尚并渴望纯洁。然而，一个人越纯洁，也就越孤独。但在尼采看来，一个意志坚强的人决不会因此而退缩："因为孤独作为对纯洁性的一种高尚的爱好和渴望，对于我们来说是一种美德，这种纯洁性认为人与人之间——'社会上'——的一切接触总是陷入不可避免的非纯洁性之中。整个社会总是使人以某种方式，在某地某时变得平庸。"④ 因此，不愿意与恶浊的社会同流合污的人，一定要反抗这种使人变得污浊和平庸的社会，不可避免地要与庸众为敌，不可避免地要主动抛弃社会而走向孤独。这孤独是崇尚高洁的个人对庸俗的社会趣味的蔑视，是自我的能动的反抗，是个人的自主选择，因而充满着自豪感。如易卜生所说："世界上最强有力的人是最孤独的人！"这种人因为崇尚纯洁，因而把与庸人们同流合污看作是一种非人的处境，而把

---

①②③　转引自周国平：《尼采：在世纪的转折点上》，上海人民出版社1986年版，第195页。
④　《理想的冲突》，第197页。

独立于庸人之外的孤独看作是洁身自好、以免使自己沦为非人之所必需，因而主动地为自己创造孤独，寻找孤独。孤独并不合乎人类与兽类所共有的合群的天性，然而，却有更高贵的、更合乎人性、并且唯独在人性中才有其存在根据的理由：追求真善美，追求纯洁的心灵和纯洁的人生，"质本洁来还洁去，强如污淖陷渠沟"。因此，现代社会中的强者不再把孤独看作是为社会所抛弃的非人境遇，而是为捍卫人性的尊严而主动抛弃金钱和权力至上的虚伪而污浊的社会，这是人类对于真善美之追求途程中的一大跃迁。可以想象，如果每一个人都反抗那腐蚀人的金钱和权力至上的污浊社会，那么这些志同道合的孤独者们一定会创造一个美好而和谐的社会！当然，冷静而现实地看问题，百分之九十九的人永远也不会去做反抗污浊社会的孤独者，所以，"纯洁"的光荣永远只属于极少数人。这极少数人所发出的声音，也许可以使多数人在追求金钱和权力时多一分良知、少一分欺诈。社会的发展只能如此，少数人决不能造就一个道德理想主义的世界。

然而，尼采是矛盾的。他既主张崇尚纯洁，而另一方面又鼓吹一种残酷、强力、夺取的所谓"主人道德"，斥怜悯、容忍、仁慈、宽恕等一切被人类称为"善"的品格为"奴隶道德"。他声称要以强力去夺取最好的生存空间、最精美的食物和最美丽的女人，这难道是"崇尚纯洁"者所应该主张的品格吗？以"超人"自居，敌视"庸众"，残酷无情，这其中不正蕴涵着被法西斯所利用的因素吗？纵然尼采是真的"崇尚纯洁"，作为一种个人的追求诚然是高尚的，但强加于人却是要不得的。如果幻想借助于残酷的强力意志来造成一个纯洁的社会，问题就严重了。希特勒残害犹太人，有其十分充足的"崇尚纯洁"的理由：犹太人出卖过耶稣，犹太人又是最会赚钱的种族，"背信弃义"、"金钱崇拜"……一切恶德都可以在犹太人身上找到。作为十足的地痞流氓的希特勒就这样以十分堂皇的"崇尚纯洁"的理由而对人类犯下了滔天罪行，而且在他犯下这种惨无人道的滔天罪行的时候，竟得到了素有崇尚纯洁的文化传统的几乎是整个德意志民族的狂热拥护。这对"崇尚纯洁"的人、对于一切乌托邦主义者真是十分惨痛的教训：对于庸人，你可以蔑视他，却不可敌视他，相反，你应该尊重他与你所共有的同等的生存权、发展权和属于人的一切权利；对于污浊的社会，你可以反抗它，却不可以"反叛"它，因为你必须尊重大多数人的选择，尊重他们的生存权、发展权和一切权利。我们宁可看到有更多的真正崇尚纯洁的精神品格的个人，却不愿看到有人以这样堂皇的理由去用强力改造社会。尼采在理论上留下的教训在于：一切现代人文精神的理论，都必须以尊重人类普遍价值之公理的人道主义为最高原则；没有这原则为前提，过分张扬个性，其结果不是人性的解放，而是兽性的发作和泛滥。

柏格森没有克尔凯戈尔、叔本华、尼采对于生命的悲剧意识有那么深刻的体验，所以不像他们那样走极端，那么义愤填膺。但他反对机械决定论对人性的束缚，凸显"自我"的地位，肯定人的自由和自我创造。他没有走向极端的非理性，也不像尼采那样充满了自相矛盾。他只是强调生命的价值和意义在于创造进化，反对封闭型社会的道德而提倡开放型社会的道德；他也并不否认知性在创造进化中的作用，因而比较适合工业社会自我完善的需要，在实践中也较少弊端。正因为如此，柏格森的生命哲学成为影响 20 世纪西方社会的重要哲学学派之一。而他的最重要的哲学著作《创造进化论》一书，也以其"丰富的且富有生命力的思想"获得了 1927 年诺贝尔文学奖。

柏格森认为，生命冲动在本质上是自由的，"我们是自己行动的创造者，我们不断地在创造自己。人们越对自己的行动加以思考，就越能趋于完善"[①]。生命冲动从一开始就是在不断冲破物质的障碍而前行的，依其克服物质障碍的力量之大小，而形成植物界、动物界，惟有人能够克服物质的障碍而获得自由。——人类的出现，本身就是自然界的生命之流冲破物质束缚的结果。因此，那种把人的本性看作是被动的、被决定的、不自由的机械决定论的观点，是不能成立的。

————————————

① 　柏格森：《创造进化论》，湖南人民出版社 1986 年版，第 10 页。

柏格森认为，人的生命是构成社会的基质。人具有双重自我，即内在的自我与外在的自我。内在的生命自我是人的生命绵延的本真状态，实际上就是人的精神的自我；外在的自我即人的自然的自我，肉体的自我，它从属于内在的生命自我，或精神的自我。人作为生命进化的最高形态的表征，必然要以社会生活的组织形式为其生存的条件。但是，人类社会有两种类型：封闭型和开放型。道德也有两种，各与其社会类型相适应，二者对于人的生命发展的作用是绝然不同的。

与封闭型社会相适应的道德是封闭型的道德或静态道德。封闭型社会的目的仅在于自我保存，其道德是一种社会压力或"压力道德"。为了防止个人的精神生命自我的发展把这种社会结构引向解体，社会就制定了种种法规戒律，形成风俗习惯、道德规范、宗教信条等来限制和约束个人；同时，对于开放型社会的价值观念，则采取绝对敌视和完全拒斥的态度，从而把人们封闭在部落或国家的疆界之内，过着呆板的、单调的生活。在这种封闭型的、静态的社会道德氛围中，人的内在的生命自我即精神的自我受到巨大的压抑，表现为静止的生命状态，使得社会难以发展。

开放型社会是按照内在的生命自我所要求的形式组成的社会。在开放型社会中，个人是生命冲动、绵延的直接体现。在这种社会中，生命之流喷发无阻。这种社会是一种动态的、永恒地创造与进化、不断文明化的社会，其道德也是动态的、不断创造进化的开放型道德。这种道德是与生命的本性相适应的，因而在本质上是一种"渴望道德"，它"含蓄地包含着情感的进步"，"是一种向前运动的热情"。通过这种热情，开放型道德最初为少数杰出人物所具有，然后通过他们而扩展到世界。柏格森关于开放型道德的论述，体现了他的生命哲学的基本宗旨，即教人不要沉溺在物质文明的物欲之中，而要冲破物质的阻碍，高扬生命的内在自我创造进化的主体性，去追求较高的文化的精神的价值。

无论是尼采，还是柏格森，对于人的理解都是立足于人的未定型性和向各个方向发展的可能性。20 世纪的存在主义者海德格尔、雅斯贝尔斯、萨特都继承了这一基本观点，并且以此作为自己学说的出发点。然而，与尼采主张的强者支配弱者的所谓"主人道德"相区别，存在主义者是一批既不想驾驭别人、也不想被他人控制的人。他们只是和尼采一样地认为，人生的目标在于完成独特的自我，个人只有在与社会的冲突、反抗中才能获得自由。这一思想在萨特提出的两个命题——"存在先于本质"和"他人就是地狱"——和相关的论述中得到了最为明白透彻、甚至是趋于极端的表述。

萨特把"存在先于本质"这一命题称为存在主义的第一原理。他说："我们说存在先于本质，是什么意思呢？意思就是说，人首先存在，碰到他自己，在世界上冒出来，然后才给自己下定义。如果说存在主义心目中的人是无法下定义的，那是因为人原来是个'无'。他什么都不是，等到后来才是他把自己造成的那种人。所以人没有什么本性，因为没有什么上帝怀着人性的概念。人就是人。"① 人要成为一个独特的自我，就必须自我设计，自我选择。但萨特认为，人永远处于未完成的状态之中，因而人没有什么固定不变的本质；作为"自为的有"，人在不断地超越自己、创造自己，永远处于形成为某种独特的自我的过程之中；自由是对任何使我成为固定之有的突破，是不断创造的动力。

所谓"他人就是地狱"——每个人只能把他人看作是对自己的自由的威胁——是萨特把个人与他人之关系极端对立起来的最无情、最刻薄的表述。在他的剧本《禁闭》中，三个死后的灵魂（一男二女）被禁闭在地狱的一个房间里，可他们在地狱中也还要勾心斗角，只要有两个人在一起表示亲热，就有第三个人来进行挑拨和破坏。萨特由此认为，地狱的可怕并不在于火刑，而在于他人对自己的自由的威胁。在萨特看来，人与人之间从来就没有平等与和谐，从来就没有对于他人自由的尊重，只有相互的征服。用萨特的话说，当两个人的目光相遇时，总有一方通过把对方同化而使自己成为"自为的有"（独立的个体），而使对方

---

① 《存在主义是一种人道主义》，转引自《存在主义哲学》，第337页。

成为"自在的有"（失去独立的固定之物）。甚至"恋爱"关系也是如此，爱情的双方总有一方要成为对象、物件或奴隶：当你希望"被爱"的时候，你就放弃了个人的主体性。因此，要保持个人的自由，就必须能抗拒"他人的目光"，就必须反抗他人使自己丧失主体性的图谋。在恋爱中也只有永远坚持主动的"我爱"，而不希望"被爱"，才能始终守住自己的主体性，保持自己的自由。——这种观点是如此极端而不免荒谬，以至于它忽视了主动的"我爱"和希望"被爱"都是人性的组成部分，是"人最需要的是人"这一普遍人性的不可分割的两个方面：当你主动地"我爱"时，也就是希望"被爱"；倘若你不希望"被爱"，你的主动的"我爱"就是一句空话。真正的爱情也并不意味着主体性的丧失，恰好相反，由志同道合的男女双方的相互感应而导致的精神的自我完善，可以将主体性提升到一个更高的境界。推广开来，在人际关系中，人人自由而又互相尊重他人的自由，这种启蒙者的理想，实在是不应该被萨特斥为"虚伪"的。当然，人不应该像单相思的求爱者那样因为希望"被爱"而丧失自己的主体性，不应该因迁就权势和世俗而丧失自己的独立人格，这一观点应该说是正确的。

萨特像尼采以来的生命派哲学家们一样，把人性归结为自由，把自由归结为个人的意愿和评价，并且也都讲价值的相对性。但是萨特却将价值的相对性推向极端，否认任何价值评价和尺度。萨特和加缪都认为世界是荒谬的、陌生的、不可理解的，人为某种称之为真理的东西而献身是不值得的，因为真理是虚构。这就走向了真理和价值的虚无主义。"人是一堆无用的热情"，这是萨特的价值虚无主义观念的最明显的表白。尽管存在主义要人疑视荒谬、正视荒谬，面对虚无去挣扎、抗争、发展自我，但归根结底总是带有一种人生无意义的浓厚的悲观主义色彩。萨特晚年反省自己的思想，承认自己早年的探索"是在一个没有相互关系或者没有别人的意识中寻找道德"，试图把他的道德论奠定在新的理论原则之上，这一原则即每一个体对于其他所有个体的相互依存原则，这一原则将阻止使个人成为封闭的整体。只要不是与世浮沉、同流合污，看来这倒是一剂医治现代人的孤独症的良药。

4 "用美战胜生命固有的痛苦"

——现代西方哲人对于"美"的理论探讨

现代西方美学的主题是人生的艺术化、审美化，艺术被看作是从痛苦中解放人类的方式，审美被看作是人生的最高境界。

尼采的美学是审美化的人生哲学。他明确指出，美学的第一真理是："只有人是美的。"由此产生出与此相应的美学的第二真理："没有什么比衰退的人更丑了。"[①] 对美的热爱出于对人生的热爱，或者说，美就是爱，追求美也就是追求爱；只有审美的人生才是值得过的人生，没有爱，毋宁死。"美在哪里？在我们以全意志去意欲的地方；在我愿意爱和死、使意象不只保持为意象的地方。爱和死永远一致。求爱的意志，这也就是甘愿赴死。"[②] 艺术的源泉是人的生命存在，是"从存在的深渊发出的呼唤"。人的生命存在就是世界本体，因而艺术也就具有本体论的意义："艺术是生命的最高使命和生命本来的形而上活动。"[③]

人生之所以需要审美化，是由于人生的悲剧性。与文艺复兴以来的西方哲人以人性的和谐来说明希腊艺术完美的原因不同，尼采用人生的悲剧性质来说明希腊艺术。他认为，正因为希腊人生命本能的健全和对生命的热爱，同时又深切地感受到生命的悲剧性质，所以才在他们的生命本能的驱动下，产生了他们的艺术：希腊人之所以需要以奥林匹斯众神形像为主要内容的史诗和雕塑艺术，是为了给痛苦的人生罩上一层美丽神圣的光辉，从而能够活下去；之所以需要那令人陶醉的音乐和悲剧艺术，是为了产生超脱短暂人生、融入宇宙大我的感觉，从而得到一种形而上学的安慰。希腊人有两种基本的审美状态："在梦中"，"在醉

---

① 《偶像的黄昏》，《尼采美学文选》，三联书店1986年版，第322页。
② 《查拉图斯特拉如是说》，《尼采美学文选》，三联书店1986年版，第262页。
③ 《悲剧的诞生》，《尼采美学文选》，三联书店1986年版，第2页。

中"。这种"梦"与"醉",决不同于世俗的醉生梦死。"梦",来自日神冲动,有这种冲动的人成为雕塑家和史诗诗人;"醉"来自酒神冲动,有这种冲动的人成为音乐家和抒情诗人;而"梦"与"醉"的结合,则产生出悲剧作家,把醉的情绪生发为梦的形象。音乐使人沉醉于"世界的心声"之中,这"世界的心声"其实也就是从人的生命深处直泻出来的原始旋律;而悲剧,则使人由个体毁灭的痛苦体验到融入原始存在的快乐。总之,"生命通过艺术拯救他们而自救"①。

性爱和艺术都与人的情欲相联系,那么,为什么人不能只是到性爱中去寻找摆脱人生痛苦的路径呢?很多人不正是这样做的吗?尼采不同意这种观点。他嘲笑以性爱为唯一乐事是受压制的情欲所找到的"一种滑稽剧的出路"。尼采所推崇的爱是与审美结合在一起的爱,即具有高度的精神性的爱。性爱的生理快乐是短暂的,它既不能使人真正摆脱痛苦,同时一味放纵情欲也降低了人生的价值。因此,问题就在于:"怎样使欲望精神化、美化、神圣化?"尼采的回答是,只有诉诸艺术,艺术和美是人生最重要的价值。在艺术的熏陶中,人的情欲得到了升华,从而既使人致力于追求和创造那高贵的精神价值,又使人摆脱了人生的烦恼和痛苦,在心灵的陶醉中感受到生命的欢乐。当然,审美的人生决不是禁欲主义的,正如创造出史诗、雕塑、音乐和悲剧艺术的希腊人不是禁欲主义的一样;但审美的人生是坚决反对纵欲主义的,对于古罗马帝国晚期所盛行的那种极端世俗化的纵欲主义,尼采表示了极为鄙视的态度。尼采强调:"我们的最高尊严就在作为艺术作品的价值之中——因为只有作为审美现象,生存和世界才是永远有充足理由的。"②审美的评价是尼采所确认的对人生的唯一评价。在尼采看来,人生是一个美丽的梦,是一种审美的陶醉。可是,科学却要戳破这个梦,道德却要禁止这种醉,都不能使人摆脱痛苦,不能使人建立起对人生的信心。惟有美——艺术——才是神圣的,它"以歌颂现象(个体生命)的永恒光荣

①② 《悲剧的诞生》,《尼采美学文选》,三联书店 1986 年版,第 28、21 页。

来克服个人的苦恼，用美战胜生命固有的痛苦"；它使人超越善恶，从心灵的内在矛盾的苦恼中解放自己，所以人生不再是悲苦的人生，而是快乐的人生。

尼采曾经激烈攻击康德"无利害关系的愉快"这种审美的静观，认为这一命题玷污了美和艺术，仿佛只有生命激情奔放的状态才是审美。然而，在另外的场合，尼采也谈到了审美静观的意义：

> 一切诗人都相信：谁静卧草地或幽谷，侧耳倾听，必能领悟天地间万物的奥秘。
>
> 倘有柔情袭来，诗人必以为自然在与他们恋爱：
>
> 她悄悄俯身他们耳畔，秘授天机，软语温存，于是他们炫耀自夸于众生之前！
>
> 哦，天地间如许大千世界，惟有诗人与之梦魂相连①！

这种审美静观，——尽管被赋予了恋爱的柔情蜜意，但并没有酒神冲动式的激情奔放的沉醉——使人体验到了那种类似于中国古人之所谓"天地与我并生，万物与我为一"的意境。

尼采以后的西方人文哲学家，基本上都继承了尼采的这种追求人生的艺术化、审美化的祈向。

柏格森虽然不像尼采那样充满着生命的悲剧意识，但他肯定地认为，只有艺术化、审美化的人生，才能实现人的真正自由。他说："当我们的种种行动发自我们的全人格时，当这些行动表现全人格时，当它们和全人格有那种在艺术家与其作品之间不时见得到的难以名状的类似时，我们是自由的。"② 柏格森所讲的把人引向生命深处的"直觉"，正是一种超于善恶之上的审美的境界。

弗洛伊德把艺术看作是摆脱人生痛苦的方法，是医治现代社会弊病的良方。他说，我们总是发现生活对我们来说是太艰难了，它留给我们

---

① 《查拉图斯特拉如是说》，《尼采美学文选》，三联书店1986年版，第265页。
② 转引自罗素：《西方哲学史》下卷，商务印书馆1963年版，第355页。

太多的痛苦和太多的失望。我们不能没有一种暂时减轻这种苦恼的补救办法，我们不能没有一些辅助的心理结构。"一种提防痛苦的方法就是去采用'里比多转移'，这是一种我们的精神机制所能容许的方法。通过这种方法，它所能获得的适应性是极大的。这样，我们面临的任务，就是要把本能冲动转化到一种使它不可能被外部世界所挫败的方向上去。本能冲动的升华支持了这种转化。当一个人知道了怎样去使自己变得高尚起来，并能从一种精神和智力的作品中去获得一种愉快时，这种成功是最伟大的。到了这种境界，命运对他来说就无能为力了。这种满足，例如像艺术家在自己幻想的创作中所具有的那种愉快，或像科学家解答了一些难题或发现真理时所具有的那种特殊的愉快，总有一天我们能从心理分析学的角度对它的特质作出规定。"① 艺术家在幻想的生活中转移他的情欲，并通过作品表现出来；而观众也通过艺术作品缓和了里比多的压抑，不再有被压抑的感觉。弗洛伊德认为，倘若人的粗野的原始本能不能通过一种转移活动而得到发泄，那么，被抑制的本能为了要寻找出路就会走上犯罪的道路或精神失常的道路。因此，艺术是对社会弊病的医治方法，借助于它，人们就能寻找到内心世界中的幸福，获得精神的宁静。

荣格着眼于个体与群体之关系的和谐，从个人意识与"集体无意识"之关联的视角，把艺术看作是医治现代病的"一种特别的灵丹妙药"。他认为文明社会引起了人的精神的内部分离，触发起神经官能症。这种病症是可以医治的，医治的办法就是使个人的意识和群体的"集体无意识"重新达到和谐。整个人类的个体化过程需要人与人之间进入一种适当的关系之中，使每个人都能充分了解"我不仅是我自己，而且一定会和他人产生关系"。因此，在人类个体化的过程中，不能简单地去压制个人心灵中的集体无意识，相反，倒是要通过一切个体心灵中的

---

① 弗洛伊德：《文明与它的不满意》，转引自朱狄：《当代西方美学》，人民出版社1984年版，第22页。

"集体无意识的原型"的潜在能力的发挥，使个体得到一种"综合性治疗"，让精神的能量在原始的集体人格中自由地流露出来，艺术就是这种综合性治疗的强有力工具。——作为"无数同种类型的经验在心理上残存下来的积淀物"的集体无意识的原型，一旦在一些伟大的艺术作品中出现，我们的心灵就会突然感到一种奇妙的解脱，人的个体性和社会性重新回到了一种和谐状态。而伟大的艺术作品之所以能够获得广泛的社会化的情感共鸣，就在于"一位具有特殊的艺术才能的作家，他的精神生活所具有的集体性，通常都远远超过个性"。"作为一个人，也许他也有自己的情绪、意志与个人的目标，可是作为一位艺术家，他却是一位具有较深含义的'人'，他是一位'集体人'（Coleclive man），一位带领并塑造全人类的潜意识的心灵生活的人。为了完成这一艰巨的任务，有时也需要放弃享受一般人应有的生活。"①

　　杜威的实用主义美学，亦具有明显的将人生艺术化、审美化的倾向。他提出了"经验就是艺术"的著名命题。经验是一个标志着人与环境的实践关系的范畴。在经验的范围之内，主体与客体、人与自然、个人与社会是不可分割的，不能离开环境、离开社会来孤立地研究人。经验是在人与环境的相互作用的过程中产生的，是人的各种情感和意志的表现，因而艺术和审美的根源都存在于经验之中。艺术哲学的任务"就是要在艺术作品所具有的那种精练化了的、强化了的经验形式和日常生活中的各种事件、行为和遭遇的痛苦，这些被普遍认为构成了经验本质的东西之间恢复联系"。杜威反对对各种经验作严格的区分，认为一切日常生活的经验都可以具有审美的性质，只要这些经验的结果是令人"满意"的。人为地把审美经验与日常经验分离开来，并不合乎艺术固有的本性："我们只能从日常的经验中去追溯艺术发展的答案，除此之外别无它法。"经验的最完美的表现就是艺术。杜威把一切经验都看作是审美经验，否认把日常生活中各种不同的经验作必要的区分，在理论

———————————

① 荣格：《探索心灵奥秘的现代人》，社会科学文献出版社1987年版，第161—162页。

上是很难立足的，他没有也不可能把这一观点坚持到底；但他强调要把审美经验与日常生活的经验联系起来，正表现了现代西方哲人对于生活的艺术化和审美化的诉求。

20 世纪最有影响的美学家克罗齐（1866—1952），更以其极富人民性的美学理论，将艺术还原为人民的感性生活。他的美学理论的基本命题是"直觉即表现"。他认为，直觉就是抒情的表现，因此，直觉即艺术。人在以直觉的方式对事物产生了一个鲜明而生动的意象时，就已完成了一件艺术作品，一切感性认识活动都是一种艺术创造，因此，艺术活动乃是尽人皆有的一种最基本而且最普通的活动。人人既不能离开直觉，也就不能离开艺术活动。"人是天生的诗人"，如果人类中只有一小部分人是艺术家而大部分人不是艺术家，那么小部分人的作品就无法使大部分人去了解感受。大艺术家和我们平常人只有量的分别（他们是大艺术家，我们是小艺术家），而没有质的分别（同用直觉）。因此，美的创造并不是少数"精神贵族"的特殊禀赋。克罗齐还认为，语言就是艺术，而语言学也就是美学；艺术的常新的生命在语言之中，人们总是不断地随着客观情境与主观思想感情的变化而赋予语言以新意义。人既是天生的诗人，所以"人说话随时都像诗人一样"，一般谈话与诗文并无分别。因此，诗人不应该不喜欢归到一般平民的队伍里和他们团结一体，因为这种团结才能说明诗（就诗的最崇高和最精确的意义来了解）在一切人类心灵的力量。如果诗是另一种语言，"神的语言"，人们就不能懂；如果说诗能提高人，这也不是提高到人以上，而是正就人本身去提高；真正的民主性和真正的贵族性在这里也还是统一的①。

"就人本身去提高"，也就是在直觉与艺术之统一即创造与欣赏的统一中去实现审美的价值。欣赏就是用直觉来再造艺术家所创造的抒情的意象，从而得到和作者本人大致相同的体会和感受："要了解但丁，我们就必须把自己提升到但丁的水平。"既设身处地，仿佛置身于但丁所

---

① 参见朱光潜：《西文美学史》下卷，人民文学出版社 1964 年版，第 636—643 页。

处的历史情境；又结合当前的历史情境，借助于实际生活经验去体会作品。因此，欣赏作品本身也就是艺术的再创造。也就是说，普通人可以通过欣赏中的再创造将自己提高到天才艺术家的水平。所以克罗齐说这是真正的民主性与真正的贵族性的统一。

（二）中国近现代史上的人文精神

1　"首在立人"：中国近现代文化变迁的深层主题

19世纪40年代，当西方的工业化高歌猛进、有远见的西方哲人已经开始对资本主义社会的弊病展开批判的时候，中国社会还处于清王朝的专制统治之下，微弱的资本主义萌芽尚且在艰难地挣扎，加上鸦片战争给中华民族所带来的新的苦难，促使先进的中国人去寻找救国救民的真理。

从洋务运动到戊戌维新和辛亥革命，再到"五四"新文化运动，表面上确有一个从器物文化的引进到制度文化的引进，再到观念形态的文化的变革的进程——如汤因比的"文化穿透律"所昭示的那样——然而，这种关于文化交流规律的论说却未免太简单化、太表面化了。如果我们不局限于表面现象，而把眼光投向中国近代文化历程的深处，就可以发现一个贯穿始终的主题——人的主题。

我们的先哲是聪明、敏锐的。中国在鸦片战争中惨遭失败的教训，促使第一批睁眼看世界的先哲们不仅反思我们在科学技术方面与西方的差距，而且反思我国传统的政治制度，更重要的，是对我们中国人自身的反思，因为器物、制度归根结底是由人所创造的。因此，在这一意义上，整个近代中国文化的历程，可以说就是对中国人自身的反思日益全面、日益深刻，从而近代人文主义的精神日益发展的过程。

　　人们只知道魏源在鸦片战争失败后在《海国图志》中提出了"师夷之长技以制夷"的主张，却不知道他在该书中还把中国的专制政体与西方民主政体作了比较，称颂民主制度是真正的"公"，"可垂亿世而无弊"，呼吁改革政治；更不知道他还针对我们国民性的缺点提出了"去伪，去饰，去畏难，去养痈"，去"人心之寐患"，"使风气日开，智慧日出，方见东海之民犹西海之民"的观点，这是中国人第一次提出的关于人的现代化的主张。他认为人的问题是最根本的问题，只有人们觉醒了，素质提高了，一切改革才能成为"变则不可复"的"大势之所趋"。

　　中国在第二次鸦片战争中的失败，进一步刺激了近代爱国者们思考"人"的问题。冯桂芬认为，我国以广远万里而为地球上之第一大国，而受制于夷，实为"天地开辟以来未有之奇愤"，究其原因是："则非天时地利物产不如人也，人实不如耳。……非天赋人以不如人也，人自不如耳。天赋人以不如，可耻也，耻而无可为也；人自不如，尤可耻也，然可耻而有可为也。如耻之，莫如自强！"在《校邠庐抗议·制洋器议》这篇激烈地主张自强的文字里，冯桂芬认为中国与西方相比，归根结底是人不如人；并非是天赋的种族素质不如人，而是人为的原因使得中国人不如西方人；这虽然比天赋不如人更为可耻，但并非不可救药，关键在于发愤图强！他看到了造成人不如人的原因是专制制度不如民主制度优越，因而明确地提出了要在国家大法方面向西方学习的主张。他也看到，任何制度都是人所创造的，要提高人的素质，就必须兴办西式教育，采用西学来培养"通达治体者"（《采西学议》）；就必须学习西方的普及教育法，做到"国无不识字之民"（《收贫民议》）。他强调，从长远的观点看问题，应以教育为本。这教育不是中国传统的"求一途可以禁锢生人之心思材力"的教育，统治者也决不能再以"孔孟明理载道之事"、"唐宋英雄入彀之术"、"始皇焚书坑儒之心"来对教育事业实行专横的控制（《改科举议》）。只有新式教育，才能造就新人；只有造就新人，才能使中国摆脱"受制于夷"的困境："始则师而法之，继则比而齐之，终则驾而上之。"（《采西学议》）冯桂芬的这一观点得到了一批早期改良派学者的认同。当时的早期改良派学者，如王韬、郭嵩焘、郑观应等，都开始比较中西国民性之异同，探求提高国民素质的途径。

1895 年的甲午中日战争，拥有船坚炮利、号称亚洲第一大舰队的北洋水师被军事实力不及中国的日本打得全军覆没。这更暴露了问题的实质在于人不如人——不是英勇奋战的中国海军将士不如人，而是满清统治者不如人，整个专制官僚体制不如人，这体制造就了一帮不如人的人，而这体制又是由这帮不如人的人来维护的，这帮不如人的人之所以能主宰民族的命运，又在于人民的愚昧无知、无能，任这帮人宰割。怎么办？要维新，要变法，要开民智，要正人心，这是维新派人士一致认同的观点。然而，正人心与变法二者何者为重、何者为轻，何者为先、何者为后，维新派内部却有争论。

严复是主张变法维新的，他曾给皇帝上书，几乎是声泪俱下地对着那帮"学而优则仕"的"知识分子干部"（旧称士大夫）们呼吁：为了民族存亡继绝的子孙万世之业，牺牲一点你们的特权和私利吧。因为他深知，任何真正的改革都不能不触及特权者的私利。但他也深知，这恐怕是对牛弹琴。所以在变法运动走向高潮时，他却常常"郁郁寡欢"，深为变法前途担忧，并发表了"君权之轻重与民智之深浅成正比例"的观点，主张把"鼓民力"、"开民智"、"兴民德"三项作为中国改革和进步的根本，而以"开民智"为最重要；提出"惟急从教育上着手"，惟此才能使人"各能自治"、进而能"皆得自由"，实现其自由为体、民主为用的社会理想。与严复的观点相似，有人提出："不先正天下人之心，变犹不变也。"

但积极推动变法的人们却认为，要正人心，根本的根本，是要"正在上位之人之心"，而要做到这一点，就必须进行政治体制改革。——这是谭嗣同的观点。谭嗣同认为，就人心而言，未必西方国家的人性善而中国的人性恶，问题在于人家有一套使好人能够做好事、坏人不能做坏事、防止好人变坏人的体制；人心不正，决不是道德教化乃至口诛笔伐所能济事的，说什么孔子作《春秋》而乱臣贼子惧，可是孔子之世、孔子之后的乱臣贼子又何尝少了？不变法，虽圣人亦不能行其教以正人心。所以他要"画之尽变西法之策"："惟变学校变科举，因之以变官制……使贤才登用而在上位之人心以正。且由此进变养民卫民教民一切根本之法，而天下人心亦以正。"① 然而，又正如严复所说，真正拥护改革的人仅占士大夫人数的千分之一，而改革者又没有足够的可以依靠的力量来对付这千分之九百九十九的官员，这改革又怎能不失败？

戊戌变法的失败，对中国的改革志士是一次巨大的刺激。湖南维新志士唐才常愤激地呼吁："欲新民必新学，欲新学必新心。"此后，不少启蒙学者都致力于中西民族性的比较研究，并且从历史哲学的高度深入研究特定民族的社会心理（民族性、国民性）与政治上层建筑变革的关系，从而把"改造国民性"这一深入进行思想启蒙的历史任务真正提上了议事日程。在此期间，严复全面地展开了他的"教育救国论"，驳斥"中体西用""中主西辅"的主张，提倡"以愈愚为急务"的国民性改造和"德智体全面发展"的教育方针。梁启超先后写了《新民说》、《新民议》、《论中国人的缺点》等论著，"欲以探求我国民腐败堕落之根源，而以他国所以发达进步者比较之，使国民知受病所在，以自警厉自策进"（《新民议》）。当时年轻的资产阶级革命派的代表邹容亦大声疾呼："革命先去奴隶之根性。"（《革命军》）1905 年尚在日本留学的鲁迅把时代提出的这一课题概括为三个方面：一、怎样才是最理想的人性？二、中国国民性中最缺乏的是什么？三、它的病根何在？

在辛亥革命前 10 年间，进行思想启蒙的报刊不下一百种，大家不约而同地把批判的锋芒指向专制和蒙昧所造成的种种愚昧、落后、保守的观念，指向国民劣根性，呼唤国魂，呼唤新国民之造就。东西南北遥相呼应，蔚为风气。

1903 年以前，中国资产阶级革命派的启蒙宣传开始呈现出驾而上之之势。1903 年，《革命军》、《新湖南》问世，向人民展示了比改良派

---

① 《谭嗣同全集》，中华书局 1981 年版，第 210 页。

更为彻底的变革姿态。1904 年 10 月，《20 世纪之大舞台》创刊，以"改革恶俗，开通民智，提倡民族主义，唤起国家思想"为目的。孙中山作《民报发刊词》指出："惟夫一群之中，有少数最有良心之心理，能策其群而进之……此先知先觉之天职，而吾'民报'所为作也。……其理想输灌于人心，而化为常识，则其去实行也近。"同年创刊的《20 世纪之支那》自述其"发刊之趣意"为："以正确可行之论，输入国民之脑，使其有独立自强之性，而一去其旧染之污，与世界最文明之国民，有同一程度，固得以建设新国家。"1906 年《云南》杂志创刊，提出以"改良思想"为宗旨。1907 年秋瑾作《中国女报》发刊词，意在"使我女子生机活泼，精神奋飞，绝尘而奔，以速进于大光明世界，为醒狮之前驱，为迷津筏，为暗室灯，使我中国女界中放一光明灿烂之异彩"。燕斌作《中国新女界杂志发刊词》，以"改良积俗，造就国民"为目的。《新世纪》把"书报演说，以化吾民之心"当作首要的行动纲领。1909 年《越报》"宣言书"明确提出其宗旨是"发聋震聩，救国拯民"，"以招国魂于濒亡，冀挽狂澜于将倒"。

在这一时期中，还有立宪派办的报刊，亦以观念的更新、国民性的改造作为办刊方针。如杨度作《"中国新报"叙》，以增进"国民之责任心"为己任。如《女报》发刊词宣称："以破除迷信，……期改良妇女社会，为唯一目的。"

在这一时期中，虽然中国资产阶级改良派、立宪派和革命派对于中国近代化问题各有其特殊的方案，但在召唤国魂、更新观念方面则是一致的。他们对中国民族性的研究、对中西民族性的比较、对如何改造国民性问题的探讨，组成了这一时代交响乐章的主旋律。

以辛亥革命实际上的失败为又一大的刺激，推动了中国启蒙学者对于人的问题、尤其是国民性问题的深入研究。陈独秀、李大钊、胡适、鲁迅等人，共同办《新青年》杂志，批判吃人的礼教，提倡科学与民主，呼唤伦理的觉悟和个性解放，造成了一场盛况空前的思想解放运动，史称"五四"新文化运动。在中国的新民主主义革命中，"五四"

新文化运动所倡导的科学、民主和个性解放，是中国思想界的主旋律。

从 20 世纪初中国开始废科举、兴学校以来，中国的启蒙学者都主张要把科学教育与德育、体育、美育结合起来，反对人为地加以割裂。严复说："西人谓一切物性科学之教，皆思理之事，一切美术文章之教，皆感情之事。然而二者往往相入而不可强分。科学之中，大有感情；美术之功，半存思理。而教育之事，在取学者之心之二方面而并陶之，使无至于偏胜。即不然，亦勿使一甚一亡，则教育之道苦矣。"① 蔡元培先生在提倡科学教育、道德教育和体育的同时，特别强调了美育在教育中的地位。坚决主张科学与民主的李大钊和陈独秀也都很重视道德教育和美育，李大钊主张用人道主义来改造人类精神，而智育、德育、美育都服务于人道主义的目的；陈独秀主张"智德力并重而不偏倚"的教育方针，同时也多次提出要重视"美的情感"的教育，他论智育与美育的关系，最有说服力："我们一方面固然要晓得情感的力量伟大，一方面也要晓得他盲目的、超理性的危险。……譬如走路，情感是我们自己的腿，知识是我们自己的眼或是引路人的眼，不可说有了腿便不要眼。"② 胡适是美国实验主义哲学家、教育家杜威思想的信奉者和传播者，而杜威的教育思想的核心，是以人文精神来贯穿于一切学科的教育之中，反对"上等人"对传统人文学科的垄断，反对把平民仅仅看作是实施职业教育的对象，主张以自由平等博爱的精神对一切人施行同等的教育，培养平民化的自由人格。这种教育思想，可以说既是"有教无类"，同时又坚决反对"劳心者治人，劳力者治于人"的传统偏见。由于胡适对杜威的推崇，杜威的教育思想在中国产生了一定的影响。虽然民国政府主张尊孔读经，"上午子曰诗云，下午声光化电"，以此拒斥现代人文精

---

① 《论今日教育应以物理科学为当务之急》，《严复集》第 2 册，三联书店 1984 年版，第 279 页。
② 《基督教与中国人》，《陈独秀文章选编》，第 486 页。

神；一些想"攀龙附凤"的大学教授也有意迎合当局的意图而随声附和、跟着起哄；但由于启蒙学者们的抵制，所以民国政府想把中国的新教育纳入儒家道统的企图并不能完全实现。相反，大学成为培育中国现代人文精神的摇篮。

当然，也不可对20世纪上半叶中国的人文教育估计过高。钱钟书先生在《围城》中描写的"三闾大学"的状况，写的就是抗战时期的西南联合大学的状况，该校由北京大学、清华大学和南开大学组成；我们从蔡元培先生写的《我当北大校长的经过》、鲁迅致许广平的书信等文献中，都可以看出当时中国高等学府知识分子的实际状况。20世纪上半叶的中国知识界，借用胡适的一句话来说，依然是"几颗星星照不亮满天的黑暗"。

2　"于学术则黜伪而崇真"
——中国近现代哲人对于"真"的理论探讨

中国近现代哲人对于"真"的理论探讨，是为"立人"这个时代主题服务的。提倡科学和科学的精神，是为了破除愚昧、盲从和迷信，破除正统儒家的权威主义原则和思想界的奴性，是教给人分辨真伪、不受人欺骗和迷惑的方法，总之，是为了培养具有科学素质和科学精神的人。从思想的内在理路来看，它既表现为对于明清时期中国本土内发原生的科学思想的认同和继承——如丁文江以晚明地理学家徐霞客为"朴学之真祖"、胡适认为"中国旧有的学术，只有清代的'朴学'确有'科学'的精神"等——同时亦表现为对于西方科学思想的大量引进，更表现为中国哲人在与形形色色的反科学思潮的斗争中对于"科学与人"之关系认识的深化。

严复被誉为"清季输入欧化之第一人"。他主张"开民智、新民德、鼓民力"，而三者之中他强调"必以开民智为第一义"。

为了开民智，他翻译了赫胥黎的《天演论》，向中国人民系统介绍达尔文的进化论思想，其中所揭示的生存竞争、自然选择、适者生存、不适者淘汰的科学原理，在中国思想界起了震聋发聩的作用，激励中国人民认识、把握和运用自然界的进化规律，变传统的"委天数"为顺应进化规律的"恃人力"，振奋精神，发愤图强，在与西方列强的竞争中求生存、求发展。

为了开民智，严复提倡一种纯粹求知的精神。有人说，中国弱，是因为中国的聪明才智"运于虚"；西方强，是因为西方人的聪明才智"寄于实"。严复不同意这一观点，他说"中国虚矣，彼西洋尤虚"（《原强》）。但人家的"虚"，是求科学真知的"虚"，而不是中国儒者的"师心自用"的虚。西洋人之所以有"船坚炮利"、"国力富强"，关键在于有各种理论科学作为依据，他们讲求"致思穷理"的理论科学虽然看起来很"虚"，但由于"学问之士，倡以新理"，于是便有"事功之士，窃以为术"。没有理论科学的"虚"，也就没有实用科技的"实"。

为了开民智，严复特别提倡经验归纳的逻辑方法。他认为近代西方科学发达，"不得不以柏庚（即培根）氏之摧陷廓清之功为称首"（《原强》）。培根等人"倡为实测内籀之学"，即建立在实验基础上的科学归纳法，而牛顿、伽利略、哈维"踵用其术，因之大有发明"（《天演论》按语）。"其为学术也，一一皆本于即物实测。"（《原强》）他认为注重科学实验，乃是近代科学方法的根本："一理之明，一法之立，必验之物物事事而皆然，而后定为不易。""理之诚妄，不可以口舌争也，其证存乎事实。"（《原富》译事例言）从实验到发现科学公理，须运用经验归纳的逻辑方法："内籀者（归纳法），观化察变，见其会通，立为公例者也。"（《原富》译事例言）严复完全赞成英国经验论者约翰·穆勒的观点，认为一切知识都是来自对经验事实的归纳，即使是抽象的数学公理，也由经验归纳而来："公例无往不由内籀，不必形数公例而独不然也。"（《穆勒名学》部乙按语）首先是归纳，其次才是演绎。特别是归纳，乃是"即物穷理之最要途术"。近代科学之所以区别于往古，就在于科学的实证，即"严于印证之故"（《穆勒名学》部丙按语）。正是在这一意义上，严复指出："所以称逻辑者，以为贝根（即培根）言，是学为一切法之法，一切学之学。"（《穆勒名学》部甲按语）而科学方法作为"一切学之学"，当然不局限于自然科学，也包括社会科学。在严复看来，"于学术则黜伪而崇真，于刑政则屈私以为公"乃是西学之"命脉"（《论世变之亟》）；而之所以有"于刑政则屈私以为公"的社会科学，根本还在于学术上的"黜伪崇真"。他说自然法学派的民约论（社会契约论），"必以历史发现者为之本基，其间抽取公例，必用内籀之术，而后可存"（《民约平议》）；又说斯宾塞的群学，"其论一事，立一说，必根据理极，引其端于至真之原"。也就是说，不仅自然科学，而且也包括社会科学，都必须采用从"至真"的事实材料中归纳出普遍性知识的实证主义科学方法。

　　为了开民智，严复特别强调在全民族中灌注以深沉的科学精神的重要意义。他驳斥所谓"政本艺末"的错误观点，认为这种观点颠倒了科学与政治的关系。他说西方近代民主政治的优点就是以科学精神为基础的，中国的传统政治之所以日益腐败，不能生存于20世纪之世界，就在于其没有科学精神的基础，与科学的公例通理背道而驰。"今世学者，为西人之政论易，为西人之科学难。政论有骄嚣之风，科学多朴茂之意。且其人既不通科学，则其政论必多不根，而于天演消息之数，不能喻也。此未必不为吾国前途之害。"（《论教育书》）严复独具慧眼地看到了科学精神的真正确立是比其他观念的确立更为根本、同时又是更为困难的事情。但尽管艰难，又必须勉力为之，因为某种政治理想即使再好，倘没有用科学精神为指导去实行之，就可能给民族前途带来危害，这一深刻见解值得我们深长思之。为了使全民族真正确立起科学的精神，严复主张：中国此后教育，应注意科学，"使学者之心虑沈潜，浸渍于因果实证之间，庶他日学成，有疗贫起弱之实力，能破旧学之拘挛，而其于图新也审，则真中国之幸福矣"（《论教育书》）。严复的这一主张，对于正在走向现代化的当代中国来说，依然具有启发性，即：教育不仅要灌输科学知识，更要培养科学精神。

与严复一样，梁启超也主张"以开民智为第一义"。梁启超对古希腊学术和近代英国经验论和大陆理性派的学说都有一定的研究。他在1903年前后，曾发表《西儒学案》，着重介绍了笛卡尔、霍布士、洛克、康德等西方近代哲人的学说。此外，他还致力于比较中西学术思想之异同，探究中国学术不发达的原因，批评了对待西学之态度上的各种错误倾向，提倡以科学的态度对待外来的新学说。

梁启超通过比较古希腊与中国先秦思想的异同，正确地指出了中国传统思想的六个主要缺点。这六个缺点，全都与缺乏科学精神有关：一是论理（logic）思想之缺乏，孟子、荀子诸人议论多无逻辑性。二是物理实学之缺乏，哲人们很少关心和涉及自然科学的研究。三是无抗论别择之风，很少有堂堂结垒针锋相对的论战者。四是门户主教之见太深，常以嫉妒褊狭之情用事。墨子非儒，以揭阴私为务；孟子拒杨、墨，以恶语中伤为能；荀子非十二子，动辄斥人为贱儒，指责别人"无廉耻而嗜饮食"，如村妇谩骂的口吻。五是崇古保守之念太重，"祖述尧舜，宪章文武"。六是师法家教太严，对学说稍有增损，则曰"背师"、"非圣"而不能见容于天下。梁启超认为，这六个方面的缺点贯穿了中国两千年来的思想界，结果使"一国之学术思想界，奄奄无复生气"。用实事求是的眼光看问题，应该承认他所揭露的这些缺点都是事实。

缺乏科学态度，也就不可能认识真理，甚至会以假乱真。对此，梁启超有很清醒的认识。面对当时中国学者在对待西学的态度上的各种错误倾向，梁启超鲜明地提出了自己的看法。

一是反对牵强附会地把西方的新思想纳入传统文化的旧轨道。他指出："今之言保教者，取近世新学新理缘附之，曰：某某孔子所已知也，某某孔子所曾言也。……然则非以此新学新理蓥然有当于吾心而从之也，不过以其暗合于孔子而从之耳。是所爱者，仍在孔子，非在真理也。"这样的人万一查遍了《四书》、《五经》而找不到可以与新学新理相比附的片言只语，则明知道是真理也就不敢服从了；万一别人说他所用来与新学理相比附的那些片言只语并不合乎传统经典的原意，也就不敢不将新学理抛弃了；如果总是这样的话，我们的人民就不可能获得真理。"故吾所恶乎舞文之贱儒……动以西学缘附中学者，以其名为开新，实则保守，煽思想界之奴性而益滋之也。"（《保教非所以尊孔论》）更有甚者，其束缚思想，以假乱真，"使多数人之眼光之思想，见缚于所比附之文句，而不复追求其真义之所在。……此等陋习，最易为国民研究实学之魔障"（乙卯年《国风报》）。梁启超指出，中国思想界的奴性有着久远的历史渊源，而动辄以西学缘附中学，正是崇拜权威和偶像的国民劣根性在近代中西文化冲突中的表现。梁启超明确表示："吾雅不愿采撷隔墙桃李之繁葩，缀结于吾家杉松之老干，而沾沾自鸣得意。吾诚爱桃李也，惟当思所以移植之，而何必使与杉松淆其名实者。"（乙卯年《国风报》）。梁启超要以西方之桃李移植于中国之水土，但他不懂得，倘不将中国的水土——中国社会的自然经济基础作一番根本的改造，则西方的新学说新思想终不免会成为"逾淮之橘"的。当然，这并不否认梁启超严格分辨"桃李之繁葩"与"杉松之老干"的科学价值。

二是反对研究西学的人"取其形质、遗其精神"。所谓"取其形质、遗其精神"，与上述牵强附会的倾向一样，也是以中国的旧思想来改造新学的国民劣根性，例如学了西方的自然科学和社会科学知识，却抛弃了其中的科学精神的精髓，像以往崇拜圣人一样又来崇拜新的偶像，把人类社会在其发展的某一阶段上的认识，即使是某种新的认识重又奉为万古不变的教条。对此，梁启超表示了深深的忧虑："恐中国之八股家考据家去，而西学之八股考据家又将来。"那么，怎样既反对旧八股又反对新八股呢？梁启超主张"读书致用之法"，即通过中西文化比较，推究因果，以认识社会发展进化的"公例之所在"，这样，"既知其果之所必至，又知其果之所从来，则常能造善因以补助之，使其结果日趋于至善，学术之有助于进化"（《地理与文明之关系》）。用今天的话来说，就是要探究中西文化差异的原因之所在，善于从中找出带有规律性的东西；人们掌握了这种规律，就可以发挥其主观能动作用，自觉地运用客观规律来改造中国，推进社会的进步。

其三，梁启超还反对中国思想界存在的某些迎合在西洋文明面前妄自尊大的国民劣根性的倾向。这种倾向有两种情形，一种是并不了解西洋文明而妄自尊大，另一种是虽然了解并羡慕西洋文明，但为了迎合中国的政客和愚民的妄自尊大，心中那样想却偏要这么说。对此，梁启超进一步强调了比较文化研究的重要性。他认为，"凡天下事必比较然后见其真，无比较则非惟不能知己之所短，亦不能知己之所长。"他认为，在比较研究中除了指出中国传统文化的缺点外，当然也应该指出其长处，但其目的乃是为了唤起同胞的爱国心，"而非欲附益我国民妄自尊大之性"。梁启超的这些见解，无不闪耀着科学精神的光辉。

陈独秀的科学思想，是对严复、梁启超的科学思想的继承和发展。

论及中国学术不发达的原因，陈独秀讲到以下方面：一是学者自身不知学术独立之神圣，这是中国学术不发达的最大的原因。本来各门学科都有自身独立的价值，但学者们却硬要将其纳入圣贤道统的轨道，甘愿做道统的附属品，甘愿自我贬抑。"学者不自尊其所学，欲其发达，岂可得乎？"① 二是不讲求科学的方法。中国古代学者，往往取前代圣人之言为是非之标准，而不是运用科学方法从具体事物中去探求真理，这也是学术难以进步的一大原因②。

针对以上两大病因，陈独秀强调：第一，思想文化要自由发展，就必须摆脱"道统"的束缚，因此，"无论何种学派，均不能定为一尊"③。第二，必须提倡"归纳论理之术，科学实证之法"，只有运用这种方法去认识世界，才能使"学术兴"而"真理明"④。陈独秀还认为，做学问与搞政治不同，必须有超功利的纯粹求知态度。"以发明真理为

---

① 《学术独立》，《陈独秀文章选编》，三联书店1984年版，第274页。
② 《圣言与学术》，《陈独秀文章选编》，三联书店1984年版，第279页。
③ 《答吴又陵》，《陈独秀文章选编》，三联书店1984年版，第169页。
④ 《圣言与学术》，《陈独秀文章选编》，三联书店1984年版，第279页。

第一义……但求别是非、明真伪而已，收效之迟速难易，不容计及。"①
所以一切科学家、哲学家都应有不怕违逆社会的惰性和俗见、执著追求
真理的精神。

追求真理，必须对不同的概念和命题作明确的、严格的学理辨析，
否则，就会差之毫厘而谬以千里。在这方面，陈独秀也和梁启超一样，
很注重对中西古今学术的不同概念和命题的辨析，揭示其本质区别，以
廓清思想上的混乱，避免误解和以假乱真。例如有人说，《礼运》大同
说讲"大道之行，天下为公，选贤与能"，其中所体现的精神也就是如
今采自西方的共和民选政体的精神。针对这一误解，陈独秀驳斥说，所
谓"大道之行，天下为公，选贤与能"者，乃指唐、虞禅让而言；大同
之异于小康者，仅传贤、传子之不同，其为君主私相授受则一也。若据
引以为合于今之共和民选政体，是完全不识共和为何物②。又如，有人
说："民视民听，民贵君轻，伊古以来之政治原理，本以民主主义为基
础。"陈独秀驳斥说："西洋之民主主义（Democracy）乃以人民为主体，
林肯所谓'由民（by people）而非为民（for people）'者是也。所谓民
视民听，民贵君轻，所谓民为邦本，皆以君主之社稷——即君主祖遗之
家产——为本位。此等仁民爱民为民之民本主义，皆自根本上取消国民
之人格，而与以人民为主体，由民主义之民主政治，绝非一物。"③

"五四"时期，建立在近现代科学基础上的西方实证主义哲学是世
界上影响最大的哲学思潮。胡适为把这一哲学思潮中所包含的科学方法
论原则移植于中国，使之与中国本土产生的科学方法相会通，作出了重
要的贡献。

胡适讲科学方法，讲得透辟而又通俗易懂。他说科学的方法其实很
简单，只不过是"尊重事实，尊重证据"。他认为，从达尔文、赫胥黎

---

① 《答俞颂华》，《陈独秀文章选编》，三联书店 1984 年版，第 211 页。
② 《答吴又陵》，《陈独秀文章选编》，三联书店 1984 年版，第 224 页。
③ 《再质问〈东方杂志〉记者》，《陈独秀文章选编》，三联书店 1984 年版，第 353 页。

到斯宾塞，他们的实证主义可以归结为四个字，即："拿证据来！"在应用上，科学的方法只不过是"大胆的假设，小心的求证"。即美国实用主义哲学家皮尔士的说的"科学试验室"的态度。胡适强调实用主义只是一种方法论，所以他用"实验主义"这个词来介绍实用主义哲学。他强调："科学态度在于抛开成见，搁起感情，只认得事实，只跟着事实走。"他说："杜威一系的哲学家论思想的作用，最注意'假设'。""证据不够，只可假说不可武断，必须等到证实之后，方才奉为定论。"

胡适论治学方法与材料的关系，讲得最为精采。他说中国近三百年的考据学与西方近三百年的自然科学使用的都是"大胆假设、小心求证"这同一种科学方法，但是在中国，故纸的材料限死了科学的方法，所以近三百年的学术也只不过是文字的学术，钻来钻去总不出故纸堆的范围；而在西方，伽利略、波义尔、牛顿是以大自然为研究对象，用望远镜观天体，用显微镜看细菌，认知的范围无限广大，科学的发达使人的平均寿命延长了 20 年。同时，材料不仅规定了学术的范围，也大大影响了方法本身。考据学只能跟着材料走，虽然不能不搜求材料，却不能捏造材料，只能尊重证据，却不能创造证据。而自然科学则不限于搜求现成的材料，还可以创造新的证据，实验的方法便是创造证据的方法，如伽利略的自由落体实验、牛顿的光谱分析实验，等等。考据的方法如法官判案，只能根据双方的律师所提供的证据来决定胜诉与败诉；而科学实验的方法则如福尔摩斯破案，他必须改装微行，出外探险，造出种种机会来，使罪犯不能不呈现真凭实据。科学实验也就是创造那逼出证据的境地与机会。中国清代学者以科学的方法去钻故纸堆，所以最高的成绩不过是几部古书的整理；而西方近代学者从自然的实物下手去从事科学实验，结果造成了科学文明、工业世界。所以胡适奉劝青年人从钻故纸堆的路上及早回头，告诉他们钻故纸堆是死路，而研究自然科学才是活路。胡适还强调，即使是研究文史的人，也不能只钻故纸堆，而应有运用科学实验方法的本领，300 年的古韵学的成就抵不过瑞典学者珂罗屈伦运用活方言的实验；瑞典学者安特赫发现了几处新石器，就把中国史前文化拉长了几千年；法国教士桑德华发现了一些旧石器，又把中国史前文化拉长了几千年。这些西方学者之所以能在中国文史研究方面作出惊人的成就，就在于他们善于运用科学实验的方法，而不是只钻故纸堆①。

胡适强调，他宣扬"实验主义"的科学方法的根本目的，是"教给人一个不受人惑的方法"。撇开胡适的政治态度不谈，而只从纯学理上看问题，这句话是颇能反映科学态度之精髓的。中国古代禅宗讲"不受人惑"，明清之际的哲人讲"不被人瞒讨"，都是教人要善于怀疑、独立思考，这与科学态度有相通之处。胡适说："达尔文与赫胥黎在哲学方法上的最重要的贡献，在于他们的'存疑主义'。"但中国的古人缺乏科学方法，终不免于师心自用（如禅宗）。而提倡"科学实验室的态度"，正是给人的独立思考以强有力的支持；而所谓"不受人惑"，也就不是一句徒作大言的空话了。

针对东方文化派鼓吹的"欧洲科学破产"的论调，胡适从中西文化的时代差异立论，认为无论如何，中国人是不应也不配排斥科学的。他指出：

"我们要知道，欧洲的科学已到了根深蒂固的地位，不怕玄学鬼来攻击了。几个反动的哲学家，平时饱餍了科学的滋味，偶尔对科学发几句牢骚话，就像富贵人家吃厌了鱼肉，常想尝尝咸菜豆腐的风味。这种反动并没有什么大危险，那光焰万丈的科学，决不是这几个玄学鬼摇得动的。一到中国，便不同了。中国此时还不曾享得科学的赐福，更谈不到科学带来的'灾难'。我们试睁眼看看：这遍地乩坛道院，这遍地的仙方鬼照相，这样不发达的交通，这样不发达的实业，——我们哪里配排斥科学？"②

---

① 《治学的方法与材料》，《胡适文存》三集卷二，上海亚东图书馆1928年版。
② 胡适：《〈科学与人生观〉序》，《科学与人生观》，山东人民出版社1987年版，第12—13页。

他认为在人生观问题上，也不应排斥科学："我们只有做官发财的人生观，只有靠天吃饭的人生观，只有求神问卜的人生观，只有《安士全书》的人生观，只有《太上感应篇》的人生观，——中国的人生观还不曾和科学行见面礼呢！我们当这个时候，正苦科学的提倡不够，正苦科学的教育不发达，正苦科学的势力还不能扫除弥漫全国的乌烟瘴气，——不料还有名流学者出来高唱'欧洲科学破产'的喊声，……不要科学在人生观上发生影响！信仰科学的人看了这种现状，能不发愁吗？能不大声疾呼出来替科学辩护吗？"① 胡适斥东方文化派的学者为"玄学鬼"虽不免过分，但设身处地于当时的中国社会，相信科学的人还几乎不能列入统计，在这种情况下，胡适如此慷慨激昂地为科学辩护，无疑是站在历史的正确的方面。

在"科学与玄学"的论战中，作为科学派的主将、号称"科学神"的地质学家丁文江，为捍卫科学的尊严、维护科学在中国尚不那么稳固的地位，作出了重要贡献。他的观点，虽然并不能完全驳倒被称为"玄学鬼"的张君劢，但他对以下几个问题的论述却颇具特色。

一是如何看待科学。丁文江认为，张君劢说科学是机械的、物质的、向外的、形而下的，是对于科学的误解。首先，科学的对象是普遍的，科学的方法适用于一切问题的研究。"科学的目的是要摒除个人主观的成见，——人生观最大的障碍，——求人人所能共认的真理。科学的方法，是辨别事实的真伪，把真事实取出来作详细的分类，然后求它们的秩序关系，想一种最简单明了的话来概括它。所以科学的万能，科学的普遍，科学的贯通，不在它的材料，而在它的方法。爱因斯坦谈相对论是科学，詹姆士讲心理学是科学，梁任公讲历史研究法，胡适之讲《红楼梦》，也是科学。"丁文江讲科学方法"万能"，不免过分绝对，但他强调辨别真伪的优先地位，则是正确的。其次，科学是教育和修养的

---

① 胡适：《〈科学与人生观〉序》，《科学与人生观》，山东人民出版社 1987 年版，第 12—13 页。

最好的工具。科学的训练不仅使人有求真理的能力，而且有爱真理的诚心；科学于论理之外，并不排斥直觉，而恰恰是使逻辑思维能力更强，直觉力更活跃；科学使人了解宇宙万物的关系，仰察天空的虚漠，俯察生物的幽微，如此，才能够真知道生活的乐趣，真有一种"活泼泼的"心境；科学能培养崇高的人格——在这一问题上，人们不妨拿达尔文、赫胥黎的人格与"什么叔本华、尼采"比一比。因此，丁文江认为，人类今日最大的责任与需要，是把科学方法应用到人生问题上去。

二是如何看待"欧洲文化破产的责任"。丁文江认为，张君劢把造成世界大战惨祸的责任归于科学，是错误的。"对于战争应负责任的是政治家和教育家，这两种人多数仍然是不科学的。"在英国，直到20世纪初，教育的地盘依然大多掌握在神学家手里。德国的玄学家，既在政治上充当忠君卫道的守旧党，又极力宣扬非科学主义，替神学辩护。在英国，作为大政治家的首相格兰斯顿，反对达尔文至死不变；做过外相的巴尔福著有《信仰的根本》一书，依然是反对科学的。英国社会改造部长 Gcdds 公然说科学不适用于政治。在美国，做过国务卿、候补总统的白赖安（Bryan）至今还要提倡禁止传播达尔文的学说。在欧战没有发生的前几年，安基尔曾写了一部名叫《大幻影》的书，用科学方法研究战争与经济的关系，详细证明战争的结果，战胜国也是一样的破产，苦苦地反对战争，可当时欧洲的政治家没有不笑他迂腐的。"到了如今，欧洲国家果然都因战争而破产了，可是一班应负责任的玄学家、教育家、政治家却丝毫不肯悔过，反要把罪名加到纯洁高尚的科学身上，说它是'务外逐物'，岂不可怜！"

三是如何看待中国的"精神文明"，主要是如何看待宋明理学的问题。为了拒斥科学，张君劢主张"恢复宋明理学的内生活之修养"。他认为科学所造成的只是物质文明，而中国自有其足以与此相抗衡的"精神文明"。对此，丁文江亦予以痛驳。他认为，提倡内功的理学家，在宋朝以陆象山一派最明显，不过当时的学者还主张读书，还不是完全空疏。然而这已经足以使南渡士大夫无知无能得令人吃惊，令人可怕。其结果是叫我们被蒙古人统治了一百年，江南的人民被他们屠杀了数百万。明末的人比南宋的人更要退化，读书是玩物丧志，治事是有伤风雅。所以顾亭林说他们："聚宾客门人学者数十百人……与之言心言性，舍多学而识以求一贯之方，置四海之困穷不言，而终日讲危微精一之说。"士大夫不知古又不知今，"养成娇弱，一无所用"。有起事来，如痴子一般，毫无办法。单是张献忠在四川杀死的人，比第一次世界大战战死的人已经多了一倍以上，更不要说满洲人在南方几省作的孽了。我们平心想想，这种"精神文明"在什么地方，世上可有单靠内心修养造成的"精神文明"？丁文江极力反对张君劢维护"寡均贫安之状态"，他问道："中国现在寡到什么程度，贫到什么田地，君劢研究过没有？那一年北方遭旱灾，没有饭吃的人有二千万人，卖儿女的也有，吃人肉的也有，这种贫安得了么？……这种寡均得了么？"作为科学家，丁文江讲的都是事实；面对这些无可辩驳的事实，笔者也不能不肯定，丁文江为科学所作的辩护，比起张君劢讲的"宋明理学内生活的修养"来，是真正富于人文精神的。

把科学与人文关怀结合得最紧密的，是鲁迅。在鲁迅的思想中，科学服务于"立人"的目的，是人文的重要组成部分。

鲁迅一生都致力于提倡科学，宣传科学思想，倡导科学方法和科学态度，把科学看作是疗治旧中国守旧、迷信、昏乱等思想上的"祖传老病"和"无名肿毒"的药方。他说："我们几百代的祖先里面，昏乱的人，定然不少：有讲道学的儒生，也有讲阴阳五行的道士……所以我们现在虽想好好做'人'，难保血管里的昏乱分子不来作怪。……现在发明了六百零六，肉体上的病，既可医治；我希望也有一种七百零七的药，可以医治思想上的病。这药原来也已发明，就是'科学'一味。只希望那班精神上掉了鼻子的朋友，不要又打着'祖传老病'的旗号来反对吃药，中国的昏乱病，便也总有痊愈的一天。"① 针对中国大地上十

---

① 《热风·随感录三十八》，《鲁迅全集》第1卷，人民文学出版社1981年版，第313页。

分强大的复古思潮和到处泛滥的迷信观念，鲁迅反复强调："据我看来，要救治这'几至国亡种灭'的中国，所谓'孔圣人张天师传言自山东来'的方法，是全不对症的，只有这鬼话的对头的科学！"[①] 鲁迅生前期望有那么一天，"和尚，道士，巫师，星相家，风水先生……的宝座，就都让给了科学家，我们也不必整年的见神见鬼了"[②]。

鲁迅以科学思想作为反对复古倒退思潮的有力武器。当时，"反改革的空气浓厚透顶了，满车的'祖传'，'老例'，'国粹'等等，都想来堆在道路上，将所有的人家完全活埋下去"。而一切反对改革的人，遵循的都是孔夫子"述而不作，信而好古"的圣训。鲁迅以进化论思想为武器，来揭露这种学说的荒谬。他把这些"保古派"比作现代的猴子（"类猿人"），他说，人和猴子本来是一个老祖宗，现在的猴子之所以还是猴子，大概当年它们要"恪守古训"，硬是不肯站起来走，有的猴子站起来走，也让其他的给咬死了，所以至今变不成人。

在科学方法论上，鲁迅主张把经验事实的归纳（"内籀"）和基于不证自明的公理的演绎（"外籀"）统一起来。他说，如果全面理解培根的思想的话，培根其实是并不主张对归纳法与演绎法二者有所偏废的。培根的方法是"初由经验而入公论，次更由公论而入新经验"，其中既有归纳，也有演绎，只是鉴于当时的人们太不注重科学实验了，所以培根才不得不偏重于提倡经验归纳法。笛卡尔怀疑经验的可靠性，因而求诸精的数理演绎，可以弥补过于注重经验者的不足。因此，在鲁迅看来，"偏于培庚（即培根）之内籀者固非，而笃于特嘉尔（即笛卡尔）之外籀者亦不云是。二术俱用，真理始昭"。他认为近代西方科学之所以得到突飞猛进的发展，正是将培根和笛卡尔所提倡的科学方法会通并用的结果，无论是伽利略、哈维，还是波义尔、牛顿，都不像培根那样

---

① 《热风·随感录三十三》，《鲁迅全集》第 1 卷，人民文学出版社 1981 年版，第 301—302 页。
② 鲁迅：《运命》，《且介亭杂文》，人民文学出版社 1973 年版，第 105 页。

偏于经验归纳，也不像笛卡尔那样偏于演绎，而是"卓然独立，居中道而经营者"，所以他们能在科学上作出举世瞩目的成就。鲁迅不主张片面强调英美经验论而排斥大陆理性派的学说，这是鲁迅的卓识。

鲁迅晚年还特别注意到中国大地上的自然生态环境的保护问题，特别是沙漠之逐渐南徙的问题，他说这"是中国人极重要，极切身的问题，倘不解决，所得的将是一个灭亡的结局。……林木伐尽，水泽湮枯，将来的一滴水，将和血液等价"。自然科学对这一问题的解答，只是治水和造林。对此，当局有树木保护法。可是，一遇饥荒，灾民们仍然甘冒坐牢的危险去砍伐树木，因为他们可以卖掉木头来买粮食。鲁迅认为，这是自然科学所无法解决的问题，"更进一步地来加以解决的，则有社会科学在"①。如人们所知，当年鲁迅所关注的自然生态环境保护问题，如今已成为全人类所共同关注的关系人类前途和命运的富于终极关怀意味的重大课题。

20 世纪 30—40 年代，严复介绍进来的斯宾塞、赫胥黎等人的第一代实证主义已很少有人提起；20 年代在中国风靡一时的第二代实证主义（实用主义与马赫主义）的优势，也逐渐为第三代实证主义——逻辑实证主义——所代替。金岳霖于 1938 年出版了《逻辑》一书，专门介绍罗素的数理逻辑。洪谦著《维也纳学派哲学》，对逻辑实证主义的思想作了系统的介绍。此外，冯友兰、金岳霖还运用逻辑实证主义的理论和方法，融合中国传统思想，来构建自己的哲学体系。但冯友兰的《新理学》和金岳霖的《论道》，虽然都运用逻辑分析的方法，但都背离了逻辑实证主义以玄学命题为假命题的基本立场，讲客观唯心主义的本体论。特别是冯友兰，用逻辑实证论的方法来为程朱理学的所谓"道德形上学"作论证，从而阉割了逻辑实证主义的科学方法的精髓。然而，金岳霖除了不拒斥形而上学（本体论）之外，则一直注重知识论和科学方

---

① 《〈进化和退化〉小引》，《鲁迅全集》第 4 卷，人民文学出版社 1981 年版，第 250—251 页。

法论的研究，写下了洋洋七十余万字的《知识论》，对经验实证与逻辑分析作统一的考察，其中颇有自己的独到见解，立论极为严谨缜密，充满了科学的知性精神，代表了现代中国哲人对于知识论研究的最高成就。

3 "伦理的觉悟为吾人最后之觉悟"

——中国近现代哲人对于"善"的理论探讨

中国近现代哲人对于"善"的理论探讨，侧重在个体与群体的关系问题。批判旧道德，提倡新道德；批判旧道德所造成的形形色色的国民劣根性，呼吁国民性之改造；而在对各种负面的国民性的揭露和批判中，最主要的是批判奴性和巧伪性，提倡个体的独立自主的人格，以确立人的尊严，其归向则是个性解放与人类的大同团结的统一。

从思想的内在理路看，中国近现代学者在批判旧道德的时候，都把明清之际的早期启蒙学者作为自己的直接先驱。谭嗣同著《仁学》，引证王夫之关于理欲关系的论述来批判宋明理学。宋恕以李贽为知音，而号称"激进派第一人"的刘师培更发表了《李卓吾先生学说》等论文，以此作为反对旧道德的思想武器。邓实盛赞戴震学说对宋明理学的批判"如拨云雾而见青天"。章太炎作《释戴》，充分肯定戴震反理学思想的进步意义。蔡元培于辛亥革命前一年（1910年）出版了《中国伦理学说史》一书，专门介绍了黄宗羲、戴震和俞正燮的伦理思想并给予高度评价。"五四"学者讲的都是西学，但只要稍微仔细读一读他们的文章，就可以发现他们对儒家的双重两性道德、性别角色定位、宗法家庭伦理的批判，几乎无不可以在早期启蒙学者的著作中找到相同的思路和相似的语言。胡适的《贞操问题》一文，除了有一处标明引《儒林外史》揭露节烈之残忍外，其关于旧贞操观的片面性的论说还可以在《二刻拍案惊奇》和《颜习斋先生言行录》中找到；鲁迅《狂人日记》中关于礼教"吃人"的说法，明显来自冯梦龙、戴震、袁枚；《马上支日记》揭露儒家"自以为正经"的"不正经"，其思路与纪昀的《阅微草堂笔记》对道学的揭露如出一辙；"只手打孔家店的老英雄"吴虞的《吃人与礼教》一文，不过是比袁枚的《张巡杀妾论》多引了一些史料而已。至于胡适作《戴东原的哲学》、吴虞作《明李卓吾别传》，等等，其立论都明确表示了他们与早期启蒙学者"心有灵犀一点通"的强烈的认同之感。

但另一方面也应看到，中国近现代学者在向西方寻找救国真理的途程中，受到了西方各种思潮的影响，其中既有西方近代启蒙者的学说，也有叔本华、克尔凯戈尔、尼采、易卜生、柏格森等人的学说，还有马克思主义的学说。同一位中国学者，往往同时或先后受到各种西方思想的影响。但先进的中国人都有一个共同的信念，即要使中国人民摆脱帝国主义和专制主义的压迫，凡是有利于中国人民的自由解放的，就是适乎时代要求的新道德。所以他们在对西方伦理学说的抉择取舍方面，往往能够取众家之长，走自己的路。

从道德上分析西方国家何以强、中国何以弱，是近现代中国学者致力于探讨的一个中心论题。于是便有中西道德之比较，有对于旧道德和国民劣根性的批判，有对于新道德的倡导。

早在戊戌维新前，有一批亲身考察过西方的早期改良派学者就指出西方近代道德比中国传统社会的道德要好。例如王韬就指出西方一夫一妻制家庭伦理比中国的妻妾成群要好，说："如欲平治天下，必自一夫一妻始。"又如郭嵩焘指出，中国的士大夫无论仁义礼智信的哪一个方面都实在不如西方人做得好，而且处处以事实为依据，说明清廷统治下的中国实在太黑暗。谭嗣同虽未亲身考察过西方，但却立足于中国的现实，揭露"三纲五伦之惨祸烈毒"，呼唤"冲决网罗"，发梁启超之"道德革命说"之先声。

戊戌维新失败后，梁启超最先公开举起了"道德革命"的旗帜。他说："今世士大夫谈维新者，诸事皆敢言新，惟不敢言新道德。此由学界之奴性未去，爱群爱国爱真理之心未诚也。……呜呼，道德革命之论，吾知必为举国之所诟。……若夫与一国流俗人挑战决斗，吾所不惧，吾所不辞。"（《新民说》）他主张在道德上"吐弃陈腐"，建立起一种适应新时代的新道德。他把中国传统道德与近代西方道德作了比较，认为中西道德的差异主要表现在以下方面：

一是西方人追求自由，有"不自由毋宁死"的气概，而中国人却常常为古人、世俗、境遇和情欲的奴隶。"数千年民贼之以奴隶视吾民……犹可言也；吾民之以奴隶自居，不可言也。……使我诚不甘为奴隶，则必无能奴隶我者。"他慨叹"举国之人，他无所学，而惟以学奴隶为事"；尤可悲者，"被凌于人之人，旋即可以为凌人之人，咄咄怪事"（《中国积弱溯源论》）。

二是西方人合群，而中国人却常如一盘散沙，知小我而不知有大我，自私、妒嫉、傲慢、执拗、放荡、迂愚、嗜利、寡情，"中国人不知群之为何物，群之义为何义也，故人人心目中但有一身之我，不有一群之我。……于是四万万人，遂成四万万国焉。亡此国而无损于我也，则束手以任其亡，无所芥蒂焉，甚至亡此国而有益于我也，则出力以助其亡，无所惭怍焉"（《中国积弱溯源论》）。

三是西方人公德比较发达，而中国人则偏于私德而缺于公德。"今试以中国旧伦理与泰西新伦理相比较：旧伦理所重者，则一私人对于一私人之事也；新伦理所重者，则一私人对于一团体之事也。"（《新民说》）梁启超认为，中国数千年来，德育的中心点是束身寡过主义，道德的范围日缩日小，如果有言论行事出于这种道德的范围之外，想对本群本国的公利公益有所尽力的人，就会有曲士贱儒援引"不在其位，不谋其政"的圣贤遗训来加以干预、诽笑、排挤。"今吾中国所以日即衰落者，岂有他哉，束身寡过之善士太多……人人视其所负于群者如无有焉，人虽多，曾不能为群之利，而反为群之累，夫安得不日蹙也！"（《新民说》）

此外，梁启超还认为，西方人具有权利思想，而中国人自古以来即不知权利为何物；西方人自尊，而中国人多缺乏自尊性质；西方人多有坚强的毅力，而中国人则十分缺乏。加之中国历史上内乱频仍，又生出种种恶性：一曰侥幸性，"惟思用险鸷之心术，攫机会以自快一时"；二曰残忍性，一切残忍之事，已成司空见惯；三曰倾轧性，杯酒戈矛，倾刻倚伏；四曰狡伪性，非营三窟，不能自全；五曰凉薄性，"仁质斫丧澌灭以至于尽也"；六曰苟且性，"无复远计，驯至与野蛮人之不知将来者无以异也。"（《新民说》）。所有这一切都是对专制制度所造成的国民劣根性入木三分的揭露和批评，同时也是对当今某些学者鼓吹的西方人是"个体人格"、"中国人是社会人格"的论调的有力驳斥。

在比较中西国民性的基础上，梁启超具体论述了独立与合群、自由与制裁、自信与虚心、利己与爱他的关系。

关于独立与合群，梁启超认为，所谓独立，就是不倚赖他力，而常昂然独往独来于世界，"人之所以异于禽兽者以此，文明人所以异于野蛮人者以此"。所谓合群，乃是合多数之独而成群。独立与合群并不是对立的。独立的反面是依赖，不是合群；合群的反面是营私，不是独立。

关于自由与制裁，梁启超认为，自由是一种美德，是每一个人的精神生命，也是每一个人与生俱来的权利，因此"今日欲救精神界之中国，舍自由美德外，其道无由。"自由的公例是：人人自由，而以不侵人之自由为界。"其一群之中，无一能侵他人自由之人，即无一被人侵我自由之人，是乃所谓真自由也。"为了保障人人自由，就必须有法律对侵犯他人自由者实行制裁。"故自由与制裁二者，不惟不相悖而已，又乃相待而成，不可须臾离。"

关于自信与虚心，梁启超认为，自信力乃是"成就大业之原"。以兴民权而言，"国民而自以为民权不能兴，斯不能兴矣；若人人以自信力奋争民权，民贼孰得而压之！"自信与虚心，相反而相成，"愈自重者愈不敢轻薄天下人"，越有自信心的人也就越虚心。有自信心，就有海纳百川的气概；而沾沾自喜于一得之见者，亦足见其"器小"而已。

关于利己与爱他，梁启超认为，中国古义皆以为我、利己为恶德，这是错误的。"人而无利己之思想者，则必放弃其权利，弛掷其责任，而终至于无以自立。"要实现民权，就必须使国人竞争权利寸步不肯稍让，这也就是中国古代杨朱所说的以人人不拔一毫之心，以自利者利天下。另一方面，"变相之爱己心者，即爱他心是也。""真能爱己者，不得不推此心以爱家、爱国……于是乎爱他主义生焉。"所以梁启超认为，杨朱贵己，墨子兼爱，二者并非对立，"今日不独发明墨翟之学足以救中国，即发明杨朱之学亦足以救中国"。当然，梁启超决不是主张杨朱的"拔一毫利天下而不为"，而是主张权利与义务和责任之统一。

邹容的《革命军》一书，既是推翻帝制、建立民国的战斗檄文，也是一部卓越的批判旧道德、提倡新道德的伦理学杰作。

在《革命军》一书中，邹容首先对"国民"与"奴隶"的不同性质作了比较。他认为，"国民者，有自治之力，有独立之性质，有参政之公权，有自由之幸福，无论手执何业，而皆得为完全无缺之人。"而奴隶则相反。所谓奴隶，在西欧，则是与国民相对立的一个贱称。与国民所具有的独立自主的意识相反，奴隶则只知道依赖和服从。"曰奴隶也，则既无自治之力，亦无独立之心……依赖之外无思想，服从之外无性质，谄媚之外无笑语，奔走之外无事业，伺候之外无精神，呼之不敢不来，麾之不敢不去，命之生不敢不生，命之死不敢不死，得主人之一盼，博主人之一笑，如获异宝登天堂，夸耀于侪辈以为荣，及撄主人之怒，则俯首屈膝，气下股粟，至极其鞭扑践踏，不敢有分毫抵忤之色，不敢生分毫愤奋之心，他人视为大耻辱不能一刻忍受，而彼无怒色无忤容，怡然安其本分，乃几不复自知为人。"在西欧社会中，这种奴性十足的人是普遍受到人们的鄙视的，绝大多数人都把奴性看作奇耻大辱。可是，令人悲哀而愤懑的却是："我中国人因擅奴隶之所长，父以教子，兄以勉弟，妻以谏父，日日演其惯为奴隶之手段。""柔顺也，安分也，韬晦也，服从也，做官也，发财也，中国人造奴隶之教科书也。"

邹容特别尖锐地抨击了中国传统知识分子的劣根性，认为中国传统的知识分子已被专制主义的困辱羁贼摧折了气节，丧失了廉耻，不仅没有独立人格，而且追随专制统治者，给中国社会的发展带来了巨大危害。他说："中国士子者，实奄奄无生气之人也。何也？民之愚不学而已，士之愚则学非所学而益愚。……行同乞丐，不复知人间有羞耻事。患得患失，不复有仗义敢死之风。柔静愚鲁，不敢有议政著书之举。畏首畏尾，不敢为乡曲豪举游侠之雄。……抗议发愤之徒绝迹，慷慨悲咤之声不闻，名为士人，实则死人之不若。""名士者流，用其一团和气，二等才情，三斤酒量，四季衣服，五声音律，六品官阶，七言诗句，八面张罗，九流通透，十分应酬之大本领，钻营奔竞，无所不至。"中国传统知识分子通过科举途径而进入官场后很少有不作威作福、鱼肉百姓的。他认为："中国之腐败士人"与"上海之滥野鸡"（妓女）、"北京的滑兔子"（市井无赖），乃是一路货色。在作了以上淋漓尽致的揭露以后，邹容说："吾非好为此尖酸刻薄之言，以骂尽我同胞，实吾国士人，荼毒社会之罪，有不能为之恕。"邹容对于传统知识分子劣根性的揭露，并且认为传统知识分子由于更多地受到专制统治思想的毒害，因而比普通老百姓更为愚昧，奴性更足，恶劣的品行更多。这种揭露应该说是非常深刻的，至今仍值得中国的知识分子作深刻认真的反省。

最后，邹容从世界性文化竞争的高度，论述了拔去奴隶之根性以确立国民意识的问题。他认为，中国人与欧洲人相比，就天赋素质来说是不相上下的，并不存在所谓种族优劣问题，关键在于中国人必须"拔去奴隶之根性，以进为中国之国民"。而要做到这一点，就必须通过进行革命教育的途径。第一，当知中国者中国人之中国也。第二，人人当知平等自由之大义，平等自由乃是不可剥夺的天赋人权。第三，当有政治法律之观念，野蛮人之所以没有自由，就在于他们没有法律作为权利的保障。邹容认为，由以上三个方面派生出国民人格的四个基本特点：

"一曰，养成上天下地，惟我自尊，独立不羁之精神。"

"一曰，养成冒险进取，赴汤蹈火，乐死不辞之气概。"

"一曰，养成相亲相爱，爱群敬己，尽瘁义务之公德。"

"一曰，养成个人自治，团体自治，以进人格之人群。"

邹容认为：只有造就具备以上四种品格的人，才能实现在中国大地上推翻君主专制的革命，建立一个名副其实的"中华共和国"；才能"复我天赋之人权，以立于性天智日之下，与我同胞熙熙攘攘，游幸于平等自由城市之中"。邹容的《革命军》一书，在辛亥革命前的中国产生了极其巨大的影响，鲁迅认为这本书的威力胜过了当时所有的革命宣传。

从道德的层面看，"五四"新文化运动是一场彻底地反对旧道德、提倡适合时代进步潮流的新道德的运动。陈独秀宣称："伦理的觉悟，为吾人最后觉悟之最后觉悟。"他认为没有新道德，科学与民主在中国就不可能真正立足。但要论批判旧道德的激烈程度，并不见得就超过谭嗣同、梁启超，尤其是孙中山所盛赞的邹容的《革命军》。

有人说《新青年》全盘否定中国传统道德。对此，陈独秀当时就作了辩白。他说："记者（指《新青年》同人——引者）之非孔，非谓其温良恭俭让、信义廉耻诸德及忠恕之道不足取；不过谓此等道德名词，乃世界普通实践道德，不认为孔教自矜独有者耳。士若私淑孔子，立身行己，忠恕有耻，固不失为一乡之善士，记者敢不敬其为人？惟期期以为孔道为害中国者，乃在以周代礼教齐家、治国、平天下，且以为天经地义，强人人之同然，否则为名教罪人。"①

当时有人受尼采的非道德论的影响，提出要废除道德，陈独秀也明确表示不同意这一看法，对这一观点作了批评。他说："无论人类进化至何程度，但有二人以上之交际，当然发生道德问题。""愚固深信道德为人类最高精神作用，维持利益之最大利器，顺进化之激流，革故更新之则可，根本取消之则不可也。"② 他认为即使是主张非道德论的尼采实际上也有他所主张的道德。所以道德是不能废弃的，问题在于主张什么样的道德。在道德的基本问题即个人与他人和群体的关系问题上，陈独秀的见解与梁启超、邹容的观点是一致的③。

———————————

① 《答〈新青年〉爱读者》，《陈独秀文章选编》，生活·读书·新知三联书店 1984 年版，第 222 页。
② 《答淮山逸民》，《陈独秀文章选编》，生活·读书·新知三联书店 1984 年版，第 190 页。
③ 《道德之概念及其学说派别》，《陈独秀文章选编》，生活·读书·新知三联书店 1984 年版，第 194—195 页。

但与晚年梁启超主张"情感是超科学的"观点相区别，陈独秀强调可以用唯物史观的科学观点来解释人的道德情感和义务意识的变迁。在"科学与玄学"的论战中，陈独秀批评梁启超说：试问在工业的资本主义社会，有没有诸如孝子割股疗亲这样的举动，这样的情感和"先天的义务意识"？一个人生在印度婆罗门家，自然不愿意杀人，他若生在非洲酋长家，自然以多杀为无上荣誉；欧美妇女每当稠人广众吻其所亲，而以为人妾为奇耻大辱，中国妇女每以得为贵人之妾为荣幸，而当众接吻虽娼妓亦羞为之，为什么"先天的义务意识"如此不同？结论是：所谓先天的形式、良心、直觉、自由意志"一概都是生活状况不同的各时代各民族之社会的暗示所铸而成"。这里所说的"社会的暗示"，即是为社会存在所决定的社会心理氛围。

但这并不意味着陈独秀是"唯科学主义者"。相反，陈独秀亦深受西方 19 世纪末 20 世纪初的新思潮的影响，因而对"唯科学主义"亦持批评的态度。认为唯科学主义会使青年对于世界、人生发生无价值无兴趣的感想，因而造成空虚、黑暗、怀疑、悲观、厌世这样一种极危险的人生观。

以全面的观点看问题，陈独秀并不认为西洋人只重科学不重道德。他认为近几百年来，西洋物质的科学进步很快，而道德的进步却跟不上，是因为道德是人类本能和情感上的作用，不能像知识那样容易进步。根于人类本能上光明方面的相爱、互助、同情心、利他心、公共心等道德，不容易发达，乃是因为受了本能上的黑暗方面——虚伪、忌妒、侵夺、争杀、独占心、利己心、私有心等难以减少的牵制，而私有制正是起着助长人的恶德的作用，遂造成社会上悲惨不安的状态，这在东西方都是一样的。因此，一切由私有制所造成的旧道德都需要革新。光明的前途在于："要抛弃私有制度之下的一个人、一个阶级、一国家利己主义的道德，开发那公有、互助、富于同情心、利他心的新道德。"[1]

---

[1] 《调和论与旧道德》（1919 年 12 月 1 日），《陈独秀文章选编》，生活·读书·新知三联书店 1984 年版，第 444—445 页。

　　李大钊与陈独秀一样，对中国的旧制度、旧道德及由此产生的国民劣根性持激烈的批评态度。他深刻地揭示了专制制度对于国民劣根性形成的作用，指出："中国人有一种遗传性，就是应考的遗传性。什么运动，什么文学，什么制度，什么事业，都带着些应考的性质，就是迎合当时主考的意旨，说些不是发自本心的话。所说的话、作的文，都是揣摩主考的一种墨卷，与他的实生活都不生关系。是什么残酷的制度，把我们的民族性弄成这样的不自然！"①

　　他认为中国的旧制度、旧道德与国民劣根性又是相互作用的：在这个社会里，个人的生活无一处不感到孤独的悲哀、苦痛；什么国，什么家，什么礼防，什么制度，都是束缚各个人精神上自由活动的东西，都是隔绝各个人之间相互表示好意、同情、爱慕的东西。

　　作为马克思主义者的李大钊，一针见血地指出中国人的种种保守落后的劣根性是由于那个时代的社会制度所造成的；同时，这种落后保守的劣根性又使社会制度愈加腐朽黑暗。因此，李大钊在《我的马克思主义观》一义中指出："我们主张以人道主义改造人类精神，同时以社会主义改造经济组织。不改造经济组织，单求改造人类精神，必致没有效果。不改造人类精神，单靠改造经济组织，也怕不能成功。我们主张物心两面的改造，灵肉一致的改造。"②

　　针对当时社会上普遍流行的那种维护旧道德的观点，李大钊系统地阐明了唯物史观关于道德和道德与物质之关系的观点。他指出道德的基础就是自然，就是物质，就是生活的要求；道德就是人的适应社会生活之要求的社会本能。道德总是随着物质经济基础的变化而变化，因此，圣贤的经训格言断断不是万世不变的，圣道、王法、纲常、名教的变革是必然的。道德既然有变化，因而也就有新旧之分，新道德是适应新生活、新社会的要求而产生的，是人的社会本能的变化，是断断不能遏抑的。

---

① 《应考的遗性》（1919 年 10 月），《李大钊文集》，人民出版社 1984 年版，第 105 页。
② 《我的马克思主义观》，《李大钊文集》，人民出版社 1984 年版，第 68 页。

作为一位高瞻远瞩的马克思主义者，李大钊认为，从今以后的新生活新社会，应是人类一体的生活，世界一家的社会。李大钊大声疾呼："我们今日所需要的道德不是神的道德、宗教的道德、古典的道德、阶级的道德、营私的道德、占据的道德；乃是人的道德、美化的道德、实用的道德、大同的道德、互助的道德、创造的道德！"李大钊的这种观点，体现了马克思主义者的博大胸襟和深广的人道主义精神，正确地预言了20世纪世界历史进步潮流的走向，至今仍具有十分重大的理论意义和实践意义。

在中国现代思想史上，特别是在"善"的探讨方面，最值得重视的是鲁迅。鲁迅提出的近代思想启蒙的根本任务是"立人"。为什么要"立人？""立人"的内涵是什么？通过什么途径来"立人"？鲁迅一一回答了这些问题。

之所以要"立人"，——鲁迅说，——是因为"中国人向来没有争到过'人'的资格，至多不过是奴隶"；中国历史上向来就只有两种时代：一是想做奴隶而不得的时代，二是暂时做稳了奴隶的时代。中国还有一种奇特的吃人制度和为这种吃人制度服务的伦理道德，吃人的制度是所谓"天有十日，人有十等"，每一个人既被在上位的人吃，同时又在吃比自己地位更低的人；吃人的道德通过论证臣民对于长上的片面义务的绝对合理性，"使牺牲者直到被吃的时候为止，还是一味佩服赞叹他们"①。吃人的道德通过"愚民的专制"来实现，比"暴君的专制"更惨酷；它使被压迫者相信吃人的道德的合理性，使那些不知道自己是在被吃的人，也自觉地来维护吃人的道德，帮助吃人者吃人，这真是天下之至惨、至酷！历史上每一页都歪歪斜斜地写着"仁义道德"几个字，但独具慧眼的人则能从字缝里面看出字来，"满本都写着两个字是'吃人'"②。所谓"五千年文明"者，不过是自古摆到今的"人肉的宴

---

① 《狗·猫·鼠》，《鲁迅全集》第2卷，人民文学出版社1981年版，第233页。
② 《狂人日记》，《鲁迅全集》第1卷，人民文学出版社1981年版，第425页。

席"，所谓"中国"者，不过是制造这人肉宴席的厨房而已。鲁迅先生不无沉痛地指出，已经是 20 世纪初了，在中国近于真正的人道，说的人还不很多，并且说了还是犯罪。

之所以要"立人"，——鲁迅又说，——是因为在中国人的所谓"合群的爱国的自大"中，隐藏着极端的害人利己主义：首先是党同伐异，对有新思想的人横加迫害，甚至"必竭全力以死之"[1]。其次是对西欧的新文明宣战。他们自己毫无特别才能可以夸示于人，所以把这"国"拿来作个影子；他们把国里的习惯制度抬得很高，赞美得了不得，他们自然也有荣光了。他们表面上极为"合群"，但各自都怀着极自私的心理："胜了，我是一群中的人，自然也胜了；若败了时，一群中有许多人，未必是我受亏"。于是便有复古、尊王、扶清灭洋，等等。更有甚者，是专想爬到特权者位置上去的那些人单有"我"，单想"取彼而代之"，单要由我喝尽了一切空间时间上的酒。他们所想的，"简单地说，便只是纯粹性方面的欲望的满足——威福、子女、玉帛——罢了。然而在一切大小丈夫，却要算最高理想（？）了。"被称为"画出了我们国民的灵魂"的阿 Q 的形象就是如此，他梦想他的"革命"成功以后，"未庄的一伙鸟男女"都跪下求他饶命，他想干什么就干什么，想要什么就有什么。中国社会很少有真正的革新者，有的是只知掠夺和杀戮的寇盗式的破坏者和仅因目前极小的私利而悄悄地挖社会的墙脚的奴才式的破坏者。所有这一切，难道就是中国人的"社会人格"么？难道就是自古以来"集体主义"么？

之所以要"立人"——鲁迅还指出，——还在于中国的一些人，至少是"上等人"，毫无信仰，毫无操守，纵然是再好的理论，也会被他们利用来作为鼠窃狗偷的工具，无论干了什么伤天害理的事，却还要讲出一番冠冕堂皇的道理，口里说的与实际上做的全然两样。中国的武人，凡要举兵动武，必先发一道呼吁和平的通电；在下的要叛变，必先

---

[1] 《摩罗诗力说》，《鲁迅全集》第 1 卷，人民文学出版社 1981 年版，第 68 页。

作一"拥护中央"的宣言；在上的要穷兵黩武，必先开一个裁军会议；弄得头脑简单的西方记者眼花缭乱，怎么也看不出中国政治的奥秘。而中国的下等人，则在几千年的专制压迫下，炼就了一套"百忍"的本领，既不幸而又不争……

怎样"立人"？鲁迅说要"重个人"，也就是要唤起每一个人的自尊心和个性自觉，"国人之自觉至，个性张，沙聚之邦，由是转为人国。人国既建，乃始雄厉无前，屹然独见于天下……"① 要把"重个人"的个性主义与"害人利己"主义划清界限，鲁迅说："个人一语，入中国未三四年，号称识时之士，多引以为大诟，苟被其谥，与民贼同。意者未遑深知明察，而迷误为害人利己主义欤？夷考其实，至不然矣。"② 个性主义是尊重个人的尊严和价值，尊重个人的独创性，使"人生意义，致之深邃"，使人免堕于肤浅凡庸；要理解和宽容那些有独创性的人，因为一切新思想多从他们出来，政治上宗教上道德上的改革也多从他们发端，所以多有这"个人的自大"的国民，真是多福气，多幸运③！鲁迅认为，中国如欲在文化竞争失败之后再见振拔改进，则不可没有"个人的自大"。用今天的话来说，就是要发挥个体的开拓、进取和创造的精神，而中华民族的新崛起也就寓于每一个体的努力奋斗之中。因为由千百万具有坚强个性的人所组成的民族比那些由既无能而又各自心怀鬼胎的乌合之众所组成的民族更为强大，更具有在世界性的文化竞争中取得胜利的实力优势。同时，又要坚决反对那种单知有"我"的"害人利己主义"，反对那种各怀自私自利的鬼胎、实为一盘散沙的所谓"合群的爱国的自大"。而抗拒这单有"我"的专制帝王思想和极端利己主义的武器，就是现代人道主义，即"自由平等、互助共存"的理想。鲁迅认为，只有中国人民也信了这种主义，传统的"大小丈夫"们就无以施其暴虐。

---

①② 《文化偏至论》，《鲁迅全集》第1卷，人民文学出版社1981年版，第56、50页。
③ 《随感录三十八》，《鲁迅全集》第1卷，人民文学出版社1981年版，第311页。

"立人"的途径是改造国民性。鲁迅一生都坚持"思想革命"或曰"改革国民性"的启蒙主张。他说："中国大约太老了，社会里事无大小，都恶劣不堪，像一只黑色的染缸，无论加进什么新东西去，都变成漆黑，可是除了再想法子来改革之外，也再没有别的路。"① 他强调："此后最要紧的是改革国民性。否则，无论是专制，是共和，是什么什么，招牌虽换，货色依旧，全不行的。"② 直到临去世前不久，他还在大讲改造国民性的问题，还在探讨如何解决中国社会这么一个使任何外来学说都变得"漆黑一团"的"黑色染缸"的问题③。——与鲁迅活着的时候相比，当今中国在许多方面都有了巨大的进步，我们已不能笼统地说中国还是一个"黑色染缸"了。但鲁迅一生所致力于探讨的改造国民性的问题并没有完全解决，也是一个不容回避的事实。要在全民族中确立起现代人文精神，仍然需要继续改造我们的国民性。

4　"以美育代宗教"
——中国近现代哲人对于"美"的理论探讨

从晚清梁启超呼吁"以旧风格含新意境"的"诗界革命"和"小说界之革命"，到鲁迅倡导"立意在反抗，旨归在动作"的"摩罗诗力说"，再到胡适、陈独秀等人倡导的白话文运动和文学革命，到广大文学家、艺术家在诗歌、音乐、小说、绘画、戏剧、影视各领域的开拓和创造，数十年间，以"立人"为目的的中国新文艺获得了长足的进展。

胡适作《白话文学史》，以白话文为正宗的文学，以取代古文的地位；周作人作《中国新文学的源流》，称颂晚明以来的性灵文学为"新文学的文章"；这一切，都把新文学看作是中国文化的自我更新、发展和延续。王国维精研中国古代文论，以"境界"统摄"神韵"、"气质"，提出了著名的审美"境界"说，对中国民族特色的文学理论作了概括和

---

① ②　《鲁迅致许广平书简》，河北人民出版社 1979 年版，第 7、12 页。
③　《偶感》，《鲁迅全集》第 5 卷，人民文学出版社 1981 年版，第 480 页。

总结。另一方面，外国文学作品和文艺理论的译介，康德的美学思想和19世纪后期以来的新思潮的输入，亦对中国新文学的发展起了很大的影响作用。例如蔡元培对于康德美学思想的介绍，鲁迅对于克尔凯戈尔、叔本华、尼采、易卜生、厨川白村、普列汉诺夫、卢那察尔斯基等人思想的介绍，等等，都对中国的新文学运动产生了不可忽视的重要影响。

对中国的人文教育影响最大的可能还是席勒的审美教育学说。受这一学说的影响，蔡元培、李大钊、陈独秀、鲁迅都对审美教育的重要性作了很多的论述。其中最有影响力的，乃是为蔡元培所提出，又为李大钊、陈独秀、鲁迅等一大批"五四"学者所广泛认同的"以美育代宗教"的学说。

蔡元培对康德的美学思想有精深的研究，更服膺席勒的审美教育论。早在1912年4月，他就发表了《对于教育方针之意见》一文，提出了要重视美育的观点。在这篇文章中，他认为人不可没有对于人生的价值和意义的形而上的追求，不可没有安身立命的终极关怀；但又不能像宗教那样割裂现象世界与实体世界，为"提撕"实体世界的观念而排斥人的现世幸福；而为了使人们不致堕入急功近利、一味追求物质享乐的泥潭以致不能自拔，只有通过美感之教育来"提撕实体观念"。他认为："现象实体，仅一世界之两方面，非截然为互相冲突之两世界。吾人之感觉，既托于现象世界，即所谓实体者，即在现象之中。"① 通俗地说，人生的意义也就在人的现世生活之中，而美感教育正是使人在现世生活中保持那么一份高雅的精神追求的路径："美感者，合美丽与尊严而言之，介乎现象世界与实体世界之间，而为之津梁。……故教育家欲由现象世界而引以到达实体世界之观念，不可不用美感之教育。"②

1917年8月，蔡元培在《新青年》杂志上发表《以美育代宗教说》，正式提出以审美教育取代宗教信仰的主张。文章是针对国内的复古势力

①② 《蔡元培美学文选》，北京大学出版社1983年版，第4—5页。

和海外的中国留学生提出要以孔教为国教的主张而写的。蔡元培显然不赞成这种倒退的主张。他认为，最早的宗教，确实包含了人类的认知、意志和感情的作用，以满足人们对于真善美的要求。但是，随着人类理性的进步，在认知方面，人们不再相信宗教关于自然现象和人自身对于"我从何处来，我向何处去"的解释，而代之以科学；在意志方面，人们也不再相信宗教关于唯一的不变的道德的说教，而代之以伦理学；至于情感审美的方面，除了仍与宗教结合在一起的艺术之外，也已分化出与宗教相分离的艺术。诚然，不能否认宗教在满足人的情感需求和在审美教育方面的作用，然而，把属于人文的美育与附丽于神学的美育相比较，"美育之附丽于宗教者，常受宗教之累，失其陶养之作用，而转以刺激感情。盖无论何等宗教，无不有扩张己教攻击异教之条件"[1]。蔡元培以历史上信仰不同宗教的人们之间的相互杀戮、"圆通"的中国佛教徒为了自身的利益"不惜于共和时代附和专制"等事实证明，"宗教之为累，一至于此，皆情感之作用为之也"。为了避免宗教的刺激感情之弊，"而专尚陶冶感情之术，则莫如舍宗教而易以纯粹之美育。纯粹之美育，所以陶养吾人之感情，使有高尚纯洁之习惯，而使人我之见，利己损人之思念，以渐消沮者也。盖以美的普遍性，决无人我差别之见能参入其中"[2]。总之，美育可以取代宗教的社会功能，而又可以避免一切宗教的弊病。

蔡元培的美学思想，除了深受康德美学思想的影响外，还带有 19世纪后期以来反对机械论的新人文主义哲学的印记。他说，常常看见专治科学而不兼涉美术的人，难免有萧索无聊的状态。无聊不过，庸俗的人就借低劣的娱乐作消遣，清高的人就渐渐患上了厌世的神经病。因为专治科学，太偏于概念，太偏于分析，太偏于机械的作用了。且唯科学主义认为凡事都逃不了因果律，否认人的自由意志的作用，以此为人生观和世界观，不但个人的生活没有生趣，对于社会毫无爱心，就是在科

---

①② 《蔡元培美学文选》，北京大学出版社 1983 年版，第 70 页。

学的研究上，也决不会有创造精神。要防治机械论的弊病，就要在求知识之外兼养感情，在治科学以外兼治美术。有了美的兴趣，不但觉得人生很有意义，很有价值，就是在研究科学的时候，也一定会添了勇敢活泼的精神。蔡元培还独具慧眼地指出：在各种科学上，都有可以应用美术眼光的地方，治科学的人，也可以在自己的专业领域内兼得美术的趣味，这是一举两得的事情①。"科学与玄学论战"中的"科学神"丁文江也有类似的观点，这或许是他个人的感受，或许是受了蔡元培观点的影响。

蔡元培关于美感对陶冶人的性灵、塑造完美人格的作用，有一段十分精辟的论述。现将这段论述分层次引证如下：

> 美感本有两种，一为优雅之美，一为崇高之美。
>
> 从容恬淡，超利害之计较，泯人我之界限。例如游名胜者，初不作伐木制器之想；赏音乐者，恒以与众同乐为快；把这样的超越而普遍的心境涵养惯了，还有什么卑劣的诱惑，可以扰乱他么？
>
> 崇高之美，又可分为伟大与坚强二类；存想恒星世界，比较地质年代，不能不警小己的微渺，描写火山爆发，记叙洪水横流，不能不叹人力之脆薄；但一经美感的诱导，不知不觉，神游于对象之中，于是乎对象之伟大，就是我的伟大；对象的坚强，就是我的坚强；在这种心境上锻炼惯了，还有什么世间的威武，可以胁迫他么②？

这些话讲得何等的好啊！其中既有"存想恒星世界，比较地质年代"的真，又有抵御卑劣的诱惑、抗拒权势之胁迫的善，而以"超利害之计较"、"神游于对象之中"的美为归趋。在这里，美统真善，真善美合

---

① 《蔡元培美学文选》，北京大学出版社1983年版，第136—137页。
② 《在香港圣约翰大礼堂美术展览会演词》，《蔡元培美学文选》，北京大学出版社1983年版，第218页。

一。笔者孤陋，斗胆问一句：古今中外的圣贤，还有谁在这一论题上论述得如此透辟的吗？

李大钊把审美教育看作是"青春中华之创造"的强有力的精神动力。他说，从来新文明之诞生，必有新文艺为之先声，而新文艺之勃兴，尤其必须靠有少数敢于犯当世之大不韪的哲人，"各奋其新颖之笔，掊击时政，攻排旧制，否认偶像的道德，诅咒形式的信仰，冲决一切陈腐之历史……扬布人生复活国家再造之声"，而以"民族回春"、国家建于"纯美青年"之手为理想。他认为如果没有一批青年思想家、文艺家高扬"人文改造"之声，就不可能有近数百年来西欧文明的进步。然而，与西方近代文坛相比，中国文坛却是另一番景象："以视吾之文坛，堕落于男女兽欲之鬼窟，而罔克自拔，柔靡艳丽，驱青年于妇人醇酒之中者，盖有人禽之殊，天渊之别矣。"李大钊大声疾呼：中国的新文艺应该"厚青年之修养，畅青年之精神，壮青年之意志，砺青年之气节"，以"培植青春中华之根基"①。

李大钊热烈地讴歌那"多情多爱之青春"，这情，这爱，这青春，是通乎永恒、无限、绝对的形而上之本体的审美境界："惟真知爱青春者"，方能有"江流不转之精神"、"生死骨肉、回天再造之精神"，方能有"屹然独立之气魄"，"慷慨悲壮拔山盖世之气魄"，"以其绝对统其相对，以其空驭其色，以其平等律其差别，故能以宇宙之生涯为自我之生涯，以宇宙之青春为自我之青春。宇宙无尽，即青春无尽，即自我无尽"②。具有这样一种审美境界的人，将个体的生命融入了宇宙的大生命，自信宇宙生命之不朽即个体生命之不朽，所以为了使自己的生命更有价值和意义，不惜牺牲小我之生命而求大我之生命的发展。李大钊说："人生的目的，在发展自己的生命，可是也有为发展生命必须牺牲生命的时候。因为平凡的发展，有时不如壮烈的牺牲足以延长生命的音

---

① 《"晨钟"之使命》，《李大钊选集》，人民出版社1959年版，第61—62页。
② 《青春》，《李大钊选集》，人民出版社1959年版，第67页。

响和光华。绝美的风景，多在奇险的山川。绝壮的音乐，多是悲凉的韵调。高尚的生活，常在壮烈的牺牲中。"① 在审美中，伟大的人道主义精神充满着身心，洋溢于宇宙，这正是李大钊的终极关怀，是他的人生观和庄严而崇高的伟大人格的写照。

借鉴西方的美学原理，李大钊对希腊民族、日耳曼民族、中华民族的精神特质作了比较分析，进一步强调了在全民族中推广审美教育的重要性。在《美与高》一文中，他认为希腊民族具有秀丽之美，而日耳曼民族则具有壮伟（崇高）之美，正是这种美的性格、美的感情、美的态度，推动人们去从事科学与艺术的创造，由此造成科学与艺术的发达，并给予民族的道德情操以莫大的影响。然而，中国的民族性是否具有秀丽之美与壮伟之美的特质呢？李大钊认为，中华民族原本是具有这两大特质的，中国古代有许多文学和美术的名作，有雄伟的建筑工程，就是证明。这两大特质是中华民族所处的自然环境所赋予的："盖以宅国于亚洲大陆之中，高山峻岭，长江大河，泱泱乎纵横于南北。以言山陵，则葱岭雪山峙于西域，行其间者经三旬而不能逾也。以言河流，则长江一泻，黄河奔流，浊浪滔滔，远望真有连天之概也。以言大泽，则洞庭云梦，兰蕙芷茞皆产于其间也。以言原漠，则燕齐鲁豫平野漫漫，一望无际，越长城而外则又黄沙白草万里无人烟也。衡以地灵人杰之说，以如此灵淑之山川，雄浑之气象，栖息其间之民族，当必受自然之影响，将兼含'美'（秀丽之美——引者）与'高'（崇高，即壮伟之美——引者）而并有之宜也。"虽然中华民族之壮丽山河非如李白式的绝大手笔不足以描写，"然而旷达之象，远迈之趣，固已于不识不知之间，神化于吾民族之性质之襟怀矣。是则吾民族特性，依自然感化之理考之，则南富于'美'，北富于'高'"。但是，为什么后来中华民族却日即消沉于卑近暗昧之中，绝少崇宏高旷之想了呢？李大钊认为："余闻一国民族性之习成，其予以莫大之影响者，有二大端，即境遇与教育是也。境

---

① 《牺牲》，《李大钊选集》，人民出版社 1959 年版，第 247 页。

遇属乎自然，教育基于人为。纵有其境遇而无教育，焉以涵育感化之、使其民族尽量发挥其天秉之灵能，则其特性必将湮没而不彰，且沦丧以尽矣。"李大钊认为：中华民族之所以秀丽之美和崇高之美的精神气质湮没不彰，就在于缺乏美育；通过"教育感化之力"来使中华民族恢复其固有的秀丽之美与崇高之美的精神特质，乃是中国当今的教育家、文学家、美术家和思想家"不容有所怠荒"的历史责任。

陈独秀也是审美教育的热烈倡导者。他早在发起新文化运动后不久，就受到了柏格森生命哲学的影响，而产生了以美育代宗教的倾向。他在写于1917年5月1日、发表于《新青年》3卷3号的《答俞颂华》的信中写道："今之人类（不但中国人）是否可以完全抛弃宗教，本非片言可以武断。然愚尝诉诸直观，比量各教，无不弊多而益少。是以笃信宗教之民族，若犹太，若印度，其衰弱之大原，无不以宗教迷信，为其文明改进之障碍。法兰西人受旧教之迫害，亦彼邦学者所切齿；其公教会与哲人柏格森，俨如仇敌。此乃宗教之弊，事实彰著，无可讳言。""至于宗教之有益部分，窃谓美术、哲学可以代之。"①

对于基督教中所包含的美的纯情感，陈独秀作了充分肯定，认为它可以弥补中国文化的不足。1920年2月，陈独秀发表了《基督教与中国人》一文，在这篇文章中，陈独秀对基督教和儒教作了比较研究。他说："支配中国人心的最高文化，是唐虞三代以来伦理的道义。支配西洋人心的最高文化，是希腊以来美的情感和基督教信与爱的情感。"他不同意梁漱溟关于"富于情感是东方人的精神"的观点，也不同意梁漱溟关于"情感与欲望的偏盛是东西两文化分歧的大关键"——即东方人富于情感，西方人富有欲望——的观点，指出情感与欲望是不可分离的，欲望情感的物质的冲动，是人类的普遍天性，并无东洋西洋的区别；欲望情感的超物质冲动，是高级冲动，也是人类的普遍天性，也没有东洋西洋的区别。所以"西洋东洋（殊于中国）两文化的分歧，不是

---

① 《陈独秀文章选编》，生活·读书·新知三联书店1984年版，第210页。

因为情感与欲望的偏盛，是在同一超物质的欲望、情感中，一方面偏于伦理的道义，一方面偏于美的宗教的纯情感"。在陈独秀看来，中国文化的源泉里缺少美的纯情感，不但伦理道义离开了情感，就是以表现情感为主的文学，也大部分离开了情感而加上伦理的（尊圣、载道）、物质的（纪功、怨穷、诲淫）的色彩，这正是中国人堕落的根由，我们实在不敢以"富于情感"自夸。此外，中国社会麻木不仁，文化源泉里缺少情感也是一个重要方面。陈独秀认为，基督教本质上是一种爱的宗教，吸取其有益的部分，即美的纯情感的方面，乃有助于补救中国文化的缺点。他说："现在要补救这个缺点，似乎应当拿美与宗教来利导我们的情感。离开情感的伦理道义，是形式的不是里面的；离开情感是知识……是机器、柴炭，不是蒸汽与火。美与宗教的情感，纯洁而深入普遍于我们生命源泉的里面。我主张把耶稣崇高的、伟大的人格和热烈的、深厚的情感，培养在我们的血里……"①

作为文学家的鲁迅，对于"美"就更有深刻的体认了。青年时期的鲁迅，就曾作《文化偏至论》，系统介绍克尔凯戈尔、叔本华、尼采等人的学说；又作《摩罗诗力说》，推崇拜伦、密茨凯维支、裴多菲这些为自由而献身的伟大诗人的人格、作品和创作主张，高扬人的情感和意志的力量，热烈地讴歌人的自由和个性解放。"五四"时期的鲁迅，更把文艺看作是照耀民族前途的灯火，创作了《狂人日记》、《阿Q正传》等不朽的杰作；此后，他又以杂文为武器，专门揭露讽刺旧社会的黑暗和形形色色的负面的国民性，通过对"吃人"的旧制度旧伦理的批判来寄托他的伟大的人道主义理想，通过抨击现实的人性中的假恶丑来寄托他对完美的人性的追求。1924年，鲁迅翻译了日本学者厨川白村的美学论文集《苦闷的象征》，"美是苦闷的象征"的美学观从此流行国中，鲁迅的散文集《野草》中写得最美的一些篇章，就颇能体现这一美学命题的特质。鲁迅晚年自述其创作宗旨是："我仍抱着十多年前的'启蒙

① 《陈独秀文章选编》，生活·读书·新知三联书店1984年版，第485页。

主义',以为必须是'为人生',而且要改良这人生。"① 对于美与真和善的关系,鲁迅也很有一些独到的见解。

鲁迅在"立人"的主题下来涵摄真、善、美。他认为纯粹认知意义上的"真",即科学和科学化的哲学不能包举和涵盖人生的一切问题。他在 1925 年 1 月发表的《诗歌之敌》一文中指出:"诗歌不能凭仗了哲学和智力来认识,所以感情已经冰结的思想家,即对于诗人往往有谬误的判断和隔膜的揶揄。"② 他批评洛克"观作诗就和踢球相同",批评帕斯卡以几何学者的眼光去评价诗歌是"于诗美也 点不懂。"他说:"凡是科学的人们,这样的很不少,因为他们精细地钻研着一点有限的视野,便决不能和博大的诗人的感得全人世间,而同时又领会天国之极乐和地狱之大苦恼的精神相通。"③ 即使是对于文艺比较重视的伦勃罗梭、弗洛伊德,鲁迅也不满意,因为伦勃罗梭总想用精神病理来说明文艺,认为很多杰出的艺术作品的产生都是由于疯狂;而弗洛伊德则"专一用解剖力来分割文艺,冷静到入了迷,至于不觉得自己的过于穿凿附会"④。鲁迅显然认为,研究自然的方法未必完全适用于研究艺术。

鲁迅还反对以道德伦理的眼光去看艺术,认为必须把伦理学的眼光与艺术审美的眼光区分开来。他有一段名言,说:

> 倘若我们赏识美的事物,而以伦理学的眼光来论动机,必求其"无所为",则第一先得与生物离绝。柳荫下听黄鹂鸣,我们感得天地间春气横溢,见流萤明灭于草丛里,使人顿怀秋心。然而鹂歌萤照是"为"什么呢?毫不客气,那都是所谓"不道德"的,都正在大"出风头",希图觅得配偶。至于一切花,则简直是植物的生殖机关了。虽然有许多披着美丽的外衣,而目的则专在受精,比人们的讲神圣恋爱尤其露骨。

---

① 《我怎样做起小说来》(1933 年 3 月 5 日),《鲁迅全集》第 4 卷,人民文学出版社 1981 年版,第 512 页。

②③④ 《诗歌之敌》,《鲁迅全集》第 7 卷,人民文学出版社 1981 年版,第 238 页。

即使清高如梅菊，也逃不出例外——而可怜的陶潜林逋，却都不明白那些动机①。

鲁迅强调人在审美时不应带有道德伦理的眼光，尤其不应带有旧道德的眼光，这是对的。审美的眼光与道德伦理的眼光在学理上确实是两回事。但鲁迅这段话中也包含内在矛盾：人喜春而悲秋，与鹂鸣萤照，确实包含发自生命内部的自然的合目的性的因素；但人在观照鹂鸣萤照时，又确是一种不含任何目的的"无所为"的审美眼光，与鹂鸣萤照的求偶行为似不可混为一谈。此外，晋朝的陶渊明钟情于菊，宋朝的林逋以梅为"妻"、以鹤为"子"，也都是以"无所为"的审美眼光去看待自然事物的。所谓"无所为"，既有道德上的为行善而行善，也有审美上的为审美而审美，二者也不可混为一谈。这是颇为微妙的学理，容后再叙。

（三）19 世纪后期以来的中西人文精神之比较
——评所谓"'五四'学者唯科学主义说"

在 1994 年以来的"人文精神讨论"中，最困扰人们的是这样一种说法：在 20 世纪初的中国，是杜亚泉、梅光迪、梁漱溟、张君劢这样一些文化保守主义者注重人文精神，而"五四"学者陈独秀、李大钊、胡适之则走上了"唯科学主义"之路。

这是一个涉及 19 世纪后期以来中西人文精神之比较的话题。人们认为，在 19 世纪后期以来的西方思潮中，存在着"唯科学主义"与"人文主义"的对立；以这样一种观点来比附 20 世纪初的中国思想界，于是便有了文化保守主义者注重人文精神、"五四"学者唯科学主义的

---

① 《诗歌之敌》，《鲁迅全集》第 7 卷，人民文学出版社 1981 年版，第 238 页联。

说法。这里包含着双重的误解：一是对 19 世纪后期以来西方思潮的误解；二是对 20 世纪初发生在中国的文化论争之性质的误解。

要廓清以上的理论混乱，没有别的办法，只有胡适之讲的那四个字适用，即：拿证据来！

首先，关于所谓西方现代思潮中的"科学主义"与"人文主义"的对立问题。

确实，在 19 世纪中叶以前，西方近代哲学的主题是认识论。笛卡尔哲学的第一原理"我思故我在"，意味着人是认知意义上的人；拉美特利的哲学命题"人是机器"，——此命题其实也是来自笛卡尔的思想，——更带有把人的生命存在机械化的倾向，霍尔巴赫强调一切都是必然的，亦带有明显的机械论、命定论的色彩。如马克思所说，近代哲学在培根那里，物质尚且带着诗意的感性光辉向人的全身心发出微笑，但后来的发展却使"唯物主义变得敌视人了"。在这种情况下，必然产生反拨。所以 19 世纪后期则有哲人提出"我思故我不在"——因为整日沉浸于认知之"我思"，使人成为思维机器，所以我就不再是一个有血有肉、有情感、有意志的人了，"我不在"了。针对拉美特利"人是机器"的命题，又有哲人大声疾呼"人不是机器"，人的行为不受牛顿的机械力学原理的控制，人更不是社会大机器上的部件；针对霍尔巴赫等人强调必然性支配一切的机械论命定论观点，19 世纪后期以来则有一批哲人大讲"自由意志"、"情感至上"……

但我们不要忘记 19 世纪后期以来、尤其是 20 世纪的"拒斥形而上学"的知识哲学同样是对从笛卡尔到休谟的越来越主观化的认识论的反拨，同时也是对黑格尔主义的反拨。自笛卡尔提出心物二元论以后，哲学家们逐渐把立足点转为灵魂的内在现象，日益导致疏离客观事实甚至与客观事实毫无关系的思辨，发展到后来，甚至导致取消客观世界，取消一切知识的客观性、可靠性，这不能不使自然科学家们反感；黑格尔把宇宙现象看作是"绝对精神"的派生物，强使世界去适应他的庞大的观念体系，本来就使科学家们倒胃口，而他的自然哲学对自然科学的指手划脚的态度，更激怒了一批经验主义的科学家；所有这一切，都造成了科学与哲学的对立和隔膜。哲学认识论（epistemology）本来是研究"我怎样去认识世界的"，现在却到了非但不能指导科学研究，反而使得科学家们觉得它荒谬可笑的地步。加上 19 世纪末 20 世纪初是自然科学发生革命性变革的时期，闵可夫斯基数学和黎曼几何促成了狭义和广义相对论的成功，数学的矩阵概念和希尔伯特 n 维空间的概念为量子力学的成功开辟了道路，接踵而来的科学新发现造成了一场盛况空前的物理学革命，牛顿力学的自然科学世界图景一变而为相对论和量子力学的世界图景。在这场震撼整个西方思想界的观念变革面前，哲学家们将何以自处？哲学如果还想对自然科学研究有所助益、以满足人的求真的天性的话，就必须转型，从认识论（epistemology）向知识论（theory of knowledge）转型，即从教导人"怎样去认识世界"转而研究"我们客观知识的逻辑、结构和形式是什么"。正是英美分析哲学实现了这一转变。

因此，如前所说，就有了英美分析哲学与西欧大陆的存在主义哲学的对立，俗称"科学主义"与"人文主义"的对立。

然而，一种完整的关于人的哲学总是要研究人的认知、意志、情感三个方面，以及它们之间的相互关系，19 世纪西方的各派哲学的分歧主要是由研究对象的侧重——或偏重于认知，或偏重于意志或情感，——以及对三者之间关系的不同看法而引发的。但偏重于研究认知的学者并不是不关心人的意志和情感，强调人的意志和情感者也并不完全排斥认知对于人生的意义。所以他们之间的分歧就很难用"唯科学主义"与"人文主义"的对立来加以论定。

实证主义者偏重于认知，以认知作为哲学研究的对象，但并不排斥意志自由和情感的需求。第一代实证主义者穆勒"认定自然科学的方法是研究政治学的适当规范"，但他反对用"决定论"或"必然论"来支配人生："我们的地位虽则是由环境造成的，然而我们自己的愿望却能造成这些环境；意志自由原理中真正具有启发力、兴奋力的东西，就是我们有真实权力造成我们自己个性的信念；我们的意志因影响我们某几种环境便能改变我们将来的意志的习惯或能力。"所以他很注重道德和教育的问题。斯宾塞努力强化人们关于社会进步的观念，认为进化是普遍规律；同时他认为，社会越进步，人的自由度也越大，社会各成员间的"同等自由律"，乃是建设一个理想社会的根本原则。他所讲的人的自由，当然是包括人在认知、意志和情感诸方面的自由发展的。孔德把人类社会发展分为神学阶段、形而上学阶段、科学——工业阶段，但他也不是只讲科学而不讲"人文"，他极力强调"人类生活的真正目的"是"吾人道德天性的完成"，强调发挥"合乎人类天性"的情爱和社会同情心。人们指责第二代实证主义的马赫主义总是给宗教留地盘，甚至指责第二代实证主义的美国实用主义是"非理性主义"，这也恰恰证明了第二代实证主义也不是"唯科学主义"；至于第三代实证主义——罗素、维特根斯坦的逻辑实证主义，——在求真的知识论问题上，他们确实是十分彻底的科学主义，但罗素亦以研究涉及伦理道德、情爱等问题而闻名于世，后期维特根斯坦又转向更贴近人生的日常语言哲学的研究。

再看新康德主义的两派。无论是偏重于从事实出发探究科学规律的马堡学派，还是强调人文学科方法的特殊性的巴登学派，都一致认为：社会问题不是个科学问题，而是个伦理问题、价值问题。——尽管他们一致认同的这一观点只具有片面的真理性。被称为科学主义的马堡学派在伦理领域强调的是人的自由，强调康德提出的人是目的不是手段的原则。而巴登学派则强调这样一个原则："我们的全部价值感，根源就在于对象的一次性、无双性。"通俗地说，就是：每一个人的生命存在只有一次，每一个人也都是一个独特的自我，不能强调一致，而只能强调个体价值选择的出人意外的独特性。——总体来看，马堡学派并不排斥价值，而巴登学派也并不排斥科学，二者都致力于限制科学适用的范围，所以这里也不存在所谓"唯科学主义"。

再看被人们视作非理性主义的生命哲学和精神分析学说。只要认真读一读他们的著作，就可以发现，像柏格森、弗洛伊德、荣格这样一些现代人文主义者并没有排斥科学的知性精神，活跃在他们的心灵中的，仍然是一颗体现着科学的知性精神的灵魂。例如，柏格森在其《创造进化论》一书中就指出，创造进化的主体虽然是人的生命，然而，创造进化的方向则必然由科学的知性精神来加以选定，人们只有在凭借知性来把握自己的时刻，行动才有真正的自由，"知性的作用在于指导行动"[①]。又如我们所知，弗洛伊德和荣格的精神分析学说，都是凭借大量的临床治疗经验来揭示人的非理性的深层心理的。他们的研究对象是人的非理性的精神心理，但他们所使用的方法却是科学的方法。尽管他们的学说中不免有牵强，有附会，有某些难以明确解说的神秘，但说他们非理性，甚至反理性，则很不恰当。毋宁说，揭示人的非理性的奥秘，正是科学求之不得的事情。

即使那些对科学、逻辑深恶痛绝，把它们看作是人的情感和意志自由发展的天造地设的死对头的人们，在反对科学和逻辑时，也还得借助于科学知识和逻辑。尼采、海德格尔的哲学无论如何"诗化"，也不能不讲逻辑，因为不讲逻辑也就是不讲道理。身为哲学家而不讲道理，是不可思议的。

19世纪后期以来，特别是20世纪，由于社会的多元化发展，人类精神现象的复杂性远远超过了历史上的任何时代，这种复杂性甚至表现在每一个哲人的心灵中。所以，对于最近一个多世纪以来的精神现象，远非"科学主义"和"人文主义"两种哲学学说所能包举涵盖。用这两派哲学学说的对立来比附19世纪后期、特别是20世纪的中国社会思潮，也就显得不够恰当。

其次，是关于杜亚泉、梅光迪、梁漱溟、张君劢注重人文精神，而"五四"学者则走上了"唯科学主义"之路的问题。这显然是一种误解。

平心而论，我们确实不能说杜亚泉、梅光迪、梁漱溟和张君劢的思

---

① 柏格森：《创造进化论》，湖南人民出版社1989年版，第236页。

想中没有一点合理因素。

首先，杜亚泉、梁漱溟等人确有一种道德的善良动机。民国初年的中国，流氓政客、军阀及依附于他们的文痞们横行于上，贪官污吏、土豪劣绅、地痞恶棍肆虐于下，他们唯利是图，廉耻丧尽，社会黑暗到了极点。稍有良知的人，谁能不为此痛心疾首？不仅"五四"学者不能安枕，杜亚泉、梁漱溟等人也为此满怀义愤。但解决问题的路径却不同。"五四"学者认为中国政治、社会、学术界之所以垢污深积、黑幕层张，乃是数千年专制压迫及吃人的礼教所造成，坏人的横行是因为好人的愚昧和奴性太重，这些社会的丑恶现象几千年来一直存在，所以要提倡科学与民主，塑造新人，创造新社会。而杜亚泉、梁漱溟等人却认为社会的黑暗是由于传统道德的沦丧。如果我们承认传统的注重人的道德修养的人文精神中还有一些合理因素的话，我们对杜亚泉、梁漱溟等人的观点就不能一概抹杀。至少我们必须首先肯定其动机是善良的。

其二，从杜亚泉、梁漱溟等人所阐述的学理上来看，也有说得对的地方。

王元化先生在《杜亚泉文选》的序言中，对杜亚泉学说中的合理因素作了系统的阐发。如杜亚泉早年关于政府与社会之关系的论述，认为政府要善于培养社会活力的源泉而不要干涉过多，民间社会的独立空间是保证社会不发生专制集权现象的重要条件之一；又如杜亚泉认为西方文明是"动的文明"，东方文明是"静的文明"，动静可以调和；再如杜亚泉不同意蒋梦麟说"新思想是一个态度"，认为"态度非思想，思想非态度"。如此等等，都能给人的思想以启迪。

梅光迪属于学衡派，其代表作是发表于《学衡》第一期（1922 年11 月）上的《评提倡新文化者》一文。文章中说，改造固有文化与吸收他人文化，皆须先有彻底研究，加以至明确之评判。这一观点也是合理的。从学理上说，要比较、会通中西文化，当然要首先对中西文化作尽可能全面、系统、深入的研究。

新儒家梁漱溟和张君劢的思想也不乏学理上的合理因素。梁漱溟认为中国传统哲学讲"生生不息"、讲"恬淡寡欲"、讲借助于直觉来认识生命，与柏格森的生命哲学相通，讲西方近代机械主义的工业文明使人生偏枯，等等，都有道理。张君劢讲科学与人生观的区别："第一，科学为客观的，人生观为主观的"；"第二，科学为论理的方法所支配，而人生观则起于直觉"；"第三，科学可以从分析方法下手，而人生观则为综合的"；"第四，科学为因果律所支配，而人生观则为自由意志的"；"第五，科学起于对象之间相同现象，而人生观起于人格单一性"。这些话虽不全面，但也有片面的真理性。张君劢看到了19世纪末以来西方社会的新思潮，称之为"反机械主义"、"反主智主义"、"反定命主义"、"反非宗教论"，认为此种新玄学的特点是："人生之自由自在，不受机械律之支配"，"自由意志说之阐发"，"人类行为可以参与宇宙实在"，称颂新玄学"振拔人群于机械主义之苦海中，而鼓其努力前进之气"。从这些论述来看，张君劢对西方新玄学的理解，不可谓不近乎正确。

然而，"五四"学者与上述诸位文化保守主义者之所以会展开激烈的论争，根本问题还是出在对于儒家伦理的态度上。

陈独秀与杜亚泉的根本分歧，在于要不要恢复儒家的君道臣节纲常名教。杜亚泉认为在民主共和政体中也要提倡儒家的君道臣节名教纲常，否则就会导致国是丧失、精神界破产，等等。陈独秀坚决反对这一观点，认为君道臣节名教纲常与共和政体绝无会通之余地，袁世凯复辟帝制，就讲"大总统即君"。王元化先生为杜亚泉的观点辩护，认为"君道臣节名教纲常"可以作为"抽象理想的最高之境"、作为民族文化精神的根本"理念"来加以抽象继承。究竟陈独秀与杜亚泉孰是孰非？还得从学理上加以考察。"君道臣节名教纲常"是臣民型的政治文化的产物，即使是孟子讲的最激烈的那句话，所谓"君视臣如手足，则臣视君为腹心；君视臣如草芥，则臣视君为寇仇"，也只是讲臣对于君的一种个人效忠的关系，更何况还有所谓"君为臣纲"的尊卑贵贱之分呢？传统社会讲"君臣相与之际"往往以君子之遇淑女来

比喻，士为知己者死如女为悦己者容，就是这种个人效忠关系的生动
说明。与此完全不同，共和政体要求的不是个人效忠的私德，而是要
求所有的人都效忠于宪法的公德，从国家领导人到各级官员都要对宪法
负责，对人民负责，不存在个人效忠的问题，而个人效忠的情感因素则
往往对权力的公正行使起负面的作用。陈独秀没有讲清这一点，是他的
局限性。但从总体上看，陈独秀是对的，杜亚泉则错了。王元化先生讲
对君道臣节名教纲常的"抽象继承"，但如何抽象继承，恐怕还是要作
具体分析的。

　　学衡派人物梅光迪在《评新文化提倡者》一文中讲对中西文化要作
彻底研究，这句话固然不错，为如今提倡人文精神者所引用，但引梅光
迪的话来贬低"五四"学者，却值得商榷。梅光迪在文章中斥责提倡新
文化者"非思想家乃诡辩家"，理由是"五四"学者讲文学进化、提倡
白话文而反对文言；斥责"五四"学者"非创造家乃模仿家"，理由是
"五四"学者提倡杜威、罗素和马克思的学说；斥责"五四"学者"非
学问家乃功名之士"，理由是"五四"学者热衷引进外来新学说，趋时
投机；斥责"五四"学者"非教育家乃政客"，理由是"五四"学者引
导学生关心国事，等等。所以梅光迪不仅痛骂"五四"学者不讲道德，
"语彼学问之标准与良知，犹语商贾以道德，娼妓以贞操也"，而且极言
民主法治不适合中国，新文化不适合中国，"彼等模仿西人，仅得糟粕，
国人之模仿古人，时多得其神髓"，所以要发扬光大固有文化。西方的
各种学说是否适合中国国情，固有文化在何种意义上可以发扬光大，是
一个可以讨论的学术问题；但攻击新文化的提倡者不讲学问标准、道德
良知，决不是实事求是的态度。鲁迅当年曾写《估"学衡"》，揭露反对
白话文的学衡派人物连文言文也写不通却偏要提倡写文言文，使学衡派
大出洋相；梅光迪把杜威、罗素和马克思的学说简单地斥为西方文化的
糟粕，亦可见他也根本不配讲什么学问标准。学衡派自觉或不自觉地迎
合北洋军阀政府来反对提倡科学、民主和新道德的新文化运动，这种所
谓"道德良知"也实在要打一个大问号。如今有的提倡"人文精神"的

学者却抬高梅光迪而贬低"五四"学者，也就难怪有人怀疑这是要重建陈腐的旧道德，而宣称"这样的人文精神，我们宁可不要"了。

至于抬高新儒家梁漱溟、张君劢而贬低"五四"学者，亦不可不辨。"五四"学者之所以批评梁漱溟、张君劢，不在于他们讲柏格森的生命哲学，而在于他们把柏格森的生命哲学"儒化"了。梁漱溟用"意欲调和持中"的不向前、不向后的"孔家的态度"取代了柏格森的"意欲向前追求"，用"理智运用直觉"、即分辨善恶的敏感取代了柏格森的"直觉运用理智"、即生命冲动借助知性以创造进化，用对于苦乐善恶的直觉取代了柏格森的超功利的审美的直觉，使充满了创造进化激情的西洋生命哲学一变而为儒家的道德教化。在新文化人大讲"科学"与"民主"的氛围中，梁漱溟不敢公然反对科学与民主，但他却巧妙地以鼓吹"走孔家的路"来抵制科学与民主，因为他深知，只要中国人不改变孔家的直觉思维方式，则以理智为主要特征的科学决不可能在中国立足；只要中国人按照孔家的精神"对于积重的威权把持者总是讲求容忍礼让"，那么也就决不可能接受西方人"通过反抗奋斗而争得的德谟克拉西（即民主）"，——正如后来钱穆所指出，梁漱溟当时口头上不能不表示拥护科学与民主，不过是敷衍陈独秀、胡适之那一班人的。与梁漱溟的"圆通"不同，张君劢则公然把一切罪恶归于科学，鼓吹"西洋是物质文明，中国是精神文明"，强调中国决不能走工商立国、富国强兵之路，而只能"恢复宋明理学内生活之修养"，使中国回到儒家理想的"贫而均，寡而安"的社会中去；他重新抬出了宋儒的"天理人欲之辨"，甚至连"五四"学者提倡青年男女自由恋爱也要加以反对。于是，"鼓其努力前进之气"的西方生命派哲学在张君劢手里就变成了"半是过去的回音，半是未来的恫吓"，西方学说主张的"人生的自由自在"就变成了程朱理学"存天理，灭人欲"的"精神生活"，人生的"自由意志"就变成了服从那至高无上的"天理"。——梁漱溟、张君劢以这种儒化的生命哲学来对抗"五四"学者宣扬的文艺复兴、启蒙运动、乃至包含了 19 世纪后期最新思潮之因素的人文精神，并主张维护中国传统的与宗法礼教相依为命的家族制精神，自然在总体上也就不能为中国进步的知识界所认同。梁漱溟和张君劢之受到"五四"学者的批评，并不是因为他们的思想有什么"超前性"，更不是由于"五四"学者的"浅薄"，而是因为他们那一套儒化生命哲学的文化主张实在太落后、太陈腐了的缘故。

与 19 世纪后期以来的西方思潮相比，中国近现代哲人表现出更为自觉的融合理性主义与非理性主义的特征。这一特征在"五四"学者思想中表现得最为鲜明。

李大钊早在 1915 年就是柏格森生命哲学的推崇者。他在该年发表于《甲寅杂志》上的《厌世心与自觉心》一文中写道："人类之为，固有制于境遇而不可争者，但境遇之成，未始不可参以人为。故吾人不可自画于消极之宿命说（Determinus），以尼精神之奋进。须本自由意志之理（Theory of free will），进而努力，发展向上，以易其境，俾得适于所志，则 Henri Bergson（柏格森——引者注）氏之'创造进化论'（Creative Evolution）尚矣。" 1916 年，李大钊在《"晨钟"之使命（青春中华之创造）》一文中，讴歌"自由之精神，奇僻之思想，锐敏之直觉，活泼之生命。"在《青春》一文中，强调："青年之自觉，一在冲决过去历史之网罗，破坏陈腐学说之囹圄，勿令僵尸枯骨，束缚现在活泼泼地之我……一在脱绝浮世虚伪之机械生活，以特立独行之我，立于行健不息之大机轴。" 1918 年和 1919 年，又先后在《"今"》《现在与将来》等文中，讲柏格森生命哲学的时间观。1919 年，在《我的马克思主义观》一文中，他充分肯定马克思主义关于"不改造经济组织，单求改造人类精神，必致没有效果"的唯物史观的基本观点，同时又指出："伦理的感化，人道的运动，应该倍加努力，以图铲除人类在前史中所受的恶习染，所养的恶性质，不可单靠物质的变更。这是马氏学说应加救正的地方。"他在接受马克思主义以后，并没有抛弃生命哲学的合理因素，依然讴歌"宇宙进化的大路，只是一个健行不息的长流，只有前进，没有反行；只有开新，没有复旧"；讴歌"美化的道德"，"创造的道德"；

讲"吾兹所谓历史……乃是亘过去、现在、未来、永世生存的人类全生命"①。他肯定马克思的历史观致力于发现历史中的因果法则才把历史学提到与自然科学同等的地位，"实为史学界开一新纪元"；但另一方面，他不仅毫不忌讳继续讲他早年接受的柏格森的思想，而且还引进了新康德主义的巴登学派所特别强调的人生和历史事件的一次性和独特性的学说，以此来阐明自己的人生观，写下了一段极为优美而又包含着深刻哲理的文字：

> 凡历史的事件，历史的人物，都是一趟过的。无论是悲剧，是壮剧，是喜剧，是惨剧，是英雄末路，是儿女情长，都是只演一次的。无论是英雄，是圣贤，是暴君，是流寇，是绝代的佳人，是盖世的才子，在历史的旅途上亦只是过一回的。垓下的歌声，只能听到一次，马嵬坡前的眼泪，只是流过一回，乃至屈子的骚怨，少陵的悲愤，或寄于文辞，或寓于诗赋，百千万世的后人，只能传诵他们，吟咏他们，不能照原样再作他们。就是我们糊里糊涂一天一天的过去的生活，亦都为人一往而不可复返。看到此处，真令人惊心动魄了。人生既是这样可以珍重的东西，那么，朝朝都有晨光，年年都有周岁，光阴似箭，一去不还，我们应该如何郑重的欢天喜地的行动着，创造着过去。凡是遇在这一进不退一往不返的、只能见一面的、只能遇一遭的时（间）的旅途上的人们，都是我们的好朋友，好弟兄，我们应该如何郑重的握着手，欢天喜地的亲爱着、互助着，共赴人生的大路！我们不要迟疑审顾的误了好时光，更不要此猜彼忌的留下恶痕迹。机会不可复得，因缘永难再遇。我们在这万劫长流中，大家珍重，向前迈进，走此一遭，必能达到黄金世界的境域②。

---

① ② 《李大钊选集》，人民出版社 1959 年版，第 273、287、487 页。

他以独立的人格、自由的精神，对外来的各种学说兼收并蓄，来丰富中国人的人生，提升中国人的精神境界。他太伟大、太真诚了，他也走得太早了，他被中国社会的恶势力（军阀张作霖）所绞杀，是 20 世纪中国思想界巨大的损失。在他被害后 6 年（1933 年），胡适之等一批"五四"时期的同仁不顾国民党当局的文化专制主义的压迫，为他修了坟墓，立了墓碑；与此同时，鲁迅专门写了一篇纪念他的文章。

"五四"时期中国进步思想界的泰斗陈独秀热烈地倡导科学与民主，但他也决不是一位"唯科学主义者"。他在 1915 年发动新文化运动后不久就接受柏格森生命哲学，又认真研究了西方的科学思想和民主思想，研究马克思主义的学说。他善于取各家学说之长，来丰富新文化运动的内涵。他在 1920 年 4 月 1 日写的《新文化运动是什么》一文，可以看作是一篇反对"唯科学主义"的宣言。在这篇文章中，他指出：

> 人类的行为动作，完全是因为外部的刺激，内部发生反应。有时外部虽有刺激，内部究竟反应不反应，反应取什么方法，知识固然居间指导，真正反应进行的司令，最大的部分还是本能上的感情冲动，叫他浓厚、挚真、高尚，知识上的理性、德义，都不及美术、音乐、宗教的力量大。知识和本能倘不相并发达，不能算人间性完全发达。……现在主张新文化运动的人，既不注意美术、音乐，又要反对宗教，不知道要把人类的生活弄成一种什么机械的状况，这是完全不曾了解我们生活活动的本源，这是一桩大错……

他认为：欧美各国学校里、社会里和家庭里都充满了美术和音乐的趣味，就是日本社会及个人的音乐、美术及各种运动、娱乐，也不像我们中国人的生活这样枯燥无味。有人说中国有三大势力，一是孔夫子，一是关老爷，一是麻先生。但实际上麻先生（指打麻将）的势力比孔、关两位还大，不仅信仰他的人比信仰孔、关的人多，而且是真心信仰，不像信仰孔、关还多半是装饰门面。平时长、幼、尊、卑、男、女的界限很严，只有麻先生的力量叫他们鬼混做一团。

怎样才能使中国人不打麻将、不吸鸦片呢？陈独秀认为，惟有提倡美育。他完全同意蔡元培先生关于"新文化运动莫忘了美育"和张申府先生关于提倡美育的观点，认为宗教和艺术都是发宣人类最高的情感的，但宗教偏于本能，美术偏于知识，所以与其提倡宗教，不如提倡美育，只有美育，才能激发人性中最好的美的情感，使国人摆脱庸俗的低级趣味。

最后，陈独秀乃高唱起柏格森的创造进化论的调子：

> 新文化运动要注重创造的精神。创造就是进化，世界上不断的进化只是不断的创造，离开创造便没有进化了。我们不但对于旧文化不满足，对于新文化也要不满足才好；不但对于东方文化不满足，对于西洋文化也要不满足才好；不满足才有创造的余地。
>
> 新文化运动是人的运动……①

在 1923 年的"科学与玄学"论战中，陈独秀是以唯物史观关于社会存在决定社会意识的观点来驳斥张君劢鼓吹的"人生观绝对的超科学"的观点的，但陈独秀也并没有陷入机械论。他认为对于人生观的变迁起最终的决定作用的虽然是人与自然作物质交换的方式，是社会经济的力量，但他并不否认各种非经济因素对于人生观的作用，特别是社会心理对于人的"自由意志"的"暗示"作用，更没有否认人发挥自己的主观能动性去改造环境的作用。这种观点，也决不是机械决定论的"唯科学主义"观点。

"五四"学者中的另一位杰出人物胡适是不是"唯科学主义者"呢？更不是。第一，胡适在中国传播的美国式的实用主义哲学，本质上是一种人本主义。实用主义是继穆勒、斯宾塞以后的第二代实证主义。如前

---

① 《陈独秀文章选编》，生活·读书·新知三联书店 1984 年版，第 516—517 页。

所说，穆勒、斯宾塞在探索知识论问题的同时，也十分重视人的意志和情感的问题。而实用主义，就更加紧密地把"经验"与人生紧密结合起来："经验不光是知识，经验乃是我对付物、物对付我的法子。""经验的活用，就是理性，就是智慧。"经验就是人的生活，就是人的行动，人的文化创造。所以20世纪的英国哲学家席勒称实用主义为人本主义。第二，胡适在中国传播的"易卜生主义"，更是一种提倡个性自由解放的人文主义思想；他还公开宣称，他主张对传统文化价值进行重估的"评判的态度"，也就是尼采所说的"重新估定一切价值"。第三，胡适认为各种生活经验都离不开感觉、理智、直觉三种成分，只是依经验的性质不同而有成分轻重的不同。诗人吟花赏月，偏于直觉；商人持筹运算，偏于理智；昆曲《思凡》里的小尼姑春情发动，不愿再过尼庵里的非人生活了，逃下山去，这里面也有情感，也带理智，而现量（感觉）实居主要。第四，胡适是主张以科学服务于人生的，包括拿科学做人生观的基础，拿科学的态度、精神、方法做我们生活的态度和方法两方面，但胡适所讲的科学，不是机械论的。这种科学十分重视人在宇宙中的地位和价值：人虽然只是动物的一种，但人用他的两手和一个大脑，居然能做出许多器具，想出许多方法，造成一点文化，正是由于人的创造，使得宇宙间"未尝没有美，未尝没有诗意，未尝没有道德责任，未尝没有运用'创造的智慧'的机会。"[1] 第五，即使在"科学与玄学论战"以后，胡适也没有走向唯科学主义。他在1928年写的《我们对于西洋近代文明的态度》一文中认为：凡一种文明的造成，必有两个因子，一是物质的，一是精神的，而精神则包括一个民族的聪明才智、感情和理想；没有一种文明单是物质的，也没有一种文明单是精神的，物质文明也是一个民族的精神文明的标志，把人当牛马看的文明无论如何够不上叫做精神文明；精神文明必须以物质文明为基础，只有当人们不致于把全部心思精力都抛在仅仅为生存和温饱而忙碌时，人们才有余力

———————————

[1] 《胡适文存》二集卷二，上海亚东图书馆1928年版，第28—29页。

去满足他们精神上的要求，所以必须通过发展生产力和各种社会改造措施来给人们以舒适、卫生、安全的生存环境，通过讲求体育、研究医药来增强人的体质，进而，要求优美的艺术、清明的政治以及人的心灵和精神上的种种满足。此外，胡适之还讲到了人的"直觉的创造的智慧"，这又是西洋生命派哲学的语言了。

实际上，所谓"科学与玄学"的论战，并不是什么科学与人文之争，而是两种人生观之争，两种不同的人文之争。争论的焦点是：要不要继续走"孔家的路"？要不要在中国"恢复宋明理学内生活之修养"？这才是问题的实质。"五四"学者坚决反对开历史的倒车，揭露孔子及其儒家学说乃专制统治者的偶像和专制政治的灵魂，所以中国再也不能走孔家的路；揭露宋明理学对中国人的精神所造成的无穷的戕害："八百年的理学工夫居然看不到二万万妇女缠足的惨无人道！明心见性，何补于人道的苦痛困穷！坐禅主敬，不过造成许多四体不勤、五谷不分的废物！"而接受现代文明才七八十年，就废除了一千年的小脚、三千年的太监、五千年的酷刑，废除了地狱活现的监狱、夹棍板子的法庭的一大部分或一小部分。"五四"学者对于伦理异化的批判，对于科学精神、民主精神和个性解放的新道德的倡导，对于人生的艺术化、审美化的重视，又岂是讲儒化生命哲学的梁漱溟和张君劢所能望其项背！

六
作为统一的精神现象的知意情与真善美

——真善美的观念在实践中的延伸

从以上对于真善美的历程的论述可以看出，自古以来，无论中西，人类都是把真、善、美作为追求的价值理想。真，是认识论和知识论的课题；善，是伦理学的课题；美，是美学的课题。以"真"为对象的认识论和知识论，是对认知过程，知识的构成要素和形式的反思；以"善"为对象的伦理学，是对道德及其演化过程的反思；以"美"为对象的情感哲学或美学，是对情爱与美及其艺术表现历程的反思；三者共同构成了哲学的"智慧"。这关于真善美的智慧，也就是最高意义上的"人文"。

笔者注意到，有学者在论及人文时，于真、善、美三者之外，又加上了"大"与"圣"和"圣而不可测"的所谓"神"，或加上了诸如"富裕"、"正义"等范畴。并把这一切与真善美相并列。我以为这是叠床架屋的多余之举。孟夫子论人格美时说"充实而有光辉之谓大"，这里的所谓"大"是一个从属于"美"的美善合一的范畴。又说"大而化之之谓圣"，"圣"则是"至善"。古人云："圣者，人伦之至也。"因此，"圣"主要是一个从属于"善"的伦理学范畴，但又带有"美善合一"的意味。而所谓"圣而不可测"的"神"，则带有权威主义和神秘主义的色彩。至于"富裕"和"正义"，伦理学中自然要讲到幸福与富裕的关系，更要讲到正义的问题。因此，无论加上多少，归根结底，还是真、善、美这三者。加多了，反而会造成思维逻辑的混乱。

本章着重探讨作为统一的精神现象的知意情与真善美。

我们之所以把知意情与真善美看作是统一的精神现象，就在于存在着一个将各种不同的精神现象统一起来的坚实基础：无论是与认知相对应的真，还是与意志相对应的善，抑或是与情感相对应的美，本质上都是人的问题。研究真善美，也就是研究人、透视人、了解人。

作为"一般的人性"的对于真善美的追求，与人的认知、意志、情感三者既相对应，又互为涵摄。在人们追求真善美的活动中，智力指向"真"，意志指向"善"，情感指向"美"，但无论是求真，还是求善，抑或是爱美，事实上都不只是一种心理要素在各自的领域中单独发挥作用，而是有其他心理要素的参与。认知的过程有意志和情感的参与，是"真"之中蕴涵着善和美；道德的行为中有认知和情感的参与，是"善"之中蕴涵着真与美；艺术创作和欣赏中有认知和意志的参与，是"美"之中蕴涵着真与善。同时，真善美又有狭义和广义的交叉和重合："真"，在其狭义上是指认知意义上的真实，而在广义上，还包含道德的真诚、情感的真挚。"善"，在其狭义上是指伦理的道义，而在广义上，还包含真理的价值属性（社会功利）；"美"的感受也总与"好"的价值判断相联系；"美"，在其狭义上是指艺术审美意义上的社会化情感共鸣，而在广义上，还包含对于真与善的审美观照，如观照自然科学的世界图景之和谐所产生的美感、道德的人格美，等等。

现从认知与真善美、意志与真善美、情感与真善美三方面，来阐明真善美与知意情的互相涵摄。

（一）认知与真善美

无论是讲到"善"，还是讲到"美"，人们都承认，这两个问题实质上都是"人"的问题。但是，讲到"真"，情况就不同了，很少有人承认这个问题实质上也是"人"的问题。更谈不上承认它是人之所以成其为人的最重要的问题了。在这些人的心目中，"善"和"美"都关涉人的自我完善的价值问题，是"价值理性"；而"真"，无论是科学的真理，还是探讨如何求真以及"真"之所以为真的认识论或科学哲学，等等，都不过是人的工具。——培根不就是把他的科学方法论著作称为"新工具"的吗？按照这种观点，工具毕竟是工具，是"工具理性"，与人之所以为人的价值无关。这就是在世界范围内、尤其是当代中国哲学界普遍流行的论调，甚至似乎成了某种"共识"。

"真"，在其外在价值、即社会功利价值的意义上，无疑具有工具的属性，——正如"善"在调节社会的利益分配、"美"在其为某种社会功利目的服务的意义上，也具有工具的属性一样。然而，无论是真，还是善和美，都有其属人的内在价值，本质上都是人的问题的不可缺少的组成部分。而"真"，在真善美三者中，更占据着首要的地位。如李大钊所指出："人生第一要求，就是光明与真实，只要得了光明与真实，什么东西什么境界都不危险。知识是引导人生到光明与真实境界的灯烛，愚暗是达到光明与真实境界的障碍，也就是人生发展的障碍。"[1]这是对于"真"的价值理想的最鲜明、同时又是最有说服力的论述。

认知过程是最大限度地发挥人的智力因素的过程。但认知过程中亦有意志和情感的参与，因而，认知也就不可避免地包含情意的因素。例如自然科学不仅揭示物质的构造和数量关系的事实真理，而且揭示事物与人的生存和发展的关系，说明某事物对人有利还是有害，在何种情况下对人有利，何种情况下对人有害，等等，这就是价值真理。价值真理固然也是事实的反映，但却体现着对人自身的关切的情感和意志。社会科学既如实揭示社会生活的真实，又以人道主义的原则来对事实作价值

---

[1] 《危险思想与言论自由》（1919年6月1日），《李大钊选集》，人民出版社1959年版，第216—217页。

判断，因而社会科学的真理也蕴涵着人的情感和意志。所以真理不仅仅是"真"，而且蕴涵着"善"与"美"。问题在于情意如何参与认知。它不应该成为妨碍人们正确认识事物的障碍，而应成为人们寻求真知的动力。执著地追求真理，这就是一种意志力量；为求知而求知，这又是一种审美的态度。

英国近代科学思想的先驱弗兰西斯·培根把追求真理形象地比喻为追求一个美人、并由此获得人生之幸福的过程：

> 研究真理，就是向她求爱求婚；认识真理，就是与她共处；相信真理，就是享受她的柔情……

在这一譬喻中，追求真理是充满激情的美的追求，同时又是最高的善，于是，一切美好的事物，真与善，爱与美，全都融汇于认知的过程之中了。这是一位哲人的天才直觉，他已经认识到了真善美与认知之间具有某种内在的统一性。然而，他的以上论述毕竟只是一个生动的譬喻，要揭示认知与真善美的关系，还得作细致的学理探讨。

认知，不仅反映着人与客观世界的理论关系，而且也反映着人与客观世界的实践关系和审美关系。因此，作为客观世界之正确反映的真理不仅体现着认知的真实，而且具有实践的价值，并且与审美有着密切的联系。

1 知识、学问、智慧
——认知与真理

认知之"真"，涉及知识之真、学问之真、智慧之真。必须是真知识、真学问、真智慧，方才可以被称为"真理"。

知识、学问、智慧这三个概念，如果都对它们作广义的理解的话，似乎可以说它们是同等程度的概念。例如，我们说某人有没有"哲学知识"，就是把哲学看作是知识的一个门类；我们又说"哲学是关于世界观的学问"，这显然又是把哲学看作是学问的一个分支了；我们平常讲的"智慧"，更是一个涵盖面极广的概念。从日常生活中的头脑敏捷、办事周到、应对自如，到生产劳动中的心灵手巧、工艺精湛、巧夺天工，到文人学者们的才思横溢、聪明颖悟、思想深刻，等等，都可以说是智慧。又如历史学，它几乎是无所不包的一门学问：经济史、政治史、伦理思想史、文学艺术史、哲学史，等等，它既是知识和学问，也涵盖了人类的智慧。我们讲的广义的"真理"，既有科学认知意义上的真理，也有道德的真理、艺术创作和审美规律的真理。我们的哲学教科书说"哲学是自然知识、社会知识和思维知识的概括和总结"，更把宇宙人生的一切方面都囊括进去了。

但是，如果我们对知识、学问、智慧这三个概念作狭义的理解的话，似乎就可以把它们看作是三个不同的概念：

狭义的知识是指科学的认知。一个人如果具备了基本的自然科学和社会科学知识的话，我们就可以说他有了"知识"。

狭义的学问是指专家之学或"夸多识"意义上的"博学"。清代学者有所谓"浙东贵专家，浙西尚博雅"之说，说的是浙东学者注重作为专家之学的史学，而浙西学者则崇尚广泛涉及名物、训诂、制度等方面的考据学。无论是"贵专家"，还是"尚博雅"，指的都是学问。因此，如果一个人对于某种特殊学科的知识有了全面系统的掌握的话，我们就可以说他有了"学问"。

狭义的智慧是指哲学意义上的智慧。一个人如果善于思考，富于理论思维能力和概括能力，善于从个别、特殊上升到一般，并把握其辩证联接，对宇宙人生有一种"慧眼的洞观"的话，我们就说他有了智慧。

古希腊哲人很早就意识到知识、学问与智慧的区别。著名的晦涩哲人赫拉克利特说"博学并不能使人智慧"，这是说知识、学问与智慧的区别。又说"爱智慧的人应当熟悉很多的事物"，这是说智慧应当以知识、学问为基础。最后又说："智慧只在于一件事，就是要认识那善于驾驭一切的思想。"这个"驾驭一切的思想"，赫拉克利特称之为"逻各斯"。

　　知识和学问，是人的"知性"认识能力去探究和把握的对象。知性对杂多的感性经验进行细致的分析，以确切可靠的"原子事实"和反映这种事实的"真命题"为基础，通过严密的知性逻辑（形式逻辑或数理逻辑）来构成科学的特殊部门的知识体系。这种知识体系试图穷尽特定研究对象的本质与结构的内在机制及外部表征，予以定性与定量的描述，力求精确无误，真实可信。

　　而哲学上所说的智慧，则是人对认识对象的"理性"把握。它探求万物的终极原因，掌握宇宙的本体形态与过程形态的有机统一。对于人生，它追问"我从何处来，向何处去"，揭示人的生命存在的本真状态；对于人的认识，它反思这种认识的实质和可靠性；对于人生的各种体验，它追问知、意、情与真、善、美的关系，追问人生的价值和意义是什么。为此，它就必须从个别、特殊上升到一般，从知识、学问上升到智慧，从感性、知性上升到理性，以智慧洞观的眼光来观照宇宙间的众殊相之显现，观照人寰间芸芸众生的思想、行为、祸福、生死、真假、善恶、美丑、青春与衰老、快乐与忧愁、希望与绝望、人生代代无穷已的世代更替……应该说，这也是一种"真"。

　　笔者之所以要作这样的区分，旨在说明，一个人不仅要有知识、学问，而且要"爱智慧"（哲学就是"爱智慧"的意思）。从前人那里接受来的知识和学问是既成的死的东西，"爱智慧"则要求一个人要有思想，善于思考。譬如哲学认识论讲的"知性"，就是教人们一个不受人惑的方法，教人们如何去获得确切可靠的知识；哲学讲的"理性"，就是教人以"智慧的洞观"的眼光，以这种眼光去看待宇宙和人生，就会在知识和学问的追求中领悟真善美的意义和价值，达到一种清莹澄明、彻悟宇宙和人生的真理的精神境界。

　　以智慧洞观的眼光，一种具有穿透力的眼光，去看人的认识过程中的感性、知性、理性三阶段，不能不说"知性"乃是获得确切可靠的知识的最重要、最关键的一个环节。因为真实性是知识的生命，不具备真实性的认识，不是知识，而是虚假的谬说。感性经验具有个别性、表面性和处于疑似之间的不确定性，如果没有知性的分析研究，单凭感性经验，就不可能获得关于事物的真理性知识；理性认识又必须以知性认识为前提和基础，如果没有知性作为感性经验与理性认识的中间环节，关于世界整体联系的理性认识就不可能摆脱原始的素朴性，甚至可能只是一种迷惘的、虚幻的认识。人类的认知，首先是要获得对于具体事物的确切可靠的知识，然后才能去求关于世界的整体联系的普遍性认识。

知性注重怀疑、注重实证、注重分析还原、注重公理和逻辑，但又不把认识绝对化。这种认知方法在西方哲学史上得到了最充分的发展。我们与其把它看作是一种方法，毋宁把它看作是一种文化精神。这种精神第一是一种超越利害的纯粹求知态度，是一种"为求知而求知"的认识论的自觉，求知的目的不是求得"官、禄、德"，求知本身就是目的。第二，是一种从实然而非从应然出发的态度，由于摒弃了一切利害的计虑，所以敢讲真话，具有一颗未被玷污的"童心"，像儿童说出"皇帝的新衣"的秘密一样，去说出自然、社会和人生的奥秘。从道德意义上讲，说真话乃是一个社会的最起码的"精神文明"；不准人讲真话，或限制人讲真话的社会，是充斥欺骗和谎言的社会，当然是没是精神文明可言的。第三，是一种分析还原的精神，无论从具体到抽象，还是从抽象到具体，其内在根据都是对构成自然和社会最基本的要素进行的知性的分析研究。对于自然事物的奥秘，要分析到不能再分析为止；对于社会，是确立精神的个体性原则。第四，是一种尊重公理、尊重逻辑的精神，说得通俗些，也就是讲道理的态度。讲道理不能违背形式逻辑的规则，不能指鹿为马，不能自相矛盾，不能巧言诡辩，不能用前提与结论没有必然联系的"帽子""棍子"来骂人、打人，否则，便是不讲道理。第五，是一种自由和宽容的精神，因为任何科学命题都可能在一定的条件下被"证伪"、被"试错"，所以不能把有条件的相对的认识绝对化；因为真知不是那么容易获得的，所以需要自由讨论；因为真理常常掌握在少数人手里，所以需要任何人都要有容忍不同见解的雅量，——除了不宽容是不能容忍的以外。

如果我们进一步以"智慧的洞观"的眼光去审视注重知性之探究的文化精神的话，就可以发现，深藏在知性中的是一种"理性的幽暗意识"。这种意识来自对人的认知能力的客观的审视，它充满着对在认识中很容易犯错误的警惧，对已有的认识的正确性的怀疑，和对"终极真理"的认知是否可能的悲观情绪。与中国正统儒家之所谓"一旦豁然贯通则众物之表里精粗无不至而吾心之全体大用无不明"的乐观主义认识论相比，这是一种更为深沉的意识。这种意识在西方虽发源于希腊人关于"暧昧的认识"与"真理性的认识"之区分，但它恰恰是在近代科学和人文主义高歌猛进的时代显得特别强烈。因此，才有培根提出的破除"四种假象"（种族假象、洞穴假象、市场假象、剧场假象）的学说，有"笛卡尔式的怀疑"，有斯宾诺莎提倡尊重公理和逻辑的"知性的完善"，有洛克和穆勒提倡的自由探讨和宽容，有康德把对终极真理的认识推到审美的境界；有哲人们普遍要求的不仅对知识的追求要超越利害，而且对知识的表述也要尽可能使用价值中立的语言和讲求严密的逻辑。正是这一切，为现代科学、民主和个性主义的新道德奠定了深层文化心理和认识论的基础。

长期以来，我们的辩证唯物论哲学在认识论中只讲感性认识和理性认识两阶段，把追求对事物之确切认知的知性简单地看作是与辩证法相对立的形而上学来加以排斥，或者把知性仅仅看作是理性认识的一个小区段，但实际上却是撇开知性去求关于世界总体联系和辩证发展规律的理性认识，这就使我们的唯物辩证法仍带有浓厚的素朴色彩。更有甚者，承认在一定条件下"亦此亦彼"的辩证法有时竟变成了列宁所批评的那种无论在任何条件下都可以被用来为任何一种主张作论证的诡辩法，有时又变成了"无可无不可"的变戏法，这使我们在实践中要么陷入"乌托邦"的狂热，要么陷入狭隘经验论和庸俗实用主义。与此相应的，是人生观上的无个性、不分是非、随波逐流、和光同尘的乡愿态度。总结这些经验教训，就需要在认识论中弥补知性思维之不足，把握"知性"的深层文化底蕴。

2 事实真理、价值真理、人格尊严
——认知与价值

人格的力量乃是由真理的力量所赋予。在从属于人的意义和价值的世界中，作为科学认知的"真"，无论是如实反映客观世界的事实真理，还是揭示事实与人的关系的价值真理，都无不与人的尊严相联系。

从理论与实践的关系来看，真理无疑是具有价值属性的。真理的价值属性，来自实践主体以自身的需要为尺度对客体意义的认识。在意义和价值的世界中，"真"尤疑是一个价值范畴。但并不是对人有益才是"真"，而只有"真"才是归根结底对人有益的。人类实践的根本要求所需要的"真"，必须是对客观世界的正确认识，是按照客观世界的本来面目认识世界，这是真理的至高无上的价值属性，或者说，真理之所以有价值，也正在于它是对客观世界的本来面目及其发展的必然规律的正确反映。因此，对客体意义的认识必须建立在认知的真实的基础上，没有认知的真实，就谈不上所谓真理，更谈不上真理的价值属性。

在区分认知之"真"与价值之"善"的意义上，可以把真理区分为事实真理与价值真理。

当着我们在自然科学研究中只注重认知的真实的时候，我们所要揭示的，是事物的物理性质、化学性质等以及构成事物的要素之间的数量关系，并不考虑研究的对象与人的需要之间的关系问题。这是理论自然科学的特性。数学的定理、物理学的公式、化学的元素周期律，等等，都只是事实真理，而不是价值真理。但必须看到，理论自然科学中也包含着人对于"真"的价值理想：在"真"所把握的实在的法则中，思维的系统为人类的理性之光照耀得洞明澄澈，概念清晰，判断准确，推理严谨，命题与命题之间获得了逻辑的一贯与圆满，人类对于"真"的规范性的价值理想由此而得以实现，这正是许多伟大的科学家总是把他们的科学探索与关乎人生价值和意义的形而上的追求紧密联系起来的奥秘之所在。

诚然，只有在与实践密切联系的经验科学、技术科学和社会科学中，人对客观事物的认识才不是单纯的认知（Cognition），而且还包含着评价（Valuaion）。这种评价就是说明事物与人的需要之间的关系。但只有在认知的真实的基础上，才可能有评价的真实，即揭示事物与人的需要之间的真实的而非臆想的、谬误的联系。例如：医学中的药物学，作为经验科学，它既揭示药物的化学分子式结构，同时又说明某种药物能医治人体的什么疾病，对人体又有什么副作用；机械学作为技术科学，它既告诉人们机器的构造原理，同时又告诉人们它的性能，教人们如何正确地使用它才能给人带来最大的效益，反之又将给人带来怎样的危害；又如社会科学中的人口学，它既如实地揭示经济增长与人口增长的关系，又告诉人们控制人口增长对于社会发展和提高人们的生活水平所具有的重要意义。在这里，就既有认知，又有评价；在这里，事实真理同时也就是价值真理，而价值真理同时也就是事实真理。

理论科学虽然并不确定对客观事物的认知与人的需要之间有什么联系，但并不能因此就说理论科学无用。恰恰相反，理论科学有其"无用之大用"，其价值属性是潜在的，任何堪称为"科学"的理论，纵然暂时看上去无用，也终将随着人类实践的推移而显示出它的巨大的实用价值。

真理对人是有用的，这就具有了"善"的属性，但有用的不见得就是真理，如时下的一般哲学教科书在反驳"有用即真理"的谬说时所指出，谎言对于骗子是有用的，但谎言并不是真理。片面强调真理对人"有用"，强调"真"要符合人们的利益，就潜伏着走向庸俗实用主义的可能性。

真理的价值属性不仅在于科学真理可以被用作为人们谋福利的工具，而且可以培养人的科学精神，提高人的理论思维能力，增进人的理性的力量，确立人的尊严。所以在这一意义上，科学不仅是工具理性，而且是价值理性；不仅具有"工具价值"，而且具有关系到确立人的尊严、将人从狭义动物界日益提升出来的根本目的价值。

第一，自觉地求真，是人与禽兽相区别的本质属性之一。人猿相揖别，人之所以为人而区别于猿的一个基本标志，就在于人有了求真的科学思维的萌芽；而文明人之所以区别于野蛮人，就在于他在不断改造客观世界的同时改造了自己的主观世界，大大提高了自己的理性思维能力，并且把求真不仅作为谋求衣食的手段，而且作为精神生活的需要，作为人的一种值得自豪的能力。发自人性的追求真理的需要和能力的实现，是人类社会赖以生存和发展、人在精神上的自我实现和自我完善的不可缺少的一个重要方面，即使是极其重视真理的效用的美国式的实用主义，也认为真理的效用首先在于它能够满足人的求真的天性的要求，这就是真理的内在价值。我们都讲要建设一个合乎人性的社会，要实现"人的自由而全面发展"的社会理想，而求真，使人的科学素质高度发展，正是人性和人的全面发展的内在要求之一。所以，任何对科学的贬低，任何把科学精神从"人文"中排除出去的论调和主张，都是不合乎人性的。——这一论断虽然不免说得尖刻了一些，然而，却是事实。

第二，自觉地求真，乃是人的尊严赖以确立的原动力。有没有科学知识，进而，有没有科学精神，有没有正视事实、直面人生的勇气，是衡量人的理性力量强弱的一个重要标志。而理性力量的强弱，则关系到人的尊严的确立，关系到一个人是否具有坚强的人格力量，因而乃是构成人格和人的德性的要素。一个人要活得有尊严，就必须有追求真理的精神。科学的方法引导我们去追求真理，指导我们按照客观世界的本来面目去认识世界。它带领人们走进真实的世界；无论真实与我们的成见是多么的相左，它总是劝我们改变头脑中的假象，建立起与事实最相符合的认识。尊重事实的人，是有尊严、有道德的人；而不尊重事实、编造谎言的人，也就无尊严、无道德、有时甚至是无人性可言。

第三，科学素质的提高，有助于提高人的道德素质。历史上和现实生活中的无数事实证明，人们之所以陷于罪恶，往往是由于无知。所以，古往今来的许多哲人都把知识看作是构成道德的一个重要内容，甚至是道德诸要素中最重要的内容。清末民初，达尔文的进化论思想流行中国，有人说读了进化论，会引起勇于私斗敢于作恶的意识，蔡元培先生根据自己的切身体验驳斥说："我自了解进化公例后，反更懔懔于'勿以善小而不为，勿以恶小而为之'的条件。"①

第四，追求科学真理的过程，同时也就是提高人的道德修养的过程。追求真理需要不计利害，对于不计利害地追求真理的人，还有什么邪恶能够使他屈服呢？追求真理需要求实、严谨、执著，对于具备这些美德的人，还有什么谎言能够蛊惑他、什么虚荣能够动摇他呢？追求真理需要养成谦虚和宽容不同意见的美德，对于一个谦虚和富于宽容精神的人，自然也就与虚骄狂妄、专横霸道无缘了。所以，当一个人真心求学、执著追求真理的时候，道德修养也就蕴涵在其中了。

第五，人在求"真"方面所达到的水平是衡量人的文明程度和文化教养水平的基本尺度。现代人之区别于野蛮人，第一个重要标志也就是理性的高度发达和科学知识的丰富。社会的科学文明是人的本质力量的对象化，体现在其中的是人的认识能力和为此所制约的实践能力。从认识论的视角来看，对人的认识能力呈现着的世界与独立于人之外的世界乃是两个完全不同的领域，任何认识只能是人的认识，人为自身的局限性所制约的认识界限也就是认识对象的界限，因此，人有多大的认识能力，人就有多大范围内的认识对象与之相应；反过来说，认识对象在何种程度上为人所认识，也正是衡量人的认识能力之大小的标志。这一切都足以证明，"真"的问题本质上乃是人的问题，没有"真"，人类恐怕至今还在原始森林中与禽兽为伍呢！

3 知的极点、爱的极点、主客合一
—— 认知与审美

审美的态度是一种超功利的态度，是一种"虔敬之爱"的态度，这种对于真理的"爱"，是科学家和学者追求真理的强大的心源动力。

———————

① 《蔡元培美学文选》，北京大学出版社1983年版，第212页。

认知的态度与审美的态度在学理上是相通的。

认知的目的是要达到主观与客观相符合，主观与客观相一致，人要求得关于客观事物的真理性认识，就必须"涤除玄览"，尽一切可能抛弃一切有可能影响对于事物之正确认识的主观成见；必须"解蔽"，破除一切认识上的障蔽；人越是能够不带丝毫主观成见地去认识事物，就越是能按照事物的本来面目去认识事物，尽可能达到与纯客观相一致。科学发展的历史，就是人类逐步破除自蒙昧时代起所形成的种种荒谬的迷信的观念，逐步达到对客观事物的真理性认识的历史。人们原以为万物有灵，而通过追求科学真知，人们抛弃了万物有灵的观念，区分了有意识的事物与无意识的事物，区分了有生命的事物与没有生命的事物，区分了动物与植物，区分了有机物与无机物，并且揭示出从无机物的机械、物理、化学的反应形式到低等生物的刺激感应性，再到高等动物的感觉和心理，再到人的意识的发展历程。人们原以为太阳是阿波罗的华美的马车，或者是羲和驾着六条龙的车子在空中行驶，原以为月亮上有广寒宫，有嫦娥和玉兔，有吴刚和桂花树，但通过追求科学真知，我们抛弃了这些极其美丽生动的主观想象，而按照太阳和月亮的本来面目去认识它们；我们甚至还抛弃了太阳每天从东方升起到西边落下的主观经验认知，抛弃了太阳围绕地球而运转的地球中心说，转而相信地球绕日而行的太阳中心说，因为新的观念合乎天体运行的真实。总之，追求科学真知就是要使主观服从客观，达到主客合一、物我一致。

在美与爱的场合也是如此：当人们觉得某事物美的时候，他就已经在爱了；审美的态度也就是爱的态度。从学理上说，爱是追求主客合一的感情。男女在相爱的时候，往往忘记了利害，忘记了生死，这就是真正的爱情。人们爱大自然，大自然激发了我们无限的美感，我们的全身心都沉浸在对自然的审美鉴赏之中，一切利欲之心顿时都被泯灭了，这就是主客合一的境界。母亲爱孩子，可以为保护孩子不惜自己的生命；恋人相爱，可以为之出生入死；侠士剑客，可以为朋友两肋插刀；志士爱国，可以为国家慷慨捐躯；伟大的人爱全人类，充满着宁可自己被钉在十字架上也要替世人们赎罪的博爱情怀；这一切，都是主体与客体合一的爱的作用。在爱的时候，他人的利害就是自己的利害，他人的喜忧就是自己的喜忧，他人的苦乐就是自己的苦乐，个人的自我与纯客观趋向一致。

由此可见，在寻求主客体的一致的意义上，认知的态度与审美的态度其实就是同一种精神作用，都是追求主客合一、物我一致。在某些科学门类中，只有对研究的对象爱得越深，才能对它知得越深，例如天文学家全身心地爱天文，数理学家全身心地研究数学，物理学家全身心地研究物理，化学家全身心地研究化学，经济学家、社会学家、历史学家全身心地研究经济、社会、历史，这种对于研究对象的全身心的投入，都能使研究者在各自的领域中作出不同寻常的成就，有助于认知的发展。在哲学的领域就更是如此，哲学的领域比其他任何领域都更需要爱："所谓爱是对有人格的对象的知识；即使对象是非人格的，也是把它当做有人格的来看时的知识。……正像古来许多学者和哲人所说的那样，如果宇宙实在的本体是有人格的，那么爱就是把握实在本体的力量，就是对于物的最深的知识。通过分析推论的知识是物的表面的知识，并不能把握实在本身。我们只有通过爱才能得到最深的知识。爱是知的极点。"[①] 但"爱智"，决不是像以往的一些学者所说的那样——是"抛弃自我"的，——"爱智"并不抛弃自我，而只是抛弃了自我的利害算计；"爱智"的人通过其全身心地爱着的对象，而得了最高度的自我实现。爱情的最高境界也就是哲学的最高境界。

正因为认知的态度与审美的态度在学理上是相通的，所以，在世俗的爱与精神的爱之间，并没有不可逾越的界线。世俗的爱在一定条件下可以转化为超世俗（超功利）的精神的爱，世俗的精神可以升华为追求真理的热情。

王国维的《人间词话》，从宋代词人晏殊、欧阳修、辛弃疾写的爱

---

① 西田几多郎：《善的研究》，商务印书馆 1983 年版，第 149—150 页。

情词中摘句，将其解释为大学问家的三种境界：

> 古今之成大事业、大学问者，罔不经过三种之境界："昨
> 夜西风凋碧树，独上高楼，望尽天涯路"（晏殊——引者注），
> 此第一境界也。"衣带渐宽终不悔，为伊消得人憔悴"（欧阳永
> 叔），此第二境界也。"众里寻他千百度，回头蓦见，那人却
> 在、灯火阑珊处"（辛幼安），此第三境界也。此等语皆非大词
> 人不能道，然遽以此意解释诸词，恐为晏、欧诸公所不许也。

以上所摘"晏、欧诸公"的词句，都是写世俗之爱的，所以王国维
说将其解释为大学问家的境界"恐为晏、欧诸公所不许"。然而，学问
家、科学家从追求真理到发现真理的过程，正类似于这种追求心爱的恋
人的过程，只不过在这里，异性之恋转化为精神之恋。没有爱就没有
美，世俗的爱情中也有美，只不过在这里，世俗爱情中的美升华为纯粹
的精神上的审美。对于学问家、科学家来说，这种纯粹的精神上的审
美，正表现为充满激情的为求知而求知的精神。

科学与审美固然不同，前者运用概念，后者则凭借直觉。但正如蔡
元培先生所说，在各种科学上，都有可以应用审美眼光的地方，他举
例说：

"算术是枯燥的科学，但美术上有一种截金法的比例，凡长方形的
器物，最合于美感的，大都纵径与横径，总是三与五、五与八、八与十
三……等比例。就是圆形也是这样。"

"形学（按即几何学）的点线面，是严格没有趣味的，但是图案画
的分子，有一部分竟是点与直线、曲线、或三角线、四方形、圆形等凑
合起来。又各种建筑或器具的形成，均不外乎直线、曲线的配置。不是
很美观的么？"

"声音的高下，在声学上，不过一秒中发声器颤动次数的多少。但
是一经复杂的乐器，繁变的曲谱配置起来，就可以成为高尚的音乐。"

"色彩的不同在光学上，也不过是光线颤动迟速的分别。但是，用

美术的感情试验起来，红黄等色，叫人兴奋；蓝绿等色，叫人宁静。又把各种饱和或不饱和的颜色配置起来，竟可以唤起种种美的感情。"

"矿物学不过为应用矿物起见，但因此得见美丽的结晶，金类宝石类的光彩，很可以悦目。"

"生物学，固然可以知动植物构造的同异，生理的作用。但因此得见种种植物花叶的美，动物毛羽与体段的美。凡是美术家在雕刻上、图画上或装饰品上用作材料的，治生物学的人都时时可以遇到。"

"天文学，固然可以知各种星体引力的规则，与星座的多寡；但如月光的魔力，星光的异态，凡是文学家几千年来叹赏不尽的，有较多的机会可以赏玩。"

所以蔡元培认为，科学家在自己的专业研究方面，也可以兼得美术的趣味①。

确实，正如哲学家在自己的精神世界中发现了美一样，自然科学家们也可以通过观照自然科学的世界图景而发现美，所以古希腊哲人毕达哥拉斯说"美是数的和谐"，19世纪末20世纪初的法国大科学家彭加勒在《科学的价值》一书中更对自然科学的世界图景之美作了颇为深刻的论述。他指出："科学家研究自然，并非因为它有用处，他研究它，是因为他喜欢它，他之所以喜欢它，是因为它是美的。如果自然不美，它就不值得了解；如果自然不值得了解，生活也就毫无意义。当然，我在这里所说的美，不是给我们感官的印象的美，也不是质地美和表现美。并非我小看上述那种美，完全不是，而是这种美与科学无关。我的意思是说那种比较深奥的美，这种美在于各部分的和谐秩序，并且纯粹的理智能够把握它。正是这种美使物体，也可以说使结构具有让我们感官满意的彩虹般的外表。"② 彭加勒认为，自然美有两个层次，一种是浅层的或外在的质地之美和表现之美，即"感性美"；另一种是内在的或深

---

① 《蔡元培美学文选》，北京大学出版社1983年版，第136—137页。
② 彭加勒：《科学的价值》，光明日报出版社1988年版，第357页。

层的和谐秩序之美，即"理性美"；理性美潜藏在"感性美之后"，必须靠理智来把握，因而是一种"深奥的美"。然而，"美"毕竟不是靠理智来把握的而是靠人的感官；彭加勒似乎意识到这一点，所以他力图自圆其说地指出，内在深奥的美使物体"具有让我们感官满意的彩虹般的外表"。换一句话说，就是：科学家对于自然科学的世界图景的审美观照，乃是一种在感性中积淀着理性的审美活动。

（二）意志与真善美

意志作为人的心理要素之一，是行为的内在动力，因而属于实践理性的范畴，即道德伦理的范畴。但意志不是孤立地存在的，道德行为也不是单纯的意志过程，其中有认知和情感的参与。无知的意志行为是盲目的意志行为，无情的意志行为往往是反人道的行为。因此，意志作为行为的直接发动者与认知和情感有着复杂的联系。由意志所导致的行为，不仅体现着人与客观世界的实践关系，而且也体现着人与客观世界的理论关系和审美关系。因此，完美的德行总是具有真善美之统一的属性。

1　道德的真诚：言教与身教之一致

真诚的道德动机和善良意志。是真正的道德行为的必要条件。与真诚相对立的是虚伪，而虚伪是不道德的。提倡"以诚待人"，即对人要有真心诚意，"推己及人"，"己所不欲，勿施于人"，就是出自道德的善良愿望。

中国古代的道德哲学特别强调一个"诚"字。《中庸》说："惟天下之至诚为能尽其性，能尽其性则能尽人之性，能尽人之性则能尽物之性；能尽物之性则可以赞天地之化育，则可以与天地参矣。"与"诚"

相对应的哲学论说是孟子提出的"赤子之心"说和程颢提出的"真心"说。孟子所说的"赤子之心"是指一种至诚的道德之心。程颢说:"学者须识其真心。"这里所谓"真心",是指与"人心"相对立的"道心",相当于与"人欲"相对立的"天理"。所有这一切,就纯粹逻辑的意义来说,都强调了道德的真诚,强调道德践履必须发自真诚的道德动机,具有合理的因素;但从道德的具体的历史的内容来看,所谓"诚",所谓"赤子之心"和"真心"都是要人真心诚意地去践履和维护宗法社会的伦理道德。

然而,中国传统的道德哲学似乎又并没有否认和割断道德的真诚与认知的联系。《大学》的"八条目"——"格物、致知、诚意、正心、修身、齐家、治国、平天下",首先就是讲格物致知,然后才讲诚意正心,也具有逻辑的合理性。可惜的是,所谓"格物致知",并不具有对于自然、社会和人自身的科学认知的意义,而是指格伦理之物,致道德之知,是指对社会等级秩序的认同,并不需要对这种秩序问一个为什么,因而,对于社会的科学认知是排斥的,同时对于自然的科学认知更被看作与道德伦理全不相关而遭到排斥。就连对自然知识多少有些兴趣的朱熹,也反对他的学生们去研究自然,怒斥"此是何学问,如此而望有得,是欲吹沙而成饭也"。在正统儒家看来,现存的社会等级秩序就是"天理",必须真诚地认同它、维护它。宋儒的"存天理,灭人欲"的禁欲主义,由于其不合人情,但又要加以提倡,固然产生了许多的"假道学";但另一方面,由于它强调道德的真诚,把它讲得无比神圣,因而也产生了一些"严气正性"的"真道学"。这些"真道学"往往比假道学更坚决地维护传统的礼教,"以理杀人"而毫不留情,因而其危害又往往甚于假道学。

由此可见,真诚虽然是道德的必要条件,但真诚并不必然导致道德的行为。还有比真诚更根本的原则,——近代人以科学的态度重估一切价值,提出的"人是目的,而不是工具"的原则。

值得注意的还有,中国正统儒家的伦理哲学讲道德的真诚,并不意味着讲道德上的诚实，诸如要说真话，不撒谎，要言必信，信必果，等等。相反，儒家认为，为了维护尊卑贵贱等级名分的道德，维护尊长的权威，是需要撒谎的："为尊者讳。""可欺矣，必欺以其方。"说话也并不一定要完全讲信用的："言必信，信必果，硁硁哉小人矣！"这与"一言为重百金轻"的墨家完全是两种不同的风格，也与以说谎为人生之大恶的基督教伦理形成了鲜明的对比。

但在中国传统道德中，却包含着一个十分重要的，至今仍然具有合理性的思想因素，即"言教"与"身教"的一致。孔子说："其身正，不令而行；其身不正，虽令不从。"孔子教导那些对民众推行道德教化的人：你们要求民众做到的，你们自己必须首先做到；如果你们自己做不到，那么你们所讲的一切道德的高言宏论就是假话、空话、大话。这是千真万确的道德的真理，因为它真实地揭示了教育者与被教育者之间的关系，它所体现的真诚是建立在认知的基础上的，具有认识论的依据，这是中国传统道德学说中所包含的最宝贵的合理因素。

道德的真诚并不是一件凭各人口中所言而实际上不可捉摸的事情，判断道德真诚的依据在于"言教"与"身教"的一致。"言教"与"身教"一致，就是真诚；否则就是虚伪。因此，在道德上要不被人惑，就不能"听其言而信其行"，而要"听其言而观其行"，这也是孔夫子的经验之谈（见《论语·公冶长篇第五》）。

对于一个社会来说，"身教"所造成的社会实际道德氛围，即现实的社会生活对人的教育，往往胜过千百万个道德说教的讲坛。因此，再没有什么比"言教"与"身教"的不一致，理论与实践的背离更败坏社会道德风气的了。

现代知识论的原理告诉我们，在现实的社会生活中，一个人在做事情、做学问的时候，最具关键性的动力资源往往并不是"明言的知识"，即在表面上明白说出的、合乎理性或不合乎理性、或与理性无关的意图和关怀——博兰尼（Micheal Polanyi）所谓的"集中意识"（focal awareness），而是"未明言（或默会）的知识"，即博兰尼所谓的"支援意识"（subsidiary awareness）。这种"意识"或"知识"是一个人在生活和学习的过程中从环境与传统中所获得，于潜移默化中不知不觉地形成的。"未明言的知识"主要包括两个方面：一是赖尔（gilbert ryle）所谓"如何做的知识"（knowing how），用海耶克（F. A. Hayek）的话来说，那是"根据一个人能够发现——但在愿意遵从的时候却不能明确说明——的规矩来做事的技能"，而不是表面上听到的告诫或教诲。二是库恩（Thomas kuhn）所谓"实际操作的具体范例"[①]。从这个观点来看，实际生活中获得的"如何做的知识"，对于"实际操作的具体范例"中蕴涵的"不能明确说明"的手法的心领神会，所有这些"未明言的知识"，实在要比表面上听到或看到的理论与说教（所谓"明言的知识"）更有力地支配着人们的思考和行为方式。

根据上述观点，我们就不难发现，在一个社会中，公开的理论和说教（"明言的知识"）与不便明言的"如何做的知识"和"实际操作的具体范例"越是不一致，公开的理论和说教也就越是不起作用；道德说教与实际行为越是相背离，社会道德风气也就越败坏。实际生活对人的教育胜过了千百万个道德演说的讲坛。不管理论与说教是如何热切、合理，都敌不过事实对人的教育。在现实生活中，一般老百姓和青年学生所听到的"言"与他们所目睹的"行"实在太不一致。人们看到，那些教人守法的人，他们本身往往是不守法的；那些教人要办事公正的人，他们本身办事却常常是不公正的；那些教人在利益面前要谦让的人，他们在能捞到好处的场合却几乎都冲在前头；那些教人要正直正派的人，他们本身却往往有一套不正直、不正派的投机钻营的诀窍；"三维礼义廉，四诀吹拍骗"，拉关系、走后门，以这一套来办事，就能办得通，甚至可以飞黄腾达。普通老百姓和孩子们耳濡目染于这种"如何做的知识"和"实际操作的具体范例"之中，从有影响的人们的"成功的范例"中学得了处世行事的"未明言的知识"或"支援意识"，——人们

---

① 此处系转述海外一篇学术论文的观点，出处已无从查考。——笔者注。

归根结底是从他们的实际生活中吸取道德观念的，因此，纵然是再好的理论，在现实生活面前也显得苍白无力。这也正是公开的道德说教不能产生多大效果的原因。在这样一种缺乏道德的真诚、反倒充满了虚伪的社会氛围中，社会风气又怎能不败坏？

当然，对于缺乏道德的真诚这样一种社会弊病，又并非简单地通过揭露伪君子、假道学，宣传真君子、真道学所能够根治得了的。社会意识毕竟是由社会存在所决定的。在虚伪的社会氛围中，少数人可能出污泥而不染，但多数人却做不到。要使道德说教成为人们行为的真实动机和出发点，就必须从社会关系的实际出发，改造那"使好人也会变成坏人"的陈旧的社会体制。只有当那些"未明言的知识"在实际生活中处处碰壁的时候，公开的道德说教才能为人们所普遍信奉，道德的真诚才可能在全社会普遍确立。

2　善：动机、手段与效果之统一

在"善"的追求中，动机与效果、目的与手段的关系问题，至今仍是困扰着人们的伦理学难题。

动机好，却未必效果就好，有时甚至恰恰相反：天堂的召唤却把人们引向了中世纪的地狱，要求人人作圣贤、人人都像纯洁的天使的道德理想主义却曾经造成过普遍的虚伪，召唤出无数的魔鬼，制造出无数的反人道的暴行。但另一方面，动机不好，效果却未必不好，恶的动机往往成全了善的目的：在历史的进程中，正是人们恶劣的情欲充当了历史前进的杠杆。这是一对矛盾。

目的与手段的关系也是如此：目的好，手段却不见得好；手段好，却往往不能达到目的。所以有人主张只要目的纯正，手段不妨可以不纯，甚至为了达到目的可以不择手段。但另一方面，目的又是制约着手段的，卑劣的手段是否能够为实现善良的目的服务，又是要大大地打一个问号的。这也是一对很尖锐的矛盾。

韦伯曾论述过支配政治的两种伦理及其差别，一种是意图伦理，另一种是责任伦理。按照美籍华裔学者林毓生的解释，意图伦理是关怀最终目的的伦理，其关键是保持意图的纯正，而不是考虑行为的后果。对禀持这种伦理并将其付诸实践的人而言，只要意图是对的，行为就是对的，至于结果如何，他不负责。只要目的纯正伟大，为了达到这个纯正伟大的目的，可以不择手段，甚至因目的越伟大越可以不择手段。为了使世界变得永远美好无缺，为了使一切不道德与不公正的手段都再也没有使用的可能，有理由（最后一次）使用极不道德、极不公正的手段以达到这个伟大的目标、终极的理想。其结果却与其初衷相反，终极的理想变成了安魂的口号与野蛮的统治工具。与此相反，依据责任伦理，世界上没有十全十美的人，也没有十全十美的事情；把自己的意图定得十全十美，并不能使世界变得十全十美。对自己的政治行为应考虑其可以预见的后果，并为其承担相应的责任。支配公共领域的道德规范应该是责任伦理。换句话说，处理公共事务不能仅从心正意诚出发，而是要从对公民所承担的责任出发，从尊重公民在私人领域的自由权出发。所以，属于修身齐家范围的可以随心所欲，但在治平领域就不能以一己之所欲施诸天下[①]。林毓生转述的韦伯关于"意图伦理"与"责任伦理"之区别的论述大体上是对的，但有一个问题必须指出：一己之欲固然不能施诸天下，恐怕也不能施诸"齐家"，儒家的家长制的作风是该彻底抛弃了，不能我想对自己的家里人怎样就怎样，不能采取无论怎样打老婆打孩子，外人也管不得的态度。如果把家庭看作是一个小的"公共领域"的话，那么，在这里也应该是尊重每一个家庭成员在其私人领域的自由权的。

中国的正统儒家的伦理，是属于韦伯所谓的意图伦理。正统儒家特别强调道德动机的纯正，它直接就是天道，所谓"诚者天之道也"，同时也就是人道，所谓"思诚者人之道也"。"诚"，就是要在世间建立起

---

① 参见刘军宁：《理想之敌 理想之友》，1989《东方》1996 年第 2 期。

一个"天理流行"的道德理想世界。所以中国的圣贤们总是自信自己就是"天道"或"人间正道"的化身，认为自己的观念就是一切善恶的绝对标准，因为惟有他的心最诚。这种自信的根据既不需要外部世界的确证，也根本不用考虑自己行为的后果。孟子说："大人者，言不必信，行不必果，惟义所在……不失其赤子之心者也。"在这种"万物皆备于我'乃至'万理皆备于我"的极端惟我论观点支配下的人，是容不得任何不同意见的；反对他的人，都不仅是反对他个人，也是反对天道，同时也是反对"人道"，因此，可以把持不同意见的人视作"禽兽"来加以处置。孟子就是把持不同见解的人说成是"禽兽"的。在"人欲净尽，天理流行"的道德理想主义信念支配下，一切人之常情都显得那么微不足道，乃至失去了自己存在的理由，如戴震所指出："举凡饥寒愁怨、饮食男女、常情隐曲之感，则名之曰'人欲'。""于是未有不以意见为理之君子。且自信不出于欲，则曰'心无愧怍'。……不悟意见多偏之不可以理名，而持之必坚。意见所非，则谓其人自绝于理。此理欲之辨，适成忍而残杀之具，为祸又如是也。"

　　同样，历代统治者为了达到目的而不择手段，在实现道德理想主义、再造"天理流行"的上古三代黄金时代的名义下，无论做了多么伤天害理的事情，都可以"不愧不怍"。曾国藩帮助清朝统治者屠杀汉族人民，制造了中国近代史上第一次"南京大屠杀"，有"曾剃头"之称，但这并不影响儒家学者将他奉为"圣贤"。明乎此，我们就可以理解，为什么在中国传统社会中，一方面是标榜"赤子之心"、"正心诚意"的道德理想主义喊得震天价响，另一方面却是诸如"三十六计"、"六韬三略"之类的阴谋权术特别发达，为什么最诚实与最不诚实竟是那样地并行不悖。

　　意图伦理在实践上是失败的，在学理上是荒谬的。从学理上看，一个人在采取行动之前，不论他的目的、动机如何，他的善、恶都是未定的，只有当一个人的行为已经成为事实，人们才可以根据这种行为及其后果来判定其善恶。道德作为处理个人与他人、与群体之关系的行为规范，必须是有利于他人、有益于社会的，个人的愿望是否应该付诸行动，这种行动是否具有正当性，是必须放在个人与他人、个人与群体的关系中来加以考量的。在这种考量中，"己所不欲，勿施于人"固然是正确的，但是，己之所欲，却一定要施于人，则未必是正确的。因为己之所欲并不一定就对他人、对群体有利，以惟我主义的态度来把自己的意志强加于他人，否认他人是与自己一样的有独立的思想、独立的意志、独立的情感的个人，剥夺他人在不同的道德价值面前作自由选择的权利，乃是不把人当人的一种表现，这种行为本身就是不道德的，是反人文主义的。把自己的意志以"天道"的名义强加于群体，以自己的意志冒充全民的意志而不必经过民众的同意，这种行为更是对人民施行精神上的强暴，是极不道德的行为。此外，道德行为之所以为道德行为，还在于动机的纯正、手段的正当与效果的实现三者之间应该是互相统一的，手段的卑劣证明了目的的卑劣，以"道德"和"理想"的名义做伤天害理的事，这"道德"是否配称为"道德"，这"理想"中是否隐藏着某种不可告人的秘密，例如"惟辟作威、惟辟作福、惟辟玉食"的帝王思想、维护特殊阶层的特殊利益的极端利己主义，等等，是大可怀疑的。正统儒家的意图伦理之所以成为历代专制王朝的统治思想，而且越到衰敝陵夷之际就越要强化这种思想的统治，决非偶然。

我们主张的善，是动机、手段与效果之统一的善。不仅动机要善，而且手段和效果也要善。真正怀有善良的道德动机的人，决不应以卑劣的手段去达到自己的目的；真正怀有善良的道德动机的人，也一定要考虑到行为的后果。动机或目的的确定，手段的选择，效果的预期，实际上是一个以认知来指导实践的过程，也就是真与善的统一的过程。在现代社会中，人人自由平等，但每一个人都要对自己的行为负责任、担干系，不允许以"动机好效果不好"或"交学费"等等名目来为自己的失误和不良行为开脱责任，这就是责任伦理。与虚夸而不负责任的意图伦理相比，责任伦理实际上是对人的道德提出了更高的要求。在责任伦理中，虽没有尽善尽美，但却有更善更美。

3 品格之美

这是一个触及"善"与"美"之关系的话题。因为道德行为中有情感的参与，同时高尚的道德行为又总是具有感人的力量，所以人们才赋予道德品格以审美属性，有品格之美或"人格美"之说。但所谓品格之美或人格美，其实质还是指道德的善。

"美"与"善"的关系，是情感与意志的关系：情感指向"爱"与"美"，而意志则指向"善"，二者具有深层心理上的相通性。冯特的《普通心理学》认为，情感组成情绪，每一种情绪都是由一组相互联接而又具有统一性的情感过程所构成的；情绪导致意志，情感过程引起情绪的观念内容和情感内容的突然变化，"像这样一种以情绪为先导而又使这一情绪突然中止的观念和情感状态的变化，我们就称之为意志动作"。冯特把意志过程看作比情绪更高一级的过程，它与情绪的关系，正和情绪与情感的关系相似。其中的逻辑，正如冯特所指出："情感是意志的开头，意志是复合的情感过程；而情绪则是介乎二者之间的通道。"从指向"爱"与"美"的情感，经过情绪的通道，而产生指向"善"的意志动作，说明了道德的最大秘密是爱，是人与人之间的同情心；爱与美相联系，美是超功利的，而根源于爱心的道德本质上也是超功利的，即超于利害之算计的。

把合理的人际关系建立在"爱"的基础上，乃是道德行为的根本特点。真正的道德行为，都是出于对人的爱心，爱心是排斥任何狭隘的、自私自利的算计的，因而是一种审美的态度，一种美好的情感。以爱心去对待他人，就会在他人身上发现自身，发现他人是与自己一样的人，有着相同的人性，相同的人的尊严，相同的属于人的权利，因而一切势利之心、尔疆彼界之私被都泯灭了。正是基于此，以爱心去对待他人，就会尊重他人、关心他人、保护他人、救助他人，而不感到自己这样做是有"恩"于他人，更谈不上指望他人的报答。因此，出于爱心的道德行为，在利人的时候，给人以救助的时候，一定是尊重他人的；否则，就有可能适得其反。《礼记·檀弓上》讲了一个"廉者不受嗟来之食"的故事，说的是有一年发生饥荒，于是就有一个富人在路边向饥饿的人施舍稀粥，一位饿得已经走不动的人来到富人的面前，富人带着鄙视的口吻对他吆喝道："嗟！来食！"饥饿的人感到自己受了侮辱，瞪了富人一眼，宁可饿死也不吃那碗稀粥，终于在路边倒下。这个富人把赈济饥民看作是一种恩赐，而不是出于爱心和同情心，因而理应受到道德的谴责。鲁迅在批判中国传统的家庭伦理道德时曾经指出：自然所安排的结合长幼的办法，是给予动物以一种"爱"的天性，长者对幼者的挚爱，不但绝无图报的利益之心，甚或至于牺牲了自己，让他的将来的生命，走上那发展的长途。鲁迅认为，欧美的家庭，是合乎这一真理的；中国的旧思想，却抹煞了"爱"，一味说"恩"，又因此要求、希望得到报偿，使至纯至真的亲子之爱变成了交换关系、买卖行为，既不合乎父母当时并无求报之心的真情，又亵渎了亲子间的道德，因而也就无道德价值可言了。基于以上认识，鲁迅指出，此后觉醒的人，应将这天性的爱，更加扩张，更加淳化；用无我的爱，自己牺牲于后起新人，——使子女比自己更强，更健康，更聪明高尚，——更幸福；就是超越了自己，超越了过去[①]。

一个人以真诚的爱心去关心他人，以超越个人之私利和阶级之狭隘利益的态度去追求社会的公正和正义，这种态度就是"为行善而行善"的态度。这种态度是超越功利之算计的，因而又是一种审美的态度。以审美的态度去实践道德的人，必然表现出义无反顾、百折不挠、威武不屈的行为特征，使其人格放射出令人敬仰的崇高光辉，这也就是人格美。

---

① 《鲁迅全集》第1卷，第135页。

（三）情感与真善美

情感是与认知和意志并列的人的心理的三大要素之一。人的情感是特别丰富的，因此可以把人的情感内涵由低到高地分为以下几个层次：

情欲（Passion）。即与占有欲之冲动相联系的对于目的物之热望。希腊人的口号："booty and beauty（战利品与美人）！"是情欲；王夫之说"欲食河之鲂，欲娶《诗》之齐姜"，也是情欲；恩格斯说的曾经不止一次地充当了历史前进的杠杆的，还是情欲。

情致（Pathos）。即合乎理性的伦理情感。如黑格尔《美学》中所说的安蒂贡的兄妹情谊。安蒂贡不顾国王的禁令，宁可遭杀身之祸，也要收葬被国王宣布为叛国者的哥哥的遗体；又如《红楼梦》中元春省亲时对贾母所说的："田舍之家，布帛菽盐，得遂天伦之乐。今虽富贵，然骨肉分离，终无意趣！"前者悲壮而执著，后者哀惋而凄恻，但都是合乎理性的伦理情感——情致——的表现。

情操（Sentiment）。即含有较高的精神追求的"上品的"（refined）情感，如对于真理和正义的热情、对于真善美的最高境界的热切追求。在西方，爱情（Love）的最高境界乃是"美学的（aesthetic）"。这一意义上的"爱情"是与"好色"（befond of woman's charms，迷恋女色）完全不同的概念，因而也是一种上品的情感[1]。高层次的情感扬弃了低层次的情感于自身，但又并不归结为低层次的情感。

由于人类的生活与实践，赋予了情感及其艺术表现以无比丰富的内涵，使得情感既散发着感性的、审美的芬芳，又与人类的认知（包括对于人自身的情感的认知）的"真"、道德伦理的"善"相联系，所以情感亦具备了真善美的普遍属性，而作为情感之表现的艺术则在美的形式中蕴涵着真与善的内容。

---

[1]　笔者关于情感的层次区分的观点，原载于《读书》1985 年第 11 期《芳林新叶》一文。

1 情感的真挚与艺术中的真实

情的最可贵的品格首先是真。没有真挚的情感，社会生活就会黯然失色，一切创作也就失去了艺术的魅力。

低层次的情欲也需要真吗？是的。没有必要对人的情欲羞羞答答、遮遮掩掩。自然赋予人类的情欲，也就赋予了人类追求幸福美好的生活以不竭的动力和源泉。——它不止一次地充当过社会前进的杠杆，尽管它在以往的历史上的具体表现形式是血与火的、野蛮的、非人道的，但随着社会的进步，它理应以文明的、合乎人道的方式来充当社会前进的杠杆。

"情欲"在基督教文化中是人的"原罪"，是"魔鬼的诱惑"。然而，在近代哲人们看来，这个推动人们去追求物质利益的魔鬼是不可缺少的：

> 善人和恶人都少不了你。对善人你是甲胄，磨炼刺击；对
> 恶人你是帮闲，胡作非为。（歌德：《浮士德》）

在善良的人们看来，既然情欲具有两重性，不要这魔鬼岂不更好？然而，歌德借《浮士德》悲剧的剧中人之一"上帝"之口回答道："人的活动太容易弛缓，动辄贪求绝对的晏安；因此我才愿意给人添加这个伙伴，他要作为魔鬼来刺激和推动人永远向前。"为了使人不安于现状，使人具有永远追求的生命冲动，所以"上帝"才赋予了人类以情欲。没有情欲，人们也就丧失了追求美好生活的动力，从而社会也就不可能进步。正如德国哲人谢林所指出，"恶魔"乃是人生中骚动刺激不安息的原则，有使人类历史永不陷于沉睡的效果。在某种意义上，"恶魔"是上帝创造的仇敌；在另一意义上，也可以说"恶魔"是上帝创造的工具；一切神话和宗教所暗示的世界，并不是纯善无恶的；然而恶之发生，正是成全了善的目的。人类为了将"情欲"导向善的轨道，想过多少办法，如今终于找到了一个办法，就是"法律面前人人平等"的民主

法治。

　　情致作为合乎理性的伦理情感，是在情感的驱动下实现、并使人感受到的。情致所以合乎"理性"，就在于它的真，是人类的天伦之爱至性至情。它主要表现在有血缘关系的人们中，如父子、母子、父女、母女、兄弟、兄妹、姐弟、姐妹之间的伦理情感。这些关系是"天伦"，是天然赋予的关系，不是人能够选择的；表现在这些关系中的伦理情感也就是一种天然的情感，而天然的情感是最纯真的。如果不被儒家的"序尊卑，明贵贱"的等级名分亵渎，情致中绝不会包含虚情假意的因素，更不会导致不绝于史册的父子、兄弟之间的相互残杀。儒家硬要在父子、长幼、男女之间分出尊卑贵贱来，强调卑者、贱者、幼者要侍奉尊者、贵者、长者，一家人之间也就生出隔阂来了；既然有了隔阂，任你再讲多少"父慈子孝"、"兄友弟恭"，都是虚伪的表面文章；一旦有了利害冲突，表面的温情脉脉就会变成血影刀光。唐太宗杀兄杀弟，武则天杀姐杀子，在这一点上，他们哪里还讲什么天伦之情！所以"情致"的品格就在于它的自然纯真，其合乎"理性"是自然的理性，只要有了尊卑贵贱，它就会走向反面。

　　"情操"之可贵，也就在于它的真。一个人爱真理和正义，是真爱还是假爱，并不是凭各人口中所言而无可证实的事。真爱真理和正义，就会在实践中表现出卓越的情操；倘若没有极真挚的深情，也就没有情操可言。真正的爱情也是如此：它可以使人置生死于度外，为爱而生，为爱而死，为了自己所爱的人而不惜牺牲自己。我们看到古今中外那些描写真正的爱情的作品，男女主人公不仅超越利害之算计，而且超越了生死之计虑。没有真情的人，是决不可能具有这种品格的。

　　美的情感需要真、必须真，如此方才称得上是美。这里的"真"，是情感自身的真。同样，美的艺术表现中又蕴涵着真：一部优秀的艺术作品，其中总是有着深邃的内涵，这内涵就是关于自然和社会生活的知识和真理，关于人生的智慧。这里的"真"，就不仅是情感自身的真，而且是认知的真实，和建立在这种真实性基础上的"智慧之洞观"的深刻。

艺术可以向人们展示人性的真实。古希腊雕塑所展示的是人体的感性形象，但人们却可以从中发现比法国大革命的《人权宣言》原则更不容怀疑的原则，这就是一切真善美都依赖于人的血肉之躯而存在的普遍人性的原则，因而，应该尊重人的生命的感性存在，对人的生命的感性存在怀有一份敬意，而不应该像历史上有的哲人（如庄子）那样，视肉体为可有可无的"臭皮囊"，不应该蔑视生命的感性存在，不应该以任何方式来摧残人的肉体生命。

艺术向人们展示社会关系和社会生活的真实。恩格斯评论巴尔扎克时说，从巴尔扎克小说中所学到的东西要比从当时法国的编年史家和统计学家那里所学到的知识的总和还要多；列宁说托尔斯泰的小说是俄国社会生活的一面镜子，因为它忠实地描写了社会生活的真实状况，揭示了人民大众、尤其是广大俄国农民的真实心理；而现代中国人，除了头脑中有点贵恙的以外，都承认鲁迅的《阿Q正传》写出了我们国民的灵魂，真实而深刻；鲁迅的随笔、杂文和其他小说，对国民劣根性的剖析，对儒家和道家思想的批判，对传统社会"真使人觉得不像活在人间"之真相的揭露，处处都依据事实，显示着他那燃犀烛照、洞若观火的明察的眼光。

艺术可以显现人的本质和社会生活的本质，甚至可以向人们昭示社会发展的趋势。优美的音乐是空灵的，仿佛是天国的声音，特别是那些无标题音乐，似乎与人生离得非常遥远，然而，人们却可以从贝多芬的音乐中听到那个时代的伟大的自由之声，感受到人们不断地创造自己的新生活的自由本质；如果设身处地于贝多芬的时代，我们正可以从他那犹如"命运之敲门砖"的叩击声中，感受到新时代即将来临的气息。17—18世纪的古典主义悲剧再现的是古希腊罗马时代英雄人物的崇高气概，而具有敏锐洞察力的人们则看出了它是在召唤古代的亡灵而企图演出世界历史的新场面；巴尔扎克的小说创作，以现实主义创作原则战胜了他的阶级偏见，从而向人们展示了他所心爱的贵族阶级的必然灭亡而描写了他们不配有更好的命运。

在艺术中，情感的真挚与生活的真实和人生智慧的洞观融为一体，人们不仅从艺术中感受到美，而且也从艺术中获得真的知识和智慧。

2　情致和情操中的善与艺术中的美善合一

"情致"，作为合乎理性的伦理情感，主要表现为亲子之爱、骨肉之情。它既是美的，又是善的。之所以美，因为它纯粹出于人的天性，在这种发自天性的情感中，是没有任何功利之想的，人们在其中感受到的只是一种血浓于水的亲情。之所以善，是因为它是一种伦理情感，体现在这种情感中的是人与人之间的伦理关系，这种伦理关系笼罩在纯情感之中，没有利害的冲突，彼此相亲相爱，是一种理想的人际关系，因而它又是善的。因此，情致之美中蕴涵着道德伦理之善。

"情操"也是如此。情操是美的。但其中蕴涵着道德行为的善。在情操中，既有炽热的感情，又有坚强的意志。对于真理和正义的热情，是一种不计利害的审美的态度，不计利害而又激情洋溢，这就表现为美；而将高尚的追求贯彻到底的坚强意志，又属于道德伦理的善的范畴；这种坚强的意志体现在不计利害而又充满激情的审美意象中，就是作为美学范畴的"崇高"。因此，情操之美中亦蕴涵着道德伦理之善。

人的情感中既蕴涵着善，那么，作为人的情感追求之对象化的艺术和审美，也就不可能不包含着善的内容。艺术是通过表现社会生活来展示人们对于美的追求的。它既然以社会生活作为自己的素材，因而也就不能不反映出人们对于社会生活的道德评价，不能不反映出人们对于应该与不应该，对于善与恶或无善无恶的看法，不能不反映出被人们称为美德的那些内容，不能不寄托着人们的道德理想，赋予善的品格以美的魅力。无论诗歌、音乐、舞蹈，还是散文、戏剧、小说或影视，都包含着人们对于社会生活的道德评价的因素。美，作为社会化的情感共鸣，其中也就包含着人们的褒与贬、爱与憎的情感，而产生这种情感的内在根据，则是人们的道德理性。

艺术中虽然包含了善，但艺术毕竟不同于道德说教。艺术如果成了道德说教的工具，这样的艺术是没有生命力的。原因就在于：人们关于善恶的观念具有很强的时代性，古人以"节烈"为善，今人以强迫妇女节烈为恶；但美的时代性相对来说就不是那么明显，汉明帝爱"燕瘦"，唐玄宗爱"环肥"，如今的人们一样有或爱"燕瘦"，或爱"环肥"的。艺术一旦成了道德说教的工具，这种道德的时代性也就扼杀了艺术的生命。例如元朝末年的剧作家高明（1305—1359）写了一本《琵琶记》，剧中的主人公一是"全忠全孝蔡伯喈"，二是"全忠全孝赵贞女"。蔡伯喈惟父命是从，为实现"扬名显亲"的"大孝"，进京赶考中了状元；又惟达官显贵之命是从，有妇再娶妇，当了牛丞相的女婿；再惟皇帝之命是从，安心在京城做官而置故乡的父母妻子于不顾；是为"全忠全孝"。蔡伯喈进京后，其父母在饥饿中死去，其妻赵五娘一路弹琵琶行乞，进京寻夫，但她在唱词中却说自己不是为了"寻夫远游"，而是因为"只怕公婆绝后"，要寻夫为蔡家生儿子。全剧的结局：一夫二妇，合家团圆，朝廷旌表。明太祖朱元璋十分重视这出戏的教化作用。以之与"四书""五经"并提。但这种充当封建道德教化之工具的作品，充满了虚假与伪善，不仅在当时就遭有识者非议，如今就更没有人再去欣赏它了。

相反，那些反映真性情的作品，与封建的道德礼教不相容的作品，如李贽所赞扬的六朝诗、《西厢记》、《水浒传》，等等，虽然其中包含的道德观念并非完全没有时代局限性，但由于这些作品并不是封建道德教化的工具，——六朝诗大多是讴歌人生和男女情爱的，《西厢记》是专写青年男女冲破礼教束缚而私相慕悦的，《水浒传》向人们展示了一个路见不平、拔刀相助的江湖情义世界，都与专制时代的道德教化大相径庭而包含了某些具有永恒人性的内容，——因而更真、更善、更美。艺术中的美与善之统一，是美之中蕴涵着善，而不是以善凌驾于美之上而使艺术成为变相的道德说教。

3 爱情与真善美

——兼谈"男人味儿"与"女人味儿"

"爱"与"美",这是两个令一切人为之销魂荡魄的字眼。自古以来,民歌中咏唱着它,诗人们吟诵着它,戏剧家和小说家们不知为之写出了多少悱恻动人的故事。它无疑具有征服人心的巨大力量,就是"严气正性"的道学家们也不能不为之气慑,而终日叹息"人欲难制"。

思想的征服人心的力量来自人心本身,人性在自然中有它的根源。大自然中一切美好的事物,无一不是"爱"的精灵所造成。没有爱,也就没有美。当着我们感觉到美的时候,我们已经在爱了。——也许大自然并不自觉其在爱,但爱却在人身上达到了自我意识,——因为人是自然界的最高产物。"爱"是一种最自然的感情。

爱总是与美相伴随,正像维纳斯既是爱神又是美神一样。古罗马哲人卢克莱修论文化的起源,就讲到了维纳斯的奇妙作用:维纳斯(爱与美)使一对对的男女结合到一起,从此人类就有了夫妇,有了家庭。与维纳斯相伴随的是她的三个侍女,即青春、幸福、光辉三位女神。这是颇具寓意的象征。她们为"以美的个性为中心的希腊性格"增添了生命的欢乐光辉。"青年男子哪个不善钟情,妙龄女郎哪个不善怀春?这是人类的至性至情!"——伟大的德国文学家歌德对人类的爱与美的感情发出了如此由衷的赞美。而俄国的大文豪托尔斯泰则热烈地讴歌"爱"与"美"乃是生命的两大意义。

爱与死是文学中的永恒主题。按常规的语言来说,生与死、爱与恨才是对立的,可是,"爱"居然与"死"联系在了一起。为什么呢?就在于爱乃是生命的本质。一切有生命的事物的存在不能没有爱,而爱的毁灭正意味着生命的死亡。因此,真正的爱情的价值又比生命更为珍贵。"生命诚可贵,爱情价更高,若为自由故,两者皆可抛。"裴多斐的这首诗是人们在反对专制暴政的特定情境下的产物;而人们之所以要争取自由,不恰恰是为了更好地爱、从而更好地生吗?

爱情的最重要的前提是真。一个在情场上摔打过多次的作家或学者，如果不能仍然保持那犹如初恋的少男或少女一般纯真的童心，那就似乎大可不必对青年人谈论什么爱情，因为他（她）已经不再懂得什么叫真正的爱情；如果真要谈起来，似乎就难免带有一点近乎嫖男或荡妇的口吻。

例如，有些人大谈只有一夜风流的露水夫妻式的"邂逅"。这也叫爱情吗？确实，当此之际，不怕从一个陌生的异性身上感染恶疾，超乎生死之外，有点像"爱情"；但也只是有点像而已，其实是粗野的情欲，即使是"一见钟情"也不至于就如此这般的。把自己看作是"人"的人，置爱情于生死之上，是有极其深刻的精神文化内涵的，决不是邂逅相遇只图一夜风流式的超乎生死。很多种类的禽兽在发情时对异性尚且有选择，要合乎生育健康后代的自然进化的目的（一种本能的合目的性），而不仅是为了一时的肉体快感，人就只为一时的寻欢作乐，连禽兽也不如吗？性欲不是爱情。

又如，有些人大谈某一天才的艺术家、作家、诗人如何跟无数的女人作过爱，同时有几个女人作他的情妇，有的艺术家如何只把女人当作泄欲的工具，而作为其依据的乃是一些靠不住的传闻或带有伪造痕迹的某艺术家的手记。但每一个有理智的人都知道：如果一个艺术学院的学生在面对裸体模特儿的时候，心中洋溢着的如果不是无占有欲的美感，思考着的如果不是她的身体各部分的比例、对称性、线条的勾勒和如何正确地运用光线透视原理这些属于知性认知的内容，而是去窥视她的身体的隐秘处，满怀着作爱的冲动，他能画好模特儿吗？一个天才的艺术家确比常人更多情，但如果他真像流言所说的那么放荡，他的创作能有真感情吗？一个在情场上久经摔打而丧失了童心的人，能对情人有真心、从而唱出令当时人和后人为之心灵震颤的真正的爱情心声吗？一个在作爱方面耗尽了精力的人，他还能创造出那么多伟大的作品吗？人们不是热衷于谈论弗洛伊德的心理学吗？可却只记得弗洛伊德所说的爱情的生理基础，却忘了他所说的科学和艺术的创造依赖于原欲的压抑和升华。当然，哪一个国家都不乏色情作家或诗人，但即使在最开放的发达国家中，此类作家或诗人也是属于下脚流的。

现在的文学作品中，从性别的角度谈男人、女人的很多。给人一种错觉，仿佛只有床上功夫好的才叫真男人，富于浪情骚动才叫有女人味儿。从生理学的观点看，任何一个发育健全的男人或女人在性功能方面都差不多，一个与一百个其实是一样的，这是科学道理，不需要人们去一一加以体验。只有色情狂才会过分热衷于去描写那犹如一棵树上的各片树叶那样细微的差别。从精神文化的视角看，只有建立在真正爱情基础上的两性关系，其性爱的情感才会格外炽热，更富于浪漫的激情和爱的柔情蜜意，与生命的存在共其悠久；而邂逅式的苟合、同床异梦的夫妇，是决不可能体验这炽热的、天长日久的性爱之美的。这说明性爱生活的差别主要是精神上的、文化教养上的，而不是生理的。

更要看到，人之所以为人，决不是作爱机器；男人味儿和女人味儿主要不是表现于性爱生活中的那些暧昧的生理学因素上，而是表现为他（她）们都能以自己的男性气质或女性气质在社会上堂堂正正地做一个人，表现在他（她）们各自在性格、气质、文化教养和事业的追求上向异性所展示出的富于吸引力的个性特征和人格魅力。在使男女双方互相吸引的人格魅力中，与智力、意志、情感相对应的真善美诸要素都是缺一不可的，而微妙的生理学因素只是赋予了各自的人格魅力以阳刚之美或阴柔之美的光辉，光辉是外在的，而发出光辉的光源（人的文化心理素质）则是内在的。容貌、风度可因年龄的增长而褪色，而内在的美好素质却不因此而稍减。在爱情中，人格魅力的性别差异使男女双方各以对方为人格之补足者和提升者。

鲁迅痛斥中国的男人只会向女人和孩子瞪眼睛，当然不是指所有的男人；但这种只会在女人和孩子面前逞威风、在权势者面前如无势宦官般诏媚、在弱者面前如无尾恶狗般刁悍的男人，人们见得实在太多了。这样的男人纵然性能力再强，还能叫男人吗？还具有男人的人格吗？从李贽、汤显祖到鲁迅都无不痛斥中国的男人扮女人，就是因为在中国的所谓"上等人"中，有骨气、有血性、有人味儿的男人实在太少了。当然，倘要完全摆脱传统的男性话语的局限，应该说这种男人其实是不如女人的，女人的柔媚是天生的，不能与男人对权势者的谄媚相提并论。

林贤治先生说："中国女性遗留了古老的妻性和妾性，还有娼妓性，却失落了女儿性。"① 这句话说得太好了！传统的儒家教化，从小就培养女孩子遵循"三从四德"，让她们将来嫁人作妻，或给贵人作妾，而作为女儿的美好天性则完全被儒学窒息了：儒家对男孩子尚且要求他们在父母面前"铿铿翼翼，如朝严君"，何况女儿？看一看总共只有八百来字的古老的《女儿经》，给女儿规定的言行举止方面的禁约就有五十多条，那女孩子还能有多少天真活泼、快乐娇柔的女儿味呢？至于中国女人的娼妓性，也是儒学间接促成的。儒家的两性道德，是"男恕风流，女戒淫邪"，这前四字与后四字是自相矛盾的：男人既要有在青楼中眠花宿柳的"风流"，就需要有女人为妓作娼的"淫邪"，又怎能禁得了女人的"淫邪"呢？独尊儒术的历代统治者对此心领神会，所以"国制不废女乐"；而讲"存理灭欲"的道学家朱熹更公然在判案时为逼良为娼的尊者和长者们辩护。娼妓之风在中国越演越烈，亦是此文化背景所造成。传统社会女人的妻性、妾性、娼妓性，大都是相对独立的；而令人担忧的是，三者如果融合为一，就将会是一个对家庭和社会都不祥的新孽种！听说现在大学中有的女生不知中了什么邪，往往同时与几个男生周旋，其实对谁都没有真情。这样的女孩子，没有《围城》中唐晓芙式的女儿性，倒像是那位"鲍小姐"的雏形；如果发展到像《红楼梦》中被贾宝玉所痛斥的那些"嫁了汉子就变得混帐起来"的刁妇，那就更糟糕。看来我们还得像鲁迅当年一样地高呼："救救孩子！"

综上所述，可以想见，在一个男人只会对女人和孩子瞪眼睛，而女人则只有妻性、妾性，却全然没有女儿性的家庭中，是没有真正的爱情可言的。倘若男人再沾染了流氓性，女人再沾染了娼妓性，那就更可怕

---

① 《林贤治自选集·娜拉：出走或归来》，百花文艺出版社1999年版，第30页。

了！但愿中国的男人和女人都能一洗旧染，一生中都能保持一颗追求真善美的"童心"或"女儿性"，纵然是经历过几次恋爱的男人或女人也能保持初恋少年的纯真，两性之间彼此真诚以情相与，则社会生活和人生都可能会更美好一些。不知这种见解是否能够成立？

斯达尔夫人说："对于男人来说，爱情只是生命的插曲，而对于女人来说，爱情却是生命的全部。"这一说法是传统的男权中心社会和男性话语空间的产物，尽管它出自女作家之口。其实，如果说爱情是女人生命的全部的话，那它又何尝不是男人生命的全部！人们往往喜欢把爱情与事业并提，仿佛男人除了爱情还有事业，女人丧失了爱情也就丧失了一切。可是，男人的事业又何尝能离得开爱情，现代女性的爱情又何尝不与事业相联系！没有爱情，男人在事业上必定平庸，女人也一样。事业不过是爱情的升华、爱情在生命的某一方面的表现而已。

真挚的爱情，尤其是那执著不已的精神之恋，既是艺术创作的灵感的源泉，也是哲人们追求真善美的最高境界的强有力的心源动力。在杰出的艺术家和充满着诗化激情的哲人的心中，"她"就是那至上的美的本体（"理念"），她就是美的最高境界。

有的诗人，如但丁，具有古希腊传统的"精神之恋"的气质，从他心爱的恋人贝雅特丽齐的形体美而想到了无上的"天国"的美，仿佛她就是美的本体的显现，因而充满了无比的崇拜和敬畏，不敢以尘世的情欲去亵渎她，所以，他虽然对贝雅特丽齐一见钟情，却总是回避她，以致贝雅特丽齐另外嫁人去了。然而，他虽然在世俗生活中放弃了与贝雅特丽齐的爱情，却在精神的生活中始终深爱着她，把她写入了不朽的名著《神曲》。在这部世界文学名著中，贝雅特丽齐引导但丁游历天国……

有的哲人，如克尔凯戈尔，出于与但丁同样的原因，毅然解除了与她心爱的恋人列琪娜的婚约。为了医治这一自己给自己所造成的巨大精神创伤，他把对于列琪娜的爱的激情升华为诗化的哲理思索。他在《人生道路的诸阶段》中说到了精神之恋的奇妙作用："由于女人，理想才出现在世界上。——没有她，男人会是什么？许多人会由于一个姑娘而成为一个天才，会由于一个姑娘成为一个英雄，会由于一个姑娘成为一个诗人，会由于一个姑娘成为一个道德高尚的人。——但如果这个姑娘被他弄到手，他就不会成为一个天才，因为由于她，他只能成为一个枢密顾问官；他也不会成为一个英雄，因为由于她，他充其量成为一个父亲；他也不会成为一个道德高尚的人，因为他没有得到任何改变，他唯一希望的是他不会有什么改变。……可曾听说有人由于他的夫人而成为一个诗人？只有男人还未占有她，她才是一个鼓舞。这是在诗歌和对妇人的幻想中还剩下的真理。"克尔凯戈尔的这段话固然说得过于绝对，似乎相爱的人一旦结合了，就失去了向上的动力，爱情就不再是催人奋进的力量。更有甚者，我们在世俗生活中还时常可以听到"婚姻是爱情的坟墓"之说。这种说法是应该受到质疑的。只有本质上平庸的人才会因爱情的结合而失去向上的动力和创造的灵感，而真正的英杰高旷豪举之士则能从爱情的结合中获得巨大的精神力量。——然而，一个无可辩驳的事实是，克尔凯戈尔正是由于始终把他那"没有弄到手"的列琪娜作为她的精神上的恋人，作为鼓舞他成为一个天才、英雄和诗人的动力，他才把自己造就成一个杰出的诗人哲学家。这种情形的存在也是毋庸置疑的。

在贝多芬身上，我们看到的是爱情的甜蜜和失恋的痛苦如何造就了这位伟大的音乐家。他渴望爱情，这种爱情既是尘世的，又是天国的，也就是说，他想在尘世中与一位理想的佳人结合，让尘世的爱具有神圣的精神意味，而不带有德国市民社会庸人的卑俗气息。他对于爱情的期望值如此之高，以至于正像罗曼·罗兰所说的："这样的一个人是生来受爱情的欺骗，做爱情的牺牲品的。……他不断地钟情，如醉如狂般的颠倒，他不断地梦想着幸福，然而立刻幻灭，随后是悲苦的煎熬。贝多芬最丰满的灵感，就当在这种时而热爱、时而骄傲地反抗的轮回中去探寻根源。"[1] 在受过爱情的欺骗以后，他终于遇上了理想的佳人丹兰士，

① 罗曼·罗兰：《巨人三传》，安徽文艺出版社1989年版，第27页。

一位高贵的日耳曼贵族小姐。在月光下，他以庄严神秘的神气，对着丹兰士演奏情歌："若愿素心相赠，无妨悄悄相传；两情脉脉，勿为人知。"丹兰士感到从没到过这般崇高的境界，一切都是光明和纯洁。然而，财产、地位、德国世俗社会所企慕的一切，迫使他俩解除了婚约，尽管他俩直到生命的最后一刻都还彼此相爱，但却始终未能结合。失恋的痛苦使贝多芬在音乐创作中去抒发他的盛年的激情，寄托他的理想和追求，创造出一部又一部被当时人称为"远远地走在现代文明之前"、给人的心灵以"超现实的光明"的音乐作品。

——在艺术天才和哲人的生命历程中，精神的爱与尘世的爱往往是交织在一起的，尘世的爱的结合既不可能，巨大的痛苦就会使精神的爱迸发出更为强烈耀眼的创作灵感和思想的火花！富于悲剧性的生命感受的有限触发，化作心灵的无限沉思和富于激情的表达，使作品具有精神的深刻内涵，从而产生穿越茫茫时空的绵邈的审美持久力和震撼人心的思想力度。最美的音乐与最精深的哲理总是根源于同一种爱的力量，凝结着爱的追求、爱的欢乐和痛苦……只是而且正是由于对于理想的恋人的执著不已的虔敬之爱，才产生出那犹如照耀人类前途之灯火的伟大艺术作品和彻悟美的本体的哲学形上学体系。

当然，我们也不能不承认这样一条真理：在历史上，特别是在确认人的恋爱自由的神圣权利的现代社会中，完美的爱情的实现同样可以成为科学家、艺术家和哲人们的丰富灵感的源泉和更为强有力的创造的动力。20世纪科学、艺术和哲学领域中的很多事实证明了这一真理，如居里夫妇，如鲁迅与许广平，如怀特海夫妇，等等。让人们在幸福中创造远胜于让人在精神的痛苦中创造。

七
人的痛苦与真善美的内在矛盾

在日常生活中，每一个具有自我意识的人都能体会到，人的快乐和痛苦是与两种不同的心理状态相对应的：当着心灵处于平和状态的时候，人们就会感到无忧无虑的快乐；而当着心灵处于矛盾状态的时候，人们就会感到痛苦。——人生痛苦的根源就在于每一个体的心灵中都不可避免地包含着内在的矛盾。——这种矛盾虽然来自人与客观世界的对象性关系，是个体的需要与客观外界的对象性存在不协调的反映，但这种不协调只有反映在人的心灵中，并表现为人类心灵的内在矛盾冲突，才会成为痛苦的根源。所以，古今中西的哲人出于避苦求乐的人类天性，都把心灵的和谐作为追求的目标。

人类心灵的内在矛盾是错综复杂的，这种矛盾集中表现为真善美的内在矛盾。真善美曾经有过原始的混沌的统一，但是，一部分是随着人类自我意识的生长，一部分是由于社会的分裂所造成的人性的内在分裂，使得真善美的内在矛盾逐渐显示出来，并且呈现出日益激化的形式。可以说，自从人类进入文明时代以来，就从来没有存在过真善美的天然统一，相反，其中的矛盾和对立却极其复杂而深刻。真善美的内在矛盾包括：一是由"利"所引起的真、善、美三者分别具有的内在矛盾，即不同的认知方式、不同的意志力量、不同的审美情趣的冲突；二是真、善、美三者之间的矛盾，包括真与美之间的矛盾、善与美之间的矛盾、真与善之间的矛盾。

只有清楚明白地揭示作为人类心灵的内在矛盾之集中体现的真善美的内在矛盾，才能进一步寻求和探索真善美统一的途径。本章拟对真善美三者各自的内在矛盾和真善美三者之间的矛盾进行探讨。

（一）真善美三者各自的内在矛盾

真善美三者分别具有其内在矛盾，这种内在矛盾是由真善美三者与社会实践主体的功利需求之间的关系所引发的。

1　不同的认知取向的冲突
——真理的科学属性与价值属性的矛盾

追求真理是需要一种绝对排斥主观好恶和利害算计的超功利的态度的，因为真理的唯一特性本来就在于它是对客观世界的正确反映。但人类实践所赋予真理的价值属性，使真理对人来说成了"有用"的工具，这就往往导致为了狭隘的实用目的而求真理，并进而歪曲真理的情形。——这是真理的科学属性与价值属性的矛盾的突出表现。

固然，从真理的价值属性来看，认识的目的是为了指导实践。然而，人们对于世界的科学认知、对于"真"的追求，并不总是从属于狭隘的实用目的和功利追求的。固然，认知的发生一开始是围绕着人的肉体生存之需要为核心的小体系运行的，然而，随着分工的发展，尤其是体力劳动与脑力劳动的分离，认知就开始具有了相对独立的意义，它不再总是为实践所提出的迫在眉睫的并最切合实用之需要的目的服务，这种纯粹求知的态度，又往往是那些为实用理性所支配的人们所不理解的。

　　古希腊人曾经嘲笑泰勒士是因为没有本领赚钱才去研究哲学，泰勒士以事实驳斥了希腊人的这种短视、浅薄、无知的嘲笑。当时科学与哲学尚未分家，所以泰勒士既是科学家，又是哲学家。由于他精通天文学，还在冬天的时候就预见到来年的橄榄要有一场大丰收，于是他就以他所有的一点钱作为租用丘斯和米利都的全部橄榄榨油器的押金，由于当时没有人跟他争价，他的租价是很低的。到了来年橄榄收获的时节，突然间需要许多榨油器，他就恣意地抬高价钱，于是赚了一大笔钱。泰勒士以事实向希腊人证明：只要哲学家们愿意，就很容易发财致富，但是他们的雄心却是属于另外的一种①。

　　人们出于实用的目的，往往重视经验科学而轻视理论科学，因为经验科学是处处将认知与主体自身的需要相联系的，而理论自然科学却只知千方百计地去探求自然的奥秘，去真实地揭示事物本身的形态和性质，而全然不考虑主体自身的需要或这种研究竟能给人自身带来什么好处。然而，人类的认识从经验科学发展到理论科学，恰恰是认识的一大进步，它加深了人类对于事物的本质特征的认识。近代以来，正是由于理论自然科学的发展，有力地促进了技术科学的进步，推动着人类向着生产的深度和广度进军，替自己创造着日益增多的福利事业，极大地增进了人类的福祉。然而，在我们这个素重实用理性的国度内，有"惟圣人不求知天"的传统。在传统社会中，不但超出实用理性之外的理论科学是遭到排斥的，就连不利于维护宗法社会之现状的技术科学，也会遭到排斥。近代以来，我们对技术科学的兴趣是大大增长了，然而我们对于理论自然科学却远不及对于技术科学的重视。

　　对于自然界的科学认知是如此，对于社会和人的科学认知也是如此。马克思、恩格斯在《德意志意识形态》中指出，分工也以精神劳动和物质劳动分工的形式出现在统治阶级中间，因为在这个阶级内部，一部分人是作为该阶级的思想家出现，他们是这一阶级的积极的有概括能

———————————

①　罗素：《西方哲学史》上卷，商务印书馆1963年版，第52页。

力的思想家，而另一部分人则是这一阶级的实干家，"这种分裂甚至可以发展成为这两部分人之间的某种程度上的对立和敌视"①。从认知的视角来看，这种对立往往表现为经验认知与理论思维的矛盾：实干家重现实、重实用，而轻视理论思维；而思想家和学者们则往往自觉或不自觉地发展起了一种为求知而求知的态度，所以往往比实干家更有远见。在社会转型的某种特定的时期，前者往往趋向于保守，后者往往比较激进。后者所提出的理论或者因为不被前者所理解而遭拒斥，或者虽然为前者所理解、却被认为在现实中难以实现而束之高阁。只是到了狭隘的实用主义在实践中一再碰壁的情况下，实干家们才愿意承认并接受理论家们早就提出的真理，但实干家又往往并不因此而放弃其对于理论的狭隘实用主义态度。而当着思想家们早就提出的真理为实干家们所接受的时候，思想家们或学者们的思想又向前推进了。所以实干家们的经验认知与思想家们的理论思维之间总是有差距、有矛盾。

2　不同的意志力量的冲突
——道德的利己与利他、功利性与超功利性的矛盾

道德是调节人与人之间的利益关系的行为规范。但是，伦理学说史上却充斥着道德的本质是利己的还是利他的、是功利性的还是超功利性的争论。这是两个既相联系、又相区别的问题，它反映了人的不同的意志力量的冲突：人既有利己的意志，又有利他的意志；既有追求功利的意志，又有超功利的意志。围绕着对于"利"的态度，便引发了不同意志力量的冲突。

人具有趋利避害、避苦求乐的本能。从这一点立论，古今中西的伦理学家都有教人要自爱、自利的；这种伦理学说认为，即使是利他，目的也是为了利己。

---

① 《马克思恩格斯全集》第3卷，第53页。

古希腊哲学家苏格拉底说，有理性的人会看到，做坏事必然会对自己不利，就像酗酒必然导致头痛一样；因此，有理性的人会自愿结合起来，制定法律来约束自己，按相互的道德规律去生活，才能获取自己的最大利益。

亚里士多德说："人人都爱自己，而自爱出于天赋，并不是偶发的冲动（人们对于自己的所有物感受爱好和快感，实际上是自爱的延伸）。自私固然应该受到谴责，但所谴责的不是自爱的本性，而是那超过限度的私意。"①

伊璧鸠鲁主张利己的快乐主义。他认为亚里士多德所主张的四个主要道德——智慧、节制、勇气、正义——只是作为自己快乐的手段才是必要的。所谓正义，并非因为正义本身有什么价值，而是作为每个人互不侵犯、享受幸福的手段才有必要。

18世纪的法国唯物主义者说，道德乃是出自人的自保本能，理性会告诉人们选择利他的方式来利己，因而道德在本质上是利己的。这种以利他的方式来利己的道德，就是"合理的利己主义"。

中国古代哲人在强调自爱和趋利避害方面也毫不逊色。

孔子说，"身体发肤，受之父母，毫发不敢毁伤"；又说，"孝子不登高，不临深"，"危邦不入，乱邦不居"。这些话都是以利他（"孝"）的名义来教人利己，教人要爱惜自己的生命。孔子还主张："己欲立而立人，己欲达而达人"，也明显地带有以利他的方式来利己的意味。

孟子说："知命者不立于岩墙之下。"其实也不否认人有趋利避害的自保本能，只不过他赋予了这种自保本能以"知命"的意义。《中庸》教人"明哲保身"，又赋予了人的自保本能以"明哲"的属性。

然而，我们又看到，最动人心弦、最能激发人们的崇敬感的真正的道德行为，却总是义无反顾、不计利害、充满着崇高的自我牺牲精神的。所以，伦理学说史上又有另一派学说，即认为道德的本质是利他

---

① 亚里士多德：《政治学》，商务印书馆1965年版，第55页。

的、是超越于任何个人的利害计虑的。

孟子虽然不否认人有趋利避害的本能，但他在另一方面又看到了人有发自天性的利他的本能。他说，一个人看到小孩子掉到井里去了，就自然地产生怵惕恻隐之心，马上下到井里去救孩子，这决不是为了讨好小孩的父母，也不是为了得到人们的赞扬，因此，道德在本质上是利他的，也是超于个人的功利目的之上的。

康德讲道德的本质是利他，比中国古代哲人彻底得多。他根本否认人的"自爱"具有道德意义，甚至认为"自爱"只是与"恶"相联系。他说："人类的'动物性'的素质，可以概括之于物体的及机械的'自爱'的总名称下，其间可勿需理性。它只含有三点：第一是自我保存；第二是借性欲以使种族繁殖，因而保育其后代；第三是合群交际，即社会欲望。从这三个种子里衔接着各种各样的恶德。"[1] 法国启蒙者讲的通过利他来达到利己的目的，是康德所断然拒斥的，他强调人是目的，而不是工具，任何人在任何时候都不应把人当作达到任何功利目的的工具。

——这就构成了道德的本质是利己的还是利他的矛盾。

然而，强调道德的本质是利己，既可以导致"公众的快乐主义"的伦理观，即功利主义伦理观，也可以导致"独善其身"，乃至"拔一毛利天下而不为"的非功利主义的伦理观。

从利己而导致的功利主义的伦理观，不是把个人的快乐当作最高的善，而是以社会公众的快乐为最高的善。在19世纪英国功利主义伦理学家边沁（1748—1832）看来，产生大的快乐的行为就是善行，但与个人的最大幸福相比，多数人的最大幸福才是最大的快乐，所以最大多数人的最大幸福才是最高的善。快乐的大小是按照行为的结果来确定的。同属于功利主义伦理学派的穆勒（1806—1873）进一步指出，虽然无论在任何情况下感受到快乐的主体都必须是个人，然而之所以要把多数人

---

[1] 康德：《实践理性批判》，商务印书馆1960年版，第89页。

的快乐置于个人的快乐之上，就在于人们是有同情心的，感到自己独乐不如与人同乐是更大的快乐。边沁和穆勒都强调自己的快乐与他人的快乐的一致性，并没有考虑到自己的快乐与他人的快乐有时并不一致的情形，这种不一致甚至会表现为不同的道德意志的激烈冲突。

从利己而导致的非功利主义的伦理观，可以中国的道家思想为代表。道家讲"天道自然无为"，人也要效法天道的无为，"生而不有，为而不恃，长而不宰"，因此不必讲社会功利，连各种各样的器物和舟车都没有使用的必要。统治者无所作为，人民就可以各得其所，这里面包含着一点合理的因素。但老庄道家的立论又是基于一种消极的利己的立场。"祸兮福所倚，福兮祸所伏"，既然福中隐藏着灾祸，那又何必要有福？所以对待任何事情都要遵循"不敢为天下先"的原则。老子讲"柔弱胜刚强"，有一个著名的"舌齿之喻"，他指着他那张没有一颗牙的嘴教诲他的弟子说："牙齿虽然坚硬，但全都掉光了；舌头虽然柔软，却至今得以保全。"他教给弟子们在社会上如何做人、如何保命的道理。中国社会数千年很难有进步，就在于中国人太熟谙这一套"明哲保身"的道理了。

另一方面，强调道德的目的是利他，同样可以导致以道德为功利性的与以道德为超功利性的两种倾向。

中国的墨家，是最富于利他精神的。墨家崇拜的圣人是大禹，相传大禹治水，赤足跋涉，面黝黑，胫无毛，"三过家门而不入"。墨子效法大禹，摩顶放踵以利天下，其徒皆可赴汤蹈火，死不还踵。墨子的伦理学说，主张"贵义"、"尚利"，而义、利实为一物："义者，利也。"他主张人与人之间要"兼相爱，交相利"，但志士仁人却是不谋私利、公而忘私、国而忘家的，因为最大的"利"（同时也是最大的"义"）乃是"国家百姓人民之利"。这就是一种以利他为出发点而建构的一种功利主义的伦理学说。

然而，同样强调道德的本质是利他的康德，则建立起他的超功利主义的伦理观。康德说："有两种事物我们越思索它就越感到敬畏，那是天上的星空和心中的道德律"。他认为道德律令是来自宇宙的至上的绝对命令，因而是超乎个人的任何功利目的之上的。

——这就构成了道德的本质是功利的、还是超功利的矛盾。

以上所论说的这些表现不同意志力量之冲突的矛盾，毕竟还只是理论上的。在实际生活中，不同意志力量的冲突更具有惊心动魄的悲剧震撼力。在这里，不同的意志力量都有一个利他的共同指向，不同的意志力量所导致的行为也都是社会所公认的德行的要素，然而，这两种（或多种）利他的德行却常常是令人无所适从，并且产生极其尖锐的矛盾冲突，从而酿成惨痛的人生悲剧。例如，中国传统社会中的"忠"与"孝"这两种利他的德行之间的矛盾就是如此：

《韩诗外传》卷二记楚昭王使石奢为理道，有杀人者，追之则父也。奢曰："不私其父非孝也，不行君法，非忠也。"刎颈而死。

《韩诗外传》卷六记田常弑简公："石他曰：……'舍君以全亲，非忠也；舍亲以死君之事，非孝也。……呜呼！生乱世不得正行，劫乎暴人，不得全义，悲夫！'乃进盟以免父母，退伏剑以死其君。"

这两件事都是记叙处于忠与孝的矛盾冲突中的人，进退两难，而不得不自杀的事。他们都想做到不"舍君"而又"全亲"，然而却只能以死自了，想"全亲"而终于"舍亲"，想不"舍君"而终于不免于"舍君"，结果恰恰是既不能当孝子而又不能做忠臣，白白地断送了自己的性命！

在传统社会中，"忠"与"孝"的矛盾始终是一个很难解决的问题。在孔孟那里，更强调孝。有一个人上战场，每次都临阵脱逃，理由是家有 70 老母，孔夫子很赞赏他，推荐他做官。孔子还主张"父为子隐，子为父隐"。舜为天子，其父瞽叟杀人，被法官皋陶抓了起来，舜就连夜背了他的父亲逃跑，"视天下如敝屣"，孟子对舜这样做也极为推崇。历代统治者一方面要维护作为其统治基础的基层宗法组织的秩序，所以要肯定这种"孝"，但另一方面，要维护专制国家的利益，又更需要臣民的"忠"。于是，后儒便伪造了一部假借孔子名义的《孝经》，强调忠乃是"大孝",可以"立身扬名以显亲"。同时又通过法律规定,家庭中的卑者贱者幼者不得告发尊者贵者长者的一般刑事犯罪行为,告者有罪;但对于谋逆(企图造反)者,则应"大义灭亲",隐匿不告者同罪。在这里无论是所谓"立身扬名以显亲",还是所谓"大义灭亲",都是诉诸人的利己心:对皇上忠,归根结底对自己是有利的。这样是否就解决了"忠"与"孝"的矛盾呢?恐怕未必。章太炎先生说得好,有明一代忠臣多,不是由于道德教化,而是皇家的政策向忠臣倾斜的结果,这才导致"临危一死报君恩"式的忠烈。而那些很少或不曾受过君恩的人,则遵循孔夫子关于"孝"的教诲,诸如"身体发肤受之父母不敢毁伤"等,在国家破亡之际,逃的逃,降的降。结果仍然是:忠孝不能两全。忠与孝本来都是利他的道德,一旦被统治者用诉诸人的利己心的手段来激发,对民族来说真是莫大的悲剧,徒然令后人扼腕叹息而已!

3　不同的情感力量的冲突
——审美判断的不同层次及功利性与超功利性的矛盾

人的情感是有层次的,因而审美判断也是有层次的;不同层次的情感有矛盾,因而不同层次的审美判断之间也存在着矛盾。审美判断的内在矛盾也就表现为不同的情感力量的冲突。

爱与美不可分离。以爱情(love)为例,完美的爱情包含三种或三个层次的内容:一是由男女双方的自然吸引力所导致的性爱,与情欲相对应;二是伦理的,与情致(基于共同子女的合乎理性的伦理情感)相对应;三是审美的,与"怡情"或"情操"相对应。爱情(love)就其最高境界而言,乃是"美学的"(aesthetic)。英文中以"love"为词根的词,用于名词的,如 loveliness,既有秀丽、悦目的意思,又有高尚、纯洁的意蕴;用于形容词的,如 lovely,虽比 loveliness 略为宽泛,但主要意义亦与 loveliness 相同,即秀丽的、悦目的与高尚的、纯洁的。

然而,实在说来,在"爱情"的三层次中,都有审美。

与人的情欲相联系的性爱，作为人性的自然表现，无疑包含了美。这种美就其最低的层次而言，是为了通过生育而延续人的肉体生命，实现生命本能的形而上的冲动，这种冲动使得男女双方各以其身体的"浅易之美"而互相吸引；在此前提下，才可以谈更高层次的包含更多精神内容的"深奥之美"。至于那种带有反抗文明压迫之倾向的所谓美，也大都是停留在"浅易之美"的层次，如罗素描写古希腊人的酒神精神："在沉醉状态中，无论是肉体上或者是精神上，他都恢复了那种被审慎所摧毁的强烈感情；他觉得世界充满了欢娱和美；他的想象从日常顾虑的监狱里面解放了出来"，"从文明的负担与烦扰里逃向非人间的美丽世界和清风与星月的世界里面去"[①]。高尔基的《少女与死神》，更对初恋的少男少女的纯真爱情和他们在一起时的迷离的爱欲作了出色的讴歌：

> 讲恋爱，哪还顾什么皇帝，
> 哪有空跟皇帝谈天说地！
> 有时爱情燃烧得更迅速！
> 比火热的神庙里的细烛！
> ⋯⋯⋯⋯⋯⋯
> 要是爱人拥抱，
> 无论是天或地都没有了。
> 灵魂充满非人间的力量，
> 心里燃起非人间的光亮。
> 不再害怕任何样的命运，
> 既不需要神也不需要人！
> 像小孩——为愉快而愉快！
> 并且也为恋爱而恋爱！

这是天真无邪的少女的歌唱，尽管它是歌咏迷离的爱欲的，我们仍

---

① 罗素：《西方哲学史》，商务印书馆 1963 年版，第 39、45 页。

把它看作是爱情的题中应有之义。

在伦理的情致中，更包含了丰富的审美内涵。历史上很多描写伦理情致的作品，其中所包含的深挚的情意，至今仍能激发人们的情感共鸣，这就是审美。例如写母子之爱："慈母手中线，游子身上衣。临行密密缝，意恐迟迟归。谁言寸草心，报得三春晖。"（孟郊：《游子吟》）又如写具有深挚的爱情的夫妻之相思的："君问归期未有期，巴山夜雨涨秋池。何当共剪西窗烛，却话巴山夜雨时。"（李商隐：《夜雨寄北》）写夫妇之生离死别的："在天愿作比翼鸟，在地愿为连理枝。天长地久有时尽，此恨绵绵无绝期。"（白居易：《长恨歌》）所有这些诗句，或温柔敦厚，或芬芳悱恻，或信誓旦旦，都表达了一种极富感染力的审美意境，使人们不知不觉地移情于其中，悄然拨动着人们的心弦……

至于与崇高的精神追求相联系的"上品的"爱情，那就是柏拉图式的爱，所谓"精神恋爱"了。这种爱情，是处于现实世界中的人对于至高无上的真善美的观念世界崇仰悦怿的感情，所崇敬、爱慕和向往的对象纯属抽象的理想；由于这种精神的爱可以生发对人的爱，乃是因为这个人是抽象理想的实现者、代表者。这种上品的情感体现于实际生活中，使纯粹的男女之爱不必有伦理的意味，不必求身体之结合，而只是"心有灵犀一点通"的精神上的感应和慰藉。在这种爱情中，男性把女性看作是自己的人格之欠缺的补足者，是使自己的灵魂赖以超越肉体的有限存在而不断上升者，是真善美的最高境界的象征。这种精神的爱如能与性爱和伦理的情致结合在一起，那人们的情爱生活将是无限美好的。所以秉受了这种文化传统的某些西方文学家在描写爱情时，往往把女性的眼睛比作夜空中的星辰，它一眨一眨地闪闪发光，似乎是在传递着天国的信息；又往往把女性的爱比作太阳和月亮，仿佛在为自己指点着人生的路向，照耀着人生的行程。而哲学家们则以这种爱的激情作为自己探讨形上问题的内在动力，如柏拉图的"灵魂的思家病"、"神圣的发狂"、执著不已的"虔敬之爱"，如亚里士多德的对于真善美的最高境界的"崇拜与沉思"，如中世纪的经院哲学家对于柏拉图的"神圣的发狂"的躬行践履，如斯宾诺莎的"智慧之爱"，等等。

这三种层次的情感和审美判断既有差异，而且三者不是那么容易就能统一起来的，因而也就构成了"美"的内在矛盾。在歌德的《浮士德》第一部中，浮士德对瓦格纳说：

> 有两种精神居住在我们心中，
> 一个要想同另一个分离！
> 一个沉溺在迷离的爱欲之中，
> 执拗地固执着这个尘世；
> 另一个猛烈地要离去凡尘，
> 向那崇高的灵的境界飞驰！

这几句诗就是讲的情感的不同层次的矛盾。向着崇高的灵的境界飞驰的感情，被看作是爱情的最高境界，也是审美的最高境界，它是与对于迷离的爱欲的沉溺不相容的。《浮士德》剧中虽然多次写到迷离的爱欲，但在剧终仍然说："永恒的女性，接引我们向上！"这两句诗所表达的也正是以精神之爱为爱情和审美的最高境界的意思。

然而，柏拉图式的精神恋爱在诗人拜伦的笔下却遇到了无情的嘲弄和抨击。在拜伦的名著《唐璜》中，少妇朱丽亚悄悄地热恋上了情窦初开的美少年唐璜，爱情煎熬着她的心，她开始自责：一位有夫之妇不应该爱上一位少年。但她却不能摆脱这种感情，而是希望把这种爱限制在圣洁的柏拉图式的爱情的范围之内：

> 那么就爱吧，但要爱得不越轨，
> 这就是朱丽亚的天真的决定①。

然而，"仿佛有电闪流过她的脉管"的那种青春的热情终于冲垮了她那自信"有磐石之固"的贞操的堤防。在描写了那次"甜蜜的罪过"之后，诗人对"柏拉图式"的爱情进行了嘲讽：

---

① 拜伦：《唐璜》，人民文学出版社1995年版，第48、63—64页。

柏拉图呵柏拉图！你这罪魁祸首！

你硬说你那一套胡诌的哲学

能对别人不驯的深心发号施令，

岂不知从你那活见鬼的幻觉

为多少败德的行为开辟途径，

比言情小说呀，诗呀，害人更烈！

你这老花花公子，江湖的掮客，

说得顶好，也不过是一个媒婆①。

这说明了什么呢？这说明，经过亿万年生物进化而遗传下来的自然属性，比起人的形而上的追求来，是更为强有力的。倘若男女之间真有爱情，那么，背着自然去做，不是勉强，就是虚伪。

但是，却不能以此否认"柏拉图式"的爱情的价值，它给人类的爱增添神圣的精神意蕴，给合乎人性之自然的爱镶上美丽的精神花朵。"柏拉图式"的爱情与根于人性之自然的爱欲的矛盾，集中体现着"灵"与"肉"的对立和冲突，——没有占有欲的美与有占有欲的美的对立和冲突，——人的心灵在这两种不同的情感力量的相互咬噬中而陷入深深的痛苦。怎样才能使二者完美地统一起来呢？

至于艺术的领域，情形就更为复杂。虽然表现在艺术中的审美情感是社会生活的产物，而社会生活在本质上实践的，并且实践总是与一定的社会功利目的相联系。然而，对于社会中的人的多样化的审美情感，却不能一概简单地用"实践"来加以解释，也不能简单地一概用功利的眼光来加以评判。就审美与"实践"的关系来看，有两种审美：一种是与"实践"确有密切联系的审美，可以用实践来解释；另一种则是与实践并没有直接联系的审美，只能用那些脱离实践的人的特定的社会地位、生活情境和心理状态来说明。就审美与功利的关系来看，一种是带

---

① 拜伦：《唐璜》，人民文学出版社 1995 年版，第 48、63—64 页。

有明显的功利色彩的审美，另一种则是不带任何功利目的的审美。

与实践有直接联系的审美，主要是劳动人民的生产活动的产物。例如澳洲土著妇女的舞蹈，不过是她们采集植物根茎的劳动的模写；现代浙江妇女的采茶舞，也表现着她们在采集茶叶时双手灵巧的动作。劳动赋予劳动者的审美情趣，总是与劳动密切相关。在农民看来，鲜嫩红润的面色，强壮结实的体格，是乡下美人的必要条件。民歌中关于美人的描写，无不具有血气旺盛的健康和丰满匀称的体格，并且被赋予了勤劳的特征。弱不禁风的上流社会美人在农民看来断然是不漂亮的，甚至给他们不愉快的印象，因为他们认为瘦弱的不是疾病就是"苦命"的结果。贾府中的焦大是不会爱上林妹妹的。

从与实践并无直接联系的审美来看，则主要是那脱离实践的特殊社会地位和生活情境的产物。例如，委身于"爱情的科学"的 18 世纪法国世俗美人的米努哀脱舞，就既不能从当时法国社会的经济状况、也不能从"劳动"或"实践"来加以解释，因为她们并不从事任何劳动或任何社会经济活动，她们从传统所受到的教育，只是如何使自己变得使男人喜欢，如果说这也是一种"实践"，那就未必把实践概念过于泛化了。与民歌中对于乡下美人的描写相区别，在欧洲，传统的贵族上流社会则有另一番审美情趣。纤细的手足是上流社会美人的首要条件，因为这是世世代代不从事劳动的象征。假如上流社会的妇女大手大脚，不是生得不好，就是并非出自名门望族的标志。慵倦和苍白、病态和柔弱在上流社会的人们心中有美的价值，因为那是她们经历了多样性的、充满了强烈的感受和激烈的兴奋的精神生活的结果。这种审美情趣的由来，显然也是不能用实践来加以解释的。正如车尔尼雪夫斯基所指出："有教养的上流社会的人们，他们不知有物质的缺乏，也不知道肉体的疲劳，却反而因为无所事事和没有物质的忧虑而常常百无聊赖，寻求强烈的感觉、激动、热情，这些东西能赋予他们那本来很单调的、没有色彩的上流社会生活以色彩、多样性和魅力。"这段论述对于欧洲贵族上流社会的审美情趣和流行艺术作出了绝妙的心理学说明。如果说寻求刺激和发泄多余精力的活动也是一种"实践",那也未免是把实践概念过于泛化了。

那么,"美"究竟是具有功利性的还是超越任何社会功利的呢?对这个问题的不同回答又派生出一个新的问题,即:文艺家们究竟是应该为功利而艺术还是应该"为艺术而艺术"呢?艺术史上确实有两种意见,而且确实至今也没有争出个子丑寅卯来。

(二) 真善美三者之间的矛盾

人类心灵的内在矛盾,除了由功利所引发的不同的认知方式、不同的意志力量、不同的审美情趣的冲突,表现为真善美三者分别具有的内在矛盾外,更主要的是真善美三者之间的矛盾。如前所述,在人与客观世界之间存在着五重现实的对象性关系,从这五重关系中派生出人类心灵的五对主要矛盾,这五对主要矛盾及其不同的解决方式,正是真善美三者之间的矛盾的不同表现。其中,由人与自然(包括"人化的自然"即社会的物质存在)的关系所派生出的入世与出世的矛盾,及与此相关的知识与信仰、现实与理想的矛盾,基本上属于真与美的矛盾;由人与他(她)人的关系所派生出的情感与理性的矛盾,基本上属于美与善的矛盾;由个人与群体的关系所派生出的个性与类精神的矛盾,基本上属于真与善之间的矛盾(有时个体是站在真的方面,有时则站在善的方面);由人与文化传统的关系所派生出的理智与直觉的矛盾,以及由人与历史的关系所派生出的历史与伦理或科学与价值的矛盾,则呈现出真善美三者之间的矛盾错综交织的情形。

1 真与美的矛盾
——入世与出世、现实与理想的矛盾

真的,不一定是美的。

关于"真"与"美"的矛盾，20 世纪初的中国哲人王国维有一段话，是谈他的切身感受的，对人很有启发。他说：

> 哲学上之说，大都可爱者不可信，可信者不可爱。余知真理，而余又爱其谬误。伟大之形而上学，高严之伦理学，与纯粹之美学，此吾人所酷嗜也。然求其可信者，则宁在知识论上之实证论，伦理学上之快乐论，与美学上之经验论。知其可信而不能爱；觉其可爱而不能信。此近二三年中最大之烦闷。
> （《静庵文集续编·自序二》）

王国维所说的属于"可信"一类的，如知识论上的实证论、伦理学上的快乐论、美学上的经验论，大抵属于经验主义的范畴；而属于"可爱"一类的，如伟大之形而上学、高严之伦理学、纯粹之美学，则大抵属于理想主义的范畴。可信的不可爱，而可爱的又不可信，正是"真"与"美"的矛盾之突出表现。从表面上看，它直接反映了经验主义与理想主义的矛盾冲突；但从人的深层心理来看，它所反映的则是人面对有限的人生与无限的宇宙所产生的一种深沉的生命悲剧意识。

在古老的中国文学和哲学中，几乎随处可见慨叹宇宙无尽、人寿有限的哀怆情绪。我们的祖先很早就有了宏大的宇宙意识，同时也产生了个体生命有限的意识。面对宏大的宇宙，流逝的光阴，同时又面对个体生命终究要走向死亡的结局，这就必然产生对于生命短促、倏忽即逝的哀伤情绪。宇宙人生的悲剧意识乃是中国诗文的主题之一。

"飘风不终朝，骤雨不终日……而况于人乎？"这是老子对人生短暂的哀叹。"子在川上曰：逝者如斯夫！"这是孔子对生命随时光流逝的忧伤。屈原曰："唯天地之无穷兮，哀人生之常勤，往者吾弗及兮，来者吾不闻"（《远游》），这就把宇宙人生的悲剧意识表达得更明白了。

《古诗十九首》相传为西汉枚乘所作。其三以"青青陵上柏，磊磊涧中石"与"人生天地间，忽如远行客"相对比，其四又以"今日良宴会，欢乐难具陈"与"人生寄一世，奄忽若飙尘"相映衬。汉末至魏晋，曹氏父子、建安七子、竹林七贤、陶渊明、谢灵运……接踵而来。诚如许多论者所言，这一时期的作品充满了生命的悲剧意识："天地无终极，人命若朝霜"；"人生无根蒂，飘如陌上尘"；"人生似幻化，终当归空无"……

隋唐以降，虽然印度佛教在中国得到颇为广泛的传播，但真正相信死后会进入"西方极乐世界"的人殊为少见，对于人生有限的悲哀亦时时溢于言表：

陈子昂《登幽州台歌》："前不见古人，后不见来者，念天地之悠悠，独怆然而涕下。"悲歌慷慨，广漠的天地映衬着诗人孤独的身躯，感荡着诗人的全部激情，诚为登临感怀的千古绝唱。

张若虚《春江花月夜》询问："江畔何人初见月？江月何年初照人？"慨叹"人生代代无穷已，江月年年只相似"，进而又联想到"不知江月待何人"。这虽然不是屈原、陈子昂式的引吭高歌，却在一片温柔、曼妙、婉约的气氛中将悲剧意识表现得格外深沉。

上述意绪在李白的诗歌中更随处可见。《拟古十二首》其九曰："生者为过客，死者为归人，天地一逆旅，同悲万古尘。"诗人面对那无穷无尽的宇宙，感到自己不过是在人生的道路上匆匆过往的行客。又，《把酒问月》曰："今人不见古时月，今月曾经照古人。"这与《春江花月夜》的情调尤为相似。自古以来，多少人曾经幻想让时光停止流逝，然而，"长绳难系日，自古共悲辛"。诗人意识到，这不是他一个人的悲哀，而是古往今来人类每一个体与生俱有的悲哀。目睹"前水复后水，古今相续流，今人非旧人，年年桥上游"，诗人从人类的无穷延续中得到一丝快慰；然而，这其中又包含着多少惆怅，多少伤感！

苏东坡的《前赤壁赋》将生命的悲剧意识表达得更为委婉曲折："寄蜉蝣于天地，渺沧海之一粟。哀吾生之须臾，羡长江之无穷。挟飞仙以遨游，抱明月而长终。知不可乎骤得，托遗响于悲风。"在这里，表现个体生命的自我意识越是强烈，对于个体生命的存在越是执著，心灵也就越是沉浸于悲剧意识的氛围之中。

曹雪芹的《红楼梦》，之所以其艺术成就超过了中国古代的任何一部言情小说，之所以比其他言情小说更具有持久而独特的艺术魅力，就在于它深刻地表达了宇宙人生的悲剧意识，给人以人生智慧的感悟：生与死、色与空、好与了，我从何处来，向何处去，何处是真正的故乡，如何才能不"却认他乡是故乡"，等等，等等，几乎一切形而上的问题，都在人生"大观园"的从繁华到衰败、从温柔乡到黄土陇头、从笏满床到枷锁杠的悲剧中展示出来。而尤为令人哀惋的是那"金陵十二钗"的遭遇，作者不仅歌咏了这些秉受天地钟灵毓秀之气的少女和少妇们的美貌和才智，把她们与沦为官迷禄蠹的"须眉浊物"（男子）们的丑陋和愚顽加以对照，由此凸显了美的无上价值和意义，更把女性的青春生命之美放在永恒的宇宙时空中加以思索，写出了生命之感性美的短暂和难以持久，充满了"红消香断有谁怜"的感伤意绪。例如林黛玉见花凋月残，潸然泪下。从科学认知的观点看，花凋月残乃是自然规律；但从根于生命深处的审美观点来看，见花凋月残却不能不令人猛然有一种强烈的感伤袭上心头。《红楼梦》正是以许多如此动人心弦的审美意象激发了世世代代的人们的同样的心理感受，为之洒一掬悲凉的同情之泪。

在人生的旅程中，快乐似乎总是伴随着某种痛苦，获得又似乎总是伴随着某种失落，而最深沉的痛苦和失落感无过于人生苦短、老之将至的悲凉意绪。于是，雄才大略的汉武帝刘彻有"欢乐极兮哀情多，少壮几时奈老何"之叹（《秋风词》），一世之雄的魏武帝曹操有"对酒当歌，人生几何"之悲，而王羲之的《兰亭序》更写得哀惋动人："当其欣于所遇，暂得于已，快然自足，不知老之将至。及其所之既倦，情随事迁，感慨系之矣。向之所欣，俯仰之间，以为陈迹，犹不能不以之兴怀。况修短随化，终归于尽。古人云：死生亦大矣，岂不痛哉！每揽昔人兴感之由，若合一契，未尝不临文嗟悼，不能喻之于怀。"然而，既然一切都会成为过去，而过去的一切尚且具有魅力，何不更多地体验人生？既然生命是如此有限，但又是如此珍贵，何不尽可能使他延续？于是在失落感、虚幻感中依然有某种执著，某种眷恋，某种对于更多地体验生活、体验人生的追求："固知一死生为虚诞，齐彭殇为妄作，后之视今，亦如今之视昔……虽世殊事异，所以兴怀，其致一也。"在人类生命的世代更替中，最能打动每一代人的心灵的，正是王羲之所说的"后之视今，亦如今之视昔"的生命的悲剧意识呵！

反映有限人生与无限宇宙之矛盾的生命悲剧意识，同样表现在西方民族的心灵之中。

古罗马斯多葛派的哲学家马喀斯·奥利略（Marcus Aurelius）在其《玄思录》（*Meditations*）中时时发出"人生事事如云烟"（Everything human is a smoke），"人生如梦寐，又如远行客"，"万岁更相送，百年如瞬息"（Human life is a dream and a journey in a strange land. Soon eternity will bide us）的叹息。这种意绪与中国的《古诗十九首》之三"人生天地间，忽如远行客"之句何等相似！

圣·奥古斯丁的门徒波林纳斯敦促诺森布利亚国王爱德温皈依基督教，爱德温为此征求大臣们的意见。一位老年的谋臣直言道："皇上，人的一生就好像您冬天在宫中用餐时，突然飞进宫殿来的一只麻雀，这时宫中炉火熊熊，外面却是雨雪霏霏。那只麻雀穿过一道门飞进来，在明亮温暖的炉火边稍停片刻，然后又向另一道门飞去，消失在它所从来的严冬的黑暗里。在人的一生中，我们能看见的也不过是在这里稍停的片刻，在这之前和之后的一切，人们都一无所知。要是这种新的教义可以肯定告诉我们这一类事情，让我们就遵从它吧。"[①] 在这位老臣的心中，人生在世犹如冬夜里从宫殿内匆匆飞过的麻雀，其停留只有瞬息，只有片刻，在它飞过之前和之后，对它来说都只是无穷的黑暗。老臣迫切想找到一种透视那黑暗的过去和未来的普照之光，摆脱那无论向何方延伸都没有穷尽的黑暗的巨大压抑。一切宗教之所以能够盛行，不正与人类的这种悲剧的人生观密切相关吗？

近代著名的消极浪漫主义者奥·威·史雷格尔（1767—1845）曾对

---

① 转引自朱光潜：《悲剧心理学》，人民文学出版社 1983 年版，第 213 页。

人生的悲剧心情有过一段很真切细腻的描述，这不仅是消极浪漫主义者的人生观的表现，就其对于人类心灵内在矛盾的揭示来说，也反映了一种具有普同性的人类心态。他说："我们所做的事、所获得的成就都是暂时的，终归化为乌有，死亡在背后处处窥伺着……没有一种恩爱的联系不分散，没有一种享乐无失去之忧。可是当我们综观我们的生存关系直到可能的极限时，当我们默想我们的生存完全倚赖于种种不可见的因果的连接时，我们是多么软弱无能，要跟巨大的自然力及互相冲突的欲望作斗争，好像一出世就注定要遭到触礁之难，被抛到陌生世界的海岸上去；我们是多么容易犯各种过失与受欺骗——任何一次都可以使我们身败名裂；我们的情欲就是我们胸中的敌人；每个时刻都以各种最神圣的责任的名义要求我们牺牲我们最珍惜的爱好，而我们辛辛苦苦获得的一切都可能一下子就被剥夺掉；每逢我们扩大所得，必有所失的危险也因而增加，徒使我们更容易遭受厄运的摆布；我们想到这一切时，任何一颗尚未失去知觉的心都会被一种难以形容的忧郁所袭击。"① 史雷格尔认为，人生的悲剧心情来自人类作为一种自觉生物的特性——认真。这种特性使人总是自觉地向过去回顾或者向未来瞻望，把心灵的力量对准着一个目标。但一认真便发生了诸如生命的有限存在与人生渴望的无限、执著的人生追求与无常的命运等等的矛盾。

　　面对有限人生与无限宇宙的矛盾，人的理智总是指向"可信"的方面，指向瞬间、有限、相对，指向我们唯一能把握、而又在时间中不断消逝着的"当下"或"现在"，这是现实存在着的真实的人生；而人的情感则又总是指向"可爱"的方面，指向永恒、无限、绝对，那是超验的"美"的世界，理智不仅无法论证她的存在，正如关于上帝存在的本体论证明是不可能的、荒谬的一样，然而，情感却需要她，宗教对于最伟大的科学家仍不失其迷人的魅力。对于这一点，尼采表述得相当透彻。他说：

---

① 转引自余秋雨：《戏剧理论史稿》，上海文艺出版社1983年版，第441—442页。

悲剧就在于，如果我们在情感和理智中有严格的求真方法，我们便无法相信宗教和形而上学里的教条，但是另一方面，通过人性的发展，我们已变得十分娇弱敏感地痛苦，需要一种最高的拯救和安慰的手段。由此便产生人会因为他所认识的真理而流血至死的危险。拜伦用不朽的诗句表达出这一点：

> 知识是悲苦：知道得最多的人
>
> 必定最深地悲叹一条不祥的真理——
>
> 知识的树不是生命的树①。

尼采服膺拜伦所说的"知识的树不是生命的树"当然是不对的，因为人有理智的生命，也有情感的生命，知识之树也是人的生命之树的有机组成部分。然而，意识到认知与情感、"真"与"美"的矛盾，却是相当深刻。哲学上的唯物主义和唯心主义的对立在相当大的程度上也就是"真"与"美"的对立，科学与宗教信仰的对立也是如此，科学的最后一步就是走向宗教的第一步，它在人类心灵中有它的根源；这种对立似乎永远也难以消灭，犹如古罗马诗人贺拉斯所歌唱的，"野老河畔立，待彼川流竭，川水流如故，源流永不息……"

有限人生与无限宇宙的矛盾，派生出入世与出世的人生态度的对立，派生出哲人们关于"不朽"的可能性的探讨。

对于抱着"未知生，焉知死"的理智态度的人们来说，灵魂是否不灭是无法证实的，唯一可以确证的是人的现世的存在，因而持一种入世的人生态度。在历史上和现实中，如果没有巨大的社会震荡和深重苦难的刺激，千千万万本分、老实而善良的劳动者们总是信奉一种"平平淡淡才是真"的世俗的实际的人生观。持这种人生观的人，并非意识不到人生的有限，也并非没有任何痛苦的回忆，他也许并不完全是乐观主义者，但也绝不是悲观主义者，他能将他的全身心投入世俗的生活之中

---

① 转引自罗素：《西方哲学史》下卷，商务印书馆 1963 年版，第 299 页。

去。伏尔泰的《老实人》就是如此，这位老实人在经历了种种磨难以后，在君士坦丁堡定居下来，以耕种一小块田地为生。他的人生格言是："种咱们的田地要紧"，能吃上花生和糖渍佛手就是他的乐趣。也许，小农经济中的人的心态大抵如此。现代社会中的人的物质要求无疑比农业社会中的人要高得多，但未尝不向往一种平和而安定、避免心灵纷扰的生活。与此并存的，又有一种享乐的人生观，这种人生观也是入世的人生态度的一种表现。《列子·杨朱篇》最集中地表达了这种人生观："十年亦死，百年亦死，仁圣亦死，凶愚亦死。……腐骨一矣，孰知其异？且趣当生，奚遑死后？"这种颓废的人生观，不仅事实上为腐朽的统治阶级所信奉，有时也影响到颇有进取心却屡屡受挫的人们。如李白《春夜与从弟宴桃花园序》："夫天地者，万物之逆旅也，光阴者，百代之过客也。而浮生若梦，为欢几何？古人秉烛夜游，良有以也。"于是诗人向往过一种"美酒樽中置千斛，载妓随波任去留"的生活。晏殊的《浣溪沙》词亦说："一向年光有限身，等闲离别易销魂，酒筵歌席莫辞频……"

对于受尽苦难，而慨叹"知我如此兮不如无生"的人们来说，解脱是富于魅力的。于是，宗教作为"被压迫生灵的叹息"，作为"无情世界的感情"，就开始对人生发挥巨大的影响力。有的宗教告诉人们，人生的欲望是一切痛苦、一切罪孽的根源，要避免痛苦和罪孽，就要过一种远离世俗的禁欲的生活。只有遁世苦行，才能"赎罪得救"，才能脱离现世之苦海，往生"天堂"或"西天极乐世界"。所以，历史上有那么多的人终身生活在修道院或佛寺、尼庵之中。有的宗教还告诉人们，现实的人生是不值得依恋的，谁毅然把自己的肉体和生命奉献给了神，谁就会获得精神的永生。例如，在印度，根据 19 世纪英国旅行家的叙述，许多妇女为了寻觅精神意义上的"天堂"而在所谓的"圣河"（恒河）中结束了她们的生命；更有许多人在一年一度的札格纳特神庙的宗教盛会中，投身到一辆由五百人推着行走的载着神像的车下，让车轮将肉体辗成片断。这种对于人生的极端厌弃甚至表现在 19 世纪个别西方哲学家的思想中。叔本华认为："所有的悲剧能够那样奇特地引人振奋，是因为逐渐认识到人世、生命都不能彻底满足我们，因而值不得我们苦苦依恋。正是这一点构成悲剧的精神，也因此引向淡泊宁静。……于是在悲剧中我们看到，在漫长的冲突和苦难之后，最高尚的人都最终放弃自己一向急切追求的目标，永远弃绝人生的一切享受，或者自在而欣然地放弃生命本身。"他认为只有通过摆脱求生的意志和弃绝一切生命的享受，才会使人感觉到像安睡在神的怀抱中一样的幸福。

正如马克思所指出，上述这一切以弃绝人生为特征的出世的追求，其实质乃是人性的异化，是"把人身上一切合乎人性的东西一概看作与人相左的东西，而把人身上一切违反人性的东西一概看做人的真正的所有"①。以今天的观点看，这种厌弃现实人生的观念是既不真、也不美，既不可信、也不可爱的，但在存在着伦理异化和宗教异化的社会中，它却适合了被压迫生灵的非理性的情感需要，不是因为其"可信"而信仰它，而是因为它适合情感的需要（"可爱"）而信奉它，它使人的心灵沉浸于一种畸形的审美氛围之中。

另有一种准出世的解决方式，这种方式试图在思维中取消入世与出世的矛盾，但其最终归宿多半仍倾向于出世。

这种解决方式，或者表现为一种达观的心境。例如，庄子用"物化"来表达一种泯除差别、彼我同化的意境："昔者庄周梦为蝴蝶，栩栩然蝴蝶也。自喻适志欤，不知周也。俄然觉，则蘧蘧然周也。不知周之梦为蝴蝶欤？蝴蝶之梦为周欤？周与蝴蝶，则必有分矣。此之谓物化。"（《庄子·齐物论》）晋陶渊明诗《神释》曰："纵浪大化中，不喜亦不惧，应尽便须尽，无复独多虑。"又如苏东坡的《前赤壁赋》云："客亦知夫水与月乎？逝者如斯，而未尝往也；盈虚者如彼，而卒莫消长也。盖将自其变者而观之，则天地曾不能以一瞬；自其不变者而观之，则物与我皆无尽也。"于是，"纵一苇之所如，凌万顷之茫然。浩浩

---

① 马克思：《神圣家族》，《马克思恩格斯全集》第 2 卷，第 221 页。

乎如冯虚御风，而不知其所止；飘飘乎如遗世独立，羽化而登仙。"在这里，生与死、有限与无限、现实世界与理想世界、入世与出世等的矛盾和差别，都被泯灭了，人不再害怕任何样的命运，一切都随顺着自然。然而，支撑着这种达观的心境的，仍是一种相信"物与我皆无尽"的观念。这一观念是经验事实所不能证明的，而只存在于主观的审美幻象之中。

这种解决方式或者表现为一种幻灭感：无论是如何惊天动地的事业，如何旖旎、繁华、温馨的享受，也无论对于现实如何不平、义愤、激昂慷慨，终以梦幻收束之。《三国演义》开卷《临江仙》词，以"滚滚长江东逝水"和青山、夕阳、秋月、春风这些恒久的审美意象，来映衬英雄生涯的倏忽和人世间"是非成败转头空"的虚幻；古今多少事，全都付作那江渚上白发渔樵们的酒后笑谈。《红楼梦》第一回的《好了歌》，更以"古今将相在何方，荒冢一堆草没了"言功名之不足恃，以"终朝只恨聚无多，及到多时眼闭了"言金钱乃身外之物，以"君生日日说恩情，君死又随人去了"言娇妻之不可信，以"痴心父母古来多，孝顺子孙谁见了"言儿孙之靠不住。对于曹雪芹来说，正因为世人都"看不破"，所以才要更淋漓尽致地描摹出人生的悲剧，写出人生的虚幻，促使人们从悲剧矛盾冲突中解脱出来。

然而，无论是《三国演义》的《临江仙》词，还是《红楼梦》的《好了歌》，虽也诉诸人的理智，让人看破红尘，但实际上却很难做到。你也许可以说《临江仙》词和《好了歌》所表达的是更高层次的真理，是对人生的一种慧眼的洞观，而现实社会中的人却说你这不过是一种事后的审美的眼光。倘若你设身处地于名利场、是非场、风月场中，你能如此看得破么？对于现实社会中的人来说，"是非成败"以及"功名"、"金银"、"娇妻"、"儿孙"等才是真，而你所说的"古今多少事，都付笑谈中"以及"草没了"、"眼闭了"，等等，充其量只是一种虚幻不实的审美中的"真"……

对于珍视人生价值的人们来说，"名声如日月"的个体精神的永存是值得企慕的，所以中西哲学史上都有关于不朽的可能性的探讨。中国古代的哲人叔孙豹言：人有"三不朽"，最重要的是立德，其次是立功，再其次是立言。在立德、立功、立言三方面中，不同的人可能会有不同的侧重，但都是志士仁人追求个体生命不朽的不同途径。在西欧，早在古希腊人那里，也已产生了追求不朽的观念。柏拉图在《斐多篇》中讨论到灵魂不朽的问题时，谈到我们梦想不朽的不确定性，以及这种梦想有可能成为虚幻的危险性，然而，从他的灵魂深处却迸发出一声颇具意义的呼声：荣耀属于那值得冒险一试的事物，荣耀就在于我们能够尝试使我们的灵魂免于踏向死亡！他的学生亚里士多德说："我们当尽力以求不朽。"希腊人普遍流行着这样的观念：一个人只要在勇敢征战、艺术创造、体育竞技，以及科学和哲学的任何一方面能有所成，即已可算是善尽天赋，按其成就大小而通乎诸神的了。如果说对于不朽的追求在中世纪被淹没在天使式的沉思冥想之中的话，那么，它在近代乃转化成为现实的人的努力、奋勉和行动。斯宾诺莎认为，对于不死的渴望，对于个人不朽的渴求，我们坚持自身能无限存在的努力，是我们的真正本质，这是一切知识的情感基础与一切人的哲学的内在起点。他认为人的本性就是努力、奋勉，而借此人乃得以继续成为一个人而且不朽。——每一个体所借以坚持的这一努力，并不是包含于有限的时间之内，却是包含在无限的时间内。歌德说："人必须相信不朽，因为就其本性而言，他有权如此做；""人类得以不朽的信念，我主要是得自于行动的概念。如果我永不止息的工作，'自然'必有义务提供我另外一种形式的存在——既然我真实的精神再无可能承载。"

理智告诉我们：凡是存在的东西都一定要灭亡。这是可信的，但并不可爱。生命的意志却告诉我们：不朽是可能的。这是可爱的，但并不可信。对于无限生命的追求就必须放弃理智，几乎一切形而上学家都深明这一点，但人却不能没有这样的精神慰藉，所以近代法国思想家帕斯卡尔把追求无限的生命看作是一场值得一试的风险赌博："这里确乎是有着一场无限幸福的无限生命可以赢得……这就勾销了一切选择：凡是无限存在的地方，凡是不存在无限的输局机遇对赢局机遇的地方，就绝没有犹豫的余地，而是应该孤注一掷。所以当我们被迫不得不赌的时候，与其说我们是冒生命的危险以求无限的赢局（那和一无所失同样地可能出现），倒不如说我们是必须放弃理智以求保全生命。"[①] 中世纪的神学家说："正因为荒谬，所以我才相信。"这种相信并非因为其合乎理智，而是因为其可爱，这正是一切崇仰上帝的宗教感和追求无限生命的形而上学的奥秘之所在。

"真"与"美"的矛盾不仅表现在不同的人生态度之对立以及追求"不朽"是否可能的问题上，而且也表现为日常生活中大量存在的知识与信仰、现实与理想的矛盾。这里的问题就在于："真"是人们可以经验到的现实存在，而"美"却总是寄托着人们的理想，这种理想的事物或生活、十全十美的事物或生活在现实中并不存在，而只是存在于艺术的、审美的领域中，或存在于宗教的彼岸世界中。因此，知识与信仰、现实与理想总是有矛盾、有冲突。

科学的发展总是要求人们放弃他们的审美偏见。在某种意义上，也要求人们放弃他们关于"理想的美"的某些观念。有一个最简单的例证可以说明这一点。在西方，从毕达哥拉斯以来，在开普勒以前，天文学一直为一种牢固的审美偏见所支配；圆是完美的形状，天体是完美的物体，而完美的物体必须作完美状态的运动，因此，天体运动的轨道必定是一个完美的圆的轨道。无论是柏拉图和亚里士多德，还是古罗马时代的哲人，都坚持这一审美偏见；在中世纪，这种审美偏见更是神的完美性和天国的圆满性的证明。而开普勒发现的行星运动三定律中的第一条定律则证明：行星是沿椭圆轨道运动的，太阳占据这个椭圆的一个焦点。科学观测的结果证明了这一定律的正确无误。这样"真"与"美"就发生了矛盾：要接受开普勒的行星运动的第一定律，就必须断然抛弃那延续了两千年之久的根深蒂固的审美偏见。也就是说，延续了两千年

---

① 帕斯卡尔：《思想录》，商务印书馆 1985 年版，第 111 页。

的关于天体运行的"理想美"的观念不过是人们心造的一个幻影。

然而，对于站在审美立场上的理想主义者来说，又有一套强有力的理由在支持着他们。近代德国美学家席勒承认艺术之"美"与现实之"真"相比确实是"假"，然而，他认为假象正是一切艺术的本质，人摆脱了动物状态进而具有人性的标志就是喜欢这种美的"纯粹假象"，因此它表明人具有了超越现实的理想："审美的艺术冲动发展得早与晚，只取决于人借以能够盘桓于纯粹假象的那种爱的程度。"① 譬如，当人开始喜欢装饰打扮自己的时候，她就是在喜欢与她的真实存在不同的审美假象，她的真实存在是自然的作品，而打扮过的她则是她自己的作品。审美假象与现实和真理有严格的界限，它并不冒充也无须冒充现实和真理。审美假象与逻辑假象不同，逻辑假象是伪装现实与真理，是欺骗，而审美假象之"假"则是表现人们的理想，是完全脱离现实的"纯粹假象"。判断审美假象的标准不是有没有实在性的事实法则或逻辑法则，也不是通常所谓善恶的道德法则，而只能是美的法则。于是，席勒便把经验认知的现实的领域与审美的"纯粹假象"的理想的领域完全对立起来，他说："假使诗人给他的理想硬加上实际存在，或者他的实际目的是借助理想达到某种特定的实际存在，那么在这两种情况下，诗人都同样超出了自己的界限。因为除非他用下述办法，否则这两种情况是无法实现的：或者他超越诗人的权利，通过理想干预经验的领域，妄想通过纯属可能的东西来擅自规定实际存在，或者他放弃诗人的权利，让经验来干预理想的领域，把可能性局限于现实的条件。"② 也就是说，现实是现实，理想是理想，艺术的理想不应该干预现实，而现实也不应该干预艺术的理想，二者互不相干。一考虑美的假象有没有实在性，就不算是审美判断了。——当然，席勒之所以如此强调理想与现实的根本对立，为的是争取艺术的独立性：他认为艺术应该是自主的、正直的、纯洁的，它既不应该冒充实在而骗人，也不能借助"实在"的帮助来发生

---

①② 席勒：《审美教育书简》，北京大学出版社1985年版，第139、140页。

作用，否则，艺术的假象就会堕落为骗人的逻辑假象，在这种情况下，假象就只不过是达到物质目的的一种拙劣的工具，一点也不能证明精神的自由。

应该承认，席勒以上所陈述的为审美理想辩护、从而也是为人的精神自由辩护的一套理由也是有他的道理的，因为他把审美假象与逻辑假象明确地区分开来了。

如果把我们的论述更贴近当代重大的实践问题的话，就可以看到，"真"与"美"的矛盾——现实与理想的矛盾——经验主义与理想主义的对立，在当代中国思想界所引起的强烈震撼。1994 年《顾准文集》问世，该书讲述了他的思想从理想主义到经验主义的转变。以此为契机，一股反思和批判理想主义的思潮在中国学界悄然兴起，至今方兴未艾。伴随着市场经济的发展，中国的知识分子差不多一阵风似的成为中国特色的经验论者了。

哲学上的经验主义与理想主义的对立，由来已久，不排除经验主义者也有某种理想，他们也在为某种理想而斗争，但他们往往讳言理想而不认为他们的学说就是理想主义。顾准式的经验主义，乃是典型的近代英美经验论的翻版。他一生坎坷，追求真理，百折不挠，在他的心中未尝不燃烧着极炽热的理想主义的激情，而他之所以批评理想主义，乃是鉴于乌托邦式的狂热在实践中所造成的恶果而已。经验主义者往往倾向于以清醒的理智来面对冷峻的现实，因而他们的学说更多地带有"真"的品格。而与经验主义相对立的理想主义则往往把抽象的可能性当作现实的可能性，热烈的激情胜过了清醒的理智，急于在人间建立一个理想的"天国"。理想主义学说的创立者本是品格上极纯正的人，是以超功利的态度去追求真理的，但由于激情胜过理智，因而他们的学说更多地带有"美"的品格。近代的经验主义者和理想主义者都对现实持批判的态度，但前者大都倾向于平和的改良和渐进式的变革，后者则大都倾向于激进的疾风暴雨式的变革，因而也就不免有分歧和对立。这些学说的提出者的动机都是好的，但群众采用哪一种方式，实际发生的情形又是怎样，并非学说的提出者所能左右，而是由社会矛盾的激化程度所支配的，如 1668 年英国的"光荣革命"与 1789 年的法国大革命的区别。在中国近现代史上，也有经验主义与理想主义的分歧和对立，在实践中确也有许多极其惨痛的经验和教训需要总结。然而，经验主义与理想主义是不是就那么不相容？这是当前中国思想界所要解决的重大矛盾之一。从纯学理上来说，这是"真"与"美"的矛盾在当今中国社会的突出表现。

2 美与善的矛盾
—— 中西文学中"爱"与"死"的主题及情感与理性的冲突

美的，不一定是善的。

雪景是美的。清晨推门，蓦然置身于"玉界琼田千万顷"的境界，心中迸发出一阵惊喜、一声赞叹，脑海里飞出唐代诗人岑参"忽如一夜春风来，千树万树梨花开"的诗句，孩子们的童心中还会浮现出美丽的白雪公主和七个小矮人的形象。"瑞雪兆丰年"，下雪对农民来说，既美且善，美善合一。然而，对于现代都市生活中急于驱车上班的人来说，雪景并不是善的，因为它会影响交通安全，那在公路上出了交通事故的人大概都会诅咒这遍地的积雪的。在现实生活中，审美与功利往往不相容。以上所说的不过是"美"与"善"的矛盾的一个极平常极简单的例证而已。

在人类的心灵史上，"美"与"善"的矛盾是一场打了几千年的老官司，一直不得解决，也难以解决。原因很简单：与"美"相联系的是人的生命的激情，她不计利害，不受束缚；而"善"则总是与人的利益相联系，往往充斥着利害的算计，并且在绝大多数的场合要求人们出于利害的计虑而对情感加以克制。由此可见，"美"与"善"并不是一回事。

既然"美"与"善"不是一回事，那么，把"美"交付给艺术的领域，把"善"限制在功利和道德伦理的领域，各有畛域，界限分明，井水不犯河水，岂不万事大吉，又有什么官司可打，又有何矛盾可言？这倒是一个好主意：让诗人写他的诗，唱他的"杨柳岸晓风残月"，让道学家讲他的"存天理灭人欲"，死后到孔庙的两庑吃他的冷猪肉去，各得其所。然而事情并没有这么简单。没有一个人心中没有"情"与"理"（美与善）的矛盾，也没有一个社会不存在着美与善的矛盾。

现实的人对于美好的情感生活的追求，往往与特定历史条件下的社会伦理的实践理性、经济和政治的实用理性发生冲突。这是"美"与"善"（实践理性、实用理性）的矛盾的最主要的表现。在存在着伦理异化、权力异化和宗教异化的社会里，美的不仅不是善的，甚至还是恶的，美与善的矛盾显得格外突出。

例如，中国古代有所谓"女子无貌便是德"之说。据《左传》昭公二十八年载，叔向之母反对叔向娶巫臣氏之女为妻，她说："吾闻之，甚美必有甚恶。……且三代之亡，共子之废，皆是物也。"《国语·晋语》载史苏论女戎曰："虽好色，必恶心。"意思是说，面目娇好者心必恶。既然有貌必无德，反过来说就是无貌必有德，所以沙张白的《定峰乐府》卷六《四美人咏》所咏的四位大美人乃是古代最著名的四位丑女，她们是：嫫母、无盐、孟光、诸葛亮妇。其实，美女与丑女心性并无不同，只是儒者认为丑女能安守本分，当恪守"妇道"的贤妻良母，因而是"素封伉俪之材，诰命夫人之料"；而美女乃是水性杨花之人，是"倾城倾国"的"祸水"，其"五官四体皆为人设"，所以只是男人的玩物。在这种观念支配下，便造成了"薄命尽出红颜，厚福偏归陋质"的社会状况。在这里，不是美与善相联系，反倒是丑与善相联系。

又如，中国古代又有"女子无才便是德"之说。所谓"女子无才便是德"的"才"，主要是指吟诗作赋的"才情"，——历来被称为"才女"的人，都是指她们富于才情、有艺术才能而言，所以唐朝的李商隐说："妇人识字则乱情，尤不可作诗。"何光远的《鉴戒录》说"班姬有团扇之词，亦彰淫思。"司马光坚决反对女子学习诗歌和音乐，认为此事"殊非所宜";朱熹诋毁李清照为"倚门之流",王灼斥李清照的词作为"闾巷荒淫之语",章学诚更痛骂女诗人是"闺阁之篇鼓钟阗外"的"倾城名妓"。女子富于才情是美的,但在儒家看来,这不仅不是善,而且是恶。

再说,在传统社会中,婚姻是由"父母之命,媒妁之言"所缔结的,而不是出于男女双方本人的意志,在这种婚姻制度下,人们很难觅得自己的意中人,很难有美满的婚姻。按照此种方式缔结的婚姻,"嫁鸡随鸡,嫁狗随狗",在当时的社会中是善的,但却不是美的。由上述现象又伴生出这样一种现象:"还君明珠双泪垂,恨不相逢未嫁时。"这是一种很美好的感情,它与传统社会的一般道德规范显然是相冲突的,而又努力抑制这种感情,使之不违背当时社会的道德规范,在这一意义上真可说是"美善合一"了。然而,在主张"男女授受不亲"的正统儒家看来,这种婚外的男女交往本身就是一种恶了,产生"恨不相逢未嫁时"的感情就更可恶了。所以,在传统社会中,"美"与"善"其实是很难合一的。

"美"与"善"的矛盾,即情感与道德理性的矛盾,在中国古典文学中反映得极为深刻,它集中表现为爱情与礼教的冲突。在这一矛盾冲突中,人越是追求美,离开当时社会所要求的"善"也就越远。

《诗经》中有许多反映原始的恋爱自由之遗风、描写极大胆、感情极炽热的美丽诗篇,但真正感人的不是这些反映爱情之欢乐的篇章,而是那反映爱情与初起的礼教之冲突的《柏舟》篇。在这首爱情诗中,一位女子向苍天,向信奉礼教的母亲倾诉她对自己的心上人"之死矢靡它"(至死不变心)的爱情,呼唤"母也天只,不谅人只",译成白话就是:母亲啊,苍天啊,何不体谅我的心愿!中国文学中"爱"与"死"的主题由此发端。儒家把这首追求爱情自由的诗解释为女子守节,实在荒谬。

汉代的乐府诗《孔雀东南飞(古诗为焦仲卿妻所作)》,以叙事诗的形式详细记述了一出爱情与礼教相冲突导致男女双双殉情的悲剧故事,更凸显了中国文学史上的"爱"与"死"的主题。该诗以"孔雀东南飞，五里一徘徊"起兴，衬托出一种极为悲凉的意绪，读之真能使人有柔肠寸断之感。

曹植的名篇《洛神赋》，相传是为怀念他的恋人甄静所作。甄静先是被迫嫁给了袁绍之子，曹操消灭袁绍后又被曹丕所夺，而曹植与甄静的恋情遂成为永远也不可能实现的人神之恋，于是有《洛神赋》之创作。赋中从深情地描写洛水女神的美丽与高贵，引出"余情悦其淑美兮，心振荡而不殆"的爱情抒发，到写洛水女神虽为情所感，但最终却不得不"收和颜而静志兮，申礼防以自持"，表现了她欲爱而不能爱的哀惋、怆凉、惆怅、此恨绵绵无尽期的幽怨。

"黯然销魂者，惟别而已矣！"这是南朝梁代文学家江淹《别赋》中的名句，而赋中写得最感人的还是恋人的离别。其之所以令人黯然销魂，就在于自由相爱的恋情不是一种为社会的道德礼教所认可的感情，离别也许即是永诀，它最深刻地表现了美的情感与宗法社会的礼教（所谓"善"）的矛盾，表现了对于爱情不能实现的撕心裂肺式的痛苦和留给人的心灵的永久的伤痛。中国的抒发爱情的文学创作中最富有震撼力的无过于此类题材。

唐代诗人李商隐的诗歌，最使人心灵震颤的是他的几首《无题》诗。"昨夜星辰昨夜风，画楼西畔桂堂东"，写他与心上人携手暗相期的美好记忆；"身无彩凤双飞翼，心有灵犀一点通"，写他与心上人朝朝暮暮心相随却无由结合的感慨；而"春蚕到死丝方尽，蜡炬成灰泪始干"的千古名句，更道出了真正的爱情总是与生命相终始、使人魂牵梦萦直至生命终结的本质特征。这是美的，但在传统的道德家眼中，这决不是善的。

唐末五代的韦庄词中，最感人肺腑的不是某些人津津乐道的"当时年少春衫薄，倚马立斜桥，满楼红袖招"式的轻薄风流，而是与自己真正心爱的人永远离别后的思念和悲苦。一曲《菩萨蛮》，以典雅明丽而又凝重的词句道出了这抑郁沉痛的心情："昨夜夜半，枕上分明梦见，语多时。依旧桃花面，频低柳叶眉。半羞还半喜，欲去又依依。觉来知是梦，不胜悲。"在身份等级森严、礼教禁锢严酷的传统社会里，有情人很难终成眷属，一朝离别后，也就从此隔音尘，只能是空有梦相随，而终竟是相见更无因。在这里，诗人表现出对未能实现的爱情的执著，和永远不能从中超拔出来的无尽的回忆，以及那至死不变的痴心。

北宋柳永的词作中，最动人心魄的不是"忍把浮名，换了浅斟低唱"的阴郁颓废之作，而是与恋人"执手相看泪眼，竟无语凝噎"的伤离惜别，是"今宵酒醒何处，杨柳岸晓风残月"式的情景交融，是"此去经年，应是良辰好景虚设。便纵有千种风情，更与何人说"的无限惆怅和无穷的相思。恪守礼教之"善"的道学家可以有视女性为玩物的"笑拥如花歌落梅"式的放荡，却不可能有柳词中抒发的如此美好的情感。

明清时代产生的不朽作品《牡丹亭》、《红楼梦》，是更深刻地展示爱情与礼教之冲突的杰作。"都道是姹紫嫣红开遍，似这般都付于断井颓垣"（《牡丹亭》），展示了自然与名教的冲突，说明只有在挣脱了名教的锁链以后，人们才能恢复其固有的天性。《红楼梦》中那位深于情、专于情的林妹妹（黛玉），在她赠给薛宝钗的诗句中也慨叹："子之遭兮不自由，予之心兮多烦忧"，也同样是她心中憧憬的美好情感与礼教不相容的悲剧矛盾心理的表白。

一部中国哲学史，充满了情理之争、理欲之争的哲学论说。而圣贤们谆谆垂诫于人们的，是"以理抑情"，甚至是"存天理、灭人欲"。

孟子是一个比较敏感地意识到情感与理性之冲突的人："鱼，我所欲也；熊掌，亦我所欲也；二者不可得兼"，或者求"心"（"心之官则思"）的满足，或者求耳目声色的满足，孟子是以不可兼得的态度来看待二者之关系的（《孟子·告子章句下》）。传说孟子的妻子很美，有一次孟子回家，走进内室，看见妻子的裸体，美得光彩照人，可孟子却拂袖而去，并且与她离了婚。这就是历史上有名的"孟子恶败而出妻"的故事。孟子是一个志在作圣贤的人，而妻子太美是不利于他"养浩然之气"和"存夜气"的，既然二者不可兼得，于是就只好弃鱼而取熊掌了。据说他后来娶了一个不那么美的女人为妻，替他传宗接代，如此既避免了"不孝有三，无后为大"，又不影响他作圣贤，实现了所谓"情理和谐"。

荀子认为人的天性都有"好利"、"疾恶"、"好声色"等情欲，所以"从人之性，顺人之情，必出于争夺，合予犯分乱理，而归于暴"；故"圣人化性而起伪，伪起而生礼义"。他不主张灭人欲，但主张要把人欲纳入尊卑贵贱等级秩序的道德伦理的范围。在儒家的"礼义"中，一个男人所占有的女人的数目是由"道德"来加以规定的，犹如官员按其级别享受多寡不同的俸禄一样。帝王占有的女人最多，所以儒家经典《礼记》说"是之谓盛德"。对于孟子为作圣贤而与老婆离婚，荀子批评他"未及思也"。

但要维护"礼义"，把"情"限制在礼法的范围内，又不得不强调"礼义"规范"情"、抑制"情"的作用。因此在秦汉之际的儒家典籍《乐记》中，就出现了最早的"天理人欲之辨"："人生而静，天之性也，感于物而动，性之欲也。物至知至，然后好恶形焉。好恶无节于内，知诱于外，不能反躬而天理灭矣。夫物之感人无穷，人之好恶无节，则是物至而人化物也。人化物也者，灭天理而穷人欲也。"

情感与理性的矛盾，在魏晋表现为"名教"与"自然"之争。玄学正宗认为"名教出于自然"、"名教中自有乐地"，也就是说，名教是天然合理的，名教已经为门阀士族提供了足够的享乐条件；玄学异端则主张"越名教而任自然"，宣称"礼岂是为我辈设"、"情之所钟，正在我辈"，因而在行为上表现出"不遵礼法"的特征。魏晋隋唐以降，官僚士大夫文人狎妓，成为传统风气，甚至在某种意义上还纳入了"礼"的范畴，例如"国制不废女乐"即是。但是在特权者们的情欲放纵中，却很少有对妇女人格的尊重，而是以女性为"玩好"的对象。在特权者的心目中，"始乱之"固然无可厚非，"终弃之"却是"理性的觉醒"。因为在他们看来，女性、尤其是青楼女子，本是水性杨花、朝秦暮楚之人，而他们自己，在抛弃了自己曾经钟情的女人之后，仍然不妨以"情之所钟正在我辈"自居的。在这里，情被"礼"或"理"所亵渎，这也是情感与理性的矛盾的表现形式之一。

宋明道学通过"天命之性"与"气质之性"的辨析，全面展开了关于"天理人欲之辨"的伦理哲学论说。在道学家看来，"天命之性"——"天理"——由礼法所规定的尊卑贵贱的等级名分及相应的物质享受是"善"的，而属于"气质之性"范畴的"情"，不受等级名分约束的"情"，则是"人欲"，扬善祛恶就是要"存天理，灭人欲"。所以我们不能简单地称宋明道学为"禁欲主义"，它只是要在"存天理，灭人欲"的旗号下来维护体现特权人治等级名分之利益分配原则的道德规范。例如朱熹注《诗经》，《诗经》的第一首《关雎》本是一首男女相悦相思的爱情诗，而朱熹却说这首诗写的是周文王的王后一心想要为周文王讨小老婆，以至于想得整夜睡不着觉，这体现了"后妃之德"："窈窕淑女，君子好逑"，王后不妒，这是作为帝王的后妃的最可贵的品德。然而，对于《诗经》中的那些明显是描写民间男女相爱的情诗，朱熹则斥之为"淫奔之词"，认为这种感情是与"天理"不相容的。

情感与理性的矛盾，或"美"与"善"的矛盾，同样深刻地展现在西方民族的精神发展中。

在古希腊，有所谓"酒神精神"与"日神精神"的对立。日神精神把情感纳入道德理性所认可的轨道，而酒神精神则是对道德理性的反抗。"正像所有开化得很快的社会一样，希腊人，至少是某一部分希腊人，发展了一种对于原始事物的爱慕，以及一种对于比当时道德所裁可的生活方式更为本能的、更加热烈的生活方式的热望。对于那些由于强迫因而在行为上比在感情上来得更文明的男人和女人，理性是可厌的，道德是一种负担和奴役，这就在思想方面、感情方面与行为方面引向一种反动。"① 文明的压抑主要表现为对于妇女的情感的压抑，作为对这种压抑的反抗，希腊妇女成了酒神的主要崇拜者。酒神崇拜的主要内容，一是女权主义，即对于母权制时代妇女地位的回忆；二是尊重激烈

① 罗素：《西方哲学史》上卷，商务印书馆 1963 年版，第 38 页。

的感情，追求强烈的刺激。这种要求是与男子在情感生活方面有更多的自由而妇女则被迫终生委身一人、因而情感受到严重压抑的境遇相适应的。只有在一年一度的酒神祭的日子里，她们的这种思想感情才能得到尽情的发泄。

反映"日神精神"与"酒神精神"的对立和冲突，在古希腊有一场打了很久的"哲学与诗的官司"。——当然这不是真的上法庭，而是哲学家（其实是道德家）与诗人之间的旷日持久的争论和互相攻击。——诗人们追求的是美的情感，自由的不受束缚的情感抒发；哲学家追求的是道德的"善"，而"善"所要求的乃是对热情的克制。于是，道德家攻击诗人伤风败俗、毒害青年；愤怒的诗人们便反转来痛骂这些哲学家"恶犬吠主"，说他们这些"把自己抬得比宙斯还高的圣贤"其实不过是一批蠢货，只能在"蠢人的队伍里昂首称霸"而已，并且嘲笑这些"思想刁钻的人们毕竟是些穷乞丐"。柏拉图被诗人们骂得受不了，于是便想借助政治手段来解决问题，他设计了他的"理想国"，希望在"哲学王"当政的时候将诗人们驱逐出境，并且说"理性使我们不得不驱逐她。""君子动口"动不过诗人，于是就要"动手"了。

在中世纪，理性与情感、精神与"物质"、透明的理性王国与诗意的感性光辉，被分别归属到上帝与魔鬼的名下，理性与情感的对立更以空前尖锐的形式展现出来。无论后人赋予"爱"与"死"的主题多么玄妙的形而上的意义，而这一主题在其本来的意义上所展示的则是一场情感与理性的悲剧性冲突。起源于9世纪的著名传奇《依索德》，叙述崔里斯坦（Tristan）为他的叔父马克王到爱尔兰迎接新娘依索德（Iseult），归途中他与她共饮药酒，因而产生了爱情。"依索德的伴娘喊道：你喝下去的不只是爱情而已，你喝下的是爱情与死亡……恋人彼此拥抱在一起……而崔里斯坦说道：好吧，就让死亡到来吧。"崔里斯坦和依索德由此成为西方精神中爱与死亡的象征。

在近现代的西方，理性与情感的矛盾依然没有解决，理性主义者虽然尊重人的情感，但仍主张情感必须合乎理性，必须受理性的约束；但非理性主义者则强调情感的至上性。在 18 世纪的启蒙运动的理想中，就存在着这样的对立：一方面，以伏尔泰、狄德罗等人为代表，寻求一个由理性来统治的更好的世界；另一方面，卢梭则表达了一种崇尚情感和回到人性的简朴和纯真去的愿望。特别是 19 世纪后期以来，非理性主义作为一种社会思潮在西方兴起，它用"我感觉，故我在"来代替理性主义的"我思故我在"的著名命题，认为人的感性存在比理性的存在更为根本，不应以理性来压抑人的活生生的感性存在；对于"跟着感觉走"的人而言，生命才是充满激情的悲剧，而对于只会运用理智的人来说，生命则是一幕滑稽的喜剧；非理性主义的任务就在于使所有的人都能生活在一种变动不安而又充满激情的生命欲求当中。非理性主义者指责理性主义者摧残人性，理性主义者则攻击非理性主义是花街柳巷的女人哲学。——心理学家荣格赋予了理性主义者对非理性主义者的攻击以心理学的根据："思维（理性）在男子方面要比在女子方面更多得多地倾向于成为主导的机能"，"若就情感无可争辩地是女性心理学的一个比思维更加明显的特殊性来说，最显著的情感型……几乎没有例外，都是妇女。她是一种遵循她的情感的指导路线的妇女。"①

　　情感指向美，但情感不等于就是"美"。对于教养有素的人来说，那种并非基于爱情、而只是为了满足动物性之需要的情欲发泄，非但没有"美"可言，而是一种令人感到恶心的丑恶。在这一意义上，理性主义者讲"以理抑情"的"善"，有其纯学理上的合理性。但在存在着伦理异化和宗教异化的社会中，一方面是特权者的纵欲，另一方面则剥夺了人民大众追求爱情和幸福的权利，所以，所谓"以理抑情"的"善"，也就成了彻头彻尾的伪善。

　　爱情至上是美的，但情欲至上是丑的、恶的。儒家讴歌的"天子一日御九女"的"盛德"是彻头彻尾、彻里彻外的丑恶。近代中国社会流

---

① 荣格：《心理的类型》，转引自杨清：《现代西方心理学主要派别》，辽宁人民出版社 1980 年版，第 412—413 页。

行的"才子＋流氓"式的文学，宣称"真正快乐的情死就是《金瓶梅》里的西门庆"，也是彻头彻尾、彻里彻外的丑恶，毫无美感可言，当然更谈不上善。

"美善合一"、"情理和谐"是中西哲人共同追求的一种理想境界，然而，如何实现情理和谐、美善合一，在学理上却是一个有待继续探索的问题。

3　真与善的矛盾
——个性与类精神及理智与直觉的矛盾

人类按其本性来说，总是希望个体与类的和谐一致的发展，但自从文明的发生造成了个体与类的分裂，要求说真话、抒真情、做真人、充分显示自己的个性之真的个人，总是与以"善"（至少在当时的社会中被认为是"善"）相标榜的抽象类精神之间存在着这样那样的矛盾；个体对于"善"的价值理念的追求，也会与群体所确认为"真"（被标榜为"真理"）的抽象类精神发生这样那样的冲突。在很多历史场合，真的，未必被人们看作是善的；而善的，又未必是真的。由于历史上占统治地位的思想的影响，使多数人常常是占统治地位的思想的信奉者，所以个体与类的矛盾亦表现为"个别"叛逆者与一定时代既是抽象类精神的牺牲者、同时又不自觉地维护着抽象类精神的大众之间的矛盾。这些矛盾冲突，在中西方人类心灵中都有不同程度的反映。

在中国，自先秦至清代，这种矛盾更多地表现为个人的性格、才华、理想、抱负与蔑视个性、轻视知识、扼杀天才、忠直不能见容的社会氛围的矛盾。老子所说的"木秀于林，风必摧之；行高于众，众必非之"，正是对这样一种社会氛围的写照。抒发对这种社会氛围的愤懑与抗议，亦是中国诗文的主题之一。

屈原是一位忠直不能见容的典型。他讲真话，但国王和群臣认为他不够善；他的人品善，但世人们却嘲笑他迂愚不识时务。所以屈原感叹

道："世溷浊而不清，蝉翼为重，千钧为轻。黄钟毁弃，瓦釜雷鸣。谗人高张，贤士无名。"（《楚辞·卜居》）

汉武帝对待文人，多以俳优视之。三流以下文人，甘为主上所戏弄，倡优所蓄，趋奉逢迎，巧言佞色，故多得宠遇；而文学豪迈、远见特识之士，则多清高而不愿逢迎主上之意，正道直行终不得志。司马迁是汉武帝时代最杰出的学者，只因敢讲几句真话，没有做到在尊长面前像孔圣人夸赞的颜回那样"不违如愚"，因此受了残酷的宫刑。他太真了，但在帝王及其仆从眼里他却不够"善"（"好"），因此就非"严肃处理"不可。

在那战乱不已、宫廷政变频仍的魏晋时代，士人们的个性与帝王们所标榜的抽象类精神之间的矛盾更为突出。"竹林七贤"之一的嵇康讲了几句真话，司马昭认为他不善，将他处死。阮籍为司马昭篡位起草了《劝进表》，又奉行"言皆玄远，未尝评论时事，臧否人物"的处世原则，于是被司马昭树为"奉时处默"的典范。然而，这位竹林名士心中也有极深沉的痛苦，其《咏怀》诗写道："于人怀寸阴，羲阳将欲冥。挥被抚长剑，仰观浮云征。云间有玄鹤，抗志扬哀声。一飞冲青天，旷世不再鸣。岂与鹌鹑游，连翩戏中庭。"这首诗才是他的真实个性的写照。

李白生活在盛唐时代，可以说是中国历史上少有的开明专制的时代了，可是即使在这样的时代，诗人的个性之真仍然与传统的礼法存在着尖锐的冲突，在李白的诗中仍然可见对统治者压抑人才的行为的深刻揭露。《答王十二寒夜独酌有怀》诗云："吟诗作赋北窗里，万言不值一杯水。""骅骝拳跼不能食，蹇驴得志鸣春风。""巴人谁肯和《阳春》，楚地由来贱奇璞。"这不仅是他个人的身世感慨，而且反映了那个时代不得志的正直知识分子的普遍心态。

苏轼《临江仙》："长恨此身非我有，何时忘却营营？夜阑风静縠纹平。小舟从此逝，江海寄余生。"诗人深感自己在那污浊的封建官场中丧失了自我，因而寻求解脱。苏轼还有一篇著名的《贾谊论》，叹息

"非才之难，所以自用其材者实难"，说的是在那讲不得真话的专制官僚体制中，有才能的人要实现自己的抱负实在是非常困难的。

元朝的时候有一位没有留下姓名的读书人，作了一首没有题目的曲词，在民间广为传诵，这首曲词写道："不读书有权，不识字有钱，不晓事倒有人夸荐。老天只恁忒心偏，贤和愚无分辨，折挫英雄，消磨良善！"

明代的情形也是如此。薛论道的一首题为《桂枝香·仕途》的词，把专制官僚体制淘汰优秀人才的弊端揭露得淋漓尽致。词云："明投暗购，龙争虎斗。致身哪用文章，进步全凭铜臭。头尖的上天，老实的靠后。清浊混混，谁与别流。红缨白马争先去，赤手空拳在后头。"

清朝的龚自珍对专制制度之扼杀人才更有极其深刻的揭露："当彼之世也，而才士与才民出，则百不才督之，缚之，以至于戮之。戮之非刀，非锯，非水火；文亦戮之，名亦戮之，声音笑貌亦戮之。"以至于"左无才相，右无才史，阃无才将，庠序无才士，垄无才民，廛无才工，衢无才商"，甚至连"才偷"、"才盗"也没有！人才凋零到了如此地步，岂不可悲、可叹！

王国维在人们的心目中似乎是一个比较保守的人，然而也正是他在《人间词话》中极为悲愤地写道："社会上之习惯，杀许多之善人；文学上之习惯，杀许多之天才。"

鲁迅是一位刚正不阿、必说真话的人，文名遍天下，但他生前在中国知识界却多遭排斥，甚至连找一个饭碗也不容易。1929 年，鲁迅已失业两年，到了北京，燕京大学国文系的一班人怕鲁迅抢他们的饭碗，便到处讲鲁迅与许广平未婚而同居的事。鲁迅写信给许广平说："即我们不在一处，他们也当另觅排斥的理由。""但我何至于'与鸡鹜争食'乎？"鲁迅有其个性之真，而"鸡鹜"们则自有其"善"的道德旗号。尊孔的国民党当局还视鲁迅为"堕落文人"呢。

在西方民族心灵中，也同样存在着个性发展与类精神之对立的深沉意识。在这种深沉的意识中，真与善的矛盾更呈现出非常复杂的情形。

苏格拉底之死是个性与类精神的矛盾的突出表现，也是"真"与"善"的矛盾错综交织的表现。苏格拉底虽然肯认知识与德行之间存在着密切的联系，但他的主要关怀却是在伦理方面而不是科学方面。以往的希腊哲人认为"知识即道德"，而苏格拉底则反过来说"道德即知识"，前者的侧重在认知，而后者的侧重则在伦理；以往的希腊哲人大多是科学家，而苏格拉底则坦然承认自己并不是一个科学家，自称他"与物理学的探讨毫无缘分"，他所讲的"知识"主要是伦理的知识。尽管苏格拉底对于道德的"真理"追求洋溢着自我牺牲的热情，有其对于"真"与"善"的标准，但苏格拉底的所谓"真"并不合乎希腊人对于"善"的要求，而苏格拉底的"善"又不合乎希腊人对于"真"的要求，由此便酿成了他的人生的悲剧——被尚且不懂得保护少数人之言论自由权利的"多数人的暴政"处以了死刑。

"真"与"善"的矛盾也反映在亚里士多德的思想中。从"真"的要求来立论，同时也是从个性发展的要求立论，亚里士多德认为个别比一般更实在，真实地存在着的事物都是个别的、具体的，而一般则只是抽象的概念。然而，从"善"的要求立论，似乎又有一个比众殊相之显现更为根本、更为圆满的抽象的"形式因"，同时，人类社会也需要有一种规范每一个体行为的抽象类精神。所以亚里士多德又说一般比个别更根本。究竟个别与一般何者更为实在？由于"真"与"善"的矛盾，使亚里士多德这位十分注重形式逻辑的哲人也陷入了论说的自相矛盾之中。

又如某种伦理观点，可以说是善的，而且确实对维护社会道德风尚有用，但却既不真实也不见得真诚。古罗马的斯多葛学派的伦理学说告诉人们：幸福以及其他一切世俗所谓美好的东西都是毫无价值的，我们不能够有福，但我们却可以有善；所以只要我们有善，就让我们对于不幸不加计较吧。这种学说颇像中国古代的落魄文人所说的"君子固穷"，持有这种观点的人也往往能做到"贫贱不移"，在恶劣的社会环境中保持个人的道德节操，而不与腐败的社会风气同流合污。这种观点确实是善的，也可以起到善的社会效果。然而，把幸福和善对立起来，把普通人所追求的一切美好的东西看作是毫无价值的东西，却不能看作是一种社会和人生的真理。人生原来是要追求幸福和美好的，这才是真理；且无福却可以有善或所谓"君子固穷"之类的说法，说到底不过是对于"不义而富且贵"的腐朽的社会氛围的一种消极抗议，不免或多或少地带有阿Q精神或酸葡萄的心理，而以这种态度来抹杀幸福的价值，其中究竟包含几分真诚，也实在是大可怀疑的。

在西方中世纪，现实生活中个体与类的矛盾，折射为经院哲学中唯名论与唯实论的长期争论。这种争论同时也是亚里士多德哲学的内在矛盾的引申与展开。在唯实论者看来，只有普遍的东西才是实在的，而且越带有普遍性就越实在，上帝最普遍，因此，他就最实在。最普遍的东西同时也就是最圆满、最完善的东西，因此，上帝即是"至善"。而唯名论者则认为，一般概念只是包含在个别事物中的相似性，但不能说客观上有一般，客观上只有个别，因为这种"相似性"在客观上也是个别化了的东西，因此，只有个别事物才是实在的、真实的。唯实论代表的是中世纪的抽象类精神——任何个体都必须服从教会的权威的原则，而唯名论者否认抽象类精神（"一般"、"共相"）的实在性，强调个体的实在性，表现了个体对于思想自由的要求。从经院哲学中走出的近代西方哲学，更是建立在众多性的绝对存在和抽象的单一性这两个理智范畴上面的。

在19世纪后期的资本主义社会中，个体与类的矛盾主要表现为尼采所说的"超人"与"庸众"的矛盾。"超人"是不顾及大众的情绪而必说真话的人，而不管真话说出来是否对自己有好处；而"庸众"则只管对自己有好处有利可图，他们有自己执著坚持的那至高无上的"好"亦即"善"的原则。在这种情况下，必说真话的"超人"的"真"，也就与"庸众"所坚持有利可图的"善"的原则产生了激烈的冲突。易卜生的社会悲剧《国民公敌》所描写的内容就是对"超人"与"庸众"的矛盾冲突的最深刻的揭示。剧中的主人公斯铎曼医生发现本地的水可以造几处卫生浴池，人们觉得有利可图，听从了他的建议，于是这里遂成了一个避暑的胜地，本地的商业也因此而发达。后来在洗浴的人中忽然发生了一种能致人死命的流行病症；经斯铎曼医生仔细考察，才知道是由于浴池的水管安得太低，使脏物不能随时排出的缘故。于是斯铎曼医生便请求把浴池的水管重行改造。但这样一来就会带来本地商业的萧条，所以人们全都反对他的提议。他写了文章，报馆不肯登载。他要自己印刷，印刷局也不肯给印。他要开会演说，谁也不给提供场所。后来好不容易找到一所会场，开了一个公民会议，但他又被人们赶下台去，由全体一致表决，宣布他是国民公敌。他在众人的撕打中逃出会场，又被众人追赶，用石头掷他，把他家的窗户都打碎了。到了第二天，本地政府革了他的官医；本地商民发了传单不许人请他看病；他的房东请他赶快搬出屋去；就连他的在学校教书的女儿也被校长辞退。资本主义的法律虽然有保护少数的原则，但在这种情况下，法律亦只是一纸空文。

在当代西方哲学中，个体与类的矛盾同样是以真与善的矛盾对立的方式而展示出来的。现代主义的实在论者承认有客观真理，因而强调社会规范的必要性；后现代主义者则不承认客观真理，由此而否认一切社会规范。前者的出发点是"真"，而后者则宣布其出发点是"善"。

现代主义的实在论者把认识建立在主体与客体之区分的基础上，认为真理是与客观实在相符合的认识，而客观真理的获得乃是遵循某种明确的规范的结果，这种规范是与客观实在相符合的。因此，在社会生活中，也必须尊重必要的社会规范。

但是，后现代主义者，如罗蒂、德里达等人，则极力消解主体与客体之区分的思维方式，认为追求与客观实在相符合的真理就像追求上帝一样是幼稚而荒唐可笑的。他们认为，实在论和客观真理论会导致独断论，而独断论会导致道德上和政治上的不宽容，因为只要还存在客观真理论，也就会有人以真理的化身自居而要求其他人无条件地服从于他，在这种情况下，自由和宽容就会化为乌有；与此相反，只有消解了主客二分的思维方式和客观真理论以后，才可能建立起一种真正有益于人的幸福、宽容、自由和团结的社会。在这个社会里，"没有人去梦想上帝、真理或事物的本质会站在自己的一边……没有人会梦想存在着比快乐和痛苦更真实的东西，或去梦想存在着压在我们身上的超越对幸福追求的责任"①。在这个社会里，没有任何规范，无规范也就是合理性，人人可以按照他对快乐与痛苦的真正体验去自我选择、各从所欲，这才活得潇洒；由于没有客观真理的规范，也就没有人可以对他人的行为作出善恶的判断，宽容和好奇心取代了对真理的追求，由于相互宽容，所以也就有了人与人的和谐相处。这虽然不再是一个善恶分明的世界，然而却是一个洋溢着自由精神和宽容精神的至善的世界，所以美国后现代主义者罗蒂称这种社会为"民主的乌托邦"。

实在论者指责后现代主义者因否认客观真理而陷入怀疑论和相对主义，他们嘲笑后现代主义者，既然你们否认客观真理，你们也就连你们自己的观点也不知道其是真是假。那么，你们为自己的观点所作的辩护也就显得十分滑稽可笑了。对此，后现代主义者申辩说：我们并不试图表明自己占有了客观真埋，但我们的观点乃是最有益于人类幸福的观点；你们所使用的乃是"认识论或元哲学的术语"，而我们所使用的则只是"道德和政治的术语"。也就是说，现代主义的实在论者是从"真"的角度来提出问题和讨论问题的，而后现代主义者则是从"善"的角度来提出和讨论问题的。——后现代主义者宣称，他们的观点是最富于宽容精神的，因为这种观点不承认与客观实在相符合的客观真理，因而不宣称自己的观点是客观真理，所以也就不会把自己的观点强加于人。用罗蒂的话来说，就是："我们只代表我们自己，代表个体伊甸园中相同的居民，在这里任何人都有权被理解，但没有人有权来统治。"

西方的后现代主义者的理论与现代主义者的理论，虽然争得不可开交，但本质上都是为民主制度辩护的理论。区别只在于：前者立足于认知之"真"，肯定客观真理；后者立足于宽容之"善"，而否认客观真

---

① 罗蒂：《海德格尔·昆德拉·狄更斯》，《国外社会科学》1995 年第 10 期。

理；前者所使用的是与客观实在相符合的规范性的合理性概念，后者所使用的则是否认真理的客观性的无规范的合理性概念。前者承认客观真理，但鉴于人的认识能力的局限性，并不把真理绝对化，因而主张宽容和自由探索。这是近代启蒙运动的信念，与这种信念相适应的是现代民主制度的确立以及在民主制度熏陶下的一整套生活习性的形成；后者之所以否认客观真理，则是鉴于希特勒一类的独裁者以客观真理的化身自居对持不同见解者实行迫害和屠杀的惨痛教训，而力图使任何独裁者失去其意识形态的根据，从而使自由、宽容和团结这一套民主制度下的生活习性更为巩固。罗蒂强调，后现代主义者为宽容、自由研究和不受歪曲的交流进行辩护采用的只是比较的方式，即在保有这些习性的社会（民主社会）与排除了这些习性的社会（神权政治的社会和专制主义的社会）之间进行比较，只有那些对两种社会都没有充分体验的人才会喜欢后者。他说丘吉尔在为民主制度辩护时正是采用了这一方式。丘吉尔说，民主不是一种好的政治形式，但却是迄今为止已被尝试过的一切最坏的政治形式中的一种最好的政治形式。罗蒂说，这种辩护并不诉诸规范，而只是诉诸各种具体的实践优点。正是基于此，后现代主义者认为他们"无规范的合理性"观点比启蒙运动以来的实在论者的"规范的合理性"观点要"好"，因为它排除了任何人以客观真理之化身自居而强迫他人服从的可能性，这种所谓"好"，当然只是道德上和政治上的"好"；但从认识论的观点来看，通过否认客观真理来强调宽容、自由和团结，却不是比实在论的观点要"对"。——这种矛盾，也就是"真"与"善"的矛盾的一种表现。

人文精神之所以为人文精神，就在于它首先肯定精神的个体性原则，同时又不排斥为了保障每一个人的个性自由而必需的社会规范。然而，个人对于平等、自由的要求永无止境，势必与社会规范发生激烈的冲突。以要求绝对平等、绝对自由为名也可以煽动起反理性的集体狂热，从而造成一部分人对另一部分人的合法权利以至人身的侵害。这是现代社会中潜伏着的社会危机之一。现代自由主义者热衷于讨论自由与平等的矛盾、公平与效率的矛盾，分辨理性的"消极自由"与非理性的"积极自由"，正是为了解决个体与类的矛盾，以化解潜在的社会危机。

当然，"真"与"善"的矛盾不仅表现在个体与类的关系上，而且也表现在人与传统、人与历史的关系上。

4　真善美之间的矛盾的复杂交织

——审美观照与科学认知、价值判断的不协调及历史与伦理、科学与价值的矛盾

在现实生活中，也许每一个具有一定的文化教养的人都有这样的感受，对于同一对象以审美的眼光去看，与以考察事实、辨析学理的眼光去看，或者以分辨善恶、计虑苦乐利害的眼光去看，不仅心理感受不同，作出的结论也会截然相反。

当我们处于审美的艺术氛围之中，聆听那"天下黄河九十九道湾"、"黄河的源头在哪里"、"我家住在黄土高坡"等高亢激越、饱含着中华文化发祥地的乡土气息的极为优美的歌唱时，我们仿佛置身于五千年文明史的长河，感到黄土高坡上的中国文化似乎就是本色的中国文化（尽管四千年前的陕北并非黄土高坡）；我们寻根的渴望得到了满足，仿佛置身于祖先的行列之中，与他们同呼吸、共命运；又仿佛觉得我们作为民族的子孙，祖先的"灵魂"附着于我们的身体，祖先的血液流淌在我们的脉管中；我们全身心都浸透着民族的历史感，因而无比热爱我们的传统文化，那嘉懿的圣言古训，那隆盛的典章风仪，那秦陵中出土的兵马俑，那西风残照中的汉家陵阙，那枫叶流丹的秋色中的明清故宫，乃至那发黄的史书所记载的一切，仿佛都一起焕发出美的光彩。

当我们走出美的氛围，按照"黄河的源头在哪里，在昨日发黄的史书里"的歌声所指引的，翻开《二十五史》和历代野史笔记，我们就进入了一个考察事实的领域。平心而论，我们的人民勤劳、刻苦、善良、纯朴、聪明、智慧，是他们养活了"治人者食于人"的统治者，不仅解

决了他们的吃饭问题，而且使他们极尽人间之乐；是他们的辛勤劳作和聪明智慧，创造了辉煌的中华文明。我们历史上有无数的能工巧匠，产生了那么多了不起的技术发明，创造出多少金碧辉煌的宏伟建筑；我们的民众富于艺术天才，创造出那么优秀的民间文艺，滋养了无数杰出的诗人、词人、戏剧家和小说家。如此等等，不胜枚举。然而，不幸的是《二十五史》也是一部"相斫史"：黄帝和炎帝一开始就驱使两大部落的民众相互残杀，专制王朝像走马灯一般地更替。"兴，百姓苦；亡，百姓苦"，广大善良的民众总是处于"暂时做稳了奴隶的时代"和"想做奴隶而不得的时代"的交替之中。如鲁迅所说："我翻开历史一查，这历史没有年代，歪歪斜斜的每页上都写着'仁义道德'几个字。我横竖睡不着，仔细看了半夜，才从字缝里看出字来，满本都写着两个字是'吃人'！"① 晚年鲁迅又说："自有历史以来，中国人一向是被同族和异族屠戮，奴隶，敲掠，压迫下来的，非人类所能忍受的楚毒，也都身受过，每一考查，真教人觉得不像活在人间。"② 正视血淋淋的历史事实，正视这并不光彩的专制暴政的传统，对于正确认识中国传统社会和传统文化，是十分必要的。如果传统社会和传统文化真像某些人说得那么美好，那又何必要有近百年的中国革命？曾国藩、袁世凯岂不又要被当作圣贤来崇拜？对于历史和传统文化的认知来说，"真"是第一位的，正视历史事实，才能对历史和文化传统作出正确的评价。

——在这里，我们对于传统文化审美观照的深挚情感就受到冷峻而严酷的历史事实的挑战，这是"美"与"真"的矛盾。

如果我们再把眼光投向作为传统主流文化载体的先儒典籍，我们又会陷入一种矛盾的心境。一方面，我们要探寻先哲们在追求真善美的途程中所走过的足迹，从学理的抽象意义上来把握纯粹概念的自我运动，

---

① 鲁迅：《狂人日记》，《鲁迅全集》第1卷，人民文学出版社1981年版，第281页。
② 鲁迅：《病后杂谈之余》，《鲁迅全集》第6卷，人民文学出版社1981年版，第180—181页。

揭示先哲们所运用的概念范畴从贫乏到丰富、从抽象到具体、从朦胧到清晰的逻辑发展，这是一种求"真"的态度。以这种态度看问题，就会看到，先哲们对于世界本原的探索，对于"天"与"人"、"一"与"两"、"体"与"用"、"形"与"神"、"动"与"静"、"常"与"变"、"和"与"同"、"学"与"思"、"博"与"约"、"知"与"能"、"能"与"所"、"知"与"行"等成对范畴的辩证关系的论述，包含了极为丰富的朴素唯物主义和辩证法思想的合理因素，凝结着我们的祖先观照宇宙人生之真理的哲学智慧。"究天人之际，通古今之变"，"道并行而不悖，一致而百虑，殊途而同归"，"和实物生，同则不继"，"知之为知之，不知为不知"，"实事求是"，这些先哲们的训诲，至今仍能给我们以智慧的启迪，照耀着我们探求真理的路程。从抽象的意义上来把握传统伦理学的范畴和命题，不但忠孝仁爱礼义廉耻这些范畴可以继续沿用而赋予新义，就连"饿死事极小，失节事极大"这种原本是一个"以理杀人"的命题，如果在抽象的意义上把这句话理解为宁死也不丧失道德操守的话，也就具有合理性了。旨在求"真"的逻辑分析如果不结合具体的历史的价值分析，就只能得出这样的结论。

然而，当我们设身处地置身于另一种氛围，传统社会的道德礼教的氛围，情况就又不同了。不错，"孔曰成仁，孟曰取义"，这些道德的豪言壮语确曾培育出很多的志士仁人，他们的高风亮节永远值得我们敬慕；"父慈子孝，兄友弟恭"，这些道德的嘉言懿训的确有利于伦理情感的和谐，造就出家庭关系的温情脉脉；"哀矜鳏寡，怜恤癃残"，这些古老风习确在家族村社中发挥着社会保障的功能，具有人道主义的合理因素。但是，传统道德毕竟是维护"序尊卑，明贵贱"的等级名分的，具有宗法制度和专制制度所具有的一切弊病。例如，让儒家教我们习礼：见了君王要三跪九叩，说什么"不跪不拜，要此膝何用?!"在君王面前说话，要低声下气，做出欲言又止的样子；拿东西时，要"若不胜"，做出好像拿不动的样子；受了君王惩罚，要说"臣罪当诛"。要"畏大人"（怕官），否则便是"小人之无忌惮者"。女子要"在家从父，出嫁从夫，夫死从子"，出门时要"拥蔽其面"；男婚女嫁皆要听从"父母之命，媒妁之言"，男子可以三妻四妾，女子只能从一而终，否则便是"失节"。如果如今还有人要以"善"的道德的名义将我们置身于这种文化氛围之中，我们就要反问：这样一种文化氛围"何善之有"？

——在这里，我们对于传统文化的学理的逻辑分析与对于传统文化的道德氛围的价值判断之间就发生了矛盾冲突，这是"真"与"善"的矛盾。

如果我们以陈寅恪先生所说的用欣赏古代艺术品的眼光去看传统的中国哲学，我们不能不赞叹中国古代哲人真有一种艺术家的气质：《易传》讲"天地之大德曰生"，"洋洋乎发育万物"，"生生不已"，直探生命存在的底蕴；《庄子》的"濠上之乐"，既有哲人的机智，又有艺术家的自由想象、潇洒飘逸、汪洋恣肆的风格；《孟子》挟机锋，逞雄辩，纵横捭阖，卷舒自如，其中的不少篇章亦是论说文之上品。禅宗以诗句表达哲理，留下了许多极美丽的诗篇。道学祖师周敦颐通过坐禅而了悟"却道二千年远事，如今只在眼睛头"，又从刻在华山石壁上的那玄妙的"太极图"而推演出宋明新儒家的基本学理；由此产生的"宋明气象"，洋溢着"万紫千红总是春"、"四时佳兴与人同"的审美气氛。以求真的知性逻辑的眼光去看中国哲学，不免会觉得它缺乏概念、判断、推理的明晰，显得混沌、笼统、粗疏，可正是这种混沌、模糊、不能确切把握的"恍兮惚兮"的流动感，可以使人以一种审美观照的眼光去欣赏它、品味它，从中受到某种启悟。然而，对于道德化的中国哲学，是不能仅仅以审美的眼光去看它的。以求善的眼光去看它，我们就会批评《易传》讲"崇高莫大乎富贵"太过于势利，就会批评庄子教人不分是非、善恶，教人当乡愿，当看客；我们会批评宋明道学的"存天理，灭人欲"太不近人情，不是善而是恶。此时此刻，醉意朦胧的审美观照的心境也就不复存在了。

——在这里，美与真、美与善的矛盾交织在一起，很难作出审美判断、逻辑分析与价值分析之统一的结论。尽管我们可以在真、善、美三者之间划出严格的界限，使其各有畛域，互不干涉，但对于原本是将三者融为一体的传统哲学来说，我们在研究它、评说它的时候，却不能不在专注某一方面的时候而兼顾其他。

人与动态发展着的历史进程的关系，引发出人类心灵中历史的与伦理的或科学的与价值的矛盾冲突，在这种矛盾冲突中，同样呈现出真善美三者之间的矛盾错综交织的情形。

以科学认知的眼光去看历史，我们会看到，人类社会的发展过程是有其内在规律的，这就是生产关系一定要适合生产力性质的规律和上层建筑一定要适合经济基础性质的规律，无论各民族的社会发展具有怎样的特殊性，这两条基本规律都是普遍存在的；我们看到了在社会基本矛盾运动推动下的社会形态的依次更替，低级的社会形态总是不可避免地为新的更高级的社会形态所取代，社会形态的每一次更新，都或多或少地推动了社会生产力的发展，而生产力的发展归根结底乃是社会发展的最终的决定力量，一切道德、政治、法律的上层建筑都随着经济时代的更替而终将趋向于有利于人的自由解放的进步之路，由此我们建立起对于社会进步的坚定信念。

以道德评价的眼光去看历史，我们就不能不正视这样的事实：人类社会是以血与火的一幕开始其文明史的。"最卑下的利益——庸俗的贪欲、粗暴的情欲、卑下的物欲、对公共财产的自私自利的掠夺——揭开了新的文明的阶级社会；最卑鄙的手段——偷窃、暴力、欺诈、背信——毁坏了古老的没有阶级的氏族制度，把它引向崩溃。"① 此后，无论是封建社会取代奴隶社会，还是资本主义社会取代封建社会，至少在社会变革时期，我们都可以看到以上一幕的重演，看到正是人们恶劣的情欲充当了历史前进的杠杆、社会的发展以牺牲大多数人的利益为代价的事实。我们说道德是随着社会的进步而进步的，这只是说到了事情的一个方面，而且主要是就人性具有向善的要求、人类祛恶扬善的不懈努力和社会发展的总趋势而言。而在另一方面，我们却不能不承认老子所说的"大

① 恩格斯：《家庭、私有制和国家的起源》，《马克思恩格斯全集》第21卷，第113页。

道废有仁义、智慧出有大伪、六亲不和有孝慈"的事实，不能不承认康德所说的社会邪恶的总和随着文明的发达而增长的观点，不能不承认马克思所说的"现代工业、科学与现代贫困、衰颓之间的对抗，是显而易见的、不可避免的和毋庸争辩的事实"，不能不承认章太炎先生关于"善亦进化，恶亦进化"、"乐亦进化，苦亦进化"的"俱分进化"论，不能不承认现代西方哲人关于精神文明建设往往赶不上物质文明前进步伐的"文明的堕距"论。在这里，为科学认知所确立的社会进步的信念就常常与对于历史的道德评价发生冲突，这是"真"与"善"的矛盾。

以审美的眼光去看历史，合古今而观之，把历史看作是人的本质力量的对象化，通过观照历史来观照人的本质力量，亦即借助于既成的历史来看一看创造它的人是一副什么形象，我们是否能从历史中感到欢欣、感到快慰，说一声"你真美啊，请停一停"呢？实在很难。以不含任何利害的纯审美的眼光去看，只能像写《三国演义》的罗贯中那样地说一句"古今多少事，都付笑谈中"，如此而已。然而，以"美统真善"的眼光去看，心灵就会陷入真与善、真与美、美与善的矛盾之中：恶在充当历史前进的杠杆，使真与善不能统一；"我们的一切发现和进步，似乎结果是使物质力量具有理智生命，而人的生命则化为愚钝的物质力量"（马克思语），机器过于聪明，而人反倒成了傻瓜，劳动的成果不再像手工业工人那样可以从自己生产的每一件产品中获得美感，这是真与美不能统一。冯友兰先生在论中国的现代化时说，宁可少出大科学家、大艺术家，也要维护传统的道德伦理至上主义的立国精神。这又分明是认为科学（真）和艺术（美）与道德（善）不能统一。历史告诉我们，一个社会的道德如果过于僵化，就会阻碍科学与艺术的发展，从而也阻碍了社会的进步，这是为许多事实所证明了的；但是仅仅靠科学和艺术的发展是否就一定能给人类带来没有任何缺憾的幸福，历史上却从没有关于这方面的成功的证明。如何在历史与伦理、科学与价值的矛盾冲突中探求真善美之统一的途径，至今仍然是一个需要从理论上和实践上不断加以探索的重大课题。

八
解决真善美的内在矛盾的方式

探寻解决真善美的内在矛盾的方式，也就是寻求将真善美三者统一起来，但真善美如何统一，统一于什么，这是一个有争议的问题。

柏拉图在《理想国》中，严格坚持一切都要对统治者推行教化有用的原则，否则，就要求用法律的手段来加以清洗和禁止。他的这一"理想"在古希腊罗马没有实现，但在中世纪却实现了。

中国的正统儒家坚持的是道德伦理至上主义或泛道德主义的原则，根据这一原则，严格分辨"正统"、"异端"，于是就有了两千年的文化专制主义。

柏拉图的政治标准第一原则和儒家的道德伦理至上原则都在历史上造成了严重的恶果，导致了非人性的宗教异化、权力异化和伦理异化。严峻的历史事实要求我们突破强使认知和审美服从狭隘的道德伦理之"善"的思维方式，重新思考真善美三者之关系。

（一）正确处理真善美的内在价值与外在价值之关系
——解决由"利"所引发的真善美各自所包含的内在矛盾的方式

从真善美的观念之起源来看，无论是认知，还是道德，抑或审美，都与一定的功利目的相联系。说得更明确一些，真善美的观念在起源时直接就是功利性的。这是一个明显的事实。

这一事实的存在应该说是正常的。因为人是从狭义动物界进化而来的，动物的知觉、好恶，等等，几乎都是功利性的，都只服从于那"物竞天择"的进化论原则。进化中的原始人也是如此。在人类社会的早期阶段，认知、道德、艺术都是手段，唯有功利才是目的。而且我们可以说，人类的实践水平越是低下，离狭义动物界越近，认知、道德、艺术与眼前的功利目的之联系就越是密切。只是随着人类实践水平的提高，生存条件的改善，人们才开始对与眼前的功利目的无关的事物产生兴趣，开始有了超功利的认知、德行和审美。

通过人类世代相沿的获得性遗传，人们逐渐忘记了真善美之观念起源的功利性，求真、求善、求美也就仿佛是成了人的与生俱来的天性，于是就有了超功利的为求知而求知、为行善而行善、为艺术而艺术，把真善美本身当作追求的目的。这种把真善美本身当作目的的品性，是人之所以为人的最可贵的特性。

问题在于，真善美既有其内在价值，也有其外在价值。所谓内在价值，就是指作为目的本身的、非派生性的价值。人们之所以追求它们，是因为它们本身就是值得追求的东西，而不是因为它们可以作为导出或得到其他东西的手段。而外在价值，则是派生性的价值。真善美的派生性的价值就在于它们都可以为一定的社会功利目的服务。

从每一个体对真善美的内在价值的追求来看：

把"真"当作目的，为求知而求知，所以，我们说真理的本质属性是对客观存在的正确认识。

把"善"当作目的，为行善而行善，所以，我们说道德的本质不是利己的，而是利他的。

把"美"当作目的，为艺术而艺术，所以，我们说审美的本质不是功利性的，而是超功利的。

为求知而求知，为行善而行善，为艺术而艺术，也就是"为人生"，因为追求真善美是人的最可宝贵的天性，是人的自我实现。——这就是真善美的内在价值的体现。

从整个人类的观点来看个体对真善美的内在价值的追求，真善美又有其派生的外在价值：

个人通过其为求知而求知的活动，方能获得真理，而真理是有裨于人类的实践的，它为人类的实践提供了工具合理性。

个人为行善而行善，以利他为目的，因而对包括每一个体在内的全人类都是有利的，这就是最广大的社会功利，所以道德可以为实现最广大的社会功利目的服务，个人的利他恰恰成全了全人类的利己主义。

个人为艺术而艺术，他的抒发真情的创作，必能激发广泛的社会化的情感共鸣，这种能引起情感共鸣的创作，也是可以为一定的社会功利目的服务的。

人按照自己的天性去求真、求善、求美，把真善美本身当作目的，是不带功利目的的"无所为而为"，从个人的超功利的观点看，这完全是无目的的目的性；但从最广大的社会功利观点看，这恰恰又是一种合目的的无目的性，因为个人的这种发自天性的求真、求善、求美的活动总是合乎人类整体的生存和进化的目的。——这就是真善美的外在价值的体现。

然而，上百万年的生物进化所带给人的急功近利的特性，与人在从狭义动物界提升出来的过程中逐渐形成的珍视真善美的内在价值的特性相比，是更强有力的。因此，我们看到，在历史上，在现实中，金钱、权势、享乐和各种各样的眼前利益总是在干扰着人们对于真善美的追求，对于真善美的外在价值或工具价值的珍视往往压倒了、淹没了、亵渎了真之所以为真、善之所以为善、美之所以为美的内在价值。

因此，所谓由"利"所引发的真善美的内在矛盾问题，实际上是真善美的内在价值与外在价值的关系问题。如何正确处理真善美的内在价值与外在价值的关系问题，也就成为解决由"利"所引发的真善美各自所包含的内在矛盾的关键。

1　认知的超功利性与社会实践的功利性之统一

从科学认知的内在价值来看，科学，无论是自然科学，还是社会科学，其内在价值都主要在于从"真"的方面来把握世界，满足人的求知的天性。

正是基于这一点，我们在科学家们那里看到了一种超功利的、"为求知而求知"的纯粹求知的态度。天文学家发现一颗恒星，地理学家考察出一条河流的真正源头，生物学家发现一个新的物种，物理学家发现一条新的定律，化学家发现一种新的元素，数学家为解决前人不能解决的难题迈进新的一步，等等，都被看作是人生的最大幸福，内心充满着难以言传的喜悦。所以法国的大科学家彭加勒说："我希望捍卫为科学而科学的准则。"[①] 爱因斯坦说：始终不渝地献身科学事业的人，既不是那些从科学中寻求智力快感和雄心壮志之满足的人，也不是那些为了实现纯粹功利目的的人，而是那些教养有素、要摆脱日常生活中令人厌恶的粗俗和反复无常的欲望之桎梏的人；促使人们献身科学事业的精神状态是同信仰宗教的人或谈恋爱的人的精神状态相类似的，他们每天的努力并非来自深思熟虑的意向或计划，而是直接来自激情；渴望发现大自然的普遍的基本定律，并由此看到宇宙的"先定的和谐"，乃是科学家的无穷毅力和耐心的源泉[②]。这种超功利的纯粹求知态度，与审美所具有的超功利的性质是相通的，所以人们往往把科学家的纯粹求知态度与审美的态度看作是一回事，对于科学与艺术给以同样的珍视。例如，约翰·齐曼在《元科学导论》中就从纯粹求知态度与审美态度之相通的观点指出："由于它们（指科学——引者）的最终原因是美学上和精神上的，人们乐意支持基础科学'为科学而科学'，并且以科学的成就（其意义是他们不能恰当理解的）为骄傲。"[③] 这是一种主观的价值合理

---

① 彭加勒：《科学的价值》，光明日报出版社1988年版，第345页。
② 《爱因斯坦文集》第1卷，商务印书馆1976年版，第100—103页。
③ 《元科学导论》，湖南人民出版社1988年版，第273页。

性，它所满足的是人们追求科学真知的主观上的精神需要。

科学除了客观地揭示事物的属性、本质和运动变化的规律以外，还如实地向人们昭示客观事物的本质属性与作为社会实践主体的人的关系，指导人们的社会实践，为一定的社会功利目的服务，并且对象化为现实的社会功利，具有明显的实用价值。这可以称之为科学真理的外在价值，或客观的工具合理性。例如，天文学家除了揭示天体运行的规律以外，还揭示天体运行与气候变化的关系，而气候变化又与人类的生产和生活密切相关；地理学家真实地揭示山脉、河流、丘陵、平原及其与地壳运动、气候差异、物产（动植物、矿藏，等等）的分布的关系，不仅如实地反映地理环境及其历史变迁的本来面目，而且也为人类合理地安排自己的经济生活、政治的行政区域划分，等等，提供了重要的客观依据；生物学家揭示生物进化的规律、各种生物的解剖学构造及其特性、各种生物与地球生态环境的关系，对于人类认识生命的本质、正确认识人在自然界中的地位、认识人的生命存在的奥秘、保护人类生命和增进人类福祉，具有不可忽视的重要意义。物理学和化学揭示一切事物的物理特性和化学结构，作为物理学分支的力学、声学、光学、电学和化学的各门分支学科，创造了震古铄今的现代物质文明。而数学作为科学皇冠上的明珠，更是一切自然科学门类之所以成其为科学的绝对必要条件，因为一切自然科学的原理几乎都必须凭借精确的数学语言才能得到明晰的表述，而一切工程技术也都离不开数学的计算。所有这一切，都可以看作是科学真理所具有的客观的工具合理性的外在价值的表现。

科学真理既是事实真理，并且在相当大的程度上也是价值真理，但这不妨碍我们在科学研究领域中严格坚持"价值中立"的原则。所谓"价值中立"原则，就是客观性原则，这是任何认真的科学研究必须具备的首要条件。科学的客观性原则，既在于如实地揭示事物的本来面目，也在于如实地揭示事物与人的关系。揭示事物的本来面目和事实真相的科学命题，是事实真理；揭示客观事物与人的关系的科学命题，也是事实真理，尽管它同时也是价值真理。所谓"价值中立"，就在于它所揭示的全是事实，决不因为个人的主观好恶而歪曲事实，干扰对于客观事物的真理性认识。

这并不意味着科学家没有或不讲"人文关怀"。真正的人文关怀是面向全人类的，因而是超越于任何民族、阶级、阶层和社会集团的狭隘利益之上的。"真理面前人人平等"，它不以任何特权者的意志为转移，对一切人一视同仁。例如，社会科学如实地揭示专制官僚体制是社会腐败和堕落的根源，正如气象学家如实地揭示厄尔尼诺现象对人类的生产与生活所带来的危害一样，是对所有人一视同仁的客观真理。在真理面前，任何固执于特殊阶级的特殊利益的偏见都没有存在的理由，因而真理是最富于人文精神的。如果要求科学家在探索真理的时候，抱一种要使自己的探索对某一部分人有利、或对某一种政治权力有利的态度，以此决定对事实的取舍，那就没有科学可言；如果要求科学家只准讲对某一部分人或某种权力有利的话，不准讲事实的真相，那就扼杀了科学，封闭了人类追求真理的道路。

不可否认，要做到"价值中立"决不是容易的事，必须要有一种超越任何利害算计的纯粹求知态度，并且排除一切非理性因素对于认识的干扰，这是困难的，然而却是一切认真的、严肃的科学研究所必须勉力做到的。能不能完全做到是一回事，因为这往往取决于许多因素，特别是认识过程中能否尽可能排除先入之见的干扰，能否有效地排除各种微妙的情意因素的介入；但是，想不想这样做却是另外一回事，是衡量一个人是否具有最起码的科学态度、最起码的道德上的诚实的标志，科学家的道德首先就在于他的价值中立的态度，他不因任何利害算计而歪曲真理，从不昧着良心说假话。尽管有些真理让某一部分人接受起来是痛苦的，但从人类的长远利益看，如实地反映客观事物之真相的真理性认识总是对人类有益的。任何事物，你只有在知道它的真相以后，才能对它作出好坏的价值判断。因此科学无禁区。对科学家而言，探索新的领域，求得新的知识，就是最大的善；相反，在科学领域，人为地设置禁区，以善恶的价值判断来规范或取代真伪的事实判断，以此堵塞人类追求真理的道路，从而也堵塞了社会进步的道路，乃是最大的恶。

在狭隘的功利眼光看来，"为科学而科学"，即为求知而求知，似乎是一种脱离实际、脱离实践的态度，违背了"认识的目的是为了指导实践"、"理论与实践相结合"的原则。然而，这种观点是褊狭的，对于理论与实践的关系决不能以这种狭隘的功利眼光去加以理解。人们在追求真理的时候，决不应指望马上从真理中得到好处，恰恰相反，要追求真理，需要的却是准备吃大苦、受大磨难，乃至为此而献身的态度。正如马克思所说："在科学的入口处正像在地狱的入口处一样，必须提出这样的要求：这里必须根绝一切犹豫，这里任何怯懦都无济于事！"① 如果指望马上从科学认知中得到好处，没有好处就不去探究，那人类的认知就只能停留在很原始的日常经验的水平上。因为原始人的认知是最讲求实用的。

诚然，科学认知对人是有用的，但只有超越实用理性、超越功利主义，而以为求知而求知的态度，去探究真理，才能真正获得有用的知识。有些知识门类，从眼前看，仿佛对人是无用的；但从长远看，却对人类的实践大有裨益。欧几里德几何学是鄙视实用价值的，但正如罗素指出，这种对实用的鄙视却实用主义地证明了是有道理的："在希腊时代没有一个人会想到圆锥曲线是有任何用处的；最后到了17世纪伽利略才发现抛射体是沿着抛物线而运动的，而开普勒则发现行星是以椭圆轨道运行的；于是，希腊人由于纯粹爱好理论所做的工作，就一下子变成了解决战术学与天文学的一把钥匙了。"② 现代理论自然科学与实用科技的关系也是如此：理论自然科学家是鄙视实用的，但正是由于他们以纯粹求知的态度潜心于自然奥秘的探究，为技术科学的发展及其向生产力的转化开辟了广阔的道路。

因此，对于学者来说，在以求"真"的方式来把握世界的时候，真

---

① 马克思：《〈政治经济学批判〉序言》，《马克思恩格斯选集》第2卷，第85页。
② 罗素：《西方哲学史》，商务印书馆1963年版，第271—272页。

理的内在价值是第一位的，求知本身就是目的，也是学者的唯一的真正使命。人类的历史实践证明，求知，是使人类摆脱愚昧状态的根本途径，这是真理的最根本的内在价值，于是，不使真理被歪曲就是至关重要的了。而要使真理不被歪曲，就必须有"为求知而求知"的态度。人类的历史实践也证明，真正对人类理性的进步和人类的实践作出过贡献的人们，是那些热爱真理胜过关心金钱和权势所带来的利益的人们；同时还证明，当人们以实用的态度（包括个人利害的算计）去对待科学研究的时候，往往短视、偏蔽，歪曲真理而无助于实践；以纯粹求知的态度去从事科学研究，其真知和远见必然大大有助于实践，理论与实践之关系的辩证法常常就是如此。

2　道德的超功利性与社会整体福祉的统一

阐明道德的超功利性与社会整体福祉的统一，即道德的内在价值与外在价值的关系，是解决由"利"所引发的道德的本质是利己还是利他、是功利性的还是超功利性的矛盾的关键。

人必有私，皆具有避苦求乐、趋利避害的生物本能，这是不证自明、不言而喻的。社会应该承认、肯定并保障每一个人在不侵害他人利益前提下的合理的私人利益，这也是不言而喻的。中国早期启蒙学者李贽讲"人必有私"，法国启蒙学者讲人的"自爱"，都是同一个意思。但"有私"不等于"自私自利"，"自爱"不等于"自私自利的爱"，这是不同的概念。注重概念辨析的法国启蒙学者对此作了明确的区分："自爱"（amour de soi）是人的自我保存的天然本能，无所谓善恶；"自私自利的爱"（amour propre）是强使他人服从自己的意志，是"自爱的堕落"。前者是"合理的利己"，应该肯定；后者是损人利己，应予排斥。讲清这一点对于保障个人权利具有重要意义。但从道德视角看，伦理学上的"合理的利己主义"虽然不是恶，却也决不是善，属于不善不恶的范畴，因为动物也知道避苦求乐、趋利避害。只有在社会充斥着害人之人的时候，没有害过任何人的独善其身之人仿佛才是"善"的。但也只是"仿佛是善"，而不是真正的"善"。与害人的"恶"相对立的是利人的"善"，不害人亦不利人只是无善无恶而已。

"合理的利己主义"的伦理学说还认为，明智的人会选择利他的方式来利己，利他的目的归根结底还是为了利己。这在伦理学说史上是屡见不鲜的一个观点，是绕着弯子来证明道德的本质是利己。现实生活中确实存在着以利他的方式来利己、为了利己而利他的很多事实。从"感情投资"的"礼尚往来"、"投桃报李"的"知恩图报"，到"己欲立而立人，己欲达而达人"，再到"吃小亏占大便宜"，等等，都属于为了利己而利他这一类型，这是一种做人的机巧，俗话所谓"世事洞明皆学问，人情练达即文章"者也。其结果，只要不导致徇私舞弊、作奸犯科、侵害国家和人民的利益，那就纯属私人关系范围之内的事情。但这是否具有道德价值，就很难说，因为这种利他是出于利己的动机，只是比一般老实人的利己多了一份机巧和盘算而已。只要这种庸俗关系学或处世哲学严格局限于私人的关系而不涉及公共生活，不造成诸如权钱交易的后果，顶多亦属于不善不恶、无善无恶的范畴，谈不上有"善"的道德价值。

但以利他的方式来利己，也还存在着这样一种情况，即一方面施小恩而望厚报，而另一方面则识破了这类施恩者的用心，遂导致"忘恩负义"。在"忘恩负义"者看来：如果你把你的东西卖给我，我就要同你讲价钱；但是，如果你先假装把东西送给我，然后才照你讲的价钱卖给我的话，你就是存心欺诈了。本来，情义是无价的，人们爱那些对他们做了好事的人，这是一种天然的情意，良心也不允许人们忘恩负义；但如果发现对方是施小恩而望厚报，把无价的情义变成了索取高价的不平等交换，于是也就无情义可言。存心欺诈的施小恩而望厚报，实际上是一种恶。所以卢梭说得好："如果大家都少做施小恩而望厚报的事，则忘恩负义的人也就会少一些的。"①

————————

① 《爱弥尔》，商务印书馆 1996 年版，第 324 页。

"合理的利己主义"伦理学说又告诉我们：人们颂扬乐善好施的人，眼睛不过是盯着别人的财物而已。这句话倒是说得既机智，也深刻，对某些怀着利己的动机去颂扬别人乐善好施的人是入木三分的揭露。但也只是针对眼睛盯着别人财物的人，这句话才是对的，并不能说明乐善好施不该颂扬，不能说明凡是颂扬乐善好施的人都是眼睛盯着别人财物的人，更不能以此说明道德的本质就是利己。

与此相反，笔者认为道德的本质是不带有利己之心、对一切人一视同仁的"利他"。动物固然也有"利他"，但这种"利他"，不会超出狭小的动物家族的范围。对于人类社会，"亲亲为大"的"仁"，虽然是利他，但范围未免太狭隘了些；"爱有差等"的"爱"，虽然也是利他，不过也太势利了些；由"亲亲为大"和"爱有差等"导致的传统的处理人际关系的"差序格局"，专为亲近之人和小圈子的人谋利益，在政治上也就导致腐败。之所以如此，恐怕还是以利他的方式来利己的动机在其中作怪。因为在宗法社会中，个人与家族的关系是"一损俱损，一荣俱荣"；在专制政治中，姻亲、门生、故吏只有结成隐秘的"朋党"，才能确保各自的私利。因此，在宗法社会中，除了不带利己之心的孝敬父母、尊老爱幼、哀矜鳏寡、怜恤癃残，以及侠义之士的路见不平拔刀相助、救难赈灾、拯困扶危，忠臣义士为了维护民族利益、坚守民族气节的"威武不屈"、"精忠报国"等具有道德价值之外，一切以利己之心而利他的行为，均不具有道德价值。当然，认为道德的本质是不带利己之心的"利他"，并不意味着主张每一个人都毫不利己。如前所说，每一个人都尽可以维护其合理的私人利益和个人权益，但这属于不善不恶的范畴。合理地利己，不是道德的本质。在道德上，真正使人从狭义动物界中超拔出来而显示出人之为人的特性的，乃是不带利己之心、对一切人一视同仁的利他道德。

对于道德上的功利主义与超功利主义二者也应作具体的历史分析。

从表面上看，二者在特定的社会情境中都可以是正确的。当志士仁人们明知坚持真理、坚持某种道德原则并不会给自己带来任何好处而只会给自己带来灾祸的时候，却坚持"正其谊（义）而不谋其利，明其道而不计其功"的态度，坚持自己的道德气节，不卖论取官，不卖友取荣，不苟且偷生，这无疑是正确的，是一种永远为人们所赞美的高尚的道德情操。另一方面，在人们为国家富强、民族振兴而奋斗的时候，在为最大多数人的最大幸福、为人民谋利益的时候，甚至在为自己谋取合理而合法的私人利益的时候，遵循"正其谊而谋其利，明其道而计其功"的义利统一的功利主义原则无疑也是正确的，是值得肯定的。

同样从表面上看，二者在特定的社会情境中也都可能是错误的。宋明道学家"置四海困穷于不言，而每日讲唯精唯一之说"，这种不管民生疾苦、放弃自己的社会义务和责任的超功利的态度，是错误的；至于以所谓"君子喻于义，小人喻于利"来攻击关心民生疾苦的改革家，来维护统治者的私利和特权，更是极其虚伪的假借大义窃取美名的伎俩。在一定的历史条件下，标榜大义、似乎是义利统一的功利主义原则也可能导致为了一个似乎是非常崇高的目的而不择手段，从而使道德的功利主义原则为野心家所利用，以致做出许多伤天害理的事情来。在一个社会公正和正义很难得到伸张的社会里，如果每一个人都从趋利避害的自然本性出发，那就没有友谊可言，没有爱情可言，一句话，没有道德可言。可见，无论是超功利主义还是功利主义在特定的历史情境中都可能起消极的作用。

然而，从更深的层次，即从人的自由自觉的本质来看，我倒宁可提倡一种"为道德而道德"或"为行善而行善"的超功利主义的态度。这种超功利的态度首先是把每一个人本身都看作是目的，不考虑任何利害关系、不带任何势利眼光地尊重每一个人，不把人看作是实现某种功利目的（即使是非常崇高的目的）的手段，不仅"己所不欲，勿施于人"，而且"己之所欲"也要以他人是否愿意来决定是否施诸他人。以此为前提，来确立自己的道德良心，履行自己的道德义务。这种良心不以任何利害关系为转移：它既不为强权所屈服，也不为败坏了的社会风气和恶势力的诽谤所动摇；既不为"官禄德"的引诱所蒙蔽，也不为社会地位的变化而丧失。因为坚守着自己的道德良心，所以他总是默默地尽自己作为一个人所应尽的伦理义务：他孝敬老人，并不是为了获得"孝子"的美名而可以作为官场上的进身之阶；他爱护儿童，也决不是为了他将来可以侍奉自己；他同情一切被压迫的人们，但决不是为了接受他们的拥戴；他对祖国和民族忠诚，只是出于仿佛是与生俱来的对于这片土地、山河和数万万同胞的深厚感情；必要时，他可以为履行这一切道德义务而献身。这样的人，才是真正有道德的人；这样的人，是任何邪恶势力也战胜不了的。

3 审美的超功利性与社会化情感共鸣的一致

如前所说，在情感—审美的领域中，存在着由"利"或占有欲所引发的不同的情感力量的冲突，存在着美是功利性的还是超功利性的争论，存在着"为功利而艺术"与"为艺术而艺术"两种创作主张的分歧。解决这些矛盾的方式是：第一，在坚持审美的超功利性的原则的前提下，以审美来化解和遏制带有强烈的占有欲的野性的情欲，避免其暴发和泛滥给社会所造成的危害；第二，以个人的超功利性的情感—审美追求来阻遏艺术创作中的媚俗和严重堕落的倾向，以避免这种倾向的蔓延把整个社会引向堕落。这样做的结果，恰恰是以主观上的超功利而成全了人类幸福的长远的社会功利目的。

人的带有占有欲之冲动的情欲，是一种客观存在，现代人当然不应再讲什么"存天理，灭人欲"，以及所谓"饿死事极小，失节事极大"等的道学说教。这种禁欲主义的说教除了造成了许多惨无人道的暴行和虚伪以外，就是产生出它的对立面——纵欲主义的"人欲横流"。人的情欲应当得到正当的满足，而要使情欲的满足"正当"，严气正性的道德说教效果可能不大，"以情化情"的审美教育似乎倒是一个比较切实的途径。

"以情化情"的审美教育，是要使人的情欲在审美中得到升华。一个受过良好审美教育的教养有素的人，在情感生活中必有较高的品位，他不会为了满足情欲的冲动而饥不择食，也不会因金钱和权势而丧失自己的人格。对待情爱，他有一种审美的眼光，这种审美的眼光不仅在于异性的容貌、身段、魅力，更在于共同的精神追求和灵魂的相互感应。这种审美的眼光是超功利的，而真正的爱情总是具有超越利害、生死的特征，没有金钱、财富、权势、地位、功名、利禄的计虑，不因贫富贵贱而改变，不因祸福生死而动摇。有这样一种对于爱情的高品位的追求，当然也就不是什么人都可以成为爱的对象的了。而真正的爱情的实现，不是一方把另一方作为占有的对象，像占有一件物品一样，而是在爱与美的精神氛围中的相互拥有。

有一个西班牙神话叫《魔鬼的女儿》，十分动人。这个神话故事描写了一个青年在地狱中的爱情历险。魔王有两个美丽的女儿，一个叫白栀花，另一个叫黑栀花，两个人都爱上了这位青年。黑栀花的爱是出于占有的情欲，她妖媚而工于心计；而白栀花则清纯、善良，具有为爱而生、为爱而死的高贵品质，纯正的青年爱上了白栀花。为了爱，他们战胜了重重险阻，"就是魔鬼的祖母也不能战胜爱的力量"。为了爱，他们经受了生与死的考验，白栀花为了救青年而丧生，青年痛不欲生。他说："有了爱，地狱可以变成天堂；没有了爱，天堂又变成了地狱。"青年的精神感动了上苍，让白栀花死而复生，二人"乘上了比风还快的思想之马"，双双逃出了地狱。在这个神话故事里，美貌而富有魅惑力、为了自己的占有欲而不择手段的黑栀花受到了无情的谴责，而青年与白栀花的真挚爱情则作为无限美好的爱与美的象征而受到了热烈的讴歌。

对于爱情的超功利的审美眼光，既可以使充满占有欲之冲动的情欲得到升华，也可以使柏拉图式的丝毫不带占有欲的"精神之恋"从天国降临人间。单纯的"情欲"使人难以区别于动物，而柏拉图式的纯粹的"精神之恋"亦不免带有神学的意味，超功利的审美眼光客观上调和了纯物质（"肉"）与纯精神（"灵"）这两个极端，使"灵"与"肉"的矛盾冲突得到了合乎人性的解决。19 世纪英国唯美主义作家 D. J. 罗塞蒂在他的著名诗篇《神女》中，描写了"升天圣女"与她心爱的世间恋人之间芬芳悱恻、缱绻迷离的爱情：其中既有极为浓郁的感觉主义的色彩，有她渴望与恋人欢会、拥抱和爱抚、并且永不分离的真情流露，又有彻悟美的本体的灵的境界的高雅意蕴，使人的灵魂的创痛在爱与美的精神氛围中得以医治和痊愈，从而展示了肉的灵化、灵的肉化、灵与肉交融合致这一爱情的完美境界。真正的爱情被西方的人文主义者称为"上品的"（refined）的情感，这种高层次的情感扬弃了低层次的情欲于自身，但决不归结为低层次的情欲。由此可见，解决不同层次的情感力量之冲突归根结底是一个人文教养的问题，主要是审美教育的问题。

在艺术创作的领域，对于主张文学艺术应当为社会功利目的服务的观点和"为艺术而艺术"的观点，也应作具体的历史的分析。

从浅表层次的观点看，二者在特定的社会历史条件下都可以是正确的。在法国，当 1789 年 7 月的革命风暴即将来临的时候，当时的启蒙者们几乎都是主张艺术应当为社会功利目的服务的。当 1848 年 2 月的革命风暴来临的时候，在那些主张为艺术而艺术的为数众多的法国艺术家中，有很多人转而宣称艺术应该为社会的目的服务。——这当然是正确的。但另一方面，在 19 世纪阴霾蔽日的俄罗斯的天空下，如果普希金愿意为沙皇和宪兵队所维护的道德服务，愿意通过自己的作品来使人民的理性服从沙俄军队的纪律——服从被赫尔岑戏称为"击鼓文明"的号令，那么他将被沙皇赐予"国家诗神"的桂冠。然而，他深知这种荣耀只是水面上的肮脏的泡沫，他也深知这样做会丧失自己作品的真实性、力量和吸引力，从而葬送艺术。因此，他喊出了"为艺术而艺术"的口号，继续讴歌自由。——这同样是正确的，并且是令人敬仰的。

同样，从浅表层次的观点看，主张艺术为社会功利目的服务的观点与被抽掉了灵魂的为艺术而艺术的观点，在特定的条件下，也都可能是错误的。其一，我们千万不要以为功利主义的艺术观仅仅是具有先进思想的人们（如 18 世纪法国启蒙者）所特有的，相反，无论是中国历代的专制帝王，还是法国的历代君主、沙皇尼古拉一世及其仆从，乃至衣冠楚楚的骗子路易·波拿巴、法西斯头目希特勒和戈培尔，都是从"道德"的或功利的观点来看待艺术的社会任务的。其二，为艺术而艺术如果被误解为一种"明哲保身"的方式，像孔夫子的《论语》教人在"天下无道"的时候要装傻，并且要傻得"愚不可及"，像《中庸》教人以沉默来保其富贵，像某些乾嘉文人那样"避席畏闻文字狱"，只吟风弄月而不管民间疾苦世上疮痍，那么，这种所谓"为艺术而艺术"也就只有消极的意义了。鲁迅曾在 1932 年 11 月到北京大学作过一篇题为《帮忙文学与帮闲文学》的演讲，批评当时的一些作家把"为艺术而艺术"与"为人生而艺术"对立起来，甚至以"为艺术而艺术"去反对"为人生而艺术"，所谓"为艺术而艺术"也就走向了反面[①]。

　　然而，从深层次的观点——艺术要求独立和自由的内在本质——来看，为艺术而艺术只要不被误解为"明哲保身"的方式，而从其本来意义上把它看作是艺术家要求摆脱"道统"禁锢而独立自由地发展，看作是艺术家对自己所从事的事业的全身心的热爱和忠诚，这种忠诚不因金钱和权势而动摇，不因利害算计而改变，那么，它就具有崇高而永恒的价值。"为艺术而艺术"无非是写真实、抒真情和表现自己的真实个性，试把宣扬宗法礼教的《琵琶记》等与写男女真情的《西厢记》、《牡丹亭》、《红楼梦》相比，把历代的载道文学、应制诗、八股文与性灵文学相比，谁更有生命力？ 在这里，"为艺术而艺术"与"为人生而艺术"是统一的，因为追求美原是人之所以为人的天性，人原是要表达自己的真性情和展示自己的独特的艺术个性的，原是要追求生活的艺术化与审美化的，所以，"为艺术而艺术"与"为人生而艺术"本质上都是发自人性的内在要求，是同一人生祈向的两种不同的表述方式。

　　艺术史的无数事实证明，不朽的著作都是超越利害之算计去追求美与真的著作；而艺术家为自由而斗争，本身就体现着超越利害之算计的"为艺术而艺术"的精神，因为真正的艺术总是独立而自由的，而自由

---

① 参见《鲁迅全集》第 7 卷，人民文学出版社 1981 年版，第 383 页。

表达自己的个性和思想感情乃是艺术的最高境界。真正伟大的艺术家之所以能成其为伟大，就在于他们敢于为艺术而艺术！

如前所说，在科学认知的领域内，马克思是一位坚决地主张超越一切利害计去追求真理的"为求知而求知"论者；同样，在艺术—审美的领域中，马克思也是一位坚决地反对把艺术作为手段、主张"美"本身就是目的的"为艺术而艺术"论者。他说：

> 作家当然必须挣钱才能生活，写作，但他决不应该为了挣钱而生活写作。

贝朗热唱道：

> 我活着只是为了编写诗歌，
>
> 呵，大人，如果您剥夺了我的工作，
>
> 那我就编写诗歌来维持生活。
>
> 在这种威胁中隐含着嘲讽的自白：诗一旦变成诗人的手段，诗人就不成其为诗人了①。

马克思的这段话应该成为文学家、艺术家们的座右铭。当然，也应该成为一切在精神文化领域中工作的人们的座右铭。

4 形上之爱与美统真善

为求知而求知，为行善而行善，为艺术而艺术的态度，本质上都是超功利的审美态度，是形上之学的"爱智"的态度。所以，在这一意义上，我们讲"美统真善"，或者说形上之爱统摄真善美。正是这种超功利的审美态度或形上之爱的态度，赋予了人类对真善美的追求以真诚、深挚而浓郁的激情，为人类追求真善美的内在价值提供了永不枯竭的心源动力。

当然，坚持绝对的"经验—幸福"论的哲学家是不赞成这种所谓

---

① 《马克思恩格斯全集》第1卷，第87页。

"形上之爱"的观点的。18 世纪的法国哲人爱尔维修认为："在一切快乐中，对我们作用最强，给予我们灵魂鼓舞最大的，毫无问题是女色的快乐。自然把最大的陶醉放在女色的享受上，要想从其中建立起支配我们行动最强有力的原则之一。"① 20 世纪初的中国哲人王国维也认为此类说法虽"不可爱"却很"可信"，而与此相反的形上之爱的学说则是虽"可爱"而"不可信"。

有人对爱尔维修的观点提出质疑说，在学者中间，有的人离群索居，自甘寂寞，又如何能够证明此类人爱才学的基础是爱肉体快乐，尤其是爱女人？爱尔维修回答说，正如守财奴今天拒绝享受必需的东西是希望明天享受豪华别墅中的快乐，风骚女人照着镜子梳妆打扮是在欲望的支配下预先享受着风姿美貌将给自己带来的各种奉承一样，有才学的人埋头学问实际上是在埋头扩大自己的名气，正是为了得到一个美丽的情妇或妻子。如果说守财奴将会因一心数他的金钱而没有别墅而死，学者也将会因埋头学问而没有情妇而死的话，那只是因为年龄已不容许他们改变长期形成的生活方式而已，但他们毕竟在想象中享受了预料的快乐，"预料的快乐一般地也是我们一生中给我们幸福最多的一种"②。爱尔维修针对学者所说的这些话，颇似中国传统社会之所谓"书中自有颜如玉"的观念。

——诚然，哪个时代也不乏为了"颜如玉"、"黄金屋"、"千钟粟"而沉迷书斋的读书人，为了渔色而哗众取宠者似乎永远也不会绝迹；然而，这根本不能解释那些不计利害以追求真理的崇高行为，解释不了古今多少志士仁人的高卓的精神境界，解释不了"生命诚可贵，爱情价更高，若为自由故，两者皆可抛"的壮丽诗篇。能够对此作出解释的，似乎只有人的"形上之爱"或"美统真善"的精神追求。

"形上之爱"的境界，是一种超功利的审美境界。当人们以审美的

---

① ②　爱尔维修：《论人的理智能力和教育》，《十八世纪法国哲学》，商务印书馆 1963 年版，第 497、497—498 页。

眼光去看事物时，是在欣赏它，而决不考虑要去占有它或利用它。所以我们说美之所以为美，就在于它是欣赏的对象而不是占有和利用的对象。当人们以功利的眼光去看一件美的事物，考虑如何利用它作为达到某种目的的手段时，他就不是在审美，而是在算计利害了。所以审美与功利之间有着泾渭分明的严格界限。审美的超越性，借用康德哲学的术语，它是从现象世界通向"物自体"的实体世界的津梁。这"物自体"，永远是人们审美观照的对象。只有在审美中，人们才能超越世道的庸俗，不再受制于必然的无常情欲的束缚，在精神的自由飞腾中达于彻悟美的本体的境界。

科学家的"为求知而求知"的态度，实际上也就是一种超功利的审美的态度，一种哲学家的"爱智"的形上之爱的态度。古希腊的哲学家大多是科学家，他们不是简单地把各门科学理解为以有形的、凭感性经验即可把握的各种实体为研究对象的形下之学，而是把它们理解为从形下向着形上攀升，从而超越形下，最后达于美的本体论境界的阶梯。毕达哥拉斯精研数学、几何、天文，还有音乐，从几何图形、天体运动、音乐的韵律中发现了数的比例关系，所以他以"数"为万物的本原、宇宙的本体，以此观照宇宙的和谐美。柏拉图认为，学习几何是为了了解"关于永恒存在的知识"，学习天文学是为了观照"造物者"的智慧和最高的和谐。撇开他们上述说法中的唯心主义和神秘主义的因素，我们从中所看到的正是一种审美的形上之爱的纯粹求知态度。近代的牛顿力学在我们的许多国人看来完全是形下之学，但牛顿却题其著作曰《自然哲学的数学原理》，把它与哲学形上学相联系。现代物理学在我们的许多国人看来也完全是形下之学，但在普朗克和爱因斯坦这些大科学家看来，研究物理学却是为了认识莱布尼茨所说的"宇宙的先定和谐"。诚然，爱因斯坦说过，科学家的激情状态颇类似乎谈恋爱的人的精神状态。但这种"爱"，是形上之爱，是希望在科学探索所发现的大自然的普遍定律中看到宇宙间无言的"大美"，而不是如爱尔维修所说的那样是为了得到一位美丽的情妇或妻子。今日之中国学者如果不能确立在一切学科的研究中体现形上之爱情怀的自由自觉的精神，如果不能学习普朗克和爱因斯坦那种"摆脱日常生活中令人厌恶的粗俗和反复无常的欲望之桎梏"的精神，则学者的学术水平、道德素质都难有所长进，更遑论改变我们民族科学文化落后的状况了。

基于普遍的人类之爱原则的超功利的"为行善而行善"，是在现实的道德践履中实现对于善的价值目标之追求的形上之爱，表现了道德形上学的情怀。诚然，这是一种道德理想主义的观点，但是，它决不是传统儒家的所谓"道德理想主义"。第一，儒者的思维方式是非善即恶，而笔者则认为在善恶之间还有一个"合理利己"的非善非恶的广大领域，其存在有其实然、必然和应然的依据；第二，儒者的"仁"、"爱"、"民胞物与"都是以肯定等级特权为前提的，而笔者讲人类之爱则基于现代平等原则；第三，儒者"本乎欲，信理之心始坚"的所谓道德形上学不过是掩饰其工于苦乐利害之计虑的虚幻光环，而笔者之所谓形上之爱的情怀则是提倡一种与超功利的审美境界相通的道德境界。对于现代社会来说，非善非恶的"合理利己"的广大领域固然应予以肯认，但着眼于人类的前途和命运，要防止"自爱的堕落"，防止极端利己主义泛滥给社会造成的危害，以善的内在价值为追求目标、以提升人的道德自觉的形上之爱的情怀尤不可缺少。

真正的"为艺术而艺术"，是艺术家们按照艺术的本质或对象自身中的灵魂，把美的内在价值看得高于一切的"形上之爱"情怀的体现。追求美本身就是艺术的目的，惟其超功利，故其独立而自由。美当然与真和善有联系，美的理想中就蕴涵着真与善的追求；在"爱智"的意义上，美的最高境界同时也是真与善的最高境界，形上之爱将真善美三者统一了起来；但又必须看到，艺术是以自己特有的方式来昭示真理、伸张正义的，在艺术创作的领域内，是美统真善，美高于一切，统摄一切，美统真善与形上之爱统一真善美其实是一回事。所以，作为美的显现的艺术就既不是王者赖以治国平天下的"道统"的婢女，更不是达到任何一种功利目的的工具和手段，而是庄严而圣洁的文艺女神。正如马克思所指出：

> 作家绝不把自己的作品看作手段。作品就是目的本身；无
> 论对作家或其他人来说，作品根本不是手段，所以在必要时作
> 家可以为了作品的生存而牺牲自己个人的生存①

因此，凡称得上艺术大师者，都有那么一种对于美的理想、对于艺术的全身心的热爱和忠诚，这种忠诚不因金钱和权势而动摇，不因利害和风险而改变，始终坚持他那对于美的崇高理想。当然，艺术创作并非与弗洛伊德之所谓"原欲"无关，然而，原欲通过"为艺术而艺术"的形上之爱而升华了，它超拔于迷离的爱欲而成为"彻悟美的本体"的精神之恋。倘若没有形上之爱的情怀，而仅仅把艺术创作看作是寻求原欲之宣泄和满足之途径，那么，文艺界就不免要真的变成一片"废都"或"骚土"了。至于种种以色情和凶杀来刺激人的感官的所谓创作，打着"大众文学"的旗号以占领市场的媚俗的创作，是否隐藏着对于莎士比亚所诅咒的"金子、闪闪发光的金子"的崇拜，其实也已昭然若揭。在这种情况下，艺术家与商人的区别仅在于旗号不同，商人反倒比艺术家更直截了当些，也更光明磊落些。我们的一些作家和艺术家是否应该对此有所反省呢？

（二）真与美的统一

——是经验主义，还是理想主义

人不可能用手提着自己的头发离开地球，所以人不能没有入世的精神；但现实中太多的假恶丑往往会使人感到失望，处于一种失望心境中

---

① 《马克思恩格斯全集》第 1 卷，第 40 页。

的人，有的会因此而导致悲观厌世，有的则会因追求及时行乐而深陷于现实的污淖之中。

人又不可没有出世的态度和超越当下的希望，但以出世的态度去对待一切，又可能以现实为虚幻，对任何事都不认真，自以为洒脱而其实是在浑浑噩噩地过日子。

人是要注重经验的，蔑视经验的人不免会在现实中处处碰壁；但太重经验，陷入狭隘经验论和庸俗关系学的处世之道，又往往会使人短视、保守、庸碌而无所作为，乃至趣味卑下。

人不可没有理想，但如果把抽象的可能性当作现实的可能性，又会导致不切实际的空想，陷入乌托邦的狂热而事与愿违。

人生活在过去、现在和未来的永恒的时间之流中。过去的经验教人如何适应这个世界，未来的理想教人如何超越这个世界，而人唯一能把握的只是现在。他需要把根扎在现实的污泥之中，而又要出污泥而不染。因此，他既需要经验，更需要理想；他既需要认知的"可信"，更需要理想的"可爱"；他虽然不可能完全解决有限人生与无限宇宙的矛盾，但却可以在现实的人生追求中把入世的、经验主义的"可信"与出世的、理想主义的"可爱"统一起来，亦即在实践中把真与美统一起来。

1　寻找经验主义与理想主义的结合点

不能把"真"仅仅理解为经验。在纯粹认知的意义上，事实上我们总是面对着两种真理，两种认知意义上的真实：一种是可以由经验事实加以验证的真实，即事实真理；另一种是逻辑上的真实，即逻辑真理。事实真理直接就是当下的经验事实，而逻辑真理则往往是从已知推出未知，产生出科学的预见，设计出"理想模型"，所以逻辑真理往往带有指向理想的"美"的意味。

习惯于经验主义思维方式的人们，往往以事实真理为唯一的真理，认为只有由当下的经验事实验证的真理才是唯一可靠的，因而注重经验认知而排斥逻辑思维。我们中国人自古以来就是习惯于经验主义的，除了先秦墨家、晋朝的鲁胜外，很少有人注重对思维的逻辑规则的探讨，所以形式逻辑很不发达，往往陷入狭隘的经验论和庸俗的实用主义。

逻辑真理归根结底也是来自于实践，如列宁所说，人们在实践中千百万次地重复各种不同的逻辑的格，以便这些格能够获得公理的意义。逻辑上的公理和演绎方法就是由此而发生和发展起来的。

然而，逻辑上的真理往往在现实生活中却不能直接找到经验事实的根据。

例如，客观世界并不存在几何学上的"点"、"线"、"面"、"圆"，等等，但是谁又能因此否定欧几里德几何学在人类所生活的现实空间中的真理地位呢？非欧几何学只存在于以超光速运动的宇宙空间之中，没有也不可能动摇欧几里德几何学在人类现实生活中的真理地位。欧几里德几何学所揭示的公理和思维规则，虽然只是抽象的逻辑演绎，但工程设计离不开它，思维活动离不开它，乃至任何真正讲道理的说话、写文章都离不开它，这难道不是比经验事实更高一个层次的真理吗？

又如，在社会科学的领域内，近代自然法学派为了反对封建统治，提出了与中世纪的"君权神授"论相对抗的"天赋人权"学说。所谓"天赋人权"，也就是人的"自然权利"，人性的权利。"天赋"、"自然"和"人性"，在原文中都是一个词，即 nature 或 natural。按照自然法学派的学说，自然是绝对的，所以人性就是绝对的，从而人的一切权利也就是绝对的。根据这一学说，1776 年的美国《独立宣言》宣称，人权乃是"由自然的法与大自然的上帝之法所赋予人们的"，接着就声明："我们认为这些真理是自明的，即一切人被创造出来都是平等的，他们被他们的创造主赋予了某些不可转让的权利，其中包括生存权、自由权和追求幸福之权。人们为了保证这些权利，就创立了政府。政府之得到它们正当的权力，乃是由于被统治者的同意。任何一种形式的政府只要一旦破坏了这些目的，人民就有权改变或废除它，并创立新的政府，使之奠基于这些原则上并以这样的方式组织它的权力，从而能够最适于促进他们的安全和幸福。"以上这些论述从不证自明人类普遍价值的公理出发，推论是完全合乎逻辑的，无懈可击的，但在当时却缺乏直接的经验事实的根据。事实恰好相反，在启蒙思想家们最初提出这一学说的时候，呈现在人们面前的社会历史背景是：每一个人生来并不平等，也并不自由。然而，也正因为如此，人民才需要争取平等和自由。西欧各国人民并不因为自然法学派的学说缺乏经验事实的根据，而否认它的真理性。

同样，在被马克思称为"普遍奴隶制"的大清帝国，当严复将"天赋人权"的学说输入中国时，这一学说同样没有任何经验事实的根据，相反，"名教出于自然"则是有历史的、文化传统的经验事实的根据的。然而，伟大的革命先行者孙中山先生并没有否认"天赋人权"学说的真理性；同样，今天的中国人也不应否认推翻专制、建立共和的辛亥革命的合理性和正义性。

当然，正如几何公理的真理性最终可以在工程技术和人类生活的许多方面得到验证一样，人类在反对封建制度的斗争中创立的关于人的自然权利学说的真理性也在实践中得到了验证：以民主制度代替封建专制制度，极大地解放了社会生产力，促进了人的解放，是社会发展的一大进步。将现代民主制度与封建专制制度作比较，更有力地证明了自然法学派关于"蔑视人权或人的尊严乃是一切政治罪恶和腐化的根源"的观点，是极其深刻的关于社会生活的真理。所以，人类在历史实践的一定阶段上所创造的逻辑真理，虽然在特定的历史背景下并没有经验事实的根据，但归根结底是可以由人类历史实践的发展来加以验证的。

同样，马克思主义关于"以每一个人的全面而自由地发展为前提的一切人的全面发展"的社会理想，认为这一社会将是"原始的自由、平等、博爱在更高的基础上的复归"，显然也是一种逻辑真理。当这一真理在 19 世纪中叶宣告诞生的时候，尚且没有经验事实的根据，但马克思坚信："理想主义不是幻想，而是一种宇宙的真理。"马克思从既往的经验事实中总结出生产力与生产关系、经济基础与上层建筑两对社会基本矛盾运动的规律，并由此逻辑地推出从政治解放到社会解放（从政治平等到社会平等）、扬弃人的异化而实现人的全面自由解放的社会发展的远景，应该说，这一学说的推论也是完全合乎逻辑的，我们不能否认这一学说的真理性。

问题在于，我们必须善于将事实真理与逻辑真理统一起来，将经验主义与理想主义统一起来，在二者之间找到一个彼此都可以接受和认同的结合点，使人类在化理想为现实的道路上迈出坚实的、稳健的步伐。在这里，对于历史文化传统之经验认知的事实真理不再是阻碍社会进步的惰力，而对于理性王国之憧憬的逻辑真理也不再会使人陷入"乌托邦"的狂热和空想。唯一能起到这种作用的，就是连接感性的经验认知与理性的逻辑真理的中介——知性，因为它具有既尊重经验认知而又不把经验认知绝对化、既尊重公理和逻辑而又不堕入空想的双重特征。

"知性"在哲学史上历来被看作是获取真知的关键环节。是一种注重分析还原、注重形式逻辑、重在"去伪存真"的认识方式。如本书在讲真善美的历程时所论述过的，古希腊哲人以知性来区分"真理"与"意见"，近代哲人斯宾诺莎以几何学的公理演绎方法为知性完善的途径，康德把知性理解为介于感性与理性之间的一个最重要的认识阶段，现代逻辑实证主义者对于"真命题"的反复论究都是讲的知性。与此相似，中国古代有墨家的形式逻辑，有荀子的"解蔽"说，有王充"疾虚妄"的"实知"、"知实"说；18 世纪有戴震要求明辨"真理"与"意见"和"察分理"的学说，20 世纪 40 年代更有金岳霖的扬扬七十余万言的《知识论》，围绕什么才是确切可靠的知识这一知性问题来展开其论说。中西相比，区别仅在于在西方占主流的哲学论题在中国传统社会中则不占主流。

在西欧近代，哲学上虽然有英国经验论与欧陆理性派的对立，但二者实际上是相互吸取的。经验论者从理性派那里吸取了逻辑的一贯性的优点，也汲取了在逻辑上无懈可击的关于人类普遍价值的公理；而理性派也从经验论者那里汲取了尊重实验、尊重实践的优长之处，注重对构成自然和社会的最基本的要素的知性的分析研究。18 世纪法国的启蒙者是理想主义者，但他们中的多数人同时又是认识论上的经验主义者，如伏尔泰、狄德罗、孟德斯鸠、爱尔维修、霍尔巴赫等人，即是集理想主义与经验主义于一身的人物。德国哲学，如康德哲学，马克思主义哲学，无疑都是理想主义的，但都包含了经验论的合理因素，尤其是马克思，比以往的欧洲哲人更多地表现了对"实践"的重视。美国的实用主义哲学，无疑是沿袭了英国经验论的传统，但在实用主义者的著作中，我们仍然可以发现理想的精神闪光。例如，在实用主义哲学大师杜威的著作《人的问题》中，我们就看到了他对社会的普遍的人文教育的重视，批评那种把"自由学艺"的教育只局限于少数人、而对多数人只实行"职业教育"的主张，认为这种主张是"阶级的偏见"。

　　然而，外国的学说到了中国，极容易被扭曲变形，特别是英美的经验论，在中国就很容易蜕变成为传统的狭隘经验论和庸俗实用主义，鲁迅早就指出过这一点。当年严复和胡适在中国传播英美的经验主义，这诚然是鲁迅所衷心欢迎的；但鲁迅比他们的深刻之处，就在于鲁迅看到了中国的复古派有一种"为之斗斛以量之，则并与斗斛而窃之"的独特本领：以"经验"来对抗外来的新学理，并把自己打扮成是以经验论反对唯理论的样子，就是复古派的手法。鲁迅揭露说，中国的旧官僚和满清遗老们觉得外来的学理法理（例如，孙中山要袁世凯遵守的《临时约法》就是来自外来的学理法理）太碍手碍脚了，"于是沉思三日三夜，竟想出了一种兵器。……这利器的大名，便叫'经验'。……经验提高了他的喉咙含含糊糊说，'狗有狗道理，鬼有鬼道理，中国与众不同，也自有中国道理。道理各各不同，一味理想，殊堪痛恨'"①。于是在袁世凯酝酿复辟帝制，大力宣扬这套中国特色的经验论以后，理想的价值

---

① 《热风·随感录三十九》，《鲁迅全集》第 1 卷，人民文学出版社 1981 年版，第 317、318 页。

便一跌千丈，"觉得理想即是妄想，理想家即是妄人"。本来是蒙昧与启蒙、愚昧与科学之争，竟一变而为"经验主义"与"理想主义"之争了。鲁迅揭露那些以拒斥"理想主义"为名来拒斥新学理的人，说他们"从前的经验，是从皇帝脚底下学得；现在与将来的经验，是从皇帝的奴才的脚底下学得。奴才的数目多，心传的经验家也愈多"①。为了廓清这些人所造成的理论混乱，鲁迅提出要区分"理想"与"妄想"、区分"不肯做到"与"做不到"，把"打扫庭园"与"劈开地球"区别开来。鲁迅还强调，无论任何经验，都不能作为抵制人类普遍价值的"公理"的理由。

今天，风靡学界的"从理想主义到经验主义"的顾准学说也面临着被引向庸俗实用主义、引向拒斥一切社会理想的狭隘经验论的可能性。顾准的学说固然是典型的英美经验论，而顾准学说的诠释者们就不尽如此了。有学者充分肯定顾准学说在中国思想史上"翻开新的一页"，说经验理性就是"胆敢把信义信仰全抛开，赤裸裸地谈利害"，认为鼓吹"为了达到目的可以不择手段"的马基雅维里学说乃是"英美经验理性和自由主义的思想底色"，等等。我实在很担心顾准被他的诠释者拉到烂泥塘里去。鲁迅当年曾说，要认识中国的国民性，研究历史上的文人如何"以利害说动人主"是很重要的一方面。可见"赤裸裸地谈利害"本是中国传统的一部分，不必挂英美经验理性和自由主义的招牌。顾准说得好："中国人从来是经验主义的。"所以他要把他所讲的经验主义与传统的"庸俗的实用主义"划清界限，强调："把逻辑的一贯性和意义体系的完整性看得比当下的应用为低，低到不屑顾及，那也不过是无知而已。"② 这些话讲得何等的好啊！在我看来，中国人，尤其是知识分子，缺乏的不是利害的算计，而是超越现实利害之算计的纯粹求知精

---

① 《热风·随感录三十九》，《鲁迅全集》第1卷，人民文学出版社1981年版，第317、318页。
② 《顾准文集》，贵州人民出版社1994年版，第252页。

神，缺乏既尊重事实、又尊重公理和逻辑的精神。正是这种精神沟通了英国经验论和欧陆理性派，成为现代科学、民主和新道德的深层精神底蕴。中国思想史要翻开新的一页，还得从把握科学、民主和新道德的深层精神底蕴入手。否则，把意大利人马基雅维里的"为了达到目的可以不择手段"的所谓"经验理性"与中国传统士人"以利害说动人主"的机巧结合起来，再挂上一块英美自由主义的堂皇招牌，只能使顾准批评的"庸俗实用主义"更为盛行，使鼠窃狗偷之徒更为有"理"，而不能给中国带来光明的前途。

我们需要的是容纳理想的经验主义，或容纳经验的理想主义，是经验主义与理想主义的统一。现实必须根据理想来加以评判，理想又必须根据实践所提供的现实可能性来确立；过去的经验使我们正视现实，避免妄想；对于实践所提供的现实可能性的科学认知则促使我们追求更美好的现实，且自信有力量根据理想来改变现实；这就把经验主义与理想主义或"真"与"美"统一起来了。

对于现实的人生来说，经验固然重要，但理想尤其不可缺少。人的青春总是与理想同在。青春是美的。青春之所以美，是因为她满怀理想，满怀希望，而理想与希望都建立在坚定的信念的基础上。青春不一定是指人生的某一时期，在广义上，青春是指人的一种充满理想、充满激情、充满创造力、充满坚强的意志、充满积极向上进取精神的生命状态，青春的本质是精神生命力的跃动。如一位诗人所歌唱的：

> 年龄的增长不使人老，失掉理想，老就来到。/岁月增加皮肤的皱纹，失掉热情时精神就会枯萎。/苦闷、疑惑、不安、恐怖、失望，只有这些才像岁月积累一样催人衰老，使活跃的心灵也会化为尘芥。

> 人和信念在一起就会变得年轻，和疑惑在一起就会变老。/人和自信在一起就会变得年轻，和恐怖在一起就会变得衰老。/希望存在则会无限年轻，和绝望在一起则会老朽。

在茫茫宇宙的万事万物之中，只有人才有超越当下的理想和希望，这是人的认知、情感、意志所独有的特征，也是人与凭本能生存的各种动物相区别的本质特征。

2 科学认知与美好的生活
——兼论现代社会中的"情爱多元"问题

真的，不一定都是美的，某些真实存在的事物不一定能激起人们的审美愉悦。但是，在审美鉴赏和审美教育的意义上，美仍然要以真为前提，必须是"真美"。科学认知与审美的关系决不像某些现代非理性主义者讲得那么互不相容、势不两立，相反，科学认知对于人的审美主体性的确立，对于培养人的健康的审美情趣，对于培养普遍的人类之爱的情感，对于人类两性美满的情爱生活，总之，对于人生的艺术化和审美化，都起着极其巨大的促进作用。

认知与审美曾经有过原始的混沌的统一，人类的认知最初蕴涵在原始人的非理性的"诗性智慧"之中。但那时，人尚未把自身与自然界明确区分开来。人只是在作为认知的主体而站立在大地上、并且通过实践而满足了自己的物质需要的时候，他才能进而以纯粹审美观照的眼光去看待事物，审美的主体性才能真正确立。在此以前，无知使人茫然和恐惧，正如黑暗使人感到置身于一种充满敌意和不测的环境之中一样。而且只是随着科学认知的发展，原先作为外在的异己力量的令人恐惧的自然才一变而成为审美观照的自然。此时的人仿佛度过了漫长的黑夜，先是在微茫的晨曦中依稀看到了山石川原的轮廓，继而在霞飞云舞、旭日东升的光辉中看清了周围的事物。在一种免除了恐惧的心境中，人才能感受到自然与人相亲，山光日色、花鸟虫鱼自来亲人，感受到"乐意相关禽对语，生香不断树交花"的审美意趣。当然，自然界并不总是风和日丽、花好月圆、莺歌燕舞、五谷丰登，也有阴霾蔽日、月黑风高、洪水猛兽、地动山摇。但是，正因为人有了认知，就可以在此基础上发挥自己的想象力，借助于想象，亦即审美意象的创造来征服自然力。科学与迷信是对立的，但科学与神话、想象并不是对立的。神话和想象既能启迪科学的发明创造，又能给人以生活和实践的勇气和信心，所以有人曾经向科学家们呼吁："不要让想象给诗人独占了。"建立在认知基础上的审美想象力，正是创造的生活、审美的生活的必要条件。

从认知的真实来看，科学认知实在是大有助于审美的，它使得原先使人恐惧的某些自然现象变成了审美的对象。在中国古代，日食、月食和彗星这些罕见的自然现象的出现，都被看作是自然界的"灾异"降临，守城的士兵赶紧将城门紧闭，巫师们忙于举行禳灾祈福的宗教仪式，人们在黑暗中击打着锣鼓和锅碗瓢盆，据说这样做可以驱赶吞食太阳或月亮的怪兽"天狗"，皇帝和文武百官都要因此而修省，反省自己是否做了什么违反天意的事情。明朝万历五年（1577年）十月，天空出现彗星，一道数丈长的白光从西北直射东南，越过织女星座而直射到牵牛星座附近，为此还引发了朝廷内的一场激烈的政治斗争，皇帝下令百官修身，白官们又借此逼迫内阁首辅张居正退位，张居正反击，罢黜了一批官员，还使一些官员受了廷杖的惩罚。可是，如今人们明白了日食、月食和彗星出现的科学道理，就连小孩子也知道欣赏这些自然界中罕见的奇观了。人们以极大的兴趣来期盼和欣赏这些罕见奇观的出现，充斥于人们心中的再也不是惊恐，而是对于自然奥秘之神奇的赞叹和审美的愉悦。1997年3月9日上午格林威治时间1时零7分（北京时间9时零7分）月球慢慢地旋转到地日中心，明亮的天空逐渐晦暗下来；无独有偶，在日食发生的时候，一颗彗星也像熠熠发光的宝石出现在天际。这不是一颗普通的彗星，它比普通的哈雷彗星还要大四倍；一般彗星只有两条尾巴，而它却有三条（多了一条钠气尾巴）；人们称这颗奇特的新彗星为海尔—波普彗星，因为它是海尔—波普在1995年夏夜的天文观测时奇迹般地发现的。日食和彗星同时出现在天空，这在古代人心中乃是不可思议的巨大灾变；而如今，人们喻之为"世纪回归"，称之为"千年奇观"。

科学的认知还有助于培养人们健康的审美情趣。由于原始的生殖崇拜观念，在野蛮人的艺术中，无论是女性的性特征，还是男性的性特征都被极度地夸张了，文明人是决不会从这些雕塑作品中得到审美愉悦的。但在古希腊艺术中，作为爱神与美神的维纳斯的塑像却总能激起人们的美感，原因就在于她是建立在对人体的真实认知基础上的典型化的个体——从所有的女性身上选择了最美的脸形、最美的眼睛、最美的鼻子、最美的嘴唇、最美的身段……将所有这一切都集中到一件艺术作品身上。文艺复兴时代的绘画之所以美，就在于艺术家们充分运用了生理学、解剖学和光线透视的原理。这些不朽的艺术品作为美育的教材，无疑能培养人们正常的、健康的审美趣味。

审美虽然是诉诸人的情感的，但情感本身并不等于就是审美。人的情感很容易狭隘、嫉妒、怨恨，这恰恰又是与审美不相容的。现代社会科学揭示了人类普遍价值的公理，揭示了社会关系历史演变的规律。它告诉人们：每一个人都是有独立的思想、独立的意志、独立的情感的个人，都有用自己的头脑去思考，用自己的意志去行动，用自己的情感去选择的权利，他或她首先是属于他（她）自己，然后才以其独立的理性、意志和情感去寻找只属于他（她）自己所喜好的那一份归属感；他（她）虽然不可避免地要生活在社会群体之中，但他（她）只服从那对所有人一视同仁的社会生活的一般规则。而他（她）的人身自由、思想意志和情感的自由却始终只属于他（她）自己，任何人、任何群体都没有权利对个人施行人身的或精神上的强暴，不仅每一个人的人格都是平等和自由的，而且个人与任何社会集团，包括个人与政党、政府之间，在法律上也是平等的。他（她）之所以尊重公共权威，是因为公共权威尊重个人自由，且为个人自由之保障。社会的发展到了今天的时代，无论是两性关系、血缘关系，抑或其他的人际关系，都应以彼此尊重人格为前提，一切狭隘、偏私、嫉妒、怨恨的情感都显得过时，一切人身依附的观念，把他（她）人当作一件物品似的占有的观念，强使他（她）人信奉某种思想、服从某种并非社会公共权威的意志，付出某种并非出自本心的情感的做法，通通都显得荒谬、愚蠢而可笑。只有人人平等，没有尊卑贵贱等级之别，才能建立起一种对一切人一视同仁的普遍的人类之爱的情感，超越任何利害计虑的人际关系的审美化才可能达到。同样，群体、组织、政党、政府、国家越是按现代社会科学的真理办事，换句话说，越尊重人，越是最大限度地保障个人自由和追求幸福的权利，每一个人对群体、组织、政党、政府、国家的依恋感和归宿感就越强，对于国家、民族的爱的感情就越深沉、越强烈。否则，即使情感上对故乡、故土、故国有那么一份依恋感，但在理智上却是疏离的。所以科学认知对情感的支配作用实在是不可忽视的。尊重现代社会科学的公理，才有人际关系方面的不带利害算计的美好情感，才有个人对于国家和民族的深挚的爱的美好情感。

在与人们的日常感性生活密切相关的男女两性关系的"爱"与"美"的领域，现代社会科学和自然科学的认知更起着非常重要的作用。在一定的意义上，我们可以说，科学认知不仅为"爱"与"美"提供了必要的前提和条件，而且是"爱"与"美"得以实现、从而人的幸福得以实现的重要保证。

在以往的哲学家看来，男女之爱的领域与科学是全不相干的。清末民初中国思想界的泰斗梁启超曾经调侃地问道："如果男女二人相约作'科学的恋爱'，岂不让人喷饭？""科学的恋爱"这一提法固然不妥，然而，我们不禁要问：爱与美的领域无论具有怎样的独立性，又何尝没有享受到科学的恩赐？

难道不正是由于现代社会科学揭示的"天赋人权"的公理，才赋予了每一个人追求爱与美的神圣权利？在这一科学公理为全人类所确认之前，曾经有多少人因追求爱与美而受宗教法庭的审判，或者被吃人的礼教剥夺了生命？

难道不正是由于科学所造成的物质文明，才将恋人们从高粱地、灌木丛中引向了日益华丽温馨的居处？也许住腻了楼房和别墅的人们会重新向往那原始的野性，那暴风雨中的裸体追逐，那酒神节在泥土中滚动着的狂欢，那高粱地和灌木丛中的风流，然而，风雨雷电、尘土飞扬、毒虫的螫咬，又能给这种风流带来多少诗情画意的美感？

难道不正是科学为恋人们提供了日益快捷便利的通信工具，为他（她）们解除了苦闷和惆怅，为他（她）们互通幽会密约的信息？

难道不正是现代生理科学和医学科学的发展，使恋人们可以尽情享受生命的欢乐而免除后顾之忧和难以言说的痛苦，使人们的情感生活更为和谐欢畅？科学揭示出人的生理和心理的真实，让人们明白生命的科学道理，又何尝会妨碍爱与美的生机流畅和心灵愉悦？

如今，我们又面对一个十分敏感而又棘手的问题，即所谓"情爱多元"的问题。1993 年 9 月，中国社会科学出版社推出 80 高龄的老学者张中行先生的《顺生论》一书，其中专门讨论了婚外恋情的问题。张先生探讨了这一现象产生的人性根源和社会根源，对婚外恋情持一种理解和宽容的态度，并且教给人们如何避免由此引发的精神痛苦的方法。《新华文摘》专门转载了张先生书中的这一部分内容。此后，又有学者提出了"爱情可以多元化"的观点。出现这样一些观点不是偶然的。现代社会生活是一部打开了的活生生的两性心理学。所谓"情爱多元"，是社会生活中相当普遍地存在的事实。问题在于，如何正确地、即合乎人性地看待这种社会现象。

时下提倡"情爱多元"的人们（如李泽厚、刘再复）的论述太失之笼统，把寡妇再嫁、移情别恋的"情爱多元"与多角恋爱的"情爱多元"混为一谈，似乎要肯定寡妇再嫁和移情别恋的合理性就要肯定多角恋爱的合理性，这在理论上很难自圆其说。我以为，有两种所谓"情爱多元"，一种是历时性的，如寡妇再嫁、移情别恋之类，即在生命的不同阶段各有一个特定的情爱对象，合一而成多；一种是共时性的，即一个男人或一个女人同时有多个情爱对象。共时性的"情爱多元"在理论上很难讲得通，历时性的情爱多元则有其基于科学认知的合理性。

共时性的所谓"情爱"多元，有把爱情等同于"情欲"之嫌。爱情有其来自情欲的生理根源，但爱情决不等同于情欲。在只有情欲而没有任何审美观和道德观的男人看来，所有的妇女都是同样很好的；而爱情与此不同，它在本质上是专一的，正是由于它，除了被爱的对象以外，一种性别的人对于另一种性别的人才满不在乎、甚至视若无睹。只有在尚未真正爱上一个人的情况下，才会觉得这个人也好，那个人也不错，才会在情感上反复无常。人类进化的科学史实告诉我们，只是由于审美观和道德观的产生，进而有爱情的产生，人类才排除了共时性的所谓"情爱多元"，有了专一的爱情，从而又有了文学史上的爱与死的永恒主题。爱情是全身心地爱他（她）者，而一个人是不可能同时全身心地爱多个他（她）者的。称既爱妻子（或丈夫）又爱情人，这是不可能的，而且在本质上是虚伪的，因为科学认知告诉我们：一个男子对一个同他私通的女子的爱比对他自己的妻子的"爱"要深厚得多，女子也是一样，在这种场合，爱情只存在于私通的男女之间，而夫妇之爱只是徒有虚名，或由原先的爱情而变为日常生活的伦理情致（基于有共同生育的子女的伦理情致），甚至只是一种极其枯燥无聊的夫妇同居而已。风行我国的美国小说《廊桥遗梦》中的那位女主人公是非常忠于她的家庭的，但这种忠实不是基于爱情，而是基于对子女的伦理义务，而她真正喜欢的则是那位与她只有数日欢情就匆匆离去的单身男子。但这是否称得上是真正的爱情或至高贵的爱情，似乎也得打一个问号。

李泽厚和刘再复讲贾宝玉的"泛爱"，不仅爱未婚少女，爱已婚少妇，还爱男性少年，以此作为"情爱多元"的论据，但贾宝玉的"泛爱"不过是一个未谙"爱情"之真义的童稚的心态，是他那犹如"女儿国"的生活氛围的产物，且他后来终于懂得了爱情是有所专属的。李泽厚和刘再复又举歌德一生中的七八次恋爱、海明威的多次婚姻为证，但这种移情别恋的情形，则属于历时性的情爱多元，当诗人（或文学家）移情别恋的时候，他的爱情亦仅仅是属于一个人的，即属于新的爱恋对象的，而过去的情人则只存在于诗人的记忆之中。至于现实社会中存在的由寻欢作乐的情欲导致的共时性的所谓"情爱多元"，是不可以与真正的爱情同日而语的。

从科学认知的观点看，历时性的"情爱多元"具有两性心理学的依据。无论是男性或女性，在其一生中都可能发生情爱对象的转移，也许并非人人如此。且两性的移情他（她）恋的倾向不仅有现代心理学的依据，而且有人类社会发展史上的无数事实可以证明。在男性中心社会中，女性移情他恋的情爱多元为道德和法律所禁止，但诸如寡妇再嫁、婚外恋情的事实仍不绝于史册；禁止本身就意味着被禁对象的客观存在；何况男性是"情爱多元"，客观上也使女性难以"从一"，包括男子的妻妾们，她们的活生生的感性生命要求是任何严酷的礼教和严密的防范措施所难以彻底禁遏的。

从农业社会向工业社会迈进，社会生活日趋开放和多元化，比文艺复兴、启蒙运动、"五四"新文化运动等都更有力地启动了以往被压抑的人们的情感闸门，即使无人提倡什么"情爱多元"，要求女性"从一而终"的禁锢也难以维系。社会生活的事实迫使人们调整自己的心态。首先，是男人们不能再以传统的男性中心社会的观念——"男恕风流，女戒淫邪"，仿佛自己的全部荣誉都隐藏在女子裙子下面的狭隘卑琐专横的心态——来看待女性的移情别恋，否则就可能造成令人发指的罪恶。例如，诗人顾城自己移情别恋，而对他的妻子的移情别恋则不能容忍，以致残忍地用斧头劈死妻子而后自杀，这种凶残而愚蠢的罪恶，说到底是由于无知，而无知遂导致野蛮。同时，女性也不能再以"爱情对于男人只是生命的插曲，而对于女人则是一切"的观念来看待男人的移情别恋，否则也会导致害人害己的结局。

科学的认知还告诉我们，男性和女性大都是既有历时性的多恋倾向，又都有独占对方（即使已经不爱自己的丈夫或妻子，也不允许他或她移情别恋）的心理，二者是很难并存的，只能二者择一。有人主张既维持婚姻关系、又使婚外恋情发展到一定程度后自然地淡化，犹如夫妇结合后感情逐渐淡化一样。此主张固然可备一说，有助于避免婚姻破裂的弊病。但是否也有因相互结合（无论是婚内还是婚外的结合）而感情更深的情形呢？要防止夫妇感情的淡化，似乎还有其他的办法。18世纪的法国思想家卢梭的《爱弥尔》一书，其中关于婚姻问题的论述是全书最精彩的篇章，连德国威尼斯堡的晦涩哲人康德也对这本书着了迷，他数十年如一日地每天下午按时外出散步，人们以他出现在街头的时间来校正自家的钟表的准确度，而唯一的一次忘记外出散步，就是因为读卢梭的《爱弥尔》。书中鼓吹的女人应该如何使自己变得让男人喜欢的论调虽然遭到了现代女权主义者的痛驳，被斥为"淫荡哲学"，但其中开出的"防止结婚以后爱情渐趋冷淡的药方"，关于妻子如何使丈夫放弃移情别恋之倾向的一套办法，就具有相当可靠的科学的心理学依据。卢梭开出的药方可用一句话概括，就是在结为夫妇之后继续像两个情人那样过日子①。但卢梭认为要做到这一点是很困难的，因此他教导爱弥尔和苏菲这对新婚夫妇道：

> 你如果把一个结子打得太紧，结子就会断掉的。婚姻的结合就是如此；你想使婚姻的结合越紧密，结果它反而会不紧密的。……强制和爱情是不能融合在一起的……不论是采用占有或控制的办法都是不能够束缚一个人的心的……②

卢梭认为，即使结为夫妇，两个人仍然都是自由的，夫妇之间不仅不要讲什么"权利"，连"义务"这个概念也要放弃，卢梭对爱弥尔说：

> 希望你始终做你的妻子的情人，希望她也永远做你的情妇和她自己的主人；……一切快乐都要从爱情中去取得，而不能够强要对方把使你快乐作为一种义务。……我希望你们两个人都各人支配各人的身体和爱情，只有在自己心甘情愿的时候才把这一切给予对方。

> ……别担心这个法则会使你们彼此疏远，相反地，它将使你们两个人都更加有意地相互取悦③。

卢梭又私下教给苏菲如何使爱弥尔更加爱她的办法，他说：

---

①②③　卢梭：《爱弥尔》下卷，商务印书馆1978年版，第734—735、737、736页。

我之所以要你对他的行乐加以节制，是为了使你能够像他作为男性而控制你的身子一样地控制他的心……如果你能够控制你自己的话，你就能够控制他了。……如果你过了相当时候再给他一次恩情，使他觉得你的恩情很珍贵、很稀罕……你要通过你的恩情而使他爱你，你要采取拒绝的办法而赢得他的尊敬；……但是不要使他抱怨他的妻子太冷淡无情。

这样，他就会对你寄予信任，听从你的意见，有事同你商量，凡事不同你研究就不做决定。这样，你才能在他越轨的时候唤起他的理智，很温存地说服他，使他回到正路①。

在卢梭看来，女性的强有力就在于，她能使用娇羞的美态去达到道德的目的，能够使用爱情的力量去增益理智的行为；为了使丈夫不至于很快地对夫妇之爱的甜蜜失去兴趣，妻子应该适当地说"不"，但不是为说"不"而说"不"，而只是在你为了使你给予他的爱情更有乐趣时才说"不"。看来卢梭真是一位杰出的恋爱心理学家！当然，卢梭也并没有把他开出的这一"防止结婚以后爱情渐趋冷淡的药方"当作百分之百有效的灵丹妙药，基于心理科学依据的药方也可能因其他社会因素的干扰而失效，所以卢梭又提醒人们注意影响爱情之美好和持久的其他因素。在《爱弥尔》一书的附录中，卢梭把妻子的"变节"归结为丈夫的过错，包括对妻子的轻视、冷淡、不忠实，等等，从而对"变节"的女性表示宽容。这既体现了西方的原始基督教义的精神，也是启蒙运动时期与中世纪宗教异化和伦理异化相对立的现代精神的反映。

不过，卢梭开出的防止爱情渐趋冷淡的药方，虽有科学的心理学依据，但毕竟不脱那种教女人如何增强自己的性吸引力、从而使自己变得更让男人喜欢的套路，依然是传统的男性话语空间的产物。尽管他也讲到了男女之间的"互相取悦"，以及把妻子的"变节"归结为丈夫的过

① 卢梭：《爱弥尔》下卷，商务印书馆 1978 年版，第 739 页。

错，但言下之意又是说丈夫的"变节"乃是妻子的过错，所以仍然把现代的女权主义者激怒了。不带性别偏见地立论，不能说卢梭的话全无道理，但由此亦可见仅仅建立在性吸引方面"互相取悦"基础上的防止爱情冷淡的药方仍然是有很大的局限性的，对这一点卢梭也有自知之明。那么，如何使爱情不因各种因素（诸如年长色衰及其他生理学的因素、色情文学和其他各种刺激动物本能的充满诱惑力的因素、社会经济和政治的因素，等等）的干扰而冷淡呢？卢梭并没有回答这一问题。笔者认为，防止爱情趋于冷淡的最可靠的药方乃是通过人文教养来提升男女双方的精神境界，使得双方都能做到爱她（他）的肉体不如爱她（他）的灵魂，这种建立在共同的精神追求——向着真善美永远追求——基础上的爱情，才能在生命的历程中永远炽热地燃烧，永远也不熄灭。这一药方同样具有科学的心理学依据，因为真正的爱情的本质乃是男女双方全身心的真挚的灵的交感和拥抱。

笔者之所以把"爱她（他）的肉体不如爱她（他）的灵魂"看作是使爱情得以长久保持的一条最重要的心理学原理，是以确切可靠的经验事实为依据的。20 世纪最动人的爱情故事不是美国式的《廊桥遗梦》，而是英国式的根据真人真事写成的《戴红玫瑰的丑女人》。《廊桥遗梦》是以肉体之爱为主要内容的，虽然男女主人公是因社会伦理的原因而不能不在数日欢情以后就永久离别，但纵然他们能够缔结姻缘，谁又能保证不因日久爱弛而分离呢？《戴红玫瑰的丑女人》则不然，它为我们提供了一个男女主人公都坚持"爱她（他）的肉体不如爱她（他）的灵魂"的典型范例。

那是 1942 年，国际反法西斯战争最艰苦的年代，青年布朗参加了英军第八兵团赴北非与德军作战。当时英军处于劣势，德军的攻势非常凌厉，到处是炮弹在呼啸和血肉横飞的恐怖景象。这使从未经历过战争的布朗处于精神崩溃的边缘，他甚至想到了逃跑或自杀。这时，一个偶然的机遇，使他读到了一本《在炮火中如何保持心理平衡》的书，作者是一位名叫朱迪丝的年轻女性。他不仅为这本书深深地感动了，而且从此开始与朱迪丝通信，并且终于相爱了。1945 年，战争结束，布朗即将回国，此时他是多么急切地想见到朱迪丝啊！朱迪丝回电说：请你在伦敦地铁一号口等我，你手中拿着我写的书，我的胸前佩一朵英国国花红玫瑰；不过，我不会先认你，让你先见到我，如果你觉得我不适合做你的女友，你可以不认我。布朗按约定的时间来到地铁口，先是有一位风姿绰约的绿衣女郎向他走来，可是却没有戴红玫瑰。而当一位戴红玫瑰的女郎向他走来时，他却惊得目瞪口呆：这是一位面部重度烧伤的挂着拐杖的女人！在这内心激烈冲突的瞬间，他果断地作出了选择：是她在我精神即将崩溃的时候拯救了我，我们的爱是神圣的！他追上了那位"奇丑无比的女人"，热烈地向她伸出手去。戴红玫瑰的丑女人告诉他：是刚才走过的那位绿衣姑娘请求我戴上这朵红玫瑰的，她要我一定要等到你主动同我相认后，再把真相告诉你，你已经成功地经受了一场或许比战争更严酷的考验，她正在对面的餐厅等你呢。此后，布朗与朱迪丝成了一对终生热烈相爱的夫妇，布朗于 1996 年 5 月 3 日去世，两天后，朱迪丝也随他而去了。他们的爱情是如此神圣，可以说为现代文明人类提供了典范。——这一至高贵、至神圣、至伟大的爱的典范，正是我把"爱她（他）的肉体不如爱她（他）的灵魂"作为一条具有科学性的爱情心理学原理的证据。

当然，推崇这种最高尚的爱情，并不见得就意味着鄙视和排斥其他方式的爱情，但总要称得上是"爱情"才行。要使人们选择的不同的情爱方式真正称得上是爱情，是需要大力提高全人类、全社会的人文教养水平的——这也正是考察人类情爱史的科学认知所提出的要求。

总之，在所谓"情爱多元"的问题上，科学认知实在是大有助于人们对此采取一种比较合理而又合情的态度的："情爱多元"的事实不可不承认；专横、片面（男性中心）、虚伪、可能引发暴力犯罪的"情爱一元"观念，包括传统的强迫妇女节烈的观念，等等，必须抛弃；理解和宽容人们所选择的不同情感方式，把这种选择视为不可干预、不可侵犯的私人生活权利，是现代社会科学、特别是马克思主义的社会科学所揭示的公理，必须坚持。但是，必须反对两性关系上的权力异化，就像美国人民揭露总统的绯闻一样——任何官员的情爱多元，都有以权谋色的嫌疑，并影响政府形象和公共权力的行使；必须反对两性关系上的金钱异化，反对侮辱妇女人格的形形色色的社会丑恶现象——因为金钱与美色的交易虽然没有官僚政客和读书人出卖灵魂那么无耻，对社会的危害那么大，但毕竟也是不把人当人的一种表现；同时，为了克服情爱多元所带来的许多难以克服的社会弊病和个人精神上的痛苦，就需要人们具有更多的自然科学知识、心理科学知识、社会科学知识，以增进人们的人文教养。科学认知对于社会生活的美化虽然不是唯一的条件，但也是绝对不可缺少的必要条件之一。

（三）美与善的统一

——是"躲避崇高"，还是追求崇高

本书在论述"美"与"善"的矛盾时，提出了"是美的情感至上还是善的道德伦理至上"的问题。之所以这样提出问题，乃是因为在存在着宗教异化、伦理异化、权力异化和金钱拜物教的社会中，人类美好的情感追求总是与以各种各样的"善"相标榜的道德的实践理性和功利的实用理性相矛盾、相冲突，在这种情况下，离美越近也就离善越远。这种矛盾和冲突乃至于激化到这样的地步："爱"总是与"死"相伴随，无论你是爱真理，爱正义，还是爱恋人，都要有准备为之牺牲的"英雄式的爱"的激情。

如今这样提出问题是不是还是恰当的？如果说，宗教异化、伦理异化、权力异化、金钱拜物教不再被人们看作是"善"而被公认为是社会的罪恶的话，那么，也就不存在"美"与"善"的矛盾，人们憧憬的"美善合一"也就可以实现了。可是，要使善的规范与美的追求相一致，

决不是一件容易做到的事情。在现代世界上，宗教异化、伦理异化、权力异化和金钱拜物教依然存在，要使"善"不再是形形色色的异化现象的伪饰，而是发自人性的内在呼唤，依然需要全世界进步人类作出巨大的努力。

解决"美"与"善"的矛盾的理想方式，是诉诸美善合一的崇高。包含于"崇高"中的所谓"善"，是适应人们对于美好的生活、应当如此的生活的要求的，而不是与人们对于美好生活的要求相对立。在"崇高"中，人类的美好情感就不再受到异化的道德实践理性的压抑，亦不再受到功利的实用理性的亵渎。这样的善，是以美为前提的善；这样的美，又是内在地包含着善的美。

1 感受崇高：人的天性中最壮丽的禀赋

如康德所说，美包括"纯粹美"与"依存美"，纯粹美是不带任何利害的计虑的，而日常生活中大量存在的则是"依存美"，即带有功利性的美。但依存美毕竟也是"美"，它以美协调了认知和道德，同样能给人以美的享受，激发社会化的情感共鸣。所以康德虽极力推崇纯粹美，但并不排斥与现实的人生紧密结合的依存美。

生活中确有一种并不包含崇高的"依存美"，它反映普通人的生活情调，特别是现代中产阶级的生活情调。在这样的美中，理性与感性协调一致，这种协调一致向他们展示着生活的魅力。譬如说，一个人具有使他幸福的一切条件，包括健康、财产、名誉、家眷、友朋，等等，所以他尽可以在这样的条件下表现他日常生活的伦理美德，社会要求他遵守的一切义务对他来说都不难做到，自然的冲动与理性的规则达到了美的和谐和统一，他可以过一种如同"轻快的游戏"一般的审美的生活。以这种生活为满足，曾经是古希腊中产阶级的自由民的幸福观，也是现代中产阶级的幸福观，更是一般平民大众所向往的生活，其中没有崇高，但却生活得既安稳而又平和、既惬意而又安适。

对于这样一种美善合一而不包含崇高的生活，能说什么呢？一言以蔽之：应该尊重人们的选择。也就是说，普通人所追求的这种幸福是值得肯定和珍视的，如果一个社会都能满足每一个人这种对于幸福的要求，而且每一个人也都能满足过一种平和而安逸的生活，那就尽可以不讲"崇高"。对于伦理学上肯定幸福是善与否定幸福是善这两派学说，我甚至赞成罗素的以下观点："对促进人类幸福最有贡献的人——或许可以想见——是认为幸福重要的人，不是那些把幸福和什么更'崇高的'东西相比之下鄙视幸福的人。而且一个人的伦理观通常反映这人的性格，人有慈善心便希望大家全幸福。因此，认为幸福是人生目的的人，往往是比较仁慈的，而提出其他目的的人，不知不觉地常常受残忍和权力欲的支配。"① 罗素在分析为什么有人否定幸福是善的根源时，指出："幸福若是别人的，比幸福是自己的，就容易蔑视。"②——对于胸襟狭隘、而对他人的幸福怀有"酸葡萄"心理的学者，往往走向否定幸福是善的伦理观。这也是确实无疑的。——但是，这里还需要补充一句：在不存在社会公正和正义的社会中，享福的阔人、"治人者"、"君子"，因为自己的幸福正是建立在多数人的痛苦之上的，所以他们也会对多数人说：幸福不是善，而是老天爷对于"善"的奖赏，我们所以享福，正因为我们是"有德"的"君子"；你们要懂得安贫乐道才是善，在苦难中磨炼自己才是善。于是崇高尽归富贵，鄙陋尽属贫贱，这是地道的伪崇高，是彻底的伪善。

自有文明以来，就很少存在过社会的公正和正义，大多数人总是受苦受难，对人们进行道德教化、说幸福不重要的偏偏是那些享尽人间幸福的特权者，伪善或伪崇高借助于蒙昧主义而大行其道。要争取社会的公正和正义，就需要有对于真理和正义的热情；要争取最大多数人的最大幸福，就需要有反抗挑战奋斗的精神；于是，便需要崇高，而不是拒斥崇高。历代专制统治者惧怕真崇高，而需要伪崇高；我们需要的是真

① ② 罗素：《西方哲学史》下卷，商务印书馆 1963 年版，第 179 页。

崇高，而坚决地拒斥一切伪崇高。所以安于现状的人们尽可以讴歌"平平淡淡才是真"，但决不可以说，"一切崇高皆是伪"。

"崇高"也是美学的一个范畴。美有秀美与壮美之分。秀美偏于阴柔，壮美则偏于刚健。秀美不包含崇高，而壮美则包含崇高，或直接就是崇高。秀美是感性的现实的美，或"依存美"；壮美则是理想的美，而理想的美是必然包含崇高在内的。秀美体现着理性与感性的协调一致，它对于现实的人生永远是具有诗意的魅力的；而"崇高是感性与理性的不一致，而它所以能抓住我们心绪的那种魔力正好在这两者的这种矛盾之中"①。

席勒在《论崇高》一文中举了一个例子，来说明美（秀美）与崇高的区别：以女神卡里普索为化身的美使尤利西斯勇敢的儿子着迷，她用她迷人的力量长期把他囚困在她的岛上。长期以来，他所崇拜的是一种不朽的神性，因为他只想到享受快乐。但是，在智慧之神化身的指引下，一种崇高的印象突然感动了他，他想起了他还有更美好的天赋，于是投入海浪，获得自由。——"只想到享受快乐"，这诚然是人的天赋之一，但席勒说这是"崇拜一种不朽的神性"的结果，却颇令人费解。不过这并没有什么神秘。我们只要想到古希腊人如何在酒神节的狂欢中感受"天人合一"的境界，印度哲人说如何在拥抱恋人时感受到"与梵（最高的存在）合一"的境界，也就不奇怪了。在西方近现代哲人和诗人那里，神性就是自然，人在性爱的快乐的瞬间感受到不朽的永恒的神性，全身心融入自然，所以1923年诺贝尔文学奖的获得者、著名的爱尔兰诗人叶芝（1856—1939年）在他的蜚声世界的诗集《丽达与天鹅》中，热烈地讴歌情爱的生活："神性与神性在性的高潮中产生神性。"

法国民族是富于世俗生活的浪漫激情的民族，所以法国启蒙者，例如百科全书派的领袖狄德罗不喜欢带有贵族气息的崇高，而喜欢中产阶级的"美德"，伏尔泰也不喜欢莎士比亚的古典主义悲剧，因为其中有

① 席勒：《论崇高》，《审美教育书简》，北京大学出版社1985年版，第161页。

过于激烈的矛盾冲突。富于理想主义精神的德国哲人则反之，他们更推尊崇高。席勒甚至把对待崇高的态度看作是"物质的人"与"道德的人"的分野。英国哲学家罗素沿袭英国经验论的传统，信奉"快乐就是善"的幸福论观念，希望大家全幸福，这当然是无可非议的，但他对于德国哲人的理想主义的批评却不免以偏赅全，他说："一般讲，幸福的代替品是某种英雄品质。这使权力欲有了无意识的发泄出路，给残酷行为造成丰实的借口。再不然，所崇尚的也许是强烈的感情；在浪漫主义者那里就是如此。这造成对憎恨和复仇心之类的炽情的宽容……"① 在罗素那里，似乎肯定崇高对于人生的价值和意义，就必然会导致权力欲、残忍、憎恨、复仇心以及对一切不宽容的宽容。诚然，任何事物都可能在一定的条件下走向反面：真理越出了它适用的界限哪怕一小步也会变成谬误，善在一定的条件下会转化为恶，美也会变为丑，兼有美与善之特质的崇高当然也不例外。然而，事物之走向反面，倚赖于一定的条件，转化的原因在于条件，是不能归咎于真善美或崇高本身的。

我们尽可以不必把"幸福"（快乐）与什么更崇高的东西相比而鄙视幸福，但是，如果我们全面地考察人性，考察属于人专有的幸福的起源，就可以发现，崇高也是人在从狭义动物界中提升出来的过程中所形成的一种属人的天性，而且是人的幸福的必要条件。当这人不再是物质必然性的奴隶的时候，崇高就会把他引向人道、宽容、为社会公正和正义而义无反顾。

与给人以天人合一、情理和谐之愉悦的秀美不同，崇高感产生于天与人的冲突、感性与理性的不和谐。在受制于外在的自然与自身之自然（情欲）的生存状态中，人既没有自由可言，更谈不上精神的自觉。而对外反抗狂暴的自然力以求生存和发展，对内反抗野性的情欲而形成人所独具的自觉追求真善美的精神特性，也就是人在实践中自我生成的过程，同时也就是崇高的产生过程。因此，崇高是在以人力反抗自然、以

---

① 　罗素：《西方哲学史》下卷，商务印书馆 1963 年版，第 179 页。

人性反抗兽性、在挑战拼搏抗争中获得的精神愉悦，是实践主体的巨大精神力量的表征。那借助于想象以征服自然力的原始神话，其中所展示的自由飞腾的意象和自觉的实践意志，就是崇高精神的最初写照；而关于崇高的美学探讨，则是人的精神在对自身的反思中所升华出的关于人的本质力量的自我意识。

对于崇高的审美观照比起对于秀美的赏心悦目的观照，在起源上要晚得多。正如席勒所说："当我们还在逃避崇高的时候，我们便首先急忙朝着美走去。美是我们童年期的守护者，它甚至把我们从原始自然状态引向文明。虽然美是我们的第一情人，感受美的能力首先得到发展，但天性又规定它的成熟要缓慢得多，它的充分发展要等到知性和心灵培养成熟。……因此，在这间歇就有足够的期限，在头脑中培植丰富的概念，在胸中培植原则的宝藏，然后再专门发展来自理性的感受到宏伟和崇高的能力。"[①] 理性使人意识到人在自然面前的独立性和自己的精神自由，而崇高之所以对于人生具有重大的价值和意义，就在于它使人不再是物质的必然性的奴隶，它使人在物质的必然性面前致力于捍卫自己的尊严和精神自由的原则。因此，感受崇高，是人的天性中最壮丽的禀赋；追求卓越和崇高，是人文精神的超越性的表现，是人性和人的本质的体现。

西方文化认为人有"原罪"，而把真善美给予了"上帝"或形而上的本体，具有深长的意味：人要赎免自己的"原罪"，即从动物性的情欲中超拔出来，就必须向着真善美永远追求。扬弃这一理论在中世纪社会的具体形式和特殊运用，这其实是用宗教或形而上的语言所表达的人类社会生活的真理。人通过实践使自己从自然中提升出来，并且通过实践发挥自身所具有的认知能力，使自然成为人类理性精神考察的对象，成为经过人的理性（经验认知、逻辑、数学）改造过了的自然，即自然科学意义上的自然；科学认知作为人的自我实现活动，使人可以通过科

---

① 席勒：《审美教育书简》，北京大学出版社 1985 年版，第 162—164 页。

学所达到的水平来观照自身的认知能力。人通过实践，超越自身的"被自然所造成的自然"，形成了能动的"创造自然的自然"，即人的自由意志，并通过这种体现着个体精神的自由意志的发挥，改造由原始的自然纽带所造成的社会关系和伦理规范，从而可以在不同的道德价值面前作出意志自律的选择，来实现伦理的"善"。追求善作为人的自我实现活动，使人可以通过自己的道德选择来观照自身的人格形象。人通过实践，发挥自身的"情感—审美"能力，以美的创造来观照自己的本质力量："艺术美高于自然。因为艺术美是由心灵产生和再生的美，心灵和它的产品比自然和它的现象高多少，艺术美也就比自然美高多少。"①

对于真善美的追求，是一种对于崇高的精神境界的追求，是人的尊严的体现。真理的追求、道德的自律、艺术的创造，都显示出人性的崇高、庄严。因此，追求真善美，也就是追求崇高；捍卫人的追求真善美的权利，也就是捍卫人性的尊严。属人的幸福，即使在如今看来仿佛是不包含崇高的幸福，也是由先辈们追求崇高而获得。如前所说，如果一个人不再追求崇高，满足于一种不包含崇高的幸福，只需要一种可以适应环境的最低限度的认知，遵循最低限度的道德，只能欣赏一种没有激情的最平和的美，独善其身，当然无可厚非。然而，人是否能满足这种毫无个性、毫无激情的生活，实在是要打一个问号的；人是否能做到在停止了对真善美的追求之后而不堕落，更是要打一个大问号的。"躲避崇高"、"拒斥崇高"，如果仅仅是针对"伪崇高"而言，当然有其合理性；但如果走向拒斥一切崇高，则是对人性的扭曲。美之中如果不包含崇高的因素，只能使人们在醇酒、美人和甜蜜的歌唱中溺而忘返；"拒斥崇高"的"痞子文学"，除了其揭露伪崇高的独特价值外，也只能使人们从"痞子"的油腔滑调中获得阿 Q 精神胜利法式的陶醉；而"崇高"，则能使人们从感官享受的世界和阿 Q 的似是而非的满足中挣脱出来，从对于"崇高"的审美观照中意识到人的尊严和人的使命。不错，

———————————

① 黑格尔《美学》第 1 卷，商务印书馆 1979 年版，第 4 页。

"痞子"也是人，但却是性格扭曲的人；我们捍卫"痞子"表达自己见解的权利，但我们却不能同意"痞子"的见解；建设现代化的精神文明，正是要通过实行广泛的人文教育，使"痞子"成为有现代文化教养的人。

2 崇高的异化：权力崇拜、金钱崇拜和伪崇高

所谓"异化"，是指人的创造物反过来成为奴役人自身的异己力量。譬如人以自己的劳动来推动生产力的发展，原本是为了满足人自身的物质生活和精神生活的需要，但在生产力发展的一定阶段上却产生了奴隶制、农奴制和雇佣劳动制等各种反转来奴役劳动者自身的制度，这就是劳动异化。精神上的异化也是如此，人们追求崇高，原本是为了从自然力量的压迫下获得自由，可是被人们赋予了"崇高"属性的事物却反转来成为压迫人的异己力量，这就是崇高的异化。

崇高的异化包括"神圣形象中的自我异化"和"非神圣形象中的自我异化"两种情形。前者是宗教异化，后者主要表现为金钱拜物教、权力崇拜和伦理异化。

最初人类借助于神话以征服自然力，塑造出自己心目中的具有超凡能力与智慧的半神半人英雄，是为了寄托自己的希望，增强自己的生命意志，在幻想中证明和提升人的本质力量。在这里，对象化与自我确证并非完全分离。那从天上盗来火种的普罗米修斯，同时也是希腊人的自由精神的写照；那主管天上人间一切文学艺术的女神缪斯，同时也是以美的个性为中心的希腊性格的写照。在东方，人们所塑造的神话中的英雄——盘古、女娲、伏羲、神农，等等，几乎全都是劳动者的英雄形象的写照。人们敬仰他们，却不见得畏惧他们。然而，随着社会分裂为压迫者与被压迫者，人的对象化与自我确证就开始分离，人创造了"神灵"、"天意"，等等，而压迫者们却使"神灵"、"天意"等变成了主宰被压迫者的命运的威慑力量。西方中世纪教会假借"上帝"的名义所实

行的统治，就是人所追求的崇高在"神圣形象中的自我异化"。在神圣形象面前，人不是确证自身，而是否定自身。

西方人在否定了"神圣形象中的自我异化"之后，又出现了"非神圣形象中的自我异化"。一方面是黑格尔的"理性专制主义"，在他看来，类的发展注定要以牺牲个体为代价，代表历史的"绝对精神"的英雄的身躯过于魁梧，在他行进的过程中，注定要践踏路旁的小草。所以中国近代哲人章太炎先生早就指出，黑格尔的理论必将奖掖强权。事实也证明了黑格尔的学说是适应普鲁士极权主义需要的一种理论，并且影响了后来的极权主义。另一方面是"金钱崇拜"，金钱是"非神圣形象"，但在资本主义兴起的过程中，却产生了金钱拜物教。按照新教伦理的经济理性主义，"时间就是金钱，效率就是生命"，一个人即使只是为了赚钱，也是在向上帝证明自己的价值，仿佛人生来就是为了赚钱，人生的价值被化约成了金钱的价值。马克思在批判资本主义时引证莎士比亚的名言说："金子，黄黄的，发光的，宝贵的金子！这东西，只这一点点儿，就可以使黑的变成白的，丑的变成美的，错的变成对的，卑贱变成尊贵，老人变成少年，懦夫变成勇士。……这黄色的奴隶可以使异教联盟，同宗分裂；……它可以使窃贼得到高爵显位……它可以使鸡皮黄脸的寡妇重做新娘，即使她的尊容会使身染恶疮的人见了呕吐，有了这东西也会恢复三春的娇艳。"

在中国，"神圣形象中的自我异化"和"非神圣形象中的自我异化"历来是杂糅在一起的，主要表现为伦理异化。追求道德的善本是人的天性，然而，儒家却将道德异化为奴役人的手段。孔子曰："君子有三畏：畏天命，畏大人，畏圣人之言。""天命"是什么？孔子没有说。但按照儒家的礼，只有帝王才有权祭天，有权代表天意，因为帝王是"奉天承运"的"天之元子"，"天生民而树之君"，君权是天授的，所以"君为臣纲"；"大人"是什么？是权势者，是官僚，是宗法社会的天然尊长，所以有"官为民之天"之说；什么是"圣人"？孔子说的"圣人"是周代的先王和制礼的周公，后来的专制统治者则尊孔子为圣人，"畏圣人之言"实际上就是要畏宗法社会的礼法。惧怕权势和权势者所代表的道德权威，是"非神圣形象中的自我异化"，但儒家赋予了权势以"天命"的神圣形象的色彩。权势是与"威福、子女、玉帛"结合在一起的，升官就意味着发财，所以崇拜权势也就意味着崇拜金钱。《易传》曰："崇高莫大乎富贵。"富是金钱，贵是权势。中国传统社会的金钱崇拜比起西方近代社会来毫不逊色。晋朝人鲁褒写过一篇《钱神论》，极言"令问笑谈，非钱不发"，"忿争辩讼，非钱不胜"，"有钱能使鬼，而况于人乎"，将传统社会"有钱能使鬼推磨"的情形揭露得淋漓尽致。张载在《西铭》中讲人生的富贵贫贱都是"乾父坤母"的意旨："富贵利禄，将厚吾之生也；贫贱忧戚，庸玉汝于成也。"富贵利禄既来自"天意"，因而也就越发显得"崇高"。在中国历史上，权力崇拜和金钱崇拜犹如孪生兄弟。"猎官摸金"、"先贵后富"的观念支配了大多数读书人的思想，就连人文教育——儒家的道德教化——也一方面成了统治者维护其特权人治的作威作福的工具，另一方面成了读书人"猎官摸金"的手段。威福、子女、玉帛的物质冲动几乎统治了整个历史，人性和人的独立的理性力量在权力和金钱的强大力量压迫下显得那么势孤力单，不是顶天立地的好汉，很难使人性的力量从兽性的巨大压力下冲出，而显示出其人性的真正崇高来。

崇高的异化必然表现为"伪崇高"。伪崇高的主要特征是虚伪、恐怖和无耻。首先是虚伪，它以社会普遍利益的名义来掩盖自身的特殊利益，以道德的词句掩盖其不道德的行为，专制制度都是靠谎言来维系的。然而，谎言可能被识破，所以"伪崇高"就必须借助恐怖来使臣民畏惧，让人们不敢说出皇帝的新衣的秘密。谎言与恐怖的结合，便是无耻：一方面是专制统治者愈加肆无忌惮，取消了行为的一切道德性；另一方面无所不在的恐惧造成了无所不在的谎言，谎言成了恐怖下的生存策略，更成为文人们的进身之阶。于是便造成了一种极为怪诞的情形：道德的高调唱得最响亮者，往往是为了掩盖最卑污的行径的人，犹如市场上叫卖得最起劲的人往往是为了把最坏的货物推销出去的人一样。在这种情况下，真有道德的人反而耻言道德。

作为对"伪崇高"的一种惩罚，是道德虚无主义的泛滥。鲁迅说，中国的一些人，至少是"上等人"，只要看他们的善于变化，毫无特操，是什么也不信的，但总要摆出和内心两样的架子来。心里想的与口里说的，在前台做的与在后台做的，总是两样。所以，鲁迅称他们为"做戏的虚无党"或"体面的虚无党"。鲁迅又看到，中国的所谓"上等人"耍起流氓手段来，比起市井无赖来毫不逊色，所以他给"流氓"下了一个定义："无论古今，凡是没有一定的理论，或主张的变化并无线索可寻，而随时拿了各种各派的理论来作武器的人，都可以称之为流氓。"①以这一标准来衡量，为了达到目的不择手段的帝王和士大夫，固然是流氓；为帝王歌颂升平、粉饰黑暗、推行愚民政策的儒者们，也是流氓。流氓的本质特征就是不讲任何信义而只知唯利是图。

"痞子文学"在中国亦是源远流长。鲁迅曾概述近代"才子＋流氓"式的文艺在上海的起源和流变。大意是说，19世纪下半叶，上海办了《申报》，刊登文艺作品，于是才子们跑到上海，一开始是在妓女群中充当《红楼梦》中的贾宝玉，于是有了"新式的"才子佳人书，内容多半是说惟才子能怜这些风尘沦落的佳人，惟佳人能识坎坷不遇的才子。后来才子们发现，佳人们并非因为"爱才若渴"而做婊子，佳人们只为的是钱，于是才子们便想出了种种制伏婊子的妙法，不但不上当，还占了她们的便宜。叙述这各种手段的小说就出现了，在社会上也很风行，因为可以当作嫖学教科书去读。书中的主人公，是在婊子那里得到了胜利的"才子＋流氓"。到了1926年—1927年间，富于"革命"激情的创造社文人——叶灵凤在上海办了《幻洲》半月刊，又鼓吹起了"新流氓主义"的创作主张。叶灵凤还作画，不仅画流氓，而且还画"无产阶级"，但他笔下的无产者形象也跟老派的流氓画一样，长着一双斜视的——Erotic（色情的）——眼睛，而且伸出一只比脑袋还要大的拳头。鲁迅

① 《上海文艺之一瞥》，《鲁迅全集》第4卷，人民文学出版社1981年版，第297、293页。

又说，创造社的"革命文学"，"摆着一种极左倾的凶恶的面貌，好似革命一到，一切非革命者都得死……这种令人'知道点革命的厉害'，只图自己说得畅快的态度，也还是中了才子＋流氓的毒。"① 鲁迅还指出，当时的上海电影界，影片中的"好人"、"英雄"，竟也是精通"拆梢"（敲榨）、"揩油"（占便宜）、"吊膀子"（勾引女人）的滑头。"看了之后，令人觉得现在倘要做英雄，做好人，也必须是流氓。"②

20 世纪 90 年代的"痞子文学"也沾染了此种气息，仿佛只有流氓才能在这个社会中畅行无阻，仿佛在这个社会中，无论干哪一行，总得有点流氓气，总要会耍流氓手段，才能"吃得开"、"叫得响"。这虽然具有揭露和批判现实生活中的丑恶现象的作用，但却可能使人导致玩世不恭的人生态度。这种文学的产生有其社会土壤，作家对流氓、痞子看得多了，写起这一切来也就自然会活灵活现。

3 理想的美：在自由的人生追求中实践崇高

崇高作为人的高级情感追求的理想美，本质上是超功利的，其中所包含的善，是比一切旨在调节人们之间的利益关系的世俗道德更高的善。它是为求美而求美、为行善而行善。这种超功利的态度，当然不只是表现为豪侠之士的"路见不平一声吼，该出手时就出手"。社会生活是无比丰富的，崇高的表现也是多种多样的：它表现为一切超出常人想象力的道德行为，表现为在腐败的社会氛围中独立不移地坚守自己的良知，表现为对于真理和正义的热情，表现为超越于阶级、党派、个人的特殊利益之上的"纯粹的人类感情"，也表现为纯粹审美意义上的爱情，等等。

崇高不仅属于英雄，在平凡的人、平凡的生活中也有崇高，只要你能作出超出世俗利害计虑的道德行为，不必要总是表现出牺牲生命的壮

---

①② 《上海文艺之一瞥》，《鲁迅全集》第 4 卷，人民文学出版社 1981 年版，第 297、293 页。

烈才算崇高。很多人都读过 19 世纪的法国作家雨果的《悲惨世界》，这部小说为我们提供了一个在平凡生活中表现出极伟大而崇高的宽容精神的范例。书中的主人公冉阿让小时候因为贫穷和饥饿而偷了别人的一点儿面包，结果被关进监狱 19 年。他出狱后，心中充满了对社会和人类的复仇心。在他走了 4 天数次被人拒绝留宿之后，索漠城的卡福汝主教接待了他。谁知他在吃饱睡足以后，竟偷了主教家的银烛台而逃走。警察将他抓住，并把他带到主教家去对质。倘若是一般人，如人们所常见的那样，肯定要痛打窃贼，让他再次进监狱，因为他们的眼界实在超不出哪怕一丁点物质上的利害。然而，卡福汝主教却对警察说，这烛台是他赠送给冉阿让的，并责怪冉阿让为什么不早把这一情况对警察说。冉阿让本以为他这次绝逃不过社会对他的残酷报复，比小时候偷一点儿面包被判 19 年监禁更惨，然而这次他得到的却是出乎意外的宽容。此事使冉阿让深受感动，并且彻底改变了他，使他从此走上了一条为善的道路。这件事说明了什么呢？说明以人道对待兽道，可以使人改恶从善，使社会少一分恶的兽性；以兽道对待兽道，只能导致恶性循环，互相报复，永无止境。以兽道对待兽道，这是狭义动物界的状况；而以人道对待兽道，则需要人性，而人性是包含崇高的。孔老夫子虽然说过很多错话，但他讲"以德报怨"，却是说出了一条伟大的真理。尽管"以德报怨"不一定总是会立竿见影，但社会毕竟少了一分以兽性对待同类的罪恶。前面说过，我们的人性尚且处于从兽性里提升出来的过程中，人性尚未完成，因此我们应努力培养人性中的崇高，而不应当拒斥崇高。

人们都知道，1789 年 8 月 19 日，法国巴黎的市民自发地行动起来，攻占了象征着绝对王权的巴士底狱，解放了被关押在那里的 5000 名良心犯，这一天后来被定为法国国庆日。然而，是谁启迪了巴黎人民关心起与他们的面包没有多少关系的作家和思想家？说来也奇怪，是一位以开杂货铺和缝补为生的普通的巴黎妇女——鲁库勒妇人。在 1789 年事变发生前十几年，鲁库勒夫人偶然在路上捡到一封信，是一位 25 岁被捕、已在巴士底狱关押了 35 年的老人写的，老人委托看守将这封信转交给一位慈善家，而看守竟将信遗失在路上。鲁库勒夫人从信中了解到这位素昧平生的老人的悲惨遭遇，气愤得战栗不止，立即开始为营救这位良心犯而奔走呼号。她身着朴素的平民服装，走过千百家大小公馆，向巴黎的达官贵人诉说她的信仰和请求。为此，巴黎市工商局吊销了她的小杂货铺的营业执照，警察当局也对她百般恐吓威胁，还有人造谣说那位犯人是她的情夫。然而她毫不畏惧。为了得到一位王宫侍女的帮助，她曾经冒着风雪，拖着怀孕七个月的沉重身体，徒步从巴黎走到20多公里外的凡尔赛宫。数年的奔走呼吁，终于使她获得了向国王呈递释放犯人请愿书的机会，然而，冷酷无情的国王作出了永远拒绝释放的决定。面对残酷的现实，鲁库勒夫人没有灰心，她相信民众的力量，同时又坚持不断地向那些不满专制统治的贵族、富有同情心的公爵夫人、哲学家、法官等进行游说，在巴黎社会掀起一阵阵捍卫人的生命尊严的舆论风潮。直到1784年，路易十六迫于舆论，才不得不下令释放那位良心犯。虽然鲁库勒夫人于1788年不幸去世，但她的行动却直接启迪了1789年巴黎人民攻占巴士底狱的历史性壮举。

18世纪法国的专制制度是强大的，巴士底狱的大门是无比沉重的，但就是一位平民妇女的柔弱的手首先打开了巴士底狱的沉重大门。崇高，是远比武装到牙齿的专制王权更为强大百倍的精神力量。没有崇高，欧洲各国人民也许至今还在专制压迫下痛苦地呻吟。罗素先生在20世纪的西方社会中讲自由主义是没有任何危险的，所以他蔑视崇高、误解崇高；但他若生在18世纪的法国，他要讲自由主义就非得有一点崇高精神不可了。

崇高固然与英雄的业绩相联系，但合乎人性地看待崇高，崇高决不是那帝王将相穷兵黩武、"一将功成万骨枯"式的所谓英雄业绩。与英雄业绩相联系的崇高，属于那些在追求真善美的道路上为人类的福祉作出非凡贡献的科学家、慈善家、艺术家。在18世纪的英国，曾经发生过一场著名的讨论，讨论是在一次集会上进行的，论题是凯撒、亚历山大、铁木儿、克伦威尔等人，哪一个是最伟大的人物。于是有人回答说：这些人都不能算伟大人物，真正的伟大人物一定是牛顿。当时正在英国的法国哲人伏尔泰对此评论道："这个人说得有道理；因为伟大倘若是指得天独厚、才智超群、明理诲人的话，像牛顿先生这样一个十个世纪以来杰出的人，才真正是伟大人物；至于那些政治家和征服者，哪个世纪也不缺少，不过是些大名鼎鼎的坏蛋罢了。我们应当尊敬的是凭真理的力量统治人心的人，而不是依靠暴力来奴役的人，是认识宇宙的人，而不是歪曲宇宙的人。"① 伏尔泰在讲到真正伟大的人物时，还讲到了近代实验科学的始祖培根和英美自由主义学说的奠基人洛克。此外，我们还可以举出"哲学的烈士"布鲁诺，现代护士制度的创始人南丁格尔，艺术家雨果、托尔斯泰、左拉……这些人才是人类所需要的真正英雄。

对于真理和正义的热情，体现着美与真和善的统一，生命的热情与道德良知的统一。例如，在"哲学的烈士"布鲁诺身上，我们看到了一种"英雄式的爱"，这种爱是真理之爱和正义之爱，它引导布鲁诺走上了为真理而献生的道路。从珍惜人的生命的人道主义立场看，我们不主张任何一个人为了任何崇高的目的去牺牲生命，但我们也决不同意现代存在主义者的观点，这种观点认为为真理而献身是毫无价值和意义的行为。如果一个人具有人性，他必定要去追求真理和正义，如果他为此而牺牲了自己的幸福和生命，那么，受谴责的决不是追求真理和正义的人，而是兽性的专制统治者和兽性的社会制度；而"英雄式的爱"的人性，却在兽性的黑幕上闪耀着分外耀眼的光芒。没有这种爱，西方人决不可能走出黑暗的中世纪。"英雄式的爱"使布鲁诺在宗教法庭的审判面前，英勇地捍卫了人性的尊严，表现了崇高的道德气节。在法庭上，他慷慨陈辞，极力申辩讲真话无罪，追求真理无罪。他说：

> 为了尊重哲学的自由，我坚决保卫的是这样的教导：不要闭上眼睛，而要睁大眼睛去看！

---

① 伏尔泰：《哲学通信》，上海人民出版社 1961 年版，第 44 页。

正因为如此，我不想隐瞒我的眼睛所看到的真实，我不害怕把它赤裸裸地表明出来。正像光明和黑暗、知识与无知的斗争要永世继续下去那样，到处重复着憎恶、骚扰和攻击，甚至连生命也经常受到威胁。这不只是来自愚蠢粗野的群众，而且也是由那些理应说是无知的元凶的学者们挑起来的。

布鲁诺对于真理的热爱和执著追求，犹如那燃烧着的爱火。对此，教会指控他"疯狂"和"不健全"，他回答说：

英雄式的爱乃是那些被称为疯狂者的卓越的本性之一。他们之所以被称为不健全，不是因为他们一无所知，而是因为他们知道得太清楚。

在这几句话中包含着深刻的哲理：英雄式的爱决不是无知的狂热，而是建立在清楚明白的科学认知的基础上的。当宗教法庭宣布对布鲁诺处以火刑的时候，布鲁诺毫不畏惧地对审判官说："我认为您这次向我宣判，比起我接受宣判来，您的恐惧心还要大得多吧!"——布鲁诺之所以能为坚持真理而英勇献身，在迫害与苦难的恶劣境遇中，在生与死的抉择面前，表现出坚强不屈、义无反顾的崇高道德气节，正在于他有一种"英雄式的爱"为其心源动力和精神支柱。他以"英雄式的爱"的壮美和与一切邪恶势力作不屈不挠的斗争的至善，为人类的思想史树立起了一座伟大的丰碑。在这里，没有美，也就没有善；而善，则是美的体现。

普遍的人类之爱的情感，即"博爱"的感情，是恩格斯所说的"纯粹的人类感情"。这种纯粹的人类情感，是与考虑亲疏、对自己有无利用价值的庸俗实用主义不相容的，因为没有亲疏和功利的考虑，所以对一切人一视同仁。这种纯粹的人类情感，又是与尊卑贵贱的观念不相容的：当亚当耕耘、夏娃纺织的时候，贵族又在何处呢？大官又在何处呢？剥去那象征着身份等级的外衣，除去男女的天然差别之外，人与人都是一样，一切权势者的"架子"、"面子"通通都显得滑稽可笑。因为没有尊卑贵贱的考虑，所以人人平等，人与人之间才可能表现出纯粹的人类感情。这种纯粹的人类感情，又是与金钱拜物教的观念不相容的。我们的古人早就意识到了"以利相交，利尽而交散"的道理，更有许多哲人看到了金钱能使友人变为仇敌，金钱拜物教甚至使一切人际关系都淹没在利己主义打算的冰水中去的事实。只有破除金钱拜物教的观念，才能见贫不傲，见富不谄，对天下穷苦人有一种悲悯的情怀，以使徒般的虔诚去推进或从事社会的慈善事业和福利事业，而这样的人就有一种崇高的人格美。

在两性关系方面，"善"更应以超功利的"美"为前提。恩格斯明确指出：一切为金钱的联姻，一切为扩大政治权力的联姻，一切带有功利目的的联姻，一切凭借金钱和权力去占有异性的行为，都是不道德的，而只有建立在爱情基础上的婚姻才是道德的。对于文学中的"爱"与"死"的冲突的主题，马克思主义者以更为积极的态度来加以解决。高尔基在其著名的童话叙事诗《少女与死神》中，以一位美丽的少女作为永生的爱神的象征，以一位感情已经结冰的老妇人作为死神，来代表摧残人类美好感情的凶恶势力。为了爱情，少女不惧怕皇帝的威严，更不怕皇帝把她交给凶恶的死神去处置。最后，少女以讴歌爱情的火一般的炽热感情，融化了作为死神的老妇人的冰冷的心。所以有人说这篇作品比歌德的《浮士德》更强有力，因为爱战胜了死！在《浮士德》中，爱与美的最终结局是死神的降临和浮士德生命的终结，而在《少女与死神》中，爱神最终战胜了死神，人类美好的感情战胜了摧残这种美好感情的凶恶势力，正象征着世界历史的逻辑。如恩格斯所预言：只有消灭了人剥削人、人压迫人的制度，才能使人与人之间"相互表达纯粹的人类感情"成为可能；未来的社会将会出现原始的"博爱"在更高的基础上的复归。在充斥着金钱、权势和利害算计的传统的"道德理性"看来，这简直是彻底的非理性主义；而在马克思主义者看来，这正体现了人性的优美、崇高和庄严，是真正的"情理合一"的理想境界。

既往的历史告诉我们，在走向现代化的过程中，不仅不应"躲避崇高"，而且恰恰是需要最大限度地确立人性的真正崇高。在走向现代化的途程中，揭露伪崇高与肯认真崇高几乎是同时进行的。扬弃崇高在神圣形象中和非神圣形象中的自我异化，恰恰是为了在"人的重新发现"的意义上再次肯认崇高。因此，中西近代哲人既是科学与民主的热烈倡导者，也是美学中的崇高原则的坚定捍卫者。对于崇高的美学探讨，遂在近代人本主义美学中获得了前所未有的重要地位，崇高成为人自由自觉地认识世界和改造世界的巨大精神力量的表征：培根把崇高感的来源归结为"世界在比例上赶不上心灵那样广阔"；博克说人之所以追求崇高是"因为人心经常要求把所观照的对象的尊严和价值移到自己身上来"；文克尔曼认为自由乃是造成艺术的崇高风格的原因，"正是自由……在人初生时仿佛就已播下了高贵性情的种子"；莱辛、维科鲜明地提出了崇高属于平民大众的观点。在近代中国，我们也看到了哲人们对伦理异化所造成的崇拜巨大专制权力和"崇高莫大乎富贵"的鄙陋观念的唾弃，以及对体现人的自由和尊严的崇高精神的呼唤。这一切，正是反映着现代化的历史要求，同时也正是反映着人性的要求。

总之，人性中本有的感受崇高的壮丽天赋不容泯灭，亦正如每一个人的尊严皆不容亵渎一样。马克思主义者把崇高之美建立在对人类普遍价值和社会发展规律的科学认知（真）和人类能动地改造世界的实践（善）的基础上，在追求美好社会理想的实践中观认人类自身的真正崇高。因此，崇高寓于无数"平民化的自由人格"之中。只要人类一天不停止对于真理和正义的追求，体现人的尊严和自由自觉之类特性的崇高气概就将与这种追求相伴而行。人类社会既离不开对于真与善的追求，生活和实践就会赋予这种追求以崇高之美的光辉。

（四）真与善的统一

——是道德伦理至上，还是科学认知至上

如前所述，真与善的矛盾，既表现在个体与类的关系的问题上，还

表现在对于文化传统的态度问题上，也表现在科学与价值、历史与伦理的矛盾之中，并且呈现出异常错综复杂的情形。但核心的问题，乃是认知的真实与道德的评价孰主孰从的问题。

所谓"真"，无非就是平实地说真话、讲道理。以这一观点看问题，真与善是完全可以统一起来的：一个人、一个社会要有道德，就必须从说真话、讲道理做起。说真话既是科学认知的要求、个性自由发展的要求，也是道德伦理的要求、社会整体利益的要求。如果一个社会是以讲真话为道德、而不是以撒谎为道德的话，如果一个社会的整体利益是靠讲真话来维系、而不是靠撒谎来维系的话，它自然会鼓励人们说真话、做真人，而不是相反。

但问题在于，在社会发展的一定历史阶段上，敢说真话的人是不为以"善"相标榜的抽象类精神的代表者们所喜欢的。拿人们所熟知的《皇帝的新衣》的故事来说，上至王公大臣、文人哲士，下至贩夫走卒、平民百姓，全都赞美皇帝的新衣如何美丽，只有一个小孩子高声喊道："其实他身上什么也没穿啊！"于是皇帝愕然，哲学家诧异，老百姓惊骇。皇帝和众人固然奈何不得一个小孩子，但倘若换了一个成年人，则他的下场也就很悲惨了。类似的事情如今也在到处发生：北京某公司的一位会计揭露了公司逃税漏税，从此便砸了饭碗，无论新闻媒体如何为他呼吁，就是没有一家单位用他，因为许多单位的领导都要考虑本单位的"群体利益"，认为这个人损害了群体利益是不道德的，而且有一条为哲学家历史学家们反复言说的理由：不爱家者决不会爱国，单位如同家……不过，这一逻辑是极为靠不住的，经不起经验事实的反驳。

道德的"善"总是与人们的各种各样的利益相联系，判断是善是恶可谓人言人殊，是社会领域中最为复杂的一个问题，所以近现代的哲学家往往把"真"与"美"的领域从"上帝"那里拿回到人的手中，却仍然将"善"的领域交给"上帝"去掌管：等待上帝的"末日审判"吧，到时候一切善恶都会分辨得清清楚楚。

然而，在现世中，"真"与"善"的矛盾虽然不可能一劳永逸地解决，但并不是不可解决的。这一解决方式就是：在一般情况下，善必须以真为前提，真归根结底是对人类有益的，是善的；建立在"真"的基础上的道德才是真道德，建立在谎言基础上的道德只能是伪善。人的求真的天性充分发展了，是真实无欺的人，那么这个社会的道德水平肯定会大大提高一步。因此，如果要问是道德伦理的"善"至上，还是科学认知的"真"至上，则毋宁说，科学认知的"真"是至上的。在"真"的前提下，不仅是个体与类的矛盾，而且纵然有再严重的社会问题都比较容易得到解决。因为"真"，必然把人们引向尊重公理和逻辑、尊重理性的权威、尊重社会发展的客观规律。

1 "善"必须以"真"为前提

"善"必须以"真"为前提，首先是基于对历史经验教训的总结和吸取。人们都说哲学是使人聪明的学问，这当然是不无道理的，哲学的本义就是爱智慧。但从总结理论思维的经验教训的角度来看，哲学并不总是使人聪明的，对智慧的"爱"并不总是使人达到聪明和智慧。正如在男女之"爱"的领域中有痴情者、有矫情者、有薄幸负心者、有殉情者等一样，在中西哲学史上，亦有傻子、骗子、疯子，有傻子而兼骗子者，有骗子而兼傻子者，有傻子而兼疯子者，当然更有许多常人不能理解而误以为疯子但却颇有健全之理性者，等等。中西哲人固然都讲以"爱"的态度去寻求智慧，中国哲人还特别强调一个"诚"字，爱与诚固然语义有别，爱属于情感的领域，诚属于意志的领域，但亦相通：非诚不能爱，非爱不能诚，爱与诚都是寻求智慧的动力。只有在这一意义上，我们才说美统真善，或形上之爱统摄真善美。但情感和意志决不能代替认知和智慧，更不能把受到各种现实利害因素和主观好恶因素障蔽的非理性的情感和意志凌驾于指导现实人生的认知和智慧之上，否则，就会产生骗子、傻子、疯子。

或多或少带有"骗"的品格的哲学，不是教人聪明，而是旨在愚民。西方中世纪的宗教异化，与基督教的经院哲学密切相关，所以近代启蒙学者说受蒙昧的人们是傻子遇到了骗子。中国传统社会也不例外："民可使由之，不可使知之"（儒家），"常使民无知无欲"（道家），"民无知则易使"（法家），"治军之要在愚士卒之耳目"（兵家），这是春秋战国"百家争鸣"时期为统治者设计治国方略的各派哲人的几乎一致的主张。带有"骗"的品格的哲学，往往颠倒是非、混淆黑白，宋代的周程张邵一批道学家全都反对王安石变法，因为变法要禁止包括他们在内的官绅们放高利贷和逃税漏税。虽然他们的眼睛全盯着"孔方兄"，但却反转来说王安石是"喻于利"的"小人"，他们自己是"喻于义"的"君子"。朱熹讲统治者的"钟鼓声色之乐"是"天理"，老百姓因为连菜根也吃不上而"犯义犯分"是罪大恶极的"人欲"，所以要"存天理，灭人欲"。"骗子"哲学更造就假道学，随便举例就可以举出很多。从"道学语"到"风月语"只有一语之转，例如道学家黄佐的《泰泉集》中有狎妓诗，自注"人欲净尽，天理流行"，就是人所罕知的显例。钱钟书先生对道学一语论定："理者，藏欲之薮也！"

带有"骗"的品格的哲学又造就出或多或少地带有"傻"的品格的哲学，西方中世纪的傻子哲学家们日日讨论的是上帝存在的本体论证明，以及一个针尖上能站几个天使，等等；在中国，有的哲学家偏要按照程朱理学去格物致知、惩忿窒欲，王阳明坐在庭前"格竹子"七日而病，颜元遵《朱子家礼》几乎送命，此二人后来总算觉悟了。但更有许多终身不悟的哲学家，有日日填"功过格"者，有实在窒不了欲时还要在日记中大书一笔"某夜与老妇敦伦一次"者，有麻木不仁然而却是真诚地维护吃人的礼教者。

又有"傻子"而兼"疯子"的哲学家。在西方中世纪，有满怀宗教的和道德的狂热而把思想异端送上火刑场的神学家和哲学家。在中国亦有如戴东原所说的那种自以为"严气正性，疾恶如仇"，盲目信奉程朱的"天理"，以"天理"为"忍而残杀之具"的近乎迫害狂的道学家，而逼迫女子搭台殉死遂成为清代徽州、杭州、福州等地愚民们的狂欢节。

还有骗子而兼疯子的哲学家。叔本华的唯意志论的悲观主义哲学，极其敌视妇女，要叫人类灭种，但在他死后，人们却发现了他藏有治疗性病的药方。更有名副其实的疯子哲学家，如鼓吹"强力意志论"的尼采，他鼓吹要以强力意志去夺取最美丽的女人，占有最广大的空间……

骗子、傻子、疯子、傻子而兼疯子、骗子而兼疯子的哲学，其结果都是戴东原所说的"祸斯民而不知其极也"。

真正的哲学家往往是常人误以为"疯子"而却有健全的理智的哲学家。在西方，有百科全书派充满对真理和正义的热情的理性哲学。在中国，亦有"颠倒千万世之是非"、提倡"各从所好，各骋所长"的李贽哲学，有"发狂打破宋儒家中《太极图》"、明辨真理和意见，鼓吹"情之至于纤微无憾是谓理"、"明其必然适以完其自然"的戴东原哲学，等等，等等。

为什么同是哲学，却会出现不同的品格？这原因，就在于对于科学认知之"真"的不同态度。

标榜"爱智"或"自诚明"的哲学之所以会成为骗子哲学，就在于缺乏那种排除一切现实利害之算计的为求知而求知的精神。哲学家一旦只考虑"价值"，考虑利害，无论这价值或利害是功名利禄的算计，还是自以为是崇高的道德动机、"大公无私"的社会功利目的，都可能导致歪曲真理。

标榜"爱智"或"自诚明"的哲学之所以会成为傻子哲学，就在于缺乏从实然而非从应然出发的知性精神。他们不懂得，对于寓于宇宙和人性之自然中的必然的认识（"真"），乃是一切道德之"善"的根本前提。没有对于"实然"的科学认知，没有关于事物"是怎样"和"为什么是这样"的认知，所谓"应然"即"应该如何去做"的知识就很可能是靠不住的。把自古传下来的习俗，例如纲常名教看作天经地义，而不考察人类不平等之起源的事实真相，真的以为"普天之下，莫非王土"，真的相信帝王是"真命天子"的谎言，从而跪倒在他的脚下，真是愚不可及。新儒家说这不是对帝王个人尽忠，而是对"理念"尽忠，更蠢！

卢梭说得好，当第一个人圈了一块土地并宣称"这是我的，你们都得为我劳作"之时，要是有人拔掉桩子，或者填平沟壑，而且向他的同胞大喊——"听这个骗子的话可得小心；要是你们忘记了大地上的果实是人人可以享受的，土地不属于任何一个人，那你们就给毁了"，那么人类可以免去多少罪行、战争、谋杀、不幸和恐怖啊①!

之所以标榜"爱智"或"自诚明"的哲学有时会成为疯子哲学，就在于它缺乏尊重公理、尊重逻辑的精神。人类在长期的历史实践中不断地重复各种不同的逻辑的"格"，才使这种逻辑的"格"获得了公理的意义，不承认人类的历史实践确立的公理，不尊重思维的逻辑，以为凭借个人的神秘直觉就可以把握宇宙人生的一切真理，势必走向唯意志论。而这种企图以个人意志支配社会历史的唯意志论，在一定的历史条件下，没有不导致祸国殃民的狂热的。

中西哲学史的理论思维的经验教训告诉我们，没有科学认知的"真"，就谈不卜道德伦理的"善"——古希腊人、近代启蒙者和中国17—18世纪唐甄、戴东原关于知识对于道德的决定作用和以知识为最高之美德的观点，实在仍然应该是现代哲学所应具备的最重要的品格。也许有人会说，知识多的人常常比愚昧无知的人更会干坏事，不识字的老实的乡下农民决不像某些知识分子的心术那么坏，愚昧无知的人至多干一点儿小坏事，知识多的人却会干大坏事。诚然，这一驳论是非常有力的，至少说明了知识与道德并不完全成正比的道理；但要由此论证知识与道德总是成反比、乃至"知识越多越反动"，也就很难成立了。依笔者看来，某些知识分子的心术败坏恰恰又正是无知的结果。在历史上，这部分坏了心术的知识分子，他们像太监一样地阉割了自己（不是肉体的阉割，而是精神上的自阉）去充当专制暴政的帮忙或帮闲，也许可以换来一时的富贵，但却为人所不齿，这难道是明智的人、清醒地意

---

① 卢梭：《论人类不平等的起源》，参见《十八世纪法国哲学》，商务印书馆1963年版，第154页。

识到自己在写自己的历史的有大知识大智慧的人所愿意扮演的角色吗？他们以自己的一点儿小聪明去干大坏事，也许可以得逞于一时，然而却不免要终日提心吊胆地过日子，且终究难以逃脱正义的惩罚，这难道可以算是有知或明智吗？就这一意义上来说，心术败坏的某些知识分子比不识字的乡下农民更愚蠢，亦更无知。此外还应指出，推动人去干坏事的动力决不是知识，而是恶性膨胀的私欲！

如今讲哲学品格的人热衷于将科学精神与人文精神对立起来，殊不知，排斥了科学精神的所谓"人文精神"，只能造就"以理杀人"的骗子，虽有真诚的道德动机但维护的却是"吃人的礼教"的傻子，充满了真挚而狂热的宗教的或道德的激情却干出无数残害"异端"、或者使持不同信仰和道德观念的人类各民族各社会集团互相残杀之蠢事的疯子。这在历史上曾有过多少惨痛的经验教训呵！笔者愿当今讲"哲学的品格"者和讲"人文精神"的学者们深长思之！

当然，说历史上的某些哲学家是"骗子"，等等，更多地是就其哲学的客观效果而言。这是一种极而言之的说法。事实上历史上的哲学家并不总是有意识地弄虚作假，他们也是从传统中、从他们的实际社会地位中汲取了他们所需要的观念，是时代的局限性使然。对于这一点，是应该给以"同情的理解"的。然而，"同情的理解"决非认同，如果今人也陷入了前人理论思维的误区，那就十分可悲了。

在历史的发展中，我们还看到，"善"如果不以"真"为前提，势必压抑甚至扼杀人的求"真"的天性，堵塞人类认识真理的道路，阻碍社会的开化和进步。犹如几何公理要是触犯了神学的陈腐偏见，也会被宣布为谬误一样，在社会发展的某些历史阶段上，科学真理的发现如果与特定阶级、阶层和社会集团的利益以及作为这种利益之集中体现的道德（"善"）发生冲突，也同样会被宣布为谬误。

清朝康熙年间，在湖北荆州地区，有一位著名的学者叫朱方旦，大概是受当时西方传教士带来的生理学的科学思想的影响吧，他公开宣称人的思维器官是大脑而不是心，他批评"古之号为圣贤者"皆不知这一道理；他重视自然科学及其实际运用。其徒陆光旭说："朱程精理而不精数，大儒之用小；老庄言道而不言功，神仙之术虚。"清王朝以程朱理学为统治思想，作为维持世道人心、道德风化的工具，而朱方旦的科学思想则构成了对程朱心性之学的威胁，在湖北地区很有影响。于是朝廷震怒。康熙二十一年，翰林院侍讲王鸿绪上书皇帝，列举朱方旦的上述言论，"乞正典刑，以维世道"。康熙皇帝令九卿议处，九卿议复："朱方旦诡立邪说，煽惑愚民，诬罔悖道，应立斩。顾齐宫等刻造邪书，应监候。"最后由康熙皇帝亲自下令将朱方旦砍了头，将为朱方旦刊刻著作的顾齐宫等人判了死缓，把推崇过朱方旦的一位满族大将军勒尔锦逮捕监禁起来；就连已经去世的原湖广巡抚张朝珍，因为身前曾给朱方旦赠送过一块匾额，他的儿子也被夺去了官职。

明末清初的西方传教士还给中国带来了哥白尼的"太阳中心说"，按照这一学说，地球是绕日而行的。然而中国的传统观念认为天圆地方、地静不动，这一说法又是与纲常名教的上下尊卑永恒不变的观念结合在一起的。出于制定准确的历法"敬授民时"的实用理性的考虑，清政府任用西方传教士南怀仁为钦天监监正；但出于维护纲常名教的考虑，又下令焚毁南怀仁宣传"太阳中心说"的著作。而清朝的封疆大吏阮元在他主持编撰的《畴人传》中更对哥白尼的"太阳中心说"大加辟斥，说哥白尼的学说使"上下易位，动静倒置，则离经叛道，不可为训，固未有若是甚焉者也"（《畴人传》卷四十六）。

清朝末年，西方近代社会科学的真理传入中国，这遭到了清政府更为强烈的抗拒，千分之九百九十九的士大夫不赞成维新变法。他们认为，中国之所以为中国，就在于有"君为臣纲"、"父为子纲"、"夫为妻纲"，强调关于尊卑贵贱等级名分的一整套道德规范如冠履不可倒置。因此，"民权之说不可行"、"男女平等之说不可行"、"法律面前人人平等之说不可行"。否则，就会"天下大乱"，就会"率兽食人"，使人沦为不讲道德廉耻的禽兽。因此，主张并积极参与维新变法的"戊戌六君子"（谭嗣同、刘光第、康广仁、林旭、杨锐、杨深秀）被慈禧太后下令拉到菜市口去砍了头，支持维新派的光绪皇帝被软禁，而奋起"勤王"的唐才常起义则遭到了湖广总督张之洞的血腥镇压。

以上三例，都是以道德的名义来拒斥科学真理的典型例证。不问是不是真理，而只问对人——其实只是某一部分人，即特权者——有没有好处，那自然也就没有科学真理的地位；而没有科学真理的地位，不允许讲真话，那大行其道的也就只能是瞒和骗，所谓道德的善也就变成了彻底的伪善。

"善"如果不以"真"为前提，势必造成非人的伦理异化。诚然，在伦理学上强调道德行为的自愿原则是必要的。如人们所公认的那样，人的行为，特别是道德行为，固然要受到理智的支配，但同时又往往出于意志的自主选择，后者赋予这种行为以自愿的特征。

"自愿"，这诚然是很好的。但是，我们不要忘记了，"以自愿形式出现的奴役存在于整个中世纪"。自愿地效忠于主人，自愿地服从教会的权威，自愿地遵奉"初夜权"的野蛮习俗。乃至于直到19世纪初，德国农民"自愿"地接受奴役的程度仍然是令人诧异的。如恩格斯所指出："（他们是）世界上最愚昧无知的一部分人，他们死抱住封建成见……宁死也不肯背叛他们和他们的先辈称之为老爷的人，不背叛管辖他们、蹂躏他们和鞭打他们的人。""其次是大学生和一般的人……他们认为他们的使命不仅是为了捍卫他们称之民族特征的正统主义的原则，而且也是为了捍卫神圣的三位一体和上帝的存在。"[1] 在中国传统社会中，人们自愿地维护据说是万古不变的纲常名教，自愿地维护道统的权威，在"官、禄、德"的诱惑下自愿地去做各种伤天害理的事，自愿而且十分荣幸地把自己的女儿送进帝王的深宫……"以理杀人"的程朱理学十分强调伦理的自觉，这自觉原则中也就包含了自愿——没有自愿又何来自觉？

这一切说明了什么呢？说明：善一定要以真为前提；自愿，一定要

---

[1] 《马克思恩格斯全集》第7卷，第237页。

以科学认知和清醒的自我意识为前提。一个愚昧无知的人可以对某种道德规范极其自愿自觉地去奉行，而且自以为这是他的意志的自主抉择、自作主宰；然而没有科学认知和清醒的自我意识，这种自愿自觉只能是盲目的，把自己置于一种可耻的奴隶地位而不自知，不仅身为奴，而且心为奴，这种自愿自觉又是十分可悲的。

当然，由于社会生活的极其复杂，在解决"真"与"善"的矛盾的时候，所谓善必须以真为前提的原则，仅仅是就一般情形而言，主要是就认知与道德的关系和提倡讲真话而言。但善以真为前提的原则又并不是无条件的和绝对的，因为它并不见得适用于某些特殊的情形。在什么情况下"善"并不一定要以"真"为前提呢？是在"真"可能与人道主义原则发生冲突的时候。例如，革命志士面对敌人的严刑逼供，为了不出卖同志，不使更多的同志遇害，宁可牺牲自己也不肯对敌人说实话；又如医生出于人道主义的考虑，为了不使缺乏心理承受能力的身患重症或绝症的病人悲观失望，就需要对病人隐瞒病情，甚至以"高贵的谎言"来激发患者与病魔作斗争的生命意志。不过这些毕竟只是社会生活中的一些罕见的特例，决不可以把通过谎言来达到善的目的作为社会生活的通则。

2 化认知之"真"为道德之"善"

对于"真"必须作全面的理解。作为"善"的前提的"真"，无疑应该包括两个方面：一是认识世界，二是认识自己。认识世界包括认识自然规律和社会发展的客观规律，认识自己包括认识自身的生理心理结构和人性发展的内在要求。这两个方面是辩证统一的。道德的合理性和正当性，从根本来说，应该是合乎人性发展的内在要求的，因而不应该以某种非人道的社会制度在历史上的出现的必然性来为旧道德辩护。在旧制度、旧道德与人性发展的要求相冲突的时候，我们无疑应该站在人性发展的内在要求一边，因为惟有人性发展的内在要求，才是合乎社会发展的客观规律的：扬弃人性异化而建立一个合乎人性的社会，乃是社会发展的根本要求，也是马克思主义哲学的批判的、革命的本质所在。我们解决个体与类的矛盾和历史与伦理的冲突，都应立足于这一基本观点。

冯友兰为北宋道学家程颐所说的"饿死事极小，失节事极大"的陈腐道德说教辩护，说什么在以家庭为本位的社会里，家庭一定要由妇女来维持，妇女不守节，家庭就被破坏了。所以他认为"饿死事极小，失节事极大"在当时的历史条件下是合理的。这种观点显然是错误的。因为即使在当时的历史条件下，寡妇守节以维护家庭也没有客观历史规律的依据，因为寡妇改嫁对社会并不造成任何危害。汉唐时代，虽然统治者提倡儒家的贞操观，但由于并未采取强有力的手段去推行，所以寡妇改嫁习以为常，人们并不把儒家的道德规范看作是神圣不可侵犯的教条，社会倒是比较富于生机和活力的。强迫寡妇守节，不但没有客观历史规律的依据，恰恰相反，它是北宋以后的中国传统社会开始走下坡路，并日益丧失其存在的合理性的表现。从人性发展的内在要求看，"饿死事极小，失节事极大"的道学说教更是反人性，反人道，违背人性自由发展的真实要求的，是宗法礼教的"吃人"本质和"男恕风流、女戒淫邪"的双重两性道德在宗法专制社会的恶性发展。宋明以后，只有那些反映真实的人性与礼教的冲突、批判伦理异化、讴歌爱情自由婚姻自主的声音，才既具有客观历史规律的依据，又具有人性发展的内在要求的依据。

化认知之"真"为道德之"善"，具有以实践为核心的认识论的客观依据。真理是主观与客观相符合的认识，是使主观服从于客观。这种与客观相符合的真理性认识一旦产生，就对人们的实践——以善为目标指向的意志动作——发生巨大的指导作用。在意志动作方面，人们即使心中产生了某种意志或欲望，一般也不会立即就付诸实行而使之成为意志的断然行动，而是要根据对客观实际的认知，判断其意志动作所要达到的目的是否具有合理性，是否具有实现的现实可能性，以及目的与手段是否一致，等等。只有在意志具备了实现的现实可能性、条件和手段都已具备了的时候，人们才会将意志转移为行动。而意志越是合乎现实的可能性，其实现的可能性就越大；反之，实现的可能性也就越小。使意志合乎现实的可能性，就是使主观服从客观，同时，也就是使意志服从真理，使善服从于真。这并不是否认意志的能动性，并不是说人在客观现实面前无能为力，而恰恰是为了更好地发挥意志的能动性，去改造客观现实，以实现善的功利目的。

要摒弃以科学为"工具理性"、以道德和宗教为"价值理性"的褊狭见解。不可否认，科学在素重实用的中国极易变成单纯的工具理性，但我们决不可人云亦云地贬科学为工具理性；道德在中国传统社会原本是不离日用之常的工具理性，我们决不可借用西方的概念把它捧为价值理性。贬科学为工具理性，然而，在提升人类尊严、增进人类幸福、促进社会进步的意义上，科学又何尝不是一种价值理性？说道德是价值理性，然而，在旧道德被人利用来阻碍社会进步和反对增进人类普遍幸福的场合，又何尝不是一种散发着陈腐气息的拙劣工具？诚然，科学是强调必然性的，但是强调必然性并不必然导致以人为工具；相反，以人为工具与科学的本性——自由地怀疑和探索的本性、向着自然界和社会争取自由的本性——是不相容的。什么地方把人当成了工具，一定是那里的社会本身出了毛病，是不能归罪于科学的。没有真，也就谈不上善。我们既不能设想，愚昧无知的人能够有健全的道德；我们也不能设想，没有对于真理和正义的热情的人能够有道德的真诚。只有由"真"所孕育和产生出来的"善"——由科学认知的正确信念所引导出的道德的真诚才是发自人类至性至情的内在冲动，否则，极可能变为盲目的生命冲动，或者是地道的伪善。

必须把道德建立在清醒明白的科学认知的基础上。任何以"善"相标榜的道德规范，都必须先经过科学的理性审视，问一问：此种道德规范合乎科学所揭示的自然和社会的公理吗？合乎时代进步的潮流和现代社会生活的需要吗？合乎人性发展的内在要求吗？诚然，道德的真诚可以看作是"良知"的内在呼唤，孟子所说的恻隐之心、是非之心、辞让之心、羞恶之心，作为道德良知的四要素，仍然可以既在抽象继承的意义上沿用这些概念，又可以从抽象到具体地赋予上述概念以新的时代内容。每一个现代人都要讲道德良知，这是确定的、毫无疑义的。但也必须看到，一个现代的教养有素的人的良知比起2000年前孟夫子之所谓良知要深刻而丰富得多，也要健全得多。以现代人的眼光去看2000年前孟夫子的"良知"，那"良知"就不免带有那个等级社会的印记；所谓"杨子为我，是无君也；墨子兼爱，是无父也；无父无君，是禽兽也"等说法，更是病态社会中的病态观念。现代人的良知是建立在尊重20世纪人类所确立的社会公理的基础上的。有了这种良知，就会以人类社会的公理去审视行为的合理性，就不会像古人似的不分是非地唯君上之命是从去对某种抽象的理念尽忠。

人类的历史实践，是一个不断地将认知之"真"转化为现实之"善"的过程。科学思维的发生打破了原始的蒙昧，使人类从野蛮进入文明；科学真理的光辉驱散了中世纪的愚昧、盲从、迷信的阴霾，不仅创造了高度的物质文明，也创造了高度的精神文明；科学真理的光辉也正在驱散着笼罩在20世纪人类心灵上的阴影，使人类对自己的前途重新确立起一种谨慎的乐观主义的态度。直到20世纪60年代，人们仍然以重型制造业为工业化社会的象征，把大规模的官僚组织的出现看作工业化的必然结果，甚至断言科学和技术的进步只会导致越来越大的权力集中，因而诅咒科学的发展束缚了人的自由；然而，曾几何时，信息高速公路的出现，却为小规模的、分散的劳动和经营活动创造了条件，社会越来越开放，个人也越来越自由，极权主义的出现越来越成为不可能的了。人们意识到这一点，自然就会收敛起自己支配他人乃至梦想统治世界的权力意志，以平等的、多元开放的心态去对待他人，人类和平生活的安全系数也就比以往一切时代不知大了多少倍。我们尊重科学的成就，相信为实践所证明了是正确的科学真理，也相信建立在科学公理的前提下的在逻辑上无懈可击、并且也将为实践所证实的逻辑真理，但这并不意味着把科学——作为人类认识和实践的阶段性成果的科学——当作一种终极性的教条来说明人类生活的千态万状的情境。何况任何一般性的科学原理也都有其自身的局限性，犹如世界上没有两片相同的树叶，任何一般都不能涵盖个别的一切特点和特征。因此科学的客观性不是"绝对精神"（绝对理性），适用于特定对象的科学方法也不是适用于一切领域和一切对象的"方法论权威"，人类在其历史实践的特定阶段上所认识到的科学规律也不是不变的教条。科学的本质是怀疑的、批判的、革命的，是与迷信、盲从相对立的，它反对任何形式的盲从和迷信。同样，这一精神本质也反转来适用于科学自身。对于"科学万能"的迷信也是不科学的，是违背科学精神的，是不合乎科学的怀疑、批判、革命的本质的。承认这一点，丝毫也不贬损科学的价值，恰恰是更能显现科学精神的光辉。因为认知的真实、科学发展的水平都是受着人类历史实践水平的局限的，我们现有的认识可能在实践中被证伪、被试错，我们还有很多未知的领域需要探索，我们的认识还需要进一步向深度和广度拓展。

然而，我们虽然反对把科学作为宗教来崇拜，但我们却不能不提倡科学："科学万能"论固然是夸大其词，但我们却不能不努力倡导科学的精神。

需要强调的是，我们实在还不配排斥科学，还不配大声疾呼"反对科学时代的理性神话、理性宗教和理性崇拜"，尤其不配、也不应该排斥科学精神。

空谈"仁"，不如发明一种抗菌素以救活无数人的生命。

空谈"义"，不如将现代社会科学的政治学原理和法学原理切实付诸实施，彻底肃清数千年特权人治的余毒，建立社会主义的民主法治。

在卜筮、算命、巫术、偶像崇拜还在中国的穷乡僻壤流行，甚至在都市中仍有其市场的当今中国，我们仍然有必要像鲁迅当年一样地高呼："宁可牺牲于达尔文、易卜生，决不牺牲于孔丘、关羽；宁可牺牲于阿波罗，决不牺牲于瘟将军五道神！"

（五）自由：真善美的统一

——人的自由与真善美

在本章第一节的"形上之爱与美统真善"篇中，笔者讲形上之爱统摄真善美；而在本节中，笔者却要讲真善美皆统一于自由；这两种提法是不是自相矛盾呢？不矛盾。形上之爱的精神也就是自由的精神，自由是一切真正的形上之爱的内核，是人的精神超越性——从形而下不断地向着形而上的境界攀升——的表现。当然，必须把历史上反映宗教异化和伦理异化的本体论论证（如中世纪经院哲学关于上帝存在的本体论证明、程朱派道学家神化纲常名教的所谓道德形上学）排除在外。以形上之爱的情怀去追求真善美，实质上也就是以自由的精神去追求真善美。

同时，笔者之所以要在本节中着重论述真善美皆统一于自由，乃是由真善美的内在本质所规定的，因为自由乃是贯通真善美三者的灵魂。从认识由初级的本质向更深层次的本质的推进来看，如果说追求真善美的"人的一般本性"是人的初级本质的话，那么，我们通常所说的"人的本质"则是指更深层次的人性。所谓"人的本质"，是人性的最集中的表现，是人的追求真善美的生命活动的本质特征。而人的自由——对于必然的认识和对客观世界的改造——正是人的生命活动的本质特征，从而也就是人的本质特征。

诚然，人类的历史实践水平制约着人的自由的程度，即人的解放的程度，也决定了真善美所具有的历史相对性；但只有诸诉人的自由，充分发展人的求真、向善、臻美的天性，才能明辨真善美与假恶丑，为人类在实践中不断趋向真善美的理想境界，开辟广阔的道路。

1 自由：人的生命活动的本质特征

以形上之爱的自由精神去追求真善美，是在人们满足了吃喝住穿的物质生活需求的前提下形成和发展起来的，但其根源却深深地蕴藏在人的物质生活资料的生产劳动之中。马克思不仅从劳动发展史中找到了理解社会历史的钥匙，而且从人的劳动中找到了理解人的本质的钥匙，从而揭示了自由乃是人的生命活动的本质特征这一光辉的真理。

马克思曾经说过："人的本质是劳动。"然而，马克思并没有停留在这一结论上，而是由此去探究寓于劳动之中的人的更深层次的本质。通过对人的劳动的考察，马克思进一步指出："一个种的全部特性、种的类特性就在于生命活动的性质，而人的类特性恰恰就是自由自觉的活动。"① 这里所说的人的自由自觉的活动，主要就是指人的劳动，而人的其他一切活动都是在劳动所奠定的基础上发展起来的，因此，"劳动是自由的生命表现"②。所谓"自由"不是别的，正是人对客观世界的认识和改造，当然也包括人对自己的主观世界的认识和改造。

人的自由体现在劳动之中，也就是体现在人对真善美的自觉追求之中。劳动既是感性的物质的活动，也是内在地包含着对于真善美的自觉追求的活动。在劳动中，人类不断地获得关于自然界的必然性的知识以改造自然，由此发展出具有相对独立性的科学实验和科学理论研究，对自然的本质和规律性的认识也越来越深刻，因而这是一种追求"真"的活动。人类通过劳动，使自然界适合于人的目的和人的需要，替自己创造着日益增多的福利事业，实现着"善"的价值目标；同时，多数的美德也都是首先从劳动中产生的；因而，劳动毫无疑问是一种追求广义的"善"的活动。在劳动中，人们也按照美的尺度来创造那前所未有的事物，并且通过自己的创造物来直观自己的本质力量，因而也是一种追求"美"的活动；尽管在社会发展中，艺术创作与直接的物质生产劳动相分离，但物质生产劳动的创造，依然是"美"的不竭的源泉。

劳动创造了真善美。这内在地包含着真善美之追求的人类生命活动过程，同时也就是人类不断地认识必然、改造世界而获得日益增多的自

———————————

①② 马克思：《1844 年经济学—哲学手稿》，《马克思恩格斯全集》第 42 卷，第 96、38 页。

由的过程，是不断地从必然王国向自由王国迈进的过程。因此追求真善美同时也就是追求自由，创造真善美同时也就是创造着自由。而人类在真善美诸方面所达到的水平，也就标志着人类解放的程度，亦即人类自由的程度。自由作为对必然的认识和对世界的改造，实现着人的本质力量，给自然界打上了人类意志的烙印，创造出一个"人化的自然"。这人化了的自然，作为人的本质力量的外在表现，体现着人的自由意志。

劳动创造的真善美，不仅体现在外在的自然，体现在他的创造物，而且更体现在人的心灵之中。人的生物机能，如吃喝、性行为，等等，这永远是一个必然王国，人永远也不能摆脱这种必然性的支配；然而，劳动，以及蕴涵在劳动中的对于真善美的追求，却使人能够限制这种必然性发生作用的范围，使人能以自己的自由意志来处理这一必然王国中的一切。例如，情欲对人来说是必然的，人要不成为情欲的奴隶，就必须在一定的条件下有战胜情欲的能力，在这一意义上，自由乃是对必然的反抗。同时，只是在有了关于性的禁忌和压抑以后，才有了真正属于人类的爱情——如果性活动是不择时间地点和对象的行为，是随时随地都可以从随便什么人那里得到满足的行为，那是没有所谓"爱情"可言的。如果人的生命活动的本质不是认识必然而通过这样那样的方式以获得自由，那么就只能像动物一样屈从于自然界的盲目的必然性，也就永远不可能将自身从四脚爬行的动物中提升出来。

在谈论人的本质时，我们又碰到了马克思给人的本质下的另一个定义：人的本质，在其现实性上，乃是"一切社会关系的总和"。人的"自由自觉"的活动的类本质与"一切社会关系的总和"二者之间是一种什么关系呢？马克思没有说得很明确。然而，这却是我们不能不认真加以探究的问题。

马克思通常使用的研究方法，首先是从具体到抽象，然后又由抽象上升到具体。所谓"人的类特性恰恰就是自由自觉的活动"，是思维的第一步骤——从具体到抽象——所作出的结论，即从每一个人的劳动中抽象概括出人的类本质——"劳动是自由的生命表现"。而所谓人的本质是"一切社会关系的总和",则是思维的第二步骤——从抽象再上升到具体——所作出的结论,即从人的"类本质"又回到"每一个单个人的本质"。为什么还要再从抽象上升到具体呢?

这是因为,人类在真善美诸方面所达到的水平,或人类自由的程度,总是受到特定时代由每一个体所结成的社会关系的制约,总是体现在作为每一个体的对象化活动之产物的一定的社会联系之中。只是在这一意义上,马克思才指出:"人的本质是人的真正的社会联系,所以人在积极实现自己本质的过程中,创造、生产人的社会联系、社会本质,而社会本质不是一种同单个人相对立的抽象的一般力量,而是每一个单个人的本质,是他自己的活动,他自己的生活⋯⋯"① 现实生活中的个人,总是处于特定的社会关系之中,并且在历史的发展中不断生产出和再生产自己的社会关系,人的社会性、历史性以及阶级社会中的阶级性等,都体现在每一个现实的个人身上,这就必须从个人所发生的一定的社会关系以及各种关系的发展中去具体地、历史地把握人的本质。

问题的关键在于如何理解"一切社会关系的总和"。一切社会关系作为形成人的本质的现实基础,理应包括人与客观世界的五重现实的对象性关系。首先是人与自然的关系。这本质上也是一种社会关系——因为进入人类社会以后,自然也已不是单纯的自然界,而是为人的活动所改造了的、并且日益人化着的自然界,是作为人的劳动对象、劳动资料而存在的自然界。第二,是"两种生产"过程中的人与人之间的关系。就人自身的生产(生育)来说,包括两性关系及由此派出的家庭关系、亲子关系,等等;就物质生活资料的生产来说,包括所有制关系、人在生产过程中的地位和相互关系、劳动产品的分配和交换关系,在阶级社会中集中表现为阶级关系。第三,是个体与群体的关系。包括个人与家族的关系、与阶级的关系、与政党或其他社会集团的关系、与民族的关系、与国家的关系,等等。第四,是人与传统文化氛围的关系。包括与

① 马克思:《1844年经济学—哲学手稿》,《马克思恩格斯全集》第42卷,第24页。

特定时代占统治地位的社会意识形态的关系，与本民族的文化传统的关系，与特定的亚文化的关系，等等。第五，是人与历史的关系。即人如何既作为历史的剧中人，又作为历史的剧作者而存在，他在历史的前进运动中扮演着什么样的角色，他在由无数分散的力量所组成的历史合力中起着怎样的作用。总之，现实存在的"每一个单个人的本质"，都为这五重现实的对象性关系的具体的历史形态所制约；同时，人的本质也就体现在这五重现实的对象性关系之中。所谓"历史地发展着的具体的人性"，进而，人的本质，必须而且只能从上述五重现实的对象性关系的总和来加以理解。忽视了这五重对象性关系中的任何一项，对于人的本质的理解都可能导致简单化和片面性的弊病。

对于人的本质的双重规定——"自由自觉的活动"与"一切社会关系的总和"——是否互相矛盾呢？二者之间，何者更为重要呢？

应该承认，人的"自由自觉"的本质与历史上特定时代"一切社会关系的总和"常常是对立的：

在存在着阶段压迫和阶级剥削的时代，劳动者的自由自觉的类生活的本质总是被"一切社会关系的总和"所压抑、扭曲，统治阶级的思想家总是企图把人们禁锢在既定的社会关系之中，以维护自己的统治并使人民大众永远处于被压迫的地位。他们对被统治者说：认识这种必然吧！你认识到这种必然，并且欣然接受这种必然，你就是自由的；如果你不满，你反抗，那你就是不自由的，你就会受到必然性的惩罚。确实，剥削制度在历史上的出现是具有必然性的，一种生产关系在它所能容纳的生产力全部发挥出来之前，是决不会灭亡的；然而，在这种情况下，我们不能简单地说"自由是对必然的认识"，而应该说，自由是对必然的反抗。马克思主义者充分肯定历史上一切被压迫和被剥削阶级的反抗斗争的正义性，就在于人的自由不仅在于认识必然，而且在于发挥自己的自由本质去反抗压迫、改造世界。

在存在着专制制度、"连学者也要服从皇帝的命令"的时代，专制帝王总是迫使人民的理性服从皇家军队的纪律，使学者的探索不逾越纲常名教的轨道。皇帝以其"奖善罚恶"的实际行动对学者们说：认识这必然性吧，你如果歌颂升平、粉饰黑暗，你说会得到"官、禄、德"；如果你不满，你不肯赞美"皇帝的新衣"，你要讲真话和独立思考，那你就会遭到"文字狱"的严厉惩罚！你顺应这种必然性，你就有自由；否则，你就是不自由的。确实，专制制度在历史上的出现是具有必然性的，一种政治制度在其赖以存在的经济基础尚未根本改变之前，也是决不会灭亡的。然而，在这种情况下，我们也不能简单地说"自由是对必然的认识"，而应该说，自由是对必然的反抗。因此，马克思热烈讴歌为了追求真理牺牲在宗教裁判所的火刑场上的布鲁诺式的"哲学的烈士"，恩格斯热烈讴歌那些"为了对于真理和正义的热情而献出整个生命"的启蒙者，普列汉诺夫更明确地指出，"真正能对人类理性的进步作出贡献的人，总是那些热爱真理而胜过关心当代权势者利益的人们"。

只有在扬弃了宗教异化、伦理异化、劳动异化和一切人性异化的社会中，人的自由自觉的本质才能得到充分的显示和发挥。

但是，在另一方面，我们又必须承认，人的"自由自觉"的本质与"一切社会关系的总和"又是统一的。人类自由的程度，总是与人类对必然的认识和对世界的改造的特定方式相适应，与人类的历史实践水平及其所创造的社会关系相适应，受社会基本矛盾运动的规律所制约。

例如，在奴隶制时代，奴隶们即使在反抗的时候，也没有超出奴隶制的思想局限。普列汉诺夫指出："在斯巴达领导下之起义的奴隶曾与自己的主人进行了战争，可是没有和奴隶制进行战争，假如他们能够得到胜利，他们在顺利的条件下，他们自己会泰然自若地做成奴隶占有者。在这里不禁记起谢林的话：'自由应该是必然的'。这话在这里有着新的意义。历史指明：任何一种自由只在它成了经济的必然性时，它才出现。"[1] 在社会生产力发展水平只能采用奴隶制生产方式的历史条件下，奴隶的反抗斗争即使取得了胜利，也只能是继续实行奴隶制，而不

---

① 普列汉诺夫：《论一元论历史观的发展》，三联书店 1961 年版，第 116 页。

可能有采用新的生产方式的自由；所不同的只是反抗的奴隶中的少数人成为主人，而原先的主人则沦为奴隶，即使是成为主人或自由民的人们，也还是那个时代的经济必然性的奴隶。

又如，在封建社会中，农民反对封建压迫剥削，但没有、也不可能把封建当作一个制度来反对；农民反对地主，但没有、也不可能把地主当作一个阶级来反对；农民反对昏君暴君，却盼望出现好皇帝，更没有、也不可能把皇权当作一个主义来反对。如果反抗取得胜利，农民起义的领袖就会泰然自若地登上皇位，一部分人就会欣然地成为新的地主，成为压迫者和剥削者，将封建制度延续下去。因此，即使是反抗的农民，虽然他们所处的被奴役的地位推动着他们去反抗压迫剥削，并且有向往自由的愿望，提出过各种各样的平均主义的乌托邦思想，但经济的必然性却决定了他们不可能超出小生产者的狭隘眼界，也决定了他们本质上依然是封建生产方式的拥护者、皇权主义的崇拜者、清官政治的信奉者。这也就是鲁迅所说的那种"阿Q式的革命者"罢。他们所追求的"自由"，在实践中没有也不可能超出特定时代的"一切社会关系的总和"的局限性。

如此等等，不一而足。

然而，人的"自由自觉"的本质与"一切社会关系的总和"并不是凝固的、静态的统一，而是历史的、动态的统一。二者之中，人的"自由自觉"的本质是更为根本的。所以马克思在讲了"人的本质在其现实性上乃是一切社会关系的总和"这句话以后，紧接着就说"费尔巴哈不是对这种现实的本质进行批判"。也就是说，为了推动社会的进步和人类的解放事业，应该而且必须对"一切社会关系的总和"采取批判的态度，以高扬人的能动地改造社会的自由自觉的类本质。这正是马克思主义哲学的批判性、实践性、革命性的根本特征之所在。

人类的历史，是不断地认识自然界和社会的必然、不断地向自然界和社会争取自由的历史，从而也是人类自由的发展史。在存在着阶级压迫和剥削、存在着把人不当人和使人不成其为人的专制制度的社会中，正是被压迫阶级及其代言人对于在当时来说是具有必然性的那种社会关系的批判和反抗，才或多或少地推动了生产力的发展和历史的前进。生产力水平的提高，标志着人类支配自然力的自由度的提高；生产关系和上层建筑的变革，则标志着人在社会中的自由度的扩大。"一切社会关系的总和"是动态地发展着的，因而人的"自由自觉"的类本质也是发展着的。只有把"自由自觉的活动"与"一切社会关系的总和"这两个关于人的本质的规定具体地、历史地统一起来，并且将人的"自由自觉的活动"看作是具有根本性的、能动的推动历史进步的力量，才能在理论上得出人类终将消灭一切剥削制度和实现"世界大同"的革命结论；也才能在实践中真正确立人的主体性，尊重人的尊严和对于自由的要求，使社会成为一个为了达到共同目标而团结在一起的同盟，实现马克思所说的"自由人的联合体"的崇高理想。

2 真理与自由

自由既是人的生命活动的本质特征，而追求真理本身就是发自人的生命的内在冲动。真理的追求通过人的生命活动来实现，同时又照耀着人类走向自由的历程。因此，自由乃是贯穿于追求真理的生命活动的内在灵魂，追求真理乃是人的生命活动之自由本质的自我展现。

第一，人的生命活动的自由是在不断地化"自在之物"为"为我之物"的实践和认识的活动中实现的，科学的真理乃是人们向着自然界和社会争取自由的武装。

无知的人是不自由的，因为展现在他面前的是一个全然陌生的世界，这个陌生的世界以各种不可思议的力量与他相对立，在这样的境遇中，除非他放弃做人的资格，亦即放弃生而为人的自由，否则他就不可能做到所谓的"天人合一"。而意识到自己的无知，而又不甘心满足于此种状态，也就有了求知的要求，这同时也就是对于自由的要求。求知的目的，就是要使与人相对立的陌生世界成为人可以用观念和思考来掌握的世界，以改变人在无知状态下的那种不自由的状况，于是便有了科学。

科学的真理是人类在实践中认识和把握世界的方式之一，它既包括自然科学的真理，也包括社会科学的真理。科学的任务在于认识必然以改造世界，使人获得自由。

人生在世，既"自在"而又"自为"。所谓"自在"，是指人作为自然存在物，永远也不可能摆脱外在的自然界的必然性的制约，也不可能完全摆脱自身的自然的必然性的支配。所谓"自为"，是指人具有"自觉"的意识，能够通过实践既认识世界，又认识自己，从而能动地改造世界，包括既改造客观世界也改造自身的主观世界，化"自在之物"为"为我之物"，这样，人也就有了自由。人的自由是在不断地化"自在之物"为"为我之物"的实践和认识的活动中实现的。

认识世界是向外观认，认识自己是向内反省，前者以外部世界为认识对象，后者则以主体自身为认识对象，具有各自的相对独立性，但在实践和认识辩证统一的过程中，二者却是密切地联系在一起的。

从认识世界的方面来看，认识世界亦离不开认识自己。人对客观世界的认识，总是受到人的实践水平和认识能力的制约，要达到对客观世界的真理性认识，就必须正确估计自己的认识能力，必须排除一切妨碍对于事物的真理性认识的主观上的障蔽，要解蔽、去惑。这样一种对于自身的认识能力和思维活动的反省、反思，也就是认识自己。而正确地认识自己，也就成为达到对于客观世界的真理性认识的不可缺少的重要环节。

从认识自己的方面来看，认识自己亦离不开认识世界。人作为自为的存在，不仅在于他能够认识世界，还在于他能够认识自己、思考自己、观照自己。人认识自己有两种方式，但这两种方式无论从形式上、还是从内容上看，都离不开对客观世界的认识。首先，人通过实践活动来达到认识自己，"因为人有一种冲动，要在直接呈现于他面前的外在事物中实现他自己，而且就在这实践活动中认识他自己"[1]。但实践本

———————

① 黑格尔：《美学》第1卷，商务印书馆1979年版，第39页。

身，即人在把自己的理想和愿望加诸客观事物的时候，是以人对客观事物的认识为前提的。其次，人通过反省和反思的方式来认识自己。在这种反省和反思的活动中，人意识到自己的存在，意识到自己心中是什么在活动，为什么这样思考问题而不是那样思考问题，意识到有什么情感在自己心中激荡，有什么意志在支配自己的行为，从而形成对于自己的观念。然而，人认识自己，从来也不是把自己作为遗世而独立的孤绝的个人来加以思考的，相反，他在思考自己的时候，总是联系着人与自然、与他人、与群体的关系，等等，因而也总是离不开对世界的认识。

因此，认识世界与认识自己是辩证统一的。为了更好地认识世界，就必须清醒地认识自己；而要清醒地认识自己，又必须很好地认识世界。认识世界与认识自己，也就是要正确认识人与自然的关系、以及人与社会之间的各种错综复杂的关系。而认识世界的目的归根结底是为了改造世界，化"自在之物"为"为我之物"，以实现人的自由。

第二，追求真理是需要自由探索、自由思考的，这就需要人们在追求真理的时候有一种排除一切干扰和诱惑、不计利害、独立特行的自由精神。

以追求真理为唯一使命的知识分子，决不能自动放弃自由，使学术从属于权势，从属于定于一尊的"道统"，从属于金钱的势力。陈独秀曾指出，中国学术不发达的最大原因，莫过于学者自身不知道学术独立之神圣，必欲攀附六经，妄称"文以载道"，"替圣贤立言"。而学者之所以不知学术独立之神圣，又正如马克思所指出，"中世纪的原则是权威的原则"。在西方有教会的权威，在中国则有"道统"的权威。而学者们为什么会屈从于权威呢？因为屈从于权威就能得到好处，不屈从权威就会给自身带来灾祸。这种情形在中国直到 20 世纪尚未消除。50—60 年代在台湾有一位著名的自由思想家叫殷海光（1919—1969），他是著名哲学家金岳霖先生的学生，一生致力于教人以"不受人惑的方法"，执著地追求真理，然而就是这样一个人，却在当年台湾当局的迫害、"圣之时者"的攻击和衰病侵淫中与世长辞。在殷海光先生遭遇迫害时，一般人避之唯恐不及，惟有李敖真挚地关心他，为他出版著作。李敖曾愤激地指出："中国知识分子是最无耻的一个阶级，他们在统治者与民众之间上下其手，误尽苍生。"这一论断虽然片面，但从历史上看，却具有较大程度的真实性。中国传统社会的读书人，大多为"禄在其中"而学，为获得"劳心者治人""治人者食于人"的地位而学，所以也就主动迎合专制统治者的需要去歪曲真理，一代代地跪倒在皇权脚下，拜倒在专制政治的偶像孔子的灵位前，"畏大人，畏圣人之言"，"以孔子之是非为是非"，说什么"天不生仲尼，万古如长夜"，完全丧失了自己的独立人格，也泯灭了学者的良知。如果谁也不稀罕那诱使天下读书人入其彀中的"官禄德"，专制统治者又向谁施淫威呢？学者心甘情愿地放弃的自己的思想言论自由，心灵被权势和金钱奴化了，又哪里有严格意义上的"科学"可言？

固然，趋利避害是人固有的生物学天性，但这一天性是人与禽兽共有的，而不是人与禽兽相区别的、人之所以为人的特征。动物只是凭它的朦胧的知觉去趋利避害，它不可能超越当下的利害关系，而人则能以其独立之人格、自由之精神去追求真理，超越当下的利害算计。应该说，这一与禽兽相区别的人之所以为人的特征，才是格外值得珍视的。笔者讲过，人性尚未完成，人仍然处于将自身从狭义动物界提升出来的过程中。一个人越是具有不计利害地追求真理的自由精神，那么他在人性的阶梯上攀升得就越高，就越是使自己远离了狭义的动物界；一个民族具有纯粹求知的自由精神的人越多，这个民族的科学也就越发达，社会也就越开化、越进步。

第三，求真——追求真理——需要一个允许、提倡并鼓励人们讲真话的自由的社会氛围。

人的本性是要求真的，因此一个合乎人性的社会应当是保障学术自由的社会，一切现代文明国家的宪法都保障学术自由，我国的宪法第二条也明确宣布"公民有言论、出版……的自由"，"有进行科学研究……的自由"，这正是人文精神或人道精神的表现。

对于知识分子来说，科学研究的自由也就是学术自由。爱因斯坦曾对学术自由作过精辟的论述。他说："我所理解的学术自由是，一个人有探求真理以及发表和讲授他认为正确的东西的权利。这种权利也包含着一种义务：一个人不应当隐瞒他所认识到是正确的东西的任何部分。显然，对学术自由的任何限制都会抑制知识的传播，从而也会妨碍合理的判断和合理的行动。"① 爱因斯坦把学术自由看作是科学进步绝对必要的条件，也就是说，只有在学术自由的社会氛围中才可能有科学的进步，他强调："科学进步的先决条件是不受限制地交换一切结果和意见的可能性——在一切脑力劳动领域里的言论自由和教学自由。我所理解的言论自由是这样一种社会条件：一个人不会因为他发表了关于知识的一般和特殊问题的意见和主张而遭受危险或者严重的损害。"②

学术自由除了必须由法律来保障以外，还必须在全体人民中提倡一种宽容的精神。学者们是要将自己的思想见解公诸于众的。所谓学术自由或思想自由，不仅是学者在书斋里想怎么研究就怎么研究，想怎么思考就怎么思考，而是包含了发表的自由，没有发表的自由，所谓学术自由或思想自由就是一句空话。法律虽然规定了学术自由，但要真正得到落实，还是得有一定的社会条件相配合。人与人之间的认识水平总是有差异的，学者与政治家之间有差异，学者与社会公众之间也有差异，学者们彼此之间也不可避免地会有差异。人们之间的意见分歧，又不完全是认识水平的差异所导致，而是看问题的角度不同，有的偏重于事物的这一方面，有的则偏重于事物的那一方面。事物是多层次多侧面的，社会现象更是错综复杂，这就使人们对事物的认识必然会有各种不同的视角，产生不同观点的分歧和对立。我们不否认真理和谬误的区分在特定的条件下是有确定性的，不承认这一点，就会走向不分是非的相对主

————————————

① 《爱因斯坦文集》第 3 卷，商务印书馆 1977 年版，第 323 页。
② 《爱因斯坦文集》，第 1 卷，第 179—180 页。

义。但从不同视角对事物的认识，不同的说法却可以同真，各自所揭示的都是相对真理。为了避免独断，尽可能全面地认识事物，为了不堵塞真理发展的道路，所以每一个人都应该谦虚，而谦虚则使人宽容，即不因他人的见解触犯自己的成见而恼怒，也不因他人的见解与自己不同而心存芥蒂，而是以欢迎"一偏之见"、乐闻"相反之论"的态度来对待不同的意见。在这方面，不仅政治家要有雅量，学者们相互之间、学者与民众相互之间也都要有雅量。伏尔泰说得好："我坚决不同意你的观点，但我要誓死捍卫你发表不同观点的权利。"这句话应该成为每一个现代人的座右铭，只有这样，才能造成一个人人讲真话的社会氛围。历史事实也证明，只有善于倾听多方面的不同意见，集思广益，才能作出正确的决策，避免在实践中发生不应有的严重失误，避免给国家和人民的利益造成损害。

学者们往往是新知识的传播者，因而又是民众启蒙者，然而，学者们决不应以高踞于民众之上的精神贵族的姿态出现，而应有与民众平等对话的态度。应该看到，在很多问题上学者们是应该向民众学习、向民众请教的。在历史上，真正的启蒙者都是尊重民众的，李贽、戴震、鲁迅都是极其尊重民众的人。李贽说"百姓日用即道"，"穿衣吃饭就是人伦物理"。他把普通民众与道学家进行对比，认为道学家假，普通民众真，"市井小夫，身履是事，口便说是事，作生意者但说生意，力田者但说力田，凿凿有味，真有德之言，令人听之忘倦矣"①。戴震作为 18世纪中国的百科全书式的学者，来自下层民众，他从小随父贾贩四方，"具知民生隐曲"，又看到清王朝凭借程朱理学的教条来杀人、因而"益以恣睢"的事实，由此他才看透了程朱理学"以理杀人"的本质，从而在他的著作中发出了为广大民众争取做人的权利的正义呼声。鲁迅一生提倡改造国民性，但他却从普通民众身上发现了许多优秀的品质，他指出："老百姓虽然不读诗书，不明史法，不解在瑜中求暇，屎里觅道，

---

① 李贽：《焚书》，中华书局 1975 年版，第 30 页。

但能从大概上看，明黑白，辨是非，往往有决非清高通达的士大夫所可几及之处的。"① 鲁迅不否认老百姓有愚昧自私的一面，犹如一盘散沙，但他强调："他们像'沙'，是被统治者'治'成功的，用文言来说，就是'治绩'。"② 真正的启蒙者既尊重民众，又努力向他们宣传新知识、新思想、新文化，这是中国启蒙者的一个优秀传统，值得当今中国的知识分子努力继承和弘扬。

3 道德与自由

自由作为人的生命活动的本质特征，不仅表现在真理的追求中，而且也表现在人的道德践履之中。人的任何真正体现着道德伦理之"善"的行为，都是发自人性的内在呼唤，体现着人在不同的道德价值面前进行自主选择的自由意志。因此，"善"的神髓在于自由，道德伦理之"善"乃是人的生命活动的自由本质的又一生动体现。

道德的自由本质具体表现在以下方面：

第一，道德的"善"是人类精神的自律而不是他律，只有自由选择的道德行为才是真正的道德行为。

卢梭说得好："放弃自己的自由，就是放弃作人的资格，就是放弃人类的权利，甚至就是放弃自己的责任。对于一个放弃一切的人，是不可能有任何补偿的。这样的一种弃权是不合人性的；而且取消自己意志的一切自由，也就是取消了自己行为的一切道德性。"③ 卢梭的学说在社会政治理论的探讨方面有严重的失误，但这段话却是对于自由与道德之关系的最透彻的论述。

自由，作为伦理学的一个范畴，是建立自律而非他律的合理的道德规范的基本前提。实现它，乃是造就具有独立人格和严肃的道德责任感

---

① 《鲁迅全集》第6卷，人民文学出版社1981年版，第435页。
② 《鲁迅全集》第4卷，第549页。
③ 卢梭：《社会契约论》，商务印书馆1963年版，第13页。

的现代人的基本前提。马克思说："道德的基础是人类精神的自律，而宗教的基础则是人类精神的他律。"① 马克思主义在承认决定论的前提下来谈论道德领域的自由意志，肯定人们在不同的道德价值面前有自由选择的权利，因此，个人应该对他的行为负责任，担干系。反之，如果不承认道德选择的自由意志，把一切责任都归于社会或他人，那么人们也就不可能树立严肃的道德责任感。"上命差遣，身不由己"，"环境所迫，焉能不从"，这都是不把自己当人、缺乏道德责任感的一种表现；"我说怎样，你就得怎样"，这是不把他人当人、否认他人也有道德责任感的一种表现。这两种态度都是专制时代的产物，为这种两种态度所支配的人们，惟知苟且、敷衍、献媚、偷生、假借大义以窃取美名和显位，造成社会道德风尚的败坏。早在民主革命时期，中国的马克思主义者就对这两种态度作了严正的批判②。在现代社会中，为了使人人都树立起严肃的道德责任感，必须使人人各有其道德选择的自由，只有这样，才能面对某些不良的社会风气，有独立持重、不徇流俗的气概，才能有高风亮节和风光月霁、芳菲匝地的人格美。讲道德的自由选择就一定要讲良心，而拒绝承认道德的自由选择，也就意味着可以不讲良心。不讲良心乃是人性的沦丧。

第二，人的自由意志既是自己的行为的驱动者，也是自己的行为的制约者，意志自由也正是在这种驱动与制约的辩证运动中、在对于不同价值的自主选择中体现出来，因此，真正的道德总是肯定人的自由意志。

一个人在没有外力的逼迫下完全凭自己的良心来行事，这种选择是自愿的，因而也就是在实现自己的自由意志，在这一意义上，良心也就是自由意志。良心知善知恶，知道什么是应该什么是不应该，什么是正当什么是不正当。当他凭良心进行选择的时候，良心就驱动着他选择善

---

① 《马克思恩格斯全集》第1卷，第15页。
② 参见胡绳：《理性与自由》，华夏书店1949年版，第27—28页。

的、应该的、正当的行为，而阻止他选择恶的、不应该的、不正当的行
为。因此，良心——自由意志——也就在人的行为中起着驱人为善和禁
人为恶的驱动者与制约者的双重作用。

　　然而，如前所说，人性中有善端，也有恶端，有为善的潜能和可能
性，也有为恶的潜能和可能性。所以，在这一意义上，自由意志又不等
于就是人的"良心"，因为良心仅仅是就一个人内心的"善端"而言的。
但自由意志论强调：你是一个人，你可以而且能够在善与恶之间作出自
己的价值选择，并且对自己的行为负责任、担干系。正因为自由意志论
强调尊重人，致力于唤起人的自尊心，因此，对于一个自尊心被唤起了
的人，无疑就会以良心为自己的自由意志去努力为善；而一旦人性中的
"恶端"萌生时，自由意志就会去扼止它，使它不至于成为现实的恶行。
所以那些具有很强的自我意识的人，总是能清醒地意识到自己性格中的
"原恶"，并且以自己的自由意志去对这种"原恶"加以抑制和克服。那
些为人类幸福和社会进步作出过杰出贡献的人们尤其是如此，而思想文
化领域中的真正的启蒙者们更是将对自己的无情解剖诉诸笔端。

　　以晚明中国的第一代启蒙学者李贽为例。他无情地解剖现实，也无
情地解剖自己，无论这解剖出来的东西是多么丑陋不堪。其《自赞》一
文说：

> 其性褊急，其色矜高，其词鄙俗，其心狂痴，其行率易，
> 其交寡而见面亲热。其与人也，好求其过，而不悦其所长；其
> 恶人者，既绝其人，又终身欲害其人。志在温饱，而自谓伯
> 夷、叔齐。质本齐人，而自谓饱道饫德。分明一介不与，而以
> 有莘借口；分明毫毛不拔，而谓杨朱贼仁。动与物迕，口与
> 心违。

　　这段话很令人怀疑他不是说的自己，而是痛斥假道学的，然而，题
目分明是《自赞》，是自己对自己的反讽。正因为他敢于如此拷问自己
的灵魂，清醒地意识到自己也有丑陋的一面，自己也沾染了道学气，所

以他才能有与丑陋决裂的自觉性。实际生活中的李贽，对人并非"不悦其所长"，相反，"于士之有一长一能者，倾注爱慕，自以为不如"；对于自己厌恶的人，也并非是"终身欲害其人"，相反，他主张君子要有容忍小人的雅量；他意识到自己"质本齐人"，所以不再以"饱道饫德"的道学自居，从而肯认普通人的"人欲"的正当性；他意识到自己有"一介不与"的毛病，所以反其道而行之，对他人也有"一掷千金"的慷慨；他意识到自己"口与心违"，所以对这种"假人"的行径深恶痛绝，从而做到"言有触而必吐，意无往而不伸"，复童心，说真话，做真人……

鲁迅之所以伟大，之所以能在思想之深刻、品格之高尚方面超过他的同时代的人，同样在于他十分富于自我反省的精神。他在《狂人日记》中揭露"吃人"的礼教时，自我反省道：

> 四千年来时时吃人的地方，今天才明白，我也在其中混了多年；……
>
> 我未必无意之中，不吃了我妹子几片肉……
>
> 有了四千年吃人履历的我，当初虽然不知道，现在明白，难见真的人！
>
> 没有吃过人的孩子，或者还有？
>
> 救救孩子……①

在发表于《晨报》上的《一件小事》一文中，鲁迅讴歌了一位人力车夫的伟大的道德境界，对自己的狭隘、自私痛加刻责。文章写一个冬天的早晨，鲁迅乘人力车外出，途中有一位老妇人突然横穿马路，被风吹起的衣服套在了人力车的车把上，幸亏车夫刹车迅速，老妇人只是轻轻地倒下了，没有受什么伤。按理说车夫并没有任何责任，忙于生计的

---

① 《鲁迅全集》第 1 卷，人民文学出版社 1981 年版，第 432、459 页。

鲁迅也叫他赶快拉车走；可是老妇人说自己"摔坏了"，于是车夫就搀扶着这位老妇人走向了路旁的巡警分驻所。鲁迅写道：

> 我这时突然感到一种异样的感觉，觉得他满身灰尘的后影，刹时高大了，而且愈走愈大，须仰视才见。而且他对于我，渐渐又几乎变成一种威压，甚而至于要榨出皮袍下面藏着的"小"来①。

鲁迅说，官场上的"文治武功"，圣贤的"子曰诗云"，与这一件小事相比，都显得那么微不足道，"独有这一件小事，却总是浮在我眼前，有时反更分明，教我惭愧，催我自新，并且增长我的勇气和希望"②。

第三，自由本身就是最高的善，这正是席勒所说的："竭力为善，爱自由胜于一切。"珍爱自由，争取自由，就是竭力为善。——因为真正的道德、真正的正义，都是建立在自由的基础上的。

确认人的自由，这就要求人与人之间彼此都要尊重对方的自由，这首先需要伦理的道义来调节，只有这种旨在维护每一个人的自由权利、要求每一个人都要尊重他人的自由权利的道德，才是真正的道德。而历史上那种不尊重他人的自由权利的所谓道德，那种人为地划分尊卑贵贱，强制"卑贱者"侍奉和服从"尊贵者"的所谓道德，是维护少数人的特权和私利的营私的道德，因而是不能看作真正的道德的。在这样的道德面前的人人平等，其实是没有平等可言，因为这样的道德本身就是维护特权者的利益的。只有确认人人自由、尊重每个人的自由权利的道德，方才体现着对于一切人一视同仁的"天下之大公"，具有人人都可以接受和奉行的普遍性；也只有在这样的道德面前，"道德面前人人平等"才是真正的平等。所以，是否确认人人自由，是关系到一个社会有没有真正的道德可言的根本前提。而真正的道德，又总是以实现每一个人的自由发展为归宿。因此，在这一意义上，我们可以说，自由乃是最

---

① ② 《鲁迅全集》第 1 卷，人民文学出版社 1981 年版，第 432、459、460 页。

高的善。

法律的正义也是如此。自由要求法律的正义，因为既然确认人人自由，就需要以法律来保障每一个人的自由权利，使人人自由而以不侵犯他人之自由为前提。现代法治的精髓是"freedom under the protection of law"，即法治只有在平等地保障每一个人的自由权利的前提下才有真实的意义。现代文明国家的法律，以承认人人自由为前提，以保障人人自由为归宿，没有任何人和任何社会集团可以有凌驾于法律之上的特权，这就有了真实而不是虚幻的"法律面前人人平等"，法律只惩罚那些侵害他人自由权利的人。如此，也才有社会的公正和正义可言。因此，在这一意义上，我们同样可以说，自由乃是最高的善。

自由不是想做什么就做什么，它是道义制约下的自由，法律制约下的自由。但是，道义必须是平等地尊重每一个人的自由的，法律必须是平等地保障每一个人的自由权利的。道德诉诸人的良心，使每一个人尊重他人的自由；法律诉诸强制，使每一个人不得侵害他人之自由。

爱自由吧！只有自由，才有真正的道德可言；只有自由，才有真正的社会公正和正义可言！人人互相尊重，互不侵害，强不凌弱，众不暴寡，这就是人类数千年来憧憬的"天下为公"的大同理想。

4 审美与自由

如果说，无论在认知的领域还是在伦理的领域，人的自由都只是相对的话，那么，似乎可以说，在审美的领域中，人的自由则是绝对的。美的领域中的活动是灵魂和精神的解放，是摆脱一切压抑和限制的过程，美以可供感性观照的形象向人们展示什么是真正美好的生活、应当如此的生活。美的本质要求人的精神插上自由的翅膀。

美的理想境界是一种本体论境界，是永恒、无限、绝对、至真、至善、至美。在认知的领域内，由于人的认识能力的局限，不可能把握终极的至真的绝对真理；在道德的领域内，同样由于人自身的局限性，不可能止于至善；而在审美的领域内，人则可以尽情地驰骋自己的想象力，仿佛把握了至真、至善、至美，达到了永恒、无限、绝对。尽管它只是席勒所说的审美的"纯粹假象"，但它决不是冒充现实或歪曲现实的"逻辑假象"。在审美的"纯粹假象"中，寄托着人的理想，人的追求，人对人类自身的前途和命运的终极关怀，因而是人的最高的精神境界。

从审美的起源看，有自由才有审美，无自由即无所谓审美，审美是与自由同时诞生的。

尚未懂得审美的蒙昧人主要是靠触觉感官来享受的，而眼睛充其量只是为触觉感官服务而已。"这时人不是根本提高不到观看的地步，就是观看不能使他满足。他一开始用眼睛来享受，而且观看对他来说具有了独立的价值，他立即就在审美方面成为自由的。"[1] 触觉倚赖于占有对象的冲动和事物的质料，而眼睛则赋予了对象以美的形式。当人开始不为物质的占有欲所支配，而纯粹以审美观赏的眼光去看事物时，他就摆脱了原始的情欲冲动的必然性的纠缠，而在审美中展示出人的自由本质。

人只要还是物质世界的必然性的奴隶的时候，就不可能有审美；而当他开始审美的时候，他的想象力就开始飞翔起来，就开始有了精神的自由。我们常常惊叹原始神话的瑰丽，惊叹原始人的想象力之奇特、丰富；女娲补天、羿射九日、精卫填海、愚公移山、夸父逐日……多么不可思议的自由想象！须知原始人在巨大的强暴的自然力面前，是何等渺小而无力的一种生命存在。在他面前，高山是那么雄伟，大海是那么辽阔，天空是那么深邃；雷鸣电击、狂风骤雨、山洪暴发，其原因是那么神秘，而力量又是那么不可抗拒；伸手不见五指的黑夜、洞穴外传来的虎啸狼嗥的声音，又是那么令人惊惧、令人毛骨悚然。人与大自然之间本没有什么既定的和谐，如果说有什么和谐的话，就只有弱肉强食、狼

---

① 席勒：《审美教育书简》，北京大学出版社1985年版，第139页。

吃羊、老鹰吃小鸡式的和谐，只有那种原始的生态平衡。我们的祖先如果像后来的正统儒家所教诲的那样满足于天人之际的既定和谐的话，那就只能生活在一个在毒蛇猛兽侵害面前觳觫、在令人窒息的黑夜中发抖的世界中，作自然界的必然性的奴隶。而人之所以高贵，就在于他不甘愿屈从于外界的必然性，他要试探着去认识这种强有力的然而又神秘不可思议的必然性，与自然界的必然性相抗衡。在这里，知性给了他透视自然的光亮，而审美则给了他勇气和力量，使他意识到自己的自由。这时，"他周围的粗野凶狠的自然物质就开始用另外一种言语对他讲话，他身外的相对宏伟就成了一面镜子，他从中看到身内的绝对宏伟"①。这时他就变得无所畏惧，在想象中，并借助于想象来显示自己的本质力量，于是就有了补天射日、移山填海、逐日奔月的神话故事，精神上的绝对自由使想象力插上了高飞的翅膀。

艺术是人按照美的尺度来创造，而创造则需要精神的不受限制的绝对自由，一个在精神上未能挣脱兽性的身躯束缚的人，绝对创造不出自由飞腾的激动人心的美的意境。只有精神上绝对自由的艺术家，才能创造出自由的高雅艺术。席勒提出了关于艺术审美的"游戏说"，但这种"游戏"决不同于晚清以来在中国所产生的一代又一代"才子＋流氓"式的创作和所谓"新流氓主义"的创作主张，也不同于"痞子文学"所讴歌的玩世不恭的"游戏人生"和"过把瘾就死"。一个沉浸于物欲中的人，他的精神是不自由的。席勒仿佛意识到他所提出的"审美游戏说"所可能遭致的误解，特地予以分辨和说明，他指出：

> 把美当成纯粹的游戏，这岂不是贬低美，岂不是把美同一向被叫做游戏的那些低级的对象等量齐观吗？美是文明的工具，如今局限于纯粹的游戏，这不是与美的理性概念以及美的尊严相矛盾吗？

---

① 席勒：《审美教育书简》，北京大学出版社 1985 年版，第 164 页。

当然，我们不能一谈到游戏就想到现实生活中进行的、通常只是以非常物质性的对象为目标的那些游戏，但要在实际生活中寻找这里所谈到的美（指理想的美——引者）也是枉费心机。实际存在的美同实际存在的游戏冲动是相称的，但是由于理性提出了美的理想，同时也就提出了人在他的一切游戏中应该追求的理想①。

席勒以古希腊艺术为例，说明"美"应该同时是优美与尊严二者的统一体，犹如希腊女神的雕像：

> 在女神要求我们崇敬的同时，神一般的女子又点燃了我们的爱；但是，当我们沉浸于天上的娇丽时，天上的那种无所求的精神又吓得我们竭力回避。……我们一方面不由自主地被女性的优美所感动，所吸引，另一方面又由于神的尊严而保持一定的距离，这样我们就处于同时是最平静和最激动的状态，这样就产生了那种奇异的感触，对于这种感触，知性没有概念，语言没有名称②。

这就是美感，一种不可言说的美感。纵然勉强言说，也是言不尽意。由此可见，席勒的"审美游戏说"与当下中国流行的"游戏人生说"似乎并没有共同之处。"美"之所以是自由的，就在于她是理想的，是有尊严的，是不可亵渎的。审美需要一种自由的心境，同时审美亦有助于培养人的爱好自由的精神和情操。在审美中，性情得到陶冶，心灵受到净化。审美是存在的澄明。

当你在欣赏那高雅优美的音乐的时候，你会感到精神的自由解放。那展示声音的高低流动形态的旋律，在空间中自由地激荡；那显示音响之快慢缓急的节奏，在时间中自由地跳跃和流淌；当你的心灵沉浸在音乐的旋律和节奏之中、为她的情调所感染而心醉神迷的时候，你会感到

---

①② 席勒：《审美教育书简》，北京大学出版社 1985 年版，第 79、81 页。

灵魂超越了有限的、相对的世俗世界，而神游在无限的空间和永恒的时间织成的宇宙之中，全身心都沐浴着绝对存在的圣洁光辉。你超越了有限，而进入了无限；超越了短暂，而进入了永恒；超越了相对，而进入了绝对；你在这永恒、无限、绝对的美的境界中感受到了精神上的绝对自由。如果说艺术是以精神的自由解放为目的的超越之路的话，那么，空灵而优美、仿佛是来自天国的由七个音符编织成的乐章，乃是最富于自由精神的艺术形式。完美的自由个性的养成，决离不开美的音乐的熏陶。

人们常说，音乐性是一切艺术的通性，是舞蹈、戏剧、小说、诗词、散文、书法、绘画、雕刻、建筑等的通性。确实，当人们在欣赏这些艺术门类中的高雅作品的时候，都会感到一种类似于欣赏音乐时的自由的美感。舞蹈的节奏，戏剧和小说的情节，诗词的跌宕起伏的韵律，书法和绘画的灵动，文章的开阖张弛和行云流水般的气势，都宛如音乐的旋律。雕刻和建筑仿佛在时间和空间上凝结着音乐的一切特性，既是静态的，又仿佛是动态的，既是空间的，又仿佛能与永远消逝的时间共其悠久。正如音乐的风格是多样的、七个音符可以组成无数种不同风格的乐曲一样，一切艺术门类的风格也都是无限多样的。这一切，正显示着人类精神生命的无限多样性、人类创造力的永不枯竭的无限丰富性、人的精神活动的永无止境的无限自由。当人们欣赏着无限多样的艺术佳作时，会感受到如同在欣赏音乐时那样的自由的心境，感受到人的精神生命在宇宙间的永恒和不朽。尽管这是审美的"纯粹假象"，但却是真实地存在着的人的心理感受。

九
真善美与终极关怀

——现代人文精神的最高原则与基本要素

　　真善美是历史地形成和发展起来的，每一世代的人们对于真善美的认识都受到他们的实践水平的制约，因而都具有历史的相对性。所谓真善美的历史相对性，不包括人性异化所造成的真善美与假恶丑的颠倒，而主要是指人们对客观世界的真理性认识的相对性、某种道德标准相对于特定的历史条件所具有的有利于人的解放和推动社会进步的合理性、特定历史时期流行的某种即使在今天看来仍不失为"美"的一种类型的审美情趣和艺术风格。其所以仍堪称为真善美，就在于它们是人性的产物并且是合乎人性的，同时又是人类对于真善美的认识发展的不可缺少的环节。

　　然而，肯定真善美的历史相对性并不意味着排斥真善美的评判标准的绝对性：人文精神之所以为人文精神，就在于真善美的评判标准有其绝对性，这一绝对性就在于那高于一切、不可动摇的人道主义原则，在于是否把作为真善美之追求的主体的人当人看。是真善美，还是假恶丑，都必须在人道主义原则面前来接受检验。而之所以必须以人道主义为最高原则，就在于人文精神是以人作为终极关怀的对象的。至于上帝、佛祖，等等，这些曾经或仍在作为人的终极关怀之对象的人格神，都是人造出来以寄托自己的心愿的；如果真的存在着上帝、神佛，他既具有人格，也就只能以人作为终极关怀的对象。既然上帝、神佛都是人心造的，所以他要以人为终极关怀，那就还得靠人自己来体现："要创造人类的幸福，全靠我们自己！"

现代人文精神以彻底的人道主义为至高无上的原则。以这一原则为前提来重新估计一切价值，确定以追求真善美为核心的人文教育的基本内涵。在"真"的追求方面，它提倡尊重实践，尊重劳动，尊重经验认知，尊重自然的和社会的公理，尊重知性逻辑，尊重每一个人自由地运用其理性的权利，教人以不受人惑的方法，培养既勇于坚持真理而又尊重各自见解、乐闻相反之论的多元文化心态；在追求"善"的方面，它提倡尊重人类普遍价值的公理，崇尚自由、平等、社会公正和正义，尊重每一个人在不同的道德价值面前作自由选择的权利和个性的自由发展，同时又坚决反对道德相对主义和"犬儒主义"的人生态度，崇尚道德良知，强调每一个人对于社会所负有的不可推诿的道德责任。在追求"美"的方面，它既尊重每一个人建立在教养有素的基础上、既把自己当人看、也把他（她）人当人看的前提下的情感的自由发展，尊重每一个人选择的不同的情感方式，尊重人们的多样化的审美情趣和风格，同时，它又努力提倡一种"高尚的、健全的理想主义"，崇尚"观念的和生活哲学的真正崇高"——如诺贝尔文学奖的评选标准向人们所昭示的那样——"让人性能比从前更好、更高尚"。只有实行人道主义与真善美之统一的人文教育，才能使人类扬弃宗教异化、伦理异化和对于权力与金钱的崇拜，消灭一切非人道的现象，超越人世间低级趣味的鄙陋和世道的庸俗，走向崇高，走向人生的辉煌！

（一）人道主义：现代人文精神的最高原则

以人道主义的原则为至高无上的原则，乃是基于这样一个基本信念：世上万事万物中，人是第一个可宝贵的。一切真善美的追求和与此相联系的终极关怀，包括保护自然生态环境，等等，都是为了彻底落实人道主义的原则，为了人的物质的和精神的幸福。

蒙昧人和野蛮人不可能把人道主义作为至高无上的原则。那里盛行的是自然界的生存竞争原则。为了生存，有时要吃人，甚至有被称为"食人生番"的部落；在有的野蛮部落那里，一个人举行成年礼是要以他猎取的人头来献祭的。

奴隶社会不可能以人道主义为至高无上的原则。那里盛行的是奴役的原则：奴隶主把人当作会说话的工具或牲口，驱之劳作，以之献祭、杀殉，甚至还强迫他们与凶猛的野兽搏斗，以观看野兽食人的血淋淋的场面来取乐。

封建社会和与此处于大致相同发展阶段上的社会不可能以人道主义为至高无上的原则。在西方中世纪，高于一切的原则是宗教信仰的原则，为了维护信仰，可以对思想异端和异教徒进行残酷的杀戮。在中国传统社会，至高无上的原则是宗法社会的道德，为了维护这一道德，可以"灭三族"、"灭九族"、"灭十族"（包括残杀老人、妇女和儿童），可以使用"杀千刀"、甚至"杀1001刀"的酷刑；标榜"仁爱"的一代代正统儒家还呼吁要恢复上古三代的"肉刑"来保障"天理流行"。

在资产阶级夺取政权的时候，是"革命的原则高于一切"，甚至不惜为之牺牲人道主义原则，如法国大革命时期雅各宾派的恐怖统治；在资产阶级夺取政权以后，更经常为了金钱的原则、所谓"国家利益"的原则而牺牲人道主义的原则，包括为了攫取最大的利润而破坏作为人类生存的家园的自然生态环境。马基雅维里的幽灵——"为了达到目的可以不择手段"的卑鄙原则——依然经常出现在资产阶级政客的活动之中，而被他们自己国家的新闻媒体暴露于光天化日之下。

奉行人道主义原则是一个人的人格的最根本、最重要的表征，而以非人道的方式对待他人，只能是对自身人格的贬低。

马克思主义者和一切真诚的人道主义者把人道主义看作是高于一切

原则的最高原则。人最宝贵的是生命，生命对每个人来说都只有一次，所以人道主义的原则首先是珍惜人的生命的原则。这一原则适用于一切人。甚至适用于对社会造成了严重危害的人。——一些发达国家已废除死刑，我国签署的联合国《公民权利与政治权利国际公约》，其中亦有要求签约各国废除死刑或尽快最终废除死刑的条文。——试想，一个社会对于罪犯都能在其不再能危害他人生命的前提下珍惜其生命，以人道主义的态度来对待他们，那么，一个社会对待广大善良的人们的生命又该是多么地珍爱啊！每一个人都爱惜一切人的生命，每一个人的生命都受到他人的同样的爱惜，没有杀戮，没有战争，没有苦刑，没有加诸人的身体和生命的一切非人的折磨和痛苦，因而也就没有报复和仇恨，社会自然和谐，世界自然和平。既然人的生命是第一个可宝贵的，所以一切其他的原则都是从属和服务于珍惜人的生命的人道主义原则的。

1 人道主义的原则与革命的原则

人道主义的原则高于革命的原则。——这一说法可能会使某些人大吃一惊：什么?! 人道主义原则难道比革命的原则更高吗? 难道要使革命的原则从属于人道主义的原则吗? ——是的，承认人道主义原则高于革命的原则，正是马克思主义的精髓，是马克思主义区别于历史上形形色色的剥削阶级思想的最根本的标志。

历史上有各种各样的"革命"。有所谓"殷革夏命"、"周革殷命"等改朝换代式的"革命"，这种"革命"不可能以人道主义为最高原则：有新兴地主阶级的革命，这种革命同样不可能以人道主义为最高原则；有近代资产阶级的革命，但被金钱汩没了良知的资产者及其政治代言人决不会心甘情愿地实践人道主义原则，倘若不是一切被剥削被压迫的人们在人道主义和马克思主义的旗帜下与资产者作斗争，决不可能有工人地位的提高和生活的改善，决不可能有黑奴的解放，决不可能使妇女获得与男性公民同样的权利，也决不可能有如今发达国家的大学教育普及和全民医疗保险等各种社会福利制度的实施。

马克思主义认为，革命只是手段，人的解放才是目的；手段是从属于目的的，所以，革命的原则无疑应该从属于人道主义的原则。晚年鲁迅曾针对当时革命文学阵营中某些人摆出一副"左"得凶恶的面孔，针对他们那种"仿佛革命来了，一切非革命者都得死"的可怕架势，而指出："革命不是为了使人死，而是为了使人活。"① 革命，作为大规模的疾风暴雨式的群众阶级斗争，作为"一个阶级推翻另一个阶级的暴烈的行动"，是在统治者拒绝一切社会改良、拒绝以人道的方式来缓和社会矛盾、并且以反人道的暴力方式来迫害被压迫人民及其代言人的情况下，不得已而采取的一种社会变革的方式，而推翻反人道的社会制度，正是为了实现最广大的人道主义。在革命中，革命领袖有责任把群众的非理性的仇恨和报复情绪引向理性的轨道，贯彻革命的人道主义原则。

也许像以上这样来讨论问题太过于抽象了，可以把这个问题谈论得更具体些。恩格斯曾经高度赞扬过法国作家雨果的名著《九三年》。在这部长篇小说中，雨果给我们讲述了一个动人心弦的故事。故事发生在法国大革命的"雅各宾专政"时期。雅各宾派以实行"革命的恐怖政策"而著名，即使对革命阵营中持不同意见的人，也毫不留情地把他们送上断头台，这不能不使当初怀抱"自由、平等、博爱"的理想而投身革命的人们感到失望和痛苦。故事就是在这样的背景下发生的。1793年，法国旺岱省的农民在保王党煽动下发动了反对共和国政府的叛乱。叛乱头子朗德纳克侯爵在被迫退却时，为了营救被困在他下令纵火焚烧的一个城堡中的三个儿童，自己落入革命军之手。革命军的司令官郭文，被朗德纳克侯爵的人道主义精神所感动，私自将他释放。政委专员西穆尔登执行革命法庭的意志，将郭文处以死刑。但是西穆尔登心中也有矛盾，在郭文被绞死的同一瞬间，政委西穆尔登也开枪自杀了。雨果在描写郭文目睹朗德纳克侯爵从大火焚烧的城堡中救出三个孤儿的行动

———————————

① 《鲁迅全集》第 4 卷，人民文学出版社 1981 年版，第 297 页。

后心灵所受到的巨大震撼时写道：

> 郭文是一个共和党人，他相信自己是绝对正确的，而且也的确是如此。可是一个更高级的绝对正确性刚才出现了。
>
> 在绝对正确的革命之上，还有一个绝对正确的人道主义。

不错，叛乱头子朗德纳克侯爵具有一切的坏处，残暴，错误，盲目，无理的固执，骄傲，自私，可正因为如此，郭文刚才所看见的才是奇迹：人道战胜了这个人，人道战胜了不人道。在善与恶的斗争中，一个凶猛的心灵被打败了，一个愤怒和仇恨的巨人被打倒了。战胜朗德纳克侯爵的残暴的心的，是大火中的三个婴儿：

"我们看见那三个出世未久的可怜的小生命，他们既不懂事，又被遗弃，又是孤儿，又没有人伴着他们，他们还在牙牙学语，只懂得微笑，同时又还有内战，以牙还牙的法则，可怕的报复逻辑，谋杀，大屠杀，兄弟自相残灭，愤怒，仇恨等等在威胁他们，可是在对付这一切恶魔的斗争中，他们胜利了；……我们看见那种古代封建的残暴，年深日久的不能动摇的轻蔑，所谓为着军事必需的经验，那种为着国家利益的理论，所有那些从残暴的老人脑中产生的专横的成见，在这几个没有开始生活的稚子的清明眼光下消失了；这是很自然的事，因为还没有开始生活的稚子没有做过坏事，他就是正义、真理、清白，天上无数的天使在小孩子的身上活着。"

朗德纳克侯爵要在三个孩子的生命和他自己的生命以及他所决心为之效忠的君主政治之间作出选择；在这个庄严的选择中，他选择了自己的死亡和君主政治的覆灭。身为革命军司令官的郭文被朗德纳克侯爵的人道精神深深地感动了：

"身为一个保王党，竟拿起一把天秤，一端放上法国国王，放上历时十五个世纪之久的君主政治，要重新恢复的旧法律，要重新建立的旧社会，另一端放上三个无名的乡下小孩，而且认为这三个天真的乡下小孩比国王、王座、王权和十五个世纪的君主政治更重！"

　　朗德纳克侯爵以自己的行动证明，在人世的一切问题之上，还有人的天生的爱心，还有强者对弱者应尽的保护责任，安全的人对遇难的人应尽的救护责任，一切老人对一切儿童应有的慈爱。当他以自己的行动来证明这些崇高行为的时候，他是不惜牺牲自己的头颅来证明这一切的。如今，他成为革命军的俘虏，人们就要砍去他的头颅。身为革命军司令官的郭文心中在激烈斗争：对于英雄的行为，这是怎么样的一种报酬呵！难道用一种野蛮的手段去回答一个慷慨的行为吗？难道让人们说保王党方面有人救了小孩，共和党方面有人屠杀老人吗？这将会怎样贬低共和国啊！郭文问自己：

　　"革命的目的难道是要破坏人的天性吗？……为了使人道窒息吗？绝对不是。1789 年的出现，正是为了肯定这些崇高的现实，而不是为了否定它们。推翻封建堡垒，是为了解放人类……"

　　——为了大火中的三个婴儿，朗德纳克侯爵抛弃了他为之效忠的法国国王，抛弃了 15 个世纪的君主政治，抛弃了他所致力于恢复的旧法律，并且也准备抛弃自己的生命、被革命军俘获并送上断头台；同样，为了大火中的三个婴儿，革命军司令郭文毅然释放了重新回到人道主义立场上来的朗德纳克侯爵，而宁可为此接受革命法庭的绞刑。正是这三个婴儿，化解了叛乱头子与革命军司令之间的仇恨。年深日久的旧制度，使人与人之间的仇恨和敌视太深了。革命是为了推翻旧制度，而建立合乎人道主义原则的新制度。然而，不消灭那年深日久的人与人之间的相互仇恨和敌视，就不可能建立起合乎人道主义原则的新制度。到哪里去寻找消灭人与人之间相互仇恨和敌视的武器呢？雨果告诉我们：这武器不是什么比刀枪更加威力百倍的军械，而是孩子的摇篮，是童年的曙光。确实，在成年人相互仇恨和厮杀的时候，面对孩子的天真无邪的眼光，面对这些可能成为厮杀的牺牲者的小生命，除了彻底泯灭了人性的极其邪恶的专制主义者，谁不会动一下恻隐之心，为了拯救人类的未来而寻求一条化解仇恨的道路呢？

　　——在雨果的笔下，革命军司令郭文既是革命的原则的肯定者，同时也是至高无上的人道主义原则的肯定者，他将人道的原则与革命的原则统一起来了。所以恩格斯在评论雨果的《九三年》这部作品时指出，雨果在这部作品中歌颂的是共和党人。这实际上是对雨果这部作品的根本精神的肯定，即对以人道主义为至高无上的绝对正确的原则的肯定。

2 人道主义的原则与宗教的和道德的原则

人道主义的原则高于一切宗教的原则和道德的原则。对这一说法也许有人又要感到惊诧，他们会说：宗教的和道德的原则中不就包含着人道的原则吗？或者说，难道可以因为讲人道而牺牲信仰和道德吗？如此等等的责难会接踵而来。

诚然，宗教中确实包含着人道主义的因素，如基督教讲"博爱"，佛教讲"慈悲"，等等。然而，在存在宗教异化的社会中，至高无上的原则是独断的教义的原则。由于各种宗教所带有的民族的狭隘性、唯我独尊的教义的狭隘性以及利用宗教来进行统治的阶级的狭隘性，使得以宗教的名义所进行的杀戮不绝于史册；不仅不同宗教的人们之间相互残杀，就连同一宗教内部的不同教派也势同水火，使人类历史充满了血腥味。在西方中世纪的历史上，有极其残酷的宗教战争、对宗教异端和异教徒的大规模屠杀。直到20世纪发生在法西斯德国的大规模屠杀犹太人的惨绝人寰的暴行，也有天主教的背景，有所谓"犹太人出卖过耶稣"的宗教依据，野蛮的兽性通过宗教而披上了一件人性的外衣。1946—1947年，印度教和回教信徒相互屠杀，造成了约有100万人被杀的悲惨结局。佛教虽然讲"慈悲"，戒杀生，但在佛教所讲的"地狱"中，却有各种各样的极其野蛮的惨无人道的酷刑，中国传统社会的各种酷刑，很多是从佛教所讲的"地狱"中学来的。

不同的宗教都有其反映特定民族在社会发展的特定阶段上的道德习俗的内容，因为追求个人幸福而违反了这些古老习俗的人，往往会遭到被剥夺生命或其他严酷的惩罚，这在历史上亦屡见不鲜。中国儒家讲

"仁者爱人",讲"不忍人之心",讲"民胞物与",从纯粹抽象的意义上来看,这些思想命题都体现了人道主义的观念;但这些观念都是从属于"序尊卑、明贵贱"的伦理道德原则的。提出"民吾同胞,物吾与也"的张载,也极力主张恢复上古三代的肉刑,他认为老百姓不怕死,死刑不足以使他们畏惧,还不如采用砍掉其双脚的刑罚,让他们活着比死了还难受,这就叫做"仁"①。程颐是极其推崇张载的"民胞物与"的命题的,但也正是他提出了"饿死事极小,失节事极大"这一反人道的思想,致使强迫妇女守节殉死成为风俗,不知夺去了多少妇女的生命。从孔孟到程朱,没有一个正统儒家学者对于专制统治者以维护"道德"的名义所犯下的惨无人道的暴行提出过抗议,这就是"对于人权问题的儒学式的解决"。如此可见,如今中国学界仍有人鼓吹对于人权问题应该来一个"儒学式的解决",使人道问题从属于儒家的"高卓的道德境界",使人道主义原则从属于儒家的伦理道德原则,又是何等的荒谬!

从目前的世界上看,人类要扬弃宗教异化和伦理异化还需要一个漫长的过程。在美国,有信奉"太阳圣殿教"的人们集体自杀;在日本,有"奥姆真理教"的沙林毒气事件;在许多第三世界国家,宗教狂热和旧道德至今仍在阻碍着人道主义原则的实现。鉴于宗教信仰和道德伦理原则的局限性,所以现代民主制度不再以宗教教义和道德伦理为至上原则,而是以人道主义原则为至上原则;联合国也不偏袒任何一种宗教和道德伦理,而仅仅要求世界各国认同人道主义原则。在现代民主制度下,由于实行了政教分离和宗教信仰自由,宗教信仰成为纯粹私人的事情,道德也必须在人道主义的"理性法庭"面前接受审查,只有合乎人道主义原则的道德才有存在的理由,因而有了宗教的和道德的宽容,信奉不同宗教和道德习俗的人们可以和平共处,但没有人有权利以宗教和道德的名义对他人进行迫害。只有在这种社会背景中,各种宗教中所包含的人道内容才摆脱了它的民族的、阶级的狭隘性,滋养了很多伟大的

---

① 张载:《经学理窟》,《张载集》,中华书局1978年版,第248页。

人道主义者，如创立现代护士制度的南丁格尔、为救助世界各民族中的贫困者而奋斗了一生的特里萨修女，等等。

然而，世界各民族的社会发展是不平衡的。在东西方冷战结束以后，美国的国际政治学家亨廷顿预言，今后的世界冲突，将是基督教、伊斯兰教、儒教之间的冲突。这一忧虑并非没有道理。我们离马克思所预言的"世界大同"尚很遥远，但无论如何，人类应该为实现这一理想而奋斗。人文主义不必评论世界上各种宗教的优劣高下，让各种宗教习俗的问题由各民族的人民自己去解决，但人文主义者却不能不大声疾呼：人道主义的原则无条件地高于宗教的和道德的原则，任何神圣的教义和古老的道德律都没有人的生命、人的自由和幸福更值得珍视。

3　人道主义的原则与经济效益的原则

经济效益的原则与人道主义原则何者更为重要？当然是人道主义原则更为重要。这样看问题也许又会有人提出异议：发展经济是当前压倒一切的中心任务，是一切工作的中心，难道还有什么比发展经济更重要的吗？或者说：没有经济的发展，又如何谈得上人道主义？前者只知道有"中心任务"，以阶级斗争为纲时以整人为中心任务，以经济建设为中心时又以获取最大的经济效益为中心任务，殊不知在绝对正确的以经济建设为中心的原则之上还有一个绝对正确的人道主义原则。后者似乎讲得有几分道理：没有经济发展，是不可能真正贯彻人道主义原则的。从这一角度看，发展经济是根本；然而，发展经济又是为了什么呢？不正是为了满足人的日益增长的物质和文化生活的需求吗？从这一视角看，人是目的，而发展经济只是手段，手段是从属于目的的。

发展经济固然重要，但问题在于，社会生活是极其复杂的：有些人见利忘义，为了经济效益而不惜牺牲人道主义原则。西方资本主义在其发展初期，没良心的资本家们为了攫取尽可能多的剩余价值，置人道主义原则于不顾，不仅从非洲贩运黑奴，而且对本国的工人也把他们当作牛马来役使，更有甚者，是大量使用童工。资本家惟知渔利，把工人们置于极其恶劣的工作条件之下，根本不管他们的死活，更谈不上讲什么安全生产。只是由于一代代真诚的人道主义者和马克思主义者的坚持不懈的斗争，才有了黑奴的解放，才有了劳动条件和待遇的改善以及"八小时工作制"的法案，才逐渐消灭了严重摧残少年儿童身心健康的"血腥工厂"这种罪恶的社会现象……当年西方的资本家为了经济效益，也曾制售假冒伪劣产品以坑害消费者。这种罪恶行径激起了社会各阶层的愤怒，金钱的原则终于敌不过人道主义的原则，于是才有了根据人道主义原则的商业立法，使得资本家们即使只是为了自己的钱袋子考虑也不敢再制售假冒伪劣产品。在发达国家，金钱的原则和人道主义原则经过了几百年的反复较量，才初步确立了人道主义原则的至上地位。如今，人道主义原则是如此深入人心，以至于为了人的健康，即使付出极为惨重的经济代价也在所不惜。1996 年英国查出疯牛病，尽管这一存在于牛身上的病症对于人只有百分之一的感染机会，英国有关部门对牛仍采取果断措施，为此而造成了极为巨大的经济损失，但英国人民认为，为了保障人的健康和人的生命，纵然付出再大的经济代价也是值得的。发展经济是为了人，如果人的健康受到了威胁，那么经济的发展又有什么意义？当然，在发达国家，金钱原则与人道主义原则的较量仍然没有终结，资本家是很容易为了金钱的原则而牺牲人道主义原则的，所以发达国家的人民仍然对此保持着高度的警觉；他们对于资本家的不信任正如对于官员的不信任一样，所以既有立法，又有舆论监督。

如今，又有一个重大的问题摆在世界各国和中国人民面前：科学家们发出了"地球生态告急"和"神州生态告急"的警报。按照人道主义原则，就要把保护自然生态环境放在首位；而按照经济效益的原则，却要等到发家致富以后，再来行善积德。我们看到，发生在现实生活中的那些人为地损害和污染自然环境的行为，往往是一些旨在为个人或小集团谋利的短期行为，行为者往往看不到其行为对于自身所造成的直接损害，以为发展生产和致富是当务之急，以后再治理也不迟；更有甚者，是以为这种损害所造成的恶果将是由别人去承担，而自己或小集团所得到的好处则是迅速而明显的，"我死以后，哪管它洪水滔天"！很多人就是抱着这样极其狭隘而自私的心理去破坏和污染自然环境的。

对于这样一些人，我们能说什么呢？我们只能说：你这样做是不合乎人性的，是违背人道主义原则的。作为人，不应该忽视对于人的行为的责任的认识。人作为社会存在物，每一个人的行为都会影响到他人的生活，都将成为导致他人的生命安危、人生苦乐的原因。因而每一个人都对他人的生命安全和健康负有某种责任。在科学家们已经发出"地球生态告急"的警报以后，每一个人都应负起防止环境污染所带来的对于生命威胁的责任。不负责任，可以说是缺乏人之所以为人的道义自觉的一种表现；至于害人而利己，更是禽兽的行为，是反人性、反人道的。作为现代人，更应打破地域的或民族的狭隘性而具有地球人的责任意识。作为地球人，每一个人都处于自然界的总体的相互作用、相互影响的因果系列之中，每一个人对自然的少量的污染和破坏积聚起来，就会给人类的生存环境带来无可避免的、无可挽回的灾难，只要你还没有离开地球而生活的本领，你就一定会分享到自然环境遭到破坏的苦果。事实上，如今每一个人都已经在分享环境污染的苦果了。空气的污染、水源的污染，又有谁能够幸免这些污染对人类生活的不良影响呢？"让我得到好处，让痛苦和灾难落到别人身上去吧"，这种想法是不切实际的。真正的结果是：既害人，而又害己，你不可能逃脱污染环境所带来的惩罚，无论这惩罚是法律的宣判还是道德上的"千夫所指"；你可能逃脱一场大的自然灾难，但你的子孙后代不可能逃脱，你的行为将祸及你的子孙后代。这是必然的，毫无疑义的，不是神秘的因果报应，而是不可抗拒的自然规律。某些地方数代人持续不断地砍伐森林，造成水土流失，以至泥石流泛滥，使村庄被淹没，许多人因此丧命，不就是明证么？

使发展经济的原则从属于人道主义的原则，经济发展才能有正确的方向，才不致于为了赢利而不择手段，才不致于为了眼前的经济利益而给人类的未来带有无穷的祸患。

（二）崇尚科学，尊重实践，掌握不受人惑的方法

为了实现人道主义这一至高无上的原则，必须有对真善美的追求，首先是对于"真"的追求。常识告诉我们，没有认知能力，是连生存也难以维持的，更何况其他？"真"，犹如人的眼睛，犹如黑夜中的灯火，人类依靠它，才得以免除"盲人骑瞎马，夜半临深池"的危险，才得以战胜对于人的生命存在的各种威胁，得以生存，得以发展。因此，"真"，对于人类所具有的价值是首要的，其重要性是其他一切价值都无与伦比的。

在人类历史上，曾经流行过各种各样的关于愚昧有益于人类的哲学的和宗教的观念。老庄道家告诉人们：知识越多，烦恼和痛苦也就越多，因此还不如安于无知的好。基督教的《圣经·创世纪》也告诉人们：人生之所以痛苦，就是由于吃了智慧之树上的果实。然而，穴居野处、茹毛饮血的蒙昧人难道就不痛苦吗？恐怕事实恰好与此完全相反。人类的历史告诉我们，愚昧无知乃是人类物质生活条件匮乏、导致贫困和疾病的根源之一，也是历史上一切非人道的社会罪恶赖以造成的根源之一。历史上的反动统治者总是利用人民的愚昧无知，来维护其反人道的统治，犯下了不可胜数的令人发指的罪行。19 世纪法国伟大的人道主义者爱米尔·左拉（1840—1902）说得好："愚昧有益于人类的神话，可以说是一种长期的社会罪行。贫困，肮脏，迷信，邪恶，谎言，专制，对妇女的蔑视，对男子的奴役，一切肉体上和精神上的创伤，都是由于这种蓄意培养的愚昧而产生的，而这种愚昧已经成为政府和教会的统治工具。只有知识才能摧毁这些骗人的教义，消灭那些靠散布谎言为生的人们，才能构成巨大的财富的源泉，既使土地获得丰收，又使文化

繁荣昌盛。愚昧从来没有给人们带来幸福；幸福的根源在于知识；知识会使精神和物质的硗薄的原野变成肥沃的土地，每年它的产品将以十倍的增长率，给我们带来财富。"[①]

在当今世界上，也只有科学和科学的精神，才能解决人类面临的最富于人文精神和终极关怀意味的一系列全球性问题，为我们解决威胁人类生存的自然生态危机，为消除非理性的宗教狂热，化解民族之间、国家之间、人与人之间的矛盾和仇恨，为理性地、合乎人道地解决人类社会所存在的其他许多矛盾，提供最基本的前提。

追求"真"，就要崇尚科学，尊重实践，掌握不受人惑的方法。科学是为人类的实践所确证了的对于客观世界的正确认识，为造福于人类、替人类创造日益增多的福利事业、落实人道主义原则所绝对必需，所以我们要崇尚它；实践是一切知识的源泉，是检验真理的科学性的唯一标准，同是又表现为落实人道主义原则的具体行动，所以我们要尊重它；而要获得关于客观世界和关于人自身的正确认识，并运用它来指导实践，最重要的是要有科学的精神，而科学精神的精髓就在于掌握那"去人蔽"、"去己蔽"的不受人惑的方法。

1 科学认知与人和自然的和谐

古往今来，中西各民族无不向往人与自然的和谐。人与自然关系上的"天人合一"，是中西文化共同追求的价值理想。中国古人在神秘的"天副人数"、"天人感应"的观念支配下，思考着如何"体天意以施诸人事，修人事以合乎天意"、如何"赞天地之化育"以实现人与自然的和谐；西方哲人（从毕达哥拉斯到普罗提诺）也在猜测自然的"大宇宙"与人身的"小宇宙"的同构关系，思考着贯通天人的"逻各斯"，讴歌天人合一的宇宙秩序的和谐。

---

① 转引自《从文艺复兴到十九世纪资产阶级文学家艺术家有关人道主义人性论言论选辑》，商务印书馆1971年版，第380页。

　　然而，我们有没有想过：为什么在追求"天人合一"的中华大地上，数千年来自然生态环境却不断地遭到巨大的破坏？据著名的历史地理学家史念海先生在《古代的关中》一文中说，在先秦时期，过了函谷关，就可望见桃林之野、华山松涛；长安附近，"更可眺望雩杜竹林、南山檀柘，顺山西行，还可欣赏到蟠溪附近的幽隍邃密、林障秀阻的胜概"。可如今呢？一提到关中，人们就想起黄土高坡，那里很多地方已成了濯濯的童山，连"八水绕长安"的古代帝王之都也成了严重缺水的城市。据《诗经·大雅·韩奕》的描述，古代的山西，"川泽计计，鲂鳝甫甫，麀鹿噳噳，有熊有罴，有猫有虎"。可如今呢？这里的自然条件已大大不如往昔。汉唐时代的敦煌，是著名的"华夷所支一都会"，可如今已淹没在茫茫沙海之中。中国大地上自然生态环境的破坏，并不完全是工业文明造成的，而相当多的破坏是在传统的农业社会中造成的。为什么会如此呢？根本原因就在于我们的祖先缺乏保护自然界生态平衡的科学知识。人们为了获得土地，就大量地砍伐森林，而不管这样做所可能带来的恶果；争夺皇位的战争，使愚昧无知的人们动辄干出从洛阳烧到长安、从长安烧到洛阳的蠢事；帝王们由于迷信风水，为了维护皇权的独占性，听说什么地方风水好，有可能出帝王，就要千方百计地予以破坏；如此等等，不一而足。

　　追求"天人合一"的西方民族，当着他们还不懂得保持自然界生态平衡的科学道理的时候，也并非没有干出破坏自然生态环境的蠢事。例如希腊人滥砍树木，使一些地方成为不毛之地；意大利人砍伐阿尔卑斯山南坡的松林，摧毁了他们所在区域的高山畜牧业的基础。19世纪的工业革命以后，一方面是资本家为了攫取超额利润，不顾生态环境的破坏，拼命地向自然界榨取；但另一方面，科学家们却开始研究如何在发展社会生产力的同时来保护自然界的生态平衡，出现了如今被称为生态学的"人境学"，更有许多真诚的人道主义者随时随地通过舆论和法律的手段与资本家破坏自然生态的行为作斗争，所以西方社会虽然早已实现了工业化，但从空气污染的程度、森林覆盖率和大都市的人均绿地占有面积等指数看来，其自然生态破坏的程度反而远不及许多第三世界国家严重，这正是科学与民主（民主也是建立在科学的政治学原理基础上的）共同起作用的结果。

把工业化所带来的自然生态环境的破坏归罪于科学，是完全没有道理的。科学只是向人们如实地揭示自然的奥秘，而问题出在运用科学、将科学转化为技术的人身上。生态环境的破坏，恰恰是由于运用科学的人缺乏科学精神。20世纪50年代后期在中国发生的滥砍树木大炼钢铁和农业生产中的"放卫星"，显然在于其发动者既不懂得生态科学，也缺乏科学精神。更使人悲哀的是，全国有那么多科学家和科学工作者，竟似乎没有一个人敢于对这种违背科学和科学精神的作为提出不同意见。甚至还有大名鼎鼎的科学家居然抛弃了科学家的良知，公然写文章为之推波助澜者。之所以会出现这种情形，又是缺乏科学精神、"使好人也会变成坏人"的政治体制所造成：科学精神要求人们有容忍不同意见的雅量，而当时的政治体制却完全不能容忍不同的意见；科学的精神要求科学家要有超越利害算计去追求真理和捍卫真理的精神，而我们的政治体制却全然排斥这种精神；谓予不信，就请看那些敢于提出不同意见的老一辈革命家的下场。当然，没有任何理由可以用体制的原因来为某些科学家的丧失良知辩护，因为科学家之所以为科学家，就在于他们是社会的良知，否则就不成其为科学家了。科学家的良知就是科学精神。不少科学家没有科学精神，这是中国科学界的不幸。

以自然生态环境的破坏为依据而高叫"科学破产"，在生态科学高度发展的今天，越发显得荒唐可笑。近代以来科学的飞速发展既给人类带来了许多巨大的利益，替人类创造着日益增多的福利事业，人的自然生命也随着科学的发展而大大延长了；同样，也正是科学向人们揭示了工业文明对于自然生态环境所带来的破坏性影响，包括环境污染、能源危机、各种自然灾害的原因，等等，同时也揭示了环境污染对于人类生命所造成的新的威胁，包括一些人们几十年前闻所未闻的新的疾病，男性的女性化，等等。

无论是从事何种职业的人，都没有科学家对于工业文明给自然生态环境造成的破坏揭示得那么全面、具体，对于生态环境与人类命运的关系认识得那么深刻：

1997 年 9 月 30 日，60 多个国家和地区的 1500 多名科学家发表声明，包括 98 名诺贝尔奖获得者在声明上签了字。科学家在声明中列举了全球变暖可能导致的一系列严重后果：海平面将升高，使沿海地区的居民和生态系统受到威胁；发生洪涝和旱灾的可能性都将增加；热带传染病和发病区将扩大；影响水分分布、土壤状况和季节变化，加剧粮食短缺；加速物种灭绝速度，地球上三分之一的物种到 21 世纪末将不复存在。声明说，人类过多地使用矿物燃料，排放出大量二氧化碳和其他使气温升高的温室气体，是造成全球变暖的重要原因之一。声明呼吁各国政府制定有效的能源政策，提高能源利用率，大力发展太阳能和风能等可再生能源。

《世界科技译报》登载了一则关于世界每分钟环境灾难的统计数字。耕地：全世界每分钟损失耕地 40 公顷，每年损失 2100 万公顷。森林：全世界每分钟有 21 公顷森林消失，每年消失 1100 万公顷。沙漠化：全世界每分钟有 11 公顷土地沙漠化，每年沙漠化土地为 600 万公顷。泥沙：全世界每分钟有 4.8 万吨泥沙流入大海，每年流入大海的泥沙为 250 亿吨。污水：全世界每分钟有 85 万吨污水排入江河大海，每年的污水排放量为 4500 亿吨。人：全世界每分钟有 28 人死于环境污染，每年有 1500 万人因此丧命。

生态学家们警告，地球正面临 6500 万年前恐龙灭绝以来最严重的一次生态浩劫，每年有 5 万种动植物在地球上消失。其主要原因是它们栖息的生态环境——森林正在迅速减少。从 1980 年到 1990 年，世界森林每年减少 1.3％，根据联合国提供的材料，目前，全世界近 100 个国家的 10 亿人口受到越来越严重的沙漠化威胁，1.35 亿人口将可能失去赖以生存的土地。近 20 年来，全球消失的土地相当于美国的全部可耕地面积。

　　1997 年，一系列新的调查统计数字再一次向我们发出了神州生态告急的警告。据《青年参考》杂志报道，我国水土流失面积约占国土总面积的六分之一，每年流失的土壤养分相当于全国化肥年产量的二分之一。因涝渍、盐碱、干旱、风沙等原因导致肥力下降的中低产田已占全国耕地面积的三分之二。各地每年排出的废水达 360 亿吨，排放出的烟尘达 1445 万吨，受污染的耕地面积达 670 万公顷。土壤退化已成为影响国民经济发展的重要制约因素。又据《每日电讯》报道，1997 年 9 月 30 日 11 时黄河下游出现第 8 次断流。有资料记载以来，黄河下游九月出现断流尚属首次，一年之中断流 8 次更是史无前例。在此之前，黄河下游已断流 7 次，共计 147 天，给人民的生产和生活造成了严重的困难。由于长江上游的森林植被严重破坏，造成严重的水土流失，使长江水患有日益严重的趋势，长江正在变成第二条黄河。

　　科学研究表明，人类对自然生态环境的伤害，同时也就是对人类自身的伤害，这种伤害已经全面地影响到了人类的生态，并且危及人类自身的生存和延续。各国医学、环境和遗传科学家在 20 世纪 90 年代中后期进行了生态系统的科学研究后，惊讶地发现雄性在全球范围内的普遍退化。这种雄性的退化不仅表现在动物身上，如有的鱼类已完全不能繁殖，就连万物之灵的人类中的男性，由于体内雌激素的增加，也开始逐渐趋向女性化。据科学家测定，目前在发达国家中，已有 20％以上的夫妇因无法生育而苦于没有子女。专家们调查后认为，这幕"阴盛阳衰"的悲剧的导演者同样是环境污染。如化学产品生产过程中释放出来的气体中所含有的氯化物，因化工废水和废料的到处乱倒而导致水分、土壤和食物中含有的雌性激素，以焚烧来处理垃圾所产生的被称为"TC-DD"的有毒气体，等等，都是逐渐导致男性女性化而最终使人类灭绝的杀手。

　　人的目光短浅，很容易犯只顾眼前利益而不顾长远利益的错误。近几个世纪以来人类的所作所为，既伤害了自然，也伤害了人类自己，就是最明显不过的事实。人性的异化，甚至使得大自然赋予一切生物的趋利避害的本能也造成了反转来危害人类自身的恶果。要扬弃人性的异化，真正趋利避害，就必须有终极关怀的意识，有科学理论的指导。

人类应该对自然怀有一份敬意，这份敬意不是愚昧无知的人对于大自然的神秘力量的惊恐敬畏之情，不是"天地神祇、昭布森列"的对于大自然的泛神论崇拜，而是来自对自然向人类所作出的奉献的科学认识。1997 年年底出版的英国科学杂志《自然》，刊载了来自美国、荷兰和阿根廷的 13 位科学家联合作出的对自然每年为人类所作奉献的估算。这些科学家们先将地球厂袤的栖息地划分为 16 大类，然后又将这些栖息地提供的各种"生态系统服务"分成食物、原材料生产、吸收和再循环人类制造的废物、防止水土流失、调节气候等 17 项，并分别估算出每类栖息地平均每公顷所提供的"生态系统服务"的年价值。最后的结论是，地球每年向人类提供的服务价值是 20 万亿英镑，几乎是目前世界各国年国内生产总值的总和（11 万亿英镑）的两倍。科学家们说，每年 20 万亿英镑这一总估价，只是一个初步的和大略的概算，而且几乎是肯定低估了大自然的真实价值。科学家们认为，人类总是心安理得地享受着大自然给予的生活恩惠，但一旦需要为此付出代价时，人类是绝无可能承受得起的。

科学既向人类揭示了自然生态的危机，也唯有科学能为人类摆脱自然生态危机提供最为切实有效的途径。20 世纪 60 年代以来，科学知识日益广泛的运用，使工业生产所消耗的能源、原材料呈不断下降的趋势。1965 年至 1991 年，发达国家每生产 100 美元国内产值的能源消耗减少了 87%，发展中国家也减少了 44%。目前世界正在迅速进入"知识经济"时代，1990 年联合国研究机构提出了"知识经济"的概念，1996 年亚太经合组织把世界范围内出现的新经济现象明确定义为"以知识为基础的经济"。知识经济的一个显著特征，就是在资源的配置上主要不依赖于土地、石油等已经短缺的自然资源，而是致力于通过知识和智慧来开发富有的自然资源以创造新的财富，逐步代替工业经济依为命脉的已经短缺的自然资源。例如信息科学技术的计算机芯片来自石头，新能源和可再生能源科学技术的受控热核聚变来自水中的氢，"海水变汽油"已不再是一种幻想，太阳能将代替煤的燃烧，汽车发动机改为受控热核聚变的新能源燃料电池，将不再污染环境；人类借助于多媒体在世界范围内进行交流，连火车、汽车、飞机等各种交通工具的使用也将大大减少；电子传媒代替纸张印刷的书籍报刊，人类将很少通过砍伐树木来制造纸张，利用知识和智力开发富有的自然资源所创造的财富，将大大超过由传统技术用稀缺的自然资源所创造的财富。借助于科学，人类将解决哲人们忧心忡忡的自然生态失衡、能源危机等一系列威胁人类生存的问题。

人类的历史实践，尤其是当代的实践——正在蓬勃兴起的新的科学革命和"知识经济"的实践——告诉我们：科学，只有科学，才能为人类正确地认识自然、正确地认识人与自然的关系、解决人与自然的矛盾、实现人与自然的和谐提供理论的指导；人类对于自身前途和命运的终极关怀，是完全不能离开科学的。因此，崇尚科学，尊重知识，鼓励科学的探索和发明，以服务于人道主义的目的，乃是现代人文精神的最重要的组成部分。在经济和文化尚且落后的中国，即使只为民众的生计考虑，也不能不努力提倡科学和科学的精神。

2 科学认知与社会关系的和谐

古往今来，中西哲人无不向往社会关系的和谐。中国古代有先秦墨家和秦汉之际儒家的"大同"理想，西方古代哲人也有他们设计的"理想国"的模式；中国近代有洪秀全的空想的农业社会主义、康有为的《大同书》、孙中山的"主观社会主义"，西方近代也有许多空想社会主义的思想体系。在这些思想体系中，无不把社会的和谐作为人类追求的理想目标。

然而，为什么追求社会关系和谐的人类在相当长的历史时期内并没有能创造出一种理想的社会制度，古代的和中古的"理想国"或"天国"的召唤却产生出了可怕的宗教异化、伦理异化和权力异化？为什么儒家追求的伦理情感的和谐却通过"吃人的礼教"而成为不折不扣的"以理杀人"？为什么柏拉图的《理想国》的对象化却不过是中世纪的贵族等级制和宗教裁判所？近代中西空想社会主义的理论最终都不得不退回到现实所允许的范围之内——洪秀全从主张实行《天朝田亩制度》不得不退回到传统的"照旧交粮纳税"，康有为根本就不准备实践其《大同书》的理想方案而长期"秘不示人"，孙中山在"避免资本主义"的口号下制订"彻底的资本主义纲领"，而西方近代空想社会主义理论的客观作用亦不能不只是促进资本主义社会自我完善的一种理论，所有这一切，其原因又是什么呢？说到底，就在于他们的理想并非建立在科学认知的基础上，而影响历史的因素虽然极其错综复杂却毕竟有其客观规律的缘故。

科学认知不仅是对于自然的认知，而且也包括对于现实的人、现实的人性和现实的社会关系的认知。不仅经济学和政治学应该成为科学，即成为揭示社会经济和政治运作之规律的科学，而且道德伦理学说也应建立在科学认知的基础上。只有科学的经济学和政治学，以及建立在科学认知基础上的道德学说，有助于促进社会的进步，有助于促进社会关系的和谐。

亚当·斯密的《国富论》、马克思的《资本论》和凯恩斯的经济理论，都是科学，都是人类在特定历史条件下对于社会经济规律认识的理论成果。亚当·斯密从现实的人和现实的人性出发，揭示了现实的人性与社会经济发展的关系，强调了市场经济这只"看不见的手"在社会经济运作中的作用，为自由竞争的资本主义市场经济奠定了理论基础，并由此促进了近代社会生产力的迅速发展。马克思的《资本论》，揭示了资本运作的规律，揭示了劳动者与资本的关系，揭示了任凭资本的运作必然导致劳动者的绝对贫困化，创立了剩余价值学说。这一学说为无产阶级和一切真诚的人道主义者批判资本主义提供了强有力的理论依据。尽管马克思的《哥达纲领批判》等著作中有关社会主义计划经济的设想不免带有空想的因素，但《资本论》对于资本主义的批判却是论证严谨的科学的经济学理论。如果任凭资本家不受任何社会制约地剥削工人，结果只能是无产阶级的绝对贫困化。如今发达国家的工人之所以能避免绝对贫困化，在很大程度上正是依据马克思的理论而对资本的不受制约的权力进行了反抗、斗争，并通过国家立法对资本的权力加以了限制的结果。凯恩斯的经济理论，主张政府对社会经济运作应给予适当的干预，弥补了自由放任主义的市场经济理论的不足，因而可以看作是科学的经济学理论的进一步的发展。经济科学的发展，促进了市场经济的繁荣，缓解了社会矛盾，虽然推迟了马克思设想的社会变革的到来，但却有助于人们在稳定的社会条件下发展经济，改善了多数人的生活，有助于社会关系的和谐，同时也有助于为社会向更高级的形态过渡、创造更高级的和谐的社会关系准备条件。

马克思关于计划经济的理论虽然并未在实践中取得预想的效果，但马克思主义的根本原理却为实践证明了是颠扑不破的。或许马克思、恩格斯早就意识到他们可能播下龙种而收获跳蚤，所以他们曾经提醒人们，生产力的巨大增长和高度发展乃是实行共产主义的前提，而且是"绝对必需的实际前提"。之所以如此，是因为：

第一，"如果没有这种发展，那就只会有贫穷的普遍化；而在极端贫困的情况下，就必须重新开始争取生活必需品的斗争，也就是说，全部陈腐的东西又要死灰复燃"[1]。

第二，"只有随着生产力的这种普遍发展，人们之间的普遍交往才能建立起来；由于普遍的交往……狭隘地域性的个人为世界历史性的、真正普遍的个人所代替。不这样，（1）共产主义就只能作为某种地域性的东西而存在；（2）交往的力量……会依然处于家庭的、笼罩着迷信气氛的境地；（3）交往的任何扩大都会消灭地域性的共产主义"[2]。

马克思恩格斯一生中很少把自己揭示的某一原理强调为"绝对"，

---

[1][2]　马克思：《德意志意识形态》，《马克思恩格斯全集》第1卷，第39—40页。

但他们都一致认为：生产力的高度发展和与此相适应的世界交往的普遍发展是实行共产主义的"绝对必需的实际前提"，在处于极端贫困状况、必须为争取生活必需品而斗争的社会中是并没有什么社会关系的和谐可言的。这一极其深刻而无任何片面性弊病的"绝对"，是值得一切有志于推动社会进步的人们牢牢记取的。

近代启蒙学者把政治理论从"君权神授"的神学迷信中解放出来，使之从神学的分支而成为独立的科学。近代政治学说的一个突出贡献，就在于它首先确立了公民权利和政治权利的社会公理，这一公理首先由被马克思称为"第一个人权宣言"的美国《独立宣言》予以确认，又由1789 年法国大革命的《人权宣言》再次予以确认。在 1848 年的欧洲革命中，马克思号召工人阶级积极投身这场革命，彻底推翻封建主义在欧洲的统治，首先为自己争得公民权利和政治权利，即争得"政治平等"，然后再运用自己所取得的各种政治权利，为争取实现自己的社会理想而斗争。马克思在听说林肯——一个由石匠上升到伊利诺斯州参议员的平民——当选为美国总统的消息以后，兴奋地写道："新大陆还从来没有取得过比这一次更大的胜利，这证明，由于新大陆的政治和社会组织，善良的常人也能担负旧大陆需要英雄豪杰才能担负的任务。"[①] 林肯当选美国总统后，承担起了解放黑奴的伟大历史使命，马克思致信林肯，称他是"工人阶级忠诚的儿子"[②]。一个工人阶级的忠诚儿子能够当选美国总统，按照马克思的说法，正是实行了普选制的结果。如今世界上已经建立起共和政体的国家，无不在自己的宪法中写上了有关公民权利与政治权利的条文。近代政治学说从现实的人性出发，正视权力对人的腐蚀而提出了权力制衡的原则。现实的人性并非纯善无恶，权力对人是有腐蚀作用的，"权力导致腐败，绝对的权力导致绝对的腐败"，因而必须在实际的政治设置上以权力制约权力，并且重视舆论的监督作用。实

---

① 《马克思恩格斯全集》第 15 卷，第 586 页。
② 《马克思恩格斯全集》第 6 卷，第 21 页。

践证明，权力制衡的原则能防止权力过分集中和个人独断专行，有利于防止政治腐败，亦有助于社会政治稳定和社会关系的和谐。中国人民在经历了"文化大革命"之后，痛定思痛，亦基本上达成了如下共识：像"文化大革命"这样的事，在英美法等国决不会发生；体制好，坏人不能干坏事，体制不好，好人也会变坏人。如果能从体制上解决使好人也会变坏人的问题，那么也就解决了我国社会关系中的一个重大矛盾，消除了可能激化社会矛盾、引发社会动乱的最大隐患，从而带来国家的长治久安。

道德伦理在总体上属于"善"的范畴，但一般来说"善"必须以"真"为前提，"善"之中应该包含真。所以道德伦理学说应该在认识现实的人性、认识社会关系和道德发展的规律的基础上来建立调节人与人之间的关系的道德规范。道德伦理学说中揭示"实然"、具有认知价值的部分属于"真"的范畴，而属于"应然"、教人应该如何去做的部分则属于"善"的范畴，前者是基础，后者是大厦。尽管在伦理学论著中并不作如此明晰的区分，"真"与"善"往往交织在一起，"真"融于"善"中。

现代伦理学说既继承了古希腊哲人重视知识在道德中的地位的传统，强调没有知识就不能有道德；又摒弃了传统的道德根源于"神意"或"天意"的神秘主义观念，把道德建立在对于现实的人性和现实的社会关系的科学认知的基础上。

从现实的人性出发，近代伦理学肯定人的物质生活欲求，承认"人必有私"，尊重人的感性生活和合理的私人利益，强调每一个人的人格和权利的平等；现代伦理学正视现实的人性中所包含的各种恶的倾向，所以要划分群己权界，强调每一个人的自由必须以不侵犯他人之自由为界限，强调每一个人必须尊重为维护正常的社会秩序所必需的公共权威，反对损人利己主义，从而使每一个人的人格尊严和人身权利不受非理非法的侵害，使公众利益不受个人膨胀的私欲所侵害。

现代伦理学科学地揭示社会发展与道德进化的规律，以事实告诉人们：把人当作会说话的工具的奴隶制度是不道德的，少数人享有特权的贵族等级制度和专制官僚制度是不道德的，对妇女的歧视和压迫是不道德的，任何一种以森严的等级服从来维系其权威的职业都是十分有害于道德的；正如社会制度不是永恒不变的一样，世界上也不存在永恒不变的道德，在现时代，道德应适合人的自由而全面发展的要求，适合追求真善美的人性发展的内在要求。理智地看待人性从狭义动物界中提升出来的过程，人性尚未完成，因此，实现社会和谐的第一步乃是使每一个人遵守最低限度的道德，即保持人之所以为人的最起码的道德良知（至少能做到不损人利己）和履行各行各业所应遵守的责任伦理。在此基础上，如能使道德境界得以提升，当然很好；如不能继续提升，亦无伤社会的大体的和谐稳定；可怕的是连最低限度的道德都做不到，却在那里大讲做圣贤，于是也就不能不造成普遍的伪善。人文精神的教育是应致力于提升人的道德境界的，但应立足于对现实的科学认知，而不应是虚无缥缈的海市蜃楼。

3 掌握"不受人惑"的方法

"不受人惑"是中国古代佛教禅宗的语言，禅宗教人要"随处作主，不受人惑"，"惺惺但说惺惺，历历但说历历"，"莫要被天下老和尚舌头瞒"。这里包含着强调人的认识的主体性和不迷信权威的因素。但禅宗讲的"不受人惑"，是要人凭自己的"顿悟"去达到佛教"去法执""去我执"、泯灭一切主客观差别的空灵境界，而不是我们所讲的科学认知。我们讲的"不受人惑"的方法，是要提倡正确认识世界的科学方法论。

人类追求"真"的历史，可以说是一部探求"不受人惑"的科学方法的历史。人对世界认识的程度，取决于人的认识能力。无论自然现象多么扑朔迷离，它并不欺骗我们，可怕的是人的自我欺骗和人与人之间的互相欺骗。所以，所谓"不受人惑"，也就包括戴震所说的"去己蔽"和"去人蔽"，去己蔽是"不以己自蔽"，去人蔽是"不以人蔽己"。

先说"去己蔽"。去己蔽就是要尽可能排除主观因素对于认识的干扰，保持清醒的头脑和客观冷静的科学态度。

首先要有一种"为求知而求知"的认识论的自觉，把求得真知本身看作是认识的目的。以这种态度去认识事物，就会从事物的实然出发，而不是从应然出发，就会按照客观事物的本来面目去认识世界。在认识过程中，影响我们正确认识事物的主观因素实在很多。其中，急功进利的欲望是一个最大的干扰因素。"千钟粟"（做官）的欲望、"黄金屋"（发财）的欲望、成名的欲望，等等，都会导致歪曲真理。因此，追求真理的人应该是不迎合权势者利益的人，如普列汉诺夫所说，"真正对于人类的理性进步作出贡献的人，是那些热爱真理胜过关心当代权势者利益的人"。追求真理的人除了经济上的自立外，不应该刻意追求富裕，——一个想发财的人，既不可能全心全意去追求真理，也难保不为了金钱而丧失良知。追求真理的人应该如戴震所说的，"不为一时之名，亦不期后世之名。有名之见，其蔽二：非捭击前人以自表暴，即依傍昔贤以附骥尾"（《东原文集·答郑用牧书》）。戴震认为，学者的"名之见"导致"鄙陋之心"，或者为了一时之名或后世之名而不论是非地去批判前人，借攻击别人来造成自己的知名度；或者是为了一时之名或后世之名去依傍先贤，附其骥尾，以便跟着昔贤进孔庙去吃冷猪肉。前者由好名的己蔽而终蔽于己，后者由好名的己蔽而终蔽于人，二者都是由于动机鄙陋所致。

其次，要客观地审视人的主观认知能力，排除黑格尔式的认识终极真理的虚妄，防止固步自封和思想僵化。每一个人的认识能力都是极为有限的；一个人不仅不能认识所有的事物，就连别人已知的事物也不可能完全知道。每一个错误的命题的反面都是一个真理，每一个真理的反面都是一条谬误，真理同谬误的数目一样多；真理没有穷尽，谬误也没有穷尽，人在认识中很容易犯各种各样的错误，所以我们不可能认识永恒、无限、绝对的终极真理，我们在任何时候也没有骄傲自满的理由。承认无知并没有什么坏处，反倒可以使我们在实践中更为谨慎——惟有错误的认识才是极为有害的；人之所以走入迷途，往往并不是由于无知，而是由于他自以为有知①。

再说"去人蔽"。去人蔽，如戴震所说，就要"空所依傍"，不迷信权威。如笛卡尔所说，要尽可能把过去的一切知识都怀疑一遍，只相信那些为理性和逻辑、为经验认知所证明了是确切可靠的知识。

不迷信权威，就是以"真理面前人人平等"的态度去对待各家各派学说。现代社会并不把任何个人或学派的学说定为一尊，这是现代社会与传统社会相区别的本质特征之一。而我们之所以相信马克思主义，恰恰就在于马克思主义从不自我神化。它公开宣称：马克思主义并没有结束客观真理，而只是在实践中不断开辟认识真理的道路。对于马克思主义的学说我们也需要在实践中小心翼翼地加以检验，而决不采取教条主义的态度。马克思主义在形成和发展的过程中，并不认为真理是只此一家，别无分店；相反，它总是努力吸取人类文明的一切优秀成果。我们在追求真理的时候，也应具有马克思和恩格斯的博大胸怀。

不迷信权威，就要以科学的态度去审视前人的学说，把历史分析、逻辑分析和价值分析结合起来。任何学说的产生，都有其赖以产生的特定的社会历史背景，因而都具有为社会历史条件所制约的各种局限性，客观地考察特定的学说所起的社会历史作用，这是历史分析。任何学说，也都有其概念、判断、推理的架构，概念是否有明确的指称对象，判断是否正确，推理是否合乎逻辑，一切立论是否有强有力的经验事实依据作基础，这是逻辑分析。此外，我们还必须面对前人的各种思想学说与作为当代实践主体的人的关系问题，问一问：这种学说在当代还有指导人类实践的积极作用吗？还有继续信奉的理由吗？其中，哪些部分还有存在的价值，哪些部分则失去了存在的价值？这是价值分析。只有把历史分析、逻辑分析和价值分析三者结合起来，才是对待前人的各种思想学说的完整的科学态度。

---

① 参见卢梭：《爱弥尔》，商务印书馆1996年版，第214—215页。

要"不受人惑"，既去己蔽，又去人蔽，就要正确处理知性与理性的关系。知性的方法，是求得关于个别、特殊事物的确切可靠的认识的方法，运用的是形式逻辑；理性的方法，则是认识客观世界的普遍联系和永恒发展之规律的方法，运用的是辩证逻辑。二者既有区别，又有联系，后者以前者为基础。要把辩证逻辑建立在形式逻辑的基础上，正如高等数学必须以初等数学为基础一样。讲辩证法也必须遵循形式逻辑的规则。辩证法承认矛盾，但不等于立论的自相矛盾；辩证法承认一定条件下亦此亦彼，但决不等于一个人立论、写文章、作演说也没有任何确定的主张、亦此亦彼、模棱两可；辩证法承认事物的永恒的发展变化，但决不意味着人不能把握任何确切可靠的东西。讲辩证法如果不讲形式逻辑，就会成为诡辩论，成为变戏法，成为随时可以用来为任何一种主张作辩护、作无聊论证的乡愿哲学。在这方面，中国哲学界是有许多经验教训值得认真总结和记取的。

要"不受人惑"，既去己蔽，又去人蔽，就要正确处理知性、理性与直觉的关系。知性和理性皆需要借助于逻辑，直觉则无须借助逻辑，而关于事物整体联系的理性认识往往是借助于直觉来加以把握的。直觉又与情感相联系，所以在柏拉图那里，哲学作为对"真理的洞见"并不纯粹是理智的，它不仅仅是智慧而且是"爱"智慧；新黑格尔主义者说辩证法是一种"爱情逻辑"，其中寄托着人的情感，是思想与感情的密切结合。直觉在人的创造性思维中发挥着巨大的作用，但直觉也会把人引入歧途。对此，罗素有很精辟的论述，他说："凡是做过任何一种创造性工作的人，在或多或少的程度上，都经验过一种心灵状态；这时经过了长期的劳动之后，真理或者美就显现在，或者仿佛是显现在一阵突如其来的光荣里——它可以仅是关乎某种细小的事情，也可能是关乎全宇宙。在这一刹那间，经验是非常有说服力的；事后可能又有怀疑，但在当时却是完全可信的。我以为在艺术上、在科学上、在文学上以及在哲学上，大多数最美好的创造性的工作都是这样子的一刹那的结果。"但罗素又强调指出，仅仅有这种直觉的经验是远远不够的，"它所带来的那种主观上的确实可靠性，确乎可以致命地把人引入歧途。"他引述了一个事例来说明这一观点：威廉·詹姆士描写过一个从笑气里面所得到的经验，这个人只要一受笑气的作用，就知道了全宇宙的秘密，但当他醒过来的时候，就又把它忘记了。最后他以极大的努力，乘着这种景象还未消失，就把它秘密地写下来。等到完全清醒过来以后，他赶忙去看写的是什么。他写的是："整个都是一股石油的气味。"所以，罗素告诉我们：看来好像是一种突如其来的洞见的东西，很可能是把人引入歧途的，所以当这场神圣的沉醉过去之后，就必须加以严格的检查。罗素认为，对于事物整体联系的直觉性的认识必须是建立在对事物细节的确切认识的基础上的。他说，如果他想到一个题目，想写一本书的时候，他就必须先使自己沉浸于细节之中，直到题材的各部分完全都熟悉了为止；然后有一天，如果有幸的话，他就会看到各个部分都恰当地联系成一个整体。与此最近似的类比就是先在雾里走遍了一座山，直到每一条道路、山岭和山谷都已非常熟悉了，然后再在光天化日之下，从远处来清晰地整个地观看这座山①。借助于直觉，理性认识到事物的整体联系，而这种关于事物的整体联系的认识是否确实可靠，又是必须运用知性来加以严格的检查的。

　　要"不受人惑"，既去己蔽，又去人蔽，最重要的是要尊重实践。实践是一切真知的源泉，因此要尊重直接劳动者的劳动，尊重科学实验，尊重在劳动和科学实验中形成的经验认知。作为人民大众之主体的直接劳动者，往往不像"学富五车"的理论家们那么愚蠢，他们做梦也不会有"亩产万斤粮"的虚妄，不会有"人有多大胆，地有多高产"的浮夸。他们具有最基本同时也是最可靠的日常生活的真理（常识），当代中国农村的改革就是由安徽凤阳县小岗村的 18 户农民以敢冒天下之大不韪的气概首先拉开序幕的。我们要尊重劳动者的常识，不要让"高贵的"玄虚毁灭了我们的理智。实践作为检验真理的唯一标准，为我们

---

① 罗素：《西方哲学史》上卷，商务印书馆 1963 年版，第 165—166 页。

明辨真理和谬误。当然，并不是什么方案都要拿到实践中去检验，常识证明了是根本不可能办到的事，数理的逻辑推算证明了是注定要失败的事（如不科学的工程设计，等等），就决不能拿到实践中去加以检验，决不能非要等到付出了巨大的惨重的代价才认输，才服气。

要"不受人惑"，既去己蔽，又去人蔽，就必须有科学研究的自由，有思想言论的自由，就必须承认真理多元论。我们每隔一段时间就要提倡"思想解放"，而之所以要提倡"思想解放"，就意味着存在着思想禁锢，有定于一尊的教条和不准人越雷池一步的思想禁区。倘若真正贯彻落实了宪法赋予每一个公民的科学研究和思想言论自由的权利，真正贯彻落实了"百家争鸣"的方针，没有任何思想禁锢，当然也就不需要提倡解放思想了。真理只有在自由讨论中才能确立，任何真理都只是从特定视角对事物的特定层面的真理的揭示，因而承认真理多元论，充分考虑到不同的见解中所包含的真理颗粒，可以使我们多一分谦虚和谨慎，少一分骄矜和狂妄，可以使我们在实践中少犯错误，更多地造福于人类而少给人民的利益带来危害。

承认真理多元论，决不意味着可以走向不分真假、对错、是非的相对主义和诡辩论。在绝对正确的真理多元论之上，还有一个绝对正确的实践是检验真理的唯一标准的原则以及从属于这一根本原则的逻辑证明原则。承认真理多元，为的是去己蔽、去人蔽、不受人惑，以更好地认识真理，避免谬误；如果由此走向不分真假、对错、是非的相对主义和诡辩论，可就要"惑以终身"了。

（三）尊重公理，崇尚正义，反对价值相对主义

"善"，作为人的意志和实践理性所追求的价值目标，包含着极其丰富而生动的内容。可以说，一切能够给人带来物质的和精神的幸福的事

物，都可以称之为善。例如：

身心的健康。——对于每一个人来说，生命只有一次，因而身心的健康是很珍贵的。正因为如此，所以提倡人文教育的人们都特别重视培养人足以战胜一切艰难困苦的强健体魄和坚强的生命意志，特别重视人的心理健康。

经济的自立。——人文主义者认为在民主制度下受穷比在专制制度下享受富裕要好，因为只有民主制度下的人才可能真正有独立人格，有人的尊严，有安全感；但人文主义者又认为，经济的自立也是独立人格的必要条件；一个人应当靠诚实劳动获得不依附于权势或他人的经济自立，能富裕当然是好的，但却绝对不应企求发不义之财的富裕。

伦理的幸福。——基于道义的人际关系的和谐和个人内心的和谐，这是人生幸福的重要条件。一切精神的痛苦往往都是来自人际关系的矛盾和个人内心的矛盾。因此，古往今来的许多哲人都认为，人生的幸福在丁内心的平和。

身心的健康、经济的自立、伦理的幸福，是相互联系的。然而，在现实的社会关系中，要做到这一切，是取决于许多因素的：既包括客观因素，如社会的自由、平等、正义；也包括主观因素，如个人的权利、责任、道德良知。主客观因素是互相依存、互为条件的。社会的自由、平等、正义与个人的权利、责任、道德良知之有机结合与和谐统一，才能实现马克思所说的"自由人的联合体"的社会理想，才能有每一个人的自由而全面的发展，才能有个人的物质生活和精神生活的幸福。

1　自由、平等、正义

自由是"善"——一切道德行为——的前提，平等是道德的基础，而服从于人道主义原则的社会公正和正义则是道德的归宿，是道德所要达到的社会价值目标。

如前所说，自由是一切自主选择的道德行为的本质。德行取决于一个人的理性力量，而理性力量是必须要靠自由来培养的。一个人在自由地运用自己的理性去进行道德选择的过程中，也就培养了自己的理性力量。凭自己的理性所选择的道德行为，是真正的道德行为；反之，如果行为不是由于理性的自由选择，不是服从理性的权威，而是服从于其他的任何权威，也就不能被称为有理性的和有道德的。约翰·穆勒说："当一个有理性的人已达到能为自己的行为向社会负责的年龄时，还要强迫他屈从于另一个人的意志，那就是最残酷最过分的滥用权力。"强迫人服从理性以外的任何权威，并无助于德行的培养，而只能对道德有害。

理性的选择是个人的自主选择，而社会的普遍规范作为公共的理性权威，是个人理性的自主选择的集合。在民主的社会中，公共秩序的权威合乎每一个人的根本利益。个人自觉地尊重社会的公共权威，尊重法律和秩序，遵循共同的"游戏规则"和社会生活的公共道德，也就是服从自己的自由意志，因而同样是个人的理性自主选择的结果。然而，必须反对理性专制主义。理性专制主义本质上是以特权集团的利益冒充社会的普遍利益，不承认每一个人在道德价值面前有自主选择的自由意志，而把仅仅适合特权集团利益的行为规范作为全社会的规范来强迫每一个人遵行。儒家的"存天理、灭人欲"也就是这样一种理性专制主义，因为它把理智片面地夸大、膨胀成了脱离了人的情感和欲望的神化了的绝对，并以此来扼杀多数人的情感和欲望，并且不允许人们对此问一个"为什么"，只能绝对服从。与此相反，合乎人性的健全的理智，总是基于人的情感和欲望，特别是对人生幸福的追求，从而运用理性来对情感和欲望加以适度的调节，而现代社会生活的公共道德规范就是建立在保障每一个人"情得遂、欲得达"的前提之下的。在这种情况下，社会的理性权威就会得到每一个有理性的人的自觉认同。每一个有理性的人在运用自己的自由意志的时候，就会做到"己所不欲，勿施于人"，而且做到己之所欲也决不强加于人。

当然也必须看到，社会的普遍规范与个人的自由意志之间又确有矛盾的一面。个人是社会生活中最活跃、最积极的因素，承认人有着不断增长的物质生活和精神生活的欲求，也就是承认个人的情感和欲望是没有止境的，是有着不断发展的要求的；个人的情感和欲望在发展，其理性也会随之变化，这就势必会对现存的社会规范产生怀疑和抵触。但另一方面，社会的规范是相对稳定的，除非绝大多数人的理性要求改变这种规范，则这种社会规范就很难发生任何变化。而历史证明，一切合乎社会发展趋势的新事物，总是从个人发端，以普遍的社会规范来禁止个人的新的追求，往往会造成理性的僵化，阻碍社会的发展。这就要求社会的普遍规范具有一定的弹性，尊重每一个人的自由选择，只要这种选择并不造成对社会的危害，社会不应该、也不必要、而且也无权对于个人私人生活领域的事情加以任何干预。这就是现代社会的政治和伦理学说所明确规定的群己权界原则。

普遍的社会规范与个人选择的自由意志的矛盾还表现为这样一种情形，即占统治地位的道德理想主义意识形态与个人的生活方式和道德实践的矛盾。个人的需要是多层次的，不同的人有不同的价值观。例如，你可以认为"生命诚可贵，爱情价更高，若为自由故，两者皆可抛"；但同样也有人认为"爱情诚可贵，生命价更高"。有的人认为发财重要，有的人认为自由重要。孙中山先生就说，在中国，你如果登高一呼："同胞们，大家都跟我争民主自由去"，只能是应者寥寥；但你如果高呼："同胞们，大家都跟我发财去"，就会应者云集。中山先生为了唤起民众，所以他说三民主义就是一种让人发财的主义。实际的社会生活就是如此，普通人所要求的自由是免于物质的匮乏和免于威胁其生存的恐惧，是"我可以避免什么的自由"（freedom from something），又称"消极自由"，所以往往安于现状；而道德理想主义者则往往热烈地憧憬着要在地上建立天国，建立一个至真、至善、至美的社会，为此他们就热衷于"我可以去做什么的自由"（freedom to something），又称"积极自由"。

在社会生活中，不同的人有不同的需要和不同的价值观，应该说是一种正常的现象。如果无视个人需要的多层次性，无视每一个人都有其选择的自由意志，把道德理想主义作为一种意识形态去强迫多数人奉行，结果就可能扼杀自由。因为无论是"消极自由"还是"积极自由"，自由之所以为自由就在于个人思想和意志的自主，任何强加于人、即使把你认为是好得不能再好的事物强加于人，都只能走向自由的反面。卢梭的幼稚而荒谬的口号——"你不自由，我强迫你自由"——导致了雅各宾派的恐怖统治，导致了罗兰夫人所说的"自由，自由，多少罪恶假汝以行之"。这是世界历史上的极为惨痛的教训。因此，真正的道德是应以尊重每一个人的意志自由为前提的。任何再好的理想也必须尊重每一个人的实践的自主性，尊重每一个人选择的自由。

从积极的方面来说，自由实在是大有助于人提升自己的道德境界的。因为只有尊重每一个人的意志自由，把每一个人看作是可以自作主宰、可以对自己的行为负责任的人，确认他或她就是他（她）自己的当然主人，才能使每一个人意识到自己的尊严，同时也尊重他（她）人的尊严，而每一个人要在他（她）人心目中成为一个有尊严的人，一个好人，一个优秀的人，他（她）就会自觉地趋向于讲道德，自觉地发挥自己求真、向善、臻美的天性，来不断地完善自己，不断地提升自己的精神境界。这样，你不需要把道德理想主义强加于人，人们也会自觉自愿地趋向对于更高理想的追求，社会的总体道德水平也就会因此而得到提高。文德尔班说："正是自由，仿佛在人初生时就已播下了高贵性情的种子。"这句话是意味深长、耐人寻味的。从逻辑上说，自由与高贵的性情相联系的中间环节就在于自由能使每一个人意识到堂堂正正地做一个人的尊严，由此方能有高贵的性情。而马克思之所以把"唤起人的自尊心"与"唤起人对于自由的追求"看作是一回事，道理也就在这里。与此相反，一个因强迫和压制而丧失了自尊心的人，是不可能去追求什么高尚的道德境界的，当然也就谈不上会有高贵的性情了。

再说平等。平等对于道德来说，其重要性决不亚于自由。没有真正的平等，所谓"善"——道德——就永远不会有坚实的基础；不是建立在平等基础上的所谓"善"，本质上只能是伪善；建立在社会的等级区分基础的所谓道德，例如在等级森严的贵族领主制社会和官僚专制社会中，调节不同等级的人之间的关系的道德，基本上或本质上只能是伪道德。

正如在商品交换中需要衡量商品价值的共同尺度，要使用共同的尺度就必须在物与物之间有某种协定的平等一样，人与人之间的关系调节，社会秩序的维持，也必须建立起人与人之间的协定的平等。物与物之间协定的平等，使人类发明了作为一般等价物的货币，用以衡量物的价值。但人与人之间的协定的平等就没有这么简单。在自有文明以来人类所经历的各种前现代的社会制度中，道德和法律都是建立在人与人之间的不平等的基础上的。在维护身份等级的不平等、保障特权者利益的道德和法律面前的所谓"人人平等"，真正的平等是不存在的。这正是卢梭所说的，"在暴君面前的人人平等，也就是说（除暴君外）大家都等于零"。庞朴先生比较中国传统社会与西方近代社会，说中国传统社会虽然没有"法律面前的人人平等"，但却有"道德面前的人人平等"，这种说法并不合乎事实。讲平等，首先要问这道德本身平等不平等。如果先规定了"三纲"，规定了"三从"，规定了尊卑贵贱的等级名分，规定了卑者、贱者对于尊者、贵者的绝对义务，还有什么"道德面前的人人平等"可言？中国传统法律是道德化的法律，孔子讲"刑不上大夫"，朱熹问案先要问清原告和被告的等级名分，民告官、仆人告主人本身就被看作是不道德的行为和犯罪行为。例如，中国历代法律都认可主人对于仆妇和丫鬟的性权利，如果仆妇拒奸而殴伤主人，轻则流放，重则处死。诸如此类的判例俱载于法典，《大清律例》中就有。这又有什么"道德面前人人平等"可言！

更没有什么比人与人之间的不平等更败坏社会道德风尚的了。在贵族领主制社会和官僚专制社会的森严的等级制度下，想和比自己高一级的人过同样方式的生活的欲望几乎感染着每一个人，伴随着这种欲望而来的往往是阿谀、谄媚、逢迎、嫉妒、窝里斗等卑鄙行为。在等级森严、必须靠谄媚等各种卑劣行为作为晋身之梯的职业中，个人是很难有任何独立人格的。我们能够设想，丧失了独立人格的人会有真正的道德行为吗？只有卑劣的人才会在这种职业中感到如鱼得水，而正直的人则会感到"强犬马之所难，冒妾妇之所羞"的深沉痛苦。等级制度使在上位者养尊处优，他们丝毫也不懂得在健康的时候要求别人服侍是对人性的侮辱；而被迫屈服于威权、充当侍奉主子的材料的人，其性格也会随之被扭曲，往往兼有卑贱与专横的双重性格——对上是奴才，对下是暴君。道德行为是只能通过履行有关的责任来实现的，但在官僚等级制度中，一个只知道献媚于上司、对上司负责的人，是不会对民众有真正的道德责任感的；另一方面，当一个身居高位的人被谄媚者的恭维哄骗而失去了理智的时候，他也不会意识到他的道德责任。所以说，在"序尊卑、明贵贱"的等级制度下，对于那些丧失了独立人格的人来说，要希望他们有道德，几乎可以说是徒劳的。在等级制度下没有真正的道德可言，其原因更在于等级制度下的所谓道德，其实都是损人利己的道德，是维护特殊阶层的特殊利益的道德。

约翰·穆勒说得好："唯一的真正的道德情操的学校是平等的人之间的社会。""早期时代，道德是以服从权力的义务为依据，以后的时代，是以弱者的权利受强者容忍和保护为依据。……我们曾有过服从的道德，侠义和宽厚的道德，现在已到了公平的道德的时代了。""在现代生活中，而且随着它日益进步地改善，命令和服从已经是，并且越来越成为生活的例外之事，而平等的联合则是它的常规。"① 只有人人平等，衡量道德与非道德才有了对所有人一视同仁的共同尺度。

但资本主义制度虽然实现了人格平等或政治平等，但却带来了新的不平等，即严重的贫富不均。资本主义的市场经济使一部分人成为暴发户，使一部分人破产而沦为乞丐。股票市场可以使一些人在短期内成为巨富，也会使一些人倾家荡产而跳楼。从道德的观点看，一个人凭借诚

---

① 约翰·斯图尔特·穆勒：《妇女的屈从地位》，商务印书馆 1996 年版，第 295 页。

实劳动是决不可能在短短几个月内成为腰缠数十万、数百万的巨富的，富豪手中的巨大的财富不知凝结了多少人劳动的血汗，而他人和社会创造的财富竟可以通过股市交易而顷刻落入少数人手中，法律则承认和保护这种以"合法的""文明的"名义所进行的巧取豪夺。市场经济的机制使人想方设法如何把别人口袋里的钱掏出来放入自己的腰包，但这不是盗窃，不是掠夺，而是两相情愿的"公平交易"。在这表面的公平中，隐藏着的则是雇主与雇员、资本家与工人之间在经济分配上的极大的不公平、不正义。在这种情况下，就有许多真诚的人道主义者出来从事社会的慈善事业，呼吁富豪们拿出钱来救助挣扎在贫困、饥饿、疾病之中的受苦受难的人们。然而，这并不是解决问题的根本办法。马克思主义设想的办法是彻底消灭私有制，实行社会主义的计划经济；然而，马克思主义也深知，一种生产关系在它所能够容纳的生产力最大限度地发挥出来以前是决不会灭亡的；同时，社会主义的实践也证明，即使人的头脑如超级计算机一样高明，也不可能对整个社会的经济运作作出完全合理的计划和安排，因此，我们还得走市场经济之路。百年来发达国家的人民与资本主义制度作斗争的实践证明：要解决市场经济所带来的种种社会弊病，争取社会正义远比指望资本家的施舍和慈善机构给予的杯水车薪式的救济更为根本，更为重要。

讲到"正义"，这又是一个极其复杂的问题。正义作为一个抽象而又古老的伦理学和政治学范畴，在不同的时代具有非常不同的内容。在存在着权力异化和伦理异化的社会中，占统治地位的习俗和制度总是将正义置于权势一边，因而实际上也就没有正义可言。现代社会将正义置于以人格平等为前提的公认的道德尺度和社会规范的基础上，如此才有了判断正义与非正义的比较确切可靠的标准。

传统的制度和习俗将正义置于社会的特权集团一边，因而特权集团也就把这种制度和习俗紧紧地抓住不放，他们赋予了这些制度和习俗以坚韧的耐冲击力和生命力，而虚幻的"正义"则成了这些制度和习俗的灵光圈。美国黑人民权运动领袖马丁·路德金说得好："历史就是一部记述特权集团很少主动放弃特权的说不尽的悲惨故事。"

以传统远没有西欧那么久远的新兴移民国家美国为例，美国人民争取社会正义的斗争，竟也付出了极其艰辛的努力。在 19 世纪后期的美国，也和在西欧的英法等国一样，18 世纪启蒙者的"自由平等博爱"的人道主义理想成了一幅极度令人失望的讽刺画：财富的急剧集中造成了严重的贫富两极分化，权钱交易造成了令人触目惊心的政治腐败，工业和金融巨头以金钱来控制政治，更有剥削童工的"血汗工厂"，金融犯罪活动的猖獗……对于当时美国的 4047 个百万富翁来说，这种状况是"正义"的；而对于社会公众来说，这是极度的不公正、不正义。

在这种情况下，美国工人阶级和进步的知识界举起了社会正义的旗帜。工人阶级以游行示威和罢工来与资本家抗争，而进步的知识界更充分发挥了作为独立的批判阶层和社会良知的作用，与人民大众站在一起，发起了风行 19 世纪末和 20 世纪初、被史学家称为"进步主义运动"的社会批判运动，旨在缔造一个真正造福于全体人民的、人道的、民主的社会。

——新闻工作者成了揭露政治腐败的"丑闻报道员"或"黑幕揭发者"。言论自由是维护社会正义的最强有力的武器。没有言论自由，正义的声音受到特权集团的阻遏和压制，就没有社会正义可言。美国的新闻工作者以深挚的人道良知和不怕邪恶势力报复的无畏勇气，以正义作为新闻工作的唯一原则，冒着极大的危险，去调查报道那些不可一世的政治人物与企业界的金钱的邪恶关系，揭露政治人物的子女与骇人听闻的罪行的联系，将美国政治生活中的无耻与腐败一一暴露于光天化日之下。新闻报道刺痛了美国人民的良心，激起了几乎是全社会的义愤，唤起了全美国人民投身改革政治和社会的进步运动洪流。

——思想界的知识精英致力于推翻维护腐败政治和金融寡头利益的理论基础和法律依据，为建立真正体现社会公正和正义原则的新秩序提供了思想体系。他们把批判的矛头首先指向美国的宪法，要从宪法中清除出那些与社会正义原则相抵触的内容，认为"宪法是有意写出来阻挠民主运动的"，"少数人从阶级利益出发，构思出宪法，并把它强加在大多数人头上，以便灭他们的志气"。他们驳斥暴发户们的巨大财富是"发挥个人能力的结果"的"花言巧语"，认为富豪们的巨大财富"是靠掠夺和预先占有自然资源而形成的"；强调财富是社会的产物，不能由大公司和个人独占。他们认为，在一个大工业大金融的时代，绝对的不干涉和放任自流政策只能使特殊利益集团的权力不断扩张，同时造成的是广大下层人民的处境日益恶化。他们的共同的价值观是：机会均等，反对垄断，实行人道主义、信仰民主。

在持续不断的劳工运动和进步运动的推动下，美国在 20 世纪初通过了将实业界的行为置于公共权力监督下的几项法案，通过了反对企业巨头垄断的反托拉斯法，通过了对富豪们课以重税以用于社会公众利益的法案，形成了防止"将美元变为选票，将财产变为政权"的制度，通过了禁止使用童工、限制劳动时间、保护妇女、确认妇女的选举权、对公用事业进行强有力的公众控制、改善劳动者的工作安全条件和福利、对食品和医药的安全可靠性的严密管理等一系列立法。进步运动所体现的维护社会公正和正义的精神，对于 20 世纪的美国和整个西方社会的发展，都产生了极其巨大而深远的影响；对于正在进行市场经济改革的世界上的许多国家来说，也是一个极好的借鉴①。

美国人民争取社会正义的斗争表明，新闻界和知识界的广大知识分子的道德良知和正义感对于社会正义的建立是何等重要！看一个知识分子有没有人文精神，不是看他会不会吟诗作赋，会不会作考据文章，会不会云里雾里地讲形而上的"高卓道德境界"，而是看他是否有真挚地同情民众疾苦的人道情怀，是否能够面对社会的腐败和黑暗现象而发出社会公正和正义的声音！

现在有些西方学者大讲平等与自由的矛盾、公平与效率的矛盾，似

① 参见李公明：《呼唤社会正义——看美国社会如何争取正义》，《岭南文化时报》1998 年 4 月 30 日第 1—2 版。

乎一讲平等就得牺牲自由，一讲公平就要牺牲效率。这是一种误解。平等与自由、公平与效率更主要地是相互依存的：没有平等，自由就只能是少数人的自由，而少数人的自由注定要带来压迫、奴役和弱肉强食；没有公平，靠榨取多数人的血汗而少数人发财致富，却置多数人于贫困之中，这种"效率"决不可能持久，甚至会毁于一旦。如何把平等与自由、公平与效率统一起来呢？惟有社会正义。社会正义不是绝对平均主义，而是兼顾平等与自由、公平与效率，以实现最大多数人的最大幸福的社会功利主义目标，建立一个合乎人道主义原则的社会。

当然，社会生活是极其复杂的。道德和法律都以"善"、以正义为价值目标。道德靠良心、靠舆论来维系，而法律则致力于解决道德所不能解决的问题，借助于强制的手段来维系其公正和尊严。然而，法律与道德之间也有矛盾。著名的印度影片《流浪者》中的大法官说："法律不承认良心。"而女律师则抗辩道："既然法律不承认良心，那么良心也不承认法律。"这原因就在于道德良心的正义与法律的正义不同。道德的良心注重行为的缘起和动机，例如贺龙用两把菜刀砍了敲榨勒索的税警，拉起队伍劫富济贫，这是道德的正义；而古往今来法律的正义就不管这一套，它只注重当事人的行为和效果的客观事实和据此量刑的法律条文，谁要出于道德的义愤而杀了敲榨勒索的各种地头蛇和贪官污吏，等待他的只能是法律的"同等复仇"原则的裁决。所以，在这种情况下，法律不承认良心，良心也不承认法律。要解决这对矛盾，是极其复杂而棘手的，但基本途径只能是通过完善社会主义的民主和法治，使道德的正义与法律的正义更好地统一起来。民主和法治虽不是万能，但一切社会矛盾都在民主和法治的基础上加以解决，毕竟可以使我们的社会多一分祥和与安宁。

2　权利、责任、良知

正如追求自由、平等、正义是使社会向善的缺一不可的重要因素—

样，对于个人的道德践履来说，权利意识、责任意识和道德良知也是个人向善、从而也使社会向善的不可或缺的三大要素。在道德的意义上，权利意味着个人的意志自主；而社会在赋予个人以权利的同时，也就赋予了每一个人与他享有的权利相应的道德责任，也就是说，社会既然尊重每一个人的人格尊严，那么个人也就必须有配得上这种尊重的道德人格，所以他（她）就必须履行自己的道德责任；权利与责任有可能被人为地割裂，有些人只要权利而不要责任，因而就有必要诉诸每一个人的道德良知，将权利和责任有机地统一起来。人生的精神痛苦莫过于自我良心的谴责，对于一个能够始终坚守自己的道德良知的人来说，他（她）的人生是幸福的。

现代社会与传统社会的本质区别，首先就在于它是充分地尊重每一个人的人格尊严和公民权利的社会。这对于社会的向善具有重要的意义。如果一个人作为人、作为社会的公民的权利被剥夺，他也就没有责任；要使人具有责任感，就必须使他具有作为人和作为社会的公民的一切权利。

我们的古人早就明白权利和责任相互依存的道理。孔子说："不在其位，不谋其政。"这虽然是对官场而言，但在其抽象的意义上，也说明了没有权利就没有责任的理由。顾炎武说："有亡国，有亡天下。……保国者，其君其臣肉食者谋之。保天下者，匹夫之贱，与有责焉。"（《日知录》卷十三）他认为老百姓对于"易姓改号"的亡国没有直接的责任，然而对于"天下"的兴亡却有不可推卸的责任。他说"亡天下"就会导致"率兽食人"，匹夫们应起来阻止这种局面的出现："知保天下而后知保其国"，所以老百姓应该为了维护自身的生存权利而参与保国，但亡国的责任却不应由老百姓负。

在专制时代，人人都是帝王的臣民，广大下层民众更被看作是"草民"，统治者剥夺了民众的绝大部分权利，甚至连生存权都没有保障；对于基本上丧失了任何权利的民众，统治者也只有靠暴力来迫使民众履行其责任——"民不出粟米麻丝以事其上则诛"（韩愈：《原道》）。然而，暴力的作用毕竟是有限的，暴力的威慑可能使人因"畏刑"、"畏威"而服从，但决不可能使人确立发自本心的道德责任感。没有权利的人民事实上对专制政府发动的任何事情都不会感兴趣。在"天高皇帝远"的地方，人们就会各行其是；在专制统治衰微的时候，随之而来的就会是众叛亲离、土崩瓦解；尽管儒家特别强调"忠君"，但真正尽忠的人也还是少得可怜。人们的没有责任感是与他们的无权地位相适应的。现代人不是君主的"臣民"，而是共和国的"公民"，享了公民所有的人身权利和政治权利，因而也就相应地要求他们应该具有公民对于国家的责任感，履行他们对于公众应尽的道德责任。

但是，从另一方面看问题，没有道德责任感的人又是不可能正确地行使公民依法享有的各项自由权利的。自由不能在没有道德责任感的情况下发挥作用，否则，就无异于是打开了潘多拉的盒子，给社会带来普遍的灾难。中国人民受专制统治太久，他们长期处于无权地位，当惯了君主的臣民，真正对民族、对社会有道德责任感的人不是很多。辛亥革命后实行了共和制度，但很多人却依然沿用着专制时代营私的一套老手法，只要有一点儿权力，就要作威作福；加之没有了皇权的威慑，所以愈加肆无忌惮，使得国家的情形一天比一天坏，真可谓去一皇帝之专制，转生出无数暴君之专制。这也就难怪鲁迅要说倘国民性不改造，则今后无论是专制，是共和，是什么什么，招牌虽换，货色依旧，全不行的了。如果当今中国社会还在不断滋生出一些作威作福的贪官污吏和形形色色的地头蛇，那么也就存在着"四人帮"式的专制主义再生的社会土壤；如果我们的人民大众仍然普遍地缺少作为共和国公民的意识，缺乏对人类、对民族、对社会的道德责任感，很多人依然是只知"明哲保身"、既不幸而又不争，依然保持着一种要靠上面来赐给他们雨水和阳光、要靠"清官"来为他们作主的臣民心态，那么，我们就不配谈自由和民主。政治的进化是与人民的程度成正比例的。

全面地看问题，专制与共和相比，毕竟是共和优于专制，所以我们只能一方面努力促进社会主义民主，建设社会主义法治国家，另一方面要大力提倡道德责任感，使每一公民把自己依法享有的权利与应尽的责任结合起来，以强烈的道德责任感来促进社会主义民主和法治的建设。

在当今这个世界上讲人的道德责任，笔者以为应从对于全人类的责任讲起。为什么不采用儒家的"推己及人"式的讲法、从家庭逐渐外推、最后推到天下国家、推到"四海之内皆兄弟"呢？这是因为按照儒家的方式去推，每一个人的所推都极为有限，所以往往推到最后，只能是如孔夫子所强调的"仁者，人也，亲亲为大"，即为家族、亲近之人和小圈子的人谋利益，一切利益分配都首先考虑家族、亲友和小圈子内的人。这不仅使对于人类的道德责任感成了一句空话，而且还会造成任人唯亲、裙带关系、营私舞弊等各种庸俗关系学的弊端，走向道德的反面。所以，要讲道德责任感，只能从对人类、对普天下人一视同仁的道德责任感讲起。

在人类社会形成的早期，家族关系是维系人们的唯一纽带，也是道德的唯一的基础。此时人们的观念是"非我族类，其心必异"。随着交往的扩大，人们开始有了种族、宗教或伦理的认同，把与自己不同的种族、不同宗教或伦理的人们视作野蛮人。如果力量允许，就用暴力或欺诈手段来征服或压迫他们；如果力量不足，反为所制，就只能委屈求和。无论中西，历史上都曾经长期奉行这一弱肉强食的原则。尽管基督教讲"人人都是上帝的儿女"、儒教中也有"四海之内皆兄弟"的说法，其实都并没有真正实现。在如今这个世界性普遍交往的"全球化"时代，种族歧视、宗教歧视、弱肉强食、尔虞我诈的原则，都已显得十分过时，人类已经确立了各民族一律平等的原则、经济政治文化交往的国际法准则和普遍人权的原则，尽管这些原则的实现还需要全人类的共同努力。全球性的生态危机表明，保护自然生态环境不仅是各国政府的责任，而且是生活在地球上的每一个人的责任，每一个人都来维护我们生活的共同家园，这就是对于全人类的责任。席卷东南亚、影响全球的金融危机表明，"儒家资本主义"那一套家长制管理、少数人决策、黑箱运作、靠疏通人际关系、甚至靠贿赂职能部门来获取商业机会的经济传统主义的运作方式是彻底过时了，现代经济理性主义要求的是公开、公平、公正、对所有人一视同仁，如果真的这么做了，也就是在经济运作方面对全人类尽了道德责任。空谈对天下人的"悲悯恻怛之仁"，而实际上采取家长制、庸俗人际关系学的经济运作方式，受祸的不是一国、一区域，而是全人类。在现在的世界上，各民族人民在实行人道主义方面，在争取社会进步的正义事业方面，总是相互支持的。人们所熟知的白求恩精神，就是对于全人类的道德责任感的卓越表现。从积极的方面来说，每一个人都应学习白求恩的精神，努力去做对全人类都有益的事情；从消极的方面来说，至少也要做到不做任何有害于人类的事情，哪怕你觉得你的行为会给你的国家或你的家庭带来直接的好处，也决不应该去做。造成当代全球性问题的，往往是一国一家一个人的利己主义，如果从对于全人类的道德责任感来看问题，当代全球性问题的解决可能会容易得多。

对于全人类的道德责任感并不排斥对于民族、对于家庭的道德责任感，它只是使人们不为一国一家的利益而损害全人类的利益，不因国家利益的原则和家族制的"亲亲"的原则而牺牲人类社会的普遍道德规范。

爱国主义，即对于国家或民族的道德责任感，当然是要提倡的，但必须在强调对于全人类的道德责任感的前提下提倡。爱国主义不是狭隘民族主义。罗素反对英国参加第一次世界大战，被英国政府投进监狱，仍然不屈不挠，这种精神就既是爱国主义的精神，也是国际主义的精神。在当今世界上，真正的爱国主义是要以这个国家的公民对于人类的道德责任感和对于人类社会的进步事业所作出的贡献来衡量，是为我们的国旗同时也是一面为人类的正义事业而奋斗的旗帜感到自豪，是要使我们每个人的所作所为都无愧于这个国家的形象，从而使世界上最文明先进国家的人们也能由我们的行为而产生尊重和热爱我们国家的心情。因此，我们要记住，我们每一个人的人格同时也就是我们的国格，我们的行为都要无愧于中国公民的称号，这就是我们时代的爱国主义，是我们对于国家的道德责任感。

关于个人对于家庭的道德责任感，笔者想引用两位西方学者的论述。关于家庭中的人文教育，西方出版的《大众读物》写道：

"你们的孩子将像你们一样，堕落或善良，这要看你们是善良还是堕落。"

"如果你们自己缺乏正义感，对同胞缺乏仁慈的心肠，那么他们怎么会诚实并富有同情心和人情味呢？如果他们看到你们放荡不羁，那么他们又如何能洁身自好呢？如果你们当着他们的面行动粗野和口出秽语，不怕违反朴实的为人之道，那么他们又怎么会顾全天生的纯朴气质呢？"

"你们是他们易受影响的性格赖以形成的活生生的典范。你们的孩子最后会成为人还是成为野兽，都将取决于你们。"①

关于父母与子女的关系，马志尼的《论人的责任》一书写道：

"要热爱你们的父母。不要让因你们而产生的那个家庭使你们忘记那生养你们的家庭。新的纽带往往确实使旧的纽带变得松弛，可是它们应当成为爱的长链中新的一环，把一家三代维系在一起。……愿你们对父母的纯真爱心成为你们的子女对你们保持爱心的保证。"

"让你们的父母、兄弟、姐妹、妻子、子女都成为以不同序列生长在同一棵树上的枝杈。要使家庭在相亲相爱的和谐气氛中变得圣洁。"②

对于家庭的责任是与对人类、对国家的责任相联系的。在一个说假话保险、说真话危险的社会中，有多少父母会把孩子培养成为诚实的人呢？在一个以权力和金钱作为取得荣誉、势力和尊敬的手段的社会中，又有多少父母会把孩子培养成为不崇拜权势和金钱的人呢？在一个"躲避崇高"、"拒斥崇高"的社会中，又有多少父母会把孩子培养成为具有对于真理和正义的热情的人呢？在这样的社会中，貌似对家庭的负责实际上是对社会的最大的不负责。真正对家庭负责是培养自己的子女成为

①②　转引自马志尼：《论人的责任》，商务印书馆 1995 年版，第 98、99 页。

有益于人类有益于自己同胞的人，把对于家庭的责任与对于人类和国家的责任统一起来。而要做到这一点，就必须改造社会，为子孙后代创造一个不再需要谎言、不再需要靠权势和金钱才能免除屈辱的社会氛围。

总之，公民的权利和道德责任是不可分割的；在某种意义上，责任比权利更重要，只有具有道德责任感的人才能很好地履行社会赋予每一公民的权利；你要做一个自由人，你就必须负起作为自由人的责任，具备作一个自由人的资格。

问题在于如何避免只要权利而不要责任的危险倾向。在现代公民社会中，人们享有充分的自由权利；但现代社会中也出现了许多的社会弊病，这些弊病的出现并非由于人们太自由，而在于缺乏道德责任感。要把权利和责任统一起来，法律的力量是有限的，因为权利是法律赋予的，缺乏责任感只要不构成犯罪，法律无能为力，看来只有诉诸人的道德良知一途。

良知是人性的内在呼唤，是一切人对一切人的恻隐之心，是成年人对于未成年人应有的爱护，是老年人对于幼童和青年的应有的慈爱，是对于老弱病残之人应有的尊重和怜恤，是对于人类遭受的各种痛苦的同情和悲悯，是不带任何阶级的偏见和宗教教派的偏见、生而为人的羞恶之心和知善知恶的是非之心。一个有良知的人，决不会只要权利而不要责任；一个始终坚守自己的良知的人，决不会滥用权利去做令自己终身悔恨的事情。人的良知有时可能被私欲和各种各样的偏见所障蔽，所以要坚守良知也决不是一件容易的事。孟子讲"求放心"，曾子讲"吾日三省吾身"，佛教讲"身是菩提树，心如明镜台，时时勤拂拭，勿使惹尘埃"，王阳明讲"致良知"，李贽讲"复童心，做真人"，这些话只要排除其对于良知之理解的特定的时代局限性，就仍然具有积极的意义。当然，人非圣贤，孰能无过，每一个人在人生的长途中都有一时不慎而被私欲障蔽了良知的可能性，但愿善自反省，在人道主义的大是大非的问题上、在权势与金钱诱惑的重大关头保持良知的清明，以良知来提醒自己的道德责任感，就可以成为一个有人道情怀的人，一个有卓越操守的人，一个善尽自己对于人类的责任的人。

3 价值多元与价值相对主义

承认价值多元，是现代社会生活的重要特征。但是，如果对价值观念的多元化不能作出正确的理解，就可能导致不分善恶的价值相对主义。

所谓价值多元，是指人可以按照各自的能力、性格、旨趣、爱好和对于人生意义的理解去追求善的价值目标，实现各自的人生价值。李贽说"道非一途，性非一种"，主张"各从所好，各骋所长"，就是肯定人们对于善的追求的途径、方式的多样性。例如，你可以根据自己的专长和爱好而不是根据传统的"序尊卑、明贵贱"的成见去选择不同的然而却都是有益于人类的职业，或务农，或做工，或经商，或执教，或从事科学研究，或从事艺术创作和表演，或者去从政，"即其所居之位，乐其日用之常"，尽伦尽职。你也可以在善的追求中选择不同层次的道德观：既可以选择通过诚实劳动而先富起来，也可以选择"一箪食，一瓢饮，在陋巷，不改其乐"的安贫乐道；既可以选择独善其身，像古代的高士许由那样一听到要让你做官就跑到河边去洗耳朵，也可以选择兼济天下，立德立功立言而造福于社会；既可以选择"平平淡淡才是真"的温馨和安宁，也可以选择去探险、去开拓、去从事为争取社会进步而献身的崇高事业；你既可以选择英美式的功利主义，也可以选择法德式的理想主义；既可以选择佛家的"慈悲"，也可以选择基督教的"博爱"；甚至你还可以选择既说不上善也说不上恶的"合理的利己主义"。所谓价值多元，还包含这样的含义：任何人都不应把自己认为是善的价值目标强加于人，应该承认善的层次和实现途径的多样性，尊重他人对于善的独到理解和追求。当然，你也有权在善与恶之间作出选择，但是，你必须对你的选择负责任、担干系。

所谓价值相对主义，乃是将价值的相对性无限夸大，从而泯灭善恶的界限，根本否认人的行为有善与恶的区别的一种理论。按照这种理论，行为的善恶是无从判定的，对于不同的价值选择，没有也不可能有确定的分辨善恶的尺度。既然没有确定的评判尺度，所以一切泯灭良知、丧失操守、极端自私自利乃至灭绝人性的行为也就有了存在的理由，而一切崇高的道德行为也就在一片泯灭善恶之区别的喧嚣声中变得毫无价值。因此，价值相对主义是一种对于社会具有严重腐蚀性的错误理论。

无论中西，在社会发展的不同历史阶段，特别是在社会即将发生转型或正在转型的时期，都曾经出现过价值相对主义的思潮。在中国古代的春秋战国时期，"礼崩乐坏"，于是便产生了以庄子学说为代表的价值相对主义思潮。庄子认为，世界上不存在判别是非善恶的标准，善与恶是无从决定的。他教人的处世之道是："彼为婴儿，汝且为婴儿；彼为无町畦，汝且为无町畦。"意思是说，别人真诚，你也就真诚；别人不守规范，你也就不守规范。总之要随波逐流、和光同尘。《楚辞》中有一篇题为《渔父》的作品，记江畔渔父与屈原的对话，颇能反映庄子的人生态度。屈原说他之所以被放逐，是由于"众人皆浊我独清，众人皆醉我独醒"，渔父则对他说，你为什么不乘众人皆醉时替自己捞点好处呢？最后这位渔父唱着"沧浪之水清兮可以濯吾缨，沧浪之水浊兮可以濯吾足"的歌，鼓枻而去。仿佛在这个世界上，只有不分是非善恶，才能"无入而不自得"，才能做到时时处处"圆融无碍"。在西方的古罗马帝国衰落时期，也产生了与真理观上的怀疑主义相应的价值相对主义思潮，共和时代的公民美德遭到摒弃，大多数罗马人沉浸于庸俗的实利主义和肉欲的享乐主义之中。类似的思潮也出现在现代西方资本主义社会中，某些人要求无条件的绝对自由，要求解除一切社会规范，主张非道德论和无政府主义，所以他们几乎是无一例外地要把价值相对主义作为他们的立论基石。例如，某些"后现代主义者"就是如此。

价值相对主义必然导致"犬儒主义"的人生态度。对于当今中国社会的道德风尚造成最严重危害的，莫过于"犬儒主义"。这种"犬儒主义"，已不完全是原来意义上的作为古希腊伦理学的一个很小学派的犬儒主义，而是融汇了后来发展起来的"为了达到目的可以不择手段"以及极端的利己主义等恶劣因素，并且在特定的历史条件下发展成为一种相当广泛的社会思潮。

原来意义上的"犬儒主义"，是公元前 3 世纪由古希腊的安提斯泰尼创立的一个哲学学派，叫昔尼克学派。这一学派崇尚自然，但把自然和社会绝对对立起来，认为一切人间的文明和享受都是多余的、有害的，理想的生活应是极端简朴的原始生活。它的创始人安提斯泰尼认为美德是唯一必须追求的目标，而"德行本身就是幸福"，也是唯一可能的幸福，这种德行的幸福只有经过肉体的刻苦磨炼才能达到，因而主张摒绝人间的一切享受，回到原始的自然状态。他的学生第欧根尼·拉尔修更干脆弃绝宫室，栖身于大木桶之内，以折磨肉体来锻炼自己的意志，被称为"木桶中的哲学家"。他认为幸福固然离不开满足自然的欲望，但自然的欲望应该是单纯的、原始的，凡违反这种简单原始的自然欲望的人世习俗和享受都应该弃绝。他的苦行精神和智慧受到了当时雅典人的尊敬。但另一方面，他又主张人为了满足那些简单的原始欲望的行为，如性行为等，应行之于光天化日之下，这才是完全的自然状态，所以又有人说他像"狗"一样无耻，而且据说这就是该学派被称为"犬儒学派"的原因之一（另一个原因是说该学派是因在一个名叫"快犬"的地方讲学而得名）。就其本来的意义上来说，这一学派的基本观点（摒弃享受，崇尚刻苦）是对当时雅典社会的腐化现象的一种消极反抗，所以他们才对现存的文明、现存的社会政治和文化持漠不关心和否定的态度。

后来的犬儒主义不再有"德行本身就是幸福"的观念，却张大了第欧根尼·拉尔修公然主张在光天化日下性交式的无耻，摒弃一切道德心和羞耻心，成为一种彻底的非道德主义。在现实生活中，这种"犬儒主义"表现为一系列极其玩世不恭、极其自私自利的言论和行为：对人类文化的一切有价值的历史成果进行凌辱，对一切合理的道德原则进行嘲弄，对一切严肃、认真的人生态度和超越当下的人生理想进行讥笑，对人的尊严（人格尊严、道德尊严、学术尊严，等等）进行肆无忌惮的蹂躏，抛弃一切道德规范，包括人格、气节和操守，不择手段、厚颜无耻地去追求一己之私利的实现。特别是在人们对某些理想失望之后，思想空虚，道德崩溃，这种"犬儒主义"也就越是盛行。诸如泼皮牛二式的市井无赖，"笑骂皆从汝，好官我自为之"的官痞，无一定见解、只要有利可图就随时改变自己观点的文痞，无不具有"犬儒"在光天化日下性交式的无耻，这种人就叫流氓。

在当代中国社会中流行的"犬儒主义"，正是以价值相对主义或道德相对主义为其理论依据的。按照这种理论，价值是相对的，道德是相对的，善恶是相对的，没有确定的标准，谁好谁坏，谁善谁恶是说不清道不明的，这世界上既没有好人，也没有坏人。无论是飞扬跋扈、颐指气使的腐败官僚，还是蝇营狗苟、寡廉鲜耻、下脚流的所谓文人学者，还是灭绝人性、坏得头上长疮脚底流脓的黑社会匪徒，都会脸不变色心不跳地引用这种"理论"来为自己的卑劣行径辩护。

价值相对主义使社会失去最基本的价值认同和凝聚力，很难维持社会的整体性与和谐关系，即使人们为了生存仍不能不结成一定的社会关系，个人在思想感情上与他人仍然是疏离的，由此产生心灵上的"无家可归"之感；当一个执著地追求善的价值理念的人发现自己的价值观被泯灭善恶之区别的价值相对主义者说得毫无价值时，极可能产生怀疑主义或虚无主义的情绪，甚至对人性也会感到失望。价值相对主义能使本来朝气蓬勃的坦荡心境一变而为绝望之余的放纵或自杀。

价值相对主义导致人性的"物化"，使人性的展现局限于有形可见的物质领域和世俗的生活享受的层次，甚至局限在当下可以兑现的事物上。人们以金钱为人生首要追求的价值，而有钱是可以买到一切有形可见之物的，于是追求人生的价值也就与追求一切有价值的事物相混淆，价值成为"价格"。马基雅维里的格言"为了达到目的可以不择手段"不仅不再受到非议，还被某些学者当作"经验理性"来加以肯定。如同传统社会中"抢得了天下就是王、抢不到天下就是贼"一样，对于如今的许多人来说，只要能当官、能发财，别人就无从计较其手段是否合法与正当，他本人也不会对自己招摇撞骗、弄虚作假的行为有任何的羞愧之心。官场和学界既然如此，也就难怪老百姓"笑贫不笑娼"了。在这种情况下，人们就不再承认任何神圣的与卓越的价值，不再肯定任何值得为之献身的崇高理想。价值相对主义使人由颓废而走向堕落。

价值相对主义夸大价值的个人主观性，使个人无法与他人相沟通、相理解并在这种社会性的互动中提升自己的心灵。由于缺乏基本的道德准则的认同，人们把自己奉献给对于自私自利这个偶像的崇拜。个人只凭自己的固定而僵化的价值认定去行动，就会导致以他人为自我价值实现的工具，侵犯他人的意志。在官僚本位的社会中，"强权即公理"、"官大学问大"、"官大道德高"的情形就会屡见不鲜，从而也就谈不上还有任何的社会公正和正义可言。

必须承认，在绝对正确的价值多元论的原则之上，还有一个根于人性、放之四海而皆准的人类普遍价值的公理，有一个绝对正确的社会正义和人格尊严的原则。价值多元论只有在肯认人类普遍价值的公理和社会正义的原则前提下才可能存在，在不承认人类普遍价值之公理、"罢黜百家、独尊儒术"的专制社会中，只有作为对专制主义之嘲讽的价值相对主义而没有得到社会确认的价值多元论；同时，只有肯认人类普遍价值的公理和社会正义的原则，价值多元论才不至于导致不分善恶的相对主义。

价值是一与多的统一。诚然，在现代自由开放的社会中，每一个人都可以按照自己的意愿在不同的生活方式、人生追求之间作出选择，因而现代社会是一个价值多元的社会。然而，多之中有一，这个"一"就是作为价值多元之基础、作为人性和人格尊严之集中体现的社会正义的原则。按照社会正义原则，每一个人都是平等的，人在真善美的精神追求中，不因其地位、财富、权势的差异而有任何优劣的立足点，因而真理面前人人平等，道德面前人人平等；因此，那种"强权即公理"之类的非正义现象，是没有存在的理由的。按照社会正义的原则，价值应该是人性的表现，因此每一个人都应该尊重他人，而尊重他人也就是尊重人我共具的人性。承认多之中有一，有人类普遍价值的公理，有社会正义的原则，因而有分辨善恶的确定标准，正是为了保障每一个人的人格尊严和人身权利不受非理非法的侵害。

价值多元，意味着价值是相对的，然而相对者以绝对者为根源；每一个人的人生都是有限的，因而他所追求的世俗的价值也是有限的，然而，有限者乃是以无限者为其根源；无限者、绝对者为有限者、相对者提供安身立命的精神支柱。对于个体的人来说，金钱的多少是相对的，权势的大小是相对的，享乐的程度也是相对的，而人格的尊严则具有绝对的价值——只要人类社会存在一天，它就具有永恒、无限、绝对的意义和价值。——明乎此，就断然不会为了有限的世俗利益（金钱、权势、享乐等）而出卖个人的人格和尊严，才能"仰不愧于天，俯不怍于人"地堂堂正正做人。

（四）注重美育，追求崇高，使人性更美好

"美"是人的情感所追求的价值目标。情感有不同的层次，因而，"美"也有不同的层次。但美的最高境界是超越现实的自由境界，在这一境界中，人实现了真正的自我。美统真善，因而美的最高境界乃是人性的圆满完成和人生的本体意义的呈现。借助于美育，可以培养人的"博爱"的人道情怀，从而创造出一种既具有宗教式的终极关怀意味、又无宗教狂热之弊病的人类精神家园。

1 美统真善：以美育取代宗教

不可否认，宗教也包含了对于真善美的追求。例如，基督教告诉人们，认识上帝的创造物也就是认识上帝，所以在西方就有不少自然科学

家满怀着认识上帝的热情去探究自然的奥秘；宗教的一个重要社会功能是道德，每一种宗教都有对信徒的道德要求，佛教以灵魂轮回、因果报应的教义来劝人为善，基督教以行善者进天堂、作恶者下地狱的教义来禁人作恶；各种宗教都极力满足人们根于生命深处的形而上的情感要求，以诗歌、绘画、雕塑、音乐等各种艺术形式来宣传其教义，陶冶其信徒的宗教感情。宗教以预言和说教向人们讲述人生的意义，教人敬畏那作为最高的存在的人格神，以求灵魂飞升、与神合一为终极关怀，以对教义的信仰为安身立命的精神支柱，以践履教义为人生的价值和意义。

　　然而，宗教与人类对真善美的追求既有相容的一面，又有不相容的一面。教义的独断性质阻碍科学认知的发展，从哥白尼的日心说，到塞尔维特的血液循环说，再到达尔文的进化论，几乎每一次科学的重大发现都要受到基督教会的强烈反对。宗教的道德是以神的名义向人类颁布的绝对命令，是人不得不服从的精神他律，而不是人类精神的自律。基督教义虽然也承认人的道德选择的"自由意志"，但也只是为了更便于以神的名义对人的违反教义的行为施加惩罚。他律而非自律的道德是无助于培养人的健全的道德心理的，禁欲主义所造成的普遍虚伪就是证明。宗教的审美教育使人把美好的情感倾注于神灵、倾注于天国，反而以人世为苦海，为赎罪的场所，以神秘的原因来解释现世的苦难及这种苦难的最终消除，虽能或多或少给受苦难的人们以精神的慰藉，但仅凭这种信仰却不见得能使人生和人世间更美好，基督教中世纪扼杀人类现世生活的美好情感就说明了这一点。当然，宗教种类甚多，教义亦千差万别，中国的佛教禅宗似乎就比较富于包容气象和自由洒脱的情怀，例如以唐朝的布袋和尚为原型的弥勒佛的"大肚能容，容天下难容之事"，如其他禅师所说的"大海从鱼跃，长空任鸟飞"、"大千世界内，一个自由身"，等等，但这也不过是传统的农业社会中遁迹山林的禅师们的特殊的生活方式使然，他们的精神追求远远不可能满足现代人对于真善美的追求，他们看破红尘、对什么也不在乎的人生态度也不可能作为现代人的安身立命的精神支柱。

现代人需要探寻人生的目的和意义，但不见得就一定需要借助那"自我异化的神圣形象"——宗教的至上神——来确立人生的目的和意义。一切以"至上神"的名义而出现的关于人生目的和意义的观念，都是人对"神"的名义的冒用。

诚然，"认识上帝的创造物就是认识上帝"的神学命题有助于人从宗教的终极关怀中汲取求真的动力，人也应该清醒地意识到自身的认识能力的局限性而对大自然、对未知的真理存有一份敬畏。然而，无论是求真的动力，还是对未知的敬畏，都不见得需要借助于上帝。把交给了上帝的人的本质属性还给人自身，可以说求真的动力既是人的不可遏止的求真的天性，同时又不断受到人类的历史实践的推动；人通过审视自己的认识能力，意识到其局限性，因而对在认识中很容易犯错误充满了警惕和恐惧，想出了种种防止错误的方法。如此等等，都是哲学的认识论和知识论就可以担负的任务。

诚然，佛教的"六道轮回"、"因果报应"，基督教的"天堂地狱"之说，都有使人在对幻想的神秘力量的敬畏面前努力为善祛恶的功能，然而，人要有道德，却不一定需要有对神秘力量的敬畏。把给予了上帝的人的本质属性还给人自身，人可以以对法律和道德律的敬畏和对个人良知的持守来代替对神秘力量的敬畏和膜拜。这是伦理学就可以独立担负的任务，也不必求助于神学。

最后剩下了情感的领域，这是宗教的最有征服人心的力量的领域。宗教之所以有力量，就在于它能满足人的形而上的情感追求。然而，这一领域也完全可以不为宗教所占据，可以取代宗教的地位的是艺术和美学，或曰审美教育。这不仅因为在"美"之中可以寄托人们的情感，而且在于"美"具有统摄"真"和"善"的作用。通过美育，或曰情感教育，可以使人把对于上帝或其他人格神的崇仰悦怿之情转变为对于人类的现实处境和未来命运的关爱；同时，充分发挥"美统真善"的作用，亦可以使人的求真和向善的追求服务于使人生艺术化、审美化的要求，使人性更美好、社会更美好。

真正的诗人和艺术家之所以有力量和伟大，就在于他们对于人生、对于宇宙有着最为虔诚的"爱"与"敬"的情感，他们善于通过生动敏锐的感官直觉来领悟宇宙人生的真境，从情感的体验中发现真理与价值，并且借助于感觉的对象来表现这种真实。柏拉图说真知由"爱"而获证，尽管他所说的真知是抽象的哲理思辨，但毕竟承认由美可以入真，可以领悟真理。亚里士多德说艺术创造是"模仿自然创造的过程"，就是强调艺术以真实生动的感性形象向人们显示宇宙的真理。亚里士多德又说："诗比历史更富于哲学的意味"，更说明了艺术在再现社会人生、揭示人的深层心理、把握人心的同然和必然方面所具有的独到之处，这一独到之处使艺术比作为史料之汇集和编纂的历史记叙更能揭示深藏于社会历史和人心中的真理，因而更接近于哲学。美与真有如此密切的联系，以至于 18 世纪的英国美学家莎夫茨伯利说"一切美都是真"，而与此差不多同时的法国美学家布瓦洛甚至说"除了美，没有什么是真的"。这些话虽不免笼统绝对，但都道出了美与真的微妙关联，说明美之中蕴涵着真，由美可以入真。中国近代讲"审美境界说"的王国维先生有几句话，专讲美与真的关系，最为切理魇心。他说："大家之作，其言情者必沁人心脾，其写景者必豁人耳目。其辞脱口而出，无矫揉妆束之态，以其所见者真，所知者深也。"① "能写真景物、真感情者，谓之有境界。"② 这里所谓"境界"，是美的境界，亦是人生的境界。他又说： "政治家之眼，域于一人一事。诗人之眼，则通古今而观之。"③ 伟大的艺术家能够表达人类心灵中最恒久、最美好的感情，最能揭示关于人的生命存在的最恒久、最透彻的真理，从这一意义上看，100 个大政治家也抵不上一个伟大的艺术家。试把 100 个像秦皇汉武唐宗宋祖那样的大政治家对人类心灵的影响汇集在一起，恐怕也不及一个李白、一个杜甫、一个曹雪芹、一个莎士比亚或一个歌德对于人类心灵

---

①②③ 王国维：《人间词话》，《蕙风词话 人间词话》，第 219、193 页。

有那么恒久的影响，有那么永恒的魅力。

形式美是艺术富于魅力的奥秘所在，诗化的语言形式最能唤起人的情感共鸣、激发心灵的震颤。艺术家的力量不仅来自他们对于宇宙人生的智慧的洞观，更在于他们有能力赋予平淡的日常生活语言以生动的感性生命的气息，有能力使科学语言中的"冷冰冰的符号"化作洋溢着生命活力的知识，使日常生活语言和科学语言皆诗化而为具有完美的感性表现力的语言。伟大的艺术调动起我们的感觉敏锐的气质和天生的颖悟气质，把我们引入生命的深处，体验到寓于艺术的完美的感官语言中的内在生命力的跃动；使我们在欣赏古今中西的优秀艺术作品时，感到其中的那些绝妙文辞"字字为我心中所欲言，而又非我之所能自言"，通过这种"心有灵犀一点通"的神契和情感的共鸣，产生将有限的个体生命融入绵延不断的人类大群全体之生命的感觉。诚然，艺术不能取代科学，但受过良好的审美情感教育的科学家必然与他的那些未受过此种教育的同行不同。有的人求知是为了成名，有的人求知是为了获利，而受过良好审美教育的科学家的求知则是出于使精神得到观照宇宙间无言之大美的快乐的兴趣。有的人满脑子装的是冷冰冰的数理公式和逻辑，忘记了鲜活的人生；有的人一心想的是实验室里的瓶瓶罐罐，全不关心社会；而受过良好的审美教育的科学家必然富于人情味，富于人道情怀，关心科学的合乎人道的运用。

高境界的"美"与"爱"的情感能使人产生向善的要求，激发人的努力为善的意志力量。古往今来，不少哲人都谈论过文学艺术的道德教化作用，正统儒家更将艺术完全纳入"迩之事父，远之事君"的宗法道统的轨道，形成了所谓的"载道文学"，这是为了维护"序尊卑、明贵贱"的等级秩序，不仅阻碍了社会的进步，而且束缚了艺术的发展。但是，古代哲人看到了艺术能够激发群体的情感共鸣，从而有助于促进社会关系的和谐，则是合理的。读一读杜甫的"三吏"、"三别"，可以感受到诗人那深广的人道情怀，激发对民间疾苦的深切同情，产生疗治世上疮痍的济世宏愿。读一读《茅屋为秋风所破歌》，反复吟诵那"安得广厦千万间，大庇天下寒士俱欢颜……吾庐独破受冻死亦足"的名句，更能感受到仁人志士以社会的普遍幸福为个体生命之终极价值的伟大襟怀。李贽有感于道学家的不近人情，要人们反复诵读蔡文姬的《胡笳十八拍》，反复体会诗句中所表现的一位女性的悲惨人生遭遇，体会她所抒发的那种天伦之爱的至性至情和摧人肝肠的情感痛苦，认为由此方可"人道"。这"道"，正是人道主义之道。在审美的情感教育中深受人道主义情感熏陶、从而对人生的痛苦有感同身受的深切体验的人，才能成为真正有人性的人，真正有"不忍人之心"，才能避免像谊学家那样"以理杀人"，使人类社会减少很多的罪恶和痛苦。

诚如闻一多先生所指出，宗教具有增强人的生命意志的作用，尤其是基督教。然而，这种增强人的生命意志的功能亦可以由美育来承担。美的本质是社会化的情感共鸣，它来自个人将自身融入社会的冲动，而崇高则来自人的另一种基本冲动，即维护自己的自由本质的冲动。崇高深入到我们的生命存在的深处，并且比通常所谓"优美"更能揭示出这些深度。

英国美学家柏克论及对于崇高的审美体验时指出："再没有什么比这种无法理喻的体验更强烈地感动我们的了。每当我们遇到恐怖的景象时，我们便最强烈地感受到自然和艺术的力量。我们不向恐怖的景象屈服，而是坚持与它抗争，且由于其存在而实际上感到我们力量的升华和增强，这些就是崇高现象的因素，也是它的最深沉的审美效果的基础。崇高使我们超越了有限的界线。然而，自我并不把这种超越体现为毁灭，而是体验为一种升华和解放。因为，从自我在自身中发现了无限这个意义上说，自我领略了一种新体验，即体验到了自身的无限性。"[1]

崇高感不仅表现了人摆脱了自然的压迫和神秘的宿命而获得了内心自由，而且它还把个人从社会的压迫下解放出来。在崇高的体验中，所有这些戕害人的自由本质的力量似乎都消失了；个人必须完全独立自主

---

[1]　转引自卡西尔：《启蒙哲学》，山东人民出版社 1995 年版，第 324 页。

地面对世界，肯定自己的独立性和独创性。没有什么审美体验像崇高的印象那样给人以那么大的自信和勇气去做一个有独创性的人①。对于每一个人的自由本质和独立性的维护，是使社会成为"自由人的联合体"的重要前提。

美的领域是最富于宽容精神的领域。审美判断与对于事物的科学认知不同：科学认知取决于客观事物自身的绝对本性，它的标准不在认知主体的内部，而在他探究的物性之中；而审美判断则主要取决于我们内心的情感，情感的内容和标准不在外部，而在其自身之中，尽管它无疑与事物的属性相关联。事物的属性制约着我们产生什么样的情感，但如果没有我们内心的情感，事物的属性决不会化作我们的美感，而仅仅是认知意义上的知觉。人人都有能力凭内在的感觉去评判艺术作品的好坏，每个人的头脑领悟的美又都不完全相同，审美标准经常是因人因时而异。因此，不存在对所有人来说都是完全相同的审美价值标准，也不存在固定不变的审美价值标准。想要从多样性的审美情趣和艺术风格中挑出一种来奉为模式，是办不到的。中国唐代文学家司空图讲《二十四诗品》，详细论列了诗歌的 24 种艺术风格；宋词大致分为豪放、婉约两派，但如果细分，恐怕也可以分出如《二十四诗品》式的"二十四词品"来。小说、绘画、舞蹈、戏剧等亦莫不如此。西方美学家探讨过美学的一些基本范畴，如秀美与崇高、喜剧和悲剧、滑稽和幽默，等等，由此亦可见美的风格的多样性。因此，在审美的领域内，无论是阳春白雪还是下里巴人，无论是"轻罗小扇扑流萤"式的轻倩秀丽，还是长江万里图式的波澜壮阔，无论是田园牧歌式的诗情画意，还是英雄豪杰的慷慨悲歌，也无论是王国维、朱光潜提倡的恬静自然，还是鲁迅提倡的"金刚怒目"，都有存在的理由。即使是同一个人，在生命的不同时段、不同的境遇和心境下，也可以接受多种不同的艺术风格。人类社会的灾难和不幸大多来自不宽容，而受过良好的审美教育的人，必然富于宽容

---

① 参见卡西尔：《启蒙哲学》，山东人民出版社 1995 年版，第 325 页。

精神，这种宽容来自对普遍人性的认同——人性追求多彩的人生、多彩的精神生活。——正是这种对于普遍人性的认同，能给人与人之间带来善意和理解，给社会带来和谐。

2 "崇高"与"风雅"：诺贝尔文学奖评选标准的启迪

20世纪90年代初期，中国文学界曾经议论过"为什么中国作家未能获得诺贝尔文学奖"的问题。确实，自1901年瑞典学院设立诺贝尔文学奖以来，获此奖项的不仅有欧美发达国家的作家，更有非洲、拉丁美洲以及印度、日本等国的作家，可偏偏有十几亿人口、占世界人口五分之一的偌大一个中国竟无人能获此奖项，这不能不说是一个遗憾。

我们中国人了解诺贝尔文学奖的评选标准吗？从20世纪90年代风行的"躲避崇高"的创作主张来看，很多人并不知道诺贝尔文学奖的评选标准。瑞典发明家和实业家诺贝尔（1833—1896）在他的遗嘱中指出，义学奖应该颁给创作出"一种理想主义之旨趣"的文学作品的作者。瑞典学院解释诺贝尔此用语的意思为"高尚的、健全的理想主义"，认为得奖作品应该具有"观念的和生活哲学的真正崇高"的特质，强调"诺贝尔奖规则所指的是这些品质：引导人们走向理想主义的方向，开拓人性领域至一般所及之外，并且让人性能比从前更好、更高尚"。瑞典学院院士 Goran Malmqvist 在题为《瑞典学院与诺贝尔文学奖》的演讲中解释这一规则时强调指出，文学上的诺贝尔奖"不只是文学奖，也是精神上与道德上的卓越表现奖"。1964年，在瑞典的档案中发现了诺贝尔的一位好友撰写的致丹麦文学批评家 George Brandes 的一封信，解释诺贝尔所说的"理想主义的旨趣"的意思，信中说诺贝尔"所谓的理想主义是广泛地采用争议的或批评的态度去看待宗教、王室、婚姻、社会秩序"。由此看来，诺贝尔之所谓"理想主义"与欧洲传统的崇奉宗教、王室、家庭和秩序的理想主义又是颇为不同的，它打上了带有批判色彩的19世纪新思潮的印记。但这封信的发现虽然对瑞典学院关于诺贝尔的理想主义的传统看法有所补充或修正，但总的旨趣依然不外乎是"让人性能比从前更好、更高尚"。理想主义包含了对现实的批判，而批判现实的目的乃是为了把人类引向更高尚的理想。这与时下我们国内流行的嘲笑理想、侮蔑崇高的风气是完全不可以同日而语的。

我们中国人了解负责评审诺贝尔文学奖的瑞典学院的文学趣味和品位吗？从某些作家把文学创作看作是"码字"、如同使用文字作搭积木式的游戏、而不少人却十分赞赏这种风格来看，很多人是并不了解瑞典学院的文学品位的。成立于1786年的瑞典学院，其宗旨是通过一份皇家宣言来确定的。学院的主要目标是追求语言的纯正、气势和高贵；学院的座右铭是"才能和品味"；学院的社会功能是提高人们的人文教养以"调节和促进风雅"。也许有人会说，这是西方传统，是欧洲贵族上流社会的品味，我们不能接受这种西方的标准。然而，岂不想一想，我们中华民族的老祖宗不也是十分注重语言的纯正、气势和高贵的吗？不也是十分重视人的才华和文学艺术的品位的吗？不也是十分注重言谈举止的风雅和审美鉴赏力之高卓的吗？可见追求高贵和风雅并不只是西方的标准，而是文明人类的共同追求。

了解诺贝尔文学奖的评选标准和瑞典学院的学术品位，意义倒不在于中国的文学家和哲学家要争取获奖——鲁迅和巴金并没有获得这一奖项，鲁迅甚至自动放弃了获得这一奖项的机会，而20世纪获得此奖的哲学家亦只有法国的柏格森和英国的罗素——了解世界人文水准的意义在于，我们应该借此唤起整个中华民族的人文自觉，将我们人性中的追求真善美的潜能进一步地发挥出来，通过提高整个民族的人文教养的水准，使我们在世界上成为一个名副其实的"礼义文明之邦"。

问题在于，在时下的世界上，确实流行着一种思潮。这种思潮被称为"英雄主义时代的隐退"、"高层精英文化的失落"、"理性主义权威的弱化"，等等，服膺这种思潮的人们认为这个时代是"不再需要英雄的时代"、"世俗化的大众文化的时代"、"消解规范的时代"。用国内流行的语言来说，就叫"躲避崇高"。

然而，"英雄主义时代的隐退"决不是把每一个人变成庸庸碌碌的凡夫俗子，恰恰相反，它是以每一个人既作为彼此平等的普通人、又成为充分显示个人能力之卓越的杰出人物为前提的。由于从事科学探索的人多了，个人已很难成为使科学发生"哥白尼式的革命"的英雄；作为社会的良知的知识分子多了，个人也很难成为一个时代公认的思想伟人；从事艺术创作和评论的人多了，加之解读方式的多元化，个人也很难成为受到社会普遍崇仰的艺术大师；公民意识和社会公德的普及，使得见义勇为成了普遍性的公民美德而不只是少数豪杰之士的作为，拒受贿赂、秉公执法成为公务员最基本的责任伦理而不是少数清官的德行，普选制的实施更使得平常人也能承担以往的时代需要英雄豪杰才能承担的历史使命。在这样的时代，英雄崇拜消失了，但决非走向崇拜凡庸渺小，而是把给予了英雄的特性还给每一个人自身，正如把给予了上帝的属性还给人自身一样。

但也必须看到，以上所说的一个人在现代社会中很难成为各个领域中的最杰出的人物，并不等于就绝对不可能成为最杰出的人物。人的素质总是有差异的，在社会发展的进程中，人与人之间相对来说总是不可避免地会有先进与落后、优秀与平庸的差别。只要社会不停止发展，只要科学、艺术和各个思想领域不停止其进步，就总是需要在思想文化和社会生活的各个领域中出现开风气之先、并且在创造性的充分发挥和思想的深刻性以及才华横溢方面堪称最杰出的人物的出现。正因为如此，每一个人也就有理由通过不断提高其主体素质去努力成为各个领域中的最杰出的人物。而在事实上，无论过去、现在或未来，人类总会将月桂冠献给那些在各个领域中堪称是最杰出的人物，尤其是在科学、艺术和思想领域中作出最卓越的建树的人们。名不符实者可能永远都有，但却决不可能持久。

"高层精英文化的失落"，如果这是由教育的普及、教育程度的普遍提高而使"精英"们感到失落，则是一种巨大的历史进步。在这一过程中，不是将精英降低到大众的水平，而是使大众逐渐提升到精英的水平。面对大众人文教养水平的提高，精英们理应以此作为促使自己向着更高的精神境界攀升的动力。

"理性主义权威的弱化"，如果说这是对于黑格尔的"绝对精神"的理性专制主义的反叛，反对以理性排斥情意，重视理性与非理性的统一和个人的全面而自由地发展，为此而给理性主义的权威以一定程度的限制，未尝不是一件好事。从这一视角看问题，科学哲学以"谦虚的理性"对黑格尔的"狂妄的理性"的批判，存在主义（行动哲学）以"丰富的人性"对黑格尔的"冷酷的理性"的批判，对于消解"人在非神圣形象中的自我异化"，无疑是具有积极意义的。

然而，正如任何事物都有其两重性一样，"英雄主义时代的隐退"、"高层精英文化的失落"和"理性主义权威的弱化"，也有其负面效应。"英雄主义时代的隐退"意味着社会的"平面化"，既然谁都很难成为英雄，随之而来的就是对理想和激情的消解，引发了存在主义的"人生是一堆无用的热情"的颓废情绪；"高层精英文化的失落"带来了大众文化的蓬勃兴起，随之而来的是市场经济把大众文化纳入"文化工业"，大量制造满足当下需要的"文化快餐"，有可能导致趣味的鄙俗；"理性主义权威的弱化"则导致非理性的狂热、无政府主义的诉求和对于一切规范的消解。三者之结合，使人从没有标准的自由选择中产生人生无价值无意义的情绪，由此感受到"生命中不能承受之轻"，空虚、苦闷、彷徨、焦虑，甚至是绝望，或者从颓废走向堕落。

看来"崇高"是不可躲避的。西方如此，中国尤其是如此。我们仍然处于从传统社会向现代社会转型的途程中，即梁启超所说的"过渡时代"。即使我们已经完全进入了现代社会，总结和借鉴西方现代社会变迁的历史经验，我们也没有理由讲"躲避崇高"。揭露"伪崇高"是为了确立"真崇高"，而不是相反。海外有的中国学者说："大陆近几年的先锋小说，已开始嘲笑诗情，嘲弄悲情，嘲弄崇高，许多小说家的审美兴趣从英雄王国移向侏儒王国、痞子王国。高大全的武松王国已被卖大饼的武大郎王国所代替，悲感已被颓感所代替。这种转变正是时代内涵转变的一种象征。"① 所谓"时代内涵转变"，即是指从传统社会的英雄史诗时代向现代社会的散文时代的转变。散文时代意味着英雄史诗时代的基本符号（激情、英雄、理想）的消失，不仅没有诗的激情，甚至连温情与悲情也没有，一切都被淹没在平平常常的利益分配之中。笔者实在不能苟同这位学者对"痞子文学"所作的上述评论，更不承认黑格尔预言的现代社会只能是使人丧失了诗化的激情和理想的"散文时代"的论断。

从西方社会的现代化进程看，崇高的诗化激情总是与这场巨大的社会变革相伴随。文艺复兴时期的文学家艺术家深受"作为时代特征的冒险精神"的浸染，培养在热情、性格和多才多艺、学识广博方面皆超凡出众的"巨人"，成为那个时代的艺术理想。在英国革命取得成功之后市场经济大发展的 18 世纪，"崇高"作为美学范畴受到了前所未有的重视。同时期的法国启蒙者狄德罗，在艺术上曾经想用反映中产阶级美德的"流泪喜剧"来代替充满崇高感和英雄气概的古典主义悲剧，但他终于发现"流泪喜剧"并不是一种能够激发人们的历史主动性和创造性、从而把热情保持在伟大历史悲剧高度上的艺术形式，又反转来提倡古典主义悲剧。在 18 世纪末和 19 世纪初的德国，按照马克思、恩格斯的说法，这个时期德国的社会生活简直是烂透了，然而也正是在这一时期，在文学艺术领域产生了向整个德国社会的腐败堕落开战的"狂飙突进运动"，诞生了歌德、席勒、贝多芬等一批伟大的文学家艺术家，他们与当时的哲学家们一起，致力于唤起德意志民族的精神。在资本主义市场经济大发展的 19 世纪，西方文学艺术又出现了继文艺复兴和启蒙运动之后的第三个高峰，即批判现实主义的文艺，文学家艺术家们以其深广的人道主义情怀，描写人民大众的痛苦生活，揭露资本主义社会的弊病，激发了人们为争取社会公正和正义而斗争的热情。追求崇高的诗

---

① 《李泽厚刘再复对话录：告别革命——回望二十世纪中国》，香港天地图书有限公司 1997 年版，第 57 页。

情，依然在 20 世纪的西方文艺中延续，从左拉到罗曼·罗兰、再到海明威的小说创作，从 40 年代的美国电影《魂断蓝桥》到 90 年代的《泰坦尼克号》，我们都可以看到作者对假恶丑的无情鞭笞和对于真善美的热情讴歌。一个社会的主流文化中如果没有崇高、没有理想、没有诗情，就一定会堕落和衰败，这或许正是诺贝尔文学奖要以"理想主义的旨趣"、"观念的和生活哲学的真正崇高"作为评选标准的原因。

正如无政府主义是对专制主义的惩罚，纵欲主义是对禁欲主义的惩罚一样，"痞子文学"也是对"伪崇高"的一种惩罚；与其说它是新时代文学开始的一种象征，毋宁说它只是"伪崇高"的伴生物，它将随着"伪崇高"的终结而终结；而作为新时代文艺之主旋律的，理应是反映人民大众对于理想的生活之向往、充满人道主义的温情和为争取社会公正和正义而斗争的崇高激情的创作。

著名美学家宗白华先生讲过两种人生态度和两种艺术风格：悲剧的与幽默的。

持悲剧人生态度的人，"怀抱着理想，不愿自欺欺人，在人生里面体验到不可解救的矛盾，理想与事实的永久冲突。然而愈矛盾则体验愈深，生命的境界愈丰满浓郁，在生活悲壮的冲突里显露出人生与世界的深度"①。悲剧文学正是通过使人识察到生活内部的深沉冲突，意识到人生的真实内容是永远的奋斗，是为了超个人生命的价值（"真""善""自由"等）而挣扎奋斗，甚至以小我之生命去殉这种超生命的价值，觉得是痛快，是超脱解放。在这种牺牲中，人提高了自己的人生价值，显露出人生的意义。

持幽默（Humour）人生态度的人，"以一种拈花微笑的态度同情一切；以一种超越的笑，了解的笑，含泪的笑，惘然的笑，包容一切以超脱一切，使灰色黯淡的人生也罩上了一层金光"。"以高的角度测量那'煊赫伟大'的，则认识它不过如此。以深的角度窥探'平凡渺小'的，

---

① 宗白华：《艺境》，北京大学出版社 1997 年版，第 81—82 页。

则发现它里面未尝没有宝藏。""幽默不是谩骂，也不是讥刺。幽默是冷隽，然而在冷隽背后与里面有'热'。"① 确实，人生在经受了大痛苦以后，往往会超越痛苦，以洞观宇宙的大智慧来观照人生，调侃痛苦：在"大肚能容，容天下难容之事"的博大襟怀中，既包含着对"难容之事"的冷隽的批判，又赋予"难容之事"以喜剧的滑稽可笑的色彩；在"开口常笑，笑世上可笑之人"的豁达心胸中，既包含了对"可笑之人"的轻蔑，又对其可笑有几分同情和怜悯。——这就是幽默感。幽默感中包含了人生的大智慧，犹如"灵山会上，释迦拈花，迦叶微笑，即是付法"，妙处难与君说。它能增强人的生命的意志，但又决不是教人玩世不恭。

悲剧的（崇高的）人生态度和艺术风格，与喜剧的（幽默的）人生态度和艺术风格，各有其价值。艺术领域是最自由、最宽容的，幽默的人生态度和艺术风格可以作为悲剧的人生态度和艺术风格的一种必要的补充。对于认真的人、追求崇高的人来说，人生的痛苦实在太多；人不能总在悲剧的感伤中度日，因而就需要幽默感来加以调节。幽默感中其实也深藏着崇高，蕴涵着对真善美的肯认和对假恶丑的否定，所以它同样可以表达一种理想主义的旨趣。

伟大的、不朽的艺术作品，总是在语言的纯正、气势和高贵诸方面堪称典范，表现出作者的卓越的才华和高雅的艺术品味，因而具有"促进风雅"的化民成俗的作用。瑞典学院之所以推崇语言的纯正、气势和高贵，这是与他们要求诺贝尔文学奖的获奖作品应表达理想主义的旨趣、具有观念的和生活哲学的真正崇高相一致的。精神上的侏儒决不可能采用纯正的、富于气势的和高贵的语言，纯正的、富于气势的、高贵的语言也不可能用于玩弄权术、讨价还价、出卖灵魂和肉体的场合。海德格尔说："语言是存在的家园。"生活在高雅的语境中的人，必有高雅的精神追求；以高雅的语境提升人的精神境界，塑造高雅的心灵，培养

---

① 宗白华：《艺境》，北京大学出版社 1997 年版，第 81—82 页。

卓越的情操，使人性更美好，正是文学艺术的使命。

3　美育之实施与人格美之造就

美育，必须结合日常生活和社会实践来实施。生活和实践是一切艺术的源泉，一切优秀的艺术作品都是从生活和实践中产生。因此，生活和实践又是实施美育的最好的课堂，无论是人性美，还是人格美，都是在生活和实践中培育和展示出来的。

劳动创造了美，美感是在劳动中产生的。李大钊说："人生求乐的方法，最好莫过于尊重劳动。一切乐境，都可由劳动得来，一切苦境，都可由劳动解脱。"[①] 这里所说的劳动，当然是自由劳动，而不是强迫的、带有奴役性质的异化劳动。强迫劳动既不可能使被强迫者向善臻美，同时也造成了强迫者自身人格的败坏。一个社会只要存在强迫劳动，就会产生鄙视劳动、鄙视劳动者的恶习，所以再没有比强迫劳动更败坏人的品质和趣味的了。与此相反，自由劳动则是人的本质力量对象化的活动，在这种自由劳动中，人可以按照美的尺度去创造，使劳动产品成为欣赏的对象，借此观照自己的本质力量，从而感受到生命的自由创造的欢欣。

我们的祖先早就意识到自由劳动的技艺与美的联系。《庄子》中有一则"庖丁解牛"的寓言，讲庖丁经过长期的劳动实践，掌握了牛的生理构造的规律，使"艺进于道"，技艺达到了艺术的境界，其"手之所触，肩之所倚，足之所履，膝之所踦"，都已完全合乎舞蹈与音乐的节奏；他解剖牛之后，感到"踌躇满志"，感到一种精神上的欣快，劳动对他来说成了乐生的要素。这里所讲的就是一种理想形态的劳动，劳动本身就是一种美的享受。

西方哲人黑格尔也有类似的见解。他说，在《荷马史诗》中，英雄们（原始人的军事首领们）都亲手宰牲畜，亲手去烧烤，亲自训练所骑

---

① 《现代青年活动的方向》，《李大钊选集》，人民出版社1959年版，第160页。

的马，他们所用的器具也或多或少是亲手制造出来的；犁、防御武器、盔甲、盾、刀、矛都是他们自己的作品，或是他们都熟悉这些器具制造的方法；在这种情况下，人见到他所利用的一切东西，就感觉到它们都是他自己创造的，因而感觉到他所要应付的这些事物就是他自己的事物，而不是在他主宰范围之外的异化了的事物。"总之，到处都可见新发明所产生的最初欢乐，占领事物的新鲜感觉和欣赏事物的胜利感受。……在一切上面人都可以看出他的筋力，他的双手的灵巧，他的心灵的智慧和英勇的结果。"[1]

　　劳动作为人与自然相互联系的中介，作为连接性（人性）与天道（自然规律）的桥梁，将人与自然的认知关系、实践关系、审美关系有机地统一起来。劳动是认知的途径，是实践的基本方式，也是美感的主要源泉，所以热爱劳动也就体现着真善美之统一的追求，而劳动的最高境界乃是观照人的本质力量之实现的美的境界，劳动具有美统真善的意义和价值。因此，在实施美育的时候，我们千万不要忘记劳动。在对青少年进行美育的时候，要注意使他们养成热爱劳动的习惯，让他们从劳动中感受到生命的乐趣，提升他们的精神境界：在智育方面，使他们认识到一切真知归根结底都是来自劳动，书本上的间接知识都是无穷世代的劳动者的直接知识的积累和系统化，一切创造发明都须借助于手脑并用的劳动；在德育方面，使他们认识到自己所享受的一切生活资料都不知经过多少劳动者的手所造成，从而尊重劳动、尊重劳动人民，尊重一切靠诚实劳动而自立于社会的人，决不做"四体不勤，五谷不分"的空头道德家，更由此以破除"劳心者治人，劳力者治于人，治于人者食人，治人者食于人"的陈腐偏见；有了上述两者，加上劳动能锻炼体魄，使人手足灵巧精神开朗，身心舒畅，其乐也融融，从而心灵美与体魄的健美合而为一，美育之效可见。通过劳动所实施的美育最好在大自然中进行，在大自然中的自由劳动，最能使人感受到自己像太阳和花一

---

[1]　黑格尔：《美学》第 3 卷，商务印书馆 1982 年版，第 350 页。

样美好的天性，感受到自由，感受到自然的美，从而热爱劳动，热爱自然，珍惜人类共同的家园。时下教育界讲德、智、体、美、劳五育，美育不可代替德育和智育，但却可以包含体育和劳动教育，应把劳动教育作为美育的一个重要途径。

几乎所有的现代美学家都承认"美"与人的生命中最隐微的潜意识相联系，弗洛伊德称这种隐秘的潜意识为"原欲"，荣格则以人的潜意识为"原始的集体无意识"，二者都有道理。人作为审美主体是情感主体，审美以情为本，从这一视角看，弗洛伊德以艺术为"原欲"之升华的说法具有合理性。由此引申，有无健康的体魄往往关系到有无健全的情感，而有无健全的情感则又关系到有无健全的审美趣味。这里不必讲什么高深的理论，常识就可证明：色盲的人不能欣赏姹紫嫣红的色彩，耳聋的人不能欣赏音乐，胃病严重的人往往不能品尝美味，衰老的人可能不会欣赏异性美，更有许多因人为摧残导致生理变态，进而引发心理的变态、导致异乎寻常的嫉妒和残忍的事实（如历史上的宫廷太监）。因此，体育也是美育的一个重要方面。一般来说，只有身体健康的人才能不仅有敏捷缜密活跃的思维能力，而且有健全的丰富的情感，有精美的审美鉴赏力。这里当然不排斥残疾人在受到人道主义的关怀和尊重、在排除了自卑感并受到良好的教育和训练的情况下，也可以达到健康人的智力和情感发展的水平。西方人文教育的传统特别重视培养人的健康的体魄，现代社会更以人道主义的情怀关注残疾人的体育事业，这是很有道理的，所以体育其实可以纳入美育的范畴。

荣格强调"美"与人的潜意识中的"原始的集体无意识"相关联，说明美的本质乃是社会化的情感共鸣，启迪我们把在现实的社会关系中陶冶人的情感作为实施美育的又一重要途径。

我们的祖先是最重视在现实的社会关系中陶冶人的情感的。孔子说："人而不仁，如礼何？人而不仁，如乐何？"（《论语·八佾》）孟子说："仁之实，事亲是也；义之实，从兄是也；智之实，知斯二者弗去是也；礼之实，节文斯二者是也；乐之实，乐斯二者，乐则生矣；生则恶可已也，恶可已，则不知足之蹈之手之舞之。"（《孟子·离娄上》）孔孟都认为美感和艺术产生于伦理情感的和谐，只是他们认为要把"仁"落实于"事亲"，把"义"落实于"从兄"，未免太狭隘了些。

西方近代学者没有中国儒者式的"富贵利禄，将厚吾之生也；贫贱忧戚，庸玉汝于成也"的观念，他们要人设身处地同情一切人的痛苦，培养普遍的人类之爱的观念和情感。卢梭说，我们之所以心爱人类，是由于我们有共同的苦难。任何人都会遭遇人生的苦难、忧虑、疾病、匮乏以及各种各样的痛苦，任何人都注定要死亡，没有哪一个人能够免掉这些遭遇。因此，如果你要在一个青年人的心中培养他那开始冲动的日益成长的感情，如果你要使他的性格趋向善良，那就决不能用虚假的人们的幸福面貌在他身上播下骄傲、虚荣和嫉妒的种子。"为了使孩子变成一个有感情和有恻隐之心的人，就必须使他知道，有一些跟他相同的人也遭受到他曾经遭受过的痛苦，也感受过他曾经感受过的悲哀，而且，还须使他知道其他的人还有另外的痛苦和悲哀。""要使他十分懂得，那些可怜的人的命运也可能就是他的命运，他们的种种痛苦说不定他马上就会遭遇，随时都有许多预料不到的和不可避免的事情可以使他陷入他们那种境地。要教育他不要以为他有了出身、健康和财产就算是有了保证，要给他指出命运的浮沉，要给他找出一些屡见不鲜的例子，证明有些地位比他高的人在堕落以后其地位还不如那些可怜的人呢。"总之，在对于孩子的情感教育方面，"首先要从使他成为一个心地仁慈的人着手做起"，使一个青年人把他心中越来越扩充的力量用之于能扩大他的胸襟、能使他关心别人的事物，十分小心地消除那些使他心胸狭隘、使他以自己为中心而时时都想到他个人的事物，要促使他的心中产生善良、博爱、怜悯、仁慈以及所有一切自然而然使人感到喜悦的温柔动人的情感，并防止他产生妒忌、贪婪、仇恨以及所有一切有毒害的欲念①。

————————

① 卢梭：《爱弥尔》上卷，商务印书馆1996年版，第303—309页。

卢梭又说，他发现，很早就开始堕落、沉湎酒色的青年是很残酷不仁的，他们不顾一切，只图达到他们想象的目的；他们不懂得慈悲和怜悯，为了片刻的欢乐就可牺牲他们的父母和整个的世界。相反，一个在天真质朴的环境中成长起来的青年，就会养成慷慨、敦厚和重感情的性格：他的热忱的心能设身处地为他的同类着想，能真诚地同情别人的痛苦，能与他人同悲欢、共忧乐，能真心实意弥补自己的过失，也能真心实意地原谅他人的过失，他爱一切的人，爱整个人类，而不受任何一个阶级的眼界的局限……

从以上中西哲人的论述可知，无论是家庭伦理情感的培养，还是普遍的人类之爱的情感培养，都是实施美育的重要途径。美育就是要激发人的天性中合群的情感、关爱他人的情感，在这种无利害关系的情感中感受到人生的意义。很多人不知道如何去爱他人，自私、嫉妒、甚至残忍，就是因为缺乏美育，没有人教他们如何去体验共同的人类感情，没有人教他们如何去爱他人的结果。要使人有道德，光靠说教不行，更重要的是要借助以情感人的美育。人生有很多的痛苦，不仅有自然带来的生、老、病、死诸多痛苦，更有现实的社会关系给人带来的很多痛苦，惟有爱的温情能减轻这些痛苦。在几千年的人类文明史上，人类经历了无数自然的与人为的灾难和浩劫，承受了多少折磨、打击和劫难，然而人类的精神却不至于溃裂横决，人类却能够支持以至今日，在相当大的程度上，就是由于美的情感和艺术起了缓解痛苦、增强人的生命意志的作用。个人也是如此，在社会上遭遇了再大的打击，只要还有知己，或者还有家庭的亲情，终不至于神经分裂或自杀。这就是情感的特殊的抚慰人心、坚定人的生命意志的作用。可惜的是，自有文明以来，旨在培养普遍的人类之爱的情感的美育实在太不够了，所以除了天灾以外，还有那么多的人祸；在如今这个世界上，还不知道需要多少志士仁人以崇高的自我牺牲精神来唤醒人们的良知。

实施美育，也与其他一切教育一样，必须从未成年人抓起。结合社会关系而实施的美育，更要注意内容的纯正，有助于培养青少年的人道主义情怀。要让他们知道人生的痛苦，特别是儿童所能感同身受的痛苦，例如让他们知道国际劳工组织于 1998 年公布的一组数字，当今世界上还有二亿五千万童工，其中亚洲有一亿五千三百万，非洲有八千万，拉丁美洲也有一千多万，以此激发他们同情、怜悯和仁慈的感情；要用伟大的人道主义楷模诸如南丁格尔、特里萨修女、白求恩的风范来教育他们、感动他们，用体现人类之爱的至性至情、歌颂真善美、揭露和抨击假恶丑的优秀艺术作品来陶冶他们的心灵，激发他们的情感共鸣，并且尽一切力量使他们远离那些不知败坏了多少成年人的心术的暴力、阴谋和色情。

美育的目的，当然并不是要培养每一个人都成为作家和艺术家，作家和艺术家需要独特的天赋加上长期专门的刻苦训练才能造就；普遍实施美育的目的，在于培养每一个人的美的个性，造就人格美。荀子说："不全不粹不足以为美。"所谓"全"，是指全面的认识；所谓"粹"，是指纯粹的品德；而所谓"美"，就是指建立在全面的认知和纯粹的品德之基础上的人格美。在"美统真善"的意义上，这一观点是正确的。一个有崇高的人格美的人，虽不必掌握了无所不包的终极的绝对真理（事实上任何人也不可能做到这一点），但必有一种超越现实利害、执着追求真理、勇于坚持真理的精神；虽不必是道德上的完人（事实上也从不存在这种"完人"），但必有对全人类的真挚的爱的道德的真诚，必有言必行、行必信、信必果的气概，必有超越世道的庸俗、不惜以英勇的自我牺牲去唤醒世人良知的卓越情操；虽不必是诗人、文学家、艺术家，但却必有实践伟大的人道主义理想的诗的激情，必有透过权钱交易的昏天黑地而洞察燃烧在人类心灵深处求真向善臻美之光焰的智慧的眼光，必有感动和唤醒人类良知的人格魅力。他不是"高大全"式的人物，但他必是有真性情的人；他也有缺点，也有失误，如一句名言所说，"鹰有时比鸡飞得还低，但是，鸡永远也飞不了鹰那么高"。我们推崇卓越的人格，当然也决不是提倡"英雄崇拜"，相反，我们需要把赋予英雄的品格还给每一个人自身，使英雄品格"平民化"或大众化，形成"平民化的自由人格"。如果每一个人，或者多数人都使自己具有美的个性，都努力追求使自己具有崇高的人格美，都使自己的良知不被金钱、权势所障蔽，那就真是一个不再需要英雄的"英雄主义隐退的时代"了。可惜这个时代离我们还很遥远；如今，我们仍然需要"美统真善"的理想人格来激励我们的人生追求。

美是人性中所有的最好的东西的表现，艺术就是寻求这个美、表现这个美的，因此，人格美与艺术美具有内在的统一性。中国美学讲"言志"，讲"气质"，讲"风骨"，讲"神韵"，讲"雄浑"，讲"超诣"，讲"澡雪精神"，讲"意境"或"境界"，都与人格美密切相关；中国古代的诗文创作，无论是吟咏性情，还是抒写怀抱，都离不开人格美。西方哲人讲人格理想亦与美的理想紧密联系，他们讲"高贵"（Nobleness），讲"雄伟"（Magnaninity），讲"卓越不凡"（Extraordinary），讲"天真"（Innocence）、"智慧"（Wisdom）、"新颖"（Freshness）、"活泼"（Activeness）、"直抒胸臆"（Originality），等等，都体现了将人格美与艺术美统一起来的理想追求。融合中西古典人文精神的精华，塑造真善美之统一的"平民化的自由人格"，努力实践现代人道主义的理想，正是人文精神的根本宗旨。我们每一个人的人生只此一次，然而，我们作为人类的一分子却能为人性更美好、社会更美好尽一份力，我们就在人类的生命延续中留下了不朽的美好印记，我们就不枉做了一次人，这正是人生的意义和价值之所在呵！

十
国民性之改造与中国
知识分子的使命

在人文精神的讨论中，知识分子问题颇引人注目。

提倡人文精神的学者强调知识分子应有人文精神，特别要讲求文人操守，痛斥文人的"痞子化"、"渴望堕落"、无人格、无操守、厚颜无耻，等等。对此提出质疑者或以"后知识分子"自居，认为无所执著正是走向"后现代"的"后知识分子"的特征；或指出这种批评仅仅是一种道德化的批评，有把知识分子视作改造对象的"左"的嫌疑。

提倡人文精神的学者批评中国知识分子在形而下的做人之道、处世技巧、活命智慧方面太精明，在趋利避害方面太过圆滑，所以在思想和创作方面必定平庸，人文精神的重建和高扬在中国也就显得极为虚无缥缈①。而持不同见解的学者则认为此种观点有"大言欺世"之嫌，因而提醒批评者要"多加历练，多所自省，以增加一点知人论世的聪明"②。

争论并非文人争闲斗气，其中有极其深刻的社会历史内涵。对于知识分子缺乏人文精神的批评大胆、尖锐、泼辣，虽有过多的道德理想主义的意味，却颇中肯綮，发人深省；反批评者认为要寻找知识分子无操

---

① 王彬彬：《过于聪明的中国作家》，《文艺争鸣》1994年第6期。
② 曾镇南：《知人论世的聪明》，《文艺争鸣》1995年第2期。

守的社会原因，又引证鲁迅关于"我也没有在中外古今的名人中发现能够确保决无虚伪的人"的论述来反对完人之说以防止苛论①。这种说法也并非完全没有一点合理性。但就基本倾向而言，我认为知识分子应正视自身的劣根性，应该有一种自我反省的勇气，而不应以社会原因来为自己的堕落辩护；同时也决不应把对于知识分子自身的劣根性的批评混同于极"左"思潮流行时期对于知识分子的强制性的思想改造。

诚然，中国社会的问题决不单纯是一个知识分子的问题，而是整个社会的文化氛围的问题，但知识分子对于这一问题无疑负有相当大的一部分责任。北京大学一位学者说，学术界的腐败堕落是整个社会腐败堕落的最后一步，这是说原先高洁的学术殿堂如今也腐败堕落了，以此证明社会已经腐败堕落到了什么程度。但是，我们是否可以反过来问一下：学术界或思想文化界对于社会的腐败堕落应负什么责任？就思想文化对于社会的影响而言，是否可以说思想文化界的堕落又是社会普遍堕落的第一步呢？

近代的志士仁人，当今的有识之士，无不慨叹在中国有一种极其巨大的习惯势力，能使一切改革社会的良法美意统统扭曲变形、甚至变成鼠窃狗偷的工具。这种巨大的习惯势力，与中国"知识分子"上以说服帝王、下以教化民众的思想文化是什么关系？究竟是一种什么样的文化积淀造成了如此巨大的阻碍社会进步的习惯势力？不对此进行一番认真的清理，不进行深刻而痛切的自我反省，纵然把人文精神的学理讲得再透辟，很可能也是徒托空言而于世无补。

（一）中国传统社会腐败堕落的思想文化根源

我们研究传统儒学，往往更多地注意儒学重视人的道德修养的合理

---

① 曾镇南：《知人论世的聪明》，《文艺争鸣》1995年第2期。

因素，喜欢引用儒学中的那些道德的豪言壮语，并且以历代仁人志士的高风亮节相印证。这当然是必要的。一种学说能够长久地成为社会的主流文化，自有其合理因素，通过传统和教育接受了其道德的豪言壮语的人们，自然会把它当作行为的真实动机和出发点。东汉有党锢之士，晚明有东林党人，这两个时期的士风就大体而言确实很好，志士仁人的非凡气节至今传为佳话。"杀身成仁，舍生取义"，儒学的积极方面确实造就了一些贫贱不能移、威武不能屈的人们。

但是，不能不看到儒学的另一方面，看到它的严重的消极面。这种消极面恰恰就在于儒学的创立者们太注重消极地适应宗法社会的现实环境，在做人之道、处世技巧方面实在太精明了。它影响了无数人的日常生活的行为方式，世代相沿而成为巨大的习惯势力。如果你没有冲决这种习惯势力之网罗的伟大的人格力量，就决不可能成为一个真正正直的人、真正正派的人、真正高尚的人。让我们且先撇开儒学中那些道德的豪言壮语，来看一看传统儒学教人在日常生活中实际奉行一些什么样的"做人"原则。

一是重"等差"的处理人际关系的"差序格局"原则。

"差序格局"这个概念是著名社会学家费孝通先生在研究儒学与乡土中国之关系时提出来的。在《乡土中国》一书中，费孝通先生指出，儒家伦理讲求的是亲疏远近与上下尊卑，其特点是注重"差等"而非"平等"。所谓"差序格局"，就是以自己为中心，而以血缘与地缘为主要经纬来编织人际关系网络。按照"差序格局"的原则，人与人之间的来往一定要问清楚对象是谁，与自己的关系是什么，才能拿定标准来应付。平心而论，在个人与他人的私人交往中，关系有亲疏，人情有厚薄，一个人不可能以对待最亲密的人的态度去对待所有人，这是正常的。只要不带分别尊卑贵贱的势利眼，自然无可厚非。但问题在于，儒家把私人生活所遵循的"等差"原则推广到了社会公共生活的领域，公私不分，这就不能不造成严重的社会弊病。

孔子虽然提出了一个带有普遍性的"仁"的原则，但"仁"的具体实现还是要落实到"礼"上，即所谓"克己复礼为仁"，而"礼"则是宗法社会等级秩序和行为规范的总和，本身就体现着序尊卑、明贵贱的"差序格局"原则。孔子说："仁者，人也，亲亲为大。"在身、家、国、天下诸要素中，儒家首重身家。孟子塑造了舜的人格样板，舜为天子，就要"以天下孝其亲"；又说"舜为天子，则弟不得为匹夫"，舜的弟弟象是个干了许多坏事的人，而舜的原则是"在他人则诛之，在弟则封之"，封象为王侯。一人得势，就要为家族和亲近之人谋利益；一切利益分配，都要首先考虑小圈子中的人、关系网中的人，这是儒家的基本原则。反过来说，为了家族利益也可以牺牲国家利益：舜身为天子，其父瞽叟杀人，被法官皋陶抓了起来，舜就连夜背了他的父亲逃跑，"弃天下如敝屣"。孟子对舜的这种行为给予高度赞扬。

在儒家的"差序格局"观念的支配下，各种借以谋取私利的庸俗关系网遍布国中，除了家族和裙带关系的天然关系网以外，最败坏社会风气的就是读书人、士大夫阶层的门户关系网。明清之际的哲人顾炎武就着重批判了中国读书人的这种门户之习，认为编织门户关系网乃是通过宗法式的人身依附关系和不正当手段来谋取私利的恶习，是"士大夫之无耻"的一个重要表现。他说："生员之在天下，近或数百里，远或千里，语言不通，姓名不通，而一登科第，则有所谓主考官者谓之座师，有所谓同考官者谓之房师，同榜之士谓之同年，同年之子谓之年侄，座师房师之子谓之世兄，座师房师之谓我谓之门生，而门生之所取中者谓之门孙，门孙之谓其师之师谓之太老师。朋比胶固，牢不可解，书牍交于道路，请托遍于官曹，其小者足以蠹政害民，而其大者至于立党倾轧。"（《亭林文集》卷一《生员论》中）。如此盘根错节的准宗法关系网、名目繁多的人身依附关系，滋生着奴性、奴俗、徇私舞弊、贪赃枉法等各种社会罪恶，由于它表现在以"治国平天下"为职志的读书人和士大夫阶层中，直接造成政治腐败，因而也就成为整个社会腐败堕落的策源地。

近代以来，血缘宗法关系网日益松弛，但各种社会团体中的准宗法关系网却日益发达起来，处理人际关系的"差序格局"原则依然盛行。台湾社会学家叶启政先生沿着费孝通先生的思路，对"差序格局"中"施舍"与"分赃"并用的利益分配原则作了淋漓尽致的揭露。他指出，在"差序格局"中，一个人获取资源之机会的有无，往往并不取决于个人的能力、功绩、或其他公认为合理的公平法则，而是当权者认定对其效忠的程度。效忠不能只是抽象的口号，而必须有具体行为作为表征。人情脉络的经营是确立效忠的经，而狼狈为奸瓜分利益则是巩固效忠之主从关系的纬。在这样的机会结构运作卜，资源的分配背离了讲求能力、功绩、或资历之分配正义的合理与公平性，它成为有权者释放其残余权力机会酬庸效忠者的筹码，也成为遂行其私利以惩罚所谓"不忠者"的杀手锏。其结果推至极致，不但彻底摧毁了社会的规范理想，而且更作践了人格的尊严。于是，君子远离，小人充斥而当道。政治权力成为结党营私，瓜分经济利益与钱财的不二手段。反过来，钱财也成为经营政治权力的不二法门①。

二是"欲取先予"、通过营构人情关系网以谋取私人利益的处世之道。

现代公民社会中，一切都有规范，对一切人一视同仁，所以办事既不需要拉关系、走后门，也不需要预先送人情、作所谓情感投资。传统社会则不然，那是没有人情和关系就办不成事的社会，维系人际关系不是靠理性的社会规范，而是靠"人情"。儒家讲的"欲取先予"，就反映了这种社会状况。所谓"欲取先予"，不是如今所说的先要对社会作出贡献，然后才能取得相应的报酬这样一种公共生活的法则，而是营造人情关系网以遂私利的手段。在孔子之前，周代的《礼志》上就写道：

> 将有请于人，必先有入焉；欲人之爱己也，必先爱人；欲
> 人之从己也，必先从人。无德于人，而求用于人，罪也。(《国

---

① 叶启政：《台湾社会的人文迷思》，台北东大图书股份有限公司 1991 年版，第 105 页。

语·晋语四》记赵衰引《礼志》语）

求人办事要送礼，"求用于人"（做官）必先"有德于人"（对权势者的个人效忠），在这段话中已说得很明白。乃至于即使想整倒别人，也得先玩一套"人情"的把戏。被儒家奉为经典的《周书》中写道："将欲败之，必姑辅之；将欲取之，必姑与之。"《吕氏春秋·恃君览·行论》亦曾引《诗》曰："将欲毁之，必重累之；将欲踣之，必高举之。"无论是利用人情替自己捞好处，还是利用人情搞阴谋，其所以能够得逞，就在于传统社会无论是君臣关系，还是官场中的上下级关系，都只是上对下施以个人恩典、下对上报以个人效忠的私人关系，在私人关系中，"大奸似忠，大诈似信"的情况一般来说是很难识破的。

春秋战国时代，墨家和法家颇有想建立一套对几乎所有人都适用的社会规范的意思：墨家讲对所有人一视同仁的"兼爱"；法家讲"法不阿贵"、"王子犯法与庶民同罪"，不过君主除外。但墨家和法家都失败了，获胜的是固守周代传统的儒家。道家老子讲"将欲取之，必固与之"，本是周代典籍中的话，但他不知文饰，所以被后儒和今人斥为阴谋权术，殊不知孔孟儒家也是"欲取先予"之道的提倡者，只不过话说得好听些而已。孔子说："己欲立而立人，己欲达而达人。"在这里，立人、达人是手段，立己、达己才是目的。孟子说："仁者爱人，有礼者敬人。爱人者人恒爱之，敬人者人恒敬之。"爱人和敬人是施恩，施恩是要图报的，使他人爱己、敬己就是报；爱人、敬人都只是手段，让人爱己敬己才是目的。君臣关系、统治者与民众的关系也是如此："君行仁政，斯民亲其上、死其长矣"，反之，老百姓就要造反；"君视臣如手足，则臣视君为腹心"；反之，"君视臣如草芥，则臣视君为寇仇"。这一切，用孟子的话来说，就叫做"出乎尔者，反乎尔者也"。用法家韩非子的话来说，就叫做君与臣做买卖，君拿官位和金钱买臣的效忠。所以传统社会有一句俗话叫做"学成文武艺，货与帝王家。"道家和法家都不像儒家那样善于文饰。孔子"罕言利"，孟子说梁惠王曰"何必曰利，亦有仁义而已矣"，然而，"仁义"是手段，目的却是"治人者食于人"的现实利益。因此，儒家的"出尔反尔"的修己治人之道，表面上是"推己及人"，实际上是预期着"由人返己"。对此，庞朴先生是别具只眼的，他说儒家不便把功利之心说得像老子讲"将欲取之，必固与之"那么露骨，未免要掩饰一番，这才有了"立人"、"达人"之类与人为善的说教，给取予之说带上玫瑰色的花环①。

儒家的"欲取先予"之说，数千年来可谓根深蒂固、深入人心。首先是君王可以用。1998年风行国中的电视剧《雍正王朝》主题歌《得民心者得天下》，就是视君王为施以恩惠者，老百姓得到了恩惠，而君王得到的则是整个天下，收"家天下"之利，这正是儒家的"欲取先予"之说在政治上的运用，与"人民当家作主"的现代民主法治可谓毫无共同之处。君王对"欲取先予"之道的运用还多少可以减轻一点对人民的剥削，但作为一个社会普遍奉行的原则却大有问题：官员们可以用"欲取先予"之道来谋求升官发财，读书人可以用"欲取先予"之道来谋求一官半职，老百姓想办成一两件事也得遵循"将有请于人，必先有入焉"的周代礼制。孔子"出疆必载贽"，"贽"是礼品，他想谋上一官半职，除了他在君王和达官贵人面前表现得十分谦卑、给足了权势者们"面子"以外，也还是要送礼的。《论语·学而》中，子贡承认孔子的官也是求来的，不过他说孔子是以"温良恭俭让"的态度去求。但无论如何，孔子可以说是跑官之风的开山祖了。

"儒家资本主义"或曰"裙带关系的资本主义"，就是人伦关系的"差序格局"原则和"欲取先予"原则在现代社会中的运用。运用"差序格局"原则以营造人情关系网，运用"欲取先予"原则贿赂官员以获取商业机会，即先付出金钱去购买权势者的人情，然后再凭借权势参与的不平等竞争捞取更多的金钱。台湾是搞过一阵子"儒家资本主义"的，权钱交易肆无忌惮。当时的情形正如台湾社会学家叶启政先生所

① 庞朴：《儒家辩证法论纲》，《中华学术论文集》，中华书局1981年版，第500页。

说，出现了"人情"、"权势"、"金钱"三种社会资源总动员的情形。譬如，为了盖房子向有关主管部门申请建筑执照，就必须经过层层的官僚关卡核准。承办人手中握有权力，对于非亲非故的申请者，往往就会乘机刁难，诈取申请者的贿赂。小百姓奈何他不得，为了让建筑执照顺利批下来，往往不免要在事前先打听一下有关承办人员是谁，然后再找与这些承办人有"人情"关系的人，托他用"钱"与"情"去打点打点。如果还不奏效，就设法通过层层"权势"，找个有"办法"的人向承办单位的主管施以压力。如此这般地多方多次疏通、打点，有直接关系找直接关系，无直接关系找间接关系，"先予后取"，总能拉上关系，将事办成①。至于各种商业机会，由于没有公开、公平、公正的竞争，没有言论自由的舆论监督，就更是权钱交易而黑幕层张了。社会就这样在儒家的"差序格局"和"欲取先予"之道的支配下日益腐败堕落。

三是消极适应环境的"时中"原则和"明哲保身"的圆机活法。

现代人尊重他人的选择。一个人可以选择消极适应环境、明哲保身以求生存的处世之道，这种选择可以理解，不必苛求而予以道德理想主义的谴责，真正的"恶"也不在明哲保身的人身上。但明哲保身虽说不上是恶，但也绝对谈不上善，可以理解但绝对不值得推崇。儒家学说的问题就出在把明哲保身的圆机活法作为君子人格来加以肯定和推崇，因而客观上也就起着纵容恶的作用，并且有假借大义、窃取美名之嫌。

儒家在孔子那时，还有一点"知其不可而为之"的精神，但孔子决没有高尚到富于献身精神的地步。他讲"危邦不入，乱邦不居"，"身体发肤受之父母，不敢毁伤"；他认为任何情况下都正直的人是称不上"君子"的，譬如史鱼，"邦有道如矢，邦无道如矢"，无论国君有道无道，史鱼讲话总像箭一样地直来直去，而君子蘧伯玉就不是这样，"邦有道则仕，邦无道则可卷而怀之"（《论语·卫灵公》）。孔子认为，君子是懂得当直则直、当曲则曲的人。他教导人们："邦有道，危言危行；

---

① 叶启政：《台湾社会的人文迷思》，台北东大图书股份有限公司1991年版，第54—55页。

邦无道，危行言孙。"遇上了无道昏君，行为上可以洁身自好，讲话就要收敛了。孟子称赞孔子为"圣之时者也"，以区别于宁可饿死也不食周粟、有"圣之清"之名的伯夷，执著地履行使命的"圣之任者"的伊尹和对权势者"不恭"的"圣之和者"的柳下惠。《礼记·中庸》说："君子之中庸也，君子而时中。"又教人要懂得"明哲保身"，天下无道时，要以沉默来取容于君主（"其默足以容"）。"圣之时者"的"时中"，就是"识时务"的灵活的人生态度，就是"明哲保身"的圆机活法。俗话不是说"识时务者为俊杰"么？当然，又不可把孔子简单地理解为只是"明哲保身"，他是要维护尊卑贵贱的"差序格局"，他强调"恶居下位而讪上者"，读书人讲话是不准触犯权势者的利益和威严的。

孟子很能得孔学之真传。他教训读书人："位卑而言高，罪也。"他懂得做官的诀窍："为政不难，不获罪于巨室。"他主张事不关己，高高挂起：自家的人打起来了，要立刻去劝架；邻居打起来了，对不起，与己无关，"虽闭门可也"。

荀子极力宣扬君子为人处世要灵活，这种灵活性是永远有理的："君子崇人之德，扬人之美，非谄谀也；正义直指，举人之过，非毁疵也；言己之光美，拟于舜禹，参于天地，非夸诞也。与时屈伸，柔从若蒲苇，非慑怯也；刚强猛毅，靡所不伸，非骄暴也；义以变应，知当曲直故也。"（《荀子·不苟》）。这些话说得漂亮，但按照"差序格局"的势利原则做起来，只能是假借大义、窃取美名。

从以上引证的这些材料看，像东汉的党锢之士那样豁出命去与黑暗势力作斗争，像明末的东林党人那样"一堂师友，冷风热血，洗涤乾坤"，虽说合乎孔孟讲的"杀身成仁、舍身取义"等几句豪言壮语，但在骨子里面却是不合乎儒家讲求"时中"、"与时屈伸"和"明哲保身"的真精神的。难怪鲁迅当年在《十四年的"读经"》一文中说出了这样的话："倘不是笨牛，读一点就可以知道，怎样敷衍，偷生，献媚，弄权，自私，然而却能够假借大义，窃取美名。……因为我也是从读经得来的，我几乎读过十三经。"① 可惜鲁迅当年对他的这一观点没有进行论证，笔者从儒家典籍中信手拈来一些史料，以证明鲁迅此言不虚，不知读者诸君以为如何。

从以上史实可以看出，中国传统社会的腐败堕落以及当代社会的种种弊病，都可以从儒学中找到根源。儒学重"等差"的处理人际关系的"差序格局"原则，"欲取先予"的营构人情关系网以谋取私利的处世之道，消极适应环境的"时中"原则和"明哲保身"的圆机活法，已经潜移默化为国民劣根性，形成为一种巨大的习惯势力。这是中国社会公德难以确立、法治难以推行、政治难以清明的重大症结之所在，是现代人文精神建设在中国举步维艰的一个主要原因。一种学说能够对于民族和社会造成如此巨大的负面影响，创立和传播此种学说的人是要负责的。明乎此，当今中国知识分子的立言可不慎之又慎乎？

（二）当代中国知识分子的使命

在人文精神问题的讨论中，揭露和批评中国知识分子的劣根性的人们，不是来自其他的社会阶层，而是来自中国知识分子自身，这正是中国知识界的理性觉醒的一个重要标志，亦是中国的先进知识分子卓越不凡的人格表征，也是中国知识界肩负起建设现代人文精神之使命的希望之所在。

中国近代先进知识分子所做的思想启蒙工作，在相当长的一段时期内，直到"五四"，其实都主要是针对自身所从属的知识分子群体的，是在启中国知识分子之蒙，著书立说都是给读书人看的。他们意识到，改造国民劣根性，要从知识分子自身的劣根性改造起。梁启超在其《新

---

① 《十四年的"读经"》，《鲁迅全集》第 3 卷，人民文学出版社 1981 年版，第 129 页。

民说》中指出："凡一国之进步，必以学术思想为之母，而风俗政治皆其子孙也。"他认为中国的落后，首先是学术思想的落后；因此，"必取数千年腐败柔媚之学说，廓清而辞辟之，使数百万如蠹虫如鹦鹉如水母如畜犬之学子，毋得摇笔弄舌舞文嚼字为民贼之后援，然后能一新耳目以行进步之实也"。这是以先知觉后知、以先觉觉后觉的姿态来从事启他人之蒙的工作。这种姿态虽然不免要遭到当今某些学者之所谓"选择高人一头的形象"之讥议，然而，启蒙者在学问见识上高人一头，乃是客观事实，以先知觉后知更是教育的一般规律。鲁迅的高明之处在于，他认为启蒙的对象也包括自身在内。他说"我从别国窃了火种来，是为了煮自己的肉的"，这意思就是说教育者自己首先是要受教育的。但鲁迅的态度与梁启超的态度并不矛盾，启蒙的实质是使每一个人都能自由地运用其理性：启自我之蒙，即自由地运用自己的理性；启他人之蒙，即唤起他人自由地运用其理性；都是"启蒙"的不可缺少的组成部分。就启蒙表现为知识的传播而言，先汲取新知识来作自我启蒙，再传播新知识来对他人启蒙，乃是"启蒙"的两个重要环节。知识分子当然不能指望仅仅靠思想的力量就可以改造一切，但思想文化的力量可以影响社会、影响大众、影响历史进程，却是不容否认的。

就"启蒙"的意义在于传播新知识和提倡自由运用理性以追求真理而言，"启蒙"乃是知识分子的永恒使命，是知识分子实现其推动社会进步之职能的基本途径。当年"五四"学者提倡科学、民主和新道德是启蒙，如今的知识分子提倡现代人文精神也还是启蒙。近代德国哲学家费希特在给耶拿大学的学生所作的《论学者的使命》的演讲中认为，有三种知识：一是关于人的天资和需求的知识，二是关于发展和满足这种天资和需求的知识，三是关于人类社会发展的历史进程的知识。这三种知识结合起来，就构成了"学问"；谁献身于获得这些知识，谁就叫做"学者"；借助于这些知识，保障人类的全部天资得到同等的、持续而又进步的发展，是获得这些知识的目的；一个学者虽然不可能掌握以上三个方面的全部人类知识，但一个学者应当着眼于促进人类全面发展的人文主义目的来从事自己的事业，"由此，就产生了学者阶层的真正使命：高度注视人类一般的实际发展进程，并经常促进这种发展进程"①。费希特所讲的"学者的使命"，也就是我们如今所说的知识分子的使命。对于真正的知识分子来说，一方面，以出世的态度研究学问，为求知而求知，不计个人利害而献身于获得知识；另一方面，以入世的态度关爱人间，为实现人文主义目的而传播知识以造福于人类；二者是完全一致的。

认知、道德、审美是人类的三大天赋，是广义的人类知识的三大部类。作为学者或知识分子，本能地要求发展自己所从事的学科。现代人文精神要求从人的全面发展、提升人的价值和尊严的高度来重视科学精神的教育和古典传统的人文学科教育，改变把科学与人文对立起来的狭隘观念，改变狭隘实用主义式的注重实用技术而轻视科学精神、注重把人培养成为某一特殊领域的工作者而轻视人文教养的观念，因此，各学科的知识分子应该共同肩负起培养在真善美诸方面全面发展的现代公民的使命。由此便引出。

中国当代知识分子的使命之一是：用超越实用理性的人文精神来推动旨在培养现代公民的通识教育或素质教育。

目前我国教育的最大问题，是人文学科教育大大落后于世界。以大学文科教育为例：我国大学文科学生的比例占在校大学生总数的8.9％。然而，据联合国教科文组织 1977 年的统计，在全世界 1000 万人口以上的 50 个国家中，文科学生占在校大学生比重大于 50％的有 13 个国家，介于 30％—50％的有 26 个国家，介于 20％—30％的有 6 个国家，介于 18％—20％的有 4 个国家。中国的情况，竟然比这一比例最低的国家还低 10％②！祖国大陆的人文学科教育，不仅大大落后于世界，且落后于我国的台湾省。以哲学教育为例，人口 2000 万出头的台湾省，

---

① 费希特：《论学者的使命》，商务印书馆 1980 年版，第 37 页。
② 陈少明：《把解释具体化——也谈人文气氛的淡漠》，《现代与传统》1994 年第 5 辑。

一共有 5 个哲学系，仅辅仁大学哲学系一年招生就有 200 多名；而人口是台湾两倍以上的广东省，则只有中山大学有一个哲学系，每年面向全国招生，现一年招生 30 名，且第一志愿者寥寥无几[1]。目前有的大学把中文系办成文秘系，把历史系办成旅游系，把哲学系办成管理系，更使我国大学文科教育的质量和水平大为降低。着眼于中华民族的前途，着眼于民族在世界性的文化竞争中的地位，努力改变我国人文学科教育远远落后于世界平均水平的局面，已经成为一个亟待解决的严重问题。在这方面，从事教育事业、尤其是教育主管部门的知识分子们是不可太急功近利的。

我国人文教育的落后，不仅表现在学文科的人少，更表现在对学生普遍实施"通识教育"或"素质教育"方面的落后。古典的"博雅教育"的人文精神在一段时期内被简单地抛弃了，美国式的提倡"通识教育"的杜威教育思想则受到批判。改革开放以来，一些有远见深识的教育家们开始重提"通识教育"或提倡"素质教育"，但真正贯彻落实仍需要作出巨大的努力。素质教育是把"尚博雅"与"贵专家"统一起来，因此，应在大学中普遍开设文、史、哲等人文学科的基础课，使之成为不同专业的学生们的必修课程。但仅仅有这一点是不够的，"尚博雅"的人文教育决不仅仅意味着让学生多修几门课程、多知道一些知识，乃至于成为"有脚的书橱"和"活的百科全书"，而是要培养真、善、美的人格。通识教育的"知识统一"与博雅教育的"人格统一"是相贯通的。在"真"的方面，不仅要使学生具有科学知识，而且要培养学生的科学精神，掌握"不受人惑的方法"，并具有不断探求新知的能力。在"善"的方面，不仅要使学生懂得道德的规范这些"可以明言的知识"，而且要结合社会实际，让他们正视并憎恶现实社会中习惯势力的"不可明言的知识"，清醒地意识到传统的"差序格局"原则、营造人情关系网的"欲取先予"原则和与世浮沉的"时中"原则对人性和社

---

[1] 陈少明：《把解释具体化——也谈人文气氛的淡漠》，《现代与传统》1994 年第 5 辑。

会的腐蚀，立志与这些传统的"做人"之道决裂，做光明磊落、正道直行的新人。否则，课堂上的道德说教灌输得再多，一走上社会就发现全然是两回事，那是不免又要为旧的习惯势力所同化的。在美育方面，不仅要使学生懂得一些文学艺术方面的知识，而且要按照"美统真善"的原则，并且结合劳动教育和体育，来培养学生健美的体魄、健全的心理、良好的气质、优美的语言、文明的举止、高雅的欣赏品味，这些都是"人格美"的不可缺少的要素。当然，最好有一门专讲"人文精神"的课程，把人类追求真善美的历程、真善美的内在矛盾及其统一等哲学知识传授给学生，以便把人文学科各分支的教学统一起来，从而使人文教育旨在使人性更高尚、更美好的宗旨更为集中和鲜明。

当今我国知识分子队伍能否承担起振兴我国人文教育的使命呢？从人文精神讨论中所揭露的事实来看，实在是令人担忧的。大专院校、科研院所，恐怕很少有不像钱钟书先生笔下的"三闾大学"的，有的甚至比三闾大学的情形还要坏得多。只要身临其境，就可以发现，官场上的投机钻营、玩弄权术、徇私舞弊，市场上的坑蒙拐骗、假冒伪劣，甚至以假压真，在学界一样存在。像《围城》中描写的李梅亭、韩学愈、陆子潇式的人物，几乎到处都有，真使人觉得与此类人同为大学教授或研究员是一种堕落和耻辱。人文精神的危机确是一种客观存在，无可否认。幸而不管在任何时候，中国知识分子中总有一批不肯同流合污的人，总有一批要求改变现状的有使命感和责任感的人，这就使学界还不至于腐败堕落得完全不可收拾。然而要改变学界现状，决非仅仅关注学界的问题所能济事。学界不是世外桃源，它受到经济和政治等各种社会因素的影响。目前学界的问题，除了儒家庸俗处世之道的习惯势力以外，主要是由社会体制的弊病所造成。要改变学界风气，就得关注整个社会体制的改革问题。由此引出——

当代中国知识分子的使命之二是：密切注视中国社会改革的进程，推进民主法治建设以促进市场经济体制的完善。

在"人文精神"问题的讨论中，有的学者把人文精神的危机归咎于市场经济，这一观点是不对的。市场经济并没有要求知识分子去当商人，更没有叫知识分子去当挂着"教授"、"学者"、"作家"招牌的奸商，所以市场经济对人文精神的危机不负任何责任。相反，如果我们真想提倡人文精神，倒是应该对市场经济时代的来临持热烈的欢迎态度。

王蒙先生说，市场经济比计划经济更人文。这一观点是深刻的。纵观世界历史，体现平等、自由原则的人文精神正是从市场经济的社会氛围中所诞生。市场经济是天生的平等派，传统的一切身份等级在健全的市场经济运作中都将失去意义；市场经济是天生的自由派，它把传统的一切人身依附关系都化作意志自主的契约关系，并且要求个人尽可能全面地发展其能力；市场经济是天生的民主法治派，它要求保障合理的个人利益，要求社会经济和政治生活的公开、公平、公正，要求法律面前的人人平等和合理划分群己权界的稳定的社会秩序。按照市场经济的规律来管理经济和社会，才能真正体现科学与民主的精神，近代以来一代又一代志士仁人呼唤的科学与民主才终于有了真正可以实现的途径。——这说明，最伟大、最深刻的社会变革寓于最普通、最平凡、最简单、而为文人雅士所最瞧不起的经济事实之中！——每一个意识到这一点的当代知识分子，面对市场经济时代的来临，是应该为之不知手之舞之、足之蹈之的！

问题在于，我国的市场经济还没有走上健康发展的轨道，真正的市场经济——与民主法治相配套的市场经济——还处于旧的拖住新的、死的拖住活的"难产"状态之中。旧的习惯势力企图按照"儒家资本主义"或"裙带关系的资本主义"模式来改造中国，借助"差序格局"、"欲取先予"的人情关系网，实行权势、金钱、人情三种社会资源的总动员，来建构既排斥共同富裕的社会主义原则、又排斥民主法治的社会正义原则、而仅仅为极少数人谋取最大利益的这样一种本质上属于前现代社会的体制。建设社会主义市场经济的路线、方针、政策，在权钱交易的旧的习惯势力的抵制、消解、扭曲之下，很难得到认真的贯彻落实。面对如此困境，出路何在？没有别的办法，只有以空前的大智大勇，以义无返顾的勇敢的殉道者的气魄，以"何计身后骂名滚滚来"的无私无畏的伟大人格力量，来加大改革的力度，推进与市场经济体制相配套的政治体制改革。我们不要忘记：社会存在永远是决定社会意识的——体制好，坏人不能干坏事；体制不好，好人也会变成坏人。要克服败坏社会风气的旧的习惯势力，道德说教毫无用处，只有靠健全的市场经济体制的建立；而健全的市场经济体制的建立，又只有靠民主法治。中国的普通民众虽然也受盛行于权势者中的旧的习惯势力的影响，有时也不得不顺应权势、金钱、人情三种社会资源互相勾结利用的腐败空气；但再也没有谁比中国的老百姓更清楚地认识到这种腐败空气的最大受益者是不法的权势者和奸商等极少数人了，再也没有哪一个社会阶层比中国的广大民众更渴望民主法治的了。

知识分子不是政治家，但可以为中国的改革奠定理论基础。市场经济和民主法治，都是中国的先进知识分子首先提出并加以论证，而后才逐渐为大智大勇的政治家所接受的。20世纪90年代以来，先进的中国知识分子在市场经济和民主法治理论方面的研究又大大前进了，我国在市场经济立法和保障人民民主权利、推进法治国家建设方面也已经并将继续取得更大的进步。知识分子还可以为我国的新经济和新政治奠定既非经济、又非政治的哲学文化基础，"人文精神"问题的热烈讨论，就是中国当代的先进知识分子热切关注民族前途和命运的使命感的表现。但我们要意识到，人文精神的高扬是需要一定的社会条件的，只有用民主法治去制约那不法的权势和那似乎无处不灵的"钱神"，市场经济才能健康发展，现代人文精神才有高扬的可能。

当然，并不是说有了健全的市场经济体制和民主法治就万事大吉，社会就会一片清宁祥和而没有任何问题，"三闾大学"式的学府就会变成高雅纯洁的学术文化殿堂而没有任何蝇营狗苟的交易，这是不可能的。人性的未完成性使我们不能期望至真、至善、至美，而只能期望更真、更善、更美。为了使社会更真、更善、更美，知识分子除了努力做好专业领域内的事以外，也还有一个重要的责任。由此引出——

中国当代知识分子的使命之三是：发挥知识分子作为社会的良知的功能，面对社会的丑恶现象而发出社会公正和正义的声音。

在"人文精神"问题的讨论中，有学者提出了与"后现代社会"相对应的"后知识分子"的概念。如果有所谓"后知识分子"，那就势必在各种职业的人们的名称前面都得加一个"后"字，诸如"后工"、"后农"、"后商"、"后官"等；有"后"意味着就有"前"，那么什么是"前知识分子"、"前工"、"前农"、"前商"、"前官"等等呢？这说上去很有些滑稽可笑。对此，你简直无法在概念上较真，因为"后派"是以他们"创造"的概念超过了以往人类创造的一切概念之总和而自豪的；我们只能透过"后知识分子"这一提法，看看论者到底想表达一种什么样的观点或人生态度。

在现代西方，确有一种不属于主流文化的"后现代主义"的思想流派，它滥觞于 20 世纪 50 年代末，流行于 60 年代中后期，与当时美国青年人的"反文化"运动和法国特色的"红卫兵运动"相呼应，到 80 年代后期渐趋衰落，转而与"生态主义"、"绿色运动"和"女权主义"相合作，在理论上也稍有一些修正，从而维持其作为一个思想流派的存在。

"后现代主义"是一种颇为复杂的社会思潮，同是自称"后派"的人，彼此的观点也有种种分歧和矛盾。但主张"抛弃现代性"，却是他们的比较一致的主张。平心而论，"后派"的学说中确有一些带有合理性的思想因素，例如：主张以有机论的自然观代替现代人的机械论的自然观，有助于生态环境的保护；注重"主体间性"或"主体际性"，主张独立的个人应回到团体之中以满足"一种联合的快乐"，有助于调和个体与群体的矛盾；提倡"对过去和未来的关心"的时间观，也有助于人们深入思考传统与现代、与社会的未来发展的关系，等等。

然而，"后现代主义"的学说也有很多令人难以苟同的观点："抛弃现代性"，这一论调就太绝对、太片面了。至于反对任何具有普遍意义的"大前提"，消解人的主体性，解构必然性和对于社会进步的信念，摧毁一切具有普世性的社会规范，片面强调偶然性和无条件的绝对自由，主张复归村社生活，在男女群居的团体中"满足顺其自然的愿望"等等，就更显得不切实际了。他们中有些人强调"后现代主义"与"女权主义"合作的必要性和"抓住传统家庭解体的机遇"的紧迫性（对在两性问题上不够开放的男子而言），但就连他们关于"只有女人才能拯救这个危机四伏的世界"这种似乎极崇拜女性的高言宏论，也不过是把女性看作是仅仅"隶属于自然"、会像月亮的周期性一样地产生月经的子宫；而他们鼓吹的所谓"创造"，除了大量生造概念、实行"概念轰炸"以炫其高深莫测之外，就是主张"把生物的两性创造特点扩展到社会历史中去"，声言要通过"性革命"而"恢复我们的性展现意识"。在他们的暧昧的言辞中，总是掩饰不了其反文明、反文化的倾向。徐友渔先生在《关于后现代思潮的一种哲学评论》一文中，更从认识论的视角揭示了"后现代主义"学说的以下特征：

一是反表征主义，认为语言符号的意义在于自身，而不在于对现实的反映，并不存在镜像与外物那样的对照关系。因此，古希腊和近现代哲人探讨心物关系和主客体的对立统一是误入歧途。

二是反本质主义，认为事物与人根本就不存在什么本质属性，既不存在物性，也不存在区别于动物的人性。因此，企图透过现象以认识本质是形而上学的神话，是哲学误入歧途的原因。

三是反基础主义，认为不存在可以作为认识之前提和出发点的"第一原理"，亦不存在语言现象赖以存在的历史文化根基，因此，一切认识的基础和出发点都必须加以"解构"。

不可否认，后现代主义的哲学观有其独到和深刻之处，作为对西方主流文化的挑战，它有助于防止认识的僵化，防止以某种单一的认识模式作为哲学思维的样板，合乎哲学思维的前提就在于反思和批判的精神。但同样不可否认，后现代主义的认识论是否认一切是非真伪之标准的相对主义，由此势必导致否认一切真理。它本想提倡多元化，但如果连人类普遍价值的公理也要否认的话，也就摧毁了多元化的理论基础。

更不可否认，后现代主义消解人类语言中固有的意义，也消解了人类的价值观，消解了人类社会赖以生存的一切道德规范，势必走向"犬儒主义"①。知识分子阶层虽然不应以高人一头的精神贵族自居，但它事实上承担着引导社会前进的历史使命和责任，如果知识分子放弃这种使命和责任，采取不分是非的人生态度，那么，人类的前途就是十分令人担忧的；如果打着"后现代"的旗号，以主张"多元化"的名义，来拒斥人类社会的公理，否认文明与野蛮的区分，甚至抹杀人性与兽性的区别，为反人道的社会现象张目，那么，人类社会的前途就是十分危险的。

在西方社会现代化的进程中，先进的知识分子为维护社会的公正和正义作出了巨大的贡献。以马克思、恩格斯为代表的德国知识分子对资本主义的批判，以许多勇敢的新闻记者打先锋的美国知识分子的"进步主义运动"，以左拉为代表的法国知识分子在"德雷福斯案件"中对法国当局践踏人权的抗议，以罗素为代表的英国知识分子对于帝国主义世界大战的强烈反对，等等，等等，都有力地影响了社会和大众的心灵，维护了人文精神的崇高和庄严。

西方社会走上市场经济和民主法治的发展道路已经几百年了，到如今却依然是各种社会问题层出不穷，知识分子依然承载着揭露和批判社会丑恶现象、及时发出社会公正和正义的声音的使命。回头看看我们中国，在经过了多少曲折以后，如今在建设市场经济和民主法治的道路上也还刚刚开始起步，又有多少问题需要知识分子去关心！我们又怎能以消解一切意义和规范的所谓"后知识分子"自居呢？

"士不可以不弘毅，任重而道远"啊！

---

① 参见徐友渔：《关于后现代思潮的一种哲学评论》，《光明日报》1995 年 3 月 2 日。

参考文献要目

一　《马克思恩格斯全集》

二　中西历史文化典籍

三　现当代文献

1. 王国维：《王国维文学美学论著集》，北岳文艺出版社 1987 年版。

2. 钱钟书：《管锥编》，中华书局 1979 年版。

3. 唐君毅：《中西哲学思想比较研究论集》，重庆正中书局 1941 年版。

4. 宗白华：《艺境》，北京大学出版社 1986 年版。

5. 朱光潜：《悲剧心理学》，人民文学出版社 1983 年版。

6. 朱光潜：《西方美学史》，人民文学出版社 1963 年版。

7. 萧萐：《科学认识史论》，江苏人民出版社 1995 年版。

8. 冯契：《人的自由与真善美》，华东师范大学出版社 1996 年版。

9. 萧父：《吹沙集》，成都巴蜀书社 1991 年版。

10. 萧父：《吹沙二集》，成都巴蜀书社 1999 年版。

11. 庞朴：《儒家辩证法论纲》，载《中华学术论文集》，中华书局 1981 年版。

12. 顾准：《顾准文集》，贵州人民出版社 1994 年版。

13. 林贤治：《林贤治自选集·娜拉：出走或归来》，百花文艺出版社 1999 年版。

14. 刘启良：《启良集》，学林出版社 1998 年版。

15. 刘启良：《新儒学批判》，上海三联书店 1995 年版。

16. 黎鸣：《问人性》，团结出版社 1996 年版。

17. 余杰：《余杰自选集·文明的创痛》，百花文艺出版社 1999 年版。

18. 张中行：《顺生论》，中国社会科学出版社 1993 年版。

19. 郭颖颐：《中国现代思想中的唯科学主义》，江苏人民出版社 1995 年版。

20. 邓晓芒、易中天：《走出美学的迷惘》，花山文艺出版社 1989 年版。

21. 刘骁纯：《从动物快感到人的美感》，山东文艺出版社 1986 年版。

22. 赵毅衡：《远游的诗神》，四川人民出版社 1985 年版。

23. 周国平：《尼采：在世纪的转折点上》，上海人民出版社 1986 年版。

24. 卢风：《人类的家园——现代文化矛盾的哲学反思》，湖南大学出版社 1996 年版。

25. 王文俊：《人文主义与教育》，台北五南图书出版公司 1983 年版。

26. 叶启政：《台湾社会的人文迷思》，台北东大图书股份有限公司 1991 年版。

27. 孙正聿：《崇高的位置——世纪之交的哲学理性》，吉林人民出版社 1997 年版。

28. 李泽厚、刘再复：《告别革命》，香港天地图书有限公司 1997 年版。

29. 西田几多郎：《善的研究》，商务印书馆 1983 年版。

30. 池田大作：《我的人学》，北京大学出版社 1990 年版。

31. 今道友信：《关于爱和美的哲学思考》，生活·读书·新知三联书店 1997 年版。

32. 阿伦·布洛克：《西方人文主义传统》，生活·读书·新知三联书店 1997 年版。

33. 大卫·雷·格里芬编：《后现代精神》，中央编译出版社 1998 年版。

34. 王晓明编：《人文精神寻思录》（"人文精神"问题讨论文集），上海文汇出版社 1996 年版。

35. 许苏民：《文化哲学》，上海人民出版社 1990 年版。

36. 许苏民：《历史的悲剧意识》，上海人民出版社 1992 年版。

37. 许苏民：《比较文化研究史》，云南人民出版社 1992 年版。